유아교육철학과 사상사

유아교육철학과 사상사

임상도 저

Philosophy of Childhood Education

동문사

머리말

유아교육이 가치를 추구하는 학문임에도 불구하고 유아교육철학 및 역사, 사상가에 대한 연구가 타 영역에 비하여 미진한 상태에 있다. 이러한 상태가 지속되면 유아교육의 본질이 훼손되게 된다. 유아교육이 어떠한 가치를 추구할 것인가에 대한 논의는 유아교육철학, 유아교육역사, 유아교육사상가에 탐구에서 도출되어야 한다. 그럼에도 불구하고 현재 유아교사양성에서 교과목 구성을 보면, 유아교육철학, 유아교육역사, 유아교사사상가에 대한 영역을 교과목으로 편성하는 데 아직까지 주저하고 있다.

그동안 서양의 유아교육사상에 대하여 어느 정도 연구가 진행되어 저서로 출간되었다. 어떤 유아로 양성할 것인가에 대한 숙고에서부터 대한민국 5,000년 역사에서 유아교육은 어떠했는가에 대한 의문은 유아교육을 공부하는 학도들에게 늘 잠재되어 있다. 이러한 의문에 접근하기 위해서 본 저서는 유아교육철학과 사상사라는 제목으로 총 2부로 구성하였다. 제1부는 유아교육철학의 주제를 중심으로 제15장으로 구성하였다. 각 장의 제목은 다음과 같다. 유아교육의 현황분석, 유아교육철학의 당위성과 접근방식, 유아교육철학의 연구동향, 유아교육의 가치혼돈과 대안, 유아교육의 영역과 교과목 표기방식, 유아교육이론, 유아교육의 정의, 유아교육의 목적, 유아교육과정, 유아교수·학습방법, 놀이, 유아도덕교육, 유아교사의 권위, 유아철학교육, 유아교사의 권위, 유아종교교육이다. 이 중 유아교육이론, 유아교육의 정의, 유아교육의 목적, 유아교육과정, 유아교수·학습방법, 놀이, 유아도덕교육, 유아교사의 권위, 유아철학교육은 임상도의 2010년 저서 『유아교육철학』을 수정·보완한 후 재구성하였다. 나머지 각 장은 저자의 논문을 중심으로 요약적으로 정리한 것이다. 특히 유아교육에 포스트모더니즘이 도입됨에 따라 패러다임이 어떻게 변화되고 있는지를 개관하였다.

제2부는 유아교육사상사로서 제1장은 서양의 유아교육역사와 사상가, 제2장은 한국의 유아교육역사와 사상가로 구성하였다. 제1장은 원시시대의 유아교육, 역사시대 초기의 유아교육, 그리스시대의 유아교육, 로마시대의 유아교육, 중세시대의 유아교육, 문예부흥기의 유아교육, 종교개혁기의 유아교육, 실학주의의 유아교육, 자연주의의 유아교육, 신인문주의의 유아교육, 산업혁명기의 유아교육, 20세기의 유아교육,

20세기의 과학자들의 유아교육사상으로 구성하였다. 20세기의 과학자들의 유아교육 사상은 임상도의 2003년 저서 『영유아교육의 사상과 이론』을 재진술하였다. 나머지는 임상도의 2009년 저서 『최신 유아교육론』을 재진술한 것이다. 제2장은 한국의 유아교육역사와 사상가로서 고대사회의 유아교육, 고려시대의 유아교육, 조선시대의 유아교육, 개화기의 유아교육, 일제 강점기의 유아교육, 해방 후의 유아교육, 과제로 구성하였다. 유아교육에 영향을 미친 사상가를 나열하면 다음과 같다. 먼저 서양의 유아교육사상가로는 플라톤, 이소크라테스, 아리스토텔레스, 카토, 키케로, 퀸틸리아누스, 플루타르코스, 예수, 베기우스, 에라스무스, 몽테뉴, 루터, 코메니우스, 로크, 루소, 오베르랑, 페스탈로치, 프뢰벨, 오웬, 맥밀란 자매, 엘렌케이, 슈타이너, 테크롤리, 니일, 몬테소리, 듀이, 말라구치 등을 고찰하였다. 유아교육에 영향을 미친 과학자로는 파블로프, 왓슨, 손다이크, 스키너, 반두라, 홀, 게젤, 프로이드, 에릭슨, 보울비, 촘스키, 피아제, 콜버그, 비고츠키의 사상을 살펴보았다. 한국의 유아교육사상가로는 이황, 조식, 이이, 이덕무, 정약용, 최한기, 최시형, 부래운, 허길래, 방정환, 오천석, 주화정 등을 탐구하였다.

2015년 한여름 35도가 육박하는 연구실에서 고독을 즐기면서도 가장 미련이 남는 부분은 한국의 현대 유아교육철학자와 사상가가 없었다는 점이다. 형식적 유아교육이 도입된 지가 100년이 지난 시점에서, 한국의 현대 유아교육철학자와 사상가를 포함시키지 못했다는 점은 저자의 노력 부족이라 사료된다. 자료 검색 능력의 부족과 조급함에 의해서 현대 유아교육을 주도해 온 원로 학자들의 유아교육철학과 사상을 포함시키지 못하였다. 유아교육의 원로 학자들의 학문적 세계를 심층적으로 탐구하여, 향후 5년 후에는 현대 한국 유아교육철학자, 유아교육사상가의 반열에 올릴 것을 약속하는 바이다.

2014년 여름부터 시작된 이 저서의 작업은 해를 넘겨 늦가을의 정취가 느껴지고 있다. 집필할 수 있게끔 연구와 교육의 터전을 마련하여 주신 가야대학교 이상희 이사장님께 감사를 드린다. 아울러 출판을 도와주신 동문사 이중수 사장님과 유재영 상무님, 편집부 여러분들의 노고에 고마움을 전한다.

2016년 1월

임상도 謹識

차 례

PART 01 — 유아교육철학

PART 02 _ 유아교육사상사

유아교육철학

PART 01

CHAPTER

01 유아교육의 현황분석

현재 유아교육의 각 영역의 교육과 연구의 방향이 어떻게 전개되고 있는지에 대한 현황 파악을 통해 유아교육철학의 방향을 설정하고자 한다. 유아교육의 각 영역에서 논의되고 있는 내용과 연구가 유아교육의 본질적 가치와 어떠한 관련을 맺고 있는지를 분석하고자 한다. 비록 유아교육이 실용적이고 응용적인 학문적이 특성이 내재하더라도, 유아교육이라는 체를 갖고 유아교육의 이론을 구성하여 실천하여야 그 생명력이 보존되는 것이다. 임상도(2014b)의 연구 발표를 통해서 이러한 유아교육의 각 영역별 동향을 분석하고 방향을 제시하고자 한다.

임상도(2014b)는 유아교육의 영역 분류를 페리(Perry)와 타일러(Tylor)의 가치 분류, 피터스(Peters)와 허스트(Hirst)의 지식의 형식을 근간으로 하여, 테일러(Tayler)와 타바(Taba)의 교육과정순환 모형 즉, 교육목적, 교육내용, 교육방법, 교육평가의 틀과 한국유아교육학회의 백서 등을 원용하여 유아교육의 영역을 다음과 같이 분류하였다. 이는 유아교육철학, 유아교육의 역사와 사상, 유아교육내용, 유아교과교육, 유아교수·학습방법, 유아교육평가, 유아교사교육, 아동복지, 유아교육기관 운영, 종교교육, 유아부모교육, 특수유아교육 등 12개 영역으로 분류하였다. 이러한 12개의 영역에서 유아교육과 연구가 어떻게 전개되고 있는지를 유아교사양성 관련 교재, 연구논문에 기초하여 분석해보고, 그 지향점을 제시하였다.

1 유아교육의 영역별 동향분석[1)]

1) 유아교육의 역사와 사상

유아교육의 역사와 사상가에 관한 내용은 서양의 역사와 사상가의 일변도였다. 유아교육역사에 관한 문헌에서는 그리스 아테네와 스파르타, 로마, 중세시대 등의 서

1) 유아교육철학에 대한 동향은 제3장에서 별도로 분석함.

양 중심의 유아교육역사와 사상가들을 나열하고 있다. 서양의 유아교육사와 사상에 오류가 있다는 것은 아니라고 보면서 임상도(2014b)는 그 이유와 결과를 다음과 같이 제시하였다.

첫째, 유아교육의 내용을 성립하는 과정에서 시간적 조급함으로 인하여, 서양의 유아교육역사와 사상을 후학들에게 먼저 가르쳤다는 점이다. 그 결과, 한국의 유아교육역사와 사상을 확립하려는 노력은 서양의 유아교육역사와 사상에 선점을 당하였다.

둘째, 서양 유아교육의 역사와 사상이 정통성으로 인정을 받았고, 동양 및 기타 문화권의 그것은 비정통성으로 취급당하는 분위기가 있었다. 서양 유아교육의 역사와 사상가들(Platon, Aristoteles, Comenius, Locke, Rousseau, Pestalozzi, Froebel, Dewey, Montessori 등)에 의해서 유아교육의 개념과 사상이 오늘날 유아교육 형성에 영향을 미쳤다는 것은 확실하다. 하지만 서양 유아교육의 역사와 사상이 현대 한국 유아교육의 문제점을 해결하는 데 어떠한 역할을 하는지에 대한 설명은 부족한 상태에 있다. 그 결과 유아교육의 역사와 사상가를 나열식으로 전개하여, 중·고등학교 암기 중심의 역사공부 방식으로 일관하게 되었다. 서양의 유아교육사상가들의 사상이 현대 유아교육 형성 및 실제에 어떻게 관여하고 있는지에 대한 설명이 부재하다. 이에 임상도(2014b)는 한국의 유아교육을 논하면서 서구 철학자들을 들먹여야 하는 이병진(1999)의 주장에 근거하여 강하게 비판하고 있다. 이러한 현실적인 문제를 극복하기 위해 임상도(2014b)는 한국 유아교육에 포스트모더니즘의 패러다임을 도입하여, 서양 유아교육의 역사와 사상에서 벗어나 한국 전통의 유아교육서와 전통사회의 자녀 양육을 탐구하려는 연구풍토가 조성되고 있음을 지적하였다. 다음은 한국 전통의 유아교육에 대한 연구주제와 저자들의 이름이다. 태교(이홍우, 1997), 천자문(千字文), 훈몽자회(訓蒙字會), 명심보감(明心寶鑑), 소학(小學), 동몽선습(童蒙先習), 동몽수지(童蒙須知), 격몽요결(擊蒙要訣), 사소절(士小節), 양아록(養兒錄), 삼강행실도(三綱行實圖)(강미희, 2005; 김미라, 2011; 김향은, 2001a; 류칠선, 2002; 백혜리, 2001), 고려말 문집(신양재, 권은주, 2005), 고려시대 유아교육(신양재, 권은주, 2004), 조선시대 유아용 교재에 나타난 정서지능(우남희, 1999), 조선시대 유아양육방법(김영옥, 백혜리, 2000), 1910년대 한국유치원 교육(이숙희, 1999), 해방 전 한국인의 유아관 변천(백혜리, 2006) 등이 포함되고 있다. 동양 사상가로는 공자(임채식, 2001)의 연구가 진행되었고, 조선시대의 유학자의 유아교육원리를 규명하기 위해서, 퇴계(조행자, 2002), 율곡(최양미, 2000), 퇴계와 율곡의 가정교육 비교(윤소영, 2002), 이덕무(박영태, 하수연, 박정숙, 2009; 심정렬, 2008; 우영효, 2006)의 사상이 연구되었다. 한편, 최한기(강태훈, 2003, 백수정, 2003), 방정환(명지원, 2010; 한상규, 이은하, 2005), 중국의 진학금(이경자. 2005; 주진희, 2001) 사상도 연구되었다. 그 외에도 서동요(김은경, 권대원, 2013), 이덕무의 동규(童規)와 최시형의 해월신사법설(海月神師法說)의 비교(최은주, 2012), 백동자도(白童子圖, 백혜리, 1999), 속담(김은주, 서영희, 임재택, 2006; 김희섭, 이경화, 2007), 구비설화(안경식, 2002) 등과 다양한 영역을 통해서 그 속에 내재되어 있는 한국 전통의 유아교육 원리를 탐구하려는 노력이 진행되고 있음을 규명하였다(임상도, 2014b에서 재인용).

이러한 연구풍토와 더불어 서양사상가 사상을 통해서 유아교육의 원리를 규명하려는 연구도 계속 이어지고 있다. 즉, 칸트(Kant, 송진영, 임부연, 2011), 화이트헤드(Whitehead, 안세근, 김복영, 2008), 볼노브(Bollnow, 박해미, 2001; 이현주, 유혜령, 2004) 등의 연구가 이에 해당한다(임상도, 2014b에서 재인용).

유아교육의 역사와 사상은 서양 중심에서 벗어나 한국의 유아교육역사와 사상을 규명하려는 노력이 활발하게 전개되고 있다. 이러한 노력은 우리나라 유아교육의 100년 역사를 지난 시점에서 다소 늦은 감은 있지만, 유아교육의 정체성 확립을 하는 데 긍정적이라 사료된다. 유아교육의 역사와 사상에 대한 향후 과제는 서양과 중국, 한국 중심에서 벗어나 타 문화권에 대한 연구도 있어야 할 것으로 보인다. 이를 통해 범 문화권을 아우르는 유아교육의 역사와 사상이 집대성되어야 할 것이다. 그렇게 되기까지는 유아교육의 역사와 사상에 대한 연구의 증가와 함께 연구 인력이 증가되어야만 한다.

2) 유아교육내용

(1) 유아교육과정

우리나라 현대 유아교육과정은 교과중심 교육과정에서 경험중심 교육과정으로, 다시 학문중심 교육과정(교과중심 교육과정의 새로운 이름)을 수용한 후 인간중심교육과정을 지향하고 있다(임상도, 2014b). 철학이 다른 교육과정을 번갈아 가면서 도입함으로써 유아교육과정을 구성하는 데 혼란을 자초하였다. 최근에는 관계중심교육과정의 개념을 강조하는 경향이 있다(방인옥, 박찬옥, 이기현, 김은희, 2013). 이 교과과정에서는 학생 자신을 비롯하여 인간이 누구이고, 인간을 둘러싸고 있는 생태계(세계)가 무엇인지를 알아가도록 가르친다. 이를 위해 교사는 학생과 생태계의 관계를 매개하고, 동시에 학생과 교사 간의 관계를 수행하는 역할을 한다. 더 나아가 생태윤리학에 영향을 받아 생태계 구성원들 간의 바람직한 관계 회복을 촉구한다(임상도, 2014b에서 재인용).

유아교육과정의 흐름을 임상도(2014b)는 다음과 같이 설명하고 있다. 낭만주의에서 행동주의 심리학의 영향을 거쳐, 피아제(Piaget)의 인지발달심리학에 기저한 NAEYCA의 '발달에 적합한 교육과정'에 초점을 두었다. 그 후 피아제의 인지발달이 절대적이고 보편적이라는 관점이 포스트모더니즘의 비판을 받자, 비고츠키(Vygotsky)의 사회·문화이론에 기초한 사회적 구성주의 이론을 중시하게 되었다. 이어 프로젝트 접근법, 발현적 교육과정의 레지오 에밀리아 접근법, 발도르프 교육, 다문화교육, 반편견교육, 장애아 통합교육, 생태교육 등으로 다원화되고 있다(이기숙, 2009). 연구동향을 보면, 재개념론적 관점에서 본 유아교육과정 탐구(양옥승, 2000b), 한국 유치원교육과정에 대한 비판이론적 분석(이영주, 2004), 유아중심 교육과정의 의미탐구(양옥승, 2005b) 등을 중심으로 연구가 수행되고 있다(임상도, 2014b에서 재인용). 하지만 최근 유아교육과정에 대한 원론적인 연구는 여전히 부족한 상태에 있다.

임상도(2014b)는 유아교육과정의 내용을 다음과 같이 설명하고 있다. 국가 차원의 교육과정 변천은 제1차 유치원 교육과정에서부터 2007년 개정 유치원 교육과정까지의 중점 사항을 중심으로 설명하고 있다. 더불어 1991년과 1997년의 보육과정, 1, 2, 3차에 걸쳐 고시된 국가 수준의 표준보육과정에 대하여 기술하고 있다. 여기에 더하여 2011년 5세 누리과정과 만 3~4세 누리과정의 특성을 설명하고 있다. 2012년에는 만 3~5세 유아를 대상으로 하는 만 3~5세 연령별 누리과정을 설명하고 있다. 유아교육과정에 대한 연구의 동향을 보면, 누리과정에 대한 교사용 지침서 내용 분석, 누리과정에 근거한 유아·초등의 연계성, 누리과정에 대한 학부의 인식 등이 연구논문에 주제가 되고 있다. 최근 연구의 이슈는 유보통합 논의이다. 그 핵심은 '교육복지 접근'과 '유아 및 가족복지의 차원'의 접근으로 요약되고 있다. 아울러 안정적 재원 확보, 유치원과 어린이집 운영의 공동성 강화 등을 논의하고(이정욱, 2013) 있다(임상도, 2014b).

(2) 인지

임상도(2014b)에 의하면, 유아인지발달에 대한 내용은 피아제의 인지발달이론, 비고츠키의 사회·문화이론, 정보처리이론이 주류를 이루는 것으로 나타났다. 피아제의 인지발달이론은 유아를 능동적 학습자로 교육자에게 인식시켰고, 발달단계 이정표들은 유아의 정서, 사회, 도덕성 발달을 이해하는 데 도움을 주었다. 포스트모더니즘에서 피아제이론을 중심으로 한 발달이론적 접근에 대하여 많은 비판을 가하고 있다. 인지발달단계가 그렇게 명확하지 않다(서서히 진척되고 일부 능력이 어떤 시기에는 없다가 다른 시기에 갑자기 나타나며)는 점, 인지적 평형화의 기간은 거의 존재하지 않은 대신에 유아들은 끊임없이 구조를 변경하고 새로운 기술을 습득한다는 점 등이다. 근본적으로는 사회문화적 영향력을 과소평가하였다는 비판을 받고 있다. 이러한 비고츠키 이론은 피아제 이론의 한계점을 극복하기 위한 한 대안으로 관심을 갖게 되었다. 비고츠키의 사회·문화이론은 사회적 맥락과 협력의 중요성을 강조하였으며, 교수와 학습에 대한 새로운 시각을 제공하여 주었다. 임상도(2014b)에 의하면, 정보처리이론은 피아제의 이론이 인지변화의 메커니즘 분명하지 않음으로 인하여, 과학적으로 연구하는 데 어려움이 있다는 점에서 출발하고 있다. 인간의 인지작용이 소프트웨어와 하드웨어로 구성되고 작동된다는 관점을 갖고 있다. 뇌와 신경계는 하드웨어 역할을 하고, 문제해결을 위한 계획이나 책략은 소프트웨어 역할을 하는 것으로 간주한다. 반면에 학습이 일어나는 맥락을 소홀히 하였다는 비판을 받고 있다.

연구동향을 보면, 인지수준의 발달, 과제해결전략 및 창의적 사고 능력발달 등과 같은 인지발달의 연구와 인지발달의 관련 변인 연구(마음이론, 문제해결능력, 매타인지)가 수행되어 오고 있으며, 최근에는 인지발달양상, 즉 영유아의 개념 이해, 다중지능이론, 비고츠키 이론 인지발달에 기초한 바둑교육방법, 인터넷 중독 개선 등의 연구가 이루어졌다. 초등 영재와 일반학생의 인지발달 및 논리적 사고력 형성 비교, 비고츠키의 인지발달이 음악수업방법(임상도, 2014b) 등에 대한 연구가 진행되고 있다. 유아교육에서 인지발달의 영역은 최근 포스트모더니즘의 관점에서 지적하고 있는 제 문제에 대한 대안을 제시할 수 있어야 한다. 경험과학적·발달론적 접근과 포스트모더니즘 접근 간의 패러다임 간의 비판은 유아교육과 유아교육 연구의 다원화를 촉진시켜 줄 수 있기 때문이다(임상도, 2015). 유아교육에서 인지발달이 핵심적인 위상을 유지하기 위해서 인지가 인간발달에 중핵적인 역할 혹은 승법적 관점에서 인지를 중심으로 타 영역이 발달한다는 실증적 증거를 지속적으로 제시하는 것이다.

(3) 문학 및 언어

유아문학에서 지향하는 방향은 총체적 언어접근(whole language approach)이다. 언어교육을 언어의 기본 단위를 음소나 낱말을 쪼개어서 가르치는 것이 아니라, 의미 있는 하나로 구성하여 접근하는 것이다. 이는 말하기, 듣기, 읽기, 쓰기를 총체적으로 학습하는 것을 강조한다. 여기에 더하여 문학을 통한 총체적 언어교육으로 접근하고 있다. 문학작품이 총체적 언어교육 및 언어발달에 가장 훌륭한 교수가 매체가 됨을 강조하고 있다(임상도, 2014b). 이러한 경향과 더불어 유아문학교육은 유아도덕교육, 수·과학교육, 사회교육, 미술교육, 음악교육과 연관성 있게 접근할 것을 권장하고 있다. 유아문학의 장르는 매우 다양해지고 있는 것으로 나타나고 있다. 전래동화, 창작동화, 역사동화, 전래동요, 동요, 동시 등이 있으며, 그림책의 종류로는 이야기 그림책, 지식 그림책을 소개하고 있다. 유아문학의 교육적 매체로는 구연동화, 그림동화, 융판·자석·앞치마 동화, OHP·슬라이드 동화, 인형극, 게시판을 활용한 동화, 미디어를 활용한 동화, 극화활동 등이 있다(임상도, 2014b). 특히 구연동화를 활용하여 개념적 지식을 이야기식 지식으로 전환하여 들려주면, 유아가 즐거운 환경 속에서 자신 생각과 경험을 자유롭게 이야기할 수 있어 지식이 확장되고 학습공동체를 형성할 수 있다(임부연, 류미향, 2010). 또한 이야기는 우뇌를 자극하여 기억력을 증진하는 데 효과적이며 상상력 및 창의력을 키울 수 있다. 유아철학교육을 보면, 립만(Lipman)의 '철학 공동체'는 동화를 활용하여 유아철학교육을 실시하는 점으로 미루어 볼 때, 동화는 논리적 사고, 비판적 사고, 창의적 사고를 증진하는 데도 효과적이라 할 수 있다(임상도, 2014b). 구연동화는 소파 방정환 선생의 유지를 이어받은 '색동회'를 중심으로 활발한 활동이 오늘도 계속되고 있다.

한편, 이상욱(1997)의 유아교육철학적 관점에서 유아문학교육의 접근분석, 김경철, 채미영(2001)의 한국 전래동화에 나타난 유아관 분석, 서순태(2004)의 전래동화를 통한 유아의 내면적 질서 교육, 안지령(2010)의 유아 이야기에 대한 고찰, 임부연, 류미향(2010)의 유아교육에서 내러티브 의미와 교육과정 개발과 적용, 그림책을 활용한 다문화교육(김민진, 2011), 유아문학 연구의 동향분석(백경순, 2009; 유영의, 곽정인, 2012)의 연구가 활발하게 진행되고 있다(임상도, 2014b). 특히 포스트모더니즘의 열린 결말구조에 의해 작가와 독자, 삽화가와 글작가, 작가/독자와 인물 간의 경계가 무너지고 있는 상황에서, 유아는 수동적이 아니면 적극적인 독자로 참여하도록 한다는 '포스트모던 그림책'(조희숙 역, 2010)을 참조할 필요가 있다(임상도, 2014b에서 재인용). 포스트모더니즘 관점은 문학교육을 포함하는 유아언어교육에 새로운 지평을 제공해 준다는 측면에서 이를 수용하여야 할 것이다(임상도, 2015).

또한 유아언어교육은 균형 잡힌 언어교육 접근법을 강조한다(임상도, 2014b). 미국에서 일선 교사들이 총체적인 언어접근을 통해서 전문화된 지식과 힘을 얻고 있지만, 많은 교사가 총체적 언어 접근의 틀 안에서 방향을 잃고 있다는 점이 지적되었다(이경화, 조순옥, 김정원, 심은희, 이연규, 이문정, 2010). 부호중심 언어접근과 총체적 언어접근법을 서로 대립된 것으로 볼 것이 아니라, 서로 결합하면서 균형 잡힌 언어교육이 필요하다는 점이다. 더 나아가, 개개 유아의 특성, 환경, 발달요구에 따라 여러 가지 교수법을 적절하게 사용한다는 점을 강조하고 있다. 이야기, 문장, 낱말, 낱자순으로 이루어져야 한다는 총체적 언어 접근법의 틀 내에서 낱자, 낱말, 문장, 이야기순으로 부호중심 교수를 병행해야 함을 강조한다(임상도, 2014b에서 재인용). 전유영(2013)은 균형적 접근법에 기초한 유아언어교육 프로그램이 유아의 언어적 태도 및 능력을 증진하는 데 효과적이라고 보고하였다. 이는 유아교육의 방향을 모색하는 데 시사점을 주고 있다. 이러한 연구와 더불어, 유아언어교육의 연구는 다문화가정의 언어교육과 이중언어교육에 대한 방향과 효과를 검증하는 연구로 집중하는 경향이 있다(임상도, 2014b).

이처럼 유아문학교육과 유아언어교육은 밀접한 관련을 맺고 있다. 그리하여 다음과 같은 관점을 가져야 한다. 유아문학교육의 결과가 유아의 언어능력이 증진될 수도 있고, 유아의 언어능력 증진을 위해서 유아문학을 활용할 수 있어야 한다. 근본적으로 포스트모더니즘의 열린 결말구조를 도입하여 고정된 틀의 문학활동, 이야기, 언어교수에 대한 새로운 시각을 제공해야 할 것이다.

(4) 수·과학

유아 수·과학교육의 내용은 이론적 기초 부분에 프뢰벨(Froebel) 이론의 수·과학교육, 몬테소리(Montessori)이론의 수·과학교육, 피아제이론의 수·과학교육, 브루너의 수·과학교육, 비고츠키의 이론 수·과학교육, 수·과학교육의 개념, 수·과학교육의 교수방법, 수·과학교육의 환경구성, 수·과학교육의 평가, 수·과학교육의 실제적용, 수·과학교육의 통합 프로그램 등이 포함되어 있다(임상도, 2014b). 유아수학교육의 내용 표준으로는 수 연산의 표준, 패션, 함수와 기하의 표준, 기하도형 표준, 측정 표준, 자료 분석과 확률 표준, 문제해결 표준 추리와 입증 표준, 연계 표준, 소상 표준, 표상 표준이다. 유아과학교육 표준의 내용으로는 과학의 개념과 과정의 통합, 탐구로서의 과학, 물리과학, 생명과학, 지구 및 우주과학, 과학과 기술, 개인과 사회적 관점의 과학, 과학의 역사와 본성이다. 최근에는 유아수학교육과 유아과학교육을 각각 분리하려는 경향이 나타나고 있다. 유아수학교육 단독 저서(라정숙, 2012; 정연희, 2014)와 유아과학교육 단독 저서(김경미, 2013; 이기현, 2013)가 각각 출판되고 있다. 연구에 있어서도 수학교육의 연구동향 분석연구(이송희, 2014; 이지현, 김정주,

2012)와 과학교육의 연구동향 분석연구(김치곤, 윤경옥, 오세경, 박종수, 김명숙, 신미숙, 2012; 임은미, 2012)가 각각 진행되었다. 반면에 유아수학교육과 유아과학교육을 주제표현탐구활동(프로젝트 접근법의 한국 명칭)의 이름하에 프로그램으로 진행하자는 주장도 있다(임상도, 2014b에서 재인용). 유아교사양성과정에서 교과교육의 강조가 유아를 가르치는 교실에 영향을 미쳐 교과교육으로 변질되지 않도록 하기 위해서도 이 주장에 대해 성찰을 해보아야 한다. 유아의 논리적 사고교육에서 수·과학 경험 혹은 교육이 핵심이 된다는 유지를 하려면 여기에 대한 실증적 증거를 제시하여야 한다.

(5) 사회

유아사회교육은 1997년 카츠(Katz)와 맥클레런(McClellan)의 저서 『Frostering children's social competence: The teacher's role』(홍용희 역, 2001, 『어린이들의 사회적 능력 배양: 교사의 역할』)이 우리나라에 소개된 이후 여러 저서가 출판될 정도로 활성화되고 있다. 이 저서는 유아의 사회성의 요소를 구체적으로 확인할 수 있고, 사회성을 구체화하여 사회적 능력으로 정의하고 있다. 대체로 유아사회성교육은 유아의 사회성 발달 측면에서 내용은 애착, 자아개념, 정서, 우정, 성역할, 도덕성, 친사화적 행동, 공격성, 사회적 능력을 규정하고 있고, 사회과학적 지식의 내용으로는 역사, 지리, 경제, 다문화 이해, 환경교육, 전통문화 이해로 규정하고 있다(임상도, 2014b). 유치원 교육과정 변천에 따른 유아사회교육 동향을 분석한 김은혜(2011)의 연구는 유아사회교육은 사회과학적 개념의 내용으로는 심리학(나), 사회학(가족, 교육기관, 지역사회), 역사학(시간, 변화, 지속성), 지리학(방향과 위치, 지도, 우리가 살고 있는 지역, 지리적 환경과 대처 방식, 다른 지역 간의 상호작용), 정치학(기본 권리, 의무), 법학(규칙, 책임), 경제학(지원의 부족, 생산과 소비, 직업, 돈의 기능), 인류학(국가, 인종, 문화적 다양성), 생태학(다양성, 상호 의존성, 환경오염) 등으로서 사회과학의 학문과 유아교육의 생활주제와의 관련성을 규명해주고 있다(임상도, 2014b에서 재인용). 또한 사회적 기술의 내용에는 자기조절기술(자기점검, 자기통제), 친사회적 기술(도와주기, 양보하기, 나누어주기, 공유하기, 협동하기, 협상하기), 사회학습기술(정보획득기술, 정보조직·활용기술)로 범주하였다. 사회적 가치 및 태도의 내용에는 보편적 가치(예절, 정직, 책임, 청결, 절약, 질서, 협동, 공중도덕, 긍정적 사고, 타인존중, 타인신뢰, 생명존중, 전통윤리), 개별적 가치(개인의 종교, 개인의 정치적 신념, 개인의 선호)가 있다. 김은혜(2011)의 사회교육 범주에 따른 내용 구분은 유아사회교육의 이론적 배경을 탐구하는 데 매우 적합한 것으로 보여진다. 특히 유아사회교육에서 사회과학적 접근의 방향을 설정하는 데 도움을 주고 있다(임상도, 2014b). 연구동향을 보면, 로봇 플랫폼과 지능형 로봇의 효과(김나림, 이종향, 2013; 유구종, 이정순, 2013), 부모와 교사 변인과 유아의 사회적 능력 간의 관계, 숲 교육과 친사회적 능력, 그림책과 유아사회교육의 내용 분석 등과 같은 세부 영역의 연구가 진행되고 있다(임상도, 2014b).

사실 학문의 분화과정을 보면, 철학에서 심리학이 심리학에서 사회학이 분화되었지만, 유아기에는 심리(정서)와 사회성은 미분화되어 있다. 그래서 유아사회교육이라고 표기하기보다는 유아사회·정서교육이라고 표기하는 것이 오히려 유아의 심리적 상태를 잘 대변해 준다고 할 수 있다. 따라서 유아사회교육의 영역을 유아사회·정서교육이라고 표기하면서 접근하는 것이 적합하고 사료된다. 유아교육에서 사회·정서영역이 인지, 수·과학영역보다 핵심적 위치를 점하고 있다는 주장을 제시하려면(상식적으로는 유아교육기관은 친구사귀기, 친구와 놀기가 우선이라면), 이 영역이 여타의 영역을 이끌어 간다는 실증적 증거를 제시하여야 한다. 여기에 대한 설득력이 미약하면 할수록 인지, 수·과학영역에게 핵심적인 위치를 양보하게 된다. 그로 인해 유아교육은 인지, 수·과학을 중심으로 하는 주지주의가 득세하게 된다.

(6) 음악

유아음악은 노래, 춤, 율동 등과 같은 요소가 복합적으로 구성되어 있다. 여기서 춤(dance)을 리듬에 맞추어 춤추는 것만으로 이해하면 오해가 생길 수 있다. 유아음악은 포괄적으로 접근하여야 한다.

임상도(2014b)에 의하면, 유아음악교육의 내용은 음악의 개념발달, 고저에 대한 개념, 화음(화성)에 관한 개념, 음색에 관한 개념, 형식에 관한 개념 등을 중심으로 구성되어 있다. 음악방법론으로는 코다이 음악교육론, 오르프의 음악교육론, 고든의 음악교육론이 소개되어 있고, 듣기와 감상활동, 멀티미디어, 노래, 악기, 동작, 미술, 동화를 통한 음악교육방법이 소개되고 있다. 최근에는 미술의 내용을 또는 동화의 내용을 음악으로 표현하면서 영역 간의 통합을 지향하고 있다. 이는 청각적인 음악과 시각적인 미술을 교차양식(cross-modal)으로 표현하는 방법론을 지향하고 있다. 이 방법은 무한한 상상력을 자극하고, 표현의 정확성과 정서적 안정감을 높일 수 있다. 음악을 통해서 동화의 내용을 표상하는 활동은 동화의 내용을 깊게 이해하는 데 도움을 줄 수 있다. 현재는 음악치료(music therapy)가 유아교육현장 및 인접 분야에 급속히 파급되고 있다. 음악치료에서는 심리치료(psycho therapy)의 개념으로 접근하고 있다. 음악치료는 건강증진, 스트레스 조절, 고통 격감, 감정표현, 기억력 증진, 사회성의 증진, 신체적 재활을 증진하는 점에서 의의가 있다. 강문희(2012)는 그 절차를 다음과 같이 제시하고 있다. 진단하고 치료목표를 설정하며, 구체적인 치료계획을 설계하고 치료, 최종평가, 치료종결의 과정을 거쳐 시행된다. 음악치료실, 악기선택(다루기 쉽고, 움직임이 쉽게, 소리의 광 확산, 단순하고 쉬운 연주, 일상생활에서 쉽게 구할 수 있는 악기)이 필요하며, 음악치료 활동은 노래 부르기 활동, 악기 연주활동, 음악감상이 포함되어 있다(임상도, 2014b에서 재인용). 음악치료사는 첫째, 악기와 음의 특성, 음악의 리듬과 멜로디가 인간 생리와 리듬에 미치는 영향에 대한 이해력을 갖고 있어야 한다. 둘째, 심리학, 교육학, 정신의학 등 주변 학문에 대한 지식도 가지고 있어야 한다. 이러한 관점에서 임상도(2014b)는 음악치료를 도입하기 위해서는 유아교사가 음악치료에 대한 상당할 정도로 안목과 지식을 갖고 있어야 한다고 주장하고 있다. 그러한 의미에서 현재 유아양성과정의 유아음악교육 이수시간으로 거의 불가능하다는 것이다. 이에 임상도(2014b)는 음악치료를 유아교육현장에 도입하기 위해서는 첫째, 유아교사 양성과정에서는 비정규교과과정 내에서 음악치료를 가르칠 필요가 있고, 둘째, 유아교육학회에서는 음악치료를 유아교육현장에 적용하여 그 효과를 검증하여 일반화할 필요가 있다. 음악치료를 유아교육현장에서 도입하기 위한 연구로는 손미순, 최애나(2011, 전래동료를 활용한 음악치료 효과), 이경미, 정규진, 최애나(2011, 음악치료가 다문화가정아동의 언어발달에 미치는 영향), 박선영(2010, 달크로즈 기법을 활용한 음악치료)의 연구논문이 있지만, 유아교육학회나 유아교육학회 대상 등재지에 게재된 논문은 거의 없는 상태이다(임상도, 2014b에서 재인용).

유아음악교육의 연구동향을 살펴보면, 학위논문을 중심으로 연구동향을 분석한 이영애(2009)의 연구결과에 의하면, 유아음악교육의 교수방법, 프로그램이 다수를 차지하고 평가나 교사교육은 상대적 미흡한 것으로 나타나고 있다. 유아음악교육의 전반적 연구동향을 파악할 만한 연구는 거의 없는 상태이다. 유아음악교육의 최근 연구물을 보면, 자연체험과 자연소리를 활용 효과, 통합적 음악감상, 타악기 활용의 유아음악교육과 장애인 교육을 위한 음악교육, 음악치료의 주제로 연구가 꾸준하게 진행되고 있다(임상도, 2014b에서 재인용).

이러한 유아음악교육은 서양과 한국에서 벗어나서 다양한 문화권의 음악으로 접근해야만 다문화·다종교시대에 부합할 수 있다. 그리고 전자 음원에서 벗어나 자연의 소리를 활용하는 유아음악의 접근이 있어야 할 것이다.

(7) 미술

유아미술은 일반적인 차원의 미술과는 그 성격을 달리한다. 유아는 본 것을 그대로 그리는 것이 아니고 생각대로 그린다. 유아미술은 사실화를 지향할 것이 아니라, 유아의 심리와 결부된 미술을 지향해야 할 것이다. 그리고 가드너가 주장한 '학습을 위한 그리기 활동'에도 관심을 가져 볼 필요가 있다. 유아미술은 그리기 활동과 깊은 관련을 맺고 있어, 이를 다각도로 탐구할 필요가 있다. 임상도(2014b)에 의하면, 유아미술교육은 미술이론의 기본요소(점, 선, 형, 색), 구성요소(명암, 양감, 공간감, 질감, 원근), 구성원리(균형, 리듬, 강조, 통일), 발달이론에 따른 유아미술의 관점, 유아미술의 발달단계를 기본으로 하고 있다. 더불어 유아교사의 역할, 미술활동을 위한 환경구성이 포함되어 있다. 최근에 임은숙(2013)은 누리과정과 유아미술교육과 관계를 구성할 수 있는 내용을 소개하고 있다. 오종숙(2010)의 『어린이로부터 출발하는 미술교육: 교수 학습 과정의 재개념화』는 유아미술교육의 새로운 지평을 열어주고 있다(임상도, 2014b에서 재인용). 연구동향을 보면, 표현과 관련된 연구가 가장 많고, 미술과 유아발달과 관련된 연구, 사료수집방법은 관찰법의 자료분석방법에서 차이검증을 한 연구가 많은 것으로 나타났다(정설희, 임양금, 안진경, 2009). 이러한 유아미술교육의 연구주제는 유아미술감상교육, 집단미술치료교육, 미술교수효능감 분석으로 나타나고 있다(임상도, 2014b에서 재인용).

강문희(2012)에 의하면, 미술치료가 유아와 청소년의 정서문제를 해소하기 위해서 미술계, 심리학계, 정신치료학계에서 많은 관심을 두고 있다. 미술치료의 효과는 다음과 같이 분석할 수 있다. 첫째, 인지적 능력을 기를 수 있고, 둘째, 유아의 내면세계를 이해하는 데 도움을 주며, 셋째, 유아의 감정을 정화하는 데 도움을 주며, 넷째, 유아의 자발적인 결과물은 자아존중감을 향상해주고, 다섯째, 자연스러운 대인관계 기술을 익히는 데 도움을 준다. 이러한 효과를 도출하기 위해서는 미술치료는 기본적으로 미술치료실, 미술재료의 선택과 사용(미술용지, 색칠하기 도구, 조소활동용 재료와 도구)이 있어야 한다. 미술치료과정은 도입과정(친밀한 관계), 미술활동하기, 그림에 대한 이야기 나누기로 진행되며, 활동은 기본적 미술활동, 발산적 미술활동, 전형적이고 일반적인 미술활동, 의사소통의 소통으로서의 미술활동, 표현적이고 창의적인 미술활동으로 진행된다. 유아미술작품은 해석은 인물화, 가족관계 그림이 사용되고 있다. 유아미술치료의 연구동향을 보면, 연구주제가 사회적 발달을 중심으로 한 연구가 가장 많고, 개인을 대상을 한 연구, 치료시간은 41분에서 50분 가량이며, 치료횟수는 1회를 실시한 경우가 가장 많은 것으로 나타났다(이미옥, 2006). 이러한 유아미술치료가 유아교육에 적용되기 위해서는 그 효과 검증이 유아교육 관련 학회를 통해서 이루어져야 일반화될 수 있다(임상도, 2014b에서는 재인용).

이처럼 유아미술교육은 유아교육의 제 영역과 통합된 활동을 통해서 유아의 예술성, 정서, 인지를 계발할 수 있도록 해야 한다.

(8) 체육

유아교육의 장소를 정원이라고 표현하는 것에서 알 수 있듯이, 본래 유아교육은 실내외에서 활발한 움직임을 기본으로 하고 있다. 일부 유아교육기관에서는 유아교육을 교실 혹은 보육실로 한정하려는 경향이 있다. 이러한 경향에 대해서 포스트모더니즘에서는 실험심리학의 영향을 받아 유아교육이 교실 혹은 보육실로 장소를 한정하려고 한다고 비판하고 있다.

임상도(2014b)에 의하면, 유아교육에 있어서는 체육이라는 용어 대신에 동작이라는 용어를 사용하고 있다. 그 이유는 유아의 움직임, 그 자체가 고유한 표현력을 갖고 있기 때문이다. 유아는 움직임을 통하여 자신을 표현할 수 있고, 세상의 움직임을 발견하고 이해할 수 있다. 초기에는 동작교육은 음악에 맞추어 정해진 동작을 따라 하는 획일화된 활동이 많았으나, 그 후 창조적 방법으로 신체와 정서의 발달을 강조하는 표현활동을 강조하고 있다. 이는 다른 교과와 마찬가지로 생활주제와 통합하여 균형 있게 구성하고 있다. 최근에는 체육과 관련된 전문적 지식, 기술, 태도를 강조한 체육교육을 함께 제공할 것을 주장하는 연구가 설득력을 얻고 있다. 유아음아교육의 신체표현활동 혹은 동작교육이 유아체육교육으로 대처되는 경향이 있다. 이것이 유아체육교육이라는 이름을 가지고 유아교육의 독립된 한 영역으로 자리매김한 것은 최근의 일이다(임상도, 2014b).

유아교육이 지·덕·체의 조화로운 발달을 지향하는 전인교육을 강조함에도 불구하고, 유아체육교육이 유아교육의 한 영역으로서 위상 정립이 타 분야에 비하여 늦은 데는 그 이유가 있다. 유아의 신체, 체육, 움직임을 심리적인 것과 결부시켜 보려는 시각 때문이다. 실상 유아의 신체와 정신은 분리할 수 없는 면이 있다. 즉, 중고등학교 교과목처럼 사회교육, 체육교육으로 구획화하기 어렵다. 짐머(Zimmer, 2005)의 『아동의 심리운동을 위한 움직임과 이완』(김문주 역, 2007)이라는 저서가 이를 잘 대변해주고 있다. 교육의 개념을 분석한 홍은숙(2007)은 ‘인간을 신체적, 정신적 또는 지적·정의적·심리체동적(心理體動的, psycho-motor) 등 몇 개의 영역으로 나누고 있으나, 이것은 단지 사고의 편의를 위한 것이다. 인간을 형성하는 요소가 아무리 많아도 하나로 통정(統整)되어 전체적으로 반응한다.'라고 주장하였다. 이처럼 유아교육에서는 체와 정신을 하나로 묶어 심리운동으로 보는 경향이 강하다(임상도, 2014b에서 재인용). 이에 이화도(2009)는 메를로 퐁티(Merleau-Ponty)의 지각 현상을 중심으로 유아교육에서 몸의 개념을 새롭게 정립한 바 있다. 몸은 정신과 육체의 통합적 자아로 간주하였다. 몸을 통해서 각자의 존재와 인격을 전달되는 과정에서 서로 존중되는 상호주체적인(inter-subjectivity) 관계를 강조하였고, 더 나아가 몸을 통한 유아교육의 방향을 제시하였다. 이처럼 유아교육에서 신체는 정신과 더 나아가 영혼, 의미, 이성을 포함하는 통합된 자아로 이해되어야 할 것이다(임상도, 2014b에서 재인용).

유아교육의 교과목교육에서는 동작교육으로 표기(박화윤, 김영애, 이선원, 이희자, 안라리, 2007; 서동미, 엄은나, 이혜경, 박성희, 2013)되고 있지만, 조만간 유아체육교육으로 표기될 것으로 보인다. 유아의 신체운동발달 영역의 위상 정립을 위해서는 예비교사양성 과정에서 유아동작교육과 더불어 유아체육교육도 포함할 때 체육활동에 대한 인식이 높다는 연구결과가 있기 때문이다(이종향, 김나림, 김치곤, 2013). 유아체육교육은 유아의 신체적 움직임을 통해서 창의적인 표현을 강조하면서도, 생활주제 영역과 통합하여 체육활동을 실시하여야 운동능력을 신장시킬 수 있을 것이다. 그러기 위해서는 유아교사들의 체육활동에 대한 인식 전환을 바꿀 프로그램 개발이 선행되어야 할 것이다. 먼저 교사의 기초체력 증진, 운동능력 향상을 위한 프로그램을 시행하여 유아교사가 체육교육에 대한 새로운 인식을 하게끔 하여, 이를 유아에게 접목할 수 있는 안목을 형성시켜 주어야 할 것이다. 유아교사는 창의적 신체표현활동과 더불어 체육에 대한 전문적 지식, 기술, 태도를 가져야 한다. 일부 초·중·고등학교에서는 학생들이 등교하면 운동장을 한 바퀴 돌고 교실에 들어가는 이유를 한번쯤 생각해볼 때이다(임상도, 2014b에서 재인용).

이러한 연구동향을 보면, 손원호(2013)의 『유아를 위한 체육활동의 이론과 실제』, 윤호창(2013)의 「대구지역 유아체육에 대한 학부모의 인식도 및 만족도」, 이종향, 김나림, 김치곤(2013)의 「유아동작교육, 유아체육교육의 교과목 이수에 따른 유아교사의 유아체육활동에 대한 인식 및 실태 조사」등이 연구된 바 있다. 유아체육교육이 유아교육의 제 영역과 괴리된 채 전개되면, 일부 초·중·고등학교의 체육시간으로 변질되어 유아교육의 본질로부터 벗어나게 된다.

(9) 건강

유아교육에서 건강교육은 가장 기본적이며 본질적인 측면이다. 유아교육의 '교'는 가르치는 의미를 담는다면, '육'은 키운다, 자라게 한다는 측면이 있다. 유아를 키우고 자라게 하는 가장 본질적인 측면은 건강이다. 유아건강교육은 의료, 보건, 간호, 영양, 식생활지도, 정신건강, 안전, 학대에까지 다양한 학문적 영역이 농축되어 있다. 이는 유아교육영역에서 가장 관심이 집중되는 영역 중 하나이다. 임상도(2014b)에 의하면, 유아건강교육은 건강교육의 기본 개념, 표준보육과정과 유치원교육과정에서 건강교육의 방향·강조점, 질환과 건강관리, 영양교육, 식생활지도(급식관리), 시설 및 안전관리, 응급처치, 안전사고 사례 등에 더하여 정신건강, 사회환경안전(교통안전, 화재안전, 유아학대, 납중독, 인터넷 중독)을 강조하고 있다(박선희, 김희태, 2012; 허혜경, 김성희, 2012).

유아건강교육이 신체에서부터 정신, 사회까지 범위가 확대된 것은 유아의 건강의 개념이 확대되었기 때문이다. 질병 유무를 위주로 한 신체적 측면의 건강뿐만 아니라 정신적·사회적 건강까지 포괄하는 적극적인 건강이 도입되었기 때문이다. 박선희, 김희태(2012)가 규정한 건강한 유아란 '연령에 알맞은 신체발육과 질병 없이 신체적으로 건강한 유아, 능동적으로 활발하여 순조로운 정신이 건강한 유아, 주변 사람들과 바람직한 사회생활을 할 수 있는 유아'이다. 이처럼 유아건강교육은 과거 신체건강과 정신건강이 분리되어 있다는 이분법적 사고방식에서 벗어나 신체건강과 정신건강, 사회적 건강까지를 포괄하는, 즉 가산법적 개념이 아니라 승법적 개념으로 간주하는 것이 현대 유아교육의 경향에 적합하다고 할 수 있다. 이는 신체적 · 정신적 · 사회적으로 건강(사회성)한 유아로 교육하는 것이 전인교육을 지향한다고 본다. 신체적 건강, 정신적 건강, 사회적 건강을 통합하여 교육하려고 한 것은 유아를 단편적으로만 이해할 수 없게 한다(임상도, 2014b에서 재인용).

연구동향을 보면, 유아와 스마트폰, 요가 및 한방체조, 유아건강증진, 우울증후 선별검사, 식생활 및 식품선호 등과 같이 사회적 건강, 정신건강, 신체건강 등의 주제가 연구되고 있다. 유아기에 형성된 건강에 대한 태도와 습관은 성인기까지 지속함으로써 유아에게 현재, 미래의 건강을 위한 올바른 지식과 기술, 태도를 갖도록 해주어야 한다. 이를 위해서는 유아건강교육에 대한 연구가 심리, 체육, 영양, 안전·보건·위생·간호를 포괄하는 연구로 진행되어야 할 것으로 보인다. 박은영, 장완수의 연구(2013, 유아교육기관 관련 판례를 분석)에 의하면, 건강·영양·안전에 대한 판례가 전체 판례의 17%로 차 순위를 차지하고 있다. 보육교사의 보수교육에서는 안전관리, 응급처치, 사고대응 등을 필수과목으로 선정하고 있다. 이러한 점은 유아건강교육의 중요성과 심각성을 유아교육에게 전해주고 있다(임상도, 2014b). 아무리 인지적인 측면이 중요하더라도 유아가 건강을 잃어버리면 유아교육은 근간을 상실하게 된다. '건강한 신체에 건전한 정신'은 간단한 말이지만, 이 세상에서 행복한 상태를 완벽하게 표현한 말이라고 한 로크(Locke, 신득렬, 2000)의 유아교육사상에서 유아건강교육의 중요성을 찾아야 할 것이다.

(10) 프로그램 동향

우리나라 유아교육 프로그램의 대부분은 외국에서 개발되어 도입된 것들이다. 유아교육 프로그램의 동향을 보면, 1960~1980년에는 DARCEE 프로그램과 인지발달적 프로그램이 대부분 소개되었다. 1980~1990년에는 개방주의 교육, 독일의 상황중심 교육과정, 피아제에 근거한 프로그램, 뱅크·스트리트 프로그램, DISTAR 프로그램, 드브리스(DeVries)와 와이카트(Weikart)의 구성주의에 입각한 프로그램, 몬테소리 교육방법 등 다양한 프로그램들이 소개되었다. 1998년 한국어린이육영회가 '반편견 유아교육과정'을 소개하면서부터 유아교육은 다문화주의를 표방하는 세계적인 추세에 접근하는 계기가 되었다. 이러한 동향을 반영하여 김영옥(2009)은 한국유아교육·보육 프로그램의 5개 프로그램(몬테소리, 레지오 에밀리아, 전통문화, 생태유아교육, 다문화교육)의 발전과정, 목적, 내용을 정리하면서 한국 유아교육·보육프로그램의 발전과제를 논의하였다. 여기에서 김영옥은 프로그램 도입에 급급하여 '유아'를 소홀히 하지는 않는지를 반성해보아야 한다고 주장하면서, 한국 유아교육의 가치와 철학을 수렴해야 하고, 외국 프로그램이 한국 문화에 정착하는 데 관심을 두고 교수법 활용하면 한국 유아에게 적합할 것으로 제언하였다. 이경민(2008)은 교육프로그램 측면에서 유아교육의 동향과 과제를 제시하면서, 국내 유아교육 프로그램의 이슈와 과제를 다음과 같이 제시하였다. 유아교육 프로그램의 연구는 활성화 요구(상대적이며 역동적 프로그램을 평가할 수 있는 방법 제고), 방향성의 요구(지식과 본질, 가치에 대한 철학적 논의), 국제화 및 다원화 요구(각 프로그램의 장점 간의 융합), 다양화와 양질화의 요구 등이 있어야 할 것을 주장하였다(임상도, 2014b에서 재인용).

1990년에 프로젝트 접근법과 레지오 에밀리아 접근법이 소개되면서 유아교육의 질 제고를 반성할 수 있는 계기가 되었다(방인옥 등, 2013). 현재 프로젝트 접근법과 레지오 에밀리아 접근법은 한국 실정에 적합하게 변형되어 나름대로 유아교육현장에 적용되고 있다. 동화 프로젝트가 그중 한 예이다. 또한 박영태, 허해옥(1998)의 '인성교육 프로젝트'는 전국적인 연구회가 조직되어 유아교육의 현장에 실제로 파급되어 그 효과가 검증되고 있다. 이처럼 유아교육현장에서 자생적으로 시작하여 유아교육에 적합하게 시행되고 있는 프로그램들, 즉 초야에 묻혀 있는 프로그램들을 발굴하고 체계화하여 한국 유아교육현장에 전수해야 할 것으로 보인다. 이 작업에 관련 학회가 도움을 주어야 할 것이다. 최근 프로그램의 동향을 보면, 체험중심, 동화를 활동한 유아 다문화교육 프로그램, 통합창의프로그램, 예비교사를 위한 다문화 인성프로그램 및 창의·인성프로그램, R-러닝로봇기반의 언어프로그램 등이 연구되고 있다(임상도, 2014b에서 재인용). 현재 서양의 유아교육이 우리나라에 도입된 지는 100년이 넘었다. 그 과정에서 우리나라의 토착문화와 융합된 독특한 프로그램들이 유아교육현장에서 적용되고 있다. 유아교육학회는 이러한 프로그램이 체계적으로 조직적으로 구성될 수 있도록 이론적 배경을 제공해야 한다.

(11) 다문화교육

다문화교육은 포스트모더니즘이 유아교육에 도입된 상징적 의미가 있다. 차이, 다양성, 배려의 덕목을 내세우는 포스트모더니즘이 유아교육현장에 도입되면서, 다문화가정 유아를 위한 교육에 일대 변화가 일어났다. 임상도(2014b)에 의하면, 포스트모더니즘이 유아교육에 접목되면서 가장 많은 관심을 끌게 된 분야가 다문화교육이다. 외국인과의 결혼, 외국인 노동자의 노동시장 유입으로 인한 우리 사회의 문제를 해결하는데, 이는 하나의 실마리를 찾으려는 노력의 하나로 볼 수 있다. 유아교육에서 다문화교육과 관련 저서를 보면, 구정화, 박윤경, 설규주(2010)의 『다문화교육의 이해와 실천』, 이정선, 최영순, 김정우, 이경학, 임철연, 최만, 유현석(2010)의 『초등학교 다문화교육의 이해』, 박찬옥, 지성애, 김미경, 이부미, 채영란, 김현경, 김순자(2011)의 『유아 다문화교육』, 박혜준, 박새롬, 서진실, 이보람(2012)의 『유아 다문화교육론』, 한은숙(2012)의 『유아 다문화교육』은 다문화를 이해하는 데 도움을 주고 있다. 다문화교육의 내용을 보면, 다문화주의가 대두한 배경을 철학적 측면, 사회적 측면, 정치·정책적 측면에서 고찰, 세계 주요국의 다문화 정책과 교육, 다문화주의 유형(자유주의적 다문화주의, 조합적 다문화주의, 급진적 다문화주의, 주변부 자치, 통합조건 재협상, 자치권 요구, 대규모 이민), 다문화주의 비판, 다문화교육의 과제, 다문화 가정의 실태와 교육, 다문화교육의 원리, 다문화교육의 실제적 내용, 다문화교육의 교수·학습방법, 다문화교육 프로그램, 다문화교육의 평가 등으로 구성되어 있다. 즉,

다문화교육은 유아교육의 전 교육과정에 포함될 정도로 하나의 독립된 영역을 형성하고 있다(임상도, 2014b).

철학적으로 혹은 국가·사회적으로 다문화에 관한 담론이 활발하더라도 유아가 생활하는 교실은 다문화교육의 최전선이다. 이러한 관점에서 박찬옥 등(2011)의 다문화교실의 구성요소는 관심을 갖게 한다. 이들은 레이-도피에라(Lay-Dopyera)와 도피에라(Dopyera)의 반편견 다문화 교실의 운영 내용을 참고로 하여 다음과 같은 점을 강조하고 있다. 첫째, 교사에 의한 시범(수용적 태도, 절절한 중재), 둘째, 다문화적 가치에 대한 교육과정 통합(교육과정은 종교적 신념, 음악, 예술, 과학, 문화를 포함), 셋째, 다문화적 내용의 문학작품 활용, 넷째, 다언어적 경험(다른 언어의 가치 부여), 다섯째, 다른 문화권 내의 개인의 자원 활용(타 문화권의 부모를 초대 등을 통해서 문화공유) 등과 같이 다문화의 교육이 교실에서 일상화나 생활화될 수 있도록 학급 운영에 대한 방향을 제시하고 있다. 교사의 태도, 교사의 기대감(자기충족 예언), 유아와 효율적인 상호작용(긍정·부정 반응에 편중하지 않기, 상호작용 빈도의 편중하지 않기, 비언어적 커뮤니케이션 편중하지 않기, '저성취도집단 = 다문화가정'이라는 등식을 갖지 않기)에 유의할 것을 권고하고 있다(임상도, 2014b에서 재인용).

다문화교육의 연구동향을 보면, 2008~2009년 사이에 약 78%가 연구되었다. 연구주제는 인식·신념·태도, 유아발달 및 특성, 실태 및 현황이 주류를 형성하였고, 정책, 이론적 고찰 및 경향분석, 교사교육의 주제는 상대적으로 소수인 것으로 나타났다(김상림, 안효진, 이시자, 2011). 연구대상은 교사와 유아가 가장 많았고 연구도구는 설문지, 연구방법은 관찰, 실험, 조사순이었다. 연구유형은 양적연구, 질적연구, 문헌연구순으로 나타났다(박희은, 임성혜, 2011). 다문화교육과 관련된 2013년 연구논문의 주제를 보면, 다문화가정의 부모 관련 변인과 교사 관련 변인, 유아 관련 변인의 연구가 다수를 차지하고 있는 가운데, 그림책을 활용 혹은 분석을 통한 연구가 다수를 차지하고 있는 것으로 나타났다. 향후 다문화교육 관련 연구는 이주노동자, 결혼이민자, 북한이탈주민 등 실제 국내 거주하는 다문화인의 문제에 더 좁게는 이들의 자녀교육 문제에 접근해야 할 것으로 보인다. 그 핵심은 다문화가정 유아와 일반가정 유아의 융합이다. 문화적 융합을 위한 프로그램의 개발이 우선되어야 한다. 급식에서 간식, 음식, 풍습, 관습, 생활방식에 대한 융합을 통하여 일체감과 정체감을 공유하도록 해야 한다.

(12) 생태유아교육

유아교육사적으로 보면, 생태유아교육은 새로운 것이 아니다. 유아교육과 자연환경, 생태는 늘 같이해 왔다. 자연주의적 유아교육사상이 이를 증명해주고 있다. 유치원이라는 이름 그 자체가 자연환경을 대변하고 있다. 과학주의에 영향을 받아 자연주의적 유아교육사상은 낭만주의로 치부되었고, 유아교육에 인지발달론이 헤게모니를 장악하게 되었다. 실험심리학에 영향을 받은 인지발달론은 유아교육실과 같은 곳을 인지발달의 실험장으로 선호하지만, 대자연은 선호할 수가 없었다. 이러한 영향으로 유아교육은 대자연으로 멀어지면서 온통 교실에서만, 그리고 공장제품에만 의존하게 되었다. 염지숙, 방유선(2013)은 '20세기까지 교육과정은 교과중심에서 경험중심으로, 다시 학문중심과 인간중심으로 이어졌다가 21세기에는 생태중심, 생명중심이 강조되고 있다.'라고 평하고 있다. 이러한 맥락에서 현대 유아교육에서 생태주의에 기반을 둔 생명존중 윤리가 강조되고 있다. 임재택(2013)에 의하면, 유아교육에서 생태교육은 유아생태교육으로 대변된다. 그 주된 내용을 보면, 생태유아교육의 성격, 생태유아교육의 배경, 생태유아교육의 기본관점, 잉태·태교·출산·육아, 생명의 의식농(醫食農), 생태유아교육과정, 생태유아교육 프로그램, 생태적 생활공간, 생태유아교사교육과 부모교육, 생태유아교육의 과제와 전망으로 유아교육의 내용을 넘어 인간의 의식주까지를 포괄하고 있다(임상도, 2014b에서 재인용).

유아교육에서 생태교육은 페스탈로치(Pestalozzi)의 노작교육, 프뢰벨(Froebel)의 유치원, 오웬(Owen)의 유아학교, 맥밀란(McMillan) 자매의 야외유아학교에서 동식물 기르고 가꾸기의 활동을 실시하였다. 이러한 교육만으로는 자연환경에 따른 생태적, 인류적 위기를 극복할 수 없다는 결론에 도달하면서 생태유아교육 프로그램, 발도르프 교육, 숲 유치원에 대한 관심이 집중되고 있다. 생태유아교육을 주도하고 있는 임재택(2013)은 생명론 내지 생태론과 유아교육이 만나면서 생태론적 접근의 유아교육이라는 의미를 내포하는 'eco-early childhood education', 즉 생태유아교육을 제시하였다. 염지숙, 방윤선(2013)은 '생태주의는 관계성에 기초하여 인간만이 아닌 모든 생명체의 생명성을 복원 · 공존하고자 하는 생명중심의 생명윤리는 현대 포스트모던 시대의 교육이 반드시 추구하여야 할 태도이며 내용이다.'라고 하였다(임상도, 2014b에서 재인용).

임재택(2013)의 『생태유아교육개론』은 동서양의 생명 혹은 생태사상을 민간 신앙에서부터 동학, 증산도, 대종교, 원불교, 유교, 도교, 불교, 그리스도까지 종교적 관점에서 설명하고 있다. 임재택, 김은주, 하정연, 권미량, 조채영(2013)은 생태유아교육을 유아교육기관에 실천할 수 있도록 생태유아교육 프로그램 계획과 운영, 생태유아교육 프로그램 실천에 따른 변화(유아, 교사, 유아교육기관, 부모, 지역사회), 생태유아교육 프로그램의 실제(세시풍습, 산책, 텃밭 가꾸기, 바깥놀이, 명상, 손끝놀이, 몸짓놀이, 초기적응, 절제·절약, 노인·유아의 상호작용, 생태미술, 먹을거리) 등을 제시하고 있다(임상도, 2014b에서 재인용).

민정아(2013)의 연구를 보면, 생태교육에 대한 관심이 반영되면서 다소 짧은 기간임에도 불구하고, 생태유아교육과 관련된 연구논문이 2000~2011년 사이에 석·박사 논문 및 등재후보 이상에 게재된 논문이 101편이었다. 연구동향을 보면, 유아 관련 연구, 교사 관련 연구, 부모 관련 연구순으로 연구되고 있는 실정이다. 이에 앞서 이일주, 장인영(2012)은 생태 관련 용어통일을 위한 기초연구를 하면서, 유사 용어통일과 함께 의미를 통일시켜 학문적 정체성을 확립할 것을 권고하고 있다(임상도, 2014b에서 재인용). 보다 최근에는 생태그림책(동화책)의 활용, 생태체험활동, 생태교육에 대한 교사의 인식 등에 대한 연구논문이 게재되고 있다.

이뿐만 아니라, 삼림청이 삼림교육전문가 양성과정(유아 숲 지도자 양성)과 체험중심의 숲 유치원을 실시하면서부터 숲 유치원 관련 논문이 증가하고 있다. 2011년 이후 숲 유치원 관련 논문이 점차 증가하고 있으며, 숲 유치원 효과, 숲 유치원에 대한 인식과 요구, 숲 유치원 발달 및 현황, 숲 유치원에 대한 이론적 고찰의 순으로 연구의 빈도 수가 증가하고 있다. 이에 숲 유치원은 유아의 신체, 사회·정서, 인지 등의 긍정적인 효과가 있는 것으로 규명되고 있다. 단순히 숲 유치원을 체험하는 형태에서 벗어나서, 숲 속에 유치원을 세워서 유아가 일상생활을 할 수 있게끔 숲 유치원 설립에 대한 규제를 완화하여야 할 것이다. 생태유아교육과 숲 유치원은 물과 고기, 교육과 교사의 관계처럼 밀접한 연관성을 맺고 있다. 유아가 실제로 생활하는 숲 유치원은 국제적, 사회적, 교육적으로 강조되는 시대적 요구와도 그 맥을 같이한다고 볼 수 있다. 원래 유치원은 숲 속에 있는 정원이 있었다(임상도, 2014b). 이러한 생태유아교육은 유아교육의 본질적 측면 내에서 전개되어 자연생태를 보존하고, 더 나아가 생명존중사상을 유아들에게 가르쳐야 할 것이다.

3) 유아교과교육

유아교육에서 교과교육이 무엇을 의미하는지에 대해서는 논쟁적이다. 교육의 하위

영역을 구분할 때 성인교육, 청소년교육, 유아교육으로 구분하지만, 일반적으로 교과교육으로 구분하고 있다. 수학교육, 영어교육, 음악교육, 미술교육 등과 같이 각각의 교과를 의미한다. 여기서 각 교과의 교육을 어떻게 할 것인가를 고민하는 것이 교과교육학의 핵심이다. 그렇다면 유아교육을 하나의 교과로 볼 수 있는가? 유아교육 내의 영역은 위에서 언급한 각각의 교과들이 제시되고 있다. 우선 유아교과교육의 내용을 보면, 교과의 정의, 통합교육과정과 유아교과교육, 교과교육의 교수·학습과정, 교과운영, 교과내용(언어교육, 사회교육, 수학교육, 과학교육, 미술교육, 음악교육, 동작교육), 통합적 접근으로 구성되어 있다(박찬옥, 서동미, 곽현주, 2014; 박화윤 외 8명, 2011).

예비교사 시절에 유아교사는 유아교사양성과정에서 배우는 각 교과의 내용(언어교육, 사회교육, 수학교육, 과학교육, 미술교육, 음악교육, 동작교육)을 생활주제를 중심으로 각 교과를 통합할 수 있어야 한다. 그러면서 활동을 중심으로 다른 교과 간 또는 교과 내 교육내용을 통합할 수 있어야 한다. 예비유아교사는 이야기 나누기, 게임, 노래, 동극, 창의적 신체표현, 요리활동의 정의, 목표, 수업절차에 따른 지도방법 및 지도전략, 교사의 역할 및 유의점, 교재교구에 대한 상세한 안목을 갖고 있어야 한다(박찬옥, 서동미, 곽현주, 2014).

이러한 연구동향을 보면, 유아예비교사를 위한 교과교육론(남웅선혜, 임진형, 2000), 유아교사를 위한 교과교육학 지식과 과학교수 태도(김영애, 2001), 발도르프 유아교육의 원리와 유아교과교육(김정임, 2008), 그리고 유치원 교사 양성을 위한 교과교육 영역의 운영, 유아교사를 위한 각 교과의 교육방향 등이 연구되었다. 하지만 유아교과교육은 유아교과교육의 교재만큼이나 연구논문이 많은 상태는 아니다. 유아교육 전공 및 교직과목 교재를 통한 교과 내용을 분석한 정진, 성원경, 이춘자, 조인경(2007)의 권고를 보면, 각 교과 간의 공통점이 거의 없는 경우도 있고, 교과 간 내용이 중복되는 경우도 있다는 점을 고려한다면, 유아교육의 각 교과의 내용 구성에 대한 논의가 향후 개진되어야 할 것으로 보인다(임상도, 2014b에서 재인용).

'무엇을 왜 어떻게 가르쳐야 할 것인가?'에 대한 문제의 답은 고대에서부터 20세기까지, 심지어는 지금까지도 형식도야이론에서 찾고 있다(이홍우, 1997). 따라서 교과의 중요성은 말할 것도 없고, 각 교과가 가지고 있는 도야적 가치를 인정할 수밖에 없다. 반면 듀이의 교과판단 중요성 기준은 '사회적인 것'이었다. 이는 사회생활에 얼마나 유용한가에 비추어 보았다. 그렇다고 듀이는 교과의 가치를 부정한 것이 아니라, 교과가 사회적 맥락에서 유리된 것을 비판한 것이다. 그렇다면 형식도야이론을 바탕으로 하는 교과교육과정의 교과를 통합교육과정에서는 각 교과 지식의 구조(학문적 구조, 각 학문의 개념과 탐구방법)를 훼손하지 않고, 어떻게 가르쳐야 할지를 유아교과교육에서 고민해야 할 것이다(임상도, 2014b). 각 교과를 통합은 하되, 각 교과가 가지고 있는 지식의 구조를 유지하면서 가르쳐야 유아는 각 교과가 가지고 있는 지식의 형식에 입문된다. 각 지식의 형식에 입문된다는 것은 각 교과에 대한 기초적인 안목이 형성된다는 의미이다. 유아교과교육은 이 부분에 대한 명확한 입장을 정립해야만 용병학문의 논리로부터 자유로울 수 있다.

4) 유아교수 · 학습방법

유아교육에서의 유아교수·학습방법은 다양하다. 이는 마치 문자가 없던 원시시대에 구성원들 간에 의사소통을 위한 도구를 보는 듯하다. 유아는 아직 문자 해독력이 부족하기 때문에 가르치려고 하는 내용의 전달방법 또한 다양할 수밖에 없다. 임상도(2014b)에 의하면, 유아교수·학습의 내용은 유아교수·학습의 이론, 유아교수·학습의 원리 및 유형, 상호작용과 발문법, 유아교수·학습의 환경구성, 유아교수·학습의 운영 및 평가, 그리고 유아교수·학습의 실제(자유선택활동, 이야기 나누기, 동화, 동시, 동극, 게임, 신체표현, 조형, 요리, 실험, 산책, 텃밭 가꾸기, 견학) 등으로 구성되어 있다(김미량, 김수희, 2013; 김정원, 김유정, 이효정, 2008; 신혜은, 고태순, 장세희, 2012; 임부연, 오정희, 2013).

(1) 일반적 경향

유아교수·학습은 초·중등교육의 교수·학습방법과 구별된다는 점이 유아교육의 독특성이라 할 수 있다. 유아교수·학습에서 가장 빈번하게 등장하는 용어가 상호작용이다. 상호작용은 인정하기, 모범보이기, 촉진하기, 지원하기, 지지하기, 함께 구성하기, 시범보이기, 지시하기 등으로 설명되고 있다(비지식적인 것에서 지시적인 것으로). 신혜은, 고태순, 장세희(2012)는 여기에 더하여 상호주관적 의사소통(intersubjective communication)을 제시하였다. 이는 비고츠키의 관점을 수용하여, 나의 주관과 타인의 주관이 함께 공유되는 지점에서 바람직한 상호작용이 형성됨을 강조하고 있다. 이를 상호주관적 의사소통으로 보면서 그 필수적인 구성요소로 정서 공유, 주의 공유, 목적 공유가 포함되어야 한다고 보고 있다. 상호주관적 의사소통은 언어적·비언어적 의사소통을 포함하여 관계적 상호작용, 감정이입적 상호작용인 것이다(임상도, 2014b).

유아교육에서 또 다른 특이점은 발문이다. 유아교수·학습적 상황에서 유아교사는 언어 및 비언어적 것에 걸쳐서 발문을 사용한다. 발문의 범위는 질문하고, 답하고, 경청하고, 정서를 수용하고 반응하는 비언어적 표정과 몸짓까지도 포함된다(김미량, 김수희, 2013; 신혜은, 고태순, 장세희, 2012). 이러한 유아교사의 발문은 유아의 비판적 사고, 반성적 사고, 합리적 사고 등 다양한 형태, 다양한 수준의 사고를 자극하여 학습활동을 촉진할 수 있다(정용부, 오성숙, 2008). 또한 문답을 통하여 스스로 사고활동을 촉진하고 탐구하는 능력을 함양하는 것은 공자가 등장하는 논어, 소크라테스가 등장하는 플라톤의 저작들(특히 메논과의 대화)을 상기시켜준다. 교육방법의 원형이 유아교육현장에서 발문으로 지속하고 있다는 것은 유아교육이 교육의 원형이 아니었는가를 생각하게 한다(임상도, 2014b에서 재인용). 매체 사용도 마찬가지이다. 의사소통을 위해서 다양한 매체를 활용하여 생각을 전달하고 수용하는 행위도 유아교수·학습이 단초가 된다.

유아교수·학습방법에 대한 연구동향을 보면, 유아교육분야 R-러닝 관련 연구동향분석(이정욱, 이소정, 2013), 교육용 로봇(박성미, 김민진, 2013), 협동학습을 적용한 유아사회교수법의 효과, 유아문학교육을 위한 교수설계모형, 유아교사와 예비유아교사를 위한 교수법과 교육계획안 등이 연구됨과 동시에, 각 교과 교수·학습법에 대한 연구가 다수를 차지하고 있는 것으로 나타나고 있다(임상도, 2014b에서 재인용). 유아교수·학습방법에서 아날로그 형태의 이야기 나누기, 발문, 상호주관적 의사소통의 상호작용 등의 교수·학습법 더불어, 정보통신기술(ICT)을 활용하여 예비유아교사, 유아교사의 수업행동을 분석하고 교정해 줄 수 있는 수업컨설팅도 도입되어야 할 것으로 보인다. 또한 정보통신기술을 활용하여 유아교사가 스스로 자기 수업을 분석하고, 교정하는 수업행동분석에 대한 것도 검토해보아야 할 것이다(임상도, 2014b).

(2) 놀이

놀이는 유아교육의 본질이며, 놀이를 통한 교육이 이를 뒷받침해 준다. 유아들의 활동 자체가 놀이인 점을 감안한다면, 놀이에 대한 심층적인 논의가 있어야 할 것으로 보인다. 유아교사양성과정에서 유아놀이지도는 놀이의 개념과 이론, 놀이의 교육적 가치, 유아발달단계와 놀이, 유아교육영역과 놀이, 놀이영향을 미치는 요인, 놀이환경 구성과 교사의 역할, 놀이관찰 및 평가, 전통놀이 및 놀이의 종류, 놀잇감을 그 내용으로 삼고 있다(이순복, 김성원, 김정희, 박지영, 석은조, 2013; 최석란, 이경희, 이상화, 서원경, 2013). 이러한 내용에 '뇌 과학' 이론을 도입하여(유아기에 측두엽을 발달시키는 교육을 선행하게 되면, 전두엽을 자극하지 못하고 측두엽이 과잉 교육으로 손상을 받는다.), 정서적 감성과 사회적 인성을 기를 수 있는 놀이활동을 많이 제공하여야 한다는 측면이 강조되고 있다(이순복 외, 2013). 유아의 경험은 인지적 · 정서적 신경회로의 구축뿐만 아니라, 측두엽과 전두엽 영역의 정보를 통합하는 능력에 영향을 미치므로, 즐거운 놀이를 통한 학습을 강조하고 있다(임상도, 2014b에서 재인용).

놀이의 연구동향을 보면, 기존의 프로이드(Freud), 피아제, 비고츠키의 놀이 개념에서 벗어나서 놀이의 개념을 문화의 한 양상으로 보려는 후징가(Huizingga)와 캐이로스(Caillois) 개념을 도입하고 있다(서현숙, 2007). 최근에는 포스트모더니즘의 관점에서 놀이를 이해하고 해석하려는 입장이 나타나고 있다(이순복 등, 2013). 또한 놀이의 획일적 가치를 해체하여 다원화된 관점을 갖게 한다. 2009년 이후에는 놀이와 발달에 관한 연구가 주류를 이루었고 놀이행위, 놀이지도가 그 다음으로 많이 연구되었다. 놀이평가는 상대적 가장 낮게 연구되었고, 양적 연구는 검사법으로, 질적 연구는 관찰법으로 수행되는 경향이 있다(이시자, 2010). 최근 유아놀이지도의 연구주제는 영아놀이 연구경향, 집단놀이, 숲과 자연놀이 활동, 실외자유놀이시간 등과 관련하여 연구되고 있다(임상도, 2014b에서 재인용). 이러한 놀이연구의 연구 경향과 함께 놀이치료에 대한 교육이 활성화되고 있다. 가령 강문희(2012)의 주장을 보면, 놀이치료를 위한 환경구성은 6~10평 크기의 교실, 모래상자, 물놀이장, 세면대, 놀이도구 선반, 책상과 의자, 낙서용 백색판, 기타시설(일방경, 녹음시설, 녹화시설)을 제시하고 있다. 놀잇감 선정의 원리로는 흥미, 감정표현, 치료자와 유아 간의 교류를 촉진, 욕구좌절이나 활동을 억제하지 않는 것, 창의성을 촉진하는 것 등을 제시하고 있다. 놀이치료실에 배치할 놀잇감은 다양한 종류의 인형, 소꿉놀이, 여러 가지 타는 것, 공격성을 표출하는 무기, 물놀이, 모래놀이, 적목, 학용품, 공, 게임종류, 책, 악기 등이다. 놀이치료과정의 치료횟수는 10~20회 정도로, 준비단계, 도입단계, 중간단계, 종결단계로 구분되어 있다. 놀이치료사는 허용적인 분위기 연출, 친숙한 관계, 수용, 존중, 칭찬, 격려, 시인, 인내심을 갖고 임해야 한다(임상도, 2014b에서 재인용). 김예주, 이윤주(2012)에 의하면, 놀이치료의 연구는 2003년부터 놀이치료에 관한 연구물이 등장했으며, 연구주제는 부모 관련, 의사소통 및 대인관계향상, 부적응 및 문제행동 순으로 나타났다, 놀이치료기법으로는 치료놀이, 모래놀이치료, 부모교육치료, 미술놀이치료, 게임놀이치료순으로 연구되었다. 놀이치료가 유아교육현장에 일반화되기 위해서는 놀이치료사 교육에 대한 과정이 제도권 내에서 논의되어야 하고, 놀이치료의 교육적 효과는 유아교육 관련 학회로부터 검증을 받아야 할 것으로 보인다(임상도, 2014b에서 재인용).

유아교육에서 놀이는 유아교육의 제 영역을 수행하는 활동이다. 놀이의 교육적 가치에 대해서는 논쟁의 여지가 있지만, 놀이가 유아교육의 핵심을 차지하는 것만은 분명하다. 유아들의 놀이시간이 점점 줄고 있고, 교실 혹은 보육실에서만 놀이를 강조하고 있다는 점이 유아교육의 본질을 왜곡하고 있다. 야외에서 아무런 조건 없이 노는 모습이 바로 놀이의 원형이다.

5) 유아교육평가

유아교육에서 평가는 그다지 관심을 갖지 못하였다. 그 이유에는 여러 가지가 있겠지만, 유아교육의 평가가 타 교육 대상에 비하여 목적 지향적이지 못했기 때문이다. 유아교육에 경제적 논리가 침투하면서 소비자 중심교육, 수요자 중심교육이 강조되면서 유아교육에 평가의 중요성이 대두되었다. 어린이집 평가인증제, 유치원 평가인증제가 그 일례이다. 최근에는 유아교육평가가 유아교육기관의 평가인증제와 연동되면서부터 관심이 집중되기 시작하였다. 그 내용으로는 유아교육평가의 필요성과 목적, 유아교육평가의 유형과 방법, 문항제작과 분석, 평가의 타당도·신뢰도·실용도, 관찰기록의 유형, 조사연구법, 표준화 검사법, 질적 평가연구, 포트폴리오 평가, 연구와 보고서 작성 등 다양한 내용으로 구성되고 있다(김희태, 백순근, 2012). 최근 유아교육평가의 중요성에 비추어 보면, 유아교육평가에 대한 도서 자료는 김희태, 백순근(2012), 권기욱(2007), 최일선(2010), 황해익(2009) 등과 같이 소수에 그치고 있다. 연구의 경향을 보면, 유아교사의 수업평가(김호, 2013; 박승순, 2013; 서동미, 엄은나, 2013), 그 외 예비유아교사의 자기평가, 그리고 포토폴리오와 관련된 평가 논문이 다수 출간되고 있는 실정이다(임상도, 2014b에서 재인용).

유아교육기관의 평가를 살펴보면, 양옥승(2002c)의 『유아교육기관종합평가 모형개발』을 시작으로 하여 유아교육기관평가(권기욱, 2007; 김경철, 김안나, 2009; 이기숙, 2012; 이대균, 2004)의 도서들이 출간되었고, 연구논문으로는 유정은(2014)의 「유아교육기관 운영관리 평가척도 및 타당화에 대한 연구」가 있다. 또한 평가인증제를 통과한 시설에 대하여 제 변인에 관한 연구도 계속되고 경향이 있다. 보육시설 평가인증지표와 유치원의 평가지표 간의 비교연구(하정희, 2011)와 유치원 교사의 유치원평가에 대한 인식에 대한 연구(김진, 2012)도 있다(임상도, 2014b에서 재인용). 유아교육의 평가와 유아교육기관의 평가가 유아교육이라는 범주 내에 포함되는 것임을 고려한다면, 유아교육평가 내에 유아교육기관 평가에 대한 내용을 담아 유아교육평가의 영역을 확대할 필요가 있다고 사료된다. 이는 유아교육평가에 대한 관점에서 유아교육기관 평가를 준비할 수 있는 안목을 형성해주어야 한다는 의미이다. 각종 교육에서 평가체계는 질 관리(평가 환류) 체계를 통하여 내실화하는 방안을 요구하고 있다. 유아교육에서도 수업평가 결과 활용, 수업공개 및 탑재, 개선 환류체계(CQI)의 시스템 구축(임상도, 2014b) 등과 같은 점을 유아교육평가에 진지하게 검토하여야 할 것이다.

유아교육에서 이러한 평가는 시간이 지나면서 어떤 형태로든 증가할 것으로 예상된다. 유아교육에서의 평가의 대상이 유아 혹은 기관과 관계없이, 평가과정에서 유아의 인권이 무시되거나 유아교사의 교권이 추락되는 경우는 없어야 한다. 유아와 교사의 상호작용 여부를 평가하기 위해서 교육실 혹은 보육실을 예고도 없이 방문하여 상호작용의 질을 저해해서는 안 된다. 평가보다 더 중요한 것은 유아와 교사 간의 질적 상호작용이다. 실제 수업장면에서 들어와서 유아와 교사의 상호작용을 평가하는 것은 유아의 인권과 유아교사의 교권을 침해하는 것이다. 실제 수업이 일어나는 교실과 보육실은 실험실이 아닌 생명력이 왕성한 도덕적 상황이다.

6) 유아교사교육

유아교사교육은 유아교육의 질을 결정하는 중요한 한 요소이다. 유치원 교사, 어린이집 교사를 포괄하여 유아교사라고 부르고 있다. 유아교사는 초·중·고등학교 교사처럼 사범대학(사범계열)에서 최소한 교직과목을 이수하여야 교사를 지위와 권한을 가질 수 있다. 현재 유보통합에서 논의되고 있는 통합교사를 사범대학(사범계열)이 아닌 학과, 계열에서 양성하더라도 교직과목 이수는 필수적이다. 이처럼 유아교육에서 유아교사교육은 교사양성에서부터 전문성 함양까지 논의해야 할 부분이 다양하다. 유아교사교육의 내용을 보면, 유아교사의 자질과 역할, 유아교사의 전문성 함양, 유아교사의 교육 및 실습, 유아교사 양성체계, 교직관 및 교사의 윤리, 직무만족도, 유아교사의 발달과 성장 등으로 구성되어 있다(권영례, 김소라, 2011; 김현자, 김혜금, 이상희, 2012; 염지숙, 이명순, 조형숙, 김현주, 2011). 최근에는 유아교사가 자기성장과 실천적 지식을 증진하는 제 방법에 대한 내용이 포함되고 있다. 특히 실천적 지식을 강화하는 방법으로 반성적 사고의 개념을 도입하고 있다. 반성적 사고를 통해서 실천적 지식을 발달시키려는 방법으로는 저널쓰기, 자서전 및 생애사 쓰기, 실행연구, 포트폴리오, 예술적 표현, 지식공동체 형성 등이 제시되고 있다. 또한 20세기의 교사가 21세기의 유아를 19세기 방식으로 가르치고 있다는 지적은 유아교사교육의 반성을 촉구한다(염지숙 외, 2011). 이제는 21세기 시대정신에 부합하는 유아교사교육의 방향과 방법들이 제시되어야 한다(임상도, 2014b에서 재인용).

한국 유아교육계에서는 오랫동안 유아교사에 관한 이슈는 유아교사의 지위향상과 전문성 신장의 초점에 집중되어 왔다. 유아교사를 둘러싼 사회문화적 환경과 유아교사의 내적 능력에 관한 변인들을 중심으로 유아교사의 위상을 강화하려고 하였다. 유아교사의 전문성을 신장하기 위해서는 유아교사도 실행연구자(action researcher)가 되어야 한다는 지적에 관심을 가져야 한다. 영어 'authority'가 'author'에서 파생되었는데, 'author'는 창조를 뜻하는 라틴어 'augre'에 어원을 둔다. 즉, 권위는 창조할 수 있는 사람에게 주어지 것임을 알 수 있다(김희연, 2004). 유아교사의 지위향상과 전문성을 통한 유아교사의 위상을 높이려는 노력과 더불어, 유아교사가 어떻게 하면 권위를 가질 수 있을 것인가에 대한 깊은 성찰이 필요한 때이다. 유아교사의 학급통제는 권력이나 양심보다는 권위로 하여야 한다. 유아교사가 권위를 갖기 위해서 지식을 창조할 수 있는 능력, 즉 실행연구자로서 능력을 가질 수 있도록 유아교사교육의 방향이 정립되어야 할 것이다. 이러한 연구능력에 더하여 유아교사교육은 방향은 현시대정신을 반영한 포스트모더니즘 윤리정신에 기초한 도덕성을 가져야 한다(염지숙, 방유선, 2013). 그 윤리란 관계에 기초한 돌봄 윤리, 해방적 관점에서의 페미니즘 윤리, 다양성의 평등한 공존을 추구하는 다문화 윤리, 생태주의에 기반을 둔 생명존중 윤리이다(임상도, 2014b).

유아교사교육과 관련된 연구동향으로 영아교사 관련 주제 연구동향을 분석한 김현주(2013)의 연구를 보면, 영아교사와 관련된 연구는 양적 연구방법과 검사법이 많이 활용되고 있으며, 영아교사의 자질 중에서도 전문성을 연구한 논문의 비율이 높게 나타나고 있다. 최근에는 어린이집 교사의 직무스트레스, 상호작용, 저경력 교사의 어려움, 유치원 교사와 어린이집 교사의 직무와 직무수행 분석, 예비교사의 저널쓰기 분석, 예비유아교사의 다문화 이해, 유치원 교사의 R-러닝 교수효능감 분석이 연구되고 있다(임상도 2014b에서 재인용). 유아교사의 자질과 전문성 향상에 대한 문제에서부터 유보통합에 따른 유아교사양성의 문제까지 유아교사교육에 대한 주제는 숙제로 남아 있다. 교사란 교육의 대상에 따라 편의상 유치원 교사, 보육교사, 초·중·고등교사로 구분할 따름이지, 실제로는 교사로 통일하여 호칭한다. 따라서 교사

양성은 단일 체제 내에서 양성되어야 하며, 이러한 체제를 통해서 유아교사양성기관의 권위를 정립하여야 한다.

7) 유아복지

복지의 대상이 확장됨으로 인해 복지와 교육, 좀 더 구체적으로 보면 유아복지와 유아교육이 공존하는 국면이 전개되고 있다. 유아교육에서 유아복지가 유아교육의 가치와 어떻게 공존할 수 있는지를 지속적으로 탐구하여야 한다. 유아복지는 보육교사양성에 필수과목으로 지정될 정도로 최근에 강조되는 교과목 중의 하나이다. 유아복지의 내용을 보면, 유아의 권리, 유아복지의 대상(빈곤유아, 학대유아, 장애유아, 유아입양, 가정위탁유아, 시설유아, 어린이집유아, 비행유아, 이혼가족유아, 다문화유아, 한부모 및 조손가정유아)과 서비스의 분류, 유아복지정책, 그리고 유아복지의 과제와 전망 등으로 구성되어 있다(김은영, 신현옥, 신화식, 정정옥, 2012; 김주아, 류현수, 2013; 오주, 이덕희, 이명희, 2012; 한미현 외 12인, 2011). 아동복지법에서는 아동을 '18세 미만의 자'라고 규정하고 있다. 이 정의는 모든 아동이 아동복지의 대상이며, 아동의 삶이 있는 곳에는 아동복지가 필요하다는 의미를 갖는다. 여기에는 아동의 가정 및 학교도 아동복지의 영역에 포함되는 것이다. 이에 따라 '학교복지', '교육복지'라는 신생어가 유아교육현장에 등장하고 있다. 그러나 국가정책 등을 이유로 아동복지는 요보호아동과 아동학대예방 및 실종아동보호 사업에 집중되어, 아동보육의 사각지대가 발생할 수밖에 없었다. 이러한 문제를 해결하기 위해서는 아동복지에 대한 보편적 서비스를 구축하여 일반아동으로 확대하는 것이 필요하다(김은영 외, 2012)는 논리를 전개하고 있다. 아동복지동향에 편승하여 아동교육현장에서 아동복지를 위한 정책, 실천, 아동복지에 대한 아동교사의 교육, 아동교육기관장의 인식 변화를 위한 교육이 체계적으로 이루어져야 할 것으로 보인다. 모든 아동의 복지 보장을 위한 보편적·예방적 사업을 발전하고자 하는 아동복지가들의 노력이 실질적으로 수행되도록 아동교육의 관점에서 아동복지, 아동교육기관에서의 복지를 개관하는 연구에서부터 효과를 검증하는 연구가 있어야 할 것으로 보인다(임상도, 2014b에서 재인용).

더 이상 아동교육과 아동복지는 '아동보육'이라는 협소한 영역 내에서만 상호의견을 개진할 것이 아니라, 아동교육이 시행되고 있는 모든 영역과 기관, 즉 학교복지, 교육복지라는 공동으로 영역 논의의 장을 확대해야 할 것으로 보인다. 교육학에서도 교육복지를 복지의 한 영역으로 보는 입장과 교육이 바로 복지라고 보는 입장이 있다(정현주, 김은홍, 2013)는 것을 상기할 필요가 있다(임상도, 2014b에서 재인용). 아직까지 유아들 가운데는 여러 가지 이유에 의해서 유아교육을 받지 못하는 유아가 있다. 더불어 영양, 위생, 보건, 의료의 혜택을 받지 못하는 유아를 찾아내어 유아복지를 실현하는 것이 아동복지의 과제이다.

8) 유아교육기관 운영

유아교육기관은 초·중·고등교육기관처럼 공적이어야 한다. 국가는 여러 이유에 의해 유아교육을 민간에 위임하였다. 그 결과 양적 팽창이 있었고, 그에 따른 질적 저하와 행정력이 미치지 못한 것이 사실이었다. 교육은 민간의 전유물이 될 수 없으며, 유아교육기관이 공적인 것을 지향해야 한다는 의미는 최소한 법적으로 법인의 형태를 갖추어야 한다는 것이다. 유아교육기관 운영의 내용은 유아교육과정의 계획, 시설·설비 및 교재·교구의 계획, 원아모집 학급관리, 건강·영양·안전관리, 인적자원관리, 재정 및 사무관리, 가정 및 지역사회와의 협력, 기관평가관리(김수향, 이용주, 이은진, 2013; 황윤세, 임미혜, 이혜원, 2011) 등의 내용으로 구성되어 있는 것으로 나타나 있다(임상도, 2014b에서 재인용). 우리 사회에서는 기관평가의 중요성에 따라 기관평가의 중요성이 가중되고 있다는 점이 특징이다. 이 부분은 유아교육평가 부분과 중복되는 점이 있지만, 유아교육기관의 운영과 관련된 도서들은 유치원 평가지표의 구성내용, 어린이집의 평가지표의 구성내용을 상세하게 설명하고 있다. 유아교육기관의 기관평가 관련 논문의 연구동향을 보면, 어린이집에 대한 평가 관련 논문이 많았으며, 연구주제에 있어도 평가인증지표 및 평가인증제도에 대한 시설장이나 보육교사, 부모 등의 인식을 조사하는 연구가 높았다(이대균, 백경순, 2007). 유아교육기관의 평가인증이 어느 정도 시행된 시점에서 연구동향을 보면, 유아교육기관의 위생, 청결, 양양, 안전에 관한 연구, 유아교육기관의 적응 관련 연구논문, 유아교육기관의 평가지표 비교, 보다 최근에는 유아교육기관 평가 후 유아교육기관 선택에 대한 모의 선택 기준에 관한 연구가 증가하고 있다(고현, 정명자, 2012; 육현수, 2014). 이들의 연구에 의하면, 교육과정, 운영관리, 지원체계, 인적 환경, 물리적 환경 요인이 학부모의 유아교육기관 선택의 중요한 결정 요인임을 확인하였다. 학부모는 유아교육기관 선택 시 급식시설 및 위생상태, 영양 및 급식관리, 건강과 위생관리 등의 운영관리 요인과 교사의 자질 및 원장의 능력과 경험에 대한 평판을 가장 중요한 요인으로 보고 있다는 것이다. 이에 부응하기 위해서는 첫째, 체계적인 교원연수 및 재교육을 통한 지속적인 내부평가 시스템을 구축해야 할 것이다. 둘째, 교육과정, 교육내용 및 방법 등의 교육프로그램 요인의 질적 성장에도 지속적인 관심과 체계적인 투자가 이루어져야 할 것이다. 셋째, 국가 단위의 평가인증지표 구축과 함께 유아교육기관 자체적인 평가인증지표를 개발하여 생존경쟁전략과 마케팅 전략을 구사하여야 할 것이다(임상도, 2014b에서 재인용).

좀 더 보충하면, 유아교육기관 선택요인에 대하여 유치원과 어린이집에 자녀를 재원 중인 어머니는 유아교육기관을 선택할 때, 제시된 거의 모든 영역에 대해 대체로 중요하다고 인식하였다. 유치원 자녀를 둔 어머니는 유치원을 선택할 때 물리적 환경, 인적환경, 운영관리, 교육프로그램, 부모교육순으로 중요하다고 생각하였다. 반면 어린이집 자녀를 둔 어머니는 어린이집을 선택할 때 인적환경, 물리적 환경, 운영관리, 교육프로그램, 부모교육 순으로 중요하게 생각하였다. 또한 도시지역에 살며 유아교육기관에 보내는 어머니는 인적환경, 물리적 환경, 운영관리, 교육프로그램, 부모교육순으로 중요하게 생각하였으나, 농촌지역에 살며 유아교육기관에 보내는 어머니는 물리적 환경, 인적환경, 운영관리, 교육프로그램, 부모교육순으로 선택하였다. 유아교육기관에 대한 개선 요구에 대하여 유치원과 어린이집 자녀를 둔 각 어머니의 인식을 알아본 결과, 유치원에서 개선되어야 할 것은 안전교육 영역으로는 차량지도 및 교통안전교육, 실외안전교육, 실내안전 교육순으로 나타났고, 어린이집은 차량지도 및 교통안전교육, 실외안전교육, 소방 및 재난, 안전교육순으로 나타났다. 또한 유아교육기관의 건강교육, 개선방안으로 유치원과 어린이집 모두 안전한 먹거리 교육, 안전생활지도, 질병과 예방교육순으로 나타났다(육현수, 2014). 결과적으로 학부모가 유아교육기관에 요구하는 것은 가정과 같은 역할을 해달라는 것이다. 이러한 요구를 마틴(Martin)의 주장, 즉, 현대 가정은 더 이상 교육적 기능을 수행할 수 없기에 학교가 그 책임을 나누어야 한다는 것이다. 그래서 마틴은 변화하는 가족에 대한 대안적 학교모델로서 '학교가정'(schoolhome)을 제시하였다. 학교가정은 3Cs (Care, Concern, Connection)에 더하여 안전, 보호, 양육, 사랑을 강조하여 유아에게 안전하고 편안한 양육적 환경을 제공하여야 한다(곽윤숙, 2008)는 의미를 음미해보아야 할 것이다(임상도, 2014b에서 재인용). 즉, 유아교육기관의 평가인증제 도입, 마틴의 학교가정 등은 유아교육기관이 공적인 것을 지향해야 한다는 논리의 결과이다. 유아교육은 공공성을 담보로 운영을 하여야 한다. 다만 수요자 중심의 교육은 공교육의 경쟁력 강화를 위해 도입된 것이므로, 수요자 중심의 교육을 민간의 무분별한 경쟁으로 호도해서는 안 된다.

9) 종교교육

인간의 삶과 가장 밀접한 관련을 맺은 것 중의 하나가 종교이다. 종교는 인간의 삶을 가치 있고 선하게 이끄는 원동력이다. 종교적 신념에 의해서 생활하는 이들의 삶은 활기차면서 선하고 아름다움을 추구한다. 근대 이후 공교육에서는 종교에 대한 교육은 인지과목에 비해서 소홀히 해 왔다. 이는 종교교육과 신앙을 구분하지 못한 데서 오는 결과일 것이다. 임상도(2014b)에 의하면, 근대사회 이후로 교육이 국가 통제로 편입됨으로 인해 교육과 종교는 분리되는 경향이 강했는데, 공교육의 강화로 인해 학교에서 종교활동 내지 더 나아가 종교교육을 하는 것을 '교화'라는 이름으로 금기하는 경향이 강했다. 교화에 대한 논쟁이 이를 대변해주고 있고, 그 진검 승부는 아직까지 계속되고 있다. 이 모든 것은 합리성이라는 관점에서 기인한 것이라 사료된다. 이는 포스트모더니즘의 영향으로 종교적 관점의 유아교육사상을 분석하고자 하는 흐름이 지속되고 있다. 민속신앙에서부터 불교, 유교, 동학, 기독교의 경전을 분석하여 유아교육의 시사점을 도출하고 있다.

유아기의 종교교육 지도에 대한 고찰(이동원, 1989)을 시작으로 하여, 유아교육에서 종교교육 관련 내용이 지속해서 논문이나 교재에 포함되고 있는 실정이다. 불교의 부모은중경(목련경), 불교와 유아교육(권은주, 2000; 김주영, 2008; 류미향, 2011; 백경임, 1981, 1986; 신지영, 1999; 황옥자, 2009b), 원불교(장경도, 2003), 원효(조순영, 임재택, 2009). 대승기신론소·별기(권은주, 신양재, 2012a, 2012b), 백유경(白喩經, 권은주, 1999), 동학의 유아존중사상과 태교사상(심성조, 2001; 조순영, 2009), 불교와 동학에 나타난 생명사상(김점옥, 1998), 불교와 발도르프 유아교육의 비교(고성민, 2005), 기독교와 유아교육(김경미, 2009; 이천영, 2005), 「기독교 유아교육의 연구 동향과 발전 방향」(한국유아교육학회, 2005)이 한국유아교육학회의 『유아교육학의 이해』라는 저서 제22장에 포함되어 있다. 여기에서는 유아교사교육 등 기독교 유아교육의 방향과 과제들이 상당히 구체적으로 제시하고 있다(임상도, 2014b에서 재인용).

이처럼 종교를 통해서 유아교육의 원리를 탐구하려는 시도는 피터스와 허스트의 지식의 형식(형식 논리학과 수학, 자연과학, 자기 자신과 다른 사람의 감정에 대한 이해, 도덕적 판단, 심미적 경험, 종교적 주장, 철학적 주장)에 비추어 보면 의미가 있다고 보여진다. 우리나라는 국교가 없다는 이유로 공교육기관에서의 종교교육을 등한시하고 있다. 종교활동과 종교교육이 다르다는 점을 고려하여 특정 종교활동을 수행하는 문제는 여기에서 언급하지 않더라도, 종교교육은 유아기부터 시작하여야 할 것이다.

각 종교에 대한 이해를 중심으로 종교교육을 받은 유아는 각 종교에 대한 안목을 갖게 되어 존중, 배려, 차이를 인정하게 될 것이다(임상도, 2014b). 특히 다문화와 다종교는 밀접한 관련을 맺고 있다. 지구촌의 문화권마다 각자의 종교가 있다. 우리나라가 다문화사회가 되면 될수록 다종교사회가 된다. 종교 간의 갈등, 전쟁은 '신들의 전쟁'이라 쉽게 해결할 수 없다는 측면이 있다. 그러므로 유아기 때부터 다문화교육과 더불어 다종교육을 실시하여, 다문화사회에서 발생할 수 있는 종교 간의 갈등을 예방해야 할 것이다.

10) 유아부모교육

유아교육의 역사를 고찰해보면, 유아교육과 부모교육은 동일선상에 논의되어 왔다. 부모에 의한 유아교육이 안방교육, 가정교육, 어머니 무릎학교, 부모교실 등으로 이름을 달리해 왔지만 그 본질은 동일하였다. 유아교육은 부모교육과 같이해야 한다.

유아부모교육의 내용은 바람직한 부모 자녀관계이론(민주적 부모교육이론, 인본주의 부모교육이론, 상호교류분석이론, 체계적 부모효율성 훈련 및 이론, 현대 적극적 부모역할 훈련), 가족 간 대화기술, 자녀 부적응행동 대처하기, 기관에서의 부모교육(필요성, 내용, 유형, 부모교육 운영방법, 부모교육 프로그램 계획 및 실행, 부모와 유아의 치료놀이 프로그램) 등을 주요 내용으로 삼고 있다(김연진, 이상희, 2012; 박화윤, 임경례, 강영식, 이연희, 조진희, 2010). 특히 부모교육의 유형으로는 브레인스토밍(brainstorming), 원탁모임(round table), 동심원 모임(concentric circle), 소집단 토의(buzz session), 워크숍과 센터(workshops & centers), 참관과 견학(observation & field trip), 역할놀이(role playing), 극놀이(dramatization), 공개토론회(panel), 대담(colloquy), 토론(debate), 독서회(book review discussion), 시청각 교재(audiovisual), 심포지움(symposium), 강연회(lecture) 등이 있고, 부모교육의 운영방법으로는 부모회, 가정방문, 가정통신문/이메일, 전화대화, 부모면담, 수업참관, 보조교사, 유아교육기관 운영에의 참여, 워크숍, 장난감 대여프로그램 등이 있다(임상도, 2014b에서 재인용).

최근 연구동향을 보면, 부모 참여 관점에서 누리과정 및 무상보육 정책에 대한 연구가 증가하고 있으며, 연구내용으로 양육태도와 및 행동과 같은 주제가 증가하고 있는 것으로 나타나고 있다(이병호, 오한나, 허수향, 2012). 부모교육 프로그램에 관한 메타분석 연구(조경란, 함경애, 천성문, 2013)에서는 부모교육의 효과는 부모의 양육태도, 부모자녀 관계 및 의사소통, 자녀의 변화, 부모의 내적 변화순으로 나타났다. 프로그램 유형에 따른 효과크기는 특정목적을 위한 부모교육 프로그램, 특정대상을 위한 부모교육 프로그램, 이론에 기초한 부모교육 프로그램, 공인 부모교육 프로그램 순으로 나타났다. 처치특성에 따른 효과에서는 집단의 크기가 20~30명일 때, 11~15회 시행했을 때, 시행시간은 150분일 때, 장애자녀의 부모일 때, 모가 부모교육에 참여했을 때, 자녀가 유아일 때가 가장 효과적이었다. 부모교육의 프로그램은 대상과 목적에 적합한 부모교육 프로그램을 선택하고, 처지특성 변인을 고려한 부모교육을 시행하는 것이 효과적이다. 그 밖의 연구 동향을 보면, 부모가 인식한 부모-자녀 관계, 아버지 양육참여, 스마트폰 커뮤니케이션 앱을 통한 학부모와의 의사소통, 적극적 부모역할훈련과 다문화가정의 어머니, 학령전기 아동의 어머니의 유아신체활동 지지, 부모로부터의 학대경험과 유아의 자아존중감 등이 최근에 연구되고 있다. 이는 현대 가족 유형을 반영한 부모교육의 방법을 강구해보아야 할 것으로 보인다(임상도, 2014b에서 재인용).

오늘날 가정의 유아교육적 기능이 약화되고 있는 상황에서는 유아교육과 부모교육을 동시에 실시하여 유아교육의 질적 제고를 도모해야 할 것이다. 유아교육은 유아교육기관에 근무하는 교직원들만으로는 불가능하다. 우선 부모가 유아교육의 전반적인 내용을 주지시켜야 하며, 상식적인 수준으로 유아교육에 간섭하려는 태도를 차단하여야 한다.

11) 특수유아교육

특수교육은 영재교육과 장애아 교육을 모두 포함하는 교육을 의미한다. 이는 일반유아를 중심으로 하여 특수유아가 대상이 된다. 유아교육의 관점에서 영재아, 장애아를 어떻게 교육할 것인가를 고민하는 것이 특수유아교육의 본질이다.

장선철(2007)에 의하면, 특수유아교육의 내용으로는 장애와 특수유아의 정의, 특수유아의 교육적 조치, 장애영역별 교육, 특수유아교육을 위한 진단과 평가, 개별화 및 집단교육 프로그램, 특수유아 가족을 위한 서비스 등으로 구성되어 있다(임상도, 2014b에서 재인용). 연구주제의 연구동향을 보면, 유아중심 중재가 가장 많은 비율을 차지하고 있었으며, 가족참여 및 지원, 행·재정지원, 진단 및 평가, 보조공학, 협력적 접근, 교사, 통합교육, 개별화교육순으로 연구가 많이 진행되었다(노진아, 이규옥, 정길순, 육성희, 2009). 이는 유아특수교육 전문가들이 장애 유아들의 언어, 운동, 사회성, 적응, 인지영역에서의 발달을 최대화하기 위한 중재의 개발 및 적용에 많은 관심을 보이고 있음을 나타낸다. 그리고 2000년도 이후 가족 참여 및 지원에 대한 중요성이 대두하면서, 이에 관한 연구도 증가하였음을 알 수 있다. 예를 들어, 전문가와 부모와의 협력 체계를 구축하기, 효과적인 중재프로그램에 부모를 참여시키기, 부모의 양육태도 개선하기 등에 관한 연구가 수행되었다. 통합교육에 관한 연구 또한 1997년 이후로 꾸준히 증가하여, 2000년 이후부터는 급상승하였다. 통합교육의 세부적인 연구 주제로는 질적인 통합을 위하여 특수교사와 일반교사와의 협력하기, 비장애 부모들의 장애수용에 관한 인식, 일반 유아들의 장애수용 태도를 높이기 위한 전략 등이 있다. 최근 들어 장애전담 어린이집이나 유아특수학교 등의 기관에 재학하는 장애유아들이 중증화되고 있다는 현장의 목소리가 높아지는 것에 맞추어, 보조공학에 관련한 연구도 1999년부터 꾸준히 증가하고 있음을 알 수 있었다. 대부분의 보조공학 연구는 하이테크 중심으로 이루어지고 있었고, 로우테크로는 보완·대체 의사소통법의 한 종류인 그림 의사소통법에 관한 연구가 가장 많이 이루어졌다. 하지만 장애유형 및 정도가 다양한 만큼, 앞으로는 로우테크와 하이테크를 넘나드는 다각적이고 포괄적인 연구도 이루어질 필요가 있을 것이다. 이외에 다른 주제에 비하여 상대적으로 적은 연구가 이루어지고 있는 개별화 교육, 협력적 접근, 행·재정적 지원에 관한 연구도 유아특수교육의 내실화를 위하여 더욱 활발하게 진행되어야 한다. 특히 노진아 등(2009)은 협력적 접근을 강조하고 있다. 협력적 접근이란 전문가와 부모 간의 협력, 협력전문가 간의 협력, 교사 간의 협력 등 다양한 측면에서의 협력을 포함하는 것으로, 유아특수교육의 실행에 매우 중요한 관점이다(임상도, 2014b에서 재인용).

보다 최근에는 개별수업의 부모 참여에 대한 유아특수교사의 인식, 3~5세 일반유아와 말더듬 유아의 의사소통, 발달지체 유아의 놀이행동 탐색과 운동발달, 영유아 관련법의 인식, 장애 영유아의 조기발견 및 진단에 관한 한·일 법령비교 등 다양한 주제와 방법으로 가장 활발하게 연구되고 있는 실정이다. 현재 유아교사 양성교과목에 '특수교육학 개론'이라는 과목이 교직과목으로 선정되어 있다. 이 개론은 총론이며, 구체적 대상을 위한 교육관을 형성하기에는 부족하다. 따라서 특수유아교과목을 생성하여 특수유아에 대한 실질적인 교육관을 형성할 필요가 있다. 특수유아도 유아교육의 대상이기 때문이다(임상도, 2014b). 한편, 일반 유아들보다 어떤 부분에서 뛰어난 영재를 위한 교육은 유아교육 내에서 거의 논의되고 있지 않고 있다. 유아교사가 특정한 분야에 뛰어난 유아를 발견했을 때, 어떻게 지도하고 그 가능성을 계발해 주어야 할 것인가에 대한 유아교육학계의 깊은 성찰이 필요하다.

2 유아교육의 전망

유아교육은 살아 있는 생명체임을 11가지 영역에서 살펴보았다. 유아교육은 끊임없이 새로운 개념과 용어, 방법론, 학문공동체 활동(참고문헌의 학술지명 참조)이 생성되고 있음을 알 수 있었다. 유아교육의 내용, 연구주제가 다양화되면서 유아교육의 세부영역이 계속 분화하고 있음을 알 수 있었다. 한편으로는 인접 학문과의 교류를 통하여 유아교육의 세부영역이 생성되고 있음을 또한 알 수 있었다.

유아교육의 학문적 역사가 일천하고 하나의 독립된 학문으로 태동하려는 시점에서 영역이 분화되고, 다른 학문의 이론을 수용하는 것은 필연적 현상이다. 장상호(2011)의 지적처럼 '독특한 문제와 개념체계, 진리관과 방법론, 학문공동체의 조건의 내용을 완결된 분과학문은 없다.' 다른 학문들과 마찬가지로, 유아교육은 유동적인 상태에 있어 마치 생명체처럼 항상 변한다. 유동적인 상태에 있더라도 유아교육은 독특한 문제와 개념체계, 진리관과 방법론, 학문공동체라는 기준을 형성하려고 노력해야 한다. 또 다른 한편으로 유아교육은 새로운 개념체계, 새로운 방법론, 학문공동체의 전문화를 위해 끊임없이 추구해야 한다. 그래야 유아교육은 유동적인 생명체로 살아갈 수 있기 때문이다. 동시에 유아교육의 영역에서 이론이 구축되어 지식을 형성되어야 한다는 주류가 형성되어야 한다. 이 과정에서 유아교육에 대한 정체성이 없으면 유아교육은 용병학문의 각축장이 되고 만다.

이러한 용병학문의 이론을 수용하기 위해서는 유아교육의 학문적 정체성을 공고히 하여야만 한다. 특히 학문 간의 융합·통합·통섭을 하기 위해서도 유아교육은 학문적 정체성을 확립해야 한다. 유아교육 내에서 가치 갈등은 용인되지만, 다른 학문에 의해 학문적 혼돈이 야기되는 것은 용납할 수 없다. 유아교육의 정체성의 형성 근거는 바로 유아교육철학이다. 유아교육에서 철학적 활동은 유아교육의 본질적 가치를 제공해 준다는 측면에서 유아교육철학의 정립이 시급히 요청된다. 제2장에서는 유아교육에서 철학적 위상과 접근방식에 대한 전반적인 동향을 논의해보도록 한다.

CHAPTER

02 유아교육철학의 당위성과 접근방식

유아교육에서 유아교육철학의 존재에 대한 당위성을 개진하기 위해 유아교육철학의 위상을 살펴보고자 한다. 아울러 유아교육철학의 가치분석을 통해 유아교육철학의 당위성을 정립하고자 하며, 유아교육철학의 접근방식, 효용성이 어떠한지를 임상도(2011)의 연구를 중심으로 살펴보고자 한다.

1 유아교육철학의 위상과 당위성

유아교육에서 철학적 위상은 매우 낮은 상태에 있었다. 그것은 학술지에 게재된 연구 편수가 뒷받침해 주고 있다. 유아교육철학의 이름으로 출간된 저서가 10권(김희태, 곽노의, 백혜리, 2010; 김태오, 2001; 손영수, 2001; 이화도, 2014, 임상도, 2010; 주화정, 2003/번역서: 김태오, 김병희 역, 2006; 윤종희, 이재연 역, 1996; 최기영 역, 1990)이 되지 않는다는 사실이 이를 뒷받침해 준다. 또한 우리나라의 유아교육역사(서양의 유치원교육 기준)가 100여 년이 지났지만, 탁월한 유아교육철학자, 유아교육사상가가 없다는 현실이 이를 말해주고 있다. 최근 포스트모더니즘의 관점에서 유아교육철학에 대한 의견을 개진하려는 일련이 움직임이 있을 뿐이다. '유아교육철학'을 핵심어로 하여 유아교육철학의 내용과 방법을 아우르면서 개관한 연구는 임상도(2011)의 연구가 전부이다.

1) 유아교육철학의 위상

임상도(2011)가 제시한 현재 유아교육에서 유아교육철학의 위상을 요약하면, 심리학 분야의 탁월한 학자들인 헌트(Hunt), 콜버그(Kohlberg)와 메이어(Mayer), 샤피로(Shapiro)와 바이버(Biber), 이간(Egan), 가드너(Gardner) 등은 유아교육에서 철학의 부재와 과학적 연구방법으로의 편중에 대한 우려를 표하면서 철학적 접근의 필요성을 제기하였다. 그럼에도 국내 유아교육학계에서는 철학적 접근은 도외시한 채, 과학적 접근만을 우선시하여 과학주의를 낳았다. 그 결과 유아교육과정의 구성의 기초에서 철학적 근거를 제시할 때, 유아교육철학자, 사상가를 나열하는 식으로 전개하고 있고, 각 교육철학이 유아교육과정 구성에 구체적으로 어떻게 영향을 미치는지에 대한 설명은 미진한 상태에 있다. 게다가 유아교사양성과정에서 유아교육철학은 교과목으로 거의 생성되지 못하고 있는 상태이다. 유아교육철학에서 유아교육철학이 지속적으로 부재하면, 유아교육의 개념을 올바르게 정립하지 못할 것이고, 유아교육과를 독립된 학문을 상징하는 유아교육학과로 성립시키지 못할 것이다. 또한 유아교사들에 유아를 가르치는 목적, 내용에 대한 탐구보다는 지엽적인 부분에만 한정시켜 교육자로서 올바른 신념을 형성하지 못하게 될 것이다. 이보다 심각한 것은 유아교육철학의 부재는 유아교육의 내재적 가치보다는 외재적 가치(수단적 가치)에 종속되는 결과를 가져올 수 있다는 것이다. 유아교육에 철학적 접근이 강화되면 최소한 윤리적 자유교육(포스트모더니즘의 관점에서는 이에 대한 생각이 다를 수도 있다)을 유아교육의 신념으로 갖게 될 것이다.

그동안 유아교육에서는 '유아교육철학은 필요하다.'라고 주장만 해 왔지, 그 구체적인 연구물을 제시하지는 못하였다. 적어도 유아교육에 포스트모더니즘이 등장하기까지는 유아교육철학은 미생단계에 있었다. 연구 편수가 이를 뒷받침해 주며, 유아교사양성기관의 교과목 편성 또한 이를 뒷받침한다. 가르침과 유아교사양성에서 철학이 상실된 것은 그 본질이 상실된 것이나 마찬가지다. 여기에 대한 유아교육학계의 통렬한 비판이 있어야 한다. 이제라도 유아교육양성 교과목에 유아교육철학이라는 교과목을 생성하고, 석·박사과정에 유아교육철학을 전공으로 신설하여 학자를 양성해야 한다.

2) 유아교육철학의 가치

임상도(2011)는 유아교육철학의 가치를 제시하였다. 유아교육철학과 일반철학, 교육철학의 공통점은 인간문제에 관심을 갖고, 유아교육의 문제를 철학에서 찾으려고 하며, 인간의 근본적인 물음과 답을 추구하는 점이다. 다른 점은 유아교육철학은 유아의 행동발달에 관련된 문제나 내용을 다룬다는 점, 유아교육에 다른 학문을 도입할 때 대체 역할을 한다는 점, 유아교육의 내용과 관련을 맺으면 전개가 된다는 점이다. 유아교육철학의 가치는 유아교육을 전체적으로 볼 수 있는 안목을 형성하여 주며, 유아교육현장에서 일어나는 문제의 해결에 있어서 무엇이 본질적인가를 결정하는 데 기여한다는 점, 유아교육의 실제에 이론적 타당성을 제공하며, 유아교육의 연구나 활동에 대한 방향을 제언해주며, 기존 유아교육에 대하여 비판적 관점을 제공한다는 점이다. 이러한 점에 따라 유아교육철학은 최소한 '윤리적 자유 유아교육 원리', 즉 유아에게 가치가 있어야 하고, 추구하는 과정이 도덕적이어야 하며, 유아에게 적합한 내용을 제시하여 유아교육의 제 영역이 지향하는 바를 합치시키게 할 것이다. 유아교육철학의 가치는 유아교육 활동과 직접 관련성을 가질 수 있도록 해야 한다. 이러한 유아교육의 본질적 가치를 정립하기 위해서는 유아교육철학이 활성화되어야 한다.

3) 유아교육철학의 당위성

임상도(2011)는 유아교육철학의 당위성을 학문적 차원에서 논의되어야 한다고 주장하면서 그 근거로 김옥련(1988), 이상욱(2008)의 주장을 제시하였다. 김옥련(1988)은 사실에서 목적을 도출하는 데에는 유아교육철학적 해석이 필요함을 주장하였다. 또한 이상욱(2008)은 유아교사는 선택 상황에서 나름대로 안목을 형성하기 위해서는 철학의 제 영역의 이해가 필요함을 강조하였다. 이러한 주장에 의해서 유아교육철학 관련된 저서가 출간되었지만, 본질적인 측면에서의 유아교육철학 관련 저서는 거의 없었다. 이러한 유아교육철학의 당위성을 정립하기 위해서는 유아교육의 목적, 내용, 방법, 비판, 대안 제시 등을 중심으로 하는 유아교육철학의 주제나 내용이 포함되어야 할 것이다.

유아교육은 우리 사회의 유아교육실제를 지도하지 못하고 있다. 또한 유아교육은 정치논리, 경제논리, 개인적 신념 혹은 경험에 의해 좌우되고 있으며, 지도적인 유아교육이념이 존재하지 않고 있다. 그 결과, 유아교육기관과 유아교사양성기관은 혼돈 상태에 빠져들고 유아교사와 양성기관의 권위도 추락되고 있다. 유아교육철학의 경시 현상이 유아교육 전반에 만연되어 유아철학적 사고 없이, 그저 지시 또는 관습과 관례에 따라 유아교육을 수행하고 있는 풍토를 해소해야만 한다. 이를 위해서는 유아교육철학이 유아교육 내에서 위상을 정립해야 할 것이다.

2 유아교육철학의 접근방식

이러한 유아교육의 위상을 제고하고 유아교육의 당위성이 유아교육 내에 전달되기 위해서는 유아교육철학의 방법론적 접근이 모색되어야 할 것으로 보인다. 철학의 주요 영역과 이들 영역이 유아교육의 저서 속에서 논의되는 영역을 종합하여, 여기에서는 유아교육철학의 영역을 형이상학론, 규범론, 인식론, 분석론, 비판론, 포스트모더니즘, 유아철학교육, 생태유아교육으로 분류하여 그 접근방식을 탐색하고자 한다[2]. 그리고 각 접근의 연구동향(임상도, 2013)을 추가하여 진술하였다.

유아교육철학의 영역 또한 일반철학의 영역과 그 궤를 같이 한다는 관점에서 8가지의 접근방식을 취하였다. 첫째, 유아교육철학의 형이상학적 접근은 플라톤(Platon), 아리스토텔레스(Aristoteles), 코메니우스(Comenius), 로크(Locke), 루소(Rousseau), 프뢰벨(Froebel), 몬테소리(Montessori), 듀이(Dewey)로 이어져 오는 철학과 사상의 계보에 따라 유아교육의 중요성, 조기교육의 필요성, 목적, 유아관, 운영 등에 대한 사고를 우주관, 세계관에 비추어 제시해주었다. 유아교육의 방향, 가치, 제언을 제공하는 측면에서, 그리고 유아교육의 개별과학이 전체지에 빠지지 않도록 또한 유아교육에서 지식의 구획화가 발생하지 않도록 한다. 지나치게 추상적이고 신비적인 측면이 있다는 비판도 있지만, 유아교육의 방향, 목적, 사고를 창출한다는 측면에서는 의의가 있다.

둘째, 규범적 접근은 가치판단에 대한 기준을 제공한다는 측면에서 의미가 있다. 유아도덕교육의 방향, 선악의 기준 제시는 유아교육의 실제에 많은 영향을 주고 있다. 도덕적 판단능력, 유아교수·학습방법이 온당한가에서 생명체를 대상으로 하는 연구가 과연 윤리적인가 등 유아교육의 제 영역에서 도덕적 판단능력을 할 수 있는 준거를 제공해 준다. 이는 유아의 도덕교육에서부터 유아교육의 방법에 있어서 윤리성, 유아교사의 윤리관 등에 이르기까지를 탐구한다.

셋째, 인식론적 접근은 유아가 지식을 어떻게 구성하는지를 탐구한다. 유아에게 인지적 갈등상황을 제공하여 스스로 지식을 구성할 수 있도록 하는 것, 유아들 간에 협동적 공부 혹은 또래보다 나이가 상위에 있는 사람으로부터 도움을 받는 공부는 유아의 인지, 사회성 발달을 촉진할 수 있다. 이 접근은 유아교사는 무엇을 가르쳐

2) 임상도(2011). 유아교육철학의 당위성과 접근방식 탐색. 유아교육학논집, 15(3), 127-133의 내용에 유아철학교육, 생태유아교육을 첨가하였음.

야 하고 어떻게 가르쳐야 할 것인가에 대한 답을 제공해 준다. 결국 유아교육의 지식을 어떻게 구성하고 어떻게 가르쳐야 할 것인가에 궁극적인 탐구를 시도한다.

넷째, 분석적 접근은 유아교육이 학문적 차원으로 승화되지 못한 까닭으로 유아교육의 개념에서부터 용어, 표기방식, 정당화 등에서 모순점과 불일치를 들어내고 있다. 논리적 검증이 없이 사용되는 부분을 찾아 명백히 함으로써 의사소통을 원활히 하고자 한다. 유아교육에서 사용되고 있는 용어의 일관성과 통일, 유아교육의 주요 용어에 대한 개념정립 및 정당성을 탐구해야 한다.

다섯째, 비판적 접근은 유아교육을 지배해 왔던 실증주의가 유아교육에 어떠한 영향을 미쳤는지를 비판적으로 분석하면서 대안을 제시하고 있다. 유아교육의 현실을 정치, 사회적 맥락 속에서 파악하여 현실 개선을 위한 반성과 실천을 강조한다. 유아교육이 특정 이론이 어떠한 역사, 사회적 맥락 속에서 구성되었는지를 추적하여 그 절대성을 해체하고 새로운 대안을 제시하려고 한다. 유아교육을 어느 특정 지배적인 이론적 관점에 종속되지 않도록 한다. 특히 페미니스트의 연구가 유아교육에 접목되면서 돌봄, 관심, 관계는 유아교육의 방향을 새롭게 제시하고 있다. 유아중심의 상호작용, 개인의 흥미와 요구를 우선, 개성과 다름을 서로 존중, 경쟁보다는 협력을 강조한다.

여섯째, 포스트모더니즘 접근은 유아교육이 실증과학적·객관주의적 세계관에 지배되어 온 여타 인식론적 관점을 비판한다. 이는 지식에 대한 새로운 패러다임의 인식을 통해 유아교육에 대한 새로운 지평을 넓혀 주고 있다. 다문화주의 교육과정 구성, 반편견교육, 개별성과 다양성, 배려, 순간성을 강조하는 가르침, 연구방법에서 질적 연구 등 유아교육의 전반을 재개념화 하고 있다(유아교육 연구에서 포스트모더니즘 접근의 연구동향은 제3장에서 구체적으로 진술한다.).

일곱째, 유아철학교육적 접근은 유아기 때부터 유아들에게 철학적 사고력을 개발하기 위한 철학 활동도 있었다. 유아에게 철학교육을 실시하는 방법론적인 측면이다. 이 입장에서 활동하는 학자로는 립만(Lipman), 샤프(Sharp), 오스케욘(Oscanyan), 매튜스(Matthews), 조선희, 이초식, 위기철 등이 있다. 유아기 시절부터 발달단계에 제한받지 않고 쉽게 유아들 스스로 유연한 사고능력을 계발하도록 하기 때문에 유아교육에서는 많은 관심을 보이고 있다. 이들의 활동은 유아교육철학의 유아철학교육적 접근(philosophy educative approach)이라 할 수 있다. 유아교육에서 철학적 활동이 미진함에도 유아철학교육에 대한 연구와 이를 유아교육현장에 적용하려는 노력은 지속되어 왔다. 그럼에도 유아철학교육에 대한 연구동향과 현황에 대한 언급은 유아교육 연구학술지 및 유아교육백서(한국유아교육학회, 2005, 2007) 중 어느 곳에도 없었다. 여기에 대해 임상도(2013)는 유아교육학회 및 소속 회원 다수의 유아철학교육에 대한 무관심과 이해부족 내지 인지발달관점에 따른 비판적 시각과 배척 분위기에 대한 의도적 배제 결과라고 주장하였다. 유아철학교육의 연구동향을 분석한 임상도(2014a)의 연구에 의하면, 유아철학교육 관련 논문(학위논문, 학술지)은 총 73편이 있는 것으로 나타났는데, 2000년 이후에 96%(69편)가 연구되었다. 주된 연구주제는 유아철학교육의 방향, 유아철학교육의 효과 검증, 유아철학교수·학습방법의 순이었다. 유아에게 철학교육을 실시하여 논리적 사고력을 계발하려는 의도는 유아교사에게 철학교육을 필요성을 자극하였다. 이를 계기로 임상도(2013)는 유아철학교육의 주체가 유아교사임에도 불구하고, 유아교사 양성과정에 유아교육철학이 없음을 비판하였다. 현재는 유아교사양성과정에 '유아교과 논리 및 논술'이라는 교과목이 개설되어 있다. 탐구내용이 심화될 경우에 유아들을 적극적으로 참여할 수 있게 하는 방안에 대한 연구 또한 수행되어야 할 것이다(임상도, 2014a).

여덟째, 생태유아교육적 접근은 그동안의 유아교육이 가르치는 유아교육을 지향하여 왔다. 부모, 교사, 다른 구성원들에 의해서 가시적으로 보여주는 것을 목적으로 하였다. 이러한 결과는 조기교육의 과열을 부추기고 경쟁을 가속화시켜 누구를 위한 유아교육인가라는 회의를 낳았다. 급기야 유아가 행복한 유아교육, 유치원이 학회의 주제가 되고 있는 실정이다. 유아에게 행복한 유아교육은 어디로 지향해야 하는가? 이는 홀(Hall)의 반복이론을 언급하지 않더라도, 자연과 더불어 사는 삶이 유아를 행복하게 한다는 자연주의 유아교육사상들의 공통된 사유였다. 자연과 유아가 더불어 사는 삶을 지향하기 위해서 유아교육이 생태론, 생명론을 수용하여 새로운 패러다임의 생태유아교육이 등장하였다. 생태유아교육이라는 표기방식은 이를 대변해 준다. 기존의 유아교육의 표기방식은 유아와 교육을 분리시키고, 그 사이에 타 학문의 명칭을 삽입하는 표기방식을 취하고 있다. 예를 들어, 유아미술교육, 유아음악교육, 유아과학교육 등으로 표기하고 있다(임상도, 2012). 그러나 생태유아교육은 유아교육을 한정어로 하고 생태를 수식어로 하는 표기방식을 취하고 있다. 그러한 의미에서 생태유아교육은 유아생태교육과는 의미가 다르다. 유아생태교육으로 표기방식을 취하면 유아교육의 한 교과목으로 접근할 가능성이 있다. 생태유아교육은 생태론적 세계관에 기초한 유아교육으로서 유아교육 자체를 생태론적 세계관에 접근하는 교육이다(임재택, 2003). 또한 생태유아교육은 단순히 생태교육과 유아교육을 산술적으로 통합하는 개념이 아니다. 이러한 의미에서 생태유아교육도 유아교육철학의 한 영역으로 위상을 정립할 수 있다. 생태유아교육은 20세기의 자연생태계, 인간성 상실의 위기에 직면하여 인간중심 교육과정만으로는 산업문명의 위기를 극복할 없다는 주장과 함께하면서 유아라는 생명체를 몸, 마음, 영혼, 이성, 감성, 영성을 살리는 교육을 지향하고자 한다. 2000년 이후 2011년까지 생태유아교육 관련 연구동향을 분석한 민정아(2013)의 연구에 의하면, 유아의 건강, 식생활, 체력에 관련 연구가 보다 활성화되어야 하며, 더불어 유아교사 관련 연구와 부모교육에 관한 연구도 활발하게 되어야 생태유아교육이 실천될 것이라고 보았다. 생태유아교육이 강조되면서부터 유아교육기관의 물리적 환경에 변화가 일어난 것만은 사실이다. 유아교육기관 입구에 배추, 대파, 호박, 부추 등의 채소가 자라고 있음을 쉽게 볼 수 있기 때문이다. 유아교육철학에서 생태유아교육적 접근은 현재 진행형이다. 그 방향이 어디로 귀착될지는 유아교육의 관점에서 숙고해보아야 할 것이다.

이처럼 유아교육철학의 접근방식은 다양하다고 할 수 있다. 유아교육에는 유아교육사, 유아교육과정, 유아교수·학습방법, 유아교사교육론, 부모교육, 유아교육기관 운영관리, 유아예체능교육 등의 영역에도 유아교육철학이 스며들어야 할 것이다. 아울러 유아교육철학의 각 영역에 대한 탐구가 활발하게 진행되어 유아교육의 방향 및 대안을 제시해야 할 것이다.

3 유아교육철학의 효용성

유아교육철학이 유아교육에 실질적으로 영향을 줄 수 있는 효용성을 유아교육의 이론적인 측면과 유아교육의 실제적인 측면으로 구분하여 제시하면 다음과 같다(임상도, 2011). 이론적인 측면에서 보면, 유아교육에서 과학적 연구방법을 중시하고 철학적 연구방법을 경시한 결과, 유아를 어떤 인물로 키울 것인가에 대한 목적론적 탐색이 부재하였다. 유아교육철학이 정립되면 연구방법이 다양해질 것이고, 유아교육의 지식 구획화를 방지하여 자연주의적 오류를 방지할 것이다. 한편 실제적인 측면에서 보면, 유아교육철학이 정립되면 유아교육현장에 근무하는 교직원들이 의사결정을 할 때 내재적 가치를 추구하도록 할 것이며, 유아교육의 내용을 선정하고 가르치는 방법을 구별할 수 있는 안목을 형성할 것이다. 또한 유아교육 교직원에게 유아교육철학적 신념의 틀(이상욱, 2008)을 갖게 할 것이다. 그 틀과 내용은 다음과 같다.

첫째, 유아관이다. 유아교육의 방향을 결정하는 모든 것의 핵심이다.

둘째, 유아교육론이다. 유아교육의 개념으로 정의, 대상, 내용, 방법이다.

셋째, 유아교육의 목적이다. 유아교육은 누구를 위한 것인가? 누구에게 가치 있는 것인가?

넷째, 유아교육의 내용이다. 유아들에게 무엇을 가르쳐야 하는가?

다섯째, 유아교육의 방법이다. 유아교육 목적달성을 위해 유아들에게 적합하고 부작용이 적은 접근을 택해야 한다.

여섯째, 유아교육자의 상이다. 21세기 사회가 요청하는 시대적 유아교사상은 무엇인가?

이처럼 유아교사는 각자의 숙고 끝에 자기가 처한 상황에 적합한 유아교육철학의 내용을 가져야만 한다. 이를 위해 한국유아교육학계에서는 유아교육철학의 연구동향이 어떠한지를 규명하면서, 유아교육이 나아가야 할 방향을 제시해야 할 것이다. 제3장에서는 그동안 유아교육철학의 연구가 어떻게 진행되었는지를 분석하며, 향후 유아교육철학의 연구가 지향해야 할 점은 무엇인지를 탐구해보도록 한다.

CHAPTER

03 유아교육철학의 연구동향

유아교육철학의 필요성과 중요성에 대한 강조는 계속되어 왔다. 이러한 노력에 의하여 유아교육철학에 대한 연구는 2000년대를 기점으로 하여 양적으로 증가하면서, 연구 주제의 범위가 확대되어가고 있다. 한국유아교육학회의 백서를 제외하고는 유아교육철학의 연구동향을 인지할 수 있는 연구물이 거의 없는 실정에서, 2013년 임상도에 의해 유아교육철학의 연구논문의 동향이 연구되었다. 더불어 2015년 임상도에 의해 포스트모더니즘 관련된 유아교육 연구논문의 동향이 연구되었다. 제3장에서는 임상도(2013, 2015)의 연구를 바탕으로 유아교육철학의 연구동향을 분석하면서, 유아교육철학의 위상 정립을 위해서 어떠한 노력을 해야 하는지에 대해 숙고해 본다.

1 유아교육철학의 연구동향

유아교육철학이 유아교육의 한 영역으로 자리매김하기 위해, 1970년부터 2012년까지 국내 학술지에 게재된 유아교육철학 논문의 연구동향을 분석한 임상도(2013)의 연구를 요약하여 제시하면 다음과 같다.

첫째, 1970년부터 2010년까지 발간된 유아교육철학의 연구논문의 편수를 분석한 결과, 2000년 이후부터 유아교육철학 전체 논문의 80% 이상이 출간되었다. 2000년 이후에 유아교육철학에 대한 연구논문의 편수가 증가한 것은 포스트모더니즘, 유아교육 재개념주의의 영향을 받은 결과라고 주장하고 있다(임상도, 2013). 포스트모더니즘에 따라 유아교육철학의 연구주제가 서양 사상가 대상에서 벗어나 현상학적 접근, 홀리스틱, 한국의 전통사회 양육관 규명, 종교의 유아교육 관점분석 등으로 확장되었기 때문이다. 또한 비판적 관점에서 유아교육의 재개념화를 시도하면서부터 유아교육 전 영역에 걸쳐, 유아교육철학에 대한 체계적 연구의 필요성이 공감되었다.

결국 유아교육에서 유아교육철학의 연구가 증가한 것은 2000년 이후 포스트모더니즘과 유아교육의 재개념화의 영향이라고 할 수 있다. 즉, 유아교육에 포스트모더니즘과 유아교육의 재개념화가 유아교육철학 영역에 먼저 도입되었기보다는 유아교육과정을 비롯한 제 영역에 도입되었다. 엄밀하게 보면 유아교육철학을 위해서 포스트모더니즘과 유아교육의 재개념화가 도입된 것은 아니다. 어느 날까지 유아교육의 제 영역에서 과학적 접근 방법으로 연구를 하다가 포스트모더니즘, 유아교육 재개념화에 편승하여 하루아침에 학문적 신념과 방법을 바꾸지는 않았는지를 반문해보아야 한다.

둘째, 유아교육철학의 연구주제의 경향을 살펴보면, 유아교육의 방향을 새롭게 제시하는 연구가 다수를 차지하였고, 그 다음으로는 유아교육과 신앙, 유아교육철학자의 순으로 연구가 많이 진행되었다(임상도, 2013). 유아교육철학의 연구논문에서 유아교육의 방향을 제시하는 연구주제는 1970년~2012년까지 지속되고 있다. 초창기에는 유아교육의 과제와 전망, 개선방향, 발전 방향에 대한 논의가 주류를 이루었다. 이러한 연구경향은 초창기 유아교육이 갖는 한계점, 제한점을 극복하기 위한 하나의 대안을 제시한 것으로 보인다. 2000년 이후에는 유아교육의 방향을 유아교육의 학문적 정체성 확립, 다학문적 접근(통합, 통섭), 포스트모더니즘의 이론에 근거하여 유아교육의 방향을 새롭게 제시하는 연구가 활발하였다. 또한 우리나라 유아교육이 실천적·응용적 성격에서 벗어나 유아교육학의 정체성을 확립할 필요성과 그 방안을 제시하는 연구도 있었다. 특히 유아교육과 신앙의 연구주제는 1997년 이래로 지속되고 있다. 이는 불교, 유교, 기독교, 동학의 원서(경전) 분석을 통하여 유아교육의 시사점을 도출하려는 의도이다. 그러면서도 우리나라의 전통적 육아를 통해서 유아교육의 원리를 탐구하려는 의도이다. 이는 유아교육철학의 연구가 서양 유아교육철학 중심에서 탈피하여 한국 유아교육철학을 규명하여, 현대 유아교육의 방향을 모색하려는 노력으로 간주된다. 이와 같은 연구에 기폭제가 된 것은 1980년 후반 한국유아교육학계에 연구 패러다임의 변화와 함께, 비판적 관점에서 재개념화 논의와 포스트모더니즘 관점이 접목되면서이다(임상도, 2015; 한국유아교육학회, 2005). 이는 한국의 유아교육을 논하면서 서구의 철학자들을 들먹여야 하는 현실에 대한 강한 비판에 대한 자구적 노력이라 할 수 있다. 이에 놀랍게도 종교를 통해서 현대 유아교육의 원리를 탐구하려는 움직임이 제일 먼저 일어났다. 불교, 유교의 원서 분석을 통해서, 그리고 동학과 민속에서의 양육관을 통해서 한국적 유아교육철학을 정립하려는 시도가 본격화되었다. 여기에 영향을 받아서 전통 아동교육서를 중심으로 아동교육원리, 전통사회의 자녀양육을 통해서 현대 유아교육을 재조명하는 노력이 있었다. 우리나라의 현대 유아교육의 철학적 기초를 우리나라의 전통과 가치, 문화를 바탕으로 도출하는 것은 매우 합당하다고 본다. 우리나라의 현대 유아교육은 우리나라 문화, 가치를 반영하여 성립되어야 하기 때문이다. 유아교육철학자(22편, 13.33%)에 대한 연구를 통해서 유아교육철학을 도출하려는 연구주제는 1986년 이래로 지속되고 있다. 유아교육철학, 유아교육사, 유아교육사상이 각각 다른 주제임에도 불구하고, 이를 통합하여 취급하려는 경향이 강하였다. 유아교육철학, 유아교육사, 유아교육사상은 각각의 접근방법이 다름을 인정하여 각각 독립된 영역으로서의 위상을 정립하고 있었다. 또한 놀이, 창의성, 유아-교사의 관계, 유아교육과정, 교과에 대한 유아교육학자들의 관점을 고찰함으로써 유아교육의 내용에 접근하려는 노력이 일고 있다.

셋째, 유아교육철학의 형이상학, 규범론, 인식론, 분석론, 비판론, 포스트모더니즘, 유아철학교육, 기타 등의 영역별 연구동향은 다음과 같다. 형이상학 영역이 다수를 차지하여 연구주제에 주류를 형성하고 있었다. 그 요인은 유아교육의 방향을 논의하고 제언하는 연구들이 주류를 형성하였기 때문이라 여겨진다. 이러한 경향은 유아교육이 유아교육학이라는 신생학문으로 위상을 정립하는 과정에서 나타나는 필연적 과정이라고 할 수 있다(임상도, 2013). 학문적 탐구는 절대적 시작도, 절대적 끝도 없는 자기교정적 과정을 거치며, 학문적 지식은 그 내부에 어느 정도 오류가능성을 인정하면서 끊임없는 수정을 요구한다. 이러한 측면에서 보면, 유아교육이 유아교육학으로 위상을 정립하기 위해서 유아교육의 방향 제시에 대한 연구는 당분간 계속 연구될 수밖에 없을 것으로 보인다. 유아교육철학의 규범론적 영역은 그 다음을 차지하고 있다. 유아교육철학의 규범론적 영역에서 유아도덕교육은 듀이, 피아제, 콜버그 이론 중심의 연구주제가 다수를 차지하고 있는 가운데, 최근 연구주제의 동향은 유아교육의 재개념화라는 연구동향에 편승하여, 유아도덕교육이 사회 속에서 어떻게 일어나고 있는지를 규명하고 있다. 유아철학교육의 영역은 유아교육철학이 유아교육의 한 영역으로 위상 정립이 미진함에도 불구하고, 유아철학교육은 1997~2012년까지 연구주제 내용을 다양화하면서 지속적으로 연구를 진행해 오고 있다. 그럼에도 유아철학교육에 대한 연구경향을 제시한 문헌은 없었다(임상도, 2013). 이제는 유아교육에 철학적 사유, 논리적 사고를 접목하여 인지발달심리학적 한계를 벗어나 유아교육의 새로운 지평을 열고 있다. 이러한 유아철학교육의 활동은 유아교육철학의 위상 정립의 중요성과 필요성을 인식시켜 주고 있다(임상도, 2011). 사실 유아교육철학의 연구는 2000년 이후에 집중되었는데, 포스트모더니즘, 유아교육의 재개념화의 영향으로 유아교육철학의 주제가 다양화되었기 때문이다.

넷째, 유아교육철학의 연구방법에 있어서는 문헌연구가 다수를 차지하는 가운데 유아철학교육 영역에 한해서는 조사연구, 실험연구, 관찰연구가 진행되고 있었다. 철학은 궁리와 사색을 통해서 진리를 탐구하는 등 그 방법에 있어서도 철학자마다 다르며 공통적이지 않다. 유아교육철학 연구주제의 범위를 확대하기 위해서는 다양한 연구방법을 도입하여 연구를 수행할 필요성이 있다고 사료된다.

유아교육철학의 연구동향을 분석한 임상도(2013)는 유아교육에서 유아교육철학의 연구를 활성화하기 위해서 몇 가지 제언을 하였다. 첫째, 유아교육에 포스트모더니즘이 도입되면서부터 합리주의의 다양성 통일에서 벗어나, 다양하고 특수한 것까지 포함한 유아교육철학의 연구주제가 확산되었다. 이와 같은 연구동향을 지속하기 위해서는 유아교육철학의 연구주제를 유아교육의 전 영역과 내용으로 확대하여, 현재 유아교육이 갖고 있는 문제를 정확하게 진단하고 분석하여 문제해결의 대안을 제시해야 한다는 점이다. 이를 통해 유아교육철학의 연구논문이 수적 · 질적으로 향상될 것이다. 그 결과, 유아교육철학 연구의 함의를 이끌어 낼 때에야 비로소 유아교육철학이 유아교육의 한 영역으로 위상이 정립될 것으로 보인다.

둘째, 지금까지 유아교육철학의 연구동향은 형이상학 영역에 다소 많은 연구가 수행되었다. 이러한 결과는 유아교육이 '어떻게 가르칠 것인가?'라는 방법적 측면에서 '무엇을, 왜 가르칠 것인가?'로 관심이 집중된 것이라 보인다. 유아교육철학의 형이상학 영역의 연구와 더불어 유아교육철학의 규범론, 비판론, 인식론, 분석론 접근의 관점에서 연구를 수행하여, 유아교육의 현안 해결을 시도하는 것도 필요한 것으로 보인다. 유아교육철학의 규범론 영역의 연구를 통해서는 한국 유아교육의 한 과제, 즉, 전인적 성장을 지향하면서도 혼돈되고 있는 이중가치를 면밀히 검토하여 그 대안을 제시하는 것이다. 유아교육철학의 비판론 영역의 연구를 통해서는 유아에게 가장 가치 있는 것이 무엇인지, 더 나아가 사회적 가치가 무엇인지를 규명하여 경제적 가치와 정치적 가치에 의해서 침해 받아 가치혼란을 겪고 있는 유아교육의 가치를 정립하는 것이다. 유아교육철학의 인식론 영역의 연구를 통해서는 유아교육이 다른 학문의 지배로부터 벗어나, 정체성을 확립할 수 있도록 다른 학문의 이론을 '유아교육'이라는 체로 걸러내는 역할을 하는 것이다. 이러한 유아교육철학의 분석론 영역의 연구를 통해서는 유아교육에서 사용되고 있는 용어의 개념 및 그 표기방식에 대한 대안을 제시하는 것이다.

셋째, 유아교육철학영역의 접근방법의 내재적 속성상 연구방법론이 문헌연구에 한정되어 높은 비율로 수행되어 왔다. 유아철학교육의 영역처럼 유아교육철학도 연구방법론적 다양성을 시도해야 한다[3]. 지식의 구조는 각 분과 학문마다 고유하지만 연구방법의 경우 분과학문의 수만큼 그들이 이질적인 것이 아니며, 연구방법은 언제나 그 효과를 검증받는 가운데 발전된다. 자연과학의 연구가 경험과학적 방법으로만 가능하지 않은 것처럼, 유아교육철학의 연구과정도 관련 문헌의 해석과 창조적 상상력뿐만 아니라 관찰, 실험, 기타 등의 연구방법론을 시도해야 한다.

임상도(2013)는 현재 유아교육철학이 서양 합리주의의 다양성 통일에서 벗어나 다양하고 특수한 것까지로 연구주제를 확대된 결과, 유아교육의 사상, 교육과정, 유아교사교육, 종교교육 등 유아교육 전반에 변화를 주고 있다고 평가하고 있다. 그러면서 포스트모더니즘이 유아교육에 미친 영향을 다각적으로 분석하고 그 성과를 도출해야 할 과제를 안고 있다고 하였다.

2 포스트모더니즘의 연구동향[4]

임상도(2015)는 포스트모더니즘이 유아교육에 미치는 영향을 분석하기 위해서 포스트모더니즘 유아교육 연구동향을 연구했다. 그 대상은 1987년부터 2014년 12월까지 국내 학술지에 게재된 연구논문 87편이었다. 아울러 이 과정을 통해서 포스트모더니즘의 관점에서 유아교육의 새로운 방향을 모색하고자 하였다. 우리나라 유아교육에서 포스트모더니즘이 도입된 지가 거의 30년이 되어 가고 있는 시점이다. 그동안 포스트모더니즘이 유아교육에 미치는 성과를 분석한 연구가 거의 없다는 측면을 지적하면서 연구동향을 다음과 같이 분석하였다(임상도, 2015).

첫째, 포스트모더니즘 관련 유아교육 연구논문의 전체 80% 이상이 2000년 이후에 출간되었다. 2000년 이후에 포스트모더니즘이 유아교육철학, 유아교육과정에 도

3) 문헌연구의 일반적인 단점은 문헌의 신뢰성 여부, 문헌해석 시 연구자의 주관적 판단이 개입될 우려가 있다는 점이다. 따라서 본 연구자는 유아교육철학의 연구방법으로 문헌연구방법 이외에 현상과 존재하는 것 간의 복잡한 상호관계를 보다 심층적으로 이해하는 데 초점을 둔 문화기술적 연구방법, 언어나 문자로써 표현된 의사소통의 내용을 객관적으로, 체계적으로 기술하여 분석하는 내용분석적 연구방법(마송희, 2007), 그 외 내러티브 탐구 방법론(염지숙, 2006), 참여관찰과 면담, 저널쓰기(오채선, 염지숙, 2007) 등을 제안한다.

4) 임상도(2015). 포스트모더니즘 관련 유아교육의 연구동향 분석. 유아교육연구, 35(3), 55-80을 요약적으로 정리하였음.

입되면서 연구주제가 서양 사상가의 중심에서 벗어나 다양화되었다. 그 이유는 포스트모더니즘이라는 새로운 패러다임으로 유아교육 전반에서 새로운 학문적 대안이 제시되어야 한다는 유아교육학자들의 의지가 반영된 결과로 여겨진다. 일원적 유아교육적 가치관에서 벗어나 다원화된 유아교육적 가치관을 제시하여 유아교육과정 유형의 다원화, 유아교육의 내용과 방법에서 탈구조화 하려고 하였다.

둘째, 포스트모더니즘 관련 유아교육 연구논문의 주제는 유아교육과정, 유아교육철학, 유아언어교육(문학), 유아연구방법, 인물(학자)순으로 많이 이루어졌다. 유아교육과정이 다른 주제에 비하여 많은 것은 유아교육과정을 재개념화 하여, 유아교육과정의 유형을 다원화하려는 노력이 반영된 것으로 보인다. 포스트모더니즘 관련 유아교육과정 연구를 보면, 타일러를 중심으로 한 전통적 접근의 교육과정에 대항(박향원, 임부연, 2012)하여 철학, 사회, 경제적인 맥락에서 비판적으로 기존 유아교육과정을 보고자 하는 양옥승의 연구(유아교육과정 재개념화 연구들: 1987, 1993, 2000a, 2000b, 2002a, 2002b), 유아교육과정의 재개념화(김애자, 2007; 윤은주, 2010; 황윤세, 강현석, 2003; 황윤세, 양옥승, 2002), 유아교육과정 변형(김은희, 2004, 2007), 심미적 유아교육과정의 재개념화(박향원, 임부연, 2012; 임부연, 2005; 임수진, 이혜원, 2008; 최애경, 2006), 생태유아교육과정(이부미, 2006), 영유아 삶의 관점에서 유아교육·보육과정의 본질적 탐구(김희연, 정선아, 2006; 양옥승, 2004, 2006a; 양옥승, 손복영, 2008; 최양미, 2012)가 있었다. 유아교육과정 유형의 다원화가 시도되면서 환원주의적 유아교육과정에서 벗어나 다문화, 반편견 교육과정과 장애아 통합교육, 보살핌, 생태교육, 예술로 영역을 다양화할 수 있는 가능성을 제공해주고 있다. 이러한 연구들의 영향으로 유아교육과정의 재개념화가 가속화할 것으로 보인다. 이러한 유아교육철학은 모더니즘 시대의 합리적 · 과학적인 패러다임으로는 급변하는 유아교육의 현상들을 체계적으로 설명하고 예측하는 데 한계를 갖게 되었다. 이에 포스트모더니즘의 유아교육철학에 의하여 기존의 주류 유아교육 패러다임(곽덕영, 양승희, 2000)을 변혁하려는 열망이 연구로 표출되었다. 연구주제로는 포스트모더니즘 시대의 유아교육 방향(곽덕영, 양승희, 2000; 김규수, 2000, 2001; 나귀옥, 김경희, 2008; 서상문, 장사형, 2006; 양승희, 이순영, 2002; 윤은주, 2002; 이연승, 2003; 이화도, 2007; 황윤세, 양옥승, 2002)이었다. 이들 연구는 유아를 유아교육의 주체로 인식할 것을 권고하고, 유아교육과정 구성과 운영은 정해진 틀에서 벗어나 생활세계를 중심으로 통합성을 지향하며, 차이와 다름을 통해 개별 유아의 가치를 인정하면서 가능성을 극대화할 것을, 철학적 토대 위에서 유아교육의 주제와 방법이 탐색되어야 함을 강조한다. 유아교육의 정체성 확립

(유혜령, 2010; 허정무, 조은주, 2000)에 관한 연구주제가 연구되었는데, 다학문적 접근이 유아교육의 본질적 논의에 있어서 불가분의 중요한 요소임을, 그리고 유아교육이 실천적, 응용적 성격에서 벗어나 학문적 정체성을 확립하기 위한 방안을 제시하고 있다. 유아교육의 현상학적 이해(김애자, 2007; 이화도, 2008, 2010a)에 관한 연구는 유아교육의 재개념화, 유아를 학습의 주체로서 인식할 것을 제안하고 있다. 이상과 같이 유아교육철학의 연구주제가 다양화된 것은 유아교육의 학문적 의미와 경계를 확대하기 위해서 포스트모더니즘 관점을 수용할 수밖에 없었다. 유아교육철학은 포스트모더니즘을 기반으로, 유아교육의 학문적 방향과 실제적 방향에 대한 끊임없는 자기성찰과 논의를 지속해야 할 것으로 보인다.

또한 포스트모더니즘의 관점에서 유아언어교육을 포괄하는 문학(그림책)에 대한 주제가 많이 연구되었다. 기존의 문학교육의 방식, 즉 일방적인 읽기를 통한 이해와 주제 및 교훈의 전달에서 벗어나, 글과 그림 읽기의 즐거움. 더 나아가 다양한 관점에서 비판적으로 읽기, 의미를 재구성하고 격려하려는 동향이 반영된 결과로 보여진다. 연구주제로는 패러디(곽향림, 1997; 나은숙, 김세희, 2003; 서정숙, 전효훈, 2012), 내용분석(노영희, 2010; 이효원, 조희숙, 2010), 파라텍스트의 특성(신세니, 안지성, 2012; 신세니, 조희숙, 2011), 의미구성(노영희, 조선희, 2012; 이현경, 안지성, 이효원, 2011), 유아교사의 인식(전연우, 조희숙, 2011), 유아교사와 유아의 상호작용(전연우, 이현경, 조희숙, 2012), 그림책 읽기 지도(이차숙, 2013), 유아의 상호텍스트적 반응(정미림, 권민균, 2013), 유아문학의 방향(박사빈, 2011)이 있다. 포스트모더니즘이 반영되어 유아문학교육은 문학작품의 탄생, 기존 문학작품의 재구성, 개방적 결말을 지향하고 있었다. 포스트모더니즘 시대의 유아언어교육은 기존의 패러다임에서 벗어나, 기존 유아문학의 재구성과 다양한 사회문화적·개인적 배경을 포괄할 수 있는 내용과 방법에 대한 연구가 있어야 할 것으로 보인다.

이러한 포스트모더니즘과 관련된 유아교육 연구방법에 관한 연구주제는 1995년에서 1999년도 사이에 대부분 연구되기 시작하였다. 1990년 이후 유아교육학계에서는 양적 연구에서 탈피하고 본격적으로 다양한 형태의 질적 연구가 수행되었다. 이는 포스트모더니즘과 관련된 유아교육 연구방법이 단초가 되었을 것으로 보인다. 즉, 유아교육이 자연과학과 동일한 수준의 과학이 아님에도 불구하고, 경험적으로 검증된 이론의 우수성만을 고집하는 유아교육의 학술 연구의 폐쇄성을 극복해야 한다는 주장(양옥승, 2006b)이 지지를 얻은 결과이다. 아동연구를 위한 해석학적 방법론(손영수, 1998; 유혜령, 1997a, 1997b, 2011), 유아교육연구의 다원화(염지숙, 2001), 유아와 함께하는 연구(안혜준, 2008), 시를 활용한 질적 연구(임민정, 2014)가 진행되면서 유아교육연구방법에 관한 연구가 다양화되었다. 포스트모더니즘과 관련된 유아교육연구방법은 유아교육에서의 주제 영역 확장, 연구형태 및 글쓰기의 변화, 연구자와 연구 참여자의 동등한 관계 촉진, 텍스트 중심의 연구풍토와 경험적 현실계의 간극 해소에 기여하고 있는 것으로 나타나고 있다(유혜령, 2011). 이는 결국 유아교육의 인지적 지평을 확장하는 계기가 되었다.

또한 포스트모더니즘 학자와 관련된 연구주제의 논문은 2010년에서 2014년까지의 시기에 많이 연구되었다. 세부적인 연구주제를 보면, 포우갈트(Foucault)의 힘(신은미, 2004), 메를로 퐁티(Merleau-Ponty)의 몸 개념(이화도, 2009), 피아제 이론에 대한 현상학적 관점의 비판적 고찰(이화도, 2010b), 데리다(Derrida)의 해체철학(이화도, 2012), 포스트모더니즘 관점의 몬테소리교육 재조명(신성숙, 2013) 등의 주제로 연구가 수행되었다. 포스트모더니즘과 관련된 사상가, 학자, 인물에 대한 탐구를 통하여 유아교육의 방향을 제언해주는 연구가 포스트모더니즘이 도입된 유아교육의 다른 영역에 비하여 늦게 연구되었고, 논문의 수도 상대적으로 적었다. 유아교육이 보다 균형 잡힌 학문으로 발전하기 위해서는 포스트모더니즘의 사상가, 학자, 철학자에 대한 다각적인 연구가 지속적으로 수행되어야 할 것이다. 포스트모더니즘과 관련된 유아교육 연구논문의 주제가 보다 다양화되기 위해서는 유아, 부모, 유아교사, 유아교육기관, 예비유아교사 등으로 확대되어야 한다. 포스트모더니즘과 관련된 유아교육이 유아교육 내에서 학문적 위상을 공고히 하기 위해서는 철학적 토대 위에서 유아교육의 연구주제가 탐색되어야 할 것이다.

셋째, 포스트모더니즘 관련 유아교육 연구논문의 연구방법에 대한 동향은 문헌적 접근방법 유형이 주류를 형성하고 있었다. 이는 월코트(Wolcott)의 질적 연구 유형의 분류방식(유수경, 황해익, 2007)에 의해서, 하위 영역의 하나로 문헌연구로 분류하여도 적합하다는 견해를 제시하였다. 질적 연구가 다른 기간에 비하여 2000년 이후에 증가한 것으로 나타났다. 유아교육의 연구방법이 탈구조화 양상으로 변화하고 있고, 질적 연구를 통해 수행하고자 하는 의도(이를 테면, 수치로 의미를 파악할 수 없는)를 충실히 하고자 한다. 포스트모더니즘이 유아교육에 접목되면서, 목표를 성취하기 위해서 표준화된 평가 기준만을 강조해 온 유아교육의 연구풍토가 과연 정당했는가를 반문할 수 있는 기회를 제공해주었다. 그리고 포스트모더니즘은 유아교육의 지식 구성의 새로운 탐구적 지평을 확대해주고 있다는 면에서 의의가 있다. 포스트모더니즘과 관련된 유아교육 연구방법은 유아교육의 탐구방법론에 새로운 안목을 형성시켜

주었다고 할 수 있다. 이러한 유아교육 연구주제의 범위를 확대하기 위해서는 다양한 연구방법이 도입되고 있는데, 자료수집과 자료분석방법에 있어서 다양화되고 있는 것으로 나타나고 있다. 이것은 유아교육에 있어서 연구주제의 다양화를 가능하게 할 수 있다는 점에서 유아교육적으로 의의가 있다고 할 수 있다. 연구방법의 다원화, 즉, 내러티브, 페미니스트 연구, 자서전적 방법, 실행연구, 참여적 실행연구(participatory action research), 현상학적, 해석학적 연구, 자기연구, 생애사적 연구 등 다양한 연구방법을 도입해야 할 것으로 보인다. 질적 연구를 중심으로 하는 자료수집과 자료분석방법을 다양화하여 유아교육현장 속에 숨겨져 있는 복합적인 요인을 찾을 수 있다. 질적 연구는 양적연구가 가지고 있는 한계점을 극복할 수 있을 것이다. 다양한 연구방법으로 유아교육의 다양화를 추구하면서 유아교육의 특수한 면까지도 관조할 수 있는 안목을 제시하여, 유아교육이 나름대로의 독자적인 연구방론이 부족하다는 비판(허정무, 조은주, 2000)을 극복할 수 있을 것이다.

이러한 연구결과를 바탕으로, 임상도(2015)는 포스트모더니즘과 관련된 유아교육 연구가 유아교육의 방향을 이끌기 위한 제언을 하였는데, 포스트모더니즘과 관련된 관점이 유아교육의 여러 영역으로 확산될 수 있도록 연구주제가 다양화되어야 한다는 것이다. 부모교육, 유아교육평가, 유아교육정책, 유아교육기관의 운영, 유아음악교육, 유아미술교육, 유아종교교육의 영역에서 포스트모더니즘과 관련된 유아교육 연구가 수행되어야 할 것이다. 연구 편수에서 소수에 그치고 있는 놀이, 발달영역에서도 지속적으로 연구가 되어야 한다. 또한 포스트모더니즘이 감성의 무드와 창의력 교육의 중요성을 강조하는 사조라는 점에 비추어 볼 때, 유아정서교육, 유아창의성 교육에 관한 연구가 지속되어야 할 것이다. 이러한 노력을 통해서 유아교육에서 거의 부재 상태에 있는 유아교육철학을 유아교육의 한 영역으로 위상을 정립하는 데 노력을 기울여야 할 것이다.

이에 임상도(2015)는 거의 30년, 즉 한 세대라는 기간 동안 포스트모더니즘과 관련된 유아교육이 유아교육 전반에서 변화를 주도하여 나름대로 성과를 도출하였다고 평가하였다. 그러면서 모더니즘 시대의 유아교육의 문제를 포스트모더니즘 시대의 유아교육이 이를 어떻게 극복했는지에 대한 성과를 유아교육의 학문적 공동체가 공유한다면, 변증법적 측면에서 새로운 측면의 탐구논리가 생성될 것이라고 주장하였다. 이에 대한 향후 과제로 유아교육의 학위논문, 저서 속에 담긴 포스트모더니즘과 관련된 유아교육 동향도 분석되어야 할 것으로 보았다. 이러한 연구가 수행될 때 유아교육에서 포스트모더니즘과 관련된 유아교육에 대한 위상이 정위될 것이라는 것이다.

현재 유아교육에는 경험과학적·발달론적 접근과 포스트모더니즘 접근이 공존하고 있다. 이 불안전한 두 기류가 유아교육 내에서 가치갈등을 유발하여 유아교육의 질을 제고할 것으로 보인다. 당분간 두 기류는 패러다임의 헤게모니를 장악하기 위해서 부단히 노력할 것으로 보인다. 두 접근 간의 학문적 공방이 지성사의 한 페이지로 장식하기를 기대할 따름이다. 이 과정에서 유아교육철학은 독립된 영역으로서의 위상을 정립해야 할 것이다. 유아교육 내에서 가치갈등은 유아교육의 질을 향상하기 위해서는 필연적이다. 이러한 유아교육을 가치혼돈으로 몰아넣는 세력에 대한 대안은 제4장에서 논의해보도록 한다.

CHAPTER

04 유아교육의 가치혼돈과 대안

유아교육이 학문적 위상을 정립하기 위해서는 유아교육의 가치가 무엇으로 할 것인가에 대한 것이 공론화되어야 한다. 유아교육의 가치는 다른 가치와 서로 환원할 수도 없고, 비교도 할 수 없는 유아교육의 고유의 것이다. 유아교육의 가치혼돈에 대한 우려는 유아교육학계의 국내외적으로 있어 왔다. 우선 유아교육의 가치가 타 학문의 가치와 어떻게 혼돈을 겪고 있는지에 대한 분석과 그 대안을 임상도, 김치영(2013)의 연구를 통해서 성찰하고자 한다.[5)]

1 유아교육의 가치

임상도, 김치영(2013)은 유아교육의 가치혼돈의 실태를 분석하고, 이에 대안을 제시하기 위해 유아교육의 가치가 무엇인지를 규명하고자 하였다. 유아교육의 가치가 무엇인가를 규정하는 문제는 2005년 한국유아교육학회에서 제기되었다. 이 단체에 의하면, 유아의 삶의 가치와 질을 높이기 위한 목표로 유아교육내용을 선정하고 방법을 조직하는 일이 유아교육이라고 보았을 때, 합의된 가치의 정의를 만들기 위해서 대화와 탐구의 과정이 요구된다고 하였다. 이를 위해서는 구성원 가치와 철학을 수렴하고 확인하는 것이 논의의 출발점으로 삼아야 한다고 보았다.

2002년 신수진과 최준식, 2012년 장상호의 주장에 의해서 유아교육의 가치 기준을 임상도, 김치영(2013)은 다음과 같이 제시하였다. 첫째, 유아교육의 가치는 지속적인 것이어야 한다. 유아교육의 가치는 변할 수도 있지만, 변화하는 환경 속에서 어느 정도 지속성을 유지할 수 있는 정도로 안정적인 것이어야 한다. 둘째, 유아교

5) 임상도, 김치영(2013). 유아교육철학에서 본 유아교육의 가치혼돈 실태 분석. 아동교육, 22(4), 207-227을 요약 정리하였음.

육의 가치는 바람직한 것에 대한 규정적 신념이어야 한다. 유아교육의 목표와 수단이 바람직한가 그렇지 않는가를 판단하는 데 사용되는 신념이어야 한다. 셋째, 유아교육의 가치는 내재적인 것을 지향해야 한다. 임상도, 김치영(2013)은 이러한 유아교육의 가치기준을 충족시킬 수 있는 유아교육의 가치의 내용을 2011년 임상도가 제시한 '윤리적 자유 유아교육 원리'로 선정하였다.

첫째, '유아교육의 가치는 유아에게 가치가 있어야 한다.'는 의미는 아동중심교육철학을 반영한 것이다. 2007년 이원영의 연구에 의해서 '아동중심교육'을 '유아중심교육'으로 해석하고, '아동중심', '유아중심'의 본질적 의미를 2000년 정선아의 연구에서 그 의미를 찾았다. '아동중심'이라는 용어는 프뢰벨이 『인간의 교육』(1889)에서 처음으로 사용하였는데, 이것은 표면적으로는 은물과 작업이라는 놀잇감을 매개로 하는 유치원에 있어서, 유아의 지적발달에 적합한 유아교육환경을 의미한다. 심층적으로는 아동의 발달특성을 고려하여 이를 지원하기 위한 교육과정이 마련되어야 한다는 의미이다. 이는 '아동중심교육'을 아동에 의해 주도되는 혹은 아동의 흥미나 발달에 따라 아동 위주로 유아교육이 진행되어야 한다는 것과는 다른 의미를 갖는다. 또한 임상도, 김치영(2013)은 아동중심 혹은 유아중심에 대한 관점을 이화도(2010a)의 연구에서 찾았다. 즉, 후설(Husserl)의 현상학적 상호주체성(inter-subjectivity)의 개념을 바탕으로 유아교사의 주체와 유아의 주체 모두가 스스로의 주체성을 상실하지 않은 채, 각각의 주체성을 공유하는 상호주체적 관계 속에서 유아교육의 활동이 이루어져야 한다는 관점이다.

둘째, '유아교육의 가치 추구과정이 도덕적으로 온당해야 한다.'는 의미는 유아교육에서 있어서나 유아교육연구에 있어서나 유아의 인권은 존중되어야 한다는 입장이다. 이것은 칸트(Kant)의 정언명령, 즉 '인간은 언제 어디서든지 목적으로 대우를 받아야 하지 수단으로 되어서는 안 된다.'는 선언을 수용한 것이다. 유아는 교육을 받을 주체이며 주인공이라는 점에서 유아교육과정은 도덕적으로 온당해야 한다. 따라서 유아교육은 유아의 본성을 가장 잘 반영할 수 있는 유아교육방법으로 수행해야 한다.

셋째, '유아교육의 내용은 유아에게 적합하면서도 가치 있는 것을 제시하여야 한다.' 유아교육 내용구성은 원리는 통합교육과정을 지향해야 한다. 인간의 삶과 좁게는 유아의 삶은 분절된 학문과 학과적 영역에서 활동하지 않고, 통합적으로 체험하기 때문에 유아교육의 활동은 통합적으로 운영되어야 한다. 후설의 의미에서 생활세계(life-world)를 직접적인 배경으로 삼아야 한다.

즉, 임상도, 김치영(2013)이 제시한 유아교육의 가치는 '유아에게 가치가 있어야 하고 그것을 추구하는 과정은 도덕적으로 온당하며, 유아교육의 내용은 유아에 적합하면서도 가치로운 것이어야 한다.'는 것이다.

2 유아교육에서의 가치혼돈의 개념

유아교육의 가치혼돈이 발생되고 있는 실태를 규명하기에 앞서, 임상도, 김치영(2013)은 가치혼돈이란 무엇인가를 이야기하였다. 먼저 2006년 조무남, 2012년 장상호의 저서를 바탕으로 가치, 가치분화를 밝힌 후에 가치혼돈을 분석하였다.

2006년 조무남에 의하면, 가치는 인간이 삶의 과정을 통해서 획득하는 가장 소중한 것임과 동시에, 인간 삶의 정신적 바탕으로서 또한 소중한 요소이다. 인간은 본질적으로 가치의 창출자이며, 가치를 창출하고 가치를 좌표로 삼아 살아가는 존재이다. 교육은 이런 일을 가장 중심으로 삼는다. 가치는 가치판단의 자율성에 의해서, 그리고 가치의 질에 의해서 가치는 분화된다. 학문은 근본적으로 가치추구의 세계이고, 가치의 자율성과 가치 질의 다양함에 대한 논의방식에 의해서 가치는 분화된다. 페리와 타일러에 의하면, 학문은 도덕적 가치, 예술적 가치, 과학적 가치, 종교적 가치, 경제적 가치, 정치적 가치, 법률적 가치, 관습적 가치로 분화하였다. 가치가 분화된 학문의 영역은 서로 환원할 수 없고, 서로 다른 가치체계에 통합될 수 없다. 각각 가치의 영역은 나름대로의 독특한 문법체계와 독특한 언어를 발생하여 독립된 학문을 형성한다. 이는 각 가치의 영역은 자율성을 갖기 때문에 가치논의가 다른 영역에 속하는 가치논의에 지배를 받지 않는다는 의미이다. 그렇기 때문에 각 가치영역 간에는 경중을 가릴 특별한 준거도 없다. 이는 각각의 가치영역을 총괄하는 하나의 문법체계가 없다는 의미와도 같다. 학문영역의 가치는 높고 낮음이나 우열이 구분이 없음에 불구하고, 서열화하는 경향이 있다. 예를 들면, 경제적 가치나 정치적 가치가 교육적 가치를 지배하는 경우가 있다. 이를 가치혼돈이라고 한다. 가치혼돈과 가치갈등은 다르다. 임상도, 김치영(2013)에 의하면, 가치갈등은 가치창조의 과정에서 빚어지는 경쟁 상태에서 가치 사이의 충돌과 조화의 과정이라고 할 수 있다. 이러한 가치갈등은 가치가 창출되는 과정에서 필연적인 상황이며, 가치진화의 과정이라고 할 수 있다. 예를 들어, 교육의 가치를 실용적인 것에 두어야 하는가? 보편타당한 진리를 탐구하는 것에 두어야 하는가? 이에 대한 논쟁점은 21세기 대표적인 교육적 가치갈등의 대표적 사례가 된다. 지식을 그 차제의 목적으로 추구할 것이냐, 아니면 지식을 실제적 목적을 위해서 추구할 것이냐는 하는 문제는 오늘날 대학교육이 상황적 선택을 해야 할 또 다른 교육적 가치갈등이다. 가치논의에서 가치갈등은 새로운 가치질서를 창조하기 위한 현상이다. 반면에, 가치혼란은 가치의 미분화에서 비롯되었다고 볼 수 있다. 가치가 미분화된 사회에서는 유아교육의 가치가 잘못된 문법체계를 따를 수 있다. 경제적 관점에서 유아교육의 효과를 논하고, 정치적 관념에서 유아교육정책을 제시한다. 이러한 상황에서 유아교육의 가치는 왜곡되거나 파괴된다. 경제적 가치, 정치적 가치의 논리에 의해서 유아교육의 가치가 지배당한다는 것은 유아교육의 가치판단에 대한 자율성이 침해당한다는 것을 의미한다. 가치의 영역은 서로 존중되어야 한다는 것을 알면서도 다른 가치를 배척하는 것은 가치혼돈의 특징이다. 서로 다른 영역에 있는 가치들은 공존과 상호 배려의 특별한 논리에 따르지 않으면 안 된다. 정치적 가치, 경제적 가치, 교육적 가치가 서로 인정하고 공존하는 논리를 가져야 한다.

유아교육의 가치가 경제, 경영, 정치, 행정의 가치에 의해서 종속되는 것은 유아교육의 가치혼돈이라고 할 수 있다(임상도, 김치영, 2013). 유아교육의 가치가 다른 가치에 종속되게 되면 유아교육의 가치는 실현될 수 없다. 더불어 유아교육은 정체성을 상실하게 된다.

3 유아교육에서의 가치혼돈의 실태

임상도, 김치영(2013)은 유아교육의 학문적 활동, 유아교육의 방향설정, 유아교육과정 구성, 유아교육 정책구현, 유아교육기관 운영, 유아교사의 역할수행에서의 가치혼돈의 실태를 다음과 같이 분석하였다.

1) 유아교육의 학문적 활동에서의 가치혼돈

유아교육이 가치를 추구하는 학문적 활동임에도 불구하고, 유아교육연구방법에 있어서는 과학적 방법이 주류를 형성하였다. 그 결과, 유아교육에 있어서 가치문제는 주관적이고 상대적인 것으로 간주해버렸다. 결국 유아교육의 가치가 과학적 사실에 의해 함몰됨으로써 유아교육의 가치혼돈이 필연적으로 발생하였다. 유아교육은 유아교육의 목적, 내용보다 과학적 실증주의로 지향하게 되어 유아교육을 가치혼돈으로 몰아갔다. 또한 유아교육은 과학적 연구방법에 의해서 밝혀낸 사실을 유아교육에 바로 적용하여 일순간 유아교육의 교실을 과학의 실험실로, 유아교사를 실험관으로, 유아를 피실험자로 둔갑시켰다. 이는 자연주의적 오류를 스스로 자초하여 유아교육을 가치혼돈으로 몰아넣었다. 유아교육에서 과학적 방법론의 득세는 유아교육의 현장이 아닌 다른 학문의 이론으로부터 빌려오려 경향을 낳았다. 또한 유아교육의 실제에서 파생된 이론보다는 다른 학문의 이론에 의지하여 유아교육의 현상을 설명하려고 하였다. 이러한 결과는 유아교육과 유아교육연구는 분리할 수 있다는 사고방식을 발생시켜 유아교육을 가치혼돈으로 몰아넣었다.

2) 유아교육의 방향설정에서의 가치혼돈

그동안 유아교육은 방향을 설정하는 데 있어 경영학 논리에 의해서 목적(목표)달성을 지나치게 강조함으로써 가치혼란을 야기하였다. 유아교육은 경영학에 영향을 받은 보비트(Bobbit), 테일러, 타바로 이어져 오는 순환적 교육과정을 여과 없이 적용함으로써, 유아교육을 우수하고 품질 좋은 제품생산 작업으로 간주해버렸다. 성과중심의 교수학습방법, 평가인증제, 성과 값, 결과, 지표, 효율성, 유용성 등과 같은 숨이 막히는 용어가 유아교육현장에 거침없이 통용되고 있다. 유아교육기관은 물건을 생산하기 위해서 과학적 관리 시스템에 의해서 조직, 운영, 평가되는 그러한 기관이 아니다. 유아교육의 목적(목표)이 있는가, 없는가의 논쟁에서부터 불규칙적인 시간운영, 교육과정의 발현성, 교수·학습방법의 포괄성에까지 유아교육기관은 물건을 생산하는 기관과는 다르다. 유아교육은 본질적으로 경영학의 가치, 논리와는 다르다. 그럼에도 유아교육의 가치를 경영학의 가치에 종속시키는 것은 유아교육의 가치혼돈을 자초한다.

3) 유치원 교육과정에서의 가치혼돈

우리나라 유아교육과정은 표상적으로는 듀이의 아동중심 교육철학에 기초하고 있지만, 심층적으로는 타바의 교육과정의 틀, 학문중심 교육과정, 인지발달심리학 이론에 기초하고 있다. 이는 유아교육과정의 기초가 되는 철학적 기초와 심리학적 기초가 각각 다른 가치를 지향하고 있음을 알 수 있다. 이는 유아교육의 이중적 가치체계라고 할 수도 있다. 이 불안한 두 기류들이 유아교육현장에 스며들 때 가치갈등을 넘어 가치혼돈을 초래한다. 결국 우리나라 유아교육과정은 생활중심(경험중심) 교육과정의 생활영역과 학문중심 교육과정의 발달영역 간의 가치혼돈이다. 더 좁게 보면, 생활중심 교육과정의 통합교육과정과 학문중심 교육과정의 교과교육과정 간의 가치혼돈이다. 이러한 유아교육과정을 구성함에 있어서 가장 근간이 되는 유아교육철학이 혼동됨으로 인해, 유아교육과정 전체가 이중적인 가치체계를 형성하여 가치혼돈을 겪고 있다.

4) 유아교육 정책구현에서의 가치혼돈

유아교육이 국가 정책에 과도하게 의존함으로써 스스로 유아교육의 가치를 정치적 가치에 함몰하여 가치혼돈을 야기한다고 하였다. 우선 유아교육의 목적을 가치중립적인 성격의 국가적 차원의 법에 의존하고 있다. 이는 유아교육의 가치를 통해서 법적인 규정에 의존하여 최소한의 법적 기준을 충족하는 데 만족하고 있다. 유아교육과정조차도 국가수준의 유아교육에 의존하여 국가가 필요로 하는 인간 육성을 지향하고 있다. 그 결과, 유아교육은 유치원교육과 영유아보육 양분되어 돌아갈 수 없는 막다른 길로 가고 있다. 이는 급기야 누리과정을 통해서 일원화하려고 하며, 일원화된 내용이 어떻게 될 것인지를 관망하고 있는 것이다. 또한 정치 및 국가정책에 과도하게 의존함으로써 유아교육의 가치를 정치적 가치에 함몰되어 유아교육은 가치혼돈에 처하게 되었다. 문제는 이보다 더 심각한 사태가 올 수도 있으며, 유아교사를 위한 국가직무능력표(National Competency Standards)가 등장할 수도 있다. 이 역시 유아교육의 가치가 국가 정치에 의해 종속되는 결과이므로, 여기에 대한 유아교육학회의 입장을 기다려 보아야 한다.

5) 유아교육기관 운영에서의 가치혼돈

유아교육기관에 경제적 논리를 도입한 결과, 수용자 중심 체계가 구축이 되어 과도한 경쟁을 낳고 있다. 교육에 시장경제의 원리를 도입한 것은 공교육의 질적 제고를 위한 것이었다. 미국의 클린턴 정부, 한국의 김영삼 정부가 그러한 정책을 도입하였다. 대부분 유아교육을 담당하는 유아교육기관은 공교육보다 사교육체제로 운영되고 있다. 사교육은 자연스럽게도 시장경제논리가 지배한다. 결론적으로 시장경제원리가 적용된 유아교육은 사교육의 출발점이 되어 천문학적인 사교육비가 지출되었고, 가계의 부담을 주고 급기야 공교육을 불신하는 빌미를 제공한다. 그 결과 유아의 몸과 마음, 영혼이 황폐화되고, 일부 정규 유아교육기관은 경영난을 모면하기 위해서 파행적 운영을 하게 된다. 이렇게 되면 빗나간 가족이기주의와 계층상승의 이데올로기가 어우러져, 유아교육과 조기교육이 동일한 개념이 아님에도 불구하고, 유아교육이 조기교육과 혼용되는 개념으로 사용될 수 있다. 유아교육의 운영에 있어서 경제학 가치(시장경제 논리)는 유아교육의 가치를 혼란에 빠뜨려 종국에는 유아교육을 파멸의 길로 가게 한다. 이러한 과다한 경쟁에서 생존하기 위해서는 수단과 방법을 가리지 않는 것이 동서고금의 역사에서 나타났다.

이와 같이, 임상도, 김치영(2013)은 유아교육의 가치와 과학의 사실, 경영적 가치, 경제적 가치, 정치적 가치와 혼돈되고 있는 실태를 비판적 관점에서 고찰하였다. 한국 유아교육이 내재적 가치에 의해서보다는 경제, 정치, 사회환경과 같은 외재적 가치에 의해서 혼돈을 겪으면서 변동이 되었다면 유아교육에서 가치혼돈은 필연적 현상이다. 유아교육은 무엇을 위한 것이 아니라, 유아교육 그 자체로서 가치가 소중하다는 인식을 가져야만 유아교육에서 가치혼돈을 막을 수 있다.

4 유아교육의 가치혼돈 극복을 위한 대안

유아교육의 가치혼돈을 극복하기 위한 한 대안으로 임상도, 김치영(2013)은 2002년 신수진, 최준식이 제시한 한국인의 이중가치체계 극복방안을 원용하여, 유아교육의 가치혼돈을 극복할 방향을 제시하였다. 첫째, 유아교육의 구성원들은 관념상의 유아교육 가치와 실행상의 유아교육의 가치를 일치시키도록 한다. 둘째, 유아교육이론은 비판적으로 검토한 후 다른 학문의 이론을 도입해야 할 것이다. 셋째, 유아교육의 가치가 경제, 정치, 사회를 선도해야 한다는 생각을 가져야 한다. 넷째, 유아교육의 가치를 철학적으로 접근하여 유아교육의 가치를 정립하여야 한다. 이에 대한 실천방안은 첫째, 유아교육의 가치혼돈을 예방하기 위해서는 유아교육의 연구 풍토가 개선되어야 한다. 먼저 유아교육의 실제로부터 그려낸 이론이 유아교육의 실제를 이끌어 가는 원동력이 되도록 한다. 둘째, 유아교육의 이론과 실제가 끊임없이 상호교류를 하여 유아교육의 가치혼돈을 막아야 한다. 셋째, 유아교육의 질을 향상시키기 위해서는 국가에 전적으로 의존하기보다는 탁월한 유아교사를 양성에 의존해야 한다.

이러한 유아교육에 대한 가치 주장을 전개하고 그를 비판적으로 검토하고, 논의하는 일을 배제하고자 하는 것은 곧 유아교육을 포기하는 것이며 주체적인 삶을 포기하는 것이다. 이러한 측면에서 유아교육의 가치혼돈의 원인과 대안을 제시한 것은 나름대로 의미를 가진다고 할 수 있다. 유아교육의 가치를 잘 드러나게 하고, 정체성을 확립할 수 있는 노력이 유아교육의 전반에서 일어나야 한다. 그 중에서도 유아교육에서 일상적으로 사용하는 용어에 대한 표기방식을 나름대로 정립하는 일이다. 유아교육의 가치가 용어로 드러나게 하는 표기방식은 유아교육의 학문적 정체성을 확립하는 지름길이며, 제5장에서는 이에 대해 논의해보기로 한다.

CHAPTER

05 유아교육의 영역과 교과목 표기방식

현재 유아교육에서 사용되고 있는 영역과 교과목의 표기방식에 대한 부분에서도 유아교육의 정체성을 확립한다는 차원에서 논의를 시작해야 할 것이다. 한 분야의 학문이 정체성을 확보하기 위해서는 그 분야의 용어와 표기방식을 중심으로, 독자적인 지식과 이론체계를 견고히 해야 한다. 특히 유아교육의 정체성을 정립하기 위해서는 유아교육의 고유한 개념체계를 고유한 용어로 표기하는 방식을 고민해야 한다. 유아교육에서 언어적 공적 개념체계를 여러 가지로 논의할 수 있겠지만, 가장 초보적인 차원은 유아교육의 각 영역과 교과목에서 사용되고 있는 용어 표기방식의 일관성이라 할 수 있다. 그동안은 유아교육은 그 역사가 일천하여 영역과 교과목을 표기하는 방식이 혼돈 상태로 남아 있다. 유아교육이 교육학에서 분화하면서 또는 순수학문의 이론을 빌려 쓰면서 습관적으로 표기를 하다 보니, 그 방식에 있어서 일관성이 없었다. 표층적으로 용어 일관성이 없다는 의미는 심층적으로는 개념이 정립되지 않았음을 의미한다.

이와 같은 유아교육의 영역과 교과목 표기방식을 위해서 유아교육 관련 도서 3,076권의 목록 수집을 통해서 그 대안을 제시한 임상도(2012)의 연구를 살펴보고자 한다. 유아교육의 영역과 교과목에 대한 표기방식의 제시는 유아교육의 정체성을 확립하는 기초 작업이다[6].

1 유아교육의 영역과 교과목 표기방식 현황

1) 유아교육의 영역 표기방식

유아교육의 고유영역과 교과교육의 영역으로 구분하여 표기방식의 현황을 살펴보고자 한다. 고유영역이란 다른 학문으로 환원할 수 없는 유아교육의 고유의 영역을 의미하고, 교과교육영역이란 유아교육의 교과교육에서 8개의 교과영역을 의미한다.

6) 임상도(2012). 유아교육의 영역과 교과목 표기방식에 대한 대안적 검토. 아동교육, 21(4), 297-317을 요약 정리하였음.

(1) 유아교육의 고유영역 표기방식

유아교육의 전반적인 영역을 개괄적으로 논하는 유아교육의 총론은 '유아교육'을 수식어로 하고 '론(개론)'을 한정어로 하여 '유아교육론(개론)'이라는 표기방식을 사용하고 있다. 2000~2012년까지 '유아교육론(개론)'으로 출판된 총 66권의 도서제목이 의미하는 것처럼, 유아교육의 총론적 성격 영역의 표기방식은 '유아교육론(개론)'으로 사용하고 있다.

이러한 유아교육의 본질적 측면에서 유아교육의 가치, 활동의 체계화를 시도하면서 목적, 방향제시, 비판을 시도하는 영역은 '유아교육'이라는 용어를 수식어로 하고, '철학'을 한정어로 하여 '유아교육철학'이라는 표기방식을 사용하고 있다. 다음 괄호 안의 저서들이(김태오, 김병희 역, 2006; 김희태 편저, 2010; 김희태, 곽노의, 백혜리, 2010; 임상도, 2010; 주화정, 2008) 대표적인 것이다.

또한 철학적 탐구공동체 활동을 통해서 유아들에게 철학하는 즐거움을 가르치는 영역의 표기방식은 '유아'를 수식어로 하고, '철학교육'을 한정어로 하여, '유아철학교육'으로 사용하고 있다. 조선희(2003b), 정대련(2011) 등이 그와 같은 표기방식을 사용하고 있다.

유아교육의 이념의 변천과 이에 따른 교육과정의 변화를 사상사적 관점에서 설명하는 영역은 '유아교육'이라는 용어를 수식어로 하고, '사(역사)'를 한정어로 하여, '유아교육사'라는 표기방식을 사용하고 있다. 이는 김성혜, 김춘일(2005), 김희태 편저(2010), 김희태, 곽노의, 백혜리(2010), 이선숙, 양경숙(2007), 조성자(2005)의 저서가 그러하다.

유아교육의 목적을 근거로 한 내용 선정 및 방법을 조직하는 영역은 '유아교육'이라는 용어를 수식어로 하고 '과정'이라는 용어를 한정어로 하여 '유아교육과정'이라는 표기방식을 대부분 사용하고 있다.

유아교육의 방법을 논하는 영역은 '유아교수·학습방법'(이영자, 이기숙, 이정욱, 2009; 차영숙, 유희정, 곽민정, 강민정, 2008), '유아교수-학습방법'(윤희경, 이미예, 김애옥, 이분려, 장미아, 고영희, 2003), '영유아교수·학습법'(임부연, 오정희, 2013), '유아교수방법'(이은해, 박진재, 송영주, 송영주, 송혜린, 신혜영, 정진선, 최혜영 역, 2009), '유아교수학습방법(론)'(위영희, 한성희, 박정원, 석은선, 문혁준, 이희정, 2008; 김현자, 한성심, 2010) 등으로 제각기 다른 표기방식을 사용하고 있는 것으로 나타났다.

또한 유아교육의 측정결과에 가치의 의미를 부여하는 영역의 표기방식은 '유아교육'을 수식어로 하고, '평가'를 한정어로 하여, '유아교육평가'라는 표기방식을 사용하고 있는 것으로 나타났다. 김정원, 강숙현, 진선옥 역(2000), 황해익(2000)의 저서가 그러한 표기방식을 사용하고 있다.

(2) 유아교육의 교과교육영역 표기방식

유아교육의 교과교육영역 표기방식은 유아 교과교육론의 교재들의 영역분류, 교육부 자료, 각 대학의 교과목 개설현황, 교재 출판사 중심으로 살펴보면 다음과 같다. 유아교육의 각 교과교육을 논의하면서 그 교수·학습방법들을 제시하는 저서들은 각 교과를 '유아(타 학문의 핵심용어표기)교육'이라는 표기방식을 사용하고 있다. 예를 들면, '유아언어교육', '유아사회교육', '유아과학교육', '유아수학교육', '유아미술교육', '유아음악교육', '유아동작교육' 등이다. 일부 대학에서는 교과교육에서 '(다른 학문의 핵심용어표기)유아교육'이라는 표기방식을 부분적으로 사용하고 있다.

2) 유아교육의 교과목 표기방식

유아교육의 전 영역을 개괄적으로 논의하는 교과목 명칭의 표기방식은 '유아교육론(개론)', '유아 교육론(개론)'이 사용되고 있다. 대다수의 교과목은 '유아교육론(개론)'이라는 표기방식을 사용하고 있으며, 소수 교과목은 '유아 교육론'(백청일 편저, 2008; 심성경, 조순옥, 이정숙, 이춘자, 이선경, 이효숙, 2004; 전선옥, 남경현, 김용희, 황혜경, 2007)으로 사용하고 있다. 이 표기방식은 '유아'라는 용어와 '교육'이라는 용어를 띄어 쓰는 표기방식을 취하고 있다. 일부 번역서(유혜령 역, 2002; 신옥순, 염지숙 역, 2000a, 2000b, 2000c, 2000d; 염지숙, 신옥순 역, 2003)에서도 원저의 의미를 반영하기 위해서 '유아 교육'이라는 표기방식을 사용하고 있다.

유아교육의 내용을 선정하고 방법을 조직하는 교과목의 표기방식은 '유아교육과정', '유아 교육과정', '유아 교육 과정'이 있다. 대부분의 유아교육과정 교과목은 '유아교육'과 '과정'을 하나의 개념으로 묶어 '유아교육과정'이라는 표기방식을 사용하고 있다. '유아 교육과정'(박수정 편저, 2000; 최국남, 박이순, 2000), '영유아 교육과정'(윤회정, 신혜영, 임미혜, 김애옥, 나은숙, 이분려, 장미아, 2005), '유아 교육 과정'(방인옥, 박찬옥, 이기현, 김은희, 2003)의 표기방식은 소수이다. 번역서의 경우, '유아 교육 과정'(신옥순, 염지숙 역, 2000b)의 표기방식을 사용하고 있다.

유아교육의 방법을 논의하는 표기방식은 영유아교수법(김경희 2011; 박성연, 박응심,

서소정, 안지영, 이주연, 임희수, 장혜정, 한세영, 2007), 영유아 교수방법(신혜은, 고태순, 장세희, 2012; 이순형, 이혜승, 이성욱, 황혜신, 이영미, 정윤주, 한유진, 성미영, 권기남, 2007; 위영희 등, 2008), 영유아교육방법론(이현옥, 박정선, 2007), 영유아 교수·학습방법(임부연, 오정희, 2013), 영·유아 교수방법론(윤정한, 임수양, 정태희, 2008), 유아 교수·학습 방법(이영자, 이기숙, 이정욱, 2009; 차영숙 등, 2008), 유아 교수-학습 방법(윤희경 등, 2003), 영유아교수학습방법론(김명희, 이종헌, 고은님, 2007; 전남련, 김기선, 성은숙, 이은심, 엄은숙, 이경선, 강은숙, 2011), 영유아교육의 교수학습방법(이정환, 김희진, 2007), 교수-학습방법론(김진영, 백혜리, 최윤정, 2009), 유아교수방법(이은해 등 역, 2009), 교수-학습방법(김정원, 김유정, 이효정, 2008) 등이 사용되고 있다.

유아교육의 연구방법을 논의하는 교과목은 두 가지 표기방식이 사용되고 있다. '유아교육연구방법'으로 표기하는 방식과 '유아연구방법'으로 표기하는 방식이 일반화되어 있다. 이에 양옥승(2005a)은 '유아교육연구방법'으로, 정옥분(2008)은 '유아교육 연구방법'으로, 문태형(2006)은 '유아교육연구법'이라는 표기방식을 사용하고 있다.

특수유아의 교육을 논하는 교과목은 크게 두 가지 표기방식이 사용되고 있다. 첫째는 '유아특수교육'(김경숙, 김미숙, 김성애, 김수진, 박숙영, 백유순, 이성봉, 조광순, 조윤정, 최민숙, 허계형, 2002; 유수옥, 2005; 이병인, 2011; 이소현, 2003; 최민숙, 김경숙, 백유순, 박현옥 역, 2004; 최민숙, 2010; 조용태, 강미라, 유경미, 함현진 역, 2009; 특수교육에디터실 편저, 2011), '영유아 특수교육'(노진아, 김연하, 김정민 역, 2011)의 표기방식이 사용되고 있다. 둘째는 '특수 유아 교육'(전경원, 권미은, 2009)과 '특수유아교육'(김미경, 허계형, 최영해, 2011; 유수옥, 2010)이라는 표기방식이 사용되고 있다.

2 대안적 검토

여기서는 유아교육의 영역과 교과목 표기방식의 문제점을 분석하면서, 유아교육의 논리 구조적 측면에서 합당한 표기방식을 제안한다.

1) 유아교육의 영역 표기방식

(1) 유아교육의 교유영역 표기방식

유아교육의 고유영역은 유아교육의 실제로부터 발아된 내용들로 구성된다. 이 영역의 이론들은 실제와 논리적으로 연결되어 있을 뿐만 아니라, 유아교육의 실제를 다소 바르게 이끌 수 있는 힘을 가진다. 그 표기방식의 대안을 제시하면 다음과 같다.

현재 유아교육에서는 유아교육의 전반적인 영역을 개괄적으로 논하는 영역을 '유아교육론(개론)'이라는 표기방식을 사용하고 있다. 이 표기방식은 '유아교육'을 수식어로 하여 '론(개론)'을 한정어로 한다. 타 학문의 표기방식과 유아교육의 모 학문인 교육학의 교육학(개론) 에 비추어 보아 합당한 표기방식이라고 할 수 있다.

유아교육의 본질적 측면에서 유아교육의 가치, 활동의 체계화를 시도하면서 목적, 방향제시, 비판을 하는 유아교육의 영역은 '유아교육'이라는 용어를 수식어로 하고 '철학'을 한정어로 하여 '유아교육철학'이라는 표기방식을 사용하고 있다(김태오, 김병희 역, 2006; 김희태 편저, 2010; 김희태, 곽노의, 백혜리, 2010; 임상도, 2010; 주화정, 2008). 유아교육의 모 학문인 교육학의 경우, 교육활동을 체계화하는 것이 철학(조무남, 2006)이듯이 유아교육의 활동을 체계화한 것이 유아교육철학이다. 유아교육철학은 유아교육의 고유영역으로 유아교육이론의 근간이 된다. 듀이(1916)의 주장처럼 '철학은 교육의 일반이론이다.'라는 맥락에서 찾을 수 있다. 또한 철학은 교육의 첫 이론이었다는 사실에 의해서이다(조무남, 2006). 유아교육에서 논의되고 있는 규범적인 것들은 철학의 내용과 같은 의미를 갖는다. 유아교육철학은 유아교육의 원형을 내포하고 있기 때문에, '유아교육'이라는 용어 다음에 '철학'이라는 용어를 붙여서 '유아교육철학'이라는 이름으로 영역이 분화되고 있다. 유아교육은 철학의 내용과 통합한 부분의 구체적인 내용이라고 주장한 정대련(2011)과 비교해보아도, '유아교육철학'이라는 표기방식은 합당한 것으로 볼 수 있다.

한편, 철학적 탐구공동체 활동을 통하여 유아에게 철학하는 즐거움을 알려주고 논리적 사고력을 배양하려는 영역은 '유아 철학 놀이'(조선희, 2004), '어린이 철학교육'(이춘희, 2009)이라는 표기방식을 혼용하여 사용하고 있다. 이 영역의 저서 및 연구논문들의 제목(이초식 감수, 1986; 조선희, 2003b) 혹은 정대련의 주장(2011)[7]과 같이, '유아'라는 용어를 수식어로 하고 '철학교육'을 한정어로 하여 '유아철학교육'이

7) 정대련(2011)은 유아교육과 철학의 통섭적 안목을 주장하면서 Ⅲ장에서 '유아를 위한 철학교육'으로 표현하다가 p. 87 말미에 '유아철학교육'이라는 용어를 사용함.

라는 표기방식이 주류를 이루고 있다. 유아교육의 본질 내에서 유아에게 철학하는 즐거움을 논한다는 의미와 논리적 사고력을 계발한다는 의미에서이다. 유아는 추상적인 사고 단계에 있지 않으므로, 철학적 탐구가 어렵다는 기존의 사고방식에 벗어나 조기 철학교육의 가능성을 제시해 준다는 측면(조선희, 2003a)에서 보면 '유아철학교육'이라는 표기방식이 합당하고 본다.

유아교육의 이념의 변천과 이에 따른 교육과정의 변화를 사상사적 관점에서 설명하는 영역은 '유아교육'이라는 용어를 수식어로 하고, '사(역사)'를 한정어로 하여 '유아교육사'라는 표기방식을 사용하고 있다(김성혜, 김춘일, 2005; 김희태 편저, 2010; 김희태, 곽노의, 백혜리, 2010; 이선숙, 양경숙, 2007; 조성자, 2005). 이 영역의 내용은 다른 학문에서 가져 온 것이 아니라 유아교육 자체의 것이다. 이러한 학문적 성격을 반영하기 위해서는 '유아교육'을 수식어로 유아교육의 역사를 의미하는 '사'를 한정어로 사용하는 표기방식이 표층적으로나 심층적으로나 바람직한 것으로 보인다.

유아교육의 목적을 근거로 한 내용선정 및 방법을 조직하는 영역은 '유아교육'이라는 용어를 수식어로 하고, '과정'이라는 용어를 한정어로 하여 '유아교육과정'이라는 표기방식이 사용되고 있다. 이 영역의 내용은 유아교육철학을 바탕으로 하여 심리학, 사회학, 기타 학문에 근거하여 유아교육의 내용을 선정하고 조직한다. 그 구성원리는 유아교육 본유의 것이다. 이는 현재 사용되고 있는 '유아교육과정'이라는 표기방식이 합당하다고 본다. 그러나 김영옥(2005)이 이미 지적했듯이, '유아교육의 내용'이 놀이, 경험, 주제, 활동 등의 다양한 용어로 설명되기 때문에 용어사용의 혼돈을 정리해야 할 과제는 남아 있다.

유아교육의 방법을 논하는 영역은 유아교수·학습방법(이영자, 이기숙, 이정욱, 2009; 차영숙 등, 2008), 유아교수-학습방법(윤희경 등, 2003), 영유아교수·학습법(임부연, 오정희, 2013), 유아교수방법(이은해 등 역, 2009), 유아교수학습방법론(위영희 등, 2008; 김현자, 한성심, 2010) 등의 표기방식을 사용하고 있다. 여기에서 제시된 명칭들의 공통적인 것을 보면, '유아'라는 용어를 수식어로 하고, 한정어로는 '교수·학습' 혹은 '교수-학습'으로 표기하는 방식을 취하고 있다. '교수·학습' 혹은 '교수-학습'을 교육의 방법으로 동격화한 나머지, 유아교육이라는 핵심적 용어를 생략하여 사용하는 문제점이 있다. 이 영역의 교과목 표기방식에 대한 논의는 차후에 하더라도, 유아교육에만 통용되는 방법을 강조한다는 측면에서 유아교육의 고유영역인 것이다. '유아교육방법' 혹은 '유아교육교수·학습법', '유아교육교수-학습방법' 등의 표기방식 중에서 하나를 사용하는 것이 적합하다고 볼 수 있다. 여기서 어느 표기방식을 사용할

지에 대한 것은 논의의 여지가 있다.

유아교육의 측정결과에 가치의 의미를 부여하는 영역의 표기방식은 '유아교육'을 수식어로 하고, '평가'를 한정어로 하여 '유아교육평가'라는 표기방식을 사용하고 있다(황해익, 2000; 김정원, 강숙현, 진선옥 역, 2000). 이는 교육평가와 마찬가지로 유아교육의 고유영역이라는 점에서 '유아교육평가'라는 표기방식을 사용하는 것이 적합하다고 볼 수 있다.

또한 유아교육의 고유영역은 유아교육이 수행되는 실제 속에서 발생된 이론들을 중심으로 내용을 구성한다. 그 표기방식은 '유아교육'이란 용어를 수식어로 하여 뒤편에 분화된 영역을 한정어를 표기하는 방식이 유아교육의 정체성을 확립하는 데 바람직하다고 사료된다. 이러한 표기방식을 사용하는 영역으로는 '유아교육론(개론)', '유아교육철학', '유아교육사', '유아교육과정', '유아교육방법', '유아교육평가'가 있다. 이 표기방식은 심층적으로 보면, 적어도 유아교육의 실제에서 도출된 지식과 기술을 중심으로 이론을 구축으로 하고 있음을 의미한다. 또한 이러한 표기방식을 사용하는 영역은 유아교육의 실제가 다양한 가치를 포함하고 있기 때문에, 과학적 합리주의가 표방하는 이론들을 뛰어 넘을 수 있다. 유아교육 실제에서 도출된 지식은 실제적 지식의 원천을 담기 때문에 궁극적으로 유아교육의 이론은 유아교육현장으로부터 도출되어야 함을 시사한다고 볼 수 있다.

(2) 유아교육의 교과교육영역 표기방식

현재 유아교육의 교과교육은 교과교육론 과목(고문숙 임영심, 유향선, 황정숙, 김은심, 2006; 박화윤 등, 2010; 우수경, 채미영, 최미화, 남옥자, 고정리, 유영의, 강민정, 김호, 임진형, 2009), 교육과학기술부(2011)의 교원자격검정실무편람, 각 대학 유아교사 양성교과목 개설현황(한국유아교육학회, 2005 : 275-278)에서 표기방식을 동일하게 사용하고 있다. 즉, 유아교육의 유아교과교육 영역은 '유아'라는 용어를 수식어로 하여, '타 학문의 핵심용어와 교육'을 한정어로 하는 표기방식을 사용한다. 유아교육의 의미를 유아교육의 실제로부터 도출하여야 한다. 타 학문의 이론은 '유아교육'이라는 체로 걸러내야 한다. 이는 유아교육의 실제를 탐구함으로써 유아교육을 자율성과 적합성을 가진 학문으로의 정체성이 확립될 것이다. 그러한 의미에서 유아교육의 분화된 교과교육의 표기방식은 '유아교육'을 한정어로 하여, '타 학문의 핵심용어'를 수식어로 사용하여야 한다. 예를 들면, '음악유아교육', '미술유아교육', '사회유아교육' 혹은 '음악적 유아교육', '미술적 유아교육', '사회적 유아교육'으로 표기하는 방식을 취하자는 것이다. 물론 이는 어색하고 익숙하지 않을 수도 있다. 유아교육 내에서 각 교과를 논한다는 차원에서 이러한 표기방식을 검토해보아야 한다.

2) 유아교육의 교과목 표기방식

유아교육의 전 영역을 개괄적으로 논의하는 교과목 명칭 표기방식은 소수가 '유아교육론'으로 사용하고 있을 뿐, 대다수가 '유아교육론(개론)'을 사용하고 있다. '유아'라는 용어와 '교육'이라는 용어는 띄어쓰기를 할 대상이 아니고, 붙여 쓰는 것이 개념 형성, 의미 전달과 해석을 용이하게 한다. '유아교육론(개론)'이라는 표기방식은 유아교육의 개념을 나타내는 데 적합한 것으로 보인다.

유아교육의 내용을 선정하고 방법을 조직하는 교과목의 표기방식은 '유아교육과정', '유아 교육과정', '유아 교육 과정'이 있다. 유아, 교육, 과정을 하나의 개념으로 취급하여 즉, '유아교육과정'으로 붙여 쓰는 표기방식이 개념 공유에 적합할 것으로 보인다.

유아교육의 방법을 논하는 교과목은 '유아교육교수·학습방법'이라는 표기방식을 제안하고자 한다. '교수'라는 용어와 '학습'이라는 용어 사이에 '·'을 표기한 것은 교수와 학습이 동시에 일어난다는 의미이다.

유아교육의 연구방법을 논의하는 교과목의 표기방식은 '유아교육연구방법', '유아교육 연구방법, '유아교육연구법'(문태형, 2006)이 있다. 유아교육도 탐구대상에 내재되어 있는 특성에 의해서 결정되어야 한다. 유아교육의 방법론은 유아교육이 탐구하고자 하는 대상의 특성에 매어 있어야 한다. 방법론은 탐구대상을 이해하기 위한 수단의 이상도, 이하도 아니기 때문이다. 교수이론이 학교에서 사용되는 것이라면, 가치판단에 의해 선택되고 다듬어져야 하는 규범적 이론이어야 한다. 이에 유아교육의 연구방법을 논의하는 교과목은 '유아교육연구방법'으로 표기해야 할 것이다.

특수유아의 교육을 논하는 교과목의 표기방식은 '유아특수교육', '영유아 특수교육', '특수 유아 교육', '특수유아교육'이 있다. 이들의 표기방식에는 특수유아를 특수교육적 관점에서 접근해야 하는가? 아니면 유아교육적 관점에서 접근해야 하는가? 하는 근본적 시각 차이가 존재한다. 유아교육기관에서 통합교육을 실시해야 한다는 측면에서 특수유아교육의 이론을 구성해야 예비유아교사에게 특수유아교육에 대한 안목을 형성시킬 수 있다. 특수유아를 대상으로 하는 유아교육의 교과목은 '특수유아교육'의 표기방식이 바람직하다고 볼 수 있다.

이와 같이, 임상도(2012)는 유아교육의 영역과 교과영역의 표기방식을 이와 같이 사용한다면, 표층적으로는 유아교육의 정체성이 확립되어 가는 과정을 보일 수 있고, 심층적으로는 어떤 부류의 것을 대상으로 어떤 방법을 사용하는지를 분명하게 할 수 있다. 더 나아가 유아교육의 실제를 탐구함으로써 유아교육의 정체성을 확립할 수 있고, 궁극적으로는 유아교육의 학문적 정체성을 확립하는 데 일조할 것으로 주장하였다. 유아교육이 다른 학문의 종속으로부터 혹은 타 학문의 가치로부터 종속되는 것을 막고, 유아교육의 정체성을 확립하기 위해서는 유아교육 내에서 고유의 표기방식들 고집하여야 한다. 용어의 독자적 표기방식은 독특한 개념을 대변해주기 때문이다. 유아교육에서 사용되고 있는 이론들은 어떠한 방식으로 구성되어 있는지를 검토해 볼 필요가 있다. 유아교육이론은 유아교육의 현장에서 구성되어 온 것이라면 유아교육의 가치가 고유의 표기방식에 스며들어야 할 것이며, 유아교육현장에서 도출된 유아의 가치가 유아교육이론으로 어떻게 구성되고 있는지를 고찰해야 할 것이다. 다음 제6장에서는 유아교육이론이 어떻게 구성되어야 하는지를 논의해보도록 한다.

CHAPTER

06 유아교육이론

지난날 유아교육이 학문적 체계가 부족하여 용병학문의 이론에 의존하여 왔다면, 지금부터라도 유아교육의 이론을 유아교육 실제로부터 창출하려는 노력이 우선되어야 한다. 유아교육의 제 영역에서 언급되고 있는 이론들이 과연 유아교육의 실제로부터 구성된 것이 몇 개인지에 대한 의문을 제기한 적이 있는가? 유아교육은 용병학문으로 유아교육의 현상을 설명하려는 각축장이 되어 있다. 이러한 부작용은 예비유아교사양성과정의 교육실습 평가에 그대로 나타난다. 예비유아교사 양성과정에서 공부한 유아교육이론으로는 유아교육현장의 실제를 이해할 수도, 설명할 수도 없다는 예비유아교사의 푸념이 이를 반영한다. 일부 유치원에서는 예비유아교사를 유치원 정교사로 채용한 후, 다시 유아교육현장에 적합한 유아교육을 가르치는 사태가 속출하고 있다. 이러한 분위기는 현직 유아교사들도 마찬가지이다. 일부 현직 유아교사들은 나름대로 유아교육을 실시할 수 있는 체계를 구축하여 유아교육 실제에 임하고 있다. 위와 같은 사태가 지속되어 유아교육현장에서는 유아교육이론 무용론이 제기되고 있는 실정에 있다. 이는 유아교육학계에도 마찬가지이다. 유아교육현장에서 도출된 이론이 미약하기 때문에 유아교육이 도입이 100년이 지난 우리나라의 경우, '유아교육학' 혹은 '유아중심'이라고 표기를 하는 데 주저하고 있고, 유아교육의 제 영역의 표기를 '유아 + 용병학문명 + 교육'으로 하고 있다. 이는 유아교육을 하나의 독립된 학문으로 정위하는 데 한계를 갖게 한다.

이론무용론의 가장 큰 위험은 이론(연구)과 실제(현장)의 괴리를 가져다 준다는 점이다. 이렇게 되면 유아교육현장에서 근무하는 유아교사, 유아의 학부모와 이론가들 간에는 의사소통이 단절되며, 더 나아가서는 유아교사를 양성하는 유아교육과와 유아교육기관 간에 괴리가 발생하게 된다. 또 다른 문제로, 용병학문은 각각의 가치를 반영하여 하나의 학문으로 성립되었는데, 용병학문의 가치와 유아교육의 가치가 다름에도 용병학문의 가치로 유아교육의 현상을 설명하게 되면 유아교육에서 가치갈등을 넘어 가치혼돈을 야기할 수 있다.

이처럼 유아교육의 이론은 대부분이 유아교육의 현장에서 도출되어야 생명력이 있다는 점을 상기하면서, 유아교육이론의 본질을 규명하고자 한다. 우선은 좋은 이론이 무엇인지를 반문해보아야 하는 점이고, 유아교육이론 구성의 방향에 대해 심각하게 고민을 해야 한다[8].

8) 본 장은 임상도(2010). 유아교육철학(서울: 동문사) pp. 42-52의 내용을 중심으로 하여 재진술한 것임.

1 유아교육이론의 본질

유아교육의 이론적 성격을 탐구한 연구물은 이기숙(2009)의 『유아교육과정』 제1장 1절 유아교육의 특징(유아교육과정의 개념 부분)을 제외하고는 거의 없는 실정에 있다. 학술연구정보서비스(RISS)의 논문검색에서부터 유아교육의 각종 저서들은 탐독하여 보아도 그러하다. 유아교육에 형성된 이론이 어떠한 성격을 갖는가에 대한 심오한 탐구 없이, 유아교육은 실천적·응용적 특성으로 인하여, 인접 영역을 포괄하여 통합적으로 그 이론과 실제를 접목시키는 방향으로 가야 한다는 것이 지배적인 논리이다. 즉, 유아교육은 다분히 실천적이며 응용과학적인 특성이 강함으로써 학문으로 개념 정립이 불분명하며, 그 결과 타 학문(철학, 심리학, 사회학, 아동학, 보건학, 문학, 수학, 과학, 사회학, 예술 등)의 종합적인 집합체 성격을 갖게 된다는 것이다. 과연 유아교육이론이 그러한지를 좋은 이론의 조건을 통해서 규명하고자 한다. 아울러 이론의 분류(설명적 이론과 실천적 이론) 방식에 따라 유아교육이론의 구성방향과 본질을 논하고자 한다.

이론은 한 세트(set)의 가정을 가지고 있으며, 이 가정들은 서로 관련을 가지며, 이론에는 수많은 개념과 용어에 대한 정의가 들어 있다. 이론은 가정과 정의로 구성된 가설(hypothesis)을 가지고 있다. 이론의 가설은 문제해결을 위한 합리적 추측이며 동시에 실제를 통해서 검증된다. 이론에는 이러한 속성이 있기 때문에 다음과 같은 기능이 있다(신득렬, 1981). 첫째, 이론은 기술(description)의 기능이 있다. 둘째, 이론은 예언(prediction)의 기능이 있다. 셋째, 이론은 설명(explanation)의 기능이 있다. 이론의 기술적 기능이라 함은 간결하게 기술하는 데 있고, 예언적 기능은 자료(date)에 의하여 어떻게 될 것인가를 예언하는 힘을 갖고 있다. 여기서 설명적 기능은 나타난 현상을 설명하는 힘을 갖는다. 이 세 가지 중 어느 것이 더 기본적인가 하는 것은 논쟁적이지만, 서로 관련을 가지고 있는 것만은 확실하다. 특히 이론의 예언과 설명은 이론적 연구와 경험적 연구를 결합함으로써 이루어진다. 기술과 예언의 기능은 비교적 이해가 쉽지만, 설명의 기능은 그렇게 단순하지 않다. 설명의 기능이란 어떤 사상(事象)을 설명하는 것이다. 그래서 그릇된 신념뿐만 아니라 신념 자체를 가지고 있지 않을 경우, 설명은 무의미하고 초보적인 지식에서 교육되어야 한다. 이 세 가지 기능이 잘 수행될 때 좋은 이론이라고 할 수 있다. 이론의 3가지 기능에 비추어 볼 때 현재 유아교육이론은 설명 기능이 우위를 점하고 있다. 유아교육은 나타난 어떤 현상을 바탕으로 이를 유아에게 가르치기 위한 방식으로 전개되기 때문이다. 그것은 유아교육이 특성상 실천적이고 응용적인 성격이 강하기 때문이다. 일반적으로 유아교육이론은 순수학문의 이론을 차용한 후, 이를 유아교육에 적용하여 그 결과를 도출하여 유아교육의 사상(事象)을 설명한다. 순수학문 혹은 다른 학문의 이론을 유아교육현장에 한정적으로 혹은 제한적으로 적용한 후, 그 결과를 일반화하여 그 이론을 예비유아교사에게 가르치고 있다. 이러한 사실에서 바로 당위를 지향하고 있다.

이 과정에서 순수학문, 다른 학문의 이론이 유아교육의 실제로 둔갑하게 된다. 유아교육의 초보적인 지식을 가진 예비유아교사들은 순수학문, 다른 학문의 이론이 유아교육의 실제를 설명하는 유아교육이론이라고 믿게 된다. 이러한 이론을 공부한 예비유아교사가 가장 먼저 실망하는 때는 유아교육실습시간이다. 두 번째 실망하는 시기는 정식 유아교사가 되었을 때이다. 순수학문의 이론을 유아교육현장에 적용한 결과에서 도출된 이론은 유아교육의 현상을 설명하는 데 한계를 가져 올 수밖에 없다. 순수학문의 이론이 형성된 배경은 유아교육의 현장이 아니라 관념의 세계, 실험실 아니면 임상실, 개별처지, 심지어 환자, 더 최악의 경우 동물이었다. 삶의 실제적 생명력이 왕성한 유아가 생활하는 곳은 순수학문의 이론이 형성된 배경과는 차원이 다른 곳이다. 이론의 설명 기능을 잘 수행하기 위해서는 유아교육이론은 유아교육의 현장 사상을 잘 설명할 수 있어야 한다. 유아교육의 현장을 간단하면서 요약적으로 설명할 수 있는 원리화된 유아교육이론이 필요한 것이다. 이론의 설명 기능을 충족시키기 위해서는 유아교육이론은 유아교육의 현장에서 도출되고 형성되어야만 한다. 반드시 그렇지는 않지만 적어도 이러한 의식만은 소유하고 있어야 한다. 유아교육의 역사가 일천한 관계로 유아교육현장에 도출된 이론이 미미하여, 용병학문의 이론으로 유아교육의 현장을 설명하려고 하였다면, 이제부터라도 유아교육이론은 용병학문의 굴레에서 벗어나야 한다. 또한 유아교육의 실제 현장에서 형성된 유아교육이론을 생성하는 데 힘을 쏟아야 한다. 우리나라 유아교육은 여기에 하나를 더 추가하려 한다. 바로 우리나라 유아교육현장에서 도출된 유아교육이론을 생성하는 일이다. 서양의 유아교육이 도입된 지가 100년이 넘어가는 시점에서 유아교육철학, 사상을 비롯한 유아교육의 전 영역에서 우리나라 학자가 형성한 독자적인 이론이 몇 개나 있는가?

또한 유아교육이론은 다음과 같이 5가지 기준이 포함될 때 좋은 이론이라고 할 수 있다(신득렬, 1981)는 점을 상기할 필요가 있다. 이론은 첫째, 중요성(importance), 둘째, 명료성(clarity), 셋째, 포괄성(comprehensiveness), 넷째, 경험적 타당성(empirical validity), 다섯째, 실제성(practicability)이 있어야 좋은 이론이라 할 수 있다. 무엇보다도 이론의 기능은 특수한 상황을 기술하는 것이 아니라 단순화와 일반화를 지향하므로, 예외가 적을수록 이론적 힘은 강하다고 할 수 있다. 유아교육의 각 영역에서 논의되고 있는 이론을 위의 5가지 기준으로 적용하여 분석한 연구물은 거의 없는 실정이다. 요즈음 유아교육의 현실은 유아교육의 이론을 소개하는 정도에 그칠 뿐, 각 이론의 좋은 점을 분석하지는 않고 있다. 한 가지 분명한 사실은 유아교육의 실제에서 도출된 유아교육이론이어야 유아교육의 실제를 설명할 수 있다는 점이다.

먼저 이론은 설명적 이론(explanatory theory)과 실천적 이론(practical theory)으로 나눌 수 있다. 설명적 이론은 과학적 이론모델을 따르는 이론이다. 따라서 설명적 이론은 사상에 대해 설명하고자 하는 데 목적이 있으며, 예언하고 통제할 수 있는 기능을 가지고 있다. 반면에 실천적 이론은 설명과 예언보다는 개선 및 응용에 관심을 갖는다. 실천적 지식은 있는 것을 설명하기보다는 있어야 하는 것, 해야 하는 것을 설명하고 정당화하고자 한다. 실천적 이론이 제시하는 명제는 처방(prescription)과 권고(recommendations)의 성격을 갖는다. 유아교육이론은 유아교육 현상을 설명해주고 과학적인 지식을 제공하는 과학적 차원의 설명적 이론과, 유아교육 활동을 지도하는 규범적 지식을 제공하는 철학적 차원의 실천적 이론이 존재할 수 있다. 유아교육은 가치를 지향하기 때문에 연구방법과 이론이 설명적 차원과 실천적 차원으로 동시에 수행되어야 함에도 철학적 차원의 설명적 이론이 부족한 상태에 있다(임상도, 2011). 유아교육의 설명적 이론은 유아발달 심리학자를 비롯한 제 영역의 교과유아교육학자들이 담당한다. 이러한 유아교육이론은 과학적 이론으로부터 많은 도움을 받고 있다. 과학이론에서 발견한 사실은 유아교육의 좋은 자료가 되는데, 발달이론이 그 대표적인 예이다. 문제는 이러한 이론이 유아교육현장에서 도출되었기보다는 유아교육현장을 벗어난 곳에서 도출되었다는 점이다.

이처럼 유아교육이론의 성격을 실천적이고 응용적이라고만 단정하는 것에 대해서는 신중해야 한다. 또한 유아교육이론에는 사실과 가치가 늘 공존하여 이를 심도 있게 연구해야 하므로, 유아교육을 실천적 · 응용적 학문이라고 선언하는 것에 대하여 항상 신중해야 한다.

2 유아교육이론의 방향

오늘날 유아교육이 당면하고 있는 문제는 참으로 다양하고, 그 해결책도 사회 구성원마다 상이하다. 유아교육에 대한 이론이나 체계적인 지식도 없이 입으로만 유아교육의 가치를 외치는 사람이 있는가 하면, 뜨거운 사랑애로 가득 찬 신념에 의해서 유아교육을 하고자 하는 사람들도 많다. 급기야 더 나아가 유아교육이론 무용론을 주장하는 사람들도 나타나고 있다. 또한 유아교육을 학문적으로 접근하면서 문제를 해결하는 사람들 사이에도 유아교육이론을 보는 시각에 대한 의견은 분분하다. 이러한 혼란의 중요한 원인은 무엇보다도 설득력 있는 유아교육이론의 결여 때문이라 생각한다. 설득력 있는 유아교육이론의 부재는 모든 사람을 유아교육의 권위자로 자처하게 만들며, 유아교육이론에 따른 정책을 일관성 있고 타당하게 펼치지 못하게 한다. 독창적인 유아교육이론의 정립이 시급히 요청되는 때가 바로 지금인 듯하다. 그러나 불행하게도 유아교육에는 유아교육현장을 설명하고, 기술하는 독창적인 유아교육이론이 존재하는가에 대한 물음에는 자신 있게 대답할 수 없다. 유아교육 자체는 종합적이고 매우 복잡한 활동들로 구성되어 있기 때문이다. 또한 유아교육은 교육학의 한 '분야'로서 여러 학문의 도움을 받고 있기 때문이기도 하다. 특히 교육사, 교육철학, 교육심리학, 교육사회학, 교육과정, 교육공학 등으로부터 도움을 받고 있다. 그 외에도 심리학, 생물학, 의학 등과 같은 기초학문의 도움도 받고 있다.

이처럼 한 연구자가 유아교육의 모든 영역에 정통할 수 없기 때문에 특정한 영역을 집중적으로 연구하게 된다. 그 결과, 유아교육이론들은 유아교육사, 유아교육철학, 유아교육과정, 유아교수·학습방법, 유아심리, 유아사회교육 등으로 구획화되어 가는 양상을 나타내고 있다. 이러한 양상에 근거하여 유아교육에 존재하는 이론들을 정리해보면 크게 2가지 요소로 구성되어 있다. 첫째, 유아교육현장을 설명해주고 과학적 지식을 제공하는 '과학적 차원'의 이론이 있고, 둘째, 유아교육 활동을 지도하고 규범적 지식을 제공하는 '철학적 차원'의 이론이 있다. 전자는 유아교육의 과학자들이(유아발달, 유아교육과정, 유아교수·학습방법 등) 담당하고, 후자는 유아교육철학자들이 주로 담당한다고 볼 수 있다. 그러나 이러한 구분이 논리적인 측면에서 가능할지는 모르지만, 지금까지는 유아교육의 과학자들이 유아교육이론의 주류를 형성하고 있다. 이들은 유아교육의 과학적 연구를 정당화시키기 위한 일련의 노력으로 유아교육철학을 간결하고 소박하게나마 설명하여 왔다.

유아교육은 이론적 지식과 실천적 지식 간의 조화를 통해서 다음과 같은 점을 정당화시켜야 할 것이다. 첫째, 유아교육의 이론 속에 있는 가정들은 서로 논리적으로 일관성이 있는가? 그 가정들은 참된 것인가? 그 가정들은 어떻게 검증되는가? 유아교육이론들은 이러한 물음에 대해 자신들을 방어해야 하고 정당화시켜야 할 것이다. 둘째, 유아교육의 이론들을 직전교육에서만 열심히 다루고 있지만, 정작 유아교육현장에서는 외면하는 풍조를 어떻게 극복할 것인가? 이를 해결하기 위해서는 새로운 이론을 도입하여 소개하기에 앞서 우리나라 유아교육현장에 적용될 수 있는지를 충분히 검증한 후, 직전교육에서 가르쳐야 할 것이다. 또한 새로운 이론을 유아교육현장에 어떻게 적용할 것인지에 대한 구체적인 방법도 제시되어야 한다.

유아교육의 이론들이 인간의 성격이나 탐구의 태도가 유아기 때부터 형성되는 것을 강조하는 것이라면, 유아교육에 소개되는 이론은 막연하고 애매한 유아 지도의 지침이 아니라 구체적이고, 확실한 지도방안이 소개되어야 한다. 한때 우리나라 유아교육계는 서구의 아동발달이론을 받아들여서 서구의 모델을 가져왔고, 이를 유아교육현장에 시험적으로 적용하였다. 그 이론의 철학적 배경, 아동관, 비판적 시각 등을 동시에 제공해야 한다. 그래야 이론무용론을 조기에 진화할 수 있다. 그동안 유아교육에서 수없이 많이 도입된 유아교육이론을 통해서 유아교육은 어떠한 양상으로 전개되고 있는지를 살펴볼 필요성이 제기된다. 그 중에서도 유아교육의 가장 원초적인 논쟁점이라고 할 수 있는 유아교육의 정의를 어떻게 할 것인지를 제7장에서 논의해보도록 한다.

CHAPTER

07 유아교육의 정의[9)]

현재까지도 일부 사람들은 유아교육을 조기교육, 영재교육, 재능교육, 초등학교 준비 등을 위한 것이라는 생각에 사로잡혀, 유아교육의 본질을 오도하여 심각한 문제를 야기하고 있다. 유아교육이 이를 위한 수단이 된다면 유아교육은 학문적인 존립을 의심받게 될 것이다. 이 장에서는 유아교육의 역사를 간략하게 논의해보면서, 과연 유아교육이 어떤 가치에 의해서 발생되었는가를 살펴보도록 한다.

유아교육은 인류의 삶이 시작된 이후에 시작되었다. 산업혁명이 일어나기 전까지는 비형식적으로 가정에서 실시되었고, 산업혁명 후에야 비로소 형식적으로 시작되었다고 짐작할 수 있다. 형식적인 유아교육은 1767년 프랑스의 오베린(Oberlin)의 편물학습 소학교(La Petet Ecole A Tricoter)에서 그 기원을 찾을 수 있는데, 이 학교의 유아들은 자연과 역사에 관한 그림을 보고, 그것에 관하여 이야기를 나눔으로써 새로운 지식을 배웠다. 그러나 프랑스 혁명으로 인하여 그 맥이 끊어지고 말았다. 오늘날 형식적 유아교육의 기틀을 마련한 것은 1816년 오웬(Owen)의 유아학교(Infant school)로서 취업모 자녀를 위한 보호와 교육을 실시하였다. 그 후 1837년 프뢰벨은 유아의 신성을 계발하려는 의도에서 유아교육 기관인 유치원(Kindergarten)을 설립하였다. 1911년 맥밀란(McMillan) 자매는 보상교육의 성격이 강한 유아원(Nursery School)을 설립하였다. 이들이 유아교육 기관을 설립한 의도는 다르지만, 오늘날 유아교육의 사상과 기원을 형성하고 있다는 것은 누구나 이해하는 사실이다(임상도, 2009). 상기의 유아교육의 역사를 살펴보면, 사회적 요구를 수용하기 위해서 유아교육이 발생했다는 사실도 있지만, 전적으로 외재적 가치를 위해서 유아교육이 시작되지는 않았다는 것을 알 수 있다. 유아교육은 외재적 가치와 내재적 가치를 모두 포함하고 있다. 그 사실로 인해 유아교육에 종사하는 사람들은 유아교육을 정의하는데 쉽게 나서지 못하고 망설이게 된다.

유아교육에 대한 정의가 다양하고 복잡하다는 점을 먼저 상정하면서, 교육의 정의를 통해서, 유아교육과 관련된 여러 개념의 분류·분석을 통해서, 그리고 유아의 존재를 통해서 유아교육의 정의에 접근하고자 한다.

9) 본 장은 임상도(2011). 유아교육철학(서울: 동문사)의 pp. 55-107까지 내용을 재정리한 것임.

1 유아교육의 개념 분석

1) 교육의 어원을 통한 유아교육의 개념

교육이라는 용어를 영어권에서는 'Paideia', 'Pedagogy', 'Education'으로 각각 표기하고 있다. 'Paideia'라는 말은 그리스어이며, 어원은 어린이라는 의미를 가진 'pais'이다. 'paideia'는 어린이를 양육·교육한다는 의미를 가지고 있다. 기원서 4세기부터 'paideia'라는 용어는 그 의미가 확대되어 '교육', '교양', '교수'를 의미하게 되었다. 오늘날은 아동이나 청소년을 선한 인간으로 만든다는 의미로 특정한 사람들에게서만 한정적으로 사용되고 있다. 'Pedagogy'는 주로 영국계통에서 사용되는 용어로서 'paida'(어린이)와 'gogos'(이끈다)의 합성어이다. 그 뜻의 원류는 그리스시대까지 거슬러 올라간다. 교복(敎僕, 적국의 교양 있는 사람을 포로로 잡아와 가르치는 종으로 삼음)은 주인의 자녀들을 오전에는 음악학교, 오후에는 체육학교로 이끌고 갔다는 것에서 유래된 것이다. 이 용어를 현대적인 의미로 해석한다면 '성인이 어린이를 교육적 방향으로 지도한다는 의미'로 해석할 수 있다. 이상의 이 두 용어에서 공통적으로 볼 수 있는 단어는 '어린이'이다. 어린이는 유아보다 대상의 범위가 넓고 어린 사람을 존칭하는 용어이다. 현대 유아교육의 활동과 결부시킨다면 유아를 포함하는 어린 사람을 성인이 양육하고, 지도한다는 의미가 내포되어 있다(임상도, 2009).

한편, 'Education'이라는 용어의 어원은 라틴어 'Educare'와 'Educere'이다. 'educare'는 영어의 'to form', 'to train'의 의미를 포함하고 있다. 즉, 외부에서 어떤 것을 부과하는 것을 의미한다. 여기에 비해서 'educere'는 영어로 'to lead out', 'bring out'의 의미를 가지고 있다. 즉, 내적인 것을 끄집어내는 것을 의미한다. 이처럼 'educare'와 'educere'는 교육을 보는 관점의 차이를 나타낸다. 'educare'적 관점에 따라 유아교육의 개념을 규정한다면 다음과 같은 입장을 지지한다. 성인은 유아에게 인류가 수천 년 동안 축적해 온 지식을 주입하거나 그리고 이미 계획된 교육과정에 따라 교수 활동을 전개할 것이다. 일종의 '주형모형'으로서 유아교육은 유아들을 외부의 틀에 따라 '만드는 유아교육'이다. 이 모형은 유아교사 중심의 교수활동을 강조하는 전통적인 유아교육 입장을 취하게 된다. 그 원조는 플라톤의 철인왕 교육과정이며, 이를 지지하는 유아교육철학자로는 로크, 오웬이며, 행동주의 심리학자의 유아교육사상도 이 입장에 속한다고 볼 수 있다. 유아교육의 목적은 초등학교 입학 후의 학업적 성공을 포함해서, 유아들이 앞으로 살아 갈 미래에 유용한 것으로 생각되는 능력과 기술들을 개발하고 획득하는 것이다. 엘카인드(Elkind)는 이 입장을 목표-지향적(goal-orientation) 혹은 미래-지향적이라고 표현했다. 콜버그(1981 : 52)는 이를 문화전승주의 이데올로기라고 칭하면서, 그 기원을 로크로부터 스키너까지 추적될 수 있는 환경주의 심리학에 두었다.

> 전통인 교육자들은 그들의 제1의 과업은 과거에 수집한 규칙 혹은 가치의 뭉치를 현재의 세대에 전승하는 것이라고 믿는다. 그리고 교육자들의 할 일은 이러한 정보와 규칙의 직접 교수라고 믿는다. 더욱 중요한 것은 과거의 신성시가 아니라 그 문화의 사회적, 도덕적 규칙, 기술, 지식을 전승하는 일을 교육이라고 생각하는 관점을 강조하는 것이다.

이러한 입장에서, 유아교육목표는 그 사회의 공인된 지식과 가치를 내면화하는 것으로 규정하기에 성인의 판단을 기본 가정으로 전제한다. 따라서 사회적 질서나 규율을 학습하는 것에 초점을 두고 사회적으로 공통된 것을 매우 강조한다. 유아교육과정도 유아에게 자유가 많이 허용되지 않은 조직적인 면을 그 특징으로 한다. 또한 유치원을 초등학교 입학 준비 단계로 생각하기에 초등학교와의 연계성 문제를 쟁점으로 삼는다. 이 입장에 대한 뚜렷한 설계는 베라이트(Bereiter)와 엥겔만(Engelmann)의 유아교육과정에 그 특성이 잘 나타나 있다. 일부에서는 이 입장을 지나간 시대의 것으로 소홀히 하는 경향이 있다. 그러나 우리 사회에서 주지주의 문화가 퇴색될 때, 즉 인지를 중심으로 하는 교육이 소홀히 될 때에는 이 입장이 지지를 받을 수 있다.

'educere'적 관점에 따라 유아교육의 개념을 규정한다면 다음과 같은 입장을 지지한다. 성인은 유아들이 가지고 있는 소질, 능력, 유전인자가 외부적인 방해를 받지 않고 발현하도록 도와주는 성장 혹은 도야로써의 유아교육 활동을 전개할 것이다. 일종의 '성장모형'으로서 유아는 씨앗처럼 모든 잠재가능성을 지닌 능동적인 존재로 간주되며, 유아교사는 유아의 잠재가능성을 계발(啓發)하는 정원사 내지 농부의 역할을 하게 된다. 이를 지지하는 유아교육철학자는 루소, 페스탈로치, 프뢰벨, 몬테소리 등이 있으며 게젤, 프로이드 등과 같은 심리학자도 이 입장에 속한다고 볼 수 있다. 'educere'적 관점에 따른 유아교육 개념은 유아의 자발적인 활동에 의한 자기 성장을 강조하며, 유아의 잠재능력을 내부로부터 계발하는 유아교육 활동을 지향한다. 즉, 유아의 성장은 유아 자신의 능력과 재능에 따라 기대할 수 있는 만큼 발달한다고 보는 입장이며, 유아의 개별성(individuality)과 유아 개인의 욕구를 중시하고 현재 삶을 강조한다. 이러한 사실에 비추어 엘카인드는 현재-지향적(present-oriented)이라고 표현하였고, 콜버그(1981 : 92)는 낭만주의 이데올로기라 칭하면서 그 기원을 루소에서부터 프로이드와 게젤의 추종자까지 추적할 수 있다고 보았다.

> 초기교육은 가정에서 허용되지 않은 정서적 발달의 국면 즉, 양친 이외의 성인들과 유희 동료와 사회적 관계를 형성하도록 아동들에게 경험을 허용해야 한다. 그리고 지적 의심과 호기심을 표현하도록 허용되어야 한다.

이 입장은 유아의 현재 활동이 미래 생활에 어떤 영향을 미칠 것인가에 관해서는 별 고려 없이, 철저하게 유아의 현재 삶을 강조한다. 유아의 지적 발달보다는 사회적·정서적 발달에 강조를 둔다. 유아교사의 역할은 유아의 행동과 발달을 안내하는 것이며 유아의 자유를 상당히 허용하게 된다. 이러한 입장에 대한 비판을 이성태(1983 : 27)는 다음과 같이 종합하였다.

> 이에 대하여 비판적인 입장을 가진 사람들은 전통적인 유아교육이 어린이들로 하여금 재미있는 놀이를 즐겁게 함으로써 그들의 잠재능력들을 교수를 통해 보다 높은 수준으로 발달시킬 수 있음에도 불구하고 그러한 잠재능력을 그냥 동명 속에 빠져 있게 한다고 비난한다. …'압력은 바쁘다.'고 하는 진보주의적 교육에 입각하여 지적 내용에 접근하지 못하도록 하고, 시기상조하는 형식적 학습을 거부하는 것은 어린이의 정신적 성장을 도울 자극을 거부하는 것이라고 주장한다.

이러한 비판도 있지만, 이 입장은 유아의 욕구와 흥미에 기초하기 때문에 유아를 학습에 접근하도록 내재적 동기유발을 증진시킨다는 장점도 있다. 지나치게 유아에 인지를 중심으로 한 학습을 강조하는 사회가 되면 이는 지지를 받을 수 있다.

이와 같이 유아교육의 개념을 교육의 어원 'educare', 'educere'에 따라서 유아교육의 목적, 내용, 방법 등이 달리 제시될 수 있다. 두 입장에 대해 엘카인드는 유아교육은 너무나 중요하기 때문에 엄격한 전통이나 혁신적인 것에 의해서만 전적으로 통제되어서는 안 된다고 생각했다. 그들은 모두 증명되지 않은 이데올로기이기 때문이라는 것이다(임상도, 2009에서 재인용). 그래서 한 때 유아교육은 양극으로 보는 시각을 달리하여 내용적인 측면에서는 전인교육을 목표로 하여 유아의 사회성, 정서적인 면과 아울러 지적인 측면을 포괄하려고 하며, 방법 면에서는 유아의 비조직적인 자발적 활동과 함께 조직된 활동 및 교수의 방법을 절충하는 경향이 나타났다. 유아교육의 두 철학을 섞어서 적당하게 하려고 하였다. 예를 들면, 유아교육의 목적은 전인교육으로 하고 내용은 기본생활습관 형성으로 하려고 하였다. 학문중심 교육과정과 경험중심 교육과정의 혼합도 이러한 예에 해당한다.

이처럼, 'education'의 두 어원 중 어느 어원을 따라 유아교육의 개념을 가지느냐에 의해서 유아교육은 개념, 목적, 내용, 방법 등이 다르게 정립된다. 그동안 유아교육에서는 두 개념 중에서 'educere'적 관점에 따른 유아교육 활동이 주류를 형성하여 왔다. 반면에 'educare'적 관점에 따른 유아교육 활동은 대립적인 입장으로 보아왔다. 이러한 이분법적인 사고의 반발로 듀이, 피아제, 비고츠키, 콜버그와 같은 유아교육철학자들은 두 유아교육 개념을 상호절충하여 새로운 유아교육사상을 제시하려고 하였다. 이것은 유아교육의 개념에 환경과 유전의 작용을 단순하게 합친 것이 아니라, 유아발달에 있어서 보다 탁월하고 역동적인 힘의 원리로 설명하려고 한다. 이처럼 유아교육의 활동은 성숙에 따른 적절한 경험과 환경을 제공하여 유아 스스로 능동적 발달을 이루게 하려고 한다.

그러나 유아교육의 주형모형인 'educare'적 관점과 유아교육의 성장모형인 'educere'적 관점 모두 피터스(1966)로부터 비판을 받았다. 그 비판을 요약하면, 사고 형식의 비개인적(非個人的, impersonal) 성격과 간주관적(間主觀的, intersubjective) 성격을 무시했다는 점이다. 비개인적 성격이란 교육에서 전달되는 내용과 그 내용을 비판하고 발전시키는 방법상의 기준이 교사의 것도, 학생의 것도 아닌 채로 양자에 의하여 공유되어야 한다는 의미이고, 간주관적 성격은 교사나 학생이 다 같이 따라야 할 공적 원리가 있다는 사실이다. 여기서 피터스의 설명을 덧붙여 보면, 교육에서 강조해야 할 것은 간주간적인 공적 전통의 세계이며, 교육에서 교사·학생·교육내용이 모두 중요하고, 교사의 권위는 학생을 공적 전통에 입문시키기는 데까지만 잠정적인 권위를 가지며, 학생은 공적 전통에 입문될 때 마음(합리적 이성)이 형성된다는 것이다.

교육 어원에 따른 두 입장의 유아교육 개념이나 이를 상호절충하는 유아교육 개념은 유아교육이 지향해야 할 활동 방향성을 제시할 수도 있다. 하지만 유아교육과 유사한 개념들로부터 유아교육의 구체성을 드러내게 하는 데는 한계를 가진다. 초등학교 준비로써의 유아교육, 놀이 활동으로써의 유아교육, 습관형성으로써의 유아교육, 보호로써의 유아교육 등으로부터 유아교육의 개념을 분명히 하는 데는 모호하다. 유아교육을 실천함으로써 여성은 자아실현의 효과를 기할 수 있고, 국가와 사회는 잠재되어 있는 인력을 일찍부터 계발할 수 있으며, 나아가 국가와 사회가 발전할 수 있는 기틀을 마련할 수 있다는 논리로부터 유아교육을 드러내는 데는 한계를 가진다. 즉, 유아교육은 무엇을 성취하기 위한 교육이 아니라, 그 자체로서 당위성이 강조되어야 한다(주영희, 1992)는 관점을 부각시키지는 못하고 있다.

2) 피터스의 교육개념

여러 가지 이유에 의하여 우리나라에는 유아교육의 개념이 다양하게 통용되고 있다. 이러한 시점에서 20세기 후반 분석교육철학을 주도한 피터스의 교육개념은 유아교육개념 형성에 많은 생각을 갖게 한다. 그 이유는 그가 분석한 교육내용이 교육일반에 관한 것이기는 하지만 그의 저서 곳곳에는 초등교육 내지 아동교육, 유아교육을 예로 들고 있다. 이것은 유아교육의 개념을 정립하는 데 많은 도움을 준다. 그의 교육개념을 통해서 유아교육의 개념을 근본적으로 정립해야 할 것이다(임상도, 2009). 이에 피터스(1966 : 55)는 교육이라는 개념 속에는 무엇인가 가치 있는 것이 추구되고 달성되어야 한다는 뜻이 담겨져 있다고 보았다.

> 교육은 가치 있는 것이 도덕적으로 온당한 방법으로 그리고 의도적으로 전달되고 있거나 전달되었다는 것을 의미한다. 어떤 사람이 교육을 받았으나 좋은 방향으로 변화되지 않았다든지, 어떤 사람이 자가 이들을 교육하면서 가치 있는 어떠한 것을 가르쳐주지 않았다고 말하는 것은 논리적으로 모순일 것이다.

그의 주장처럼 교육이라는 용어 속에는 '가치 있는 것'이라는 의미가 내포되어 있다. 우리 사회에서는 경우에 따라서 형편없는 교육(poor education)이나 나쁜 교육(bad education)이라는 말을 사용하고 있지만, 근본적으로 교육은 가치 있는 것을 추구하는 활동이다. 이를 엄밀히 구분한다면 형편없는 교육은 가치 있는 교육인데 중도에 망쳤다는 것을 의미하고, 나쁜 교육은 그 결과가 무가치하다고 생각될 때 사용한다. 이처럼 그는 교육을 가치어로 사용하고 있다. 그러면서 그는 '양육', '탁아', '보육'과 같은 개념들과 구분하기 위해서 교육의 개념을 다음과 같이 분석하였다(신득렬, 1981 : 79-80에서 재인용).

첫째, 교육은 외재적 목적을 지향하는 수단이 아니라 내재적 목적을 가지고 있다. 교육은 가치 있는 것이 전달되어야만 한다는 것이다. 여기서 가치 있는 것이 무엇인가 하는 물음에 대하여 그는 정신상태나 지성, 탁월성의 도야와 같은 것을 제시하였다. 그래서 교육이라는 말은 가치 중립어가 아니라 하나의 가치어 성격을 갖는다는 것이다.

둘째, 교육받은 사람은 가치 있는 것을 배려하고 어떤 기준을 성취하기를 원한다는 것이다. 예를 들면, 과학에 대해서 알기만 하고 진리에 대하여 무관심한 과학자는 교육받았다고 할 수 없다는 것이다. 이러한 과학자는 차라리 과학훈련을 받았다고 해야 하는 것이 합당하다는 것이다.

셋째, 교육은 교육내용의 인지적 측면이 고려되어야 한다는 것이다. 교육이라는 용어 속에는 가치를 갖춘 지식이나 기술에 대한 올바른 이해와 안목을 갖는다는 의미를 담고 있다. 그래서 교육받은 사람은 자기가 알고 있는 지식을 인생에 있어 다른 생활과 연관시킬 수 있다는 것이다.

넷째, 교육은 학습자의 의도성과 자발성을 무시하는 전달과정은 적어도 제외한다. 교육의 과정은 학습자의 자발적인 참여를 전제로 학습자에 대한 존중이 있어야 한다.

이러한 피터스의 교육개념은 일상용어와는 달리 교육이라는 말의 사용기준이 몇 대로 엄격하게 설정되었다는 비판을 받고 있다. 현재 사용하고 있는 교육과는 너무나 다르기 때문에 대단히 포괄적인 것으로 이해되기도 한다. 하지만 우리가 유아교육의 개념을 설정하는 데 하나의 기준을 제시해 준다는 점에서 주목을 끈다. 더 나아가서 유아교육의 정의를 내리는 데 반드시 제기되는 여러 가지 조건들을 정립하는데 기준이 될 것으로 보인다. 이러한 피터스의 교육개념을 유아교육의 개념으로 원용한다면, 유아교육은 결코 양육, 보육, 탁아와는 다른 면이 있다는 것을 유추할 수 있다. 이들은 피터스가 제시한 4가지 기준을 만족시킬 수 없기 때문이다. 적어도 양육, 탁아를 받은 유아는 유아교육을 받은 유아보다는 인지적 측면이 결여되어 있을 가능성이 있다. 유아를 양육하는 사람이나 유아의 신체적인 측면을 단순히 보호하는 사람에게 있어서는 인지적 측면이 덜 중요시되기 때문이다.

피터스의 교육개념에 근거하여 유아교육의 개념을 도출하면 다음과 같다.

첫째, 유아교육은 외재적 목적을 지향하는 수단으로 전락해서는 안 될 것이다. 유아교육은 그 자체 안에 있는 즉, 내재적 가치를 유아에게 전달해야 한다. 유아기에 있는 유아들에게 가치 있는 것을 가르치는 데 목적을 두기에 일반교육의 목적이나 유아교육의 목적은 같은 맥락 속에 있다고 볼 수 있다. 일반교육에서의 가치 있는 것과 유아교육에서 가치 있는 것의 대상은 다소 다르기는 하지만, 가치 있는 것을 가르친다는 점에서는 같다. 따라서 유아교육은 유아들에게 가치 있는 것을 가르쳐야 한다. 이를테면 올바른 습관 형성, 탐구심, 공익정신, 사회적 능력 등이라고 할 수 있다. 이러한 것은 전 생애에 있어서 유익한 것이므로 유아기에 가르쳐야 할 것이다. 따라서 유아교육은 어떤 조건하에서도 존재해야 하며 시행되어야 한다. 그러나 유아교육이 그렇지 못한 시기도 있었다. 1997년 국가환난사태를 맞이했을 때, 일부 유치원과 어린이집이 파산이 되었다. 그 이유는 부모의 실직으로 인한 경제적 어려움으로 자녀의 유아교육을 포기하였기 때문이다. 유아교육을 편의시설의 일종으로 취급하여 부모 생활 여건에 따라 유아교육이 좌지우지되는 경향에서 비롯된 시각이 그 원인이었다. 이러한 시각은 유아교육을 수단적 가치로 전락시켜 유아교육의 질적 향상을 저해한다.

둘째, 유아교육은 유아에게 가치 있는 것이 무엇인지를 알게 하고 이를 배려하게 해야 한다. 습관이나 행동조차도 어떤 기준에 의해서 판단하게 해야 한다. 유아교육이 유아들에게 가치 있는 것에 대한 어떤 기준을 성취하게 해야 할 것이다. 단지 가치 있는 것을 가르치되, 왜 그러한 것이 가치가 있는지에 대한 이유를 분명히 설명하여야 한다. 그래야 세뇌에서 벗어날 수 있기 때문이다.

셋째, 유아교육은 유아의 일생에 가장 기초가 되는 것을 내용으로 선정하여 이를 가르쳐서 유아가 전 생애에 이를 연결시킬 수 있도록 해야 한다. 특히 초기에 배운 지식이 이후 생활에까지 영향을 미친다는 점에서도 더욱 그러하다. '내가 알아야 모든 것은 유치원에서 배웠다.'는 어느 책 제목처럼 유아교육이 유아의 한평생 삶 전체에 영향을 미치도록 하여야 한다.

이처럼 피터스의 교육개념에 따른 유아교육의 개념 형성은 유아교육이 가치 있는 것을 지향해야 한다는 점과 인지적 전망을 갖게 해야 한다는 측면에서 매우 유익하다고 볼 수 있다. 그러나 유아교육이 어떤 가치를 구체적으로 추구해야 하는가에 대한 지침을 제공해주지는 못하고 있다. 그리고 포스트모더니즘의 사상가에 비판을 받고 있는 것처럼 인지적인 측면을 강조함으로써 정서는 상대적으로 덜 강조하였다. 따라서 유아교육에 실질적인 영향을 많이 미친 사실들을 분석하고자 한다.

3) 가정교육으로서 유아교육의 개념

유아교육기관이 형성되기 이전에 교육사상가들은 교육은 어린 시기에 가정에서 시작하는 것이 효과적이라는 사실을 언급하였다. 단지 오늘과 같은 유아교육기관, 유아교사가 없었기 때문에 가정에서 부모가 담당할 것을 강조하였던 것이다. 고대 로마의 퀸틸리아누스(Quintilianus)는 웅변가 양성을 위해서는 가정에서 부모와 유모의 교육적 역할을 언급하였다. 고대사회에서는 유아교육을 실제로 수행했던 유모의 선택을 아주 중요하게 생각하였다. 유아의 가정교육은 교양 있는 부모나 유모가 담당해야 함을 강조하면서, 더 나아가서 교사의 역할까지 소상하게 제시하였다. 그의 가정교육론은 유아교육기관이 없었던 시절의 소산이므로, 현대 유아교육적 관점에서 본다면 비형식적 유아교육의 일부라고 볼 수 있다. 그 후 종교개혁가 루터(Luther)는 가정교육을 국가발전의 기초로 보면서 가정교육론을 주장하였고, 이어 사회적 실학주의자 코메니우스는 사닥다리 교육과정을 제시하면서 제1단계로 어머니 무릎학교(Schula materna)를 주장하였는데, 이는 가정교육이었다. 이 학교는 어머니가 가정에서 1~6세까지 유아의 교육을 담당해야 함을 강조한 것이다. 로크도 학교교육의 단점인 몰개성을 비판하면서 부모에 의한 가정에서 행하여지는 교육을 중요하게 취급하였다. 이러한 주장들이 19세기 프뢰벨에게 영향을 주었다는 사실은 이들이 주장하는 교육이 비형식적인 유아교육기관인 가정에서의 유아교육이었음을 뒷받침한다(임상도, 2009).

4) 경험과학의 영향에 따른 유아교육의 개념

유아교육의 개념 형성에는 경험과학적 사고(idea)들도 많은 영향을 미쳤다. 유아교육에 영향을 준 여러 가지 경험과학적 사고를 살펴보면 다음과 같다.

첫째, 유아교육을 특수교육으로 개념화하려는 입장이다(임상도, 2009). 유아교육을 전인교육의 입장에서 보는 것이 아니라, 인간이 가지고 있는 여러 가지 속성 중 특수한 능력이나 태도를 조기에 개발하려는 입장이다. 예를 들면, 예능 방면의 특수한 재능이나 운동기능 분야의 소질을 키우려는 노력들 혹은 지능의 요소 중 특수 부분의 우수한 요인을 조기에 발견하여 개발하려고 한다. 이러한 태도에 대해서 아리스토텔레스는 일찍이 그의 저서 『정치학』에서 다음과 같은 비판을 던졌다(신득렬, 1981 : 283). "이런 교육을 받은 사람들에게는 비판적 사고를 기대할 수 없고 노예적 사고를 발견할 뿐이라는 것이다. 왜냐하면 노예들이 많은 곳에 창조적 문화를 기대할 수 없기 때문이다."

오늘날 우리 부모들이 기대하는 일인일기 조기교육에 대한 정열은 비판적으로 검증되어야 한다. 이러한 기대에 부응하여 조기교육이라는 이름 아래 난립하고 있는 예체능계 사회교육기관을 우리는 주목해야 할 것이다(임상도, 2009). 어릴 때부터 한 분야에 종사해 온 사람들에게 볼 수 있는 사고의 편협성을 경계하여야 한다. 조기 특수교육이 유아교육의 개념으로 수용되기 위해서는 과학적 선발의 요건을 충분히 확보하고, 이를 유아교육철학적으로 정당화해야 한다. 그렇지 않으면 조기교육이 조숙의 우를 범할 수 있다.

둘째, 유아교육을 보충교육으로 보려는 입장이다(임성도, 2009). 가정의 교육적 결손을 유아교육기관을 통해서 보충하려는 일련의 현상이 있어 왔다. 이 입장은 사회

경제적 불평등으로 야기된 문화실조를 줄이기 위해서 국가적인 차원에서 지원하는 유아교육의 한 형태를 말한다. 대표적인 것이 1960년대 헤드 스타트 프로그램(Head Start Program), 영국의 플라우덴(Plowden) 보고서에 나타난 사실들이다. 국가는 환경 결함에 처해 있는 유아를 위해서 교육의 우선 지역을 지정하고 재정지원정책을 수립한다(임상도, 2009). 여기에는 사회복지적 국가발전주의 요구가 강하게 작용하였다. 여기에 근거하여 국가는 모든 유아들에게 유아교육적 기회균등을 제공하려고 하였다. 그 기원은 오웬이 창설한 유아학교(Infant School)이다. 이 학교에 대한 특징을 김영후(1987 : 293-294)는 다음과 같이 언급하였다.

> 유아학교는 노동자 계급의 유아들을 위한 일종의 보육기관으로, 본교에서는 연령상 공장에 취업하지 못하고 도제학교에 등교하지 못하는 6세 이하의 유아들을 수용하여 이들을 보호하고 바람직한 습관을 길러주는 것을 목적으로 하였다.

물론 오웬의 근본적인 유아교육사상은 직장을 가진 어머니를 위하여 유아의 신체적 보호만을 하는 탁아시설기관은 아니었다. 격동하는 사회, 가정생활의 변화 속에서 유아들의 인격을 바람직하게 형성하도록 하고, 옳은 성장이 보장되는 환경조건을 제공하려고 했던 유아교육기관이었다. 이러한 사고는 유아교육을 육아, 탁아와 같이 규정하는 비전문적·비교육적 입장이다. 단순히 자녀를 키울 수 있고 맡길 수 있는 곳은 유아교육적인 의미와 전문적 소양이 부족함을 의미한다. 과거에는 유아교육을 단순히 보호하는 개념으로 인식하여 왔다. 유아의 신체적인 면을 돌보고 신체적인 요구를 만족시켜 주는 것이라고 생각하였다. 그러나 20세기 후반부터 심리학자와 유아교육학자들의 연구와 주장에 근거하여 유아의 신체적 보호 이상의 교육적 자극을 주는 것이 중요하다는 것이 인식되었다(임상도, 2009). 유아교육은 신체적 보호중심의 탁아가 아니라, 최대한 성장과 발달을 지원해주어야 한다는 교육적 의미가 첨가되었다. 그 결과, 오늘날 유아교육은 '보육'과 '교육'이라는 두 방향으로 흘러 급기야는 이원화의 논쟁이 일어났다. 즉, '보육'과 '교육' 중 어느 쪽에 더 비중을 두는가에 따라서 유아교육의 방향이 상이하게 된다.

이에 따라 유아교육은 정의, 내용구성, 대상연령, 유아교사교육에 이르기까지 많은 논쟁을 야기시켰다. 최근에는 '보육'과 '교육'의 이분화 자체가 문제라고 보고 이 양자를 분리시킬 수 없는 통합된 개념을 가지려는 입장들도 있다. 따라서 유아교육은 유아의 보호를 중심으로 하는 분리된 교육만을 의미하는 것이 아니라, 유아를 위한 보호와 교육을 동시에 제공하여야 한다는 의미로 'early childhood educare'라는 새로운 용어를 사용하자는 주장도 제기되었다. 고등교육은 어느 정도 보육과 교육을 분리할 수 있지만, 초등교육과 유아교육에서 이들을 서로 분리할 수 없는 필연적인 관계에 놓여 있다. 보육과 교육을 분리하려는 사고방식은 고등교육에서 영향을 받았다고 볼 수 있다(임상도, 2009). 이에 따라 현재에는 유아교육과 영유아보육을 누리과정을 매개로 하여 통합하려고 하고 있다.

유치원 교육은 조기교육 내지 조기경험의 중요성에서 출발한 반면에, 유아보육은 교육적인 측면의 중요성보다는 사회 서비스적 일환으로 사회 복지적인 차원에서 출발하였다. 따라서 각각의 고유한 출발적 밑바탕이 있기 때문에 각자의 영역을 존중하는 것이 바람직하다고 생각된다. 그 통합적 노력이 학문적 연구에 바탕을 두지 않고 이해관계에 얽혀 추진된다면 이것은 경계의 대상이 되어야 한다. 그리고 그 통합이 어떤 절차를 거치는지에 관심을 가져야 한다.

셋째, 유아교육을 초등학교 취학을 위한 준비교육으로 보려는 입장이다(임상도, 2009). 초등학교 취학 후 큰 과제로 부과되는 읽기, 쓰기, 셈하기 등의 기본적 능력을 미리 가르치는 것을 주된 것으로 한다. 또한 초등학교에 대한 적응력을 높이기 위한 기본훈련을 주도하기도 한다. 초등학교 집단생활에 필요한 기본예절, 태도, 습관 등이 주요 내용이 된다. 이러한 입장은 초등학교와 유아교육기관 간의 연계성 문제를 야기시킨다(임상도, 2009). 따라서 유아교육기관과 초등학교기관 간의 교육과정의 연계성이 중요한 문제로 부각된다. 여기서 웨브(Weber, 1984 : 198-199)가 제시하는 부분을 살펴보자.

> 유아교육의 전문가들은 처음에는 유치원 발전을 위해 헌신하였으나, 병설 유치원 설립 이후에는 그늘의 마음속에 담고 있었던 유치원 교육의 원리와 철학들이 초등학교까지 연장되기를 바랐다. 철두철미한 유치원 교육의 개혁가들은 그들이 믿고 있는 '새' 교육 방안보다 색다른 방법과 절차를 유아교육에 적용할 수 있는, 보다 아동중심 교육이 되도록 할 수 있다고 믿었다. 이들 개혁자들은 5, 6, 7세의 아동 본성은 유아사하다고 믿었으며, 특히 이 시기 아동들의 사회성, 질서 및 지적 특성은 거의 동등하다고 보았다. 그래서 이들 개혁 지도자들은 유치원-초등학교의 통합을 위해 더욱 박차를 가하게 되었다. 알다시피, 이들 개혁자들은 유치원과 초등학교가 공히 적용되는 교육과정을 설계하기에 이르렀다.

유치원생과 초등학교 저학년 간에는 사회성, 정서, 지적 특성이 거의 유사하다고 보았기 때문에 유치원 교육과 초등교육을 통합하려고 하였다. 그러나 보다 근본적인 이유는 조기 문자교육에 대한 부모의 열성과 성화가 크게 작용했기 때문이다. 우리나라의 경우 초등학교 1학년 교육과정에 나와 있는 내용을 초등학교에 입학하기도 전에 다 배우고, 초등학교에 입학하면 초등학교 1학년 교사가 무엇을 가르쳐야 할지 고민이라는 푸념을 생각해보면 문제의 심각성을 알 수 있다(임상도, 2009). 이 점에 대하여 김옥련(1988 : 32)은 다음과 같은 의견을 제시하였다.

> 취학 전 교육과정은 상급단계인 초등학교 교육을 위한 준비에 알맞아야 한다고 주장하는 사람이 있는가 하면, 독자적으로 교육과정을 전개해야 한다고 주장하는 사람도 있다. 그러나 취학 전 교육을 위한 교육과정은 이 같은 양자택일의 사고방식이 아니라, 취학 전 교육기관으로서의 독자적인 역할과 초등학교 교육을 위한 준비 기능이라는 이중의 목적이 조화를 가지고 발전되어야 할 것이다.

이처럼 연계성 문제를 해결하기 위한 논의의 장이 공식적으로 있어야 한다. 그렇지 않으면 교육과정의 하향화 현상에 의해서 유아교육기관의 교육과정이, 초등학교의 교육과정을 의도적으로 모방하는 현상이 유아교육현장에 만연하게 될 것이다. 초등학교 저학년에 영어교육이 공식화되자 유아교육기관에 영어교육이 도입되는 현상이 이를 뒷받침한다.

5) 전인교육으로서의 유아교육 개념

현재 널리 퍼져 있는 유아교육의 개념은 전인교육이다. 즉, 유아교육을 전인교육으로 보려는 입장이다(임상도, 2009). 유아가 그 연령단계에서 이룰 수 있는 최대한의 신체적, 지적, 정서적 발달을 도모하도록 도와주는 것을 목적으로 한다. 현재 대부분의 유아교육은 이 입장을 취하고 있으며 하나의 완전한 교육 형태로 인정받고 있다. 유아교육에 전인교육을 도입한 학자는 프뢰벨이다. 듀이(1916)가 지적한 것처럼, 프뢰벨은 독일 관념론 철학의 추종자이다. 그는 자신의 이론을 절대자에 상응하는 수학적인 상징물인 은물을 내세워서 추상적으로 설명한다. 교육의 역사적 측면에서 본다면, 그는 신인문주의자이다. 따라서 그는 유아교육의 목적을 완성된 산물로서의 최종으로 전인을 강조하였다. 이 목적의 단점은 성장의 정지를 의미하며, 감상적이고 심미적인 태도를 더 강조하고 상대적으로 이성이나 지성의 발달을 덜 강조한다. 유아교육에서 늘 화두가 되는 전인의 개념을 피터스(1966 : 32)를 통해서 알아보면 어떤 시사점을 얻을 수 있을 것이다. “교육이 지나치게 전문된 훈련을 경계하는 뜻을 나타내고 있다. 뿐만 아니라, ‘교육’이라는 말 속에 이미 자기가 하는 일의 의미를 넓은 안목으로 파악한다는 뜻이 들어 있다는 개념적 관련을 나타내기도 한다.” 이와 같이 유아교육을 전인교육으로 본다는 것은 유아교육이 너무 지나치게 전문화된 능력이나 기술을 조기에 유아들에게 가르쳐서는 안 된다는 뜻을 함의하고 있다. 피터스는 전인교육을 강조하면 그것은 소극적 의미를 나타낸다고 하였다. 이러한 피터스의 주장을 음미해 볼 때 유아교육의 목적으로 전인교육은 소극적인 의미를 담기에, 전인교육에 대한 보다 적극적인 개념 추구의 노력이 이루어져야 할 것이다(임상도, 2009). 이를 위해서는 유아교육철학 활동이 계속돼야만 한다. 전인교육에 대한 위험성에 허친스(Hutchins)의 지적을 신득렬(2002 : 117-118)은 다음과 같이 제시하고 있다.

> 전인교육이라는 말은 애매모호하다. 이 말은 다의적이어서 오해를 가져올 수 있다. 훈련과 달리 교육은 학습자의 전반적인 발달을 목적으로 한다. 그러나 학교는 모든 면을 발달시킬 수 없다. 허친스는 개성과 인격의 발달은 학교의 본질적인 과업이 아니라고 생각했다. 학교는 학생들의 지성을 도모하는 곳이며 전인을 양성하는 이름으로 호도해서는 안 된다고 생각했다.

이러한 주장을 수용한다면, 유아교육도 전인교육이라는 미명 아래 지식교육을 소홀히 하고자 하는 풍조를 막아야 한다. 일반적으로 교육이 주입식 지식교육 혹은 기술교육 등에 치우친 것을 바로잡기 위해서 전인교육이라는 동어반복(tautology)을 사용한다. 그것은 교육이 전인적 발달에 관심을 가져야 함을 강조하기 위해 전인교육이라는 용어를 사용한다. 이렇게 본다면 전인교육은 현재 교육이 전인을 구성하는 모든 부분을 골고루 조화롭게 발달시키지 못한다는 문제의 지적인 동시에, 조화로운 발달을 지향해야 한다는 교육 방향의 제시인 것이다. 유아교육이 전인교육을 지향해야 한다는 것은 누구나 받아들일 수밖에 없는 참 명제이면서도, 그 의미가 포괄적이어서 유아교육현장에 어떻게 적용해야 하는가가 분명하지 않고 그 실체가 모호하다.

그 역사적 배경을 고찰하면, 플라톤은 인간의 영혼을 욕망, 기개, 이성의 세 부분으로 나누어 각 부분의 교육을 위한 방안을 전개하였다. 이 이원론적 입장이 장구한 세월을 흘러 페스탈로치의 삼육론에 접목되면서 전인교육의 모습이 드러나게 된다. 그는 인간의 특성을 지·덕·체로 보고 그것의 조화로운 발달을 추구하려고 하였다. 전인교육은 전인을 구성하고 있는 모든 부분을 어느 것에 편파적으로 치중함이 없이 골고루 조화롭게 발달시켜 균형을 이루도록 하자는 교육이다.

그러면 지·덕·체의 조화로운 발달을 어떻게 해석해야 하는가? 이홍우(1997)의 승법적 접근법을 빌면, 전인은 구체적인 실체로서 존재하는 총제로서의 인간을 가리키는 반면, 지·덕·체는 별개의 실체가 아니라 단지 전인의 상이한 측면을 나타내는 개념상의 구분이다. 덕과 체는 지와 떨어져서 별도로 존재하는 별개의 요소가 아니라, 지와 결합되어 있는지의 이면에 나타나게 된다. 따라서 유아교사는 지·덕·체를 전인의 상이한 측면을 나타내는 개념상의 구분으로 보고 별개의 활동에서 가르치는 것이 아니라, 하나를 가르칠 때 다른 측면들이 필연적으로 수반되는 것임을 고려해야 한다. 즉, 가르쳐야 할 내용을 지·덕·체로 균등 있게 배분하는 방식이 아니라 통합적 방식의 교과관을 가져야 한다.

6) 교육학의 한 영역으로서 유아교육의 개념

이와 같이 유아교육의 정의를 내리기 어려운 것은 여러 가지 개념들로부터 유아교육이 영향을 받았기 때문이다. 이러한 점을 극복하기 위해서 교육학적인 측면에서 유아교육의 개념을 시도하려는 움직임도 있다. 즉, 유아교육에 대한 정의를 교육학적인 관점에서 접근하려는 것이다. 교육학은 학문적인 입장에서 보면, 연구주제에 따라 교육철학, 교육사회학, 교육과정, 교육행정학, 교육심리학 등으로 구분할 수 있고, 실천적인 입장에 따라 유아교육, 초등교육, 중등교육, 고등교육, 사회교육, 평생교육 등으로 구분된다. 이러한 관점에 따르면 유아교육의 정의는 다음과 같이 내릴 수 있다. '유아교육은 유아를 대상으로 하는 교육학의 한 영역으로 정의될 수 있다.'(이은화, 배소연, 조부경, 1998). 그러나 오늘날 유아교육은 교육학의 영역에만 머무는 것이 아니다. 유아교육은 과학, 예술, 정치, 경제, 사회, 문화, 공학, 경영, 체육 등 다방면의 다학문에 영향을 받고 있다. 따라서 이 정의는 이제 유아교육도 대상의 특징에 따라 독자적인 영역을 갖고 있음으로써, 유아교육이라는 큰 맥락 속에서 정의되어야 한다는 논리에 비추어 보면 아쉬움을 갖게 한다. 유아교육이 교육학으로 비중을 두게 되면 유아교육이라는 독자성이 희석될 것이고, 유아교육을 독립된 학문으로 간주하자니 그 바탕의 나약함이 대두된다.

7) 독립된 학문(내용모형)으로서 유아교육의 개념

유아교육의 개념 형성에 영향을 미친 제 요소들은 유아교육을 단편적으로 이해하는 데 매우 용이하지만, 유아교육을 전체적으로 이해하게 하는 데는 혼란을 야기한다. 이러한 점을 극복하기 위해서 유아교육을 독립된 개별 학문으로 정립시킨다는 관점에서 접근해야 할 것이다. 유아교육을 하나의 독립된 학문으로 접근하기 위해서는 유아교육의 목적, 내용, 방법 등의 측면에 개념 접근이 있어야 한다.

앞에서 살펴본 바와 같이, 유아교육을 인간이 가지고 있는 여러 가지 속성 중, 특수한 능력이나 태도를 조기에 개발하려는 입장으로 간주하려는 움직임은 전인교육에 강력한 비판을 받아 더 이상 유아교육을 대표하지 못한다. 유아 영재교육, 유아 예체능 분야의 특기교육 등은 한 인간의 일생에 기초가 된다는 소위 '기초성의 원리'에 의해서 그 설득력을 잃었다. 너무 일찍부터 한 분야에 몰두하도록 가르치면 세상사에 무능한 훈련된 인간을 양성하기 쉽다. 이러한 점에서 유아교육은 전인교육을 지향해야 한다는 것이다. 하지만 전인교육은 지나치게 추상적이고 원대한 목적이다. 또한 지식교육을 등한시해도 된다는 오해를 불러일으킬 수 있다. 이러한 접근은 '유아교육은 어떤 목적(목표)을 위한 수단이 되는가'라는 관점에서 기인된 것이다. 필요한 것으로 간주되는 목적(목표)을 위한 효율적인 수단이 되도록 유아교육내용과 유아교수·학습방법이 결정된다. 이러한 유아목적(목표)관을 대신하여, 유아교육을 받은 상태가 어떤 상태인가라는 유아목적(목표)관을 갖게 되면, 현재의 유아교육내용을 받아들이고, 그 유아교육내용으로부터 유아교육을 받은 상태를 추론해 내는 데에 관심을 갖게 된다. 이러한 관점은 유아교육은 필요에 의한 외재적 가치에 좌우되지 않고, 유아교육의 내용(예를 들어 지식의 구조)에 관심을 갖게 되어 내재적 가치를 지향하게 된다. 따라서 유아교육의 개념 논의는 유아교육내용을 중심으로 다루어져야 한다. 유아교육의 내용과 방법에 대한 의견이 일치되는 한 따로 유아교육의 목적을 논의할 필요가 없기 때문이다.

유아교육은 유아들에게 가치 있는 여러 가지 경험을 구체적으로 풍부하게 해줄 수 있는 다방면의 영역을 그 내용으로 해야 한다. 그 영역은 합리적 이해를 위한 여러 가지 지식의 형식인 것이다. 피터스와 허스트가 제시한 지식의 형식(논리학과 수학, 자연과학, 자기 자신과 다른 사람이 감정에 관한 이해, 도덕적 판단, 심미적 경험, 종교적 주장, 철학적 주장)에 비추어(이홍우, 1997) 보면, 유아교육의 내용교과목으로는 유아교육철학, 유아교육과정, 유아교수·학습방법, 유아언어교육, 유아수학교육, 유아사회교육, 유아과학교육, 유아문학교육, 유아미술교육, 유아동작교육, 유아음악교육 등이 포함되어야 한다. 유아교육내용의 구성과 조직은 유아발달의 통합적 특성(신체적 발달은 불가피하게 사회·정서적 발달과 같은 다른 영역에 영향을 준다는 주장, Bredekamp &

Rosegrant, 1995)으로 인하여, 다방면의 교과 영역을 통합적으로 접근하여 구성하여야 한다. 이러한 통합교육과정을 실현하기 위해 유아교수·학습방법으로 프로젝트 접근법과 주제중심 접근법을 권장하고 있다(Bredekamp & Rosegrant, 1995). 유아가 자신의 경험 내에서 주제나 개념을 선정, 조직하여 여러 교과영역의 학습내용 탐색, 조사·해석하는 데 자신이 학습한 것을 적용하면서 몰입하게 되므로 의미 있는 학습이 이루어진다(김은희, 2000b)는 측면에서 프로젝트 접근법은 유아교육의 최근 동향에 비추어 보면, 유아교수·학습방법의 본질이라 할 수 있다. 이상에서 논의된 유아교육의 개념을 정리해보면 다음과 같다.

첫째, 유아교육의 개념 논의는 조기교육, 특기교육, 전인교육과 같은 목표모형을 지양하고 내용모형으로 지향하여 유아교육의 교과내용을 다방면의 영역으로 엮는 통합교육과정으로 구성하여야 한다. 이를 실현할 교수·학습방법으로는 프로젝트 접근법을 활용해야 한다고 할 수 있다.

둘째, 유아교육을 수행하는 유아교육기관은 유치원, 어린이집 등으로 한정하되 비형식적 유아교육기관으로는 가정, 사회교육기관으로 규정할 수 있다.

셋째, 유아교육기관에 취학하는 연령은 출생에서부터 초등학교 저학년까지이다.

이를 요약하면, 유아교육은 조기 특수교육, 전인교육의 개념을 지양하고 유아교육 내용을 지향하는 개념으로 정립하여, 유치원, 어린이집 등의 형식적 교육기관뿐만 아니라 가정이나 사회에서 일상적인 생활을 통해서 이루어지는 모든 학습경험을 포함하여, 그 대상의 연령도 출생 시부터 초등학교 저학년까지 이르는 모든 유아들의 교육문제를 포괄적으로 포함하는 것이다.

2 인간존재로서의 유아

유아교육의 정의를 논의하기 위해서는 유아교육의 대상인 '유아'의 개념을 파악하는 것이 선결되어야 할 과제이다. 일반적으로 교육은 초등, 중등, 고등교육, 사회교육, 가정교육 등을 포괄하지만 유아교육은 그 대상이 유아로 한정된다. 본 절에서는 유아의 개념을 규범적 측면과 사실적 측면으로 구분하여 논의해보고, 아울러 인간존재로서 유아를 어떻게 보아왔는가에 대한 것을 고찰하고자 한다. 유아와 유사한 전통적인 사회 통념상의 말로는 아이, 아기, 새끼, 아들, 딸 등이 있다. 이러한 용어는 학술적인 용어가 아니기 때문에 여기에서는 학술적인 용어로 한정하여 유사한 용어를 살펴보도록 한다.

1) 어린이

어린이라는 용어가 지칭하는 대상은 광범위하다. 유아기로부터 사춘기에 들어서는 아동기까지를 포함한다. 어린이라는 말을 유아기와 비교해보면, 유아기는 유아교육기관 재학 단계의 대상아를 의미하지만, 유아기 전체를 대표하지는 못한다. 반면에 어린이는 넓은 의미로 인간형성의 초기 단계라고 말할 수 있다. 과거 교육의 대상을 초등학교의 아동들로부터 시작했다는 점에서 어린이의 대상은 초등학교의 학동기에서 중학교 저학년까지를 통칭하여 왔다. '어린이날' 기념행사에 참가하는 대상을 보면 알 수 있다. 어린이라는 용어는 학술적인 용어는 아니지만, 어린이도 나이가 '어린 사람'이기 때문에 성인들처럼 하나의 인격체로 존중하고 보호해야만 한다는 당위성이 내포되어 있다(임상도, 2009). '어린이'라는 용어를 처음 사용한 소파 방정환(1898~1931)의 유아교육사상에 비추어 보면, 어린 사람을 존중하라는 의미가 담겨 있다. 그는 어린이를 한울님으로 보면서 성인이 해야 할 일은 어린이의 성품을 그대로 보존하는 것이라고 하였다. 어린이라는 용어는 어린이헌장과 같이 모든 어린이는 존중하고 차별 없이 자라도록 돌보아야 한다는 의미가 담겨 있다.

어린이 헌장

대한민국 어린이 헌장은 어린이날의 참뜻을 바탕으로 하여 모든 어린이가 차별 없이 인간으로서의 존엄성을 지니고 나라의 앞날을 이어나갈 새 사람으로 존중되며 아름답고 씩씩하게 자라도록 함을 길잡이로 삼는다.

1. 어린어는 건전하게 태어나 따뜻한 가정에서 사랑 속에 자라야 한다.
2. 어린이는 고른 영양을 취하고, 질병의 예방과 치료를 받으며, 맑고 깨끗한 환경에서 살아야 한다.
3. 어린이는 좋은 교육시설에서 개인의 능력과 소질에 따라 교육을 받아야 한다.
4. 어린이는 빛나는 우리 문화를 이어받아, 새롭게 창조하고 널리 펴나가는 힘을 길러야 한다.
5. 어린이는 즐겁고 유익한 놀이와 오락을 위한 시설과 공간을 제공받아야 한다.
6. 어린이는 예의와 질서를 지키며, 한겨레로서 서로 돕고, 스스로를 이기며 책임을 다하는 민주 시민으로 자라야 한다.
7. 어린이는 자연과 예술을 사랑하고 과학을 탐구하는 마음과 태도를 길러야 한다.

8. 어린이는 학대를 받거나 버림을 당해서는 안 되고, 나쁜 일과 힘겨운 노동에 이용되지 말아야 한다.
9. 어린이는 해로운 환경과 위험으로부터 먼저 보호되어야 한다
10. 몸이나 마음에 장애를 가진 어린이는 필요한 교육과 치료를 받아야 하고, 빗나간 어린이는 선도되어야 한다.
11. 어린이는 우리의 내일이며 소망이다. 나라의 앞날을 짊어질 한국으로, 인류의 평화에 이바지할 수 있는 세계인으로 자라야 한다.

2) 유아의 정의

유아에 대한 정의는 규범적인 측면과 사실적인 측면에서 분류해 볼 수 있다. 규범적인 측면에서 본다면, '유아'는 나이, 발달단계, 정신적 성숙 혹은 육체적 성장의 기준 등을 떠나 사회 공동체적 입장에서 그 의미를 파악하려는 것이다. 이 입장은 유아가 아직 어리고 힘이 미약하기 때문에 성인이나 사회로부터 보호를 받아야만 하고, 또한 귀여움과 재롱이 있는 예쁜 아이로 규정한다. 그리고 유아들의 신체적 보호와 함께 유아들의 권익 옹호, 권리 존중을 강조한다. 특히 획일화되고 개성이 말살되고 있는 일부 유아교육의 현장을 생각한다면, 이 입장의 정의는 상당히 설득력이 있다. 이 정의가 의미하는 것처럼 유아들의 권리를 옹호하여 미숙하지만 완전한 인격체로 존중되기를 우리는 기대한다(임상도, 2009). 이와는 달리 현대교육학, 심리학적인 근거에 의한 사실적인 측면에서의 유아 개념은 다소 복잡하다. 생물학적인 관점에서 유아의 연령은 출생에서부터 5, 6, 7세까지 혹은 초등학교 입학 전까지로 규정한다. 발달심리학 혹은 아동심리학에서는 학자들마다 발달단계상 유아의 연령을 2~5세, 출생~8세, 3~5세까지로 규정하기도 한다. 이와 같이 연령상으로 '유아'를 규정하는 것은 여러 가지로 제한받기 쉽고 통일성을 확립하기도 어렵다.

유아의 개념을 규범적인 측면에서 규정하든지 아니면 사실적인 측면에서 규정하든지 간에, 중요한 것은 '유아'라는 용어를 사용할 때 일관성 있고 통일되게 사용하는 것이다. 유아교육이나 보육이 안고 있는 가장 큰 문제점 중의 하나가 바로 용어 표기의 비일관성 문제이다(임상도, 2009). 유아라는 용어와 비슷하게 사용되는 용어를 규정하면 다음과 같다.

- 영유아(嬰幼兒)는 「영유아보육법」에 의하여 규정되어진 보육 대상아를 지칭하는 말이다. 갓 태어난 영아에서부터 초등학교 저학년까지를 포함한다. 영유아보육기관으로는 어린이집, 놀이방 등이 있다.

- 유아(乳兒)는 젖 먹는 시기의 대상아를 일반적으로 지칭하는 말이다. 유아를 위한 보육활동이 행해진다. 유아보육기관으로는 영아전담 어린이집이 있다.
- 유아(幼兒)는 유아원이나 유치원 기관의 재원 대상아를 지칭하는 용어이다. 유아의 교육은 유아교육으로 일반화되어 있다. 유아교육기관은 유치원이다.
- 아동(兒童)은 초등학교 입학 전·후 시기의 대상아를 주로 지칭하지만 초등학교 단계에 해당된다. 아동을 교육하는 기관은 초등학교이다.

이처럼 유아를 지칭하는 용어가 혼란스러울 정도로 그 개념이 유사하고 다양하게 지칭되는 것을 알 수 있다. 유아를 두고 교육관점에 따라 그리고 보육관점에 따라 다르게 호칭하고 있는 현실 속에서 현실을 탓하기보다는, 이들 용어를 일관성 있게 사용하려고 하는 노력이 선행되어야 할 것이다(임상도, 2009). 보육의 개념이 등장함으로써 이를 더 세분하여 영아, 유아, 아동 등으로 구분하여 규정하기도 한다. 중요한 것은 이런 구분이 단지 나이에 의해서 구분한 것인지, 아니면 사회관습에 따라 구분한 것인지, 발달단계상의 어떤 특징들에 의해서 구분된 것인지, 그 구분의 기준이 중요한 의미를 갖는다.

3) 유아관

인간존재에 대한 견해는 철학적 이해와 과학적 이해가 항상 충돌해 왔다. 이러한 맥락에서 유아에 대한 존재도 이와 같이 생각할 수 있다. 유아교육에 임하는 유아교사가 어떠한 인간관 내지 유아관을 가져야 하는가에 대한 질문은 유아교육에서 중요한 의미를 지니게 된다. 과학적 유아관을 가지고 있는 유아교사와 철학적 유아관을 가지고 있는 유아교사는, 유아교육이론과 유아교육의 목적, 내용, 방법 등에 걸쳐서 그들의 견해는 다를 것이다. 유아교사가 어떤 유아관을 가져야 할 것인가를 결정하기에 앞서 유아관의 변천을 먼저 고찰하기로 한다.

유아관이나 육아관은 단적으로 그 문화 안에 잠재해 있는 그 사회의 고유한 가치관을 반영한다. 원래 유아관이란 어린이 양육과 교육에 대하여 그 사회나 집단이 승인한 태도, 가치, 신념 등을 포함하기 때문이다. 여기서는 유아관의 여러 가지 특징을 살펴보고자 한다.

(1) 성인 축소판(miniature adults)의 유아관

이 관점은 유아가 지니는 특성 즉, 신체적, 정신적, 지적, 사회적, 도덕적 특성은 성인과 마찬가지로 이미 출생 시에 타고나는 것이므로, 유아란 어른으로부터 그 크기만을 줄인 존재에 불과하다고 본다. 그 단적인 예는 성인의 의복과 유아의 의복을 비교해보면 크기와 폭의 비율 차이만 있다는 사실이다. 이것은 출생, 청소년기, 성인기, 노인기를 인간 삶의 한 주기로 간주한 결과이다. 농경사회에서는 출생해서 성인이 되는 기간을 매우 짧게 인식하였고, 조혼이 널리 행해졌으며, 관-혼-상-제를 인간 삶의 대사로 취급하였다. 이렇게 된 것에는 농경사회의 노동력과 밀접한 관련이 있었다. 유아는 노동력의 원천이 되므로 당연히 유아기의 중요성이나 교육의 필요성을 덜 절감하게 되었다. '낳기만 하면 저절로 자란다.'라는 의식이 강하게 자리 잡게 되었다. 지금도 후진국에서는 유아의 노동력을 착취하는 사례가 발생하고 있다.

그러나 현대과학의 발달과 함께 이러한 관점은 크게 변화되었다. 유아의 신체는 성인의 신체와 다른 비율과 체제로 구성되어 있는 사실과 마찬가지로, 유아의 정신세계도 역시 성인과 다르다는 것이 입증되고 있다. 유아를 어른의 축소판으로 보호가 필요한 불완전한 존재로 성인에 종속시켜 버리면, 유아는 어디까지나 성인의 소유물과 비슷한 상태로 전락하게 된다는 사실에 강력하게 비판을 가하였다. 이 관점은 유아에 대한 평가도 성인이 결정한 기준의 척도에 따라 이루지게 된다. 유아의 독특한 개성이나 지적인 면, 정서적인 면 등의 발달을 무시하게 된다. 성인의 기준에 의해서 유아의 모든 것이 판단되기 때문에 강제, 처벌, 학대의 원천이 되기 쉽다. 유아를 성인의 축소판으로 보는 관점은 유아교육이 미분화 시대의 산물임을 간주하여, 다시는 이러한 유아관이 유아교육현장에 스며들지 못하도록 경계의 대상으로 삼아야 할 것이다.

(2) 부모의 생명 연장의 유아관

이 유아관은 앞의 유아관과 유사한 입장을 견지한다. 동서양의 고대사회에서는 유아를 부모의 대(代)를 잇기 위한 교량적 역할로 생각하였다. 부모는 재산을 전해주고, 또 자신의 꿈을 계승·실현시켜 주어야 하는 종속적인 대상으로 유아를 생각하여 왔다. 그 나쁜 한 예가 부모-자녀의 동반자살 현상이다. 이러한 현상은 현대 우리 사회에도 종종 일어나서 전 구성원들을 경악하게 만든다. '자녀는 내 분신이다.' '내 새끼이다.'라고 생각하기 때문이다. 유아는 성장하면서 부모를 위해 봉사하고 도덕률에 맹목적으로 순종하도록 하였다. 이 유아관은 부모와 유아의 인격적 만남을 기대할 수 없게 한다. 이 관점에서는 유아 자신이 독립된 인격체로서 자유나 행복을 추구할 수 있다는 것을 생각할 수 없게 한다. 비록 유아의 육신과 정신이 부모를 통해서 탄생되고 양육되었지만, 그렇다고 하여 유아의 생명과 삶을 부모가 마음대로 결정할 수 있는 사고는 비도덕적이고 반법률적이다. 우리나라에 유아기를 둔 학부모가 유아의 조기특기교육을 위해서 조기유학, 학원, 과외 등에 몰두하는 것은 아마 이 유아관과 관련이 깊을 것이다. 부모의 의도대로 유아의 교육이 잘 되지 않을 때, 그 교육을 담당한 교사에게 폭언, 폭력, 투서 등이 난무하게 된다. 부모는 자녀 출세를 위한 것에 모든 것을 바친다. 그 결과 자녀가 소기 성과를 성취하여 출세했을 때, 부모는 만족보다 회한과 절망감에 사로잡히게 된다. 자녀는 부모에게 보은하겠다는 생각은 사라지고, 오히려 적개심만 쌓여 있기 때문이다.

(3) 성악설, 성선설의 유아관

이 유아관은 유아를 본성적으로 '선하다', '악하다' 또는 사회를 본질적으로 '선하다', '악하다'라고 단정하는 종교관에서 비롯되었다. 인간의 본능과 충동, 사악함을 교화시키려는 입장에서 보면 유아의 본성이 '악하다'라고 단정할 수밖에 없다. 여기에 대한 반발로 성선설이 등장하게 되었다. 인간의 착한 본성을 보면서 유아의 본성을 '선하다'라고 단정한 것이다.

두 관점 모두에 관심을 갖는 이유는 성인으로서 인간행동이 환경에 따라, 혹은 상황에 따라 악한 성질과 선한 성질이 나타남으로써 어느 성질이 인간의 본질인가에 대해 의문을 갖게 되었다. 이 의문을 푸는 단서로써 인간의 초년 삶인 유아의 본성에 관심을 갖게 되었다는 사실이다. 이 유아관들은 로크의 '백지설'에 의해서 공격을 받았다. 그는 유아가 태어날 때 정신이 백지와 같다고 생각하면서 생득적인 정신은 없다고 주장하였다. 유아의 정신이란 오직 경험에 의해서, 환경에 의해서 결정된다는 것이다. 이것은 어떻게 보면 종교와 과학의 충돌이었다. 그러나 인간의 본질을 유아기에서 찾으려고 한 점은 유아교육에 어떤 시사를 준다. 하지만 이 관점은 유아의 발달 가능성을 무시하고 이를 조기에 닫아 버리게 한다. 그 결과는 유아를 적극적이고 책임 있는 주체라기보다는 수동적이고 무책임한 관망자로 전락시킬 위험성이 있다.

(4) 유아기의 독자성을 인정한 유아관

앞에서 제시한 유아기관들처럼 유아를 성인의 축소판, 보호가 필요한 불완전한 존재로서 성인에게 종속시키거나 유아를 선험적으로 전제해 버리면 유아는 어디까지나 성인의 소유물과 비슷한 상태로 될 것이다. 따라서 유아에 대한 평가도 성인의 입장에서 성인의 판단 척도에 따라 다루어지게 된다. 결국 유아교육은 외재적 가치를 실현하려는 수단으로 전락해 버린다.

유아들의 심리는 성인들과 매우 다르며, 급속한 성장단계를 거치기 때문에 유아기의 독자성을 인정하는 관점을 가져야 한다는 주장은 루소 이래로 지속적으로 제기되어 왔다. 이러한 점을 의식해 콜버그는 피아제를 인용하면서 유아기의 독자성을 제시하였다(Kohlberg, 1981 : 15).

> 피아제는 아동도 성인 철학자와 같이 삶에 대한 기본적인 문제나 공간, 시간, 인과율, 생명, 죽음, 그름과 옳음 등을 생각한다는 것을 인정함으로써 아동발달에 관한 현대적 연구를 진행시킬 수 있었다. 그가 발견한 것은 아동이 모든 위대한 철학자 질문을 제기하지만, 어른들과는 다른 방식으로 이 질문에 답하고 있다는 것이다. 그리고 이 방식의 차이를 단계상의 차이 혹은 사고의 질적 차이라고 불렀다.

또한 콜버그는 유아기의 독자성을 인정하고 이를 적극적으로 수용해야 함을 강조하였고, 피터스도 같은 견해를 피력하였다(1966 : 255). "초등학교 단계에 있는 아동들의 심리는 성인들과 매우 다르며, 또 이때 아동들은 급속한 발달단계를 거치기 때문에 아동에 대한 이해는 초등학교에서 특히 중요하다." 피터스가 비록 아동이라는 용어를 사용하였지만, 유아의 심리적 상태나 발달단계가 청년기 내지 성인기와는 다름을 언급하고 있다. 다른 한편, 유아철학교육에 많은 관심을 보인 립만, 샤프와 오스캔욘은 유아기의 독자성을 인정하면서 그 사고의 특징(이초식 감수, 1986 : 76)을 다음과 같이 보았다.

> 어른과 어린이는 세상을 경험하는 방법이 서로 다르다. 어린이는 대개 하나의 상황을 즐겁다, 슬프다, 호의적이다와 같이 전체적으로 느낀다. 반면에 사물 사이에 존재하는 관계와 연계성을 이미 습득한 성인들은 상황의 특징을 서로 떼어서 파악한다. 어린이는 분석적이고 사색적이기보다는 감각적이고 포괄적인 경향을 갖고 있다. 어린이의 이런 자연스런 전체감을 활용하면서 종합하는 방법을 발견하도록 돕는 일이 교사가 할 수 있는 최선의 길이다.

또한 이들은 유아가 성인과는 달리 사물을 통합적으로 보는 관점을 갖기 때문에 종합하는 능력을 배양하는 데 이를 적극 활용할 것을 제안하였다(임상도, 2009). 인간의 일생에 있어서 유아기가 독립적으로 존재한 사실이 인정되기 시작은 것은 그 역사가 짧다. 이것은 유아교육의 역사와 그 맥을 같이 한다. 유아교육의 정당성을 확보하는 데 이 유아관이 절대적인 단초가 된다고 할 수 있다. 유아기를 독자성을 인정하는 유아관에 대한 보다 많은 근거를 유아교육철학과 과학은 제시해야만 한다.

이와 같이, 유아란 무엇이며 유아를 어떻게 볼 것인가에 대한 판단은 시대의 변천과 역사, 사회 변화에 따라 큰 차이를 보여 주고 있음을 알 수 있다. 유아교육은 민주사회에 살고 있는 유아들의 독특성을 인정하고 유아 개개인의 개성에 따라 행복을 추구하도록 해야 한다. 더 나아가 유아를 완전한 인격체로 살아갈 권리가 있음을 인정하고 이를 널리 계몽해야 한다. 이 점에서 20세기 초 엘렌 케이(Ellen Key)의 『20세기 아동의 세계』에서의 외침은 매우 가치가 있다. '아동은 생명, 교육, 노동으로부터의 자유, 적당한 주거, 건전한 여가활동, 필요한 경우에는 공적 생활의 권리까지 보장해주어야 한다.' 유아의 독자적인 세계를 인정하는 것은 물론이고, 더 나아가서 유아의 권리를 옹호하는 유아관을 가져야 한다는 것이다. 따라서 유아교육은 의무에 의해서 유아교육 활동을 먼저 수행하기 전에 유아들의 권리를 보장해주어야 한다. 그리고 유아를 미성숙한 존재로서 동정의 빛을 보일 것이 아니라, 완전한 인격체로서 가능성을 가진 인간존재로 존중해야 할 것이다(임상도, 2009). 그 바탕 위에서 유아를 위한 참다운 유아교육이 실현되어야 할 것이다. 이러한 점에서 레지오 에밀리아(Reggio Emilia) 유아교육 체제를 이끈 말라구치(Malaguzzi, 1993 : 88)의 실천적 고백은 음미할 만하다.

> 이 세상은 기만이 계속되고, 때로는 냉소, 폭력, 또 섬세하고 세련된 그러면서도 위선적이고 저속한 이론, 심지어는 기만이 유아교육기관에 침투해 있습니다. 적당한 방법으로 기만을 없애고 유아기를 바로 인식시키려는 희망을 실현하기 위해 끊임없이 시도했습니다.

이처럼 올바른 유아관에 대한 인식을 통해서 유아가 유능한 존재라는 확신 속에서 유아교육이 실천될 때 유아교육의 본질이 실현될 수 있다. 유아기의 독자성과 독특성을 인정하는 유아관을 가질 때 유아교육의 정체성과 정당성이 확보된다. 유아기가 아동기, 청년기, 성인기, 노년기와 다름을 인정할 수 있는 독자적인 유아관을 정립해 나가야 한다.

3 유아중심교육의 개념

유아교육을 정의하기가 어려운 것은 여러 가지 사고들로부터 개별적인 요소들이 붙박여서 유아교육을 태동시키기 때문이다. 당장 시급하게 해야 할 것은 아동중심교육의 개념으로부터 유아교육의 개념을 분리시키는 것이다.

사실 아동이라는 개념은 포괄적이다. 유아교육기관에 재학하는 유아에서부터 초등학교까지, 심지어 중학생까지 포함된다. 역사적으로 오랫동안 주장되어 온 아동중심교육(child-centered education)이라는 개념 자체가 명확하고 독자적인 이론적 근거를 갖지 못한 모호한 개념이다. 아동중심교육의 개념은 성인이 교육의 내용과 방법을 주도하던 종래의 교수법을 비판하는 차원에서 개발된 것으로 상대적으로 수사적 의미만을 지니고 있다(유혜령, 2008). 아동중심교육은 아동 존중에 바탕을 두고 있으며, 아동의 발달 원리에 맞게 이루어져한다는 의미를 갖고 있다(김규수, 1997). 이러한 의미가 확대되어 요즈음 어린이는 교육을 받을 주체이며, 학습의 주인공이라는 교육적 신념으로 굳어졌다. 소비자 중심교육과 연장선상에서 보려는 시각이 등장하고 있다. 아동중심교육이라는 용어는 유아교육의 정체성을 형성하는 듯하지만, 상징성과 중요성에 비추어 볼 때 그다지 중요하지 않은 용어로 귀착되고 있는 실정이다. 이 용어를 사용하는 학자마다 다르게 사용하여 40여 가지 이상의 의미로 사용하고 있다. 아동중심교육이라는 용어를 처음 사용한 학자는 프뢰벨이다. 프뢰벨은 아동중심교육을 '아동의 정신발달 특성을 중시하면서 아동을 위한 교육과정으로 구성해야 한다.'는 의미로 사용하였다(정선아, 2000). 그가 아동이라는 용어를 사용했고, 듀이 역시 아동이라는 용어를 일관되게 사용하였다. 프뢰벨과 듀이가 살았던 시대에는 유아라는 용어가 일반화되지 못한 상태였을 것이다.

유아교육이 교육의 대상 분류에서 독자적인 영역을 구축하고 있음에도 불구하고, 유아를 유아중심의 교육, 학습 등과 같이 유아교육의 대상을 주체적으로 설명하는 문장의 맥락에서 아동중심교육이라는 표기방식을 사용하고 있다. 유아중심으로 표기하자니 표기방식과 발음에 익숙하지 않은 부분이 있고, 아동중심이라고 표기하자니 유아교육이 아동교육에 포함되는 듯한 어감이 있어 망설이게 된다. 잘못하면 유아교육이 아동학(paidology; paedology; pedology)으로 분류될 수 있다는 위기감이 드는 것도 사실이다. 아동학에서 핵심적인 용어표기는 아동이다. 아동학과 유아교육은 학문이 지향하는 가치가 다르다. 아동학은 어린이의 신체적·정신적인 발달을 과학적으로 연구하여 올바른 이해와 지도를 목적으로 하는 학문이다. 유아교육의 원로 중의 한 명인 이원영(2007)도 이 부분을 고민한 듯하다. 이원영은 '듀이의 교육철학에 나타난 주요 개념을 탐구하는 과정에서 듀이가 일관되게 사용한 아동(child)이라는 용어를 유아로 번역하여 사용한다.'라고 하였다. 듀이가 지역사회 및 생활경험을 유아를 위한 교육내용으로 활용한 점은 듀이의 철학이 유치원 교육과 밀접한 관계가 있기 때문이다. 유아교육의 원로 교수의 이러한 조작적 정의는 아동중심교육이라는 표기방식 대신에, 유아중심교육으로 대처할 수 있는 근거가 된다고 사료된다. 유아교육에서 아동중심교육이라는 틀에서 벗어나기 위해서는, 유아중심교육이라는 용어를 일반화하여 사용하는 것뿐이다. 프뢰벨이 사용한 아동중심교육을 유아교육의 개념적 관점에서 해석하여 유아교육의 학문적 공동체가 유아중심교육으로 표기하면, 어감이나 생소함, 어색함 등이 사라질 것이다.

이러한 유아중심교육이라는 개념의 요소들을 유아교육철학과 연관시켜 그 의미를 분석하고, 이를 정당화시키는 과정에서 유아교육이 무엇인가를 끊임없이 추구해야 할 것이다. 앞에서 논의한 것을 종합적으로 본다면, 다음과 같이 정의를 내릴 수 있다.

유아교육은 조기 특수교육, 특기교육이 아니라 유치원, 어린이집 등의 형식적 교육은 물론, 가정이나 사회에서 일상적인 생활을 통하여 이루어지는 모든 학습경험을 포함하며, 그 대상의 연령도 출생 시부터 초등학교 저학년에 이르기까지 유아들의 교육문제를 포괄적으로 포함하는 것이다. 하지만 유아교육은 패스모어(Passmore, 신득렬, 2003 : 79에서 재인용)가 제시한 4가지 교육개념, 즉, 양육(upbring)으로서의 교육, 학교교육(schooling)으로서의 교육, 교육받은 사람의 양성(producing educated men)으로서의 교육, 이 세 과정에 대한 연구로서의 교육에서 정의는 계속 시도되어야 할 것이다. 즉, 양육으로서의 유아교육, 학교교육으로서의 유아교육, 유아교육을 받은 사람의 양성으로서의 유아교육, 이 세 과정에 대한 연구로서의 유아교육으로 정의를 계속 시도해야 할 것이다.

CHAPTER

08 유아교육의 목적[10)]

유아교육과 관련된 저서들을 곰곰이 들여다보아도 유아교육의 목적 혹은 목표를 구체적으로 분석하고 이를 설명하는 장이나 절을 찾아보기가 어렵다. 그럼에도 유아교육과정은 '유아교육의 목적 → 유아교육의 목표 → 유아교육내용 → 유아교수·학습방법 → 유아교육평가'의 순환과정을 보여주고 있다. 물론 이 순환과정의 모형을 제공한 것은 테일러와 타바이다. 테일러와 타바의 교육과정 모형을 목표모형이라고 할 정도로 교육목표에 가장 큰 비중을 두고 있다. 유아교육과정의 전개과정을 보면 유아교육의 목적 혹은 목표 부분에 대한 설명은 어떠한 인간으로 육성하겠다와 같은 식으로 간단하게 진술하고 다음 부분으로 넘어간다. 유아교육과정의 순환과정에 가장 먼저 정하여야 하는 문제가 유아교육의 목적(이하 목표를 포함)임에도 불구하고, 이를 간단하게 다루는 것은 이해하기 어렵다. '왜 가르치는가'라는 질문은 '가르치는 내용'을 제시하기 때문이다.

이처럼 '왜 가르치는가'에 대한 숙고가 부족한 것은 유아교육이 철학적 탐구를 소홀이 한 결과이다. 그동안 유아교육은 과학적 연구방법에 의해서 유아교육과정의 순환적 전개과정을 제시할 때, 각 단계의 논리적 체계화, 원칙의 고려 등에 강조점을 두었다. 대신 무엇을 가르쳐야 할 것인가에 대한 철학적 가치판단의 문제에서는 벗어나려고 하였다. 사실 테일러와 타바도 교육목표가 방대한 사실적 원천에서 도출되어 철학에 의해서 통합·조정되어야 한다고 주장하였다. 이쯤 되면, 더 이상 유아교육에서 유아교육의 목적 논의와 더 나아가 유아교육철학의 정립의 필요성을 재론할 여지가 없을 것이다. 유아교육철학의 정의나 가치에 근거하여 유아교육의 목적은 무엇이며 어떻게 설정할 것인가에 대해 논의하고, 숙고함으로써 유아교육의 목적을 분석 및 정리하고자 한다.

10) 본 장은 임상도(2010). 유아교육철학(서울: 동문사) pp. 90-107의 내용을 부분적으로 수정한 후 기술한 것임.

1 목적의 의미

유아들에게 무엇을, 그리고 '왜 가르치는가'라는 질문은 유아교육이념, 유아교육목적, 유아교육목표 등의 용어로 표현되고 있다. 유아교육이념, 유아교육목적, 유아교육목표를 구분하여 사용하자는 주장도 있지만, 사실 이들은 어떤 특정한 내용을 어째서 가르칠 가치가 있는가, 그리고 어째서 타당한 방법인가를 해답하는 데 도움이 되는 점에서 중요성이 있지, 사용되는 맥락에서 서로 분리하자는 것은 별 의미가 없다(이홍우, 1997).

우리말 목적에 해당하는 영어권의 단어는 aim, purpose, end, motive, objective, achievement, goal 등이 있다. 현대 분석교육철학자 피터스는 우리말 목적에 해당하는 영어단어로 aim을 사용하였다. 그는 aim에 특별한 의미를 부여하는 것 같다. 즉, aim은 외적 목적을 위해서 활동한다는 말과는 구별된다고 보았다. aim은 '사냥', '던지기'와 같이 활동의 맥락 속에 있는 것으로 맞춰야 할 대상에 주의를 집중시킨다는 의미와 결합되어 있다. 그리하여 aim은 주의하지 않으면 실패한다든가 또는 성취하기가 어렵다는 뜻을 가지고 있다. 따라서 aim은 활동의 외적 목적을 암시하는 말들과는 구별되어야 한다고 보았다. 피터스는 목적의 의미를 수단이나 절차의 원리와는 다른 맥락에서 규정하고 있다. 그래서 목적이란 표적과 같아서 주의를 집중하지 않으면 빗나갈 수 있다는 것을 암시하고 있는 반면, 주의를 집중하면 맞출 수 있다는 것을 나타낸다. 유아교육의 목적은 유아교육현장에서의 유아교육 실제와 어떤 관련을 맺을 수 있는가 하는 문제에 관한 심각한 사고이다. 유아교사가 가르쳐야 할 내용 및 그 내용을 가르칠 방법에 대하여 해답을 줄 수 있는 것이어야 유아교육의 목적은 의미를 갖는다. 또 다른 입장으로 잘 알려져 있는 듀이의 목적관은 목적은 언제나 결과(results)와 관련을 맺고 있다고 본다. 그에 의하면 목적이라는 것은 활동이 질서정연하게 순서에 따라서 이루어질 때, 다시 말해서 그 순서가 하나의 과정을 점진적으로 완성하는 식으로 되어 있을 때에만 해당된다. 하나의 활동이 일정한 시간 내에 걸쳐서 일어나고 또한 그 시간대 내에서 누적적인 성장이 이루어질 경우에, 목적이라는 것은 결과 또는 가능한 종결상태에 대한 사실적 예견을 뜻한다. 이와 같이 듀이는 목적을 예견할 수 있는 것으로, 앞으로 일어날 행동의 방향을 지시하는 것으로 보았다.

목적에 대한 정의는 다소 다를 수도 있지만, 중요한 것은 유아교육에서 목적은 어떠한 역할을 하느냐 하는 것이다. 유아교육의 목적은 유아교육이라는 활동을 왜 하느냐? 무엇을 위해서 하느냐? 하는 물음에 대한 궁극적인 답을 제공하는 것이다. 이를 사실적인 측면에서 보면, 유아교육의 목적은 유아교육의 활동 및 시책의 방향뿐만 아니라, 유아교육 활동의 동기화와 강화를 시켜주고 평가 기준을 제공해주기도 한다. 그런데 우리가 유아교육 활동을 하면서 유아교육의 목적이 무엇이냐고 묻는 것은 '사태가 목적 없이 방황하고 있을 때 묻는 것이며, 이것은 목적이 무엇인가를 몰라 묻는 것이 아니라 비판하기 위하여 묻는 것이라고 할 수 있다.' 즉, 유아교육의 목적이 무엇인가 하는 것은 곧 어떤 행위나 활동이 결국 어떤 것인가 하는 것을 보다 엄밀하게 규정해 달라는 요청이다. 따라서 유아교육의 목적을 묻는 것은 외재적 목적을 산출하기 위해서 질문하는 것이 아니라, 유아교육이 본래의 길로 가고 있지 않을 때 묻게 된다. 그리고 예견되는 유아교육의 결과나 지향하는 방향을 알고 있을 때, 유아교육의 목적이 무엇인지를 제기하는 것이라고 볼 수 있다.

2 유아교육의 목적설정

지금까지의 유아교육은 어떻게 유아를 기를 것이냐 하는 지엽적인 방법론에만 급급했을 뿐, 무엇을 위한 유아교육이며 누구를 위한 유아교육인가 하는 모색이 소홀했다. 반면 발달이론이 가져다 준 사실에 의거하여 유아교육의 목적을 설정하려는 경향이 강하였다. 예를 들면, 헤비거스트(Havighurst)가 제시한 발달단계에 따른 발달과업(과업)은 유아가 마치 반드시 도달해야 하는 것처럼 간주하여, 유아교육의 목적으로 선정하였다. 여기에 대해 이홍우(1997)는 비판적 관점으로 다음과 같이 설명하고 있다.

> '발달과업이란 개인의 생애 중 어떤 특수한 시기에 나타나는 과업으로써 그 과업을 훌륭히 성취하면 행복을 누릴 수 있고 후일에 겪게 될 다른 과업도 잘 처리하게 된다. 그러나 만일 이에 실패하면, 개인적으로 불행을 초래할 뿐 아니라 사회의 인정도 못 받고 후일에 겪게 될 다른 과업도 잘 치를 수가 없게 된다.'라고 규정한다. 이에 영아기와 유아기의 발달과업은 걸음걸이 배우기, 고형음식물 먹기를 배우는 것, 말 배우기, 노폐물 배설의 통제를 학습하는 것, 성차와 성적 성숙을 학습하는 것, 생물적 안정성 이루기, 사회적·물리적 현실에 대한 단순한 개념의 형성, 자기를 부모, 동기와 타인에게 정서적

> 으로 관련짓기를 배우는 것, 선악을 구별하기를 배우고 양심을 발달시키는 것을 목적으로 정하고 있다. 아동기의 발달과업은 보통 경기에 필요한 신체적 기능의 학습, 성장하는 유기체로서의 자기에 대한 건전한 태도를 가지는 것, 동무 사귀기를 배우는 일, 성의 적절한 사회적 역할을 학습하는 일, 읽기·쓰기·셈하기의 기초기능의 발달, 일상생활에 필요한 개념의 발달, 양심·도덕성·가치척도의 발달, 인격적 독립의 성취, 사회적 집단과 사회제도에 대한 태도의 발달 등을 목적으로 정하고 있다.

이러한 논리를 수용하게 되면, 유아교육은 유아에게 그 발달과업을 훌륭히 성취하도록 도와주어야 한다는 것이다. 이것은 유아교육의 목적이 유아 개인 및 사회적 필요의 충족을 위한 것이다. 외재적 목표를 위한 수단으로 교육을 정당화할 때 일반적으로 필요라는 용어가 사용된다는 점에서 보면(이홍우, 1997), 발달이론에 비추어서 유아교육의 목적을 설정하는 것은 개인 및 사회적 필요를 충족시키기 위한 수단이 된다. 이렇게 되면 유아교육의 내용은 이 목적에 비추어서 정당화된다. 하지만 심리학적 사실이 곧 유아교육의 목적으로 타당성을 가지는가에 대해서는 의문이 간다. 그리고 유아교육의 내용은 내용 그 자체가 가지고 있는 도야적 가치에 의해서 정당화된다는 형식도야이론의 공격에 표적이 될 수 있다. 유아의 단편적인 발달과업은 지속성을 지니는 장기적 교육목표라기보다는 단기적인 것으로서 교육목적에 대한 연속성, 정체성이 없다. 발달선상에 있는 유아를 대상으로 하는 학문분야에서는 발달은 하나의 기본적인 지원일 뿐이다. 발달의 문제를 유아교육의 전부인 것으로 해석할 수는 없는 것이다(강현석, 황윤세, 2005). 이러한 면에서 심리적 사실에 의하여 유아교육의 목적을 설정하는 것은 다음과 같은 문제를 야기한다(이홍우, 1997). 첫째, 필요의 가치, 필요의 목적에 의존하게 되어 무엇을 위하여 필요한가라는 의문을 낳는다. 둘째, 유아교육의 정당성을 제공하지 못한다. 필요를 충족시키기 위하여 왜 굳이 유아교육을 통해서 해야 하는가에 의문을 제기한다. 사실 발달과업이 제시하는 내용을 유아교육기관 이외에서 가령, 가정, 학원, 동네 놀이터에서 할 수 있는 것들이다. 이는 유아교육기관의 존재가 무너질 수 있다. 셋째, 유아교육을 받는 유아의 필요 충족의 수단으로 조형하는 것이 과연 도덕적으로 온당한가에 대한 의문을 낳게 된다. 유아교육이 외재적 목적을 달성하기 위한 수단으로 정당화되면 유아의 인권이 무시될 수 있다. 유아교육은 어떤 결과가 성취될 때가 아니라, 성취하는 과정에서도 인간존엄성이 보장되어야 한다.

사실 유아교육은 심리학적 관점에 의해서 유아교육의 목적론적 탐색이 그 주류를 이루어 왔다. 그 결과, 사실을 바탕으로 하여 목적을 바로 도출하려는 우를 범하였다. 그것은 철학적 접근이나 탐색이 미미했기 때문이다. 현행 유아교육에서 목적에 대한 논의가 다소 부족하더라도 일반철학, 교육철학, 유아교육철학의 제 영역을 탐구한다면 여기에 대한 진보가 있을 것이다.

그러면 구체적으로 유아교육의 목적이 무엇인가 하는 물음에 대하여 생각해보자. 역시 이 분야에 탁월한 업적을 남긴 피터스의 견해를 살펴볼 필요가 있다. 피터스는 교육에 있어서 목적을 묻는 것은 도덕의 목적을 묻는 것처럼 어리석은 일이라고 했다. 그 이유는 교육의 개념 속에 규범적인 면 즉, 교육목적에 해당하는 면들이 포함되어 있기에 구태여 목적을 따로 설정할 필요가 없다고 보고 있다. 목적을 따로 설정할 경우 잘못하면 외재적 가치를 실현하기 위한 수단이 될 위험이 있다는 것이다. 그것은 교육의 목적이 불필요하다는 것이 아니라, 교육내용과 방법에 의견이 일치되는 한 따로 목적에 관하여 논란할 필요가 없다는 것이다. 피터스의 관점에서 유아교육의 목적을 묻는다는 것은 유아교육이 본래 길로 가고 있지 않을 때 묻게 되는 것이고, 무엇인가를 분명히 하고 그것에 전력을 기울이라는 요청이다.

결국 유아교육의 목적이 무엇인가 하는 물음은 구체적이고 가까운 유아교육의 목적을 알고 싶을 때, 혹은 유아교육을 하면서 다른 길로 가고 있을 때이다. 그리고 유아교육의 목적을 꼭 몰라서 묻는 것이 아니라, 유아교육의 교수활동을 비판하기 위하여 제기되는 물음이다. 이처럼 유아교사들이 유아교육 활동을 수행하면서 생기는 의문점을 해결하기 위해 목적이 무엇인지를 스스로 자문하게 되는 경우가 많고, 또한 목적을 설정하고자 분투하는 것이다. 예를 들어, 교육과정의 하향화 현상으로 인하여 유아교육의 본질과 다소 다른 활동이 수행될 때가 있다. 영어수업, 졸업여행 등과 같이 유아교육의 본질과 뒤떨어져 유아교육이 수행될 때, 유아교육의 목적은 무엇인가라고 반문하게 된다.

그러면 누가 유아교육의 목적을 설정하는가? 일반적으로 유아교육의 목적설정은 대체로 유아교육철학자들이 하는 것으로 이해되고 있다. 그러나 목적설정은 유아교육철학자들의 전유물이 아니다. 교육 그 자체가 목적을 가지는 것은 아니라는 것이다. 부모나 교사 등과 같은 사람들이 목적을 가지는 것이지 교육이라는 추상적 관념이 목적을 가지는 것은 아니다(Dewey, 1916). 유아교육의 목적설정은 특정인의 소유물(유아교육학자)이 아니라, 누구든지 설정할 수 있다고 볼 수 있다. 듀이(1916)의 지적처럼 사람들이 가지고 있는 목적은 끊임없이 다양하며, 가르치는 아이들에 따라 다르고, 아이들이 자람에 따라 또 가르치는 사람의 경험이 성장함에 따라 달라진다고 볼 수 있기에 더욱 그리하다. 중요한 것은 유아교육이 외재적 가치를 위한 도구가 되면 유아교육의 목적 설정은 더욱 용이해진다는 것이다. 유아교육의 외재적 목적이란 유아교육 활동을 수단으로 하여 다른 것을 추구하는 것을 의미한다. 즉, 목적이 교육활동 안에 있지 않고 밖에 있음을 의미한다. 이러한 외재적 목적을 달성하려고 할 때 유아교육은 훈련의 의미에 가까워진다. 유아교육의 개념이 가치중립적일 때 유아교육의 목적은 더욱 많아진다. 그 이유는 유아교육을 주관하는 사람에 따라 변모하기에 그것은 차라리 훈련이라고 해야만 할 것이다.

듀이나 피터스는 공통적으로 교육에 있어서 일반적이고 궁극적인 목적에 대하여 경계하라고 했다. 그 이유는 일반적 교육목적은 대단히 추상적이어서 현실 상황을 고려하지 않고 적용될 가능성이 크다는 고민이 있기 때문이다. '일반적인 것' 또한 '추상적인 것'은 특수한 맥락에서 유리된 것을 뜻하며, 현실적 가능성을 잃어버릴 위험이 있다. 그리고 이러한 추상성은 원근성을 뜻하며, 따라서 배우고 가르치는 일은 수단과는 분리된 목적을 위하여 준비시키는 방편에 불과한 것으로 만든다. 일반적으로 궁극적인 유아교육의 목적은 예를 들면 전인교육, 자아실현, 행동, 시민성, 사랑, 자유, 성실, 봉사, 자유 등은 그 자체가 애매모호하고, 이것을 강조하다 보면 유아교육이 수단적인 것으로 전락되게 된다. 결국 듀이나 피터스는 가치 기준 면에서는 차이가 나지만, 모두 내재적 가치를 주장하고 있다[11].

앞에서 언급한 바와 같이, 피터스는 교육의 궁극적 목적을 따로 제시할 필요가 없다고 보았다. 그 이유는 그가 제시한 교육의 개념 속에 가치 있는 것들이 포함되어 있다고 보았기 때문이다. 피터스는 '교육자는 목표를 가지지 않으면 안 되는가'라는 질문을 하고 그것에 대하여 부정적인 대답을 하고 있는 것은 목표가 불필요하다는 의미가 아니라, 교육내용과 방법에 의견이 일치되는 한 따로 교육목적에 관하여 논란을 할 필요가 없다는 의미라고 했다(이홍우, 1997). 이러한 측면에서 볼 때, 유아교육의 목적이 너무 지나치게 추상적이고 일반적일 때 유아교육은 수단적인 것으로 전락하게 될 것이다. 우리가 유아교육의 목적을 설정할 때 이 점을 상기할 필요가 있다. 이렇게 본다면 유아교육의 목적은 유아교육의 내재적 가치 속에서 찾아야 할 것이다. 이 내재적 가치는 유아교육의 개념 속에 이미 포함되어 있기 때문이다. 그래서 유아교육의 활동이 수행되는 절차의 원리나 과정 속에서 끊임없이 유아교육의 가치를 찾는 것이 바람직할 것이며, 여기에 근거하여 유아교육의 목적을 설정해야 한다.

11) 홍은숙(2007, pp. 268-270)은 듀이는 가치에 대한 주관론으로, 피터스는 가치에 대한 객관론으로 구분하고 있다.

그러면 유아교육의 목적은 어떻게 결정되는가? 그리고 유아교육의 목적을 결정하는 데 작용하는 근거는 어디에 있는가?

첫째, 인간 본질로부터, 그리고 유아의 본질로부터 결정된다. 유아를 어떻게 보는가 하는 유아관으로부터 유아교육의 목적 진술은 달라질 것이다. 유아의 행동 하나하나를 목적론적으로 보는가, 아니면 원인과 결과의 단순한 연합으로 보는가에 따라 유아행동의 이해가 달라진다.

둘째, 그 사회가 지향하는 가치로부터 유아교육의 목적이 설정되어야 한다. 국가사회의 가치체계 분석이 선행되어야만 유아교육의 목적을 설정할 수 있다.

셋째, 경험과학으로부터 결정되어야 할 것이다. 유아교육과 관련된 여러 경험과학의 사실들을 분석하여 유아교육의 목적을 정립할 수 있다.

넷째, 개념 분석으로부터 결정되어야 할 것이다. 유아교육과 관련된 여러 개념들의 분석을 통하여 유아교육의 목적을 정립할 수 있을 것이다. 예를 들면, '교수', '교화', '훈련', '훈육', '보육' 등의 개념을 분석함으로써 유아교육의 목적을 찾을 수 있다. 또한 유아교육에 붙박여 있는 인접 개념들을 분석하여 유아교육의 목적을 정당화할 수 있다.

이처럼 현실적으로도 유아교육의 목적은 위의 네 가지에 근거한다. 첫째, 둘째, 셋째는 매우 주관적이고 유동적일 수 있다. 그래서 개인이나 집단의 이익을 대변하는 유아교육의 목적이 되기 쉽다. 유아교육의 개념 분석을 통해서 얻어진 목적은 이러한 단점들을 극복할 수 있다. 그리고 유아교육의 목적이 보다 타당하게 되고 현실적이 되기 위해서는 인간의 본질, 특히 유아의 성장 발달에 대한 현재까지 탐구된 결과를 고려하는 것이 무엇보다도 필요하다. 이를 위해 유아교육은 고등교육과는 달리 유아의 성장, 발달을 잘 고려해야만 할 것이다.

3 유아교육의 목적분석

유아교육사상가, 프로그램, 심지어 법률적 차원에서 제시된 유아교육의 목적, 나아가 목표를 분석하여 보면 다음과 같다.

1) 유아교육사상가

로크의 유아교육목적은 그가 '건전한 신체에서 건전한 정신이 깃든다.'는 것을 강조한 것으로 보아, 바른 습관을 통해 바른 정신을 형성하는 것에 있다고 할 수 있다. 이를 반영하듯, 오늘날 유아교육은 유아교육의 목표 중의 하나를 기본생활습관 형성에 두고 있다. 유아에게 기본생활습관을 형성시킨다는 것은 자율적 인간 내지, 적어도 부모로부터 기본적인 것에 대해 독립한다는 의미이다. 이러한 의미에서 기본생활습관이 형성된다는 것은 그 자체가 궁극적인 목적이 될 수는 없다는 점에서 다음 목적을 위한 수단인 것이다. 그럼에도 기본생활습관을 발달과업으로 간주하여, 유아가 반드시 배워야 할 내용으로 선정하면 될 때까지 반복, 연습, 훈련의 과정으로 전락시켜 유아를 단조로운 생활에 빠뜨릴 수 있다.

루소의 유아교육목적은 천부적인 능력을 자연적으로 발달시킬 자연인 양성이다. 유아 자신이 자신의 자연적 능력에 따라 성장하도록 허용해야 한다는 것이 루소의 교육적 신념이다. 그가 그리는 자연인의 참모습은 '고상한 야인'(noble savage)이다. 자연성을 간직하고 있는 자연인이면서도 사회에 속해 사는 그러한 사람이다. 자연성을 잘 발현한다면 비록 악한 사회에 살지라도 사회에 의해서 타락하지 않는 그러한 인간을 양성하려고 하였다. 그는 당시 계몽주의의 너무 적극적인 교육(positive education)으로 인한 강제적 교육에 대한 대안으로서 소극적 교육(negative education)을 강조하였다. 이 목적관은 인간의 자연성을 계발하여 인위적, 강압적 교수·학습방법을 제한하는 데는 영향을 미쳤지만, 지식교육과 도덕교육, 사회적인 것을 경시했다는 비판을 받았다.

페스탈로치의 유아교육목적은 머리(정신)·가슴(마음)·손(기술)의 조화로운 발달을 강조하는 전인교육이다. 그는 머리의 발달을 위해서는 실물학습이, 가슴의 발달을 위해서는 가정교육이, 손의 발달을 위해서는 노작교육이 필요하다고 보았다. 페스탈로치의 전인교육 개념은 현대 유아교육의 목적을 전반적으로 주도하게 되었다. 유아교육의 목적이 무엇인가라고 물으면, 대부분의 사람들과 심지어 인터넷에서도 전인교육이라고 한다. '유아교육은 전인교육이다.'라는 등식을 성립시키고 있다. 그렇다면 '전인'은 무엇인가? 전인의 실체는 무엇인가를 따져 들어가면 완벽한 사람으로 귀결된다. 완벽한 사람은 어떠한 사람인가를 상상할 수 있지만, 우리 주변에서 그런 사람을 발견하는 일은 아주 어렵다. 페스탈로치가 주장하는 전인은 플라톤의 이원론에 비추어 관념적으로 생성된 이상적인 인간상인 것이다. 현상계의 인간은 이상계의 전인을 갈구하고 지향한다는 관점이다. 이러한 관점은 동양에서도 존재했었다. 속세에 사는 사람들이 이상적으로 추구했던 이상향은 신선이었다. 현실에서 삶의 추잡함과 피곤함을 느끼는 현대인들이 산속의 은둔을 꿈꾸며 신선의 생활을 모방하고 있다. 전인이 현실 속에 존재하지 않는 이상적인 인간상이라면 유아교육은 그것을 달성할 수 없다. 동양적으로 말하면 유아를 교육시켜 신선으로 만든다고 한다면 누가 유아교육기관에 보내겠는가? 유아교육기관에서 유아를 교육시킨다는 것은 구체적인 무엇을 눈에 보일 수 있도록 변화를 시켜야 한다는 의미를 갖는다. 여기서 프뢰벨은 그 고민을 고스란히 떠맡았다.

프뢰벨은 유아의 선천적 능력, 즉 개인의 잠재력을 계발시키려고 하였다. 이러한 잠재력을 개화하는 것을 조정하기 위한 매체로 은물과 작업을 제시하였다. 은물은 수학-기하학적 사고력 계발을 위한 것으로 구성되어 있는 것으로 보면 잠재능력의 실체가 드러난다. 기하학은 고대시대로부터 중세시대로 이어져 오는 교육내용에서 필수적인 교과목이었다. 듀이의 주장을 빌면, 인간 이성적 사고력의 구현을 프뢰벨은 수학에서, 헤겔(Hegel)은 사회제도에서 볼 수 있다는 것이다. 페스탈로치의 교육사상을 승계한 프뢰벨도 전인교육에 관심을 가졌다. 프뢰벨은 지 · 덕 · 체의 조화로운 발달을 강조한다. 이러한 관점에서 전인을 인간의 이상향으로 간주할 경우 구체적으로 어떤 특성을 가진 인간이 전인에 근접하는가 하는 고민에 빠질 수밖에 없을 것이다. 지식이야말로 이상적 인간상을 구현하는 데 첩경인 것이다. 지성에서 영성으로 나아가는 과정을 보아도 지식이 모든 인간 행동의 전 영역에 기본이 되는 것이다. 여기서 지식은 이성적 사고력을 배양하는 근간이 된다. 인간의 이성적 사고력을 최고조로 도야시킬 수 있는 교과목이 고금을 막론하고, 수학-기하학임을 볼 때 프뢰벨도 이에 동감했을 것으로 보인다. 프뢰벨이 유아에게 잠재된 능력을 계발하려고 했던 것이 이성적 사고력이었고, 이를 구현한 것이 은물을 통한 수학의 기하학이었다. 즉, 프뢰벨의 유아교육목적은 이성의 계발, 이성이 곧 신이라는 서양합리주의 결정체를 보여준다. 프뢰벨의 이와 같은 목적관은 니체(Nietzsche)가 『차라투스트라는 이렇게 말했다』에서 '신의 죽음'을 선포함으로써 유아교육의 목적으로 성립될 수 있는가에 의문점을 갖게 한다.

유아교육의 목적에 대한 입장을 듀이의 관점을 빌려서 이해를 하면 다음과 같다. 듀이는 유아교육의 목적을 직접 제시하지는 않았지만, 대신 좋은 교육목적관을 제시하였다. 여기서 좋은 교육목적이란 유아 개인의 내재적 활동과 관련되어야 하며, 고정된 목적이 되어서는 안 된다고 하였다. 피터스도 교육내용과 방법에 의견이 일치되는 한 따로 교육 목적에 관하여 논란할 필요가 없다고 하였다. 결국 유아교육의 목적은 유아교육의 내용 및 방법과 관련을 맺어야 하며, 왜 그런 내용을 그런 방법으로 가르쳐야 하는가에 대한 해답을 줄 수 있는 것이어야 한다.

2) 프로젝트 교수·학습방법

20세기 유아교육에서는 각 영역별 프로그램이 개발되면서 유아교육의 목적, 목표가 구체적으로 설정되었다. 즉, '유아교육내용 - 유아교육방법 - 유아교육평가'라는 일련의 유아교육체제를 갖추기 위하여 유아교육의 목적, 목표가 설정되었다. 이러한 체계에 대해 프로젝트 교수·학습방법의 목적 및 목표를 어떻게 진술하고 있는지를 살펴보면 다음과 같다.

프로젝트 접근법에서는 "유아들의 정신(mind)에 삶의 활기를 불어넣는 것"(Katz & Chard, 1989 : 3)을 교육의 이념으로 설정하였다. 여기서 정신이란 넓은 의미의 지식, 기술뿐만 아니라 감정적·도덕적·미적 감각을 뜻한다. 카츠와 차드(1989 : 8-9)는 주요 목적을 다음과 같이 제시하였다.

첫째, 유아들의 마음이 그들의 주변 세계와 경험에 대한 이해를 깊게 하는 방식으로 참여할 수 있도록 한다.

둘째, 체계적인 교수나 자발적인 활동을 통해서 배운 내용을 보완하고 향상시킨다.

셋째, 학교생활과 사회생활을 일치시킨다.

넷째, 학급을 하나의 공동체로 경험하도록 한다.

다섯째, 교사에게 교수활동이 하나의 도전으로 인식하게 한다.

이러한 목표는 지식(knowledge) 획득, 기능(skill) 습득, 성향(dispositions) 계발, 감정(feeling)발달에 두었다. 프로젝트 접근법이 어떻게 지식 획득, 기능 습득, 성향 계발, 감정발달을 가져오게 하는지에 대한 충분한 설명이 그들의 저서 『Engaging children's minds: The project approach』에 제시되어 있다. 유아가 프로젝트 접근법에 참여함으로써, 즉 그 자체로 유아교육의 목적, 목표가 성취하는 것임을 알 수 있다. 이는 카츠와 차드의 탁월한 안목이 깃든 것이라 사료된다. 유아가 프로젝트 활동에 몰두한 결과 주변 지식의 이해, 사회적 능력이 증진될 수 있음을 제시한다.

레지오 에밀리아 접근법에서는 '올바른 유아교육을 통해서 정의로운 사회를 만드는 것'을 교육적인 이념으로 하였다(Edwards, Gandini, & Forman, 1993 : 15). 그러나 이러한 이념을 실현하기 위한 별도의 교육목적은 설정하지 않았다. 그 이유는 유아들의 교육적 욕구나 흥미는 매우 임시적이고, 유동적이기 때문에 이를 사전에 체계적으로 계획하는 것은 아무런 의미가 없다고 보았기 때문이다. 따라서 교육목표와 내용을 미리 정하는 것은 유아의 잠재 가능성을 방해할 수 있으며, 그들의 유동적인 교육적 요구에 부응하지 못하는 것이다. 특히 영유아 센터나 유치원과 같은 취학 전 교육기관은 생태학적 맥락 체제이기 때문에, 미리 교육과정을 계획하면 이를 실천할 수 없다(Rinaldi, 1993)는 것이다. 이 부분을 우리가 주목해야 한다. 유아교육의 목적은 유아교육이 수행되는 과정 그 자체에 두고 있지, 어떤 성과를 염두하거나 사회적 책무성을 강조하는 것은 아니라는 것이다. 이러한 기본 입장에도 불구하고, 미국의 에드워드(Edwards)와 포만(Forman)은 1993년 이 접근법의 교육목적을 매우 간단하게 다음과 같이 유추하여 제시하였다. 즉, 표현적·의사소통적·인지적 언어들을 통합함으로써 사고능력을 향상시키고, 이러한 사고능력의 향상을 통해 '재통합된 유아' 양육을 지향한다. 구체적인 목표는 의사소통 기술, 사회·정서, 과학 및 창의적 사고력을 증진시키는 것이다(Edwards, Gandini, & Forman, 1993).

유아교육에서 관심이 높은 두 접근법의 목적 및 목표에 대한 관점은 어떤 시사점이 있다고 보여진다. 유아가 프로젝트, 프로제따찌오네(progettazione)에 몰두한 결과 유아교육의 발달영역의 하위영역들, 이를테면 인지, 사회성, 정서, 도덕성, 창의성 등이 증진된다는 논리로 일관하고 있다. 미리 인지, 사회성, 정서, 도덕성, 창의성의 증진을 설정해 놓고, 프로젝트, 프로제따찌오네를 실시하여 성과를 도출하려는 것과는 근본적인 의도가 다르고 할 수 있다. 이 점은 이홍우(1997)가 왜 가르치는가?라는 질문에 대한 두 가지 관점 중에 유아교육의 목적은 어느 것을 지향해야 할지를 분명히 해야 할 것이다. 이는 '유아교육은 어떠한 목표를 위한 수단이 되는가'(가치 있는 것으로 간주되는 유아목표를 위한 효율적인 수단이 되도록 유아교육내용을 바꾸는 데 관심을 두는 것), '유아교육을 받은 상태는 어떤 상태인가'(현재의 유아교육내용을 받아들이고 그 유아교육내용으로부터 유아교육을 받은 상태를 추론하는 데 관심을 두는 것) 등이다.

3) 법률적 차원

끝으로 우리나라 유아교육의 목적이 법률적 차원에서는 어떻게 진술되고 있는지를 살펴보기로 한다. 우리나라 유치원 교육의 목적은 「유아교육법」 제13조의 제2항에 의거하여 제7차 유치원 교육과정에 목적과 목표가 명시되어 있다. '유치원은 유아에게 알맞은 교육환경을 제공하여 유아를 교육하고 심신의 조화로운 발달을 돕는 것을 목적으로 한다.' 목표는 다음과 같다. 첫째, 몸과 마음을 건강하게 하며 기본생활을 기른다. 둘째, 더불어 사는 태도와 우리 전통문화를 사랑하는 마음을 갖는다. 셋째, 자신의 생각과 느낌을 자유롭고 창의적으로 표현하는 경험을 가진다. 넷째, 의사소통을 위한 언어능력을 기르며, 바른 언어사용습관을 기른다. 다섯째, 호기심을 가지고 주변 세계를 탐구하며 자연을 존중하는 태도를 기른다. 그 목표를 주요 용어로 나타내면, 기본생활습관 형성, 더불어 사는 삶과 전통문화 사랑, 자유로운 표현과 창의적인 표현경험, 언어능력과 언어사용습관, 탐구심과 자연존중태도 등이다.

한편, 「영유아보육법」 시행규칙 제30조에 의거한 표준보육과정의 보육의 목적은 '영유아의 전인적인 성장과 발달을 돕고 민주시민으로서의 자질을 길러 영유아가 심신이 건강하고 조화로운 사회 구성원으로 자랄 수 있도록 하는 데 있다.' 목표는 다음과 같다. 첫째, 건강하고 안전하며 바르게 생활하는 태도와 습관을 가진다. 둘째, 자신의 신체에 대해 긍정적으로 인식하고 기본운동능력을 기른다. 셋째, 자신을 존중하고 다른 사람들과 더불어 생활하는 태도를 가진다. 넷째, 기초적인 언어능력을 기르고 바른 언어생활태도와 습관을 기른다. 다섯째, 주변 환경에 호기심을 가지고 탐구하는 능력과 태도를 기른다. 여섯째, 자연과 예술작품의 아름다움에 관심을 가지고 창의적으로 표현한다. 그 목표를 주요 용어로 나타내면, 바른 생활태도와 습관 형성, 긍정적인 신체인식과 기본운동능력 배양, 자기존중감과 더불어 사는 삶의 태도, 언어생활태도와 습관 형성, 탐구능력과 태도 배양, 미에 대한 관심과 창의적 표현 등이다. 「유아교육법」에 의거한 유치원 교육과정의 목표나 「영유아보육법」에 의거한 표준보육과정의 목표가 유사하지만, 분명히 국가적 차원에서 유아교육의 목적이 법률적으로 명시되어 있다. 최근의 누리과정에서도 '누리과정은 만 3~5세 유아의 심신의 건강과 조화로운 발달을 도와 민주시민의 기초를 형성하는 것'을 목적으로 한다. 목표는 다음과 같다. 첫째, 기본운동능력과 건강하고 안전한 생활습관을 기른다. 둘째, 일상생활에 필요한 의사소통능력과 바른 언어사용습관을 기른다. 셋째, 자신을 존중하고 다른 사람과 더불어 생활하는 능력과 태도를 기른다. 넷째, 아름다움에 관심을 가지고 예술경험을 즐기며, 창의적으로 표현하는 능력을 기른다. 다섯째, 호기심을 가지고 주변세계를 탐구하며, 일상생활에서 수학적·과학적으로 생각하는 능력과 태도를 기른다.

이러한 유치원 교육과정, 표준보육과정, 누리과정의 목적 및 목표는 선언적 의미 이상을 담지 못하고 있다. 이는 반드시 목적 및 목표를 성취해야 할 필수적인 상황이 아님을 스스로 자인하고 있다. 평가를 보면, 운영내용이 목표와 내용에 근거하여 편성, 운영되었는지를 보는 정도에 그치고 있다. 이는 테일러식의 목적, 목표로 진술된 것은 아니다. 사실 누리과정에서 구성방향에서 ⑤항(신체운동·건강, 의사소통, 사회관계, 예술경험, 자연탐구의 5개 영역을 중심으로 구성한다.)만 하더라도 목적, 목표의 의도가 다 내재되어 있다.

이처럼 유아교육의 목적은 국가적인 차원에서 그리고 국가수준의 유아교육과정에서 진술되어 있음에도 불구하고, 유아교육을 외재적 가치를 달성하기 위한 수단으로 간주하고 있는 점을 경계해야 한다. 오늘날 우리나라 일부 유아교육기관은 특기 연마, 초등교육 대비 교육의 장으로 전락하고 있다. 물론 유아교육의 목적이 국가나 사회의 요구, 개인의 요구, 교육제도의 요구 등에 의해서 진술되어야만 하는가에 대한 비판도 있지만, 유아교육의 목적을 외재적 가치에 두는 것은 유아교육의 개념에 위배되는 것이다. 더 나아가 오늘날 유아교육이 외재적 가치 추구를 더 지향한다는 사실은, 유아교육의 목적을 해석하고 정당화하는 일에 소홀했다는 명백한 증거이다. 이것은 유아교육의 종사자들이 극성스러운 일부 부모, 상업주의에 굴복했다는 의미이며, 오랜 역사를 거쳐 정립되어 온 유아교육 정신에 대한 배신행위였다.

또한 의료분야와 달리 유아교육은 전문성을 크게 인정받지 못하고 있다. 대부분의 가정에서 자녀들의 교육에 많은 관심을 가지고 있기 때문에 저마다 유아교육기관에 자기 나름대로 유아교육에 대한 자기주장을 하고 있다. 부모나 일반인들이 유아교육에 대해 깊은 관심을 갖는 것은 바람직하지만, 전문성 없이 저마다의 주장만 내세운다면 유아교육활동은 표류하게 될 것이다. 유아교육의 목적에 대한 관점이 합의되지 않으면, 표적이 너무 많아서 어디에 집중해야 할지를 알지 못하게 한다. 일반적으로 목적이 무엇인가를 묻는 것은 목적설정에 잘못이 있다기보다는 내용이나 방법이 왜곡될 때이다. 아울러 유아교육의 목적은 유아교육과정을 수행하는 과정에 두어야 할 것이다. 왜 가르치는가 하는 문제는 가르치는 내용을 제시하기 때문이다. 이러한 관점에서 유아교육철학은 유아교육의 목적을 끊임없이 비판하고 대안을 제시해야 할 것이다. 향후 이 방면에 대한 관심과 연구가 지속적으로 필요하다.

CHAPTER

09 유아교육과정12)

오늘날 유아교육과정은 변고를 맞이하고 있다. 우선 교육과정이라는 용어의 근원이 어디서 왔는지를 탐색하면 유아교육도 교육학도 아닌 경영학이라는 외부학문에서 왔음이 드러난다. 유아교육에서 테일러 중심의 목표지향적 교육과정의 성격이 부정됨으로써 과연 유아교육에서 교육과정이라는 용어를 사용할 필요가 있을까 하는 의문을 갖게 한다. 여기에다 포스트모더니즘의 영향으로 유아교육과정의 재개념화가 일어나면서, 기존의 유아교육과정의 지평이 흔들리고 있다. 또한 국가적인 차원의 유아교육과정, 즉 유치원교육과정, 표준보육과정, 누리과정이 시행됨에 따라 유아교육과정이 초미의 관심이 집중되고 있다. 유아교육과정이 아무리 변고를 맞이해도 '유아에게 무엇을 가르쳐야 하는가?' 이 질문에 대한 답을 탐색하는 것이 유아교육과정의 본질이다.

1 유아교육과정의 정의와 방향

교육과정이라는 말은 영어 'curriculum'의 국역이다. 'curriculum'은 라틴어 'currere'에서 온 것으로써, 영어로는 to run 혹은 race course(주로)를 의미한다. 유아교육과정이라는 용어도 교과목(suject), 교수요목(syllabus), 교과과정(course of study), 프로그램 등으로 표현되기도 한다. 넓은 의미의 유아교육과정은 유아교육기관에서 가르치는 모든 것을 의미하지만, 좁은 의미로는 특정한 유아를 위한 특별한 유아교육활동을 의미한다. 일반 교육과정의 정의에 비추어 유아교육과정은 다음과 같이 정의할 수 있다. "유아교육의 목적(목표)을 달성하기 위해서 지식과 경험을 선정하여 그것을 논리적, 심리적으로 배열하는 것이다." 이런 측면에서 보았을 때, 유아교육과정도 일

12) 본 장은 임상도(2010). 유아교육철학(서울: 동문사) pp. 110-146의 내용을 부분적으로 수정한 후 기술한 것임.

반적 유아교육과정과 특수 유아교육과정으로 구분될 수 있다. 문제는 일상적 유아교육활동의 대화나 학습의 장면 혹은 지면에서 사용할 때 어느 영역의 과정을 의미하는지를 분명히 구분하여 사용해야 할 것이다.

교육과정의 원어 뜻을 그대로 나타내면 목표점을 향해 달려가는 길을 나타낸다. 목표점을 향해 달리면 영광의 승리가 기다리지만 극복해야 할 장애와 난관이 도처에 있다. 교육과정이라는 분야는 기본적으로 학교에서 실증주의적 지식을 이용하여, 특정한 인간성을 길러내는 방식과 관련하여 구체화되었다. 이 영역을 최초로 체계화시킨 보비트(Bobbit)는 학교가 과학적 관리의 원칙을 준수해야 할 것으로 보았다. 이러한 사고에는 공장에서 특정 제품을 생산해 내는 공정과 교육을 유사한 것으로 보는 것에 토대를 두고 있다. 이어 테일러는 목표행동을 조작적으로 규정하고 그것을 결과라는 환경적인 처치를 가하여, 소기의 목적을 과학적으로 달성했는지를 평가하는 방식을 강조하였다. 이처럼 교육은 실증주의적 과학으로는 파악하기 어려운 점이 있다. 이에 아이스너(Eisner)는 객관적으로 측정할 수 없는 것은 평가활동에서 제외됨으로 교육의 본질을 왜소화시키고 왜곡시키게 된다고 보았다(장상호, 2011). 이쯤 되면, 교육과정이라는 용어가 교육에서 사라져야 하거나 수정되어야 할 것인데, 오히려 맹위를 떨쳐 역사가 일천하고 순진무구한 유아교육 분야에 맹주로 자리 잡고 있다. 유아교육하면 유아교육과정으로 등식이 성립될 정도로 유아교육에서 중핵을 차지한다. 유아교육철학은 미생인데, 유아교육과정은 패러다임이 형성되어 급기야 기존 유아교육과정이 재개념화되기 시작하였다.

지금까지 유아교육과정은 유아들이 경험을 통해서 유아교육목적에 맞게 성장 및 발달을 하고, 바람직한 행동변화를 일으키도록 기대하는 유아교육 목적달성의 수단이라 할 수 있다. 이렇게 보면, 유아교육과정은 유아교육의 목적달성을 위한 수단인 것이다. 이러한 관점을 이홍우(1997)는 교육과정 기본모형의 목표모형이라고 불렀다. 이 관점의 결정적인 약점은 모든 것이 교육목표에 의해서 교육내용 또는 학습경험, 평가가 결정된다는 것이다. 그 교육목표는 교육철학에 의존하게 된다. 즉, 그 교육목표가 왜, 어떤 점에서 가치가 있는가를 분명히 해야 하는데, 교육철학이 그 대안을 제시하지 못하면 혹은 유아교육철학이 부재하면 이 관점은 존립 자체가 어렵게 된다는 것이다. 교육목표 혹은 유아교육의 목표가 결정되지 않은 상태에서 학습경험의 선정과 조직, 평가의 방법 등을 결정하는 것이 무슨 소용이 있겠는가? 이러한 문제를 인식한 유아교육과정 전문 학자들은, 유아교육과정이 어떤 내용을 어떻게 가르칠 것인가에 초점을 맞추어야 한다고 주장한다. 마치 이것은 유아교육과정 철학자의 등장을 요구하는 것처럼 보인다. 유아에게 어떤 내용을 가르칠 것인가는 유아교육철학의 인식론 영역에 해당한다. 이러한 점은 포스트모더니즘의 재개념주의자들의 표적이 되고 있다. 유아교육은 가치를 추구하는 학문의 한 부류임에도 불구하고, 가치를 배제하고 효율성을 강조하게 되면 유아교육은 황폐화해진다. 그럼에도 기존의 유아교육과정과 관련된 저서들을 분석하여 보면, 보비트, 테일러의 교육과정에 영향을 받아 다음과 같은 논리로 일관하고 있다. 유아교육의 목적이 먼저 설정되고 나면 달성 가능한 단기적인 목표로 세분화한다. 여기에는 '부분의 합은 전체와 같다.'라는 환원주의 내지 구성주의 오류(fallacy of composition)가 내재해 있다(이혁규, 2014). 그 다음은 목적과 목표의 달성이 가능하도록 돕는 유아교육의 내용이 선정되어야 한다는 식으로 전개하고 있다. 유아교육의 목적과 목표달성을 위해서 유아교육의 내용이 선정되어야 한다는 논리는 유아교육의 수업활동계획안에도 측정가능한 행동적 용어로 목적과 목표를 진술하고 있는 실정이다. 이러한 논리구조는 국가적인 차원의 교육과정, 이를 테면, 유치원교육과정, 표준보육과정, 누리과정도 마찬가지다. 우발적이고 상황에 따른 발현적 교육과정의 성격이 강한 유아교육의 현장에서 유아교육과정의 목표모형이 적용될 가능성은 낮다. 이러한 점을 염두하고 최근 유아교육과정에서는 이제 유아교육은 '어떻게 가르칠 것인가?'에 대한 관심과 더불어 '무엇을 어디까지 가르칠 것인가?'에 관심을 기울여야 한다고 이구동성으로 외치고 있다. 유아교육과정을 목표달성에 초점을 두면서 유아교육의 내용으로 관심으로 두는 방향을 나아가려고 한다. 유아교육의 목표달성을 위해서 '어떻게'를 강조하다가 여기에 대한 비판일 일어나자 슬그머니 '무엇'을 어디까지 가르칠 것인가로 고민해야 한다고 주장하고 있다. 교육과정의 목표모형과 내용모형(이홍우, 1997)을 어느 순간에 합치려는 경향이 나타나고 있는 것이다. 유아교육은 무엇을 달성하기 위한 수단적 가치가 아니다. 유아교육은 그 자체의 가치를 추구해야 하며, 유아교육이 가진 그 자체의 가치를 추구하기 위해서는 유아교육과정은 내용모형을 지향해야 한다.

유아교육과정을 목표를 달성하는 수단으로 보기보다는 내용에 관심을 갖게 하는 내용모형의 관점으로 보게 되면, 무엇을 가르칠 것인가에 대한 대안을 가질 수 있게 된다. 유아교육은 생활주제를 중심으로 통합적으로 내용을 구성하고 이를 전개하는 과정에서 가르치는 내용보다도 가르치는 방법 엄밀하게 말하면, 기술적 방법에 집중하게 되었다. 그러다 보니, 상대적으로 교과의 지식을 탐구하는 것을 등한시하게 되었다. 최근에 와서 유아교과교육이 유아교사양성과정에 필수과목으로 선정된 것에서도 알 수 있다. 이러한 유아교육과정은 유아들에게 가르쳐야 할 내용과 그 속에 내재해 있는 무엇을 강조해야 하는 것을 지향해야 한다. 목표모형에서는 내용은 오직 목표달성을 위한 수단으로서 의미를 가지지만, 내용모형에서는 내용은 무엇을 가르칠 것인가에 있다. 무엇을 가르칠 것인가라는 질문에 대한 답을 브루너(Bruner)와 이홍우는 각 교과가 가지고 있는 지식의 성격을 파악하도록 '지식의 구조'를 가르쳐야 한다고 보았다. 이를 위해 유아교사는 각 교과의 구조를 알아야 한다. 이 점은 유아에게 과학교육을 하기 위해서 유아교사는 과학교육 내용지식을 정확하게 알고 있어야 하며, 이를 기초하여 활동을 전개하고 교수방법을 선택하여야 한다(이기숙, 2009). 그렇다고 유아교육과정이 교과교육과정을 지향해야 하는 것은 아니다. 유아교육과정은 생활주제를 중심으로 각 교과의 내용을 엮은 통합교육과정을 지향해야 한다. 유아교육과정의 지향내용은 사회생활의 필요를 충족시키기 위한 것이 아니라 교과이어야 한다. 어찌 보면, 각 교과에 내재된 '사물을 보는 안목', '사고방식'을 가르쳐야 한다. 유아교사는 생활주제에 해당하는 각 교과의 지식탐구를 유아에게 시범하고 유아에게 그 과정을 참여하도록 하면 유아는 각 교과가 가지고 있는 다양한 안목, 사고방식을 갖게 된다. 어느 정도의 가르칠 수 있느냐는 계속성과 계열성의 원리에 따라야 한다. 계속성은 한 가지 교육내용이 단절 없이 계속적으로 다루어져야 한다는 것이며, 계열성은 그렇게 계속 다루어져야 할 내용이 점점 광범하게 심화되어야 한다는 것을 의미한다. 그리고 유아가 학습한 내용을 통합된 시각을 갖도록 돕는 통합성을 고려하여야 한다.

유아교육과정이 교과의 내용을 중심으로 구성하여 가르치더라도, 전통적인 유아교사관에 의해서 유아교사가 교과의 내용을 구성해야 한다는 사고에서는 벗어나야 한다. 교과내용 구성에 대한 이러한 관점은 유아의 경험과 무관하게 하여, 유아를 유아교육과정으로부터 늘 소외시키게 된다. 유아교육과정의 교과내용은 생활 사태에서 유동적으로 살아 숨 쉬고 있으며, 유아가 적극적으로 해석하고 창조할 수 있는 텍스트로 구성하여야 한다. 유아에게 교과 지식은 미래지향적이며 가능성을 향해 열려 있으며, 새로운 의미를 창출하는 열린 지식이 되어야 한다. 그러한 의미에서 포스트모더니즘의 유아교육과정을 수용하여야 한다. 유아교육과정은 유아의 삶 자체를 존중하고 유아를 능동적인 지식 탐구자이며 구성자로 인정하여, 유아교육과정 구성에 있어서 유아가 주체가 되어 유아교육과정을 선정하고 조직해 나가야 한다. 또한 학습의 과정에서 이들을 적절하게 변화시키는 열린 유아교육과정이 되어야 한다(나귀옥, 김경희, 2008). 그러한 의미에서 프로젝트 접근법이나 레지오 에밀리아 접근법의 수행과정에 주목할 필요가 있다.

결국, 현대 유아교육과정은 목표지향적 유아교육과정에서 벗어나야 하며, 내용모형을 지향하되 유아교사에 의해서 일방적으로, 그리고 고정된 유아교육과정에서 벗어나야 한다. 유아, 유아교사, 부모, 그 외의 유아교육 구성원들에 의해서 유아교육과정이 지속적으로 구성되고 변형 및 발전해 나아가야 한다. 이처럼 유아교육과정은 유아의 강인한 생명력처럼 살아 있어야 한다. 살아 있는 유아교육과정이 되기 위해서는 유아교육의 유형이 다원화되어야만 한다. 다양한 유아의 차이를 인정하는 유아교육과정, 인지·창의성·사회·정서·예술적 감수성·체육 등 다양한 영역을 강조하는 유아교육과정, 사회문화적 배경의 차이를 인정하는 유아교육과정을 지향해야 할 것이다.

한편, 보육과정에 대한 개념과 방향을 살펴보면, 보육의 개념은 보호의 기능과 교육을 통합한 영유아의 보살핌을 지향한다는 논리에 의해 보육과정이라는 용어를 사용한 것 같다. 즉, 유아교육과정 혹은 유아교육 프로그램으로부터 차별화하기 위해서이며, 유아교육과 구별되는 보육과정을 드러내기 위해서이다. 또한 이는 다음과 같은 등식을 성립하기 위해서이다.

교육부	- 유치원교육과정	- 유치원
보건복지부	- 표준보육과정	- 어린이집
국무총리실 유보통합위원회	- 누리과정	- 유치원, 어린이집

이러한 일련의 경향에 대하여 특별히 보육과정을 새롭게 만들어 제시하기보다는 이미 마련된 유치원 교육과정을 원용하여 적절히 활용하자는 견해도 있었다. 그 이유는 유아교육의 목적인 전인적 발달이 보육의 원칙인 교육과 동일한 목적을 지향하기 때문이다(이소희, 2005).

제7차 유치원 교육과정과 표준보육과정의 주요점을 비교해보면, 두 교육과정이 지향하는 목적, 목표, 추구하는 인간상의 진술 문장들 중 유사한 핵심단어를 쉽게 찾을 수 있다. 그동안 유아교육의 목적은 전인적 발달을 지향하면서, 실제 활동은 기본생활습관 형성이 주류를 이루었다는 점에서 보면 두 교육과정이 유사할 수밖에 없다. 유아를 둔 학부모가 내 아이를 유치원에 보낼까 아니면 어린이집에 보낼까 하는 문제를 고민할 때, 다음 두 교육과정의 비교표는 과연 실제로 도움이 되겠는가? 단순하게 언뜻 보아도 핵심단어에 집중하여 보면 그게 그거라고 생각될 것이다. 유치원 유아교육과정과 어린이집 보육과정은 철학적 기초가 같고, 누리과정은 유치원 유아교육과정과 어린이집 보육과정을 수정 및 보완하여 통합한 것이다(정희영, 2014). 두 교육과정의 특징적 차이점이 있는가? 그래서 일반 학부모는 조금 어리면 어린이집에 보내고, 조금 크면 유치원에 보낸다는 상식적인 수준의 자녀 양육관을 갖고 유아교육기관을 선택한다. 이것은 외재적 가치관의 극치이다. 양 기관의 특징적 차이점에 의해서, 어떤 인간으로 키울 것인가라는 관점에서 기관을 선택해야 다양성이 가져다주는 이점의 혜택을 누리게 된다. 국가적 차원의 두 교육과정이 유사한데 기관만 다양하다면 이것은 외재적 가치의 결과가 아닌가?

〈표 9-1〉 제7차 유치원 교육과정, 표준보육과정, 누리과정의 비교

구분	제7차 유치원 교육과정	표준보육과정	누리과정
추구하는 인간상	• 전인적 성장의 기반 위에 개성을 추구하는 사람 • 기초능력을 토대로 창의적 능력을 발휘하는 사람 • 폭넓은 교양을 바탕으로 진로를 개척하는 사람 • 우리 문화에 대한 이해의 토대 위에 새로운 가치를 창조하는 사람 • 민주시민 의식을 기초로 공동체의 발전에 공헌하는 사람	• 심신이 건강하고 행복한 사람 • 자율적이고 창의적 사람 • 자신과 타인을 존중하고 배려하는 사람 • 자연과 우리 문화를 사랑하는 사람 • 다양성을 인정하는 민주적인 사람	
목적	유아에게 알맞은 교육환경을 제공하여 유아를 교육하고 심신의 조화로운 발달을 돕는 것	영유아의 전인적 성장과 발달을 돕고 민주시민의 자질을 길러 영유아가 심신이 건강하고 조화로운 사회구성원으로 자랄 수 있도록 하는 데 있다.	3~5세 유아의 심신의 건강과 조화로운 발달을 도와 민주시민의 기초를 형성하는 것
목표	• 몸과 마음을 건강하게 하며 기본생활을 기른다. • 더불어 사는 태도와 우리 전통문화를 사랑하는 마음을 갖는다. • 자신의 생각과 느낌을 자유롭고 창의적으로 표현하는 경험을 가진다. • 의사소통을 위한 언어능력을	• 건강하고 안전하며 바르게 생활하는 태도와 습관을 가진다. • 자신의 신체에 대해 긍정적으로 인식하고 기본 운동능력을 기른다. • 자신을 존중하고 다른 사람들과 더불어 생활하는 태도를 가진다.	• 기초운동능력과 건강하고 안전한 생활습관을 기른다. • 일상생활에 필요한 의사소통능력과 바른 언어사용습관을 기른다. • 자신을 존중하고 다른 사람과 더불어 생활하는 능력과 태도를 기른다. • 아름다움에 관심을 가지고

구분	제7차 유치원 교육과정	표준보육과정	누리과정
목표	기르며, 바른 언어사용습관을 기른다. • 호기심을 가지고 주변 세계를 탐구하며 자연을 존중하는 태도를 기른다.	• 기초적인 언어능력을 기르고 바른 언어생활태도와 습관을 기른다. • 주변 환경에 호기심을 가지고 탐구하는 능력과 태도를 기른다. • 자연과 예술작품의 아름다움에 관심을 가지고 창의적으로 표현한다.	예술경험을 즐기며, 창의적으로 표현하는 능력을 기른다. • 호기심을 가지고 주변세계를 탐구하며, 일상생활에서 수학적·과학적으로 생각하는 능력과 태도를 기른다.
영역	건강생활, 사회생활, 표현생활, 탐구생활, 언어생활	기본생활, 신체운동, 의사소통, 사회관계, 예술경험, 자연탐구	신체운동·건강, 의사소통, 사회관계, 예술경험, 자연탐구

또한 누리과정에서 교육, 교육과정이라는 용어를 찾아보기가 어렵다는 이기숙(2015)의 지적에 대해서도 근본적으로 반성해야 한다. 유아교육과 영유아보육이 통합하는 과정에서 중도를 지향하기 위해서 교육, 교육과정이라는 용어가 삭제되었다면, 유아교육이 보육의 가치에 종속된 것이다. 국가적 차원의 교육과정을 언급하고 나니, 한 가지 의문이 든다. 제7차 유치원 교육과정의 '추구하는 인간상' 중 '폭넓은 교양을 바탕으로 진로를 개척하는 사람'이란 진술이 있다. 이 말은 무엇을 의미하는가? 적어도 이 진술은 고등교육의 대상이 되는 학생들에 해당하는 것이다. 유치원 교육을 받은 유아가 진로를 개척한다면 그 진로는 구체적으로 무엇을 지향하는지 의구심이 든다.

일부 어린이집의 보육활동에는 유아교육과정의 영역이 주류를 형성하고 있다. 그러나 어린이집의 종일제 보육에 유치원의 교육과정을 적용하는 것은 어린이집의 본래적 기능을 수행하는 데 적합하지 않다. 하루종일 교육과 보호를 염두해 두어야 하는 어린이집은 유치원 교육과는 다른 그 어떤 과정이 있어야 한다는 논리를 갖게 된다. 이에 보육학계가 중심이 되어 '보육과정'이라는 보육학의 한 영역을 구성하였다. 이것은 보육의 특성을 반영하고 이 분야의 지식을 실천한다는 면에서 아주 적절한 것이었다. 이는 즉, 새로운 학문 분야를 태동시켰다는 의미를 가질 수 있다. 이에 국가적 차원에서 표준교육과정이 제시되었고, 여기에 근거하여 보육인증제가 실시되고 있다. '보육과정'이라는 용어는 국제 공용어인가 아니면 우리나라에서만 사용하는 용어인가? '보육과정'을 영문으로는 어떻게 표기하는지 필자는 매우 궁금하게 여기고 있다. 더불어 보육의 영문표기가 'educare'인가 'childcare'인가, 'care and education'인가도 궁금한 점이다. 이러한 혼란이 일고 있는 가운데 일부 교육학자들은 평생교육의 대상으로서 보육의 단계를 '보육교육'으로 표기하고 있다(강영삼, 이성흠, 김진영, 조상철, 2009). 이러한 현상은 신생학문의 초기 현상이라고 할 수 있다. 이러한 점을 극복하기 위해서는 유아교육과 구별되는 보육의 개념적 분석이 먼저 이루어져야 할 것이다.

이러한 논점은 외현적인 것으로서 이는 본질적인 문제와는 비껴 있다. 유치원 유아교육과정이나 어린이집의 보육과정이 근본적으로 생각해봐야 할 것은 유아들에게 '무엇을 가르칠 것인가'라는 문제이다. 유아교육의 내용은 유아의 발달단계를 반영하여 '하는 활동'(행동적 지식)을 강조하고 있다. 이 부분은 카츠와 차드(1989)가 프로젝트 접근법을 도입해야 하는 이유에서 충분히 설명되었다. 행동적 지식을 통해서 표상적 지식이 형성되는 것이 지식발달의 일반적인 흐름이다. 이는 '하는 활동'이라고 했을 때 단순히 손만을 움직이는 것이 아니다. 생각을 곁들여 손이 움직이는 것이다. 여기에서 '생각하면서 행하도록 해야 한다.'는 논리가 발생한다. 하는 활동만 강조하는 유아교육은 공리주의 교육관을 반영하여 실용적 지식, 앎을 추구한 나머지 외재적 가치만을 추구하는 결과를 낳을 수 있다. 이 위험에서 벗어나기 위해서는 보는 활동을 넘어서 생각하는 활동을 강조하여야 한다.

유아에게 가르칠 것은 사고에 관한 것이 되어야 한다. 그것이 브루너가 주장한 이해, 기억, 적용이거나 혹은 피터스가 말한 인지적 안목이지 않겠는가? 유아들의 사고가 단순하다는 핑계로 각 학문의 성격(학문 특유의 개념과 탐구방법)을 반영하면서, 가르치지 않고 결과만 전달하는 중간언어(中間言語)만을 가르쳐서는 안 된다. 유아교육과정의 핵심은 '유아들에게 가르칠 것이 무엇인가'이다. 학문중심 교육과정에서는 학생에게 가르친다는 것은 지식의 구조를 가르친다. 이는 어떤 지식을 이해, 기억, 적용할 수 있도록 가르친다는 것을 의미한다. 학생이 어떤 지식을 이해, 기억, 적용할 수 있도록 배웠을 때, 학생은 그 지식의 구조를 파악한다. 이러한 논리처럼 유아교육과정도 통합교육과정을 지향함으로써 통합교육과정에 유아가 참여하게 되면, 유아는 사물을 통합적으로 이해할 수 있는 사고방식 혹은 사고력 등과 같은 그 무엇이 형성된다는 논리를 제시해야 한다. 즉, 유아는 자신의 경험을 스스로 의미 있게 구성할 수 있게 되고, 인접 교과에 대한 활동을 통해서 지식습득을 용이하게 하며, 각 교과 영역 간의 연관성과 각 영역의 지식을 실생활과 관련짓는 능력을 함양할 수 있는 논리를 설득적으로 설명해야만 한다. 이러한 논리가 '유아에게 무엇을 가르쳐야 하는가?' 하는 문제 속에 내재되어야 한다.

2 유아교육과정의 변화

유아교육과정은 끊임없이 변화하고 있고 또 변화할 것이다. 끊임없이 수정하고 변화시키는 요인은 무엇인가? 첫째, 유아교육과 관련된 개별과학들의 지식진보를 들 수 있고, 둘째, 유아의 요구와 부모의 요구에 의해서 변화가 생길 수 있다. 셋째, 사회와 국가의 요구에 의해서 변화한다. 유아심리학이나 유아발달심리학, 유아학습심리학 등의 지식이 끊임없이 진보하게 되면 유아교육과정은 필연적으로 수정이 불가피해진다. 또한 유아의 개인적 욕구나 그들 부모의 요구는 유아교육과정의 변화를 가져오는 데 외적 힘으로 작용한다. 이는 사회나 국가의 필요성, 즉, 부모 경제력을 필요로 하고, 여성의 사회진출을 도모하려는 움직임은 유아교육과정의 변화를 일으키게 한다. 종일반 프로그램이나 유아보육프로그램 등은 유아교육과정을 변화하게 하는 한 요인이다.

이러한 세 가지 관점에 비추어 우리나라 유아교육과정은 어떻게 변화하였는가? 광복 이전 초기에는 유치원 교육과정이 프뢰벨에게 영향을 받았고, 이후에는 미국 선교사들을 통해서 듀이의 철학이 기초가 되었다. 제1차 유치원 교육과정은 듀이의 철학에 기초하여 다섯 가지 생활영역(건강, 사회, 자연, 언어, 예능)과 운영지침(생활중심, 경험중심, 아동의 흥미중심)을 지향하였다. 그러나 제1차 유치원 교육과정을 표층적으로는 유아중심교육을 지향했지만, 심층적으로는 아동위주의 교육과정을 실현하였다. 제2차, 3차, 4차 유치원 교육과정은 학문중심교육과정을 지향하면서 방법적 면에서는 아동중심, 생활중심, 경험중심을 실천하였다. 듀이의 교육철학과 브루너의 학문중심교육과정을 혼합하여 실시하려고 하였다. 제5차, 6차, 7차로 이어지는 유치원 교육과정은 듀이의 아동중심교육철학을 지향하였지만, 유아교육과정의 틀은 타바의 순환적 교육과정을 유지하고 있다(임상도, 김치영, 2013). 이처럼 유아교육과정은 듀이의 아동중심교육을 근간으로 하여, 상황에 따라서 골격이 근본적으로 다른 이론을 첨가하는 식으로 변화하여 왔다. 학문적으로는 보면, 생활적응교육을 위한 경험중심 교육과정과 형식도야이론의 교과중심 교육과정이 유아교육과정의 주류를 형성하였다. 누리과정의 유아교육철학을 기독교적으로 조명한 정희영(2014)의 연구에 의하면, 누리과정도 듀이의 교육철학에 기초하여, 다양한 유아교육철학(Piaget, Vygotsky)이 골고루 적용된 인본주의 교육철학을 지향하고 있다.

이러한 유아교육과정의 변화는 유아교육의 내재적 목적을 무시하고, 유아교육을 수단으로 이용하려는 세력에 대처하려는 자각이 있어야 한다. 다시 말해서 유아교사가 공동체의 대변자가 되려는 것에 경계를 하고, 유아교육과정이 시류에 따라 변화되는 것을 막아야 한다는 의미이다. 무엇보다도 유아교사와 유아 사이에 있는 신성한 영역인 지식, 생활에 관심을 가져야 한다. 사회나 개인의 요구를 중요시하지 않는 것이 아니라, 이차적인 것으로 생각해야 한다는 것이다. 유아기의 지식과 생활의 본질, 형식을 분석하는 가운데서 유아교육과정의 변화를 이해해야 한다.

여기서 보다 필요한 것은 첫째, 유아교육과정의 변화를 보면서 가치 있는 지식과 기술, 삶이 무엇이며 그것을 어떤 공적 절차를 밟아 결정하는 것이 바람직한지를 탐구해야 한다. 둘째, 변화하는 유아교육을 바라보면서, 유아교사나 부모는 그것이 어떤 원리와 절차에 의해서 구성되는지를 알아야 할 것이다. 그럼에도 현재 유아교육과정은 유치원 교육과 영유아 보육을 통합하려는 정치적 논리에 의해서 국가적 차원의 누리과정으로 재편성되고 있다. 이원화되어 있는 유아교육을 통합하려는 의도는 긍정적으로 볼 수 있으나, 이를 실천하는 방법에는 다소 문제점을 안고 있다. 이를 테면, 누리과정 연수를 받은 유아교사에게는 별도의 수당을 지급 하는 등으로 인하여 유아교육기관은 누리과정을 종용받고 있다는 점이다(정희영, 2014). 유아교육현장의 효율적인 적용을 위해서 모든 유아교사에게 누리과정에 대한 연수를 받도록 하는 것은 유아교육과정의 자율성을 침해할 수 있다. 각 유아교육기관은 나름대로 설립 이념에 의해서 혹은 유아교육철학에 의해서 나름대로의 유아교육과정을 운영할 자율성이 있다. 좀 더 넓게 보면, 유아교육의 유형의 다양화가 실천되고 있었다. 이러한 상황이 지속되면 종교적 차원의 유아교육기관도 누리과정을 채택해야 하는 현실이 되고 만다. 열악한 재정적 상황에 처한 유아교육기관은 누리과정을 연수 받은 유아교사에게 제공하는 정부의 지원비가 매우 필요한 상황이기 때문이다. 그동안 유아교육기관 나름대로 실시해 온 유아교육과정을 버리고 누리과정으로 전환하게 되면서, 이러한 사태를 가리켜 유아교육이 정치논리, 경제적 논리에 종속되었다고 한다. 정희영(2014)이 지적했듯이, 현재 누리과정은 영적인 부분의 누락 등 유아종교교육에 대한 입장은 전혀 반영되어 있지 않다. 종교가 누락된 교육을 전인교육이라 할 수 있겠는가? 지금이라도 유아교육전문가와 행정당국은 누리과정의 시행방법에 대한 방안을 새롭게 논의해야 한다. 유아교육기관의 유아교육과정 선택권을 제한하는 것은 유아교육의 근본을 부정하는 결과를 가져온다.

이러한 유아교육현장에는 프로그램이라는 이름으로 여러 가지 유아교육 관련 프로그램들이 도입되어 있다. 가장 흔하게 접할 수 있는 것들이 몬테소리 교육방법,

프로젝트 접근법, 레지오 에밀리아 접근법, 생태교육 프로그램, 문학적 접근법 등이다. 이들이 유아교육과정인지 아니면 프로그램인지, 그것도 아니면 교수·학습방법인지, 아니면 이 모두를 다 포함하는 것인지에 대한 논의는 다음순으로 하고, 이러한 프로그램들은 유아교육의 이론적 배경과 함께 엄격한 지적 검증절차를 거쳐 현장에 보급되고 있다. 그러나 최근 시류에 따라 유아영어 관련 프로그램들을 비롯한 이론적 배경이나 지적 검증절차를 알 수 없는, 여타의 프로그램들이 유아교육현장에 불길처럼 도입되고 있다. 유아영어 프로그램만 하더라도 유아교육기관에서 유아에게 영어교육을 실시하도록 국가로부터 혹은 유아교육 관련 학회로부터 공인을 받은 적이 있는가? 그럼에도 유아교육기관에서 유아영어 프로그램을 실시하지 않는 기관이 거의 없을 정도로 일반화되어 있다. 비단 유아영어뿐만 아니라 낯선 외국어의 이름모를 프로그램들이 유아교육현장에서 맹위를 떨치고 있다. 그 프로그램들의 공통적인 현상 중의 하나는 몇 년을 못 가서 사라지고 또다시 새로운 유아프로그램이 변화무쌍하게 등장한다는 점이다. 이들 프로그램에 대해서 유아교육 관련 학회는 어떤 형태로든지 입장을 표명해야만 한다. 유아교육현장에서 성행하고 있는 출처 미확인(이론적 배경과 지적 검증절차가 불확실한) 프로그램들을 주의 깊게 살펴보고, 그것들이 유아교육적으로 어떤 효과가 있는지를 검증하여야 한다.

이러한 노력이 지속될 때 용병학문 혹은 외부 세력으로부터 유아교육의 가치를 보존할 수 있다. 유아교육의 가치는 유아교육과정을 통해서 실천되기 때문이다. 유아교육 관련 학회도 유아교육과 영유아 보육을 통해서 보이지 않은 헤게모니를 장악하려는 관점에서 벗어나서, 유아교육과정의 변화를 학문적 차원에서 성찰하여야 한다.

3 통합교육의 본질

유아교육과정은 당연히 교과교육과정이 아닌 통합교육과정으로 접근해야 한다는 인식은 유아교육학계와 유아교육현장에서 자연스러운 것이다. 자연스럽다는 것은 일반화되었고 누구도 의문을 제기하지 않는다는 의미이다. 유아교육에서 통합교육과정이 논의된 것은 1920년대 진보주의 교육운동이 활발하게 진행되던 시기였다. 진보주의자들이 주장한 경험중심 교육과정에서는 개인과 환경 간의 통합을 강조하였고,

이를 위해서 생활사태에서 당면하는 문제해결과정을 중핵으로 하였다. 생활사태의 문제를 '교과'로 삼아야 한다는 것이 듀이의 이론의 올바른 해석인가 하는 것은 의심스러운 일이지만, 듀이의 주장은 교과가 '유목적적인 문제해결과정에 활용'되어야 한다는 것이다(이홍후, 1997). 유아의 흥미는 교과와 무관한 것이 아니라 교과를 유목적적 활동과 관련을 맺을 때 발생한다는 것이다. 이렇게 본다면 듀이의 이론은 형식도야이론, 더 나아가 교과교육과정을 더 세련되게 한 것이다. 교과와 생활사태, 교과와 흥미, 교과교육과 통합교육이 대립된 것으로 간주한다면 이것은 듀이의 이론을 호도하는 것이다. 유아에게 지적 내용을 가르치는 것을 경시하고, 흥미를 존중한다는 미명 아래 즐겁게 시간을 보내는 활동은 그냥 노는 것이 된다.

우리나라에서는 1980년대 초등학교 1, 2학년을 중심으로 통합교육과정에 대한 논의와 실험이 전개되었다. 이에 유아교육에서는 통합교육과정을 유아교육활동과 운영의 기본 방향으로 설정하게 되었다. 그 후 지금까지 유아교육에서 통합교육과정이 보편화되고 있다. 그 보편적인 인식에는 다음과 같은 공통적인 이유가 저변에 깔려 있다.

첫째, 유아뿐만 아니라 인간은 한 영역에서 성장이 일어나면 다른 영역에도 영향을 준다. 인지 능력의 성장은 정서는 물론이고, 신체에도 영향을 미친다. 이것은 인간의 지·덕·체가 분리된 것이 아니라 상호 밀접한 관련이 있다는 일원론적 관점이다. 몸과 정신, 지식과 정서, 신체와 도덕이 어떠한 형태로든지 관련이 있기에 행동으로 표현되는 것이다. 지·덕·체가 밀접하게 관련이 있다는 이러한 표현방식은 성인을 중심으로 한 것이다. 유아는 지·덕·체의 관련성이 체·지·덕의 표현방식으로 되어 있다는 것을, 아이를 키워 본 사람이면 누구나 조금이나마 공감할 수 있을 것이다. 영아에서 유아까지의 발달단계에서 가장 두드러진 영역은 신체영역이다. 신체가 조금씩 성장함에 따라 정신적인 성숙이 일어나고 점차 정서적 표출이 일어남을 볼 수 있다. 이에 대해 1995년 브레드캠프(Bredekamp)와 로즈그란트(Rosegrant)는 '신체적 발달은 불가피하게 사회적·정서적 발달과 같은 또 다른 영역에 영향을 준다.'고 하였다. 유아의 전반적인 발달을 자극하고 특정 발달영역을 강화시키기 위해서는, 유아교육과정 운영에 통합교육과정이 적절한 것으로 받아들여지게 되었다.

둘째, 유아는 성인과 달리 사물을 통합적으로 보는 관점이 강하다. 이것은 유아는 분리된 내용영역보다는 통합된 전체 경험으로 더 잘 배운다는 사실이 경험적 연구들에 의해서 지지되었다(Krogh, 1990; Williams & Fromberg, 1992). 따라서 각각의 교과 지식을 분리해서 가르치기보다는 통합된 전체 경험으로 가르쳐야 한다는 것이다.

이처럼 유아교육에서 통합교육과정을 지지하는 것은 유아의 발달적 특성을 반영한 것이기 때문이다. 학습의 신체적 · 정서적 특성에 근거하여 교육과정을 구성한다는 것은 매우 원론적이다. 유아교육에서 통합교육과정을 운영하는 근본적인 의미는 한 가지 주제로 여러 교과영역의 지식을 탐구해 가는 데 있다. 이를 위해 의미 있는 주제를 중심으로 각 교과와 생활영역을 통합한다. 이를 유아교육에서는 주제중심 통합교육과정이라 한다. 유아교육현장에서는 주제중심 통합교육과정을 실현하기 위해 하루 일과를 놀이의 특성을 띤 활동들로 조직 및 실행하고 있다. 여기에 적응하기 위해서 유아교사는 예비교사 시절에는 유아교육의 기본 교과목을 배우고, 생활영역 중심으로 구성되어 있는 국가적인 차원의 유치원 교육과정이나 표준보육과정, 누리과정을 배워야 한다. 유아교사는 예비교사 시절 학습한 유아교육의 교과목, 국가적 차원의 생활영역의 중심 유아교육과정, 유아교육기관의 하루 일과활동, 이 세 가지를 통합하는 안목을 가져야 한다. 이는 하나의 주제를 중심으로 교과들의 다양한 학습내용을 통합적으로 재구성한다. 주제를 중심으로 다양한 활동과 아이디어들이 구성된다. 교과의 구분은 없되, 진행하는 주제 안에 많은 교과 영역의 지식들을 통합하고 개념이 형성된다. 이러한 일련의 과정에서 유아는 탐구, 발견, 체험을 한다(이세나, 2009). 이 과정에서 유아에게 길러지는 것은 무엇인가? 브루너의 주장처럼 이해, 기억, 적용이라는 지식구조가 형성되는가? 아니면 프로젝트 접근법처럼 지식, 기능, 태도가 자연스럽게 형성되는가? 브레드캠프와 로즈그란트의 주장처럼 유아에게 탐색하고 해석하고 열중하는 경험을 갖게 하는 것인가? 유아교육과정에서 통합교육과정의 유아교육적 가치가 무엇인지를 좀 더 설득력 있게, 명료화하여야 할 것이다.

그리고 유아교육과정에서는 통합교육과정에서만 많은 분량을 할애하고 있지, 발현적 교육과정(emergent curriculum)에 대한 고찰은 경시하고 있다. 레지오 에밀리아 접근법에서는 발현적 교육과정을 적용하고, 다양한 방법으로 주제를 선정하여 성공적으로 프로젝트를 수행하지 않았는가? 유아는 자신의 관계, 의미, 흥미를 발견한 상황 속에서 가장 잘 학습하기 때문에 일상생활 속에서 발생하는 주제, 즉 생활주제를 중심으로 발현적 교육과정을 운영하여야 한다. 이러한 교육과정이 진정한 유아중심 교육의 실현에 있어 첩경인 것이다.

한편, 유아교사 양성과정의 교육 현장에서는 영(零)교육과정(null curriculum)을 고려해보아야 한다. 필요한 수업내용임에도 불구하고 계획과정에서 생략되어 교수·학습과정에서 생략된 내용들이 있을 수 있다. 예를 들어, 유아교육에서 종이접기, 동화구연 등에 관한 지식과 기술은 유아교육현장에 널리 사용되지만, 유아교육과정 및 교수·학습법에서 여러 가지 이유로 인하여 제외될 수가 있다. 그러한 것을 보완해 줄 수 있는 교육과정이 영교육과정이다.

4 유아교육과정의 영역

유아교육과정에 관련된 연구들을 보면, 유아교육의 목적, 목표는 적당히 얼버무리고 유아학습경험을 선정하고, 조직하는 방법의 원칙, 단원을 구성하는 방법, 평가하는 방법 등의 순환과정을 제시하고 있다. 유아교육의 목표는 국가적인 차원의 것으로 대신하여 진술하는 경우가 허다하다. 하기야 테일러나 타바조차도 목표는 학습자와 사회와 교과를 원천으로 하여 철학과 학습심리라는 체에 의해서 걸러져야 한다는 것만 제시하였지, 교육목표가 어떤 것인가 하는 것은 제시하지 못했다(이홍우, 1997). 유아에게 무엇을 가르쳐야 하는가에 대한 문제는 철학적 판단에 관련된 것이다. 유아교육에서 유아교육철학이라는 교과가 미진한 상태에서 이 문제의 논의는 긴 시간과 노력을 요한다. 이는 차후의 과제로 넘기고 보다 현실적인 문제로 이야기하고자 한다.

왜 유아교육에서는 일반적으로 5개 활동영역으로 구분하는가? 그 구분 근거는 무엇인가? 유아교육과정의 5개 활동영역은 유아교육의 '지식의 형식'(form of knowledge)이라고 볼 수 있다. 지식의 형식에 대한 피터스의 견해를 고찰하면서 그 이유를 논의해보자. 먼저 지식에는 독특한 영역의 형식이 있다. 즉, 인간들이 경험하는 영역들은 서로 다른 탐구방법과 개념, 판단의 기준을 가지고 있다. 이 영역들은 각 영역 내에 독특한 앎을 정당화하는 각기 다른 방법이 있다. 저마다의 개념 구조와 더 이상 다른 것으로 환원시킬 수 없는 진리 검증기준을 가지고 있다. 그래서 지식의 형식은 삶의 모든 영역을 설명하며 삶의 질을 높이는 데에 큰 공헌을 하는 심각한 인지적 내용이다. 피터스는 허스트와 함께 지식의 형식으로 1) 형식 논리학과 수학, 2) 자연과학, 3) 자기 자신과 다른 사람의 감정에 관한 이해, 4) 도덕적 판단, 5) 심미적 경험, 6) 종교적 주장, 7) 철학적 주장 등을 제시하였다. 이를 유아교육과정의 영역과 대비하여 본다면, 1)은 수영역과 인지영역에, 2)는 탐구영역으로, 3)과 4)는 사회·정서영역으로, 5)는 표현영역에 포괄적으로 포함되어 있다고 볼 수 있지만, 6)과 7)은 어느 영역에도 포함되어 있지 않다. 표준보육과정도 또한 마찬가지다. 6)을 포함시키지 않는 것은 우리나라가 국교가 없기 때문에 종교적 혹은 종파적 논쟁을 야기할 위험성과 종교교육이 자칫 교화의 위험에 빠질 것을 예방하기 위해서 제외되었다 하더라도, 7)은 유아교육에서 왜 제외했는가? 발달단계상 유아는 철학을 할 수 없는 존재이기 때문인가? 발달단계에 국한된 관점에서 보아 유아의 사고능력은 철학적 주장을 하는 데 무리하다는 근거가 작용했을 것이다. 이는 유아교육학회 및 소속회원 다수의 유아철학교육에 대한 무관심과 이해부족 내지 인지발달 관점에 따른 비판적 시각과 배척 분위기에 대한 의도적 배제 결과라고 판단된다(임상도, 2013). 유아철학교육의 연구동향을 분석한 임상도(2014a) 연구에 의하면, 1991년부터 2013까지 총 73편의 논문이 게재되었다. 이는 유아들과의 대화를 통해서 인식론, 형이상학, 윤리, 심미 등의 사고를 계발하려고 하는 유아철학교육은 발달심리학 중심의 유아교육에 인지적 지평을 확장해주었다.

왜 유아교육과정은 5개 활동영역만을 강조하는가? 수 개념, 언어, 사회성 등은 유아교육과정 속에 들어 있지만 빙고, 당구 등은 왜 들어 있지 않은가? 이 질문은 지식의 형식을 왜 추구해야 하는가에 대한 질문과도 같다. 교육에서 지식의 형식을 추구하는 것은 세계에 관한 합리적 이해를 목적으로 하는 것이다. 유아교육과정의 5개 활동영역이 유아들에게 가치가 있다고 하는 것은 개인적인 취향의 관점이 아니라, 그것은 유아들로 하여금 합리적으로 세계를 이해하도록 하는 데 있다. 5개 활동영역은 합리적 이해를 그 본질로 삼는 삶의 형식인 것이다. 또한 이 5개 활동영역은 인간다운 삶을 위한 공동의 형식이라는 합리적 논의를 거쳤기 때문에, 인류 모두에게 전달되어야 하는 내용이다. 유아는 지식의 형식을 통해서 합리적 논의 양식, 즉 증거를 다루는 방식을 배우게 된다. 다시 말하면 이를 통해 합리적 열정을 배우게 되는 것이다. 유아교육과정 속에 들어 있는 활동들은 우리 삶의 여러 영역에 빛을 던져 주고, 생을 풍요롭게 돕는 진지한 활동들이다. 유아기의 인지적 교육내용은 광범위하고 '주로 하는 지식'이지만, '아는 지식'으로 변화시켜야 하기 때문에, 요령보다는 이해하는 활동들을 가르치는 것이 필요할 것이다. 즉, 지식의 형식을 가르쳐야 한다는 것이다. 이를 위해서는 지식을 가르치되 이유를 추구하는 활동을 강조하여야 한다. 유아들이 할 수 있는 가치 있는 유아교육과정 활동은 오직 단순한 형식의 활동뿐이라는 데에 유아교사들의 고민이 있다. 하지만 활동의 이해와 개념획득이 유아교육과정에서 주된 핵심이라면, 유아교사는 유아들에게 원리와 기본 구조를 설명할 필요가 있다. 이를 통해서 유아들로 하여금 합리적 이해력과 내적 사정기준을 획득하게 해야 한다. 그래야 유아는 모든 사물이나 현상을 올바른 증거에 입각하여 볼 줄 알게 되고, 그 증거는 개인적 욕망이나 소원과는 관계없이 객관적으로 존재한다는 것을 배우게 된다. 유아는 유아교육을 통해서 어떤 사실에 대한 관점과 태도를 갖게 된다. 이를 위해 유아교사는 유아들에게 질문과 의문의 여지를 항상 개방해야 할 것이며, 그러한 질문이 발문이 되도록 해야 한다.

결국 유아교육과정의 영역의 존재 이유를 분석해보면, 유아교육과정이 비록 유아들의 발달적 특성에 의한 통합교육과정으로 구성하여 운영되고 있지만, 교과교육과정이 추구하는 의도를 지향하고 있음을 알 수 있다. 여기서 한 가지 더 주의해야 할 것은 각 학문이 각각의 개념구조와 사정기준(검정기준)을 갖고 있듯이, 유아교육과정을 구성하는 각 영역 또한 그러하다는 사실이다. 이 개념구조와 사정기준을 꼼꼼히 따져서 한 가지 주제를 중심으로 다방면의 영역을 엮어야 할 것이다. 그만큼 통합교육과정과 교과교육과정은 밀접한 관련이 있음을 주지해야 한다.

이것은 듀이의 흥미관에서도 분명히 나타난다. 듀이에 의하면 유아의 흥미는 교과와 무관한 것이 아니라, 교과를 유목적적인 활동과 관련지을 수 있을 때 생긴다. 이런 의미에서 교과와 공부거리는 곧 흥밋거리이다(이홍후, 1997). 여기서 흥미를 필요로부터 분리시켜 보면, 필요는 외재적 개념이고 흥미는 내재적 개념이다. 흥미는 개인 내에 심리적 실체로 존재하는 것이 아니라 개인이 학습해야 할 내용이다. 유아의 흥미를 존중한다는 말은 현재 유아가 가지고 있는 흥미, 즉 이해의 수준을 학습의 출발점으로 삼아 점차 내재적 가치에 접하게 함으로써 그 내재적 가치를 볼 수 있도록 이끄는 것이다.

또 다른 이유는 게임이나 오락 속에 들어 있는 지식은 따로 떨어진 활동의 결과만을 추구하므로 제한된 지식만으로 되어 있고, 그러한 활동의 결과는 도덕과는 하등의 관계가 없기 때문이다. 유아교육과정 속에 들어 있는 활동영역은 합리적 활동으로 지식을 추구한다. 이것은 개인의 사적 감정이나 소원에 관계없이 증거에 따르는 것이다. 즉, 객관적인 논리구조를 갖게 하는 개방적인 태도를 형성하게 한다. 이 태도는 유아들을 자기중심성에서 벗어나게 한다. 합리적 지적 활동을 하는 태도는 후인습적 도덕성 발달수준의 중핵이다. 피아제와 콜버그가 도덕성 발달과 인지발달이 동시에 형성됨을 밝혔듯이, 지적 능력과 도덕성 사이에는 논리적 관련성이 있다(이홍후, 1997). 유아교육과정을 통하여 합리적인 논의 양식을 배운 유아는 도덕적 갈등상황에서 그 논의 양식에 내포된 사고력을 실천할 수 있을 것이다. 이러한 주장도 우리나라 유아교육과정이 언어와 수·과학적 지식만을 지나치게 강조하여 경향이 있음으로 인하여, 유아의 예술성, 창의성을 간과하였다는 비판을 받게 된다. 유아기의 민감한 감수성, 예술성, 창의성을 계발을 위해서는 관심을 가져야 한다. 그러한 의미에서 유아교육과정의 미학적 탐색은 의미가 있다고 보인다(임부연, 2005).

한편, 유아교육과정을 구성하는 데는 철학적 기초나 심리적 기초, 사회적 기초 등 일정한 기반이 있어야 한다. 특히 유아교육과정이 유아교육철학, 일반교육철학에 기초하여 영역을 선정한다면 유아의 학습능력, 인격형성 등에서 근본적인 이유와 그 증거를 제공받을 수 있을 것이다. 그리고 단순 발달심리 수준에서 벗어나 철학의 인식론적 관점에서 유아교육과정의 영역들을 구성하려는 노력이 있어야 한다. 또한 유아교육과정의 궁극적인 문제나 유아교육철학의 임무는 이런 점에서 일치하고 있기 때문에 계속해서 논의되어야 할 것이다.

5 유아교육과정에서 프로그램의 의미

유아교육과 유아교육 프로그램은 같은 것인가? 다른 것인가? 언제부터인가 유아교육에서는 교육과정과 프로그램을 구별 없이 혼재된 개념으로 사용하고 있다. 프로그램이라는 말은 가치중립적인 말로서 교육은 물론 교육과 무관한 영역에서도 널리 사용된다. 최근에는 유아교육과정을 유아교육 프로그램으로 보는 경향이 강하여 유아교육과정과 유아교육 프로그램 간에 구분이 모호해지고 있다.

이에 대해 이영석, 박재환, 김경중(2005)은 '유아교육과정과 유아교육 프로그램의 관계는 전자가 후자를 포함할 수 있으나 후자는 전자를 포함할 수 없다.'라고 하였다. 유아교육 프로그램은 어떤 특정 이론에 의해서, 조직된 교육과정 모델로서 유아교육과정의 개념보다 구체화되고, 제 현장에서 가르치는 유아교육과정을 상세하게 기술한 협의로 볼 수 있다. 유아교육 프로그램 모델이라는 용어는 목표, 유아교사의 역할, 일과 시간, 공간배열, 시설과 설비 등과 같은 요인에서 명확한 윤곽을 가지고 있는 것을 의미한다(이기숙, 2003). 이들의 주장을 포함관계로 표현하면, 다음과 같다.

유아교육과정 > 유아교육 프로그램

그럼에도 불구하고, 일부에서는 '유아교육과정 = 유아교육 프로그램 = 유아교육 방법'을 동일시하는 경향이 있다. 이러한 오류는 유아교육을 논의하는 데 혼란을 야기한다. 2005년까지 유아교육 프로그램은 총 160개 정도가 개발되었다(이영석, 박재환, 김경중, 2005). 이 중에서 40여 개의 프로그램이 널리 사용되고 있다. 우리나라에서 사용하고 있는 유아교육 프로그램들은 거의 외국에서 개발된 것들이다. 유아교육 프로그램을 개발할 때는 철학, 교육목적, 행정·재정적 지원 체제, 직원교육 훈련, 교육평가체제, 부모교육, 지역사회의 특성 등을 고려한다. 이러한 요소를 고려하여, 개발된 유아교육 프로그램을 우리나라 유아교육현장에 적용하기 위해서는 현 유아교육기관의 실정을 감안하여 수정·보완하여야 한다. 이에 앞서 전문가들로 하여금 그 적용가능성을 탐색하게 한 후, 현장에 보급하여야 한다. 이러한 과정을 생략하고 외국 프로그램을 경쟁적으로 보급하려는 움직임은 지양되어야 한다.

이영석, 박재환, 김경중(2005 : 170)은 유아교육 프로그램이 어떻게 도입되어야 할 것인가를 보여주고 있다. 이들은 기존에 개발된 유아교육 프로그램들을 분류하는 기준에서부터, 외국의 대표적인 유아교육 프로그램들을 간결하게 정리하여 소개하기도 하였다. 이는 유아교육 프로그램을 이해하는 데 아주 유용한 자료로 활용될 수 있다.

앞에서 언급한 바와 같이, 유아교육 프로그램은 각 유아교육기관이 처한 현실을 감안하여 수정·보완하여 도입하여야 한다. 이는 유아교육 프로그램에 대한 효과분석이 참고의 준거가 되어야 한다.

6 유아교육과정의 영역과 특강

우리나라 유아교육과정의 변천사는 영역의 변화라고 할 수 있다. 그 과정을 보면, 유치원 교육과정의 5가지 영역은 건강, 사회, 자연, 언어 및 예능이고, 제2차 교육과정(1979년)은 4가지 영역, 즉 사회·정서, 인지, 신체발달 및 건강이며, 제3차 교육과정(1981년)은 5가지 영역, 즉 신체발달, 정서발달, 언어발달, 인지발달, 사회성 발달이고, 제4차 교육과정은 5가지 영역, 즉 신체, 언어, 인지, 정서, 사회성 발달이었다. 제5차, 6차, 7차 교육과정은 5가지 영역으로 생활영역을 구성하고 있는데, 이는 건강생활, 사회생활, 표현생활, 언어생활, 탐구생활 등이다. 표준보육과정은 기본생활, 신체운동, 의사소통, 사회관계, 예술경험, 자연탐구로 구성되어 있다. 또한 누리과정은 신체운동·건강, 의사소통, 사회관계, 예술경험, 자연탐구로 구성되어 있다. 학문적 성취에 따라 혹은 사회적 요구에 따라 개정의 중점 영역 구성을 달리했다는 사실을 알 수 있다. 그러나 아무리 찾아보아도 왜 그러한 영역이 도출되었는지에 대해 설명하는 개략적인 문구는 없다. 유치원 교육과정, 표준보육과정, 누리교육과정에서 제시된 영역으로도 충분히 유아의 전인발달을 성취할 수 있다는 논리로 일관하고 있다.

1990년대 이후에 폭발적으로 사회적 관심을 보인 영어교육이나 논술, 체육활동 등을 유치원 교육과정에 어떻게 담을 것인가에 대한 논의를 해보았는가? 물론 이러한 활동은 유아교육에 적합한 내용이 아니기 때문에 논의의 가치가 없을 것이다. 그러나 공·사립을 막론하고 영어, 논술, 체육활동 등과 같은 특별활동을 하지 않는 유아기관이 어디 있는가? 이것은 근거도 제시하지 않은 지나친 비약이고 추측일 것이라고 할 수 있을 것이다. 당장 몇 개의 유치원을 가보면, 실제수행은 하는지 모르지만, 유치원 안내문, 심지어 교육과정 속에는 특강이라는 이름으로 표기되어 있다. 유아교육기관에서 국가적인 차원의 영역이 제시되어 있음에 불구하고, 부모의 요구 혹은 다른 이유에 의해서 특강이라는 이름으로 프로그램이 진행되고 있다. 이를 단순히 유아교육현장의 잘못으로 돌려야 하는가?

이러한 현실에 대해 유아교육학계는 책임감을 느껴야 한다. 정규 유아교육과정 영역 이외의 활동은 유아교육에 적합한 활동도 있지만, 대부분 유아교육적으로 유아들에게 가치가 없음을 계몽했어야 했다. 또한 대부분의 특강들은 학문요건을 갖추지 못한 점, 사실적 구조나 구문적 구조가 부실함을 논리적으로 설명했어야만 했다. 그 설명의 장은 유아교사의 연수이다. 혹은 부모교육을 통해서라도 유아교육과정의 영역과 그러지 못한 활동 간의 차이를 설명했어야 했다. 아니면 유아교육과정 영역 이외의 활동을 유아교육과정에 담는 노력을 했어야만 했다(이것은 만고에 비난을 받을 행위임). 또한 유아교육기관에서 정규학기나 방학을 포함해서 연중 특강이 활성화되는 원인을 분석하여야 한다.

이러한 노력을 하지 않은 결과, 요즈음 유아교육기관의 현실은 유아교육과정 영역으로 정규교육과정을 구성해 놓고, 부분적으로는 온갖 특강의 활동들이 수행되고 있는 실정이다. 결론적으로 말해서 유아교육기관에는 특강이 너무 많다. 정규교육과정 이외의 특강활동이 수행될 때 정식 유아교사의 역할은 무엇인가? 방관자인가, 참여자인가, 단순 진행자인가? 이러한 모습을 학부모가 본다면 유아교사의 역할과 권위에 대하여 의심하지 않겠는가. 그리고 일부 학부모는 특강비라는 명목으로 이중의 교육비를 부담하고 있다. 이것이 사교육비 지출의 시작이다. 물론 유아교육기관에서 하지 않고 방과 후 사설학원에 보내면 더 많은 사교육비가 지출될 것이라는 주장도 있지만, 이것은 말장난이다.

유아교육학계에서 논의되고 있는 유아교육과정의 영역과 유아교육현장에서 수행되고 있는 유아교육 활동 간에 괴리가 발생한 지는 아주 오래되었다. 이 모든 것이 이론과 실제 사이의 소통 부재에서 비롯된 것이다. 유아교육과정 영역 이외의 활동을 유아교육기관에서 몰아낼 절호의 기회가 있는데, 이는 바로 유아교육기관의 평가인증제이다. 평가과정에서 특강이라는 활동과 유아교육의 정규교육과정 간의 접목을 유심히 관찰하여 걸러내어야 할 것이다. 정규 유아교육과정의 영역들이 골고루 일일계획안 속에 잘 반영되고 있는지를 찾아내는 것이다. 연간교육계획안, 월간교육계획안, 주간교육계획안, 일일교육계획안 그리고 부분수업계획안의 일치도 정도를 보면 찾을 수 있다. 더불어 유아교육학계에서는 유아교육의 각종 특강들의 유아교육적 효과를 분석하고, 그 결과를 현장에 전달하여 상황에 맞게 도입할 수 있도록 계몽하는 것이다. 이와 같이 현장의 요구들을 유아교육과정 영역 속에 담으려는 노력과 논의는 계속되어야 한다.

한편, 어린이집의 보육내용은 국가적인 차원의 기본 원칙에 의거하여, 영유아에 대한 직접적인 실천으로는 교육, 영양, 건강, 안전으로 하고 있으며, 간접적인 실천으로는 부모에 대한 서비스, 지역사회와의 교류이다. 여기에 근거하여 표준보육과정이 제시되었다. 그 구체적인 내용은 기본생활, 신체운동, 사회관계, 의사소통, 예술경험, 자연탐구이다. 이러한 내용으로 보육활동을 수행하고 있지만 어린이집마다 특강을 실시하기는 마찬가지다. 이 표준보육과정 영역 역시 사회적 요구를 수용하지 못하거나 하더라도, 질적인 면에서 부족하여 현장 시설에서는 여러 가지 특강이 도입되고 있는 것 같다. 이러한 특강 역시 사교육의 시발점을 제공하고 있으며, 보육교사의 역할과 권위에 손상을 가져온다. 이를 방지하기 위해서는 보육학계와 영유아보육현장 간의 끊임없는 의사소통이 필요하다. 학계는 현장의 보육적 요구를 수용하면서도, 보육내용의 충실성과 타당성을 앞세워 각종 특강을 담을 수 있도록 해야 한다. 또한 각종 특강에 대한 보육적 효과를 검증하여 그 결과를 현장에 제공해주어야 한다.

또한 특강과 관련하여 재고해보아야 할 문제는 치료이다. 언제부터인가 유아교육현장에 음악치료, 미술치료, 독서치료 등과 같은 치료가 부분적으로 도입되고 있다. 물론 교육학에서는 오래전부터 거론되고 있었으며, 인형치료는 교육심리학, 상담심리학에서 적용하여 실시했었다. 치료라는 명목의 특강이 유아교육현장에 소개된 것은 특수교육의 영향을 받은 것으로 보인다. 각종 치료관련 특강들에 대하여 의사는 어떻게 생각할 것인지를 한 번쯤 생각해보았는가? 과연 학문적 정당성을 인정받을 수 있겠는가를 자문해보아야 한다.

유아교육현장에 검증되지 않은 특강이 투입되지 않도록 유아교육과정을 예의주시해야 하는 한편, 유아교육현장의 교육적 요구를 수용할 수 있는 논의의 장을 마련하여야 한다. 루소는 너무 일찍 책으로부터 무의미한 정보나 사실을 암기하는 것에 반대하였다. 더 나아가 이성과 판단은 천천히 발달되기 때문에 많은 것을 가르치지 말라고 하였다. 그것은 학문을 사랑하는 취향과 지적 호기심, 탐구심을 외면하게 할 수 있다는 것이다. 현대 유아교육학자들이 일찍 학업을 시작하는 것이 학교 교육의 성공을 보장한다는 보장도 없으며, 오히려 이른 성취가 책 읽는 사람이 되는 성향이나 수학적 기술을 적용하고자 하는 성향의 발달을 위협할지도 모른다는 손상된 성향가설(damaged disposition hypothesis)을 주장하였다(Katz & Chard, 1989)는 점을 상기할 필요가 있다. 이를 테면, 너무 이른 직접적인 학업 교수는 '학문적인 탈진'(academic burn-out)을 초래할 수 있다. 잘못하면 유아교육이 대학입학 준비교육으로 전락하였다는 비난을 받기 전에, 유아교육기관에서 여러 형태로 실시되고 있는 특강에 대한 올바른 정립이 있어야 할 것이다.

7 콜버그의 유아교육과정 이데올로기 분석

그동안 유아교육과정은 유아교육과정학자, 기타 학자들의 견해에 따라서 다양한 유형이 개발되었다. 기존에 개발된 유아교육과정의 유형들을 체계적으로 분류할 수 있는 이론적 틀을 제공한 것은 콜버그이다. 이를 반영하여 기존의 유아교육과정 유형 분류를 시도한 저서들 중에서 빠지지 않는 것이 콜버그의 교육적 이데올로기의 3가지 흐름이다. 이 내용은 콜버그와 메이어(Mayer)가 1972년 Harvard Education Review(42(2) : 449-496)에 게재한 것을 콜버그가 1981년『The philosophy of moral development: Moral stages and the idea of justice(Vol. 1).』제1편 3장(49-96)에『Development as the of Education: The Dewey View』로 다시 게재한 것이다. 콜버그의 교육목적으로서의 발달을 유아교육과정 유형 분류로 해석할 수 있는지가 의문이 있지만, 유아교육에서는 유아교육과정의 유형 분류로 인용되고 있다. 여기서는 콜버그가 기술한 원문의 내용을 중심으로 분석 및 정리하고자 한다.

콜버그는 교육과정 이데올로기를 '바람직한 교육목적, 내용, 방법을 규정하는 일련의 개념'으로 정의한다. 유아교육의 흐름을 3가지 이데올로기로 분류하고, 심리학 이론을 그 근거로 삼았다. 각 이데올로기의 중심을 이루는 것은 각기 구분이 뚜렷한 교육심리학, 즉 발달에 관한 심리학 이론이다. 낭만주의 이데올로기의 기초는 성숙주의 이론이고, 문화전승주의 이데올로기는 연합주의 혹은 환경주의 이론이며, 진보주의 이데올로기의 기초는 인지발달이론 혹은 발달의 상호작용주의 이론이라는 관점이다. 심리학적 이론에서 유아교육의 목표나 유아교육과정을 바로 도출한다는 것은 자연주의적 오류를 범하기가 쉽기 때문에 철학적 분류까지 제시하고 있다. 낭만주의는 실존주의적 인식론을 바탕으로, 문화전승주의는 로크에서 스키너(Skinner)로 이어지는 영국의 경험론적 사조에 근거하며, 진보주의는 듀이의 철학에 그 뿌리를 두었다. 이처럼 콜버그는 철학적 인식론, 심리학, 원리적 기본가정을 중심으로 '낭만주의 이데올로기', '문화전승주의 이데올로기', '진보주의 이데올로기'로 분류하고 그 의미를 제시하였다.

1) 낭만주의 이데올로기

콜버그(1981 : 51)가 낭만주의 이데올로기로 칭한 것은 비과학적임을 비난한 것이 아니다. 그 이유는 다음과 같이 언급하고 있다. "아동의 자연적 발달에 대한 19세기의 발견은 자연적 자아 및 내적 자아의 발견을 포함하는 보다 큰 낭만주의 철학, 윤리학, 인식론의 일부라는 것을 인식하려는 것이다." 이러한 주의의 사상적 원류는 루소에서 시작하여 프로이드의 추종자와 게젤의 추종자들로 이어지고 있다. 이들은 아동의 내부로부터 오는 것이 발달의 가장 중요한 국면임을 주장한다. 그래서 유아교육의 환경은 내적인 선을 계발하고 악을 통제할 수 있을 만큼 허용되어야 한다는 것이다.

반면에 암송이나 연습을 통해 타인의 생각과 태도를 가르치는 학습은 무의미하다고 본다. 이런 학습은 적극적인 내적 자발성을 짓눌러 버린다고 생각한다. 그리고 최적의 신체적 발달을 신체적 건강과 동등시하기에 최적의 정신적 발달을 정신적 건강과 동등시한다. 그래서 이 주의의 은유(metaphors)는 '건강'과 '성장'이다. 따라서 초기교육(유아교육)은 가정에서 그 표현이 허용되지 않은 정서적 발달의 국면, 즉 양친 이외의 성인들 및 유희 동료와의 사회적 관계를 형성하는 경험을 제공해 줄 것을 제안한다. 이 학파의 관점인 아동관에 대한 콜버그(1981 : 55)의 견해는 다음과 같다.

> 심리학적인 관점에서 볼 때 이 학파는 아동의 관점을 채택함으로써 다른 방법으로는 접근할 수 없는 진, 선, 실재 등의 효소를 경험할 수 있다. 다시 말해서 아동은 내적 자아를 소유한다고 인식하며 자아의 기원을 추적할 수 있는 근거지점으로 유아기를 평가하고 있다.

이 주의는 성숙이론의 심리학으로부터뿐만 아니라 실존주의 및 현상론적 인식론으로부터 근거를 가진다고 콜버그는 주장한다. 지식과 실재를 자아의 즉각적 내적 경험과 관련된 것으로 규정하기에 진리 혹은 지식은 자기통찰 내지 자기 각성이라고 생각한다. 콜버그(1981 : 55)는 이 주의의 철학적 인식론이 궁극적 진리 혹은 실재성을 가지지 못한다고 비판하면서 다음과 같은 견해를 나타낸다. "다시 말해서 지적 요소뿐 아니라 정서적 요소를 포함한 진리의 한 형식이다. 이런 형식의 진리가 자아를 넘어 확장될 때 그것은 다른 '자아'로서 인간 및 자연적 존재에 대한 동정적 이해를 가지게 된다."

이러한 이데올로기는 유아의 자발성을 존중하고 유아를 자발적으로 성장하는 정신(mind)을 가진 존재로 보고 있다. 그래서 유아의 안내자, 즉 유아교사, 부모, 성인들은 유아의 권리와 행복을 보호하는 위치에 있다는 윤리적 기본전제 위에 있다. 오늘날 '자유학교', '탈학교 교육', '개방학교' 등의 운동에서 보이는 이 주의는 유아의 권리를 존중하는 일면이 분명히 있다. 그러나 콜버그(1981 : 57)는 이 주장의 윤리적 입장에 대하여 다음과 같은 우려를 나타낸다.

> '아동의 선'에 대한 니일(Neill)의 믿음은 아동에게 하고자 하는 대로 내게 맡겼을 때 그 아동이 윤리적 입장으로부터 원해야만 하는 것과 동등시될 수 있다는 믿음이다. ……아동을 위한 권리가 무엇인가에 대한 결정은 아동이 무엇을 욕망으로 하고 있는가에서 도출되어야 한다는 윤리적 기본 가정이다.

결과적으로 이 이데올로기의 가치는 유아를 불행한 소크라테스보다는 행복한 돼지를 더 좋아하도록 만든다고 본다. 낭만주의 이데올로기는 생물학적 색조가 강한 '건강'이나 '성장'의 의미를 더 강조한다. 이것을 유아교육의 목표로 정하면 자연주의적 오류를 범하게 된다고 비판받을 수 있지만, 이 주의는 전인적인 인성적 특성을 가장 중요한 덕목으로 여기고 그것을 이상으로 삼는다. 따라서 이 주의는 유아교육을 인간이 갖추어야 할 건전하고 바람직한 인성 특성과 일련의 덕목(a bag of virtues)이라고 규정하고 있다. 유아교육과정의 목적은 단기적인 것을 강조하기보다는 장기적인 것을 강조하며, 유아교육과정 영역별로 세분화된 목적을 세우기보다는 통합적인 접근법을 지향한다. 유아교육과정의 목표, 내용구성도 인간의 외적인 행동적 측면을 강조하기보다는 내면적 본성에 두기 때문에 교육의 결과보다는 과정에 그 중점을 두게 된다. 그러므로 이 주의는 너무 모호하며 자의적이라는 비판을 받는다. 또한 유아의 바람직한 인성발달에 관한 자연스러운 사실을 그대로, 유아교육이 지향해 나아가야 할 목표로 설정한다는 것은 자연주의적 오류를 범하게 된다는 비판을 받는다. 예를 들면, 헤드 스타트 프로그램(Head start program)이 유아의 자아존중, 자발성 등을 목표에 포함하고 있다는 사실이다. 유아의 자아존중, 자발성과 같은 덕목은 인간의 바람직한 인격 특성으로서 유아발달의 심리적인 발달내용이 된다. 이것을 유아교육의 목표로 설정하여 반드시 지향해야 할 방향으로 삼는 것은 오류이다. 그 이유는 이들이 학교나 사회에서 중요시 여겨져야 하는 것인가에 대한 가치판단이 유보적이기 때문이다. 이는 즉 가치 상대주의에 직면할 수 있다. 이 이데올로기가 내세우는 유아교육의 목표를 인간의 심리적 특성에서 찾으려고 함으로써, 그 결과 유아가 자연스럽게 행하고 느끼는 것이 그대로 유아교육과정의 목표로 받아들여지는 윤리적 상대주의를 강조하게 된다. 하지만 아동이나 유아의 자발성 존중이나 흥미, 권리옹호 등은 여전히 유아교육현장에 많이 적용되는 덕목들이다.

2) 문화전승주의 이데올로기

문화전승주의 이데올로기는 서구교육의 고전적인 학구적 전통에 뿌리를 내리고 있지만, 현대에 와서는 교육기술론과 행동수정론에 의해 그 모습을 새로이 한다. 이 주의는 교육자의 과업은 과거에 수집한 규칙 혹은 가치의 뭉치를 현 세대에 전승하는 것이라고 본다. 좀 더 구체적으로 말해서, 교육자는 정보(지식)와 규칙을 직접 교수하는 것이 최선이라고 여긴다는 것이다.

이 주의의 지식과 문화관은 두 가지이다. 이는 지식과 문화가 급속히 변화한다고 보기도 하고 고정되어 있다고 보기도 한다. 그래서 이 주의는 교육에 있어서 두 가지 학파로 나타난다. 그 중 한 학파는 교육을 지식의 전수로 보는 인문주의 전통이다. 이 전통에 따라 유아교육은 유아들에게 전통적인 문화를 전승하는 것임을 가정하면서, 전통주의 교육과 같이 지식과 가치는 성인 행동의 모방을 통해서 혹은 직접 교수, 보상 및 벌을 통해서 유아에게 내면화된다고 가정한다. 다른 하나의 학파는 기술 사회에 적응하기 위해 새로운 지식과 기술의 습득을 강조하는 교육기술론과 행동수정론이다. 이 이론에 따라 유아교육은 유아들에게 지식과 기술을 가르치는 데 있어서, 그리고 문제행동을 수정하는 데 있어서 교육공학적 교수매체를 활용해야 한다는 것을 가정한다.

그렇지만 콜버그(1981 : 53)는 두 학파는 근본적으로 맥을 같이 한다고 주장한다. "초기교육(유아교육)에 관하여 읽고 쓰는 능력과 수학적 기술과 같은 목표를 강조하는 데서 두 학파는 의견을 같이 한다." 즉, 이 주의가 지향하는 유아교육의 목적은 문화의 기본적·도덕적 규칙의 내면화와 표준적인 문화에 의해서 평가된 고정된 지식, 기술의 전수이다. 따라서 낭만주의자들이 유아의 자유를 강조하고, 독창적이고 고상하며 인격적인 것을 강조한다면, 문화전승주의자들은 유아들에게 사회적 질서와 규율을 학습할 것을 강조하고 더 나아가 문화적으로 공통된 것의 학습을 강조한다. 이러한 주의의 은유는 기계이다. 즉, 유아의 정신발달은 기계를 통해서 이루어지는 것으로 본다. 이 이데올로기의 학문적 근원은 로크로부터 스키너까지 추적할 수 있는 연상주의(자극-반응), 환경주의 심리학 이론이다. 이 학파의 특징을 콜버그(1981 : 56)는 구체적으로 이렇게 설명하고 있다. "유아의 개념이나 행동의 구조는 불연속적인 자극을 서로의 연합, 이 자극들과 반응의 연합 그리고 이 자극들과 쾌 및 불쾌에 대한 경험의 연합 등의 결과로써 인식한다." 즉, 유아의 행동은 바른 반응의 즉각적 반복과 정교화에 의해서 그리고 송환 혹은 보상과의 연합에 의해 형성된다고 본다.

이 주의는 지식이란 반복적으로 일어나며, '객관적'인 것, 즉 감각적 경험과 측정으로 그 요점을 드러낼 수 있고 문화적으로 공유되고 검증될 수 있는 것이라고 본다. 더 나아가 지식은 관찰되고 측정되어 타당한 것으로 판명된 경험적 자료들이며, 또한 조건형성을 통해서 프로그램화된 정보나 행정적 기술이라고 본다.

이 주의는 가치를 상대적인 것으로 전제한다. 즉, 가치란 특정 문화의 표준 위에 기초하고 또 그 표준에 따라 상대적이며 더 이상 의심스럽거나 더 이상 정당화될 수 없다는 학설 위에 의존한다. 콜버그(1981 : 68)는 스키너를 예로 들면서, 문화전승 이데올로기의 도덕적 원리 및 가치에 대해 "스키너의 경우와 같은 과학주의 문화전승 이데올로기는 도덕적 원리를 인정하지 않는다. 그 이유는 이 이데올로기는 욕망할 만한 것과 과학에 의해 관찰될 수 있는 것, 다시 말해서 욕망되어진 것을 동일시하기 때문이다."라고 비판한다.

이 주의는 선과 악이라는 단순한 가치는 그 자체가 무의미하다고 보는 관점이다. 스키너는 정적 강화는 선이고, 부적 강화는 악이라고 말한다. 이러한 관점에 대해서 콜버그는 사실의 진술로부터 직접적으로 당위(가치)의 진술을 이끌어 내려는 노력은

'자연주의적 오류'라고 했다. 이러한 자연주의적 오류가 가치문제에 등장할 때, '인간적 성질, 인간적 가치, 인간적 욕망 등은 당연히 무엇이어야 하는가에 관한 진술이 이런 것들은 무엇이다라는 진술'로부터 직접 나오게 된다. 이러한 도출은 콜버그의 지적처럼 소망되어진 것과 소망스러운 것 간의 구별을 놓치는 데서 오는 것이다.

이러한 주의의 장기적 목적은 개인이 소속한 체제 속에서 적응할 수 있는 권한과 지위를 획득하는 데 있고, 이를 달성하는 전략으로 산업심리학처럼 효능성의 원칙, 즉 성공의 예측에 그 바탕을 둔다. 유아교육과 관련하여 구체적으로 보면, 이 주의는 유아의 발달은 주로 외부적 요인에 의해 결정되며 인지, 윤리 및 문화적 지식을 직접 가르침으로써 가장 잘 발달된다고 보는 행동주의적 관점을 근거로 한다. 즉, 행동주의 학습이론을 바탕으로 빠른 시간 안에 계획적 강화에 의해 구체적인 학습목표를 달성하는 상당히 구조화된 유아교육 프로그램들이 여기에 속한다.

그리고 이 주의는 낭만주의와는 대조적으로 내적·주관적 경험에 대한 언급과 특성에 대한 설명을 배제한다. 객관적인 방법으로 관찰되고 측정된 예상할 수 있는 행위로부터 추론할 수 있는 지식을 강조하기 때문에 유아교육내용은 당연히 구조화되고, 순서화된 학습원리에 근거한 조직적인 교수전략 수행을 강조한다. 유아교육에 있어서 이 주의의 교수·학습방법은 현실적으로 상당히 활용되고 있다. 특히 유아의 기본행동이나 습관의 형성은 이 주의를 바탕으로 하여 반복함으로써 궁극적으로 자율성의 획득이 할 수 있다는 신념이 널리 퍼져 있다. 또한 우리 사회 전반에 흐르고 있는 교육 분위기는 아직 이 주의의 흐름을 따라가고 있다.

이러한 주의의 유아교육목적은 성공의 예언 전략 또는 산업심리학 전략이다. 즉, 학교에서의 성공이나 사회의 적응의 성공을 위해 기능 습득과 태도를 형성하는 것을 주된 목표로 삼는다. 더 세분화하여 살펴보면, 이 주의의 첫 번째 장기적인 목적은 사회 내에서 권력이나 지위를 얻기 위해 필요한 기능과 태도의 습득이다. 두 번째는 장기목적을 달성하기 위해 단기적인 목적으로 학교에 필요한 지식과 적응 등과 같은 학업성취 기능을 습득하는 것이다.

이러한 목적을 도달하기 위해서 학교에서는 측정할 수 있는 성취도 검사를 중시한다. 여기에 영향을 받은 유아교육은 영역별로 유아교육의 목표와 내용을 세분화하고, 성취도 검사를 통해서 성취 정도를 개별적으로 확인하려고 한다. 또한 유아의 외적·행동적 측면을 세분하고 목표달성의 준거로 사용한다. 문제는 이 주의가 사회나 시대에 따라서 또는 사회구성원에 따라 가치란 변화할 수 있으며, 상대적인 것이기 때문에 임의적인 가치나 행동특성을 절대화시켜 볼 수 없도록 한다는 점이다. 따라서 콜버그는 이 주의가 가치 상대주의적 오류(value-relativistic fallacy)를 범하기 쉽다고 비판하면서, 유아교육의 목적으로 설정될 수 없다는 결론을 내린다.

3) 진보주의 이데올로기

진보주의 이데올로기의 흐름은 19세기 말과 20세기 초의 실용주의적 기능-발생(functional-genetic) 철학의 한 부분으로 발전된 것으로써, 콜버그는 듀이처럼 이를 진보주의라고 하였다. 이 주의는 유아교육을 발달하는 사회 혹은 환경에 대한 유아의 자연적 상호작용을 함양하는 것이라고 생각한다.

이 주의는 낭만주의와는 달리, 발달을 생득적 형태의 계발이라고 가정하지 않고 발달을 불변의 순차적 계열을 가진 것으로써 단계를 통해서 진보한다고 규정한다. 유아교육의 목적은 보다 높은 수준의, 다시 말해 성인기의 발달단계에로의 도달이며, 단순히 현재의 수준에서 유아의 건강한 기능을 대상으로 삼는 것은 아니다.

이와 같이 교육의 목적은 건강한 발달을 육성할 수 있는 어떤 갈등 없는 환경을 생성시키는 것, 즉 문화전승주의의 관점이라고도 가정하지 않는다. 이 주의의 은유는 물리적인 것이 아니라 변증법적인 것이다. 그렇기에 논의와 대화를 통한 사고의 진보를 모형으로 한 인지발달적 혹은 상호작용주의 심리학 이론에 근거를 둔다. 콜버그(1981 : 56)는 피아제와 듀이의 이론을 제시하면서 다음과 같은 구체적인 예를 제시한다.

> 듀이와 피아제는 성숙과 경험적으로 결정된 학습 간의 이론을 버리고 성숙된 사고는 직접적인 생물학적 성숙도 아니고, 학습도 아니며, 오히려 유기체-환경관의 상호작용으로부터 비롯되는 심리적 구조의 재조직으로서 발달과정을 통해서 생성된다고 주장한다.

이 주의는 인간의 기본 정신구조는 생득적 신경형태나 외적 환경형태 중 어느 것도 아니며, 유기체와 환경 간의 상호작용의 산물이라는 것이다. 그래서 이 주의는 지식을 내적 경험과도 외적인 감각적 실제와도 동등시하지 않는다. 또한 유아의 즉각적인 혹은 내적인 경험이 궁극적인 진리나 실재성을 가지지 않는다고 본다. 대신에 지식은 탐구적 인간행위자와 문제적 상황 간의 평형된 관계 혹은 해결적 인식론으로부터 오게 된다고 본다. 구체적으로 보면 유아의 경험이 갖는 의미와 진실성은 유아가 행위하고 있는 상황과의 관계에 의존한다는 것이다. 동시에 이 주의의 인식론은 심리적 경험을 단순히 관찰할 수 있는 자극, 혹은 상황에 대한 반동으로 나온 관찰 가능한 반응에도 환원하지 않는다. 대신에 행동으로써의 유아 경험이 갖는 외적 의미와 관찰자에게 관찰된 것으로서의 경험의 내적 의미를 기능적으로 조정하려고 시도한다.

이 주의는 윤리적 자유주의(ethical liberalism)에 의존한다. 즉, 이 주의는 윤리적 보편주의 입장에서 전통적 표준이나 가치상대주의를 부정한다. 따라서 콜버그(1981 : 73)는 유아들에게 윤리적 보편주의 원리의 발달을 능동적으로 자극할 것을 주장한다.

> 이 원리는 합리적으로 동의할 수 있는 근거와 그 한계에 대한 각성을 생성시켜 줄 수 있는 비판적 질문을 제기하는 과정에서 나타난다. 유아 자신의 사회적, 도덕적 발달의 보편적 경향에 적합성을 가진 것으로 이해된다.

한편, 이 합리적 · 윤리적인 보편주의 원리는 유아교육목적을 규정하는 데 최종적인 가치 중재자가 된다. 유아교육은 유아에게 원리적이고 윤리적인 발달을 자극해야 한다는 것이다. 윤리적 가치와 함께 발달과 민주주의를 기본 전제로 덧붙인다고 콜버그(1981 : 75)는 주장한다. "교육적 민주주의의 관념에서 교사와 아동 간의 정의란 아동의 가치 결정에 대한 무간섭이 아니라 공동체에 참가하여 공유된 공정한 기반 위에서 가치를 결정하는 것을 의미한다." 이처럼 이 주의의 윤리적 원리가 기본적으로 기능을 다하기 때문에 '민주적'이지만, 낭만주의나 문화전승 이데올로기는 그렇지 못하기에 민주적이 아니라고 콜버그는 주장한다. 그리고 지적·도덕적 성장의 주된 자극으로서 또한 세뇌를 방지하기 위해서 민주주의를 강조한다.

콜버그는 듀이와 피아제의 인식론은 탐구적인 인간이 그 주변의 문제상황과의 갈등해소 또는 평형화 과정을 통해서 지식을 습득하는 것으로 규정하고 있다. 그래서 유아도 환경과의 상호작용에 의해서만 지식과 진리를 획득하며, 이 진리란 상호작용을 통해 결정된다는 것이다. 그리고 각 유아는 그의 주변 세계와 상호작용의 결과들을 조직하며, 보편적인 지식체계를 형성하려는 의도를 갖고 있다. 따라서 유아교육은 현재의 지적 수준으로부터 다음 단계의 지적 수준으로, 특수한 사실에서 보다 보편적인 지식체계로 나아가도록 하는 데 있다는 것이다.

이러한 주의는 진보주의 교육이념에 바탕을 두면서 동시에 발달적-철학적 전략(developmental-philosophical strategy)을 사용한다. 그 결과, 유아교육의 궁극적인 목적을 발달로 보고 있다. 이때 발달의 개념은 내적이고 발달과정 자체를 다루는 타당성의 기준을 의미하며, 단지 미래에 어떻게 될 것이라는 것을 정의하는 것은 아니다. 왜냐하면 그것이 반드시 더 나은 것은 아니기 때문이다.

유아교육과정에서 목표는 인간의 성장과 발달과정에서 생겨나는 본질적이고, 보편적인 성격을 지니고 있기 때문에 자의적이거나 상대적인 것이 아니다. 즉, 인간 내부에서 자의적으로 나온 것만을 중요시하는 것이 아니며, 외부로부터 단순히 주어지는 것을 중요하게 여기지도 않는다. 결국 성장 및 발달과정에서 주변 환경과의 능동적인 상호작용을 통한 경험에 의해 목표달성이 이루어지는 것이다. 따라서 인간의 내면적 본성만을 강조하는 낭만주의나 사회나 시대에 따라 변화하는 임의적 · 상대적인 가치를 강조하는 문화전승주의와는 다르다는 것이다. 이러한 발달적 · 철학적 접근의 특징은 타당하다고 판단되는 철학적 관념이, 심리학적 이론과 발달이라는 사실과 통합되어 있다는 것이다. 이 입장의 유아교육과정은 사고의 과정으로서 총체적인 발달을 추구함으로써 장기적 목표를 강조하게 된다.

4) 콜버그의 교육적 이데올로기 분류에 대한 비판

콜버그의 문장이 난해하기로는 유명하지만, 국내에서는 김민남 교수, 문용린 교수가 콜버그에 대해 정통하게 연구하였다. 여기에 힘입어 지난 90년대에는 콜버그의 연구물들이 국내 유아교육계에 많이 인용되었다. 특히 유아교육과정의 흐름을 분류하고 파악하는 데 콜버그가 제시한 세 가지 교육적 이데올로기는 많은 시사점을 제공하고 있다. 유아교육과정, 유아교과교육, 유아교수·학습방법에 있어서 유아교육과정 유형을 분류할 때, 콜버그의 교육적 이데올로기 분류는 고전적이고 독보적인 위치를 점하고 있다.

하지만 웨버(1984)는 발달적 교육의 목적은 유아기 이외의 다른 연령 단계의 교육에 적용된다고 했지만, 콜버그의 진보주의 이데올로기는 유아기 교육에 한정된다고 비판하고 있다. 그리고 인지발달이론에 적당한 유아교육 프로그램으로 무어(Moore)에서 몬테소리에 이르기까지 포함시켰지만, 어떤 요소가 가장 적당한 프로그램인지를 열거하지 않았다고 비판받고 있다. 양옥승(1987)은 콜버그의 진보주의 이데올로기, 즉 발달모형은 인간발달이 사회·역사적 맥락과의 동적 관계 속에서 가능하다는 점을 간과하고 있다는 점을 지적하였다. 그 대안으로 맥도날드(Mcdonald)의 초월적 발달 교육 이데올로기를 제안한 바 있다. 유아교육은 개인적일 뿐만 아니라 상황적이어야 한다는 것을 전제하면서, 유아교육은 사회와 불가분의 관계가 있다는 것이다. 이러한 측면에서 콜버그의 이러한 분류도 역시 유아교육의 패러다임에 의한 구별이라기보다는 심리학적 발달이론에서 벗어나지 못하고, 결국 피아제 이론을 중심으로 하는 구성주의의 발달이론의 입장과 크게 다를 바 없다는 비판을 받고 있다. 그것은 유아교육의 철학적 배경인 윤리적 원리가 다소 결여되어 있기 때문이다. 이처럼 콜버그에 대한 비판이 제기되고 있기는 하지만, 여전히 유아교육과정과 유아도덕교육에서 학문적 지위가 공고하다.

현재 유아교육과정은 재개념화 요구에 도전을 받고 있다. 유아교육과정의 재개념화에 대한 동향은 임상도(2015)의 연구, 즉 포스트모더니즘 관련 유아교육 연구논문의 동향분석에서 제시되었다. 그 내용을 요약적으로 정리하여 제시하면 다음과 같다. 유아교육과정에 철학적 이해에 대한 시각이 두 가지로 존재한다. 유아교육의 기존 관점인 경험과학적·발달론적 접근과 포스트모더니즘적 접근이다. 이 두 접근은 유아교육의 가치에 대한 인식차이로 가치갈등이라고 할 수 있다. 유아교육에 대한 인식론적 패러다임의 차이가 어느 시점까지 지속되면서 어느 순간 양 측면 간에 균형이 이루어지면서 유아교육이 질적으로 발전할 것이다. 그 때까지는 유아교육과정을 보는 인식론적 패러다임의 차이는 유아교육학계, 유아교육현장에 다소 혼란을 가져 올 수밖에는 없을 것이다. 이러한 우려에도 유아교육과정을 재개념화 하려는 입장에서는 유아교육과정의 변형, 심미적 유아교육과정, 생태유아교육과정, 반편견, 장애아통합교육, 보살핌, 예술, 영유아의 삶과 관련된 유아교육과정, 다문화, 배려 등을 통해서 기존 유아교육과정에 비판적 시각을 제공하면서 그 대안을 제시하고 있다. 유아교육과정에서 한정하여서라도, 유아교육과정의 재개념화가 유아교육학계, 유아교육현장에 미치는 성과를 도출하여, 이를 공론화할 필요성이 제기된다. 공론화는 확산을 위한 단초가 된다. 이를 통해서 유아교육과정의 다원화가 실현된다면 구체적으로 보면, 유아를 어떻게 가르칠 것인가에 대한 생각을 심층적으로 할 수 있는 여지를 제공해 준다. 가르침에 대한 생각이 깊은 유아교육은 질적으로 제고될 수밖에 없다.

유아교육의 내용과 방법이 일치되는 한 방법을 별도로 논의할 필요가 없다. 그러나 앞에서 살펴본 바와 같이, 유아교육과정의 상황에 비추어 보면 유아교수·학습방법이 어떻게 전개되고 있는지도 예견된다. 유아교수·학습방법은 제10장에서 논의해 보도록 한다.

CHAPTER 10

유아교수 · 학습방법[13]

과거에는 교수란 무엇인가? 유아들은 어떻게 학습하는가? 이러한 질문을 던지면서 교수와 학습을 상반된 입장에서 접근하려고 했었다. 즉, 학습은 유아가 무엇을 배우는 것을 의미했으며, 교수는 유아교사가 가르치는 것을 의미하였다. 교수와 학습의 관계는 이분법적 사고에 의해서, 교수와 학습은 다른 차원의 것으로 간주되었다. 유아교수, 유아학습은 별개의 둑으로 영원히 만날 수 없는 영역으로 보아 왔다. 과연 유아교육의 상황에서 교수와 학습은 만나지지 않는가?

1 유아교수 · 학습방법의 의미

비고츠키의 사회·문화이론과 레지오 에밀리아 유아교육체제가 소개된 이후부터는 교수와 학습을 분리하려는 이분법적 사고에 회의를 갖기 시작하였다. 즉, 유아의 학습과정에 유아와 교사의 기여를 모두 인정하며, 양자가 이 과정에서 능동적인 역할을 한다는 의미에서 유아교사의 교수와 유아의 학습은 별개의 것이 아니라는 사고의 전환이 일어났다. 여기에 더하여 러시아 언어에는 학습·교수를 동시에 의미하는 용어 ‘obuchenyie’가 존재한다는 사실이 알려지면서, 유아교수·학습이라는 표기방식의 용어가 일반화되어 사용되어 가고 있다. 즉, 교수가 발생하면 학습이 동시에 발생하기 때문에, 교수와 학습을 분리해서는 이해할 수 없는 개념으로 이해하는 것이다. 유아교사의 교수가 유아의 학습으로 나타나기에 오늘날 유아교육에서는 이를 유아교수·학습방법으로 표기하고 있다(임상도, 2010). 유아교사가 교수행위를 하면 유아는 학습을 통해서 변화가 일어난다. 이처럼 교수란 학습을 가져오기 위하여 하

13) 본 장은 임상도(2010). 유아교육철학(서울: 동문사) pp. 148-170의 내용을 부분적으로 수정한 후 기술한 것임.

는 활동이다. 그러면 학습이란 무엇인가? 일상적인 면에서 이전에 모르고 있었던 것과 할 수 없었던 것을 알게 되거나 할 수 있게 되었을 때 학습되었다고 말한다. 즉, 학습은 무엇인가의 변화를 의미한다. 모종의 변화가 학습자에 일어나기에 학습은 가치어가 아니라 가치중립어이다. 이때 일어난 변화는 행동의 변화뿐만 아니라, 신념의 획득 내지 수정도 포함된다고 심리학의 학습이론에서는 주장한다.

만약 '행동의 변화를 학습이라고 한다.'라고 했을 때, 이 정의는 유아교육에는 사용할 수 없는 개념이다. 그 이유는 심리학도 과학인 이상 심리학의 학습이론은 학습의 내용을 문제 삼지 않으며, 학습이 일어나는 방법에만 관심을 갖는다. 따라서 유아교육은 유아들이 스스로 가치 있는 것을 추구하도록 하는 활동임을 전제한다면 이 정의는 유아교육에 수용될 수 없다. 여기서 과학언어와 교육언어의 근본적인 차이점에 직면하게 된다. 학습이 가능한 상황은 교수를 통하지 않고도 얼마든지 가능하다. 즉, 거짓말, 폭력, 선전, 세뇌화, 훈련에 의해서 가능하다. 그래서 다음과 같은 명제가 제시되었다. '교수 없이도 교육은 가능하지만 학습 없는 교육은 있을 수 없다.' 이 명제는 현장에서 얼마든지 통용된다. 즉, 초·중등학교 교사가 학생들에게 '이번 시간은 자습시간이다.'라고 말하면, 그 시간 동안에 학생은 학습을 통해서 행동에 변화가 일어난다. 유아교육에서 유아교사가 '오늘은 너희들끼리 놀아라.'라고 하면, 유아는 스스로 자유선택활동을 통해서 학습을 할 수 있다.

그러나 유아학습이 유아교육에서 진정한 의미를 지니기 위해서는 교수와 관련시켜 논의되어야 한다. 즉 유아학습과 유아교수를 분리된 관점에서 볼 것이 아니라 교수·학습이라는 측면에서 접근해야 한다. 그 이유는 교수의 개념 속에서 찾아야 할 것이다. 셰플러(Scheffler)는 그의 저서 『교육의 언어』를 통해서 교수의 개념을 분명히 하고자 하였다.

첫째, 교사는 학생들이 이해하도록 하고 독립적 판단을 하도록 하는 것이며, 둘째, 교사 자신이 설명한 것에 대한 이유를 요구할 때 거기에 응해야 한다. 교수에 대한 이 두 가지 전제는 교수는 합리성 위에서 이루어져야 한다는 것을 의미한다. 예를 들면, 고등교육에서는 교사가 학생들의 이해를 돕기 위해서 실험, 증명, 자료제시 등 다양한 방법으로 간접적인 설명에 대한 증거를 제시한다. 공적 절차를 통한 자료수집과 자료사용이 고등교육의 중핵이기도 하지만 책을 통한 간접적인 자료제시 방법이 많이 쓰이고 있다. 즉, 논리적인 판단방법의 주요 근거를 제시한다. 유아교육에서의 유아교사는 고등교육과는 달리 상징적인 방법보다는 '실물, 영상(그림)'을 활용하여 유아들의 이해를 돕는다. 유아교사는 실물 취급을 통해 직접 시범을 보이고 모범을 보여줌으로써 유아의 합리적 사고 발달을 돕는다. 이때 유아교사는 가능한 유아들의 수준에 맞는 언어를 표현하여야 유아의 이해와 합리적 판단능력을 계발할 수 있다. 특히 유아교사가 행동으로 모범을 보여야 하는 경우도 있다. 유아교육에서 유아교사의 행동은 유아의 학습에 절대적으로 영향을 미치기 때문이다.

이처럼 셔플러는 교수를 가치어로 보면서 교사가 합리성 위에서 이유를 제시하는 활동으로 보았다. 그러면 교수 이외에도 학습을 성취시킬 수 있는 활동이 많은데, 왜 학교에서나 유아교육에서는 교수만을 강조하는가? 그것은 다른 방법들보다도 도덕적이고 교육적이기 때문이고, 도덕적으로 온당한 방법을 취하고 폭넓은 사고력을 길러주기 때문이다. 또한 교수는 유아 본성과 성숙 정도를 고려하는 활동이기 때문이다. 유아교육에 있어서 교수와 학습을 양분된 과정이라고 보기보다는 상호작용적인 과정이라 보아야 한다. 학습은 생물학에 나온 용어로서 가치어가 아니고 사실어이다. 일반적으로 학교교육에서 학습을 가치어로 보는 것은 학습이 교수와 결부되어 있기 때문이다. 그럼에도 불구하고 대부분의 학교에 근무하는 교사가 학생에 학습하라고 하기보다는 공부하라고 한다. 공부는 가치 있는 것을 전제하면서도 연구 내지 탐구의 속성을 갖고 있다. 마찬가지로 유아교육에서 학습은 교수와 연관을 가질 때 가치어가 되는 것이다. 이런 의미에서 유아교육현장에서 유아교사는 유아에게 '이제 학습하자.'라는 말은 하지 않는다. 유아에게 올바른 학습이 일어나기 위해서는 유아교사의 교수와 결부되어야 한다. 이에 유아교수·학습방법에 대하여 탁월한 견해를 보여준 유혜령, 강은희, 박지영(2005)은 유아교수·학습방법이 유아를 어떻게 가르칠 것인가와 동시에, 왜 그 방법으로 가르쳐야 하는가에 대한 것을 동시에 고려해야 한다고 보았다. 유아교수·학습방법을 기술적인 것으로 간주하지 않고, 이론적 토대 위에서 수행되어야 유아교수·학습에 대한 안목이 생기기 때문이다. 그러면 이에 대한 방법은 무엇인가? 방법(method)이란 단어의 그리스적 어원을 보면, 'meta'와 'hodos'의 합성어이다. 일정한 방향을 향한 길, 탐구의 과정과 통로라는 의미가 내재되어 있다. 유아교수·학습방법은 유아와 유아교사가 가르침과 배움을 향한 일관된 탐구의 길이라고 할 수 있다.

2 유아교수 · 학습방법의 종류

일반인들이 유아교육에 있어서 가장 궁금하게 여기는 것이 교수·학습방법일 것이다. 유아교육과 초·중등교육 간에 있어서 큰 차이가 교수·학습방법이기 때문이다. 놀이를 통한 학습이나 유아와 유아교사 간의 지속적인 상호작용, 유아교사의 담화와 율동 등은 유아교수·학습방법만의 특징이다. 그리고 이러한 생각은 넓은 의미의 유아교수·학습방법이다. 구체적으로 유아교육현장에서 구사되는 유아교수·학습방법들은 어떤 기준에 의해서 제시되어야 한다. 이러한 관점에서 유아교수·학습방법에 대한 연구동향을 고찰하여 보면, 의외로 연구물이 부족하다는 것을 알 수 있다. 리스(학수연구정보서비스) 등이 유아교수·학습방법의 연구물을 분류할 때 프로그램과 교과교육으로 나누어 분류한 탓도 있지만(한국유아교육학회의 유아교육백서도 마찬가지임), 유아교수·학습방법에 대한 근본적인 시각을 제공하는 연구는 소수인 것으로 보인다. 유아교육에서 교수·학습방법이란 어떻게 가르치고 배우는가에 대한 방법(method)을 의미한다(임부연, 오정희, 2013). 누가, 무엇을, 어떻게, 왜 가르치고 배우느냐의 전체 과정에서 어떻게에 해당하는 것이 유아교수·학습방법이다. 여기에 더하여 유혜령, 강은희, 박지영(2005)은 왜 그렇게 가르쳐야 하는가에 대한 숙고가 있어야 한다고 보았다.

유아교수·학습에 대한 연구가 소수인 것은 유아교육의 모 학문인 교육학에 영향을 받아서 즉, 특정 교과를 지도하는 방법에 의해서 유아교육도 교과교육 중심으로 연구가 집중한 결과라 여겨진다. 예를 들면, 한국유아교육학회(2005)의 「유아교육학의 이해」에 보면, 유아건강교육, 유아사회교육, 유아전통문화교육, 유아통일교육, 유아음악교육, 유아미술교육, 유아체육교육, 유아언어교육, 아동문학교육, 유아수학교육, 유아컴퓨터교육 등으로 유아교육의 전공교과중심의 연구 동향을 분석하고 있다. 동 학회의 「유아교육백서」에서 유아교수방법을 유아교육과정 영역별 교수방법, 통합교육방법 등으로 구분하여, 유아교수·학습방법을 분류하는 체계를 갖고 있다. 유치원 교육과정에서 교육활동운영의 기본방향 중 하나는 교육과정의 통합적 운영이다. 유아교사교육에서 전공교과별 교수방법으로 분화되는 것에 대해 고민해보아야 할 것이다.

이러한 유아교수·학습방법의 연구동향에 대한 연구는 정채욱(2002)의 연구가 유일한 것으로 보인다. 이 연구가 참고문헌 누락 등과 같은 다소 결점은 있지만, 교수

·학습이론의 최근 동향을 설명하면서, 최근 유아교육 교수·학습방법으로 탐구-발견 학습방법, 구성학습방법, 협동학습, 프로젝트 접근법 등의 분류하여 그 특징을 제시하고 있다. 이영석, 박재환, 김경중(2005)은 유아교수·학습방법을 문답법, 시청각교수법, 협동교수법, 발견학습법, 동기유발법, 문제해결법으로 정리하여 제시하였다. 이순형 등(2007)은 '영유아교수학습모델'로 직접교수모델(설명법, 개념학습법), 간접교수모델(탐구학습법, 문제해결학습법, 협동학습법), 프로젝트 접근법으로 구분하고 있다. 임부연, 오정희(2013)는 영유아 교수·학습의 유형을 교사중심의 접근법(설명법, 개념학습법)과 아동중심 접근법(탐구학습법, 협동학습법, 문제해결학습법, 프로젝트 접근법, 구성주의 교수법, 심미적 교수법)으로 구분하여 제시하면서 각각의 특징을 설명하고 있다. 그 외에도 유아교수·학습방법에 관한 저서들을 탐독하여 보면, 여러 가지 방법들이 제시되고 있는 실정이다. 이것은 유아교수·학습방법에 대한 학자들의 개념, 분류기준 등의 차이로 인해 합의된 유아교수·학습방법을 제시하지도 못할 뿐만 아니라, 유아교육의 교수·학습방법을 궁금하게 여기는 사람들에게는 혼란을 가져다준다.

이러한 안타까움 속에서 유아교과교육론들의 저서로 시각을 돌려보면, 고문숙, 김은심, 유향선, 임영심, 황정숙(2010)은 유아발달과 학습원리에 기초한 유아교수·학습방법과 프로그램에 따른 유아교수·학습방법으로 구분하여 제시하고 있다. 유아발달과 학습원리에 기초한 유아교수·학습방법에는 유아교사의 모델링, 표현하기, 설명하기, 질문하기를 제시하고 있다. 프로그램에 따른 유아교수·학습방법은 각 프로그램의 교육과 목적에 부합되는 것을 제시하고 있다. 이들을 구분한 유아교수·학습방법은 유아교육기관의 공통적인 유아교수·학습방법과 프로그램에 따른 유아교수·학습방법을 구분하고 있다는 점에서, 유아교수·학습방법의 개념적 정립에 도움을 주고 있다. 하지만 유아발달과 학습원리에 기초한 유아교수·학습방법들은 유아교사가 수업시간에 혼합하여 자주 사용하는 것들이라서, 이를 독특한 유아교수·학습방법이라고 할 수 없다. 프로그램에 따른 유아교수·학습방법들은 각 프로그램에 따른 것이기에 이것 또한 유아교수·학습방법의 대표적인 것으로 간주하기는 어렵다. 우수경 등(2009)은 유아교육현장에서 비교적 활용 가능성이 높은 유아교수·학습방법을 4가지로 제시하고 있는데, 직접교수법, 발문법, 탐구학습법, 협동학습법 등이다. 임부연, 최남정, 양혜련(2010)은 유아교수·학습의 유형으로 직접교수 유형(설명법, 개념교수법), 간접교수 유형(탐구학습법, 협동학습법, 문제해결학습법), 프로젝트 접근법, 구성주의 교수법을 제시하고 있다.

이상의 학자들이 주장하는 일반적인 유아교수·학습방법은 설명법(직접교수법), 개념교수법, 탐구학습법, 문제해결학습법, 협동학습법이라고 할 수 있다. 여기서는 가장 일반적이고 초보적인 유아교수·학습방법인 설명법에 대한 특징을 살펴보면서, 그 보완점을 제시하고자 한다. 유아교사가 유아들 앞에 앉아 융판이나 혹은 디지털 매체를 옆에 배치하고, 유아들은 옹기종기 앉은 형태를 취한다. 유아교사가 언어를 매개로 하여 준비한 내용을 설명하는 방식으로 하되, 매체를 적절히 사용하여 유아의 학습내용의 이해를 돕는다. 유아교사는 유아들에게 사실을 설명하거나 정보를 전달할 때, 특히 기능적 요소를 가르칠 때 적합하다. 안전교육, 사물 명칭, 사회적 규칙과 관습, 새로운 도구와 기술의 습득 등은 유아교사가 직접 언어, 시범 등을 통해서 가르친다. 언어와 시범의 한계는 흔적이 곧 소멸된다는 점에서 기타 시청각매체의 적절한 병용이 필수적이다. 이 부분에서 우리가 관심을 가져할 것은 매체의 차원(언어적 표상, 그리기 표상, 3차원적 표상)과 표상양식(동작적, 영상적, 상징적)을 적절히 고려하여 제시하면, 유아의 이해를 심도 있게 할 수 있다는 점이다. 그렇게 되면 유아의 능동적인 참여를 유도할 수 있게 되고, 더 나아가 매체도 교재·교구에만 한정할 것이 아니라, 학습을 위해서 필요한 것이라면 매체의 종류가 훨씬 다양해질 수 있다. 이러한 점을 고려한다면 설명법의 단점을 보완할 수 있을 것이다. 또한 교실은 생기가 넘치고 무질서한 가운데서 질서와 자유가 공존하게 될 것이다.

그뿐만 아니라, '이야기 나누기 활동시간'에 이야기로 하지 않고 체계적 · 구조적 접근 형식으로만 가르치려고 하지 않았는지를 자문해보아야 한다. 유아교사는 이야기 나누기 활동시간에 이야기를 활용해야 한다는 원리를 구태여 브루너의 주장을 여기서 설명하지 않더라도, 가르쳐야 할 지식을 내러티브(narrative) 지식으로 전환하여 시도해 볼 수도 있을 것이다. 그러면 유아는 어려운 지식을 보다 내적으로 심리화 시켜 놀이처럼 즐겁게 이해할 수 있을 테고, 이렇게 되면 유아교육적 가치는 물론, 유아에게는 기억력이 증진되고, 주체적으로 의미를 형성시키는 데 효과가 있음이 제 연구들에서 의해서 증명되었다. 이야기는 우뇌를 자극시켜 상상력, 창의력을 증진시키고 이것은 좌뇌의 이성적, 분석적 사고를 보완하게 된다. 예를 들어, 통계수치는 쉽게 망각되지만 그에 얽힌 이야기는 잘 망각되지 않는다는 점이 이를 뒷받침한다(홍은숙, 2007). 내러티브는 삶을 이야기로 구성하여 이야기하고, 그 이야기를 하는 과정에서 깨달음을 얻게 되고, 고쳐 말하는 등 깨달은 삶을 살아가면서 그것을 이야기로 구성해가는 순환적 진보과정을 의미한다.

여기에 더하여 그 효과를 배가시키려고 하면, 발문을 사용하여야 한다. 질문은 유아의 반응을 유발하거나 정보를 알아내기 위해 묻는 물음이고, 발문은 유아의 학습 목적으로 유아가 의식하지 않았던 것에 대하여 문제의식을 갖도록 하고 사고촉진을 위해서 사용된다. 질문이 반응을 유발하거나 정보를 알아내기 위해 유아에게 묻는 물음이라면, 발문은 유아교사가 유아의 학습활동을 목적으로 유아가 의식하지 않았던 것에 대해 문제의식을 갖게 하고, 사고활동을 촉진하기 위해 사용하는 언어 표현이다(우수경 등, 2009). 이러한 측면에서 본다면 유아교육은 과학이 아니라 예술인 것이다. 20여 명의 유아를 20분 정도 돌보고, 나아가서 가르치는 일은 아무나 못하는 행위이며, 동시에 유아교사의 주관적 판단과 행위에 의해서, 그리고 유아의 발현적 행위에 적절하게 대응해야 하는 상황은 고도의 전문기술을 요구하는 것이기 때문이다.

또한 유아교육기관에서 공통적인 유아교수·학습방법은 탐구학습법, 문제해결학습법, 협동학습법의 주요 요소들을 모두 통합하여 실현할 수 있는 프로젝트 교수·학습방법이다(이순형 등, 2007). 1987년 미국유아교육협회(NAECY)에서 발표한 발달에 가정 적합한 유아교육의 실제는 프로젝트 교수·학습방법이 유아의 발달수준을 가장 민감하게 반영하는 유아교수·학습방법이라고 제안한 바 있다. 이러한 프로젝트의 교수·학습방법에는 프로젝트 접근법과 프로젝트 접근법의 창조적 변형인 레지오 에밀리아 접근법이 있다.

3 프로젝트 교수 · 학습방법

일반적으로 유아교육현장에서는 통합교육과정의 한 형태인 생활주제중심 접근법이 널리 활용되고 있다. 전통적으로 유아교육은 교재단원 없이 유아 주도적 활동을 한 단원으로 구성하고 있다(김현기, 2001). 이 접근법에서 주제의 특성은 광범위하고 포괄적이어서 다방면의 지식과 기술을 확산적으로 전개할 수 있다는 점이다. 반면에 주제 제목이 일반적이며 넓고 모호하고, 학습될 주제들을 임의적으로 나열하는 경향이 있어, 논리적인 인과관계의 이해를 증진시키는 데는 부족한 점이 있다(김은희, 2000b). 그리고 유아교사와 유아 간의 협의과정 없이, 유아교사가 처음부터 미리 상세하게 그 계획을 수립하여 목적을 설정하는 경우가 많다. 이러한 한계점을 극복하기 위해서 카츠와 차드(1989)는 프로젝트 교수·학습방법을 도입해야 한다고 주장하였다. 이것이 생활주제중심 접근법의 한계점을 극복하는 데 한 가지 처방이 될 것으로 보인다.

프로젝트 교수·학습방법은 단원학습보다 더 유기적으로 유아교사와 유아 간의 상호작용을 근거하여 주제를 선정한다(Chard, 1992). 우리나라 유치원 제6차, 제7차 교육과정에 제시된 주제 및 관련 활동은 유아들에게 일반적으로 적절하다는 유아교육 전문가들의 합의와 판단에 의해 선정되었고, 유아교사가 이를 적용한다. 하지만 프로젝트 교수·학습방법에서는 유아교사가 학급 유아들에게 적합한 주제를 상호 협약하여 직접 결정하여야 한다. 물론 유아교사는 유아들이 친숙한 경험이 무엇인지, 필요한 것이 무엇인지, 흥미 있는 것이 무엇인지, 주변에서 어떤 자료를 구할 수 있는지, 어떤 현장 경험이 가능한지 등에 주의를 기울인다. 그 후 활동을 어떻게 전개해 나갈지에 대해 유아들과 함께 의논한다(이기숙, 2003). 그렇다고 해서 프로젝트 교수·학습방법으로 대처하자는 것은 아니다. 그렇게 하기에는 유아교사교육에서부터 환경구성까지 엄청난 개혁을 해야 하며, 이것은 혼돈을 초래할 수 있다. 생활주제중심 접근법을 보완한다는 차원에서 프로젝트 교수·학습방법을 부분적으로 도입하는 것이 보다 현실성이 있는 것으로 생각된다.

진정한 의미의 유아교수·학습방법은 탐구학습법, 문제해결학습법, 협동학습법의 주요 요소들을 모두 통합하여 실현할 수 있는 프로젝트 교수·학습방법이라 사료된다. 그 이유는 교수·학습방법은 유아와 유아교사가 다양한 상호작용을 한다는 점에서 교수와 학습이 동시에 발생하기 때문이다. 이는 당연히 유아의 적극적인 활동이 전개되며, 유아교사의 직접적인 관여가 줄어든다. 이러한 유아교육의 교수·학습방법들이 유아교육의 특징을 대변해 준다. 특히 현장을 찾아서 문제를 해결하는 과정은 길패트릭(Gilpatrick)이 제시했던 것처럼, '유목적적 행동을 사회적 환경 속에서 전력을 다해 수행하는 것'이다. 의식을 갖고 현장을 찾아서 문제를 해결하는 과정은 진보주의가 형식도야이론에 대한 대안적인 교육이념을 제시함으로써, 결과적으로 형식도야이론을 세련되게 하였다는 평을 반영한다. 그럼에도 프로젝트 교수·학습방법을 도입하는 일부 유아교육현장에서 학습지에 의존하는 프로젝트를 진행하는 것은 안타까운 일이다.

4 유아교수 · 학습방법의 안목

유아교육과 초·중등·고등교육 간의 교수·학습방법의 차이가 유아교육의 특성을 반영해주지는 못한다. 유아교수·학습방법들을 활용하는 지혜야말로 진정한 유아교육의 특성이 될 수 있다.

유아교사는 유아의 연령, 집단 크기, 처한 상황 등을 고려하여 보다 적절한 교수·학습방법을 구사할 수 있는 안목을 가져야 한다. 이를 위해서는 유아교수·학습방법의 다양한 유형에 대한 지식과 기술 및 장단점을 파악해야 한다. 일반적으로 유아교수·학습방법은 학습의 주체에 따라, 학급의 집단의 크기, 학습형태 등을 고려하여 분류된다(이희경, 2002). 먼저 수업의 주체에 따라 교사중심의 유아교수·학습방법, 유아중심의 유아교수·학습방법, 상호작용의 유아교수·학습방법 등으로 분류할 수 있다. 유아교사는 각 방법에 대한 가치나 평가를 배제해야 한다. 그리고 유아교사는 연령, 집단의 크기, 상황 등을 고려하여 구사할 수 있는 내면적 기준을 확립해야 한다. 뿐만 아니라, 집단의 크기에 따라 대집단 유아교수·학습방법, 소집단 유아교수·학습방법, 개별화된 유아교수·학습방법 등으로 분류한다. 이 방법들도 유아의 연령, 집단 크기, 상황에 따라 각각 구사하는 것이 합당하지만 하루 일과 시간에 따라 이 방법들을 구사하는 것이 좀 더 합당하다고 본다. 유아교사가 보다 체계적으로 수업을 이끌어 가기 위해서는 유아들을 대집단으로, 소집단으로 혹은 개별로 유아들의 교수·학습방법을 지도하는 전략을 구사해야 한다. 또 학습의 형태에 따라 경쟁학습, 개별학습, 협력학습으로 지도하는 전략을 가져야 한다.

이처럼 유아교사는 유아교육의 목표, 유아교육과정을 계획하고, 실천하는 과정에서 효과적인 교수·학습방법을 전략적으로 활용할 수 있는 지혜를 가져야 한다. 동시에 유아교사는 브레드캠프와 로즈그란트(1995)가 제시한 8가지 유아교사의 상호작용(인정하기, 모범 보이기, 촉진하기, 지원하기, 지지하기, 함께 구성하기, 시범 보이기, 지시하기)에 대한 지식과 기술을 갖고, 적절한 전술을 구사할 수 있는 능력을 가져야 한다. 여기서 상호작용은 사회적 상호작용을 의미한다. 유아교육에서 사회적 상호작용을 강조하는 이유는 유아의 지적 발달을 자극하는 데 필수적이기 때문이다. 이는 더 나아가 유아에게 사회적 유능성과 자기존중을 발달시키는 데 필수적이다.

유아교수·학습방법의 기본 원리는 유아교육의 본질과도 같다. 첫째, 놀이 중심의 원리이다. 놀이의 가치는 상상력과 창의력을 자극한다는 것 외에도 표상적 사고의 증진에도 기여한다는 점이다. 유아는 아날로그식 놀이를 통해서 고등정신능력을 향상시킬 수 있다. 둘째, 개별화의 원리이다. 유아 개개인은 발달수준, 사전경험, 흥미 등등에서 개인차이가 있다. 따라서 진단적 평가를 통해 유아 개별적 상호작용이 주어져야 한다. 셋째, 탐구학습의 원리이다. 유아의 탐구심이란 인간의 탐구욕과 같은 것이다. 인류의 역사가 탐험과 탐구인 것처럼 유아의 본성에는 새로운 것을 추구하려는 욕구가 강하게 작용한다. 이러한 본성을 학습으로 유도하는 것이 탐구학습이다. 문제발견과 정의, 문제해결의 가설설정, 문제해결에 필요한 자료수집, 문제해결 시도, 다음 문제 찾기 등으로 이루어지는 학습은 유아들에게 자발적인 참여를 확대시킬 수 있다. 넷째, 생활중심의 원리이다. 유아들의 실제적인 경험이 교수·학습의 주제가 될 때 교실의 현장은 생동감이 넘쳐난다. 다섯째, 통합의 원리이다. 영역별 교육내용과 교육활동영역, 유아교육기관과 지역사회가 체계적인 통합이 이루어지도록 해야 한다는 의미이다(유혜령, 강은희, 박지영, 2005). 이러한 안목과 더불어 최근에는 유아를 어떻게 가르칠 것인가와 무엇을 어디까지 가르칠 것인가에 관심을 가져야 할 시점에 와 있다(이기숙, 2008). 이것은 그동안 유아교육이 교과교육을 지양하고 배제하는 과정에서 발달에 기초한 전달방법에 집중한 결과이다. 유아교사는 각 교과에 대한 내용적 지식을 정확하게 이해하고 기억하고 있어야 이를 유아들에게 가르칠 수 있다. 그래야만 유아에게 가르칠 각 교과의 범위와 수준을 결정할 수 있다. 유아가 당장 주의·주목하는 현상으로만 각 교과의 활동을 전개하지는 않을 것이다. 이러한 측면에서 본다면, 유아교사는 각 교과에 대한 내용 지식과 교수지식을 융합할 수 있는 안목을 반드시 갖추어야 한다는 생각이다. 여기에서 발달이론에 과도하게 의존하면 안 되는 이유를 제시하면 다음과 같다. 교육학적인 견지에서는 발달이 전개되는 바의 발달과정(sein : 현실적 존재)뿐만 아니라, 교육을 통해 발달의 이상적인 목적을 이루도록 전개되어야 할 바의 발달과정(sollen : 이상적 당위)을 전제하고, 이러한 존재와 당위의 관계에서만 파악되고 이해될 수 있다. 발달은 교육을 통해서 마땅히 되어야 할 목표, 즉 이상적 당위에 대한 존재가 없기 때문에 교육적 가치의 문제에서 비판을 받고 있다(강현석, 황윤세, 2005). 유아교수·학습방법이 발달이론에 과도하게 의존하게 되면 유아교육의 내용과 방법에 대한 방향을 망각할 수 있다. 이는 교과 간의 통합을 바탕으로 유아 자신이 자발적으로 교육내용을 통합하거나, 다른 유아와의 연계를 통해 내부에서 스스로 통합이 이루어져야 한다는 관점을 가져야 한다.

5 유아교수 · 학습방법의 개념족

수업의 개념족인 교수, 강의, 수업활동, 훈시, 훈계, 연설, 강연, 타이르기처럼 유아교수·학습방법과 유사하게 사용되는 개념족이 있다. 예를 들면, 양육, 훈련, 세뇌, 조건화와 같은 것이다. 이러한 유아교수·학습방법의 개념족의 의미 분석을 통하여 유아교수·학습의 개념을 정립하고자 한다.

1) 훈련

먼저 훈련(training)은 유아교수·학습방법과 깊은 관련을 가지고 있지만, 그것은 교수·학습방법의 일부분일 뿐이다. 일반적으로 교수·학습방법과의 차이는 지성에 어떻게 관련되었는가가 그 기준이 된다. 훈련은 사태를 파악하는 방식에 변화를 가져오는 것이 아니라, 비교적 표준화된 사태파악 방식을 가르쳐 준다. 즉, 훈련은 제한된 통상적 사태에 적합한 파악 방식이나 반응의 습관을 가르쳐 준다. 따라서 훈련은 무엇을 할 수 있도록, 무엇을 위하도록 지향한다. 예컨대 유아교육교수·학습방법은 유아에게 지식과 신념의 획득에 관심을 갖지만, 훈련은 습관과 행동의 양식을 형성하는 데 관여한다. 즉, 특수한 기술이나 사고방법의 탁월성을 계발하는 활동이 훈련이다. 이러한 점에서 훈련은 유아교수·학습방법에 비해 지성과는 관련성이 적다고 볼 수 있다. 유아교육에서 훈련은 교수·학습방법보다도 좁은 의미로 사용된다. 훈련이 유아교육적일 수도 있지만, 그렇지 않은 경우도 얼마든지 있다. 유아교수·학습방법과 또 다른 점은 훈련은 그 대상이 전제된다는 점이다. 다시 말해 무엇을 위한 훈련을 받았다는 의미가 담겨 있다. 가령 훈련을 받았다고 말하면 우리는 무슨 훈련을 받았느냐고 묻는다. 그렇지만 유아교수·학습방법을 받았다고 말하면 무슨 유아교육을 받았느냐고 묻지는 않는다. 그 이유는 유아교육은 언제나 전인교육을 의미했기 때문이다.

그러나 훈련이 지식과 신념에 관여할 때도 많다. 특히 유아교육영역의 일부가 훈련에 의해서 획득될 수 있다. 예를 들면 감각훈련, 기본습관훈련, 배변훈련 등이 유아교육에서 중핵을 이루는 것을 보면, 유아교육에서는 훈련이 중요한 방법임이 틀림없다. 이러한 점이 유아교육과 고등교육의 차이점이라고 볼 수 있다. 그러나 유아교육에서 훈련이 유아교수·학습방법의 한 방법으로 정당화되기 위해서는 어떤 요건을 충족시켜야 한다. 유아교육현장에서 유아교수·학습방법은 수업을 의미한다. 조직된 계획에 따라 움직이는 활동이 유아교수·학습방법이라고 볼 수 있다. 유아교수·학습방법은 유아교사-유아, 유아-유아 사이에는 대화와 활동이 오고 간다. 이것을 유아교육에서는 상호작용이라고 한다. 이 상호작용을 통해서 유아교사는 유아들에게 사실이나 현상에 대한 설명을 하고 선악의 판단에 대하여 정당화하는 과정을 보여준다. 반면에 훈련은 연습, 반복, 실천 등과 같은 특성을 가지며, 틀에 박힌 연습, 반복, 실천을 통해서 습관이 형성된다. 훈련이 유아교육에서 유용할 때는 습관의 형성이다. 손다이크(Thorndike)도 이 점에 주목하였다. 그는 관념과 행동을 반복적으로 연합시키면 이것이 습관화되어 유아교육적일 수 있다고 보았다. 아리스토텔레스도 도덕적 탁월성은 습관을 통해서 획득할 수 있다고 보았다. 피터스도 유아교육에서는 원리의 이해에 앞서 몇 가지 행동 규칙이나 덕목들을 가르치는 것을 인정하였다. 자율성이 획득되기에 앞서 몇 가지 도덕적인 덕목이나 생활태도를 훈련시키는 것을 보면, 유아교육에서는 훈련의 효과를 무시할 수는 없는 것 같다.

중요한 것은 훈련이 유아교육적 의미를 가지려면 사고나 행동에 대한 이유를 설명할 수 있어야 한다. 그렇지 않으면 기계적인 사고와 행동을 하게 된다. 이것은 인간이 아니라 짐승이나 기계이다. 유아교사는 훈련을 유아교수·학습방법의 한 방법으로 사용하려면, 왜 그러한 사고와 행동을 해야 하는지에 대한 충분한 배경의 설명과 함께 그 이유를 제시하는 일, 그리고 그것을 정당화하는 방법을 제시해주어야 한다.

아동의 자유를 누구 못지않게 강조했던 듀이는 참된 자유를 위해서는 좋은 습관이 필요하며, 훈련된 지성을 위해 훈육이 필요하다고 생각하였다. '훈련된 힘과 동일시되는 훈육은 또한 자유와 동일시된다.' 자유는 정신이 산만해져서 방임토록 하는데 있지 않고, 오히려 단단하게 훈련된 지성과 습관을 가질 때 획득되는 것이다.

2) 세뇌

교수가 있는 곳에서는 어디든지 세뇌(indoctrination)가 있다고 할 수 있을 만큼 교수와 세뇌는 늘 함께 있다. 유아교육에 있어서 세뇌를 왜 우려하는가? 세뇌와 유아교수·학습방법 간의 차이는 '증거를 다루는 방식'에 의해서 구별된다. 세뇌에서 증거는 유아교사가 이미 받아들이고 있는 신념을 합리화하는 수단으로 사용되지만, 유아교수·학습방법에서 증거는 탐구의 도구로 혹은 유아들로 하여금 올바른 신념을 갖도록 하기 위한 수단으로 사용된다. 따라서 세뇌는 이데올로기적 신념을 가르치는 일이라고 볼 수 있고, 유아교수·학습방법은 합리적 신념을 가르치는 일이라고 볼 수 있다. 혹은 세뇌는 비증거적 가르침이고, 유아교수·학습방법은 증거적 가르침이라는 점에서 구별할 수 있다.

유아교육에서 세뇌가 위험한 이유는 유아의 비판적인 사고력을 봉쇄하기 때문이다. 신념을 획득하게 해주는 데는 검증이 필요 없다. 그러나 지식을 소개할 때 유아교사가 다양한 견해를 소개하지 않고, 자신의 견해만을 복음처럼 전달하는 경우에는 유아교수·학습방법이 순식간에 세뇌가 되고 만다. 진위가 분명하고 지식 간의 우선순위가 분명한 지식분야에서는 세뇌가 있을 수 없다. 종교, 도덕, 정치 분야에는 세뇌하고자 하는 동기가 얼마든지 있다. 이러한 분야는 단일한 답이 존재하기 어렵고, 특정한 대답이 얼마든지 가능하기 때문이다. 그래서 지식분야에서는 세뇌를 배격하고자 한다. 그러나 유아교육에서 사회생활, 언어, 개념, 믿음 등은 유아들이 경험을 통해 획득하기 전에는 훈련 없이 가르칠 수 없다. 유아교육의 도덕, 정서, 종교, 태도 등의 영역에서는 세뇌가 종종 일어날 수 있다.

이러한 위험성 때문에 루소는 아동이 이성적 판단능력이 배양될 때까지 도덕교육은 물론, 종교교리를 가르치는 것까지 반대하였다. 이로 인해 그는 얀센주의자들로부터 엄청난 박해를 받았다. 따라서 유아교사는 어떤 현상이나 초보적인 지식, 기술을 유아들에게 설명할 때, 그 이유와 근거를 다른 어느 것보다도 잘 제시해야만 한다. 이 점에 대해 피터스는 사회적으로 민감한 문제들은 교사에 의해 세뇌되기 쉽다는 점을 감안하여, 자료 제시는 중립적이어야 한다고 보았다. 이처럼 도덕, 정서, 종교, 태도 등에 대한 유아교수·학습방법이 세뇌로 전락하지 않도록 하기 위해서 유아교사는 원인, 이유, 원리, 실증적 근거를 제시하여야 한다.

3) 조건화

조건화(conditioning)를 체계화시킨 학자는 파블로프(Pavlov), 왓슨(Watson), 스키너 등이다. 파블로프, 왓슨의 이론을 고전적 조건이론이라고 하고, 스키너의 이론을 조작적 혹은 도구적 조건이론이라고 한다. 파블로프는 개 실험을 통해서 인간의 생리적인 반응에도 조건화가 일어남을 증명하였다. 왓슨은 알버트 B(Albert. B)의 공포조건형성실험, 피터(Peter)의 탈공포조건 형성실험 등을 통해서 인간의 정서도 조건화가 일어남을 증명하였다. 여기에 더하여 스키너는 실험을 통해서 획득된 실험 결과를 인간 학습의 세계에 적용하고자 하였다. 이처럼 조건화는 유아의 행동 반응이나 정서적 반응 형성, 학습에 있어서 유효하게 작용될 수 있음을 보여주고 있다. 일반적으로 세뇌는 인간의 신념 변화에 관심을 갖지만, 조건화는 인간의 행동 변화에 관심을 갖는다고 알려져 있다. 유아의 경우 몇몇 행동이 조건화를 통해 원하는 방식으로 변화를 가져온다 할지라도, 그것을 유아교수·학습방법이라고는 부르지 않는다. 그 이유는 유아교육이라는 말에는 학습자인 유아의 자발성과 유아를 도덕적으로 대우해야 한다는 개념이 붙박여 있기 때문이다. 이러한 의미에서 유아교육에서는 조건화를 대체로 경멸의 대상으로 간주하고 있다. 조건화는 유아의 자유의지를 부인하고 등한시하기 때문이다. 그러나 유아교육의 현장에서 조건화가 이루어지고 있으며 공인받기도 한다. 특별히 유아교육의 초기 훈련에 있어서는 조건화가 부분적으로 사용되고 있다. 또한 지적으로 열등한 정박아, 정신질환자에게도 부분적으로 조건화가 사용될 수도 있다. 유아교육의 현장에서 조건화를 유아교수·학습방법으로 쓸 경우에는 반드시 이유를 설명하고, 유아에게 그 의도를 잘 설명해주어야 할 것이다.

4) 수업과 활동

수업은 교과를 묶어 놓은 단위시간을 의미한다. 이 단위시간에 조직적으로 실천하는 방법이 교수·학습이라고 할 수 있다. 가르쳐야 할 각 교과의 단위시간이 수업을 의미하기 때문에 이 개념을 유치원에 적용하기는 어려운 점도 있다. 유아교육기관은 교과서를 중심으로 한 단위시간으로 운영되지 않기 때문이다.

유아교육의 5가지 생활영역을 하루 일과활동에 모두 포함되도록 잘 조직하고 실행하는 것이 유아교육에서의 수업이다. 수업이라는 용어는 유아교육에서는 관습적인 용어이다. 그러나 수업이라는 용어를 유아교육에서 공식적인 용어로 사용하기에는 논리적 모순을 갖는다. 유아교육은 교과서에 의해 조직된 시간 내에서 교수·학습이 발생하는 초·중등교육과는 다르기 때문이다. 유아교육에서는 수업은 교과가 아닌 놀이의 성질을 띤 활동이다. 이에 임부연, 오정희(2013)는 『영유아교수·학습방법』에서 유아교육에서는 수업이라는 용어 대신에 활동이라는 용어가 있음을 강조하였다. 유아교육기관에서는 수업보다는 활동이라는 형태로 유아교수·학습방법이 실천된다. 그 활동에는 자유놀이, 이야기 나누기, 동화, 동극하기, 게임하기, 조형활동, 견학, 바깥놀이 등이 있다. 유아교사의 수업이란 유아교육에 대한 개별 교과지식을 기초로 하여 5가지 생활영역이 골고루 통합되도록 활동을 조직하고 실행하는 것이다. 유아교육에서 수업은 유아교사와 유아의 유의미한 만남이고, 협의의 의미로는 유아교사교수계획을 가지고 체계적으로 조직한 시간을 의미한다(임부연, 오정희, 2013).

유아교육의 교수·학습방법으로 성현들이 사용하였던 비형식적인 대화, 이를 테면, 격언, 경구, 비유를 활용한 가르침은 장기기억을 유발할 수 있다. 예를 들면, 예수의 비유법 즉, 속담, 은유, 유사, 이야기식 비유, 본보기식 비유, 알레고리 등이 있다(신득렬, 2000). 유아교육의 교수·학습방법은 유아교육이 비형식적인 것처럼, 그 또한 비형식적인 교수·학습방법이 유아교육의 가치를 실현하는 데에 적합할 지도 모른다. 적어도 틀에 박힌 상황에서 유아들의 충동을 억압하는 분위기보다는 훨씬 자유롭기 때문이다.

6 유아교수 · 학습의 매체

1) 매체 접근방식

유아교육에서 활용되는 교수·학습의 매체는 유아가 사물 현상을 인식하도록 하는 매개체인 동시에, 세계 내에서 나를 이해하는 통로가 된다고 할 수 있다. 유아교육에서는 문해력이 미약한 유아를 대상으로 교수·학습 상황에서 유일한 자료는 매체이다. 유아교육에서 교수학습의 매체를 유아의 인식과 존재양식을 결정하는 철학적 대상으로 격상시킨 연구는 임부연, 송진영(2012)의 연구가 유일하다.

문서화된 교과서를 사용하지 않은 유아교육의 특성상, 유아교육현장에서 매체는 교과서와 같은 역할을 한다. 매체의 속성과 차원에서 유아교육적 효과가 달리 한다는 점에서 본다면, 매체의 선택은 중요하다. 유아교사가 매체를 선택하기 위해서는 매우 복잡한 인식과 사유를 할 수밖에 없다. 오늘날 유아교수학습의 매체는 물리적, 도구적 대상을 넘어서, 유아의 의식에 직접적으로 매개하여 학습 내용의 질을 결정짓는 근원적 요소이기 때문에 철학적 접근이 요구된다. 유아교사는 매체를 선택하고 활용하는 데에 단순한 물체가 아닌 질료로 이해하여야 한다. 유아는 매체가 매개하는 내용을 통해서 자신의 언어를 형성하고, 자신의 희망을 표현하며 자신의 행위를 드러낸다는 사실에 유아교사는 숙고해보아야 한다. 매체에 대하여 이러한 깊은 사색을 하게 되면 매체가 단순히 학습의 보조수단이 아니라는 것에 동감하면서, 철학의 인식론, 존재론의 영역을 고찰하여야 한다. 유아에게 제공되는 하나의 매체에 대해서도 철학적 사고로 접근해야 한다.

임부연, 송진영(2012)은 매체는 철학적 검토 대상을 넘어서 심미적 비평의 차원에 논의되어야 한다고 주장한다. 매체에는 유아의 심리적 현상에서 촉발되는 미적 요소인 몰입과 즐거움이 포함되어야 한다. 따라서 매체는 유아에게 상상력과 창조력을 지원할 수 있도록 되어야 한다. 이를 위해서 유아교사는 매체를 준비할 때 주제가 가지는 풍부하고 아름다운 가치에도 관심을 가지면서도, 매체가 상징과 상상력을 자극할 수 있도록 해야 한다. 이는 결국 매체에 심미성을 가미하여 풍부한 감성을 자극하고, 아름답고 풍요로운 상상과 직관을 활용할 수 있도록 해주는 것이어야 한다. 그러한 의미에서 탐미주의나 키치(kitch)문화를 구별할 수 있는 미학적 차원의 접근에 관심을 가져야 한다.

유아교수·학습에서 매체의 접근은 매체가 유아의 인식과 존재 양식을 결정함으로써 철학적 검토 대상이 되어야 하고, 아울러 그 활용을 위한 접근은 미적으로 이루어져야 할 때가 된 것 같다. 이를 계기로 하여 유아교수학습의 매체제작(교수제작, 교구전시회)에 다양한 논의가 개진되어야 할 것이다.

2) 유아의 매체활용

유아교육에 있어서 교수·학습방법의 매체란 유아의 학습과 교사의 교수활동을 효과적으로 돕기 위하여 고안된 교수·학습자료들을 총칭한다. 이러한 교수·학습자료들은 데일(Dale)의 경험 원추에 대입되어 행동적 경험, 시청각적 경험, 상징적 경험으로 각각 분류되고 있다. 유아교사는 데일의 경험 원추가 제시하는 구분에 따라 매체를 제작하고 활용하고 있다. 이것은 유아교사 유아들의 학습경험에 따라 매체를 달리 제작하여 사용한다는 점에서 매우 유익하고 지혜로운 것이다.

그러나 이러한 관점에 현대적 시각을 더 첨가해야 할 것이 있다. 경험 원추에 따른 매체 제작·사용은 유아교사의 교수관점에 국한된 것이다. 이는 유아가 스스로 학습을 위해서 매체를 사용할 수 있다는 요건을 충족시켜 주지는 못한다. 유아가 자신의 궁금증을 해결하기 위해서 특정한 작은 그림을 복사기에 확대할 필요성이 생겼다면, 복사기 사용은 어느 경험에 속하는 것인가? 지금까지처럼 유아교사가 유아의 학습을 위해서 교수·학습방법의 매체를 제작하고 활용하는 노력을 기울여오고 있다. 이것은 지극히 당연한 것이다. 레지오 에밀리아 접근법에서 볼 수 있듯이, 유아가 유아교육기관에서 스스로 학습하는 데 필요한 매체를 사용하도록 안내하는 배려에도 관심을 가져야 한다. 유아교사들이 교수활동자료로 사용하는 매체에서부터 사무용품까지 유아가 자신의 학습을 위해서 사용할 수 있도록 개방된 체제를 갖추어야 한다. 물론 지극히 위험한 물품은 제외하거나 유아교사의 입회하에서 사용하도록 해야 한다. 유아교사의 매체 활용에 대한 생각을 확대하여, 유아교육의 전 교육환경이 교수·학습방법의 매체가 될 수 있다는 생각을 가져야 한다. 유아는 직접 경험을 통해서 인지능력이 배양된다는 점을 상기한다면, 유아가 학습을 주체적으로 할 수 있도록 유아교육기관에 배치되어 있는 매체를 자유롭게 사용할 수 있는 분위기가 조성되어야 한다.

최근에는 디지털 매체의 발달로 인하여 유아교육현장에서 사용되고 있는 매체는 실물자료, 인쇄자료, 투시물자료, 시청각자료, 동영상자료, 컴퓨터자료, 멀티미디어자료 등으로 구분할 수 있다. 최근에 정보통신기술을 활용한 상호작용 비디오시스템, CD-ROM, 인터넷 등을 사용하고 있다. 따라서 유아교수·학습방법에 어느 매체가 더 효과적인가에 대한 관심이 갈 수밖에 없다. 여기서 적성-처치 상호작용(ATI : Aptitude-Treatment-Interaction)이론을 재론하지 않더라도, 유아교사는 유아적성-학습의 내용-매체특성이라는 3가지 요소를 고려하여 매체를 활용할 수 있는 안목을 가져야 한다. 디지털 매체의 발달과 교육공학에 의해 새로운 교수·학습매체가 출시되고 있는 요즈음 현실에서, 유아교사는 '어떤 내용을 가르치는 데 어떤 매체가 도움이 될지, 이 매체는 유아의 어떤 적성에 적합한지'를 고민해야 한다.

3) 매체의 안전성과 인식전환

유아교수·학습방법의 매체를 선정하고 활용하는 것에 대한 사고도 중요하지만, 이보다 우선 교수·학습방법의 매체의 안전성에 유의해야 한다. 놀이터에서부터 각종 놀잇감에 이르기까지 안전사고가 유아교육기관에서 발생한다. 다음의 예는 대표적인 안전에 대한 것이다.

- 교수·학습방법 매체의 표면에 남아 있는 유독성을 어떻게 처리할 것인가?
- 놀이터 놀이기구의 안전점검을 어떻게 실시할 것인가?

이러한 문제를 해결하기 위해서는 공학기술의 도움을 받아야 한다. 유독성 문제는 국가공인기관의 검증 확인을 필한 매체를 구입함으로써 안전사고를 예방할 수 있다. 놀이터 놀이기구의 안전검사는 기계공학의 비파괴검사에 의존하여 안전점검을 정기적으로 실시하여야 한다.

유아를 위한 교수·학습방법의 매체가 유아의 신체적 안전사고를 야기한다면, 이는 윤리적 교육원리에 어긋나는 것이다. 아무리 유아교육에 가치 있는 교수·학습방법의 매체라도 유아의 안전을 위협한다면 이것은 흉기인 것이다.

기존의 유아교사는 여러 가지 재료를 활용한 새로운 교재·교구를 제작하여 많이 활용하였다. 이는 비단 기성교사뿐만 아니라 예비교사들도 실습기간 동안 교재·교구 제작에 많은 시간을 보내고 있다. 이러한 현상은 교수·학습매체에 대한 단편적 시각에서 비롯된 것이다. 유아교사는 유아들의 학습을 위해서 교수·학습방법의 매체를 제작하여 제시하여야 한다는 시각이다. 유아교수·학습방법은 교사의 수업활동에 의해서만 이루어지는 것이 아니다. 유아가 스스로 학습할 수 있다는 관점과 유아와 유아교사의 상호작용에 의해서 학습이 일어날 수 있다는 관점을 갖게 되면, 유아교사의 교재·교구 제작활동이 유아교사의 하루 일과 중에서 차지하는 비중은 줄어들 수밖에 없다. 완성된 매체를 제공하려는 태도에서 벗어나야 한다. 그러한 면에서 듀이의 지적을 한번 음미해보아야 한다. 즉, 원 재료를 제공하여 만드는 과정을 인지하도록 해야 한다. 또한 유아교육의 교구, 교재, 놀잇감을 포함한 매체가 너무 고가이면서 공장에서 생산된 것으로 일관하고 있다는 점이다. 이는 현재 유아교육에 강조하고 있는 생태를 기반으로 한 생명윤리 관점에 자연물을 많이 사용하도록 하여야 할 것이다. 발도로프 교육을 언급하지 않더라도 자연물을 활용한 매체가 친환경적이지 않겠는가? 유아교육이 상업주의에 종속되면 유아교육의 가치는 훼손된다. 산, 강, 들에 들려 있는 자연물이 매체가 될 때 교실은 생명력이 회복된다. 나무, 나뭇잎, 풀잎, 꽃잎, 돌, 자갈, 조약돌, 흙, 찰흙, 모래(강모래, 바다모래), 씨앗, 솔방울, 볏짚, 보리짚, 밀짚, 수수깡, 곤충, 물고기, 개구리, 뱀, 새, 다람쥐, 소, 개, 물소리, 벌레소리, 바람소리, 태양, 달, 별 등은 어디가고 플라스틱으로 만든 매체만 남아 있는가?

이처럼 유아교수·학습방법이 유아교육의 본질적이라고 해도 과언이 아니다. 그럼에도 유아교수·학습방법에 관한 개관적 연구를 비롯한 직접적인 연구의 부족으로 인하여, 유아교수·학습에 대한 명쾌한 개념을 가질 수 없는 것이 사실이다. 그만큼 해결해야 할 과제가 많다. 적어도 유아교수·학습방법에서 놀이의 성격을 규명하기 전에는 말이다. 다음 제11장에서는 놀이에 대한 본질을 논의해보기로 한다.

CHAPTER 11

놀이[14)]

유아교육에서 가장 중요한 부분이면서도 고등교육과 차이가 나는 점은 놀이이다. 유아들에게 있어서 놀이는 생활 그 자체이며, 학습이다. 유아기의 놀이는 다른 목적을 위한 수단이 되기보다는 그 자체가 목적이며 완전히 자발적인 활동이다. 유아는 '놀면서 성장한다.'고 해도 과언이 아니다. 그럼에도 불구하고 성인들과 부모는 유아들에게 한시라도 빨리 여러 가지 재능을 가르쳐서 어느 누구보다도 뛰어난, 그리고 앞서가는 사람을 만들려고 한다. 능력이나 재능에서 빨리 어른으로 밀어올리고 싶어 한다. 이에 유아들은 동기나 목적 없이 학원이나 개인 교습으로 내몰리고 있으며, 친구와 놀 수 있는 시간을 빼앗기고 있다. 놀 수 없는 문화는 또래 문화 형성을 어렵게 하여 유아를 점점 개별적 게임이나 인터넷의 세계로 빠져들게 하여 골목문화가 사라지게 하고, 놀이터에는 아이가 없는 곳으로 만들고 있다. 뿐만 아니라, 유아는 나약하고 의존적이 되어 과보호 속에서 자라게 되고 심성은 어린아이로 머물게 되고 만다. 즉, 신체적 · 지적으로는 과거에 비해 크고 똑똑해 보이지만 정신적으로는 성장을 못하는 존재로 전락되어 버린다(신옥순, 2005).

이처럼 유아교육현장에서 놀이의 활동영역이 자꾸 축소되고 있는 것은 왜 그러한가? 오히려 놀이보다는 성인들의 취미활동이 유아교육현장에 성행하는 것은 왜 그러한가? 이러한 의문에 대해 놀이의 본질이 무엇인가를 밝히고, 놀이의 유아교육적 가치를 논의해보고자 한다.

1 놀이의 개념

일찍이 플라톤은 3~6세까지를 '유희시대'라 하여 놀이의 중요성을 깊게 인식시켰다. 그 후 코메니우스에서부터 로크, 루소, 칸트, 실러, 페스탈로치, 프뢰벨 등에 이르기까지 수많은 유아교육사상가나 이론가들이 유아들의 놀이를 중요시하였고, 나름

14) 본 장은 임상도(2010). 유아교육철학(서울: 동문사) pp. 172-198의 내용을 부분적으로 수정한 후 기술한 것임.

대로의 의미를 주장하기도 하였다. 예를 들어, 칸트는 '놀이도 어린이가 스스로 자기 훈련을 하고 있는 과정'이라고 했으며, 실러는 '논다는 것은 만물의 영장인 인간의 경우에서만이 그 의의를 찾을 수 있다.'라고 하였다.

유아가 논다는 것을 유아교육적으로 활용한 학자는 프뢰벨이다. 그는 유아의 활동충동과 작업충동이 놀이로 나타난다고 보면서, 당시 부모들에게 '부모들이여, 놀이로써 유아를 키우고 보호하라.'고 외치면서 놀잇감으로 은물과 작업을 고안하였다. 그는『인간의 교육』에서 '어린이의 놀이는 그들이 자연적인 생활자체이니까 놀이를 잘 지도하여 생명력을 길러야 한다. 그리고 어린 시절의 놀이는 오직 장난에 지나지 않는다고 생각하는 것은 큰 잘못이다.'라고 말했다. 그럼에도 불구하고 유아가 노는 것을 보고 일부 성인들은 쓸데없는 것으로 본다. 성인의 생산적 관점에서 보면 유아의 놀이는 시간 낭비이다. 놀았다는 결과가 당장 발생하지도 않고, 발생하더라도 나중에 나타난다. 하지만 성인들도 여러 가지 형태로 논다는 사실에 비추어 보면, 이러한 성인들의 생각이 잘못되었다는 사실을 인식할 것이다. 유아의 놀이는 경솔한 장난이 아니라, 유아들에게는 어른의 일과 마찬가지로 놀이 그 자체가 일인 것이다. 부모나 유아교사는 유아에게 놀이를 하도록 격려하고 아울러 지도하고 보호해야 한다.

깊은 통찰력만 있다면 유아들이 노는 모습에서 그들의 내부적인 모습을 충분히 상상할 수 있다. 유아교육에서 놀이가 중요한 부분으로 교육과정을 구성한다. 그만큼 놀이는 유아들에게는 심각한 활동인 것이다. 놀이의 특징을 부각시키기 위해 듀이가 시도한 놀이, 일, 고역을 비교하고자 한다(한임순, 1989).

일이란 자의 혹은 타의에 의해서 장래에 어떤 목적을 달성하기 위하여 이루어지는 목적지향적인 활동을 말한다. 반면에 고역은 활동 자체에 대한 행위자의 관심이나 상정된 목적의식이 없이 외부의 어떤 압력에 의해서 마지못해 관여하는 활동을 말한다. 그러면 일과 놀이에 대한 견해를 보면, 후자는 무목적이고 흥미 본위적이며, 비실용적이며, 전자는 목적적, 결과적, 비흥미적, 실용적이다. 이 양자는 대립적인 것으로 생각하기 쉬우나 그것은 어디까지나 유아 놀이를 어른의 일에 대비시켜 생각하기 때문에 일어나는 착오이다. 그러면 유아의 놀이와 일은 전자에서 후자로 자연스럽게 이행되는 연속적이고, 입체적인 것이며, 구태여 그 차이를 둔다면 흥미가 순간적으로 활동 속에 있는지, 아니면 순서적으로 계속하는 활동 속에 있는지의 차이에 불과한 것이다. 유아들에게 있어서 놀이 그 자체는 일이기 때문에 놀이 속에 일이 포함되어 있다고 볼 수 있다. 유아 입장에서 보면 놀이는 하고 싶어 하는 것이며, 일이나 고역, 노동은 그들이 꼭 해야 하는 것이 된다. 이처럼 놀이는 유아들의 본성에 가까운 활동이다. 유아교육적인 측면에서 보면, 놀이는 중요한 사태를 심각하지 않은 방법으로 가르칠 수 있게 하는 것이다. 이것이 놀이의 유아교육적 가치이다. 그러나 놀이가 유아교육적으로 중요성을 가지려면 몇 가지 조건을 충족시켜야 한다.

첫째는 놀이가 광범위한 영역의 삶에 두루 적용되는 지식을 알게 해줄 때이고, 둘째는 고매한 성품이나 인격 혹은 심미적 태도와 기술 등을 습득할 수 있는 기회를 제공해주는 경우이다. 셋째는 놀이 하는 사태가 유아의 도덕성을 계발시키고, 여러 가지 점에서 유아의 일상생활과 비슷한 점이 있어야 한다. 놀이가 유아교육과 의미 있는 관련을 맺기 위해서는 유아교육현장에서 수행되는 놀이는 유아의 지적 작용과 무관할 때도 가치가 있지만, 지적 작용과 결부되어야 한다는 점이 중요하다. 여기에 대한 근거로는 듀이의 교육론을 정확하게 전달하려고 했던 이홍우(1997 : 25)의 설명이 있다.

> 오늘날 지식교육의 병폐를 지적하고, 그 대안으로써 '다른 종류의' 교육들을 제의하는 사람들은 혹시 스스로 '경험을 통한 교육', '행함에 의한 학습' 등이 듀이의 교육이론을 따르고 있다고 생각할지 모른다. 그러나 만약 그들이 정말로 그렇게 생각한다면, 그들은 훅(Hook)이 그토록 통렬히 비난한 '존 듀이의 배신자'가 되는 셈이다. 듀이가 교육은 '경험'을 통하여, 행함에 의하여 이루어진다고 말했을 때, 그가 말한 것은 모든 종류의 경험이나 행함이 교육적 효과를 가져 오는 것은 아니고, 경험이나 행함이 교육적 효과를 가져 오는 것은 그것이 지적 작용에 의하여 해석될 때에 한해서라는 것이다. 지적 작용에 의하여 해석되지 않은 경험이나 행함은 아무런 의미가 없는 맹목적인 경험이나 행함에 불과하다. 따라서 듀이의 교육이론이 지식교육의 중요성을 부정한다고 생각하는 것은 잘못이다. 만약 '지식교육' 그 자체가 교육의 암처럼 생각되는 경우를 본다면, 듀이는 분명히 지하에서 통곡할 것이다.

이상의 내용은 교육적 관점에서 놀이에 대한 듀이의 관점이다. 놀이를 통해서 모종의 지적 작용이 일어날 때 유아교육적으로 의미가 있다. 그럼에도 불구하고 놀이의 유아교육적 의미가 왜곡되는 것은 불행한 일이다. 놀이에 대한 진실이 왜곡된 진보주의 교육을 '교육의 토끼이론'(rabbit theory of education)이라고 한, 콜롬비아 대학의 부틀러(Butler)의 말을 음미해보아야 한다. 부틀러는 진보주의자들은 초원에 풀어놓은 토끼처럼 어린이들을 풀어놓는다는 것이다. 이는 항해도, 나침반, 방향타도 없이 바다를 향하도록 하는 것과 같다(신득렬, 2002). 유아교육현장에서 수행되는 놀이에는 반드시 유아교사의 교육적 지도와 역할이 필요한데, 그래서 자유놀이 시간이 아니라 자유선택활동 시간이 된 것이다.

이러한 문제를 지적하기 이전에 요즘 현실은 유아들이 노는 시간이 점점 줄어들고 있다는 사실이다. 한시라도 빨리 여러 가지 재능을 습득시키고 싶어 하는 성인들과 부모의 요구 때문이다. 유아들은 학원 등과 같은 사교육기관으로 내몰리면서 친구와 놀 수 있는 시간을 빼앗기고 있다. 또래와 놀 수 없는 문화는 또래 문화 형성의 기회를 상실하게 한다. 유아가 놀 수 있는 시간은 오직 유아교육기관밖에 없다는 사실이다. 오죽하면 유아교육기관에 등원하는 자녀를 위해 '잘 놀다 오세요.'라고 하겠는가? 평일 동네 놀이터에 유아가 노는 경우는 거의 없다. 유아교육기관에서 유아들이 진정으로 잘 놀고 있는가를 놀이의 유아교육적 가치 분석을 통해서 살펴보고자 한다.

2 놀이의 유아교육적 가치

놀이의 유아교육적 가치에 대해서는 상반된 입장이 존립하고 있다. 여기에 대한 전풍자(1981)의 연구에 의하면, 놀이의 유아교육적 가치를 옹호하는 입장은 '유아는 놀면서 배운다.'라는 전제하에서 가능한 자유롭게 놀 수 있는 공간과 기회를 제공해 주어 학습하도록 해야 한다는 것이다. 놀이를 중심으로 학습활동이 전개도록 권장한다. 이와 반대의 입장에서는 놀이는 학습에 비하여 이차적인 활동으로 이해하면서 학습에 비하여 놀이는 이차적인 활동으로 여긴다. 그리하여 '공부하고 놀아라.'는 일상적 표현처럼 놀이와 학습을 상반되는 개념으로 이해되고 있다. 이러한 두 입장은 모두 합목적적인 학습을 우선 일방적으로 강조하기 때문에 놀이적인 것이 아닌, 그 어떤 것으로 다루기 때문에 놀이의 가치를 평가절하할 수 있다. 이러한 점은 유아교육사에 그대로 나타났다. 휴식이론, 잉여에너지이론, 카타르시스의 이론으로 이어지는 몬테소리 교육방법에서는 놀이의 유아교육적 가치를 부정적으로 보고 있다. 몬테소리에 의하면, 환상으로 가득 찬 유아의 사고를 합리적으로 계발하기 위해서 몬테소리 교구를 제작하였다. 반면에 놀이의 유아교육적 가치를 인정한 루소, 프뢰벨은 놀이는 어린이 발달을 위해 본질적인 의미가 있음을 인정하였다(전풍자, 1981). 이를 요약하면, 먼저 놀이는 체계적이고 계획적이고 유용한 결과를 가져다 줄 능률이 없다는 측면에서, 유아의 자연적인 놀이를 합리적으로 가르쳐 더 높은 유아교육목적을 위해 이용하자는 주장이 있다. 반면에 놀이는 유아발달을 위해서 특수한 가치를 지닌 것으로, 놀이 속에서 모든 학습과정의 기초를 볼 수 있다고 주장한다.

이러한 입장이 공존하는 가운데서 유아놀이에 관한 문헌들은 놀이는 그 자체에 가치가 있으면서 외부의 목적을 추구하지 않는다고 주장하면서도, 놀이를 통해 유아의 신체, 언어, 인지, 정서, 사회성 발달을 꾀해야 한다고 주장하고 있다. 이것은 자기모순적 시각을 드러내는 것이다(유혜령, 2008). 놀이의 유아교육적 가치분석이 유아 놀이활동의 복합적 성격을 특정한 영역의 발달적 기능으로 축소시킬 수 있다. 또한 놀이의 한 결과로 이해되어야 할 발달을 놀이의 목표로 설정함으로써 놀이를 수단적 가치로 인식하게 만들 수 있다(유혜령, 2008). 유아가 과연 발달을 위해 놀이하는가?라는 물음은 놀이의 유아교육적 가치를 무용하게 한다. 놀이를 학습의 시녀로 인식되는 차원을 넘어서 유아가 놀이에서 무엇을 경험하며, 어떠한 놀이 현실에서 살아가는가?라는 체험적 의미를 인식해야만 한다. 유아의 놀이에 대한 과도한 환원주의적 해석은 놀이가 가지고 있는 즐거움과 흥, 진지함, 지형 확장의 감동 등을 간과할 수 있다.

그럼에도 놀이의 유아교육적 가치에 대해서는 여러 학자들이 나름대로 설득력 있게 주장하고 있는 것이 현실이다. 유아교사들도 부모나 주변인들에게 유아교육기관에서 놀이를 왜 그리 강조하는지에 대한 답변을 할 때, 여러 학자의 주장을 되풀이할 수밖에 없는 현실이다. 그 답변은 소박하지만 다음과 같다. 첫째, 놀이가 유아의 신체, 언어, 인지, 사회·정서, 문제해결력 등을 증진하는 데 가치가 있으며, 둘째, 놀이는 유아의 창의성, 운동발달의 가치를 가져온다는 것이다. 이러한 시각은 놀이의 유아교육적 효과란 발달심리학의 하위 영역인 신체, 언어, 인지, 정서, 사회의 차원을 의미하고 있다. 이러한 점에서 놀이가 곧 유아교육이라는 등식이 성립되고 있다. 이는 놀이의 가치를 유아교육의 발달적 측면으로 접근한 결과이다. 그 가치를 세분하여 분석해보면 다음과 같다(서현숙, 2007).

1) 신체발육

놀이의 유아교육적 가치는 유아 개인의 신체적 발육에 기여한다는 점이다. 놀이는 육체를 보다 힘세게 하고, 유연하게 하며, 강인하게 하고, 시각을 보다 정교하게, 손놀림을 보다 섬세하게 한다. 이것은 놀이 속에 다양한 운동기술과 지적 기술이 포함되어 있기 때문이다. 프뢰벨이 고안한 놀잇감인 '은물과 작업'과 몬테소리 교육방법의 교구들이 이를 보증한다. 이들은 손의 소근육을 강화한다. 놀이터의 놀이기구들은 대근육 발달을 강화한다. 놀이는 유아의 소근육과 대근육을 강화하여 신체발육을 돕는다.

2) 지식교육

이러한 유아교육에서 놀이가 가치가 있다고 하더라도, 학부모나 그 밖의 일반인들은 의문을 제기할 수 있다. 놀이중심 프로그램이 유아의 학업적 지식과 기술을 습득할 기회를 제공한다고 아무리 주장하더라도, 이들은 쉽게 수긍하지 못한다. 놀이를 통한 학습의 효과는 그다지 빨리 나타나지 않기 때문이다. 또한 놀이가 학업적 지식과 기술을 습득하는 목적에 이용됨으로써 놀이가 변질될 수 있다고 유아교육의 재개념론자들은 주장한다.

이러한 주장을 설득하기 위해 유아교육에서는 놀이의 특성을 유아교육에 적용시킬 구체적인 교구들을 제작하고 있다. 그 기원이 프뢰벨의 은물이다. 은물을 다룸으로써 유아는 수학의 기하학적 지식을 습득할 수 있다는 가정이다. 그 후 피아제나 비고츠키도 놀이가 유아의 지적 성장을 촉진시킬 수 있는 매체로 보았고, 놀이를 통한 유아의 지적 발달의 가치를 강조하였다. 피아제는 놀이를 통하여 수와 양에 대한 개념, 분류개념, 서열화 개념, 공간개념, 보존개념, 탈중심화, 가역성 등을 학습할 수 있음을 강조하고 있다. 특히 그가 강조한 상징놀이는 추상적 사고능력을 증진시킬 수 있음을 실증적으로 보여주었다. 한편, 비고츠키는 고등정신능력을 발달시키는 데 놀이가 중요한 요인임을 강조하였다. 상징놀이는 추상적 사고능력 발달에 결정적인 역할을 한다는 것이다. 이러한 이론적 배경을 바탕으로 놀이의 유아교육적 가치를 설명해야 하며, 또한 놀이가 유아의 인지능력 발달을 촉진시키는 실증적인 증거를 유아교육현장 속에서 제시할 수 있어야만 부모들을 설득시킬 수 있다.

3) 도덕교육

놀이의 유아교육적 가치를 반대하는 자들은 놀이가 유아의 도덕교육을 등한시한다고 비판한다. 놀고 있는 유아들을 지켜볼 때 언쟁과 격렬한 몸싸움이 발생하는 것을 보면 이들의 주장에 수긍이 간다. 그러나 놀이는 격렬하고 파괴적인 본능을 적극적이고 창조적으로 만족할 수 있도록 한다. 유아가 다른 유아들과 노는 상황 속에 참여하려고 하면 놀이 속에 내재된 규칙을 준수해야만 한다. 이 규칙은 본능을 억제하고, 더 나아가 문화양식을 배워나가게 한다. 이것이 놀이의 도덕적 가치이다. 진정한 놀이 속에는 규칙 존중, 정정당당함, 자제력, 공평함이 살아 숨 쉬고 있다. 이 요소들은 민주주의 기초를 배워가도록 한다. 공정한 경쟁, 권리의 평등, 페어플레이 정신, 승복 등은 민주주의 최고 덕목들이 아닌가? 이처럼 유아기의 놀이 규칙의 존중은 도덕성 증진에 토대가 된다. 더 이상 놀이의 도덕적 가치를 설명할 다른 무엇이 있는가? 또한 유아가 놀이 활동에 참여함으로써, 그리고 다른 유아의 견해나 역할을 가정해봄으로써 자아중심에서 벗어나 여러 가지 문제상황에 대처할 수 있는 도덕적 판단능력을 얻게 된다. 이 부분이 콜버그의 도덕성 발달이론의 주론인 것을 보면 놀이가 유아교육적으로 가치가 있음을 시사한다.

4) 사회 · 정서교육

놀이는 유아를 쉽게 또래집단의 일원이 되게 한다. 놀이를 통해 협동하는 법을 배움으로써 동질감을 갖게 한다. 놀이는 유아와 유아를 연결해주는 매개체가 되는 것이다. 이 놀이를 통해서 의사소통과 감정이입이 상호 발생한다. 또한 놀이를 통한 신체적 접촉은 긴밀한 유대감을 갖게 하며, 놀이터를 떠나서도 함께 있다는 의식을 갖게 한다. 놀이 친구가 이사 간 뒤의 그리움이 이를 뒷받침한다. 이처럼 유아와 유아 간의 강한 정서적 유대감을 형성할 수 있게 한다.

많은 학자들은 놀이가 인간의 정서발달과 밀접한 관계를 가지고 있음을 주장하였다. 특히 정신분석학자들은 부정적인 정서를 공격적인 놀이로 해소한다고 늘 주장한다. 이러한 부정적인 정서뿐만 아니라 긍정적인 정서 즉 자아개념 형성, 자아존중감, 자율성, 자신감, 인내심 등과 같은 건전한 정신을 형성시킨다. 유아들은 놀이를 하는 과정에서 주도권과 독립심을 경험하게 되어 이러한 긍정적인 정서를 갖게 된다. 비고츠키는 놀이 활동이 정서적 갈등을 조절할 수 있는 힘을 길러주는 요인으로 보았다. 유아가 놀이 활동에 참여하는 동안 멋대로 하고 싶은 행동과 규칙 간의 갈등을 겪게 된다. 이 과정에서 놀이를 지속하기 위해서는 즉각적인 유혹 행동을 포기하고 규칙을 준수할 수 있는 자기억제와 정서적 조절력이 있어야 한다. 결국 유아는 놀이를 통해서 자기억제력과 의지력을 습관화할 수 있다.

프뢰벨도 놀이에 열중하다가 잠든 유아의 얼굴이 가장 편한 것으로 보았지만, 안내와 방향 제시가 없이 유아가 구성하는 대로 그대로 방치하는 비구조화 놀이는 비교육적이라고 할 수밖에 없다. 즉, 계획된 환경 속에서 놀이의 안내와 방향 제시가 있을 때 비로소 올바른 유아교육이 될 수 있다. 이러한 본질적인 측면과 더불어 놀이가 유아교육적으로 가치를 가지려면 최근에 제기되고 있는 주장을 새롭게 인식하여야 할 것이다.

3 놀이에 대한 재인식

놀이에 대한 연구동향을 분석한 이시자(2010)의 연구에 의하면, 놀이와 발달과 관계를 조사한 연구가 전체 연구 중에서 38%(놀이와 유아의 사회·정서발달이 전체의 30.5%, 인지발달과 놀이의 관계가 17.8%)를 차지하고 있는 나타났다. 이것으로 보아, 유아의 제 발달과 놀이와 관계를 증명한 연구들이 유아놀이 연구에 주류를 형성하고 있다고 볼 수 있다. 유아의 발달 영역과 놀이와의 관계 검증이 많이 수행된 것으로 보아 놀이가 유아교육에서 중요한 부분이라고 할 수 있다. 하지만 강석현, 황윤세(2005)가 지적한 바와 같이, 놀이와 발달의 관계는 유아 놀이를 위한 기초 자원으로, 연구동향의 흐름을 이해하는 수준에서 논의되어져야 한다. 발달적 차원에서 당위에 대한 전제가 없기 때문에 유아교육적 가치에서 비판받기 때문이다.

이러한 현실에서 기존 유아놀이론에 대한 재개념화 관점에 주목할 필요가 있다. 먼저 전풍자(1981)는 현상학적인 관점에서 놀이를 원현상(源現象)으로 보면서 놀이를 8가지로 특징짓는다. 즉, 놀이는 목적자유성, 자발성, 내적인 무한성, 가상성, 행위하는 대결, 폐쇄성, 현재성, 반대감정의 병존을 그 특징으로 하는 어떤 움직임의 원현상으로 기술하고 있다. 놀이의 이러한 특성은 놀이마다 그 강조점이 다르게 나타나고, 모든 특성들이 동시에 나타나는 것이 아니라고 본다. 학습이 무의도적이고 많든 적든 간에 우연히 이루어지는 행동유출과 행동변화를 포함하고 있어, 유아의 놀이가 학습의 전형이 될 수 있다고 본다. 적어도 이론적인 수준에서 놀이와 학습은 행동방식이나 유사성, 교차점이 있기 때문에 현상적인 관점의 놀이의 특성이 학습과정의 특성을 대변해 준다고 본다. 단, 놀이를 통하여 학습한다는 것은 놀이의 본질적인 특징들이 진지하게 받아들여 실현되어야 한다.

한편, 유혜령(2008)은 기존의 놀이교육론에서 강조되고 있는 놀이유형, 놀이에서 현실 세계와 가상 세계의 해체, 놀이와 일의 개념적 대립의 해체를 주장하였다. 첫째, 관념적 놀이 유형의 해체이다. 유아 놀이교육론에서는 관념적인 놀이 유형의 범주 및 준거들은 유아 놀이 활동을 분석하는 데 있어 기본적인 방향을 제시해 준다는 점에서 의의가 있다. 이 유형은 유아가 실제로 놀이를 할 때 드러나는 복합적이고, 다면적인 질적 특성을 얼마나 충실하게 포착할 수 있는가에 대한 의문을 낳게 한다. 유아는 실제로 놀이에 몰두하면서 놀이 제 유형의 경계를 거침없이 넘나들며 통합되어 변형, 확장, 소멸되는 모습을 나타낸다. 또한 놀이 상황에서 유아는 놀이의 가상 세계와 현실 세계가 빈번히 중첩되면서 끊임없이 이탈과 재진입, 변형을 이루어 간다. 이처럼 유아의 놀이를 유형별로 구분하는 것은 극히 어렵고, 유형별로 기본적인 놀이 요소를 제대로 갖춘 균형적이고 안정적인 놀이 행위는 드물게 발생한다. 실제로 유아교육에서는 놀이의 통합적이고 다면적인 성격을 고려하여 영역 간, 유형 간 통합적 운영을 장려하고 있다. 둘째, 현실 세계와 가상 세계에 대한 이분법적 전제에 대한 해체이다. 유아의 놀이 상황은 현실 세계를 단순히 모방하는 행위가 아니라 또래 문화에서 상호주관적 합의를 이룬 놀이 수행방식을 실천한다. 유아는 놀이에서 또래들 간에 합의된 가상의 보편적 행동목록에 의한 놀이의 노는 방식을 재현한다. 유아는 놀이 활동에서 노는 방식을 학습하고 '노는 것을 놀이하기'를 배운다. 완성된 각본보다는 각본을 구성해나가는 과정이 놀이의 주요한 부분이 된다. 유아 놀이에서 현실 세계와 가상 세계를 이분법적으로 구분한 놀이는 재고되어야 한다. 셋째, 놀이와 일의 비합리적인 개념적 대립의 해체이다. 유아교육에서 놀이와 일의 개념적 구분은 절대적인 것이 아니다. 유아가 놀이활동 자체 내에 몰입되어 내재적 희열을 느끼고, 다음 활동의 방향을 암시받으며 집중해나갈 때 놀이와 일의 이분법적 구분은 무의미해진다. 유아놀이의 즐거움은 즉각적인 호기심과 감흥을 불러일으키는 적극적인 동기유발적 요소, 비교육적으로 알려진 숨겨진 이면 활동(교육적으로 금기시되어 온 것이라도 또래와의 즐거움을 공유)이 있는 반면에, 놀이에 몰입함으로써 얻어지는 진지함과 충만감을 통한 즐거움도 있다. 놀이의 내용에서 대한 본질적인 흥미와 희열로 연결되지 못할 때 놀이가 일로 변화된다는 것이다. 이처럼 기존의 놀이교육론에 대한 비판적 시각이 제기됨에 따라 유아 놀이교육에 대한 방향이 설정되고 있다.

놀이는 그 자체로서 가치를 가지며, 유아교육은 그 자체의 가치를 지향하는 구조성을 가지고 있다. 놀이가 가지는 특성이 유아교육의 특성으로 질적으로 전환되어야 참다운 교육이 될 수 있다는 강현석, 황윤세(2005)의 주장에 관심을 가질 필요가 있다. 이들은 놀이이론의 재개념화를 통해 놀이를 유아교육과정에 통합화하는 전략으로 옴니버스(Omnibus), 몰입(Immersion), 해득(Integrated Understanding)을 제기하고 있다. 옴니버스 전략의 놀이중심 교육과정에서는 유아교사가 총제적인 영화감독자의 역할을 수행하여야 한다. 유아 각각의 개인 관심사, 집단 각각의 주제, 영역의 각각의 작은 목소리를 소중하게 받아들여 민감한 반응과 아울러 이를 개별적으로 확장시켜주어야 한다. 몰입 전략 측면에서 유아교육과정은 몰입적 체험이 가능하게 하여 최적의 경험을 구성될 수 있도록 한다. 유아들과 관련된 모든 영역과 활동을 일상의 놀이 선상에 둔다. 해득 전략은 유아가 놀이를 통해서 이해하는 차원을 넘어서 탐구의 활동이 수반되어 현상의 질서를 파악하는 사고방식을 촉진시켜야 한다. 결국 유아놀이교육은 유아기의 즐겁고, 몰두하고, 지속적이고, 진지하고, 유의미한 놀이경험이 성인이 된 후에도 이같은 눈과 마음으로 세상을 대하는 성향을 지속시켜야 한다.

이처럼 놀이에 대한 새로운 인식을 바탕으로, 유아교육에 놀이를 접목하여야 놀이의 가치와 유아교육의 가치가 동시에 실현될 수 있다. 놀이가 유아의 발달적 영역을 자극할 것이라는 논리에서 벗어나, 놀이의 참다운 모습을 현상적으로 직시하여 이를 유아교육의 가치로 승화시킬 수 있는 안목을 가져야 할 것이다. 그러한 일환의 하나가 자유놀이에 대한 시각이다. 발달론적 관점에서 보면, 자유놀이에 대해서 교사의 적극적인 개입을 요구하고 있다. 반면에 재개념주의자들은 자유놀이에서 교사의 개입과 같은 사회적 상황이 오히려, 진정한 의미의 자유놀이를 방해한다고 본다. 유아교사가 유아 자유놀이에 적극적으로 개입하는 순간 간섭, 통제가 되어 놀이의 본질적 의미가 상실된다고 본다. 놀이의 주체인 유아의 관점에서 보면 진정한 유아중심으로 자유놀이가 이루어지 않기 때문이다. 이에 양옥승, 이정란, 나은숙(2002)의 연구는 다음과 같이 자유놀이가 되기 위한 조건을 제시하였다. 유아에게 자유놀이가 진정으로 인식되기 위해서는 유아가 자유로운 선택의 기회를 가져야 하며, 논쟁의 여지가 있지만 유아는 자유놀이와 자유놀이가 아닌 것을 구분하는 데 있어서 재미가 있어야 자유놀이라고 인식한다. 유아교사의 통제가 어느 정도 있느냐에 따라 자유놀이가 인가 아닌가를 판단한다는 것이다. 이처럼 놀이에 대한 변화되는 시각을 지속적으로 유지하면서 유아교육의 이론과 실제를 바라보아야 할 것이다.

이러한 의미에서 쿠슈너(Kuschner, 2007)의 연구에 관심을 가져 볼 필요가 있다. 유아교육과정 내에서 놀이가 수행될 때 유아교사의 개인은 유아의 자율성을 제한하여 놀이의 본질을 훼손할 수 있다는 지적, 더불어 대부분의 놀이연구는 보편적 유아(universal child)를 전제하고 있어, 각 문화권의 특정 놀이가 어떤 발달을 거치며, 유아교육적 가치가 어떤 것인가에 대한 정보를 제공해주지 않는다는 점이다.

4 디지털 매체

놀이가 성인의 삶에서 발생하였다는 사실에 비추어 보면 현대 유아의 놀이 속에는 대중매체가 필연적으로 포함될 수밖에 없다. 특히 디지털 기술을 활용하는 대중매체들과의 접촉은 일상생활이 되었다. 디지털 기술의 혁신적 발달은 부수적으로 여러 가지 게임을 파생시켰다. 각종 포털사이트에 개설된 게임들이 이를 뒷받침한다. 이런 게임들이 유아 놀잇감으로 유아교육적 가치가 있는가에 대한 의문을 제기할 수 있다. 설령, 이 게임들이 유아교육적으로 가치가 없다 하여도 유아들의 접속을 무엇으로 막을 것인가를 생각해보면, 오히려 디지털 게임들을 어떻게 접할 것인가에 대한 태도를 배양해주는 것이 유아교육적으로 타당하다고 생각된다. 디지털 시대를 사는 유아들과 디지털 매체와의 접촉은 필연적이라는 사실이 디지털 기술의 발전을 가속시키기 때문이다.

유아는 하루 종일 유아교육기관에 있는 것이 아니다. 유아는 집에서 혹은 길거리, 기타 장소에서 생활을 한다. 이 생활 속에서 유아는 다양한 정보를 접하게 된다. 유아가 정보를 접하는 매체에 관한 경험적 연구들의 결과를 증거로 제시하지 않더라도, 대중매체와 가장 많이 접한다는 것은 쉽게 알 수 있다. 디지털 기술의 혁신은 필연적으로 정보화 사회를 도래하게 하였다. 정보화 사회에서 생활하고 있는 유아는 디지털 기술을 활용하는 대중매체와 빈번한 접촉을 할 수밖에 없다. 이 과정에서 각종 정보가 무한으로 유아들에게 제공될 수 있다. 예를 들면, 각종 문화와 정보가 개방망으로 연결된 인터넷만 하더라도, 유아가 쉽게 성인세계를 접촉하는 데 용이하도록 되어 있다(신옥순, 2005).

각종 문화와 정보라는 용어는 가치어가 아니라 가치중립어이다. 유아들에게 가치 있고 유익한 문화와 정보를 제공해주는 대중매체는 유아교육 매체로 적극 활용하여야 하지만, 대중매체 전체가 유아들에게 미치는 영향력은 유아교사의 힘을 능가한다. 이 힘은 조직적이며 무차별적으로 유아들에게 영향을 미친다. 유아교육은 이들로부터 학습자를 보호하는 동시에 그러한 상황 속에서도 독립적으로 사고하고 판단할 수 있는 능력을 배양해주어야 한다. 교양을 통해서 대중의 지적, 도덕적, 예술적 수준을 향상시키려고 시도했던 많은 교육학자들을 생각하면, 유아기 때부터 대중문화의 범람에 무기력하지 않도록 유아를 교육해야 한다는 것은 필연이다.

또한 유아들도 온라인 가상세계와 접촉할 기회가 증가하고 있다. 벌써 영리 추구를 목적으로 조기교육에 온라인 가상세계 프로그램이 개발되어 판매되고 있다. 유아들은 가상세계가 가져다주는 여러 가지 정보들에 호기심을 많이 갖는다. 현대적인 삶을 살아가는 사람이라면 이는 누구나 당연한 현상일 것이다. 그런 면에서 유아와 같은 어린 사람에게 디지털 정보를 접하는 태도를 길러주는 것이 유아교육이 지향해야 할 방향이다.

먼저 디지털 정보를 해득하는 데 있어서 가장 기본이 되는 것은, 첫 번째로 가상세계와 현실세계를 구분하게 하는 능력이다. 가상세계는 컴퓨터와 같은 디지털 매체를 통해서만 볼 수 있고 컴퓨터를 끄면 사라지는 세계이다. 현실세계를 바탕으로 하여 가상세계가 존재하는 것이다. 가상세계와 현실세계의 관계, 나아가서는 구분 능력을 인식시켜야 한다. 그래야만 온라인 게임의 사이버머니를 받기 위해서 실제로 찾아다니는 현상이 일어나지 않을 것이다. 두 번째는 디지털 가상세계에게 몰입하면 현실세계로부터 도피하고자 하는 욕망을 충족시켜 주어서 게임중독 내지 '컴퓨터 아이'가 되어버리기 쉽다. 게임 즐거움에 빠져 밤을 지새우는 아이를 막기 위해서는 디지털 정보를 활용하는 습관, 즉 절제력을 교육시켜야 한다. 세 번째는 디지털 가상세계에 주고받는 대화, 예컨대 문자표기방법은 문해력을 습득하려고 하는 유아들에게 치명적 악영향을 미칠 수 있다. 더불어 디지털 가상세계의 도덕들도 가르쳐야 한다. 반말, 욕, 허위사실 유포 등과 같은 비도덕적 행위를 방지하기 위한 교육도 유아기 때부터 이루어져야 한다. 그리고 글자 쓰기와 컴퓨터 자판기 사용법 중 어느 것을 먼저 가르쳐야 하는지, 이 부분에 실증적 증거를 제시하여 부모들의 고민을 해결해주어야 할 것이다.

유아의 놀잇감으로 디지털 매체는 아주 유용한 놀잇감이 될 수 있다. 종종 유모차를 탄 유아가 부모의 휴대폰에 몰입하는 경우를 자주 볼 수 있다. 휴대폰의 시각적 요소에 자극되어 호기심이 발동한 결과로 보여진다. 이처럼 디지털 매체의 혁신적 발달은 유아의 성장과 발달에 어떠한 형태로든지 영향을 미치게 된다. 디지털 매체의 원형이든 모형이든 유아의 놀잇감으로 제공될 수밖에 없다. 결과적으로 디지털 매체에 대한 인식과 태도를 배양하여 올바른 사용법을 갖도록 해야 한다.

이처럼 놀이에 대한 본질적 이해가 관점에 따라서 다르게 해석되더라도, '놀이를 통한 유아교육'은 유아교육의 상징적 의미를 부여한다. 유아교육기관의 환경구성이나 활동이 모두 놀이를 중심으로 구성되어 있기 때문이다. 놀이를 통한 유아교육이 지향해야 할 궁극적인 방향은 인지, 사회, 창의, 도덕 등 여러 분야일 수 있다. 유아교육의 실제는 늘 도덕적인 것을 지향해야 하며, 이러한 유아도덕교육에 대한 논의는 다음 제12장에서 다루고자 한다.

CHAPTER 12

유아도덕교육

유아도덕교육에 대한 견해는 유아교육의 정의만큼이나 다양하고 복잡한 양상을 나타내고 있다. 유아도덕교육에 대한 방향, 내용, 방법은 그만큼 논쟁적이다. 이러한 양상에다 최근에는 포스트모더니즘적 유아도덕교육관이 나타남으로써 더욱더 논의가 심층적으로 전개되고 있다. 유아교육과 유아도덕교육은 밀접한 관련을 맺고 있다. 이 장에서는 유아도덕교육의 쟁점, 방향, 내용을 중심으로 논의해보고자 한다.

1 유아도덕교육의 쟁점[15)]

유아교육기관은 유아들의 지적 발달을 도모하는 곳이며, 도덕발달은 가정이나 종교기관, 사회에서 담당하는 것으로 간주하기 쉽다. 물론 가정이 유아의 도덕발달에 일차적 책임이 있다는 것은 사실이다. 그러나 현대사회 구조에 의해서 유아들은 많은 시간을 유아교사들과 함께 보내고 있으며, 유아교사들의 도덕적 의식, 판단, 행동을 모방하고 내면화한다. 유아교육기관은 유아의 지적 발달과 더불어 유아의 도덕교육을 실시해야 한다.

전통적으로 유아도덕교육은 덕목을 가르치는 방법이 주류를 이루었다. 덕목식 도덕교육방법 혹은 밥상머리 교육이라고 불렸다. '~하라', '~하지 마라'는 식의 도덕교육방법이 주류를 이루었다. 옳고 그름의 판단을 외현 행동에 따라 판단하는 것이었다. 주로 '~마라', '~하라' 식이었다. 이러한 방법의 문제는 왜 옳은 행동을 해야 하는지, 하지 말아야 하는지에 대한 이유를 제시해주지는 못하였다는 점이다. 그래서

15) 본 절은 임상도(2010). 유아교육철학(서울: 동문사). pp. 148-170의 내용을 부분적으로 수정한 후 기술한 것임.

잘못하면 세뇌화에 빠질 위험성이 늘 있는 것도 사실이다. 이러한 전통적 도덕교육 방법에 대한 비판은 역사적으로 늘 제기되어 왔다.

소크라테스 이후 도덕교육을 지성과 결부시켜야 한다는 주장은 항상 있어 왔고, 이를 이론적으로 체계화한 유아교육철학자가 콜버그였다. 소크라테스가 일찍이 언급했듯이, 지성이 고도로 발달하고 훈육되어 있다면 선택과 행동의 결과를 정확하게 예측할 수 있다. 인간의 사악한 의지와 연약한 의지가 문제가 되지만, 이것도 일종의 지성이 결여된 결과라고 할 수 있다. 루소는 유아기 도덕교육은 '해야 한다', '해서는 안 된다'는 식의 타율적인 경향에 대하여 강하게 비판하였다. 대신 유아는 자연적 결과에 의해서 도덕을 배울 수 있다고 주장하였다. 자연에 의한 경험으로부터 스스로 도덕적 행동을 스스로 배운다는 것이다. 이러한 주장에 힘입어 콜버그는 철학적, 심리학적으로 인지발달과 도덕성 발달이 깊은 연관이 있음을 실증적으로 규명하였다. 콜버그의 도덕성 발달이론이 유아교육에서 주목을 받았던 이유는 피아제의 인지발달을 바탕으로 제시되었기 때문이다. 이러한 점은 유아교육의 목적, 내용, 방법 등을 정립하는 데 풍부한 이론적 근거를 제공해주었다. 그 결과 유아도덕교육은 도덕적 판단능력을 길러주어 시간이 지남에 따라서, 즉 인지발달과 함께 도덕성 발달이 수단되어 종국에는 보편적 가치관을 소유한 자율적 인간을 양성하려고 하였다. 이러한 것은 유아교육에 인지발달이론이 가져다 준 하나의 큰 선물이었다.

그 후 각종 유아교육 프로그램마다 유아기 도덕교육은 유아들에게 도덕적 사고능력을 배양하는 대로 초점을 맞추게 되었다. 이러한 방향은 유아교육에서 권장할 수 있지만, 문제는 전통적인 유아도덕교육에 대한 비판적 고찰 없이 진행되었다는 점이다. 유아교육이 그러하듯이 유아도덕교육도 한 가지의 관점을 고수하면 편견에 늪에 빠져 전체적인 안목을 잃어버린다. 콜버그는 덕목식 유아도덕교육이 윤리적 상대주의를 해결하는 데 비효율적이고, 세뇌나 권위주의에 빠질 위험이 있기 때문에 이를 반대하였다. 인지발달적 관점을 가진 콜버그는 전통적인 유아도덕교육은 도덕적 판단능력을 배양하는 데 무용하다고 본 것이다. 유아도덕교육은 인습이전 수준 단계 1, 단계 2에서 나타나는 것처럼, 유아의 도덕 판단 기준에서 외적 권위자에 크게 의존한다. 이에 유아도덕교육은 이러한 권위로부터 벗어나 이성적 판단을 하게끔 발달을 자극하는 것이다. 유아도덕교육의 내용은 교사나 부모에게 전통적인 덕목들을 제시하기보다는 일상생활에서 발생하는 도덕적인 문제들을 그 내용으로 할 것을 권고하고 있다. 유아도덕교육의 방법 중의 하나는 도덕적 개념을 통합하고 재통합을 위한 토론이다. 이를 위해 보다 높은 단계에 노출하기, 현재 도덕적 판단과 대비되는 문제상황을 제시하기, 의견의 상호교환과 대화의 분위기 조성 등을 예로 들 수 있다.

이러한 콜버그의 유아도덕교육 이론에 대하여 피터스, 디어든(Dearden) 등은 의문을 제기하였다. 유아에게 도덕적 규범과 가치를 가르치지 않고, 어떻게 원리화된 도덕적 사고력을 계발시킬 수 있겠는가에 대해서였다. 그리고 정의, 보편적 가치 등과 같은 추상적 사고력을 요하는 판단력을 가르치기보다는 실제적인 절제, 관용, 긍지, 성실 등과 같은 덕목을 가르치는 것이 유아 수준에 맞는다는 입장을 제시하였다. 그 결과 유아도덕교육의 방향은 콜버그의 도덕성 발달이론과 피터스가 주장하는 전통적인 도덕교육을 도입하고 있다. 문제는 피터스, 디어든 등이 우려했던 것처럼 어떻게 세뇌 없이 이러한 덕목을 가르치는가 하는 것이다. 이러한 유아기 도덕교육이 갖는 가장 큰 우려는 타율성과 권위주의의 극복이다.

이를 위해서는 첫째, 왜 그러한 덕목을 습관처럼 가져야 하는가에 대한 합리적인 이유를 충분히 제시하여, 유아들이 스스로 그 이유를 합리적으로 판단하게 하는 것이다. 둘째, 옳다는 것을 스스로 자각하게끔 일상생활 속에서 법, 규칙, 관습 등을 체험하게 하는 것이다. 유아교사는 도덕교육의 주제를 선정할 때 갈등적 상황이 반영되도록 해야 한다. 이러한 대안을 갖고 본다면, 유아기 도덕교육에 대한 덕목식 접근과 인지발달적 접근 사이의 견해 차이는 어느 정도 합일점을 찾을 수 있다. 문제는 유아의 도덕적 성장·발달을 어떻게 가속화시킬 것이며, 또한 그와 관련된 몇 가지 부작용을 가능한 최소화해야 한다는 것이다.

한편, 유아는 지위나 힘에 의해서 인간 생명과 같은 가치도 달라지는 것으로 인식하는 경향이 있다. 이것은 유아기 발달단계의 특성이다. 처벌에 대한 두려움에서 상과 같은 긍정적인 희망으로 수정된다면, 도덕성 발달단계 이행을 더욱더 자극할 수 있을 것이다. 즉, 현행 유아의 동화나 그림책의 이야기 구성이 처벌보다는 긍정적인 보상으로 구성된다면 훨씬 더 단계 이행이 쉽게 일어날 것이다. 주의할 것은 이돈희(1986 : 245)의 지적이다. "현재 나와 있는 대부분 책들의 주인공은 아름답고 착하고 용감하게, 그 적은 악하고 추하다는 식으로 이분화됨으로써 추한 사람과 악한 사람을 동일시하도록 할 위험이 있다." 유아는 서로 다른 종류의 가치를 동일시하는 경향이 강하기 때문에 도덕교육에서는 주의가 필요하다. 또한 유아도덕교육은 우화나 동화를 통해서 실시되는 경우가 있다. 동화와 우화가 이해되려면 도덕적 개념들과 규칙에 대한 이해가 선행되어야 한다. 그것이 선행되지 않으면 우화나 동화가 주려고 하는 교훈을 알지 못한다. 루소도 유아들에게 이솝우화 등을 들려주는 것을 금지하였다. 우화는 어른을 교화하기 위해 쓰인 것이다. 우화를 읽는 유아는 작가의 의

도와는 반대되는 생각을 갖는다는 것이다. 예를 들면, 여우와 까마귀의 우화에서 까마귀를 비웃고 여우를 좋아한다는 것이다.

부도덕의 원인 중에 많은 부분이 감정, 정서, 욕망을 통제하지 못하는 데서 비롯되는 것을 보면, 도덕교육과 정서교육은 밀접한 관련을 맺고 있음을 알 수 있다. 질투, 죄의식, 시기, 공포, 자신감, 사랑과 같은 정서들도 도덕과 밀접한 관련이 있다. 이러한 점에서 유아기 도덕교육은 정서교육을 염두에 두어야 한다. 유아가 규칙을 어긴다면 기분이 나쁘게 느껴지도록 가르쳐야 하고, 규칙을 지킨다면 기분이 좋게 된다고 가르쳐야 한다. 도덕적인 사람은 자신과 타인의 감정을 알고, 그들의 이익이 무엇인지를 아는 사람이기 때문에 자신의 감정과 관계없이 합리적으로 사고하고 행동하는 안정된 기질을 가진 사람이며, 타인의 감정을 배려한다. 유아도덕교육이 유아의 사회·정서교육과 동시에 실시되어야 함이 여기에 있다. 유아도덕교육에서 정서를 배제하면 자신의 감정을 통제하기 어렵고, 타인에 대해 무감각한 유아를 양성할 수 있다. 이러한 점에서 마틴의 주장, 즉 인지적 측면과 정서적 측면을 통합하는 교육은 설득력이 있다고 보여진다. 앞으로 유아도덕교육은 새로운 지평을 열어야 할 것이다.

2 유아도덕교육의 방향

앞에서 논의한 고전적 유아도덕교육의 논쟁점은 유아도덕교육이 내용위주의 접근이나 형식위주의 접근이라는 어느 하나에 집중을 지양하고, 양자의 조화로운 방향을 추구하는 통합적 접근으로 방향 짓고 있다(허미화, 2006). 이에 유아도덕교육은 특정 상황에서 어떻게 행동하며, 왜 그렇게 행동해야 하는지에 대한 생각과 대화를 강조하면서 예화를 통해서 덕목을 제시한 후 이를 실천하고 습관화하고 있다. 이러한 유아도덕교육이 실시되고 있는 현장에서 실제로 발생된 것인가를 숙고하여 보면 유아도덕교육의 대안이 될 수가 없는 듯하다.

지금까지 연구된 유아도덕교육 동향 분석을 보면(오채선, 염지숙, 2007), 유아도덕교육의 실천은 세 가지로 인식되고 있었다. 첫째, 유아의 도덕적 추론을 발달시키는데 목적을 둔 교육으로 인식, 둘째, 사회성 발달프로그램 또는 기본생활교육으로 인식, 셋째, 민주시민교육으로 인식이다. 이 세 가지 인식을 주도한 연구들은 발달론적 관점에서 양적인 접근 방법을 실시하고, 피아제나 콜버그의 이론에 근거한다. 최근 페미니즘과 포스트모더니즘 관점에서 전통적인 도덕교육은 합리성과 자율성을 강조하는 자유주의를 근거로 하기 때문에, 공정한 도덕적 관점을 갖지 못한다고 비판을 한다. 도덕이란 규격화되고 처방된 일련의 덕목들이 아니며, 문화가 변천되면서 구성원들이 갈등과 합의를 통해서 점차적으로 형성해 가는 구성물이라고 본다(오채선, 염지숙, 2007). 이처럼 피아제와 콜버그의 발달이론 관점에 대한 비판과 함께, 포스트모더니즘 관점에서 문화적, 다문화적, 배려 윤리의 측면에서 도덕교육연구가 이루어지고 있다. 맥가든(McCadden, 신옥순 역, 2000), 고미경, 오채선의 연구(참여관찰의 질적연구)에 의하면, 도덕성은 일방적으로 형성되는 것이 아니며 즉, 이미 만들어진 특정 내용을 가르치는 것이 아니라는 것이다. 대신에 상호 간에 구성되는 것으로 보면서 유아교육현장에서 실제로 도덕을 어떻게 경험하고 있는지에 대해 관심을 갖고 있다(오채선, 염지숙, 2007). 맥가든(2000)은 유치원 교사들이 직면하고 접하고 있는 도덕적 문제와 도덕교육의 모호함을 지적하면서, 도덕적 쟁점이 교육 상황에서 어떻게 다루어지는지를 보면서 유아도덕교육과정을 재개념화 하려 하고 있다.

도덕성이 구성되는 것이며 이러한 과정에서 도덕적 지식이 형성된다는 측면에서, 유아도덕교육을 보아야 할 것으로 보인다. 도덕성이 규칙이나 인지적인 성향으로만 제한되는 특성이 아니라는 점을 상기하면서 사회 속에서, 역사 속에서, 관계 속에서 구성된다는 측면에서 유아도덕교육을 보아야 할 것이다. 오채선, 염지숙(2007)의 연구에 의하면, 첫째, 인지발달론적 관점의 도덕성이나 도덕적 판단은 유아 개인의 능력만을 강조하고 있음을 비판하면서, 유아들이 경험하는 도덕교육은 '관계'에 기초를 통해서 나타남을 밝혔다. 즉, 유아들은 관계를 맺고 있는 관계에 기초하여 도덕적 판단을 한다는 것이다. 유아는 관계를 맺고 있는 사람의 반응이 행위 도덕성을 판단하는 중요한 기준이 된다는 것이다. 유아도덕교육은 도덕교육이 실천되는 상황에서 관계를 통해 나타난다는 관점에서 재개념화를 할 필요가 있다. 핵심은 공정한 보살핌의 도덕교육이다. 둘째, 유아는 유아교사가 전달하는 도덕을 일방적으로 전달받지 않고, 자기의 도덕적 기준과 일치하는 경우에 유아교사가 전달하는 도덕을 자연스럽게 받아들였다. 유아도덕교육은 구성원들의 합의에 의해서 구성되어야 한다는 관점으로 재개념화되어야 할 것이다. 셋째, 유아도덕교육을 가르치는 방법 자체에 합리적인 사고과정이 포함되어야 한다. 유아도덕교육의 내용 자체가 합리적인 사고과정을 포함하도록 재개념화할 필요가 있다. 이는 가르쳐야 할 것에 대한 가치론적 문제에도 관심을 가져야 한다.

이에 유아도덕교육은 첫째, 기본생활습관 형성, 도덕적 판단능력의 발달을 동시에 고려해야 한다. 예절, 질서, 공동체의식, 자신감, 책임성 등의 덕목교육을 통해서 긍정적인 자아개념을 현성하고, 동시에 도덕적 판단능력을 통해서 또래 유아와의 관계를 이해하고, 배려할 수 있는 지식과 태도를 익힐 수 있도록 해야 할 것이다. 둘째, 유아도덕교육은 국가적인 차원의 유아교육과정에서 강조하고 있는 질서 지키기, 예절 지키기, 공중도덕 지키기를 강조하면서, 다문화가정의 유아, 결손가정의 유아, 양성평등 등을 포함하는 유아도덕교육을 지향해야 할 것이다. 셋째, 유아의 도덕적 판단을 올바른 행위로 실천되도록 하기 위해서는 유아도덕교육에서 정서적인 측면도 고려해야 할 것이다. 넷째, 유아도덕교육은 유아로 하여금 차이와 다름, 그리고 다원성을 인정할 수 있도록 기초적인 면을 강조해야 할 것이다(양옥승, 이정란 2003).

이러한 관점에서 좀 더 넓은 안목을 갖고, 다양성과 개방의 시대에 적응할 수 있도록 유아도덕교육의 범위를 확대해야 한다. 유아들의 삶에 직접적인 영향을 주는 요인을 중심으로 한 새로운 도덕교육의 내용, 방향이 선정될 필요가 있다.

3 유아도덕교육의 핵심 내용

최근 다문화가정의 증가, 가족구조의 변화, 양성평등실천과 같은 사회적인 관심은 유아의 도덕교육의 필요성을 더욱더 자극한다. 이러한 사회적인 문제를 유아교육에서 어떻게 수용하고 실천할 것인지, 그리고 그 적응 방안을 어떻게 새롭게 할 것인지가 유아도덕교육의 새로운 과제이다. 그 방안의 하나로 공존을 위한 유아도덕교육이 제시되어야 할 것으로 보인다.

1) 다문화가정과의 조화로움

21세기 사회구조는 다양하다. 다양한 관점이 공유하는 사회 속에 함께 살아가기 위해서는 서로를 인정하고 수용하는 자세를 갖는 것이 무엇보다 중요한다. 예를 들면, 도시나 농촌 가릴 것 없이 유아교육현장은 다문화가정 자녀들의 취원율이 매년 증가하고 있다. 이것은 우리 사회가 산업사회로 전환하면서 남긴 흔적이다. 다문화가정 자녀들의 교육을 어떻게 할 것인가? 이것이 유아교육의 큰 과제로 부각되고 있다. 그 핵심은 일반가정의 자녀와 다문화가정의 자녀 간의 이질적인 요소를 어떻게 하면 융합할 것인가이다. 즉, 외모, 서툰 언어, 다른 습관 등으로부터 편견을 갖지 않도록 하는 것이다. 이를 유아교육에서는 반편견 교육이라고 지칭해 왔다. 편견은 충분한 근거 없이 사람이나 집단에 대해서 부정적 판단을 하게 한다. 특히 이성적 판단능력이 부족한 유아들의 경우 다른 외모, 태도를 보면 즉흥적으로 부정한 판단을 내리기 쉽다. 유아들이 편견을 가질 수 있는 것은 능력, 나이, 외모, 계층, 문화 차이, 성, 가족구성 등이다(구정화, 박윤경, 설규주, 2001).

우리나라는 다문화가정의 출현으로 외모와 가족구성 등이 편견의 주요인으로 자리 잡기 쉽다. 단일민족만을 너무 강조하는 전근대적인 차원에서 벗어나는 것이 급선무이며, 그 후 우리가 살고 있는 지역 내에서 다문화가정과의 차별과 편견이 발생하지 않도록 하는 도덕교육이 이루어져야 한다. 이것이 유아교육이 급히 해결해야 할 시대적·사회적 요구이다. 다문화가정 자녀의 정체성 확립과 대한민국 국민으로서의 자긍심, 국제인으로서의 자존심을 갖도록 교육과정을 구성하는 일이다. 이와 관련한 유아도덕교육의 주요 개념은 차이, 다양성, 존중, 수용의 개념을 형성하는 것이다. 유아에게 서로의 차이를 인정하고 다양성을 존중하고 모든 것을 수용할 수 있는 자제를 갖도록 하는 것이다.

이 중에서 핵심이 되는 개념은 존중이다. 존중의 행위가 없다면 타인을 무시하고 멸시하여 타인의 자유에 해를 끼칠 수 있다. 다문화가정의 친구에 대한 존중의식이 없으면, 자신의 이기적인 욕구 충족을 위해서 다문화가정의 친구를 무시하고, 극단적으로 따돌리는 현상이 발생하기 때문이다. 결국 문화 간의 차이를 인정하게 하는 것도 상호존중을 위한 초기단계의 개념인 것이다. 다문화가정의 친구를 존중함을 통해서, 모든 생명체가 조화로운 삶을 살아가기 위해서는 생명체를 존중해야 한다는 관점을 갖도록 해주어야 할 것이다. 생명체를 존중하는 것이 생명체 모두가 공존하기 위한 것임을 인식하는 데 기저해야 한다.

2) 결손가정유아의 도덕교육

일반적으로 유아의 사회화에 가장 영향을 많이 미치는 요인으로 가정을 든다. 그 영향을 이태영, 이경희(1988)가 분석한 것을 보면 다음과 같다. 첫째, 가정은 유아들에게 최초로 사회적 접촉을 하게 하여 도덕성에 기초를 가져다 준다. 부모는 유아들에게 성격, 태도, 사회·경제적 수준, 종교, 교육, 성별 등에 대한 가치관과 기준에 영향을 미친다. 예를 들면, 우리나라의 가풍은 가족구성원들에게 예절, 역할습득, 사회적 행동습득 등에 영향을 주고 있다. 그러나 현대사회가 산업화, 도시화, 정보화가 되면서 가족구성원의 수가 점차 감소하고 아버지의 교육적 역할이 축소되는 한편, 어머니의 역할은 증대되고 있다. 그리고 어머니의 취업률 증가로 인하여 가정에서는 도덕교육이 점점 감소되어 가고 있다. 따라서 유아교육기관이 이를 대신해야 할 처지에 놓이게 되었다.

둘째, 결손가정의 증가는 유아들에게 도덕성 발달에 부정적인 영향을 미치고 있다. 아버지의 부재는 유아들을 의존적이고 불안정하게 하며, 어머니의 부재는 유아들에게 모성애를 상실하게 하여 건전한 성장에 지장을 초래한다.

셋째, 현대사회는 이혼, 재혼 등으로 인하여 가족구성이 복잡한 양상을 띠고 있다. 이러한 현상은 유아들이 주로 읽는 동화, 신데렐라, 백설공주, 콩쥐팥쥐, 장화홍련전 등을 통해서 아는 것처럼 계부, 계모, 이복형제로 인한 갈등을 가져다 준다. 우리나라도 점차 전통적인 가족개념이 사라지고 이혼율과 재혼율이 증가함에 따라서 이러한 상황에 대처할 수 있는 유아도덕교육을 실시해야 할 것이다. 신데렐라, 백설공주, 콩쥐팥쥐, 장화홍련전 등은 그 내용을 새롭게 하거나 현대사회에 적합한 내용인지를 고민해보아야 한다. 즉, 포스트모더니즘의 열린 결말 구조를 도입하여 새롭게 각색하여야 할 것이다.

이러한 사회적 세태를 반영하여 유아교육기관에서도 유아 생활실태 상황 파악에 심혈을 기울여야 할 것이다. 예를 들어, 종전 사용하던 생활기록부 란에는 부모 성명을 기록하도록 되어 있다. 그렇다면 결손 가정의 유아는 어떻게 해야 하는가? 아버지교실, 어머니교실에 모와 부가 부재한 유아는 어떻게 해야 하는가? 이를 위해 하루빨리 결손가정의 유아들을 배려하는 도덕교육 프로그램이 구성되어 결손으로 인한 도덕성 상실을 예방하여야 한다.

3) 양성평등

양성평등이란 남성과 여성이 차별을 받지 아니하고 같은 지위를 가지는 것을 의미한다. 완전한 인권을 위한 양성평등을 실현하기 위해서는 국가, 정치, 경제, 사회, 문화발전에 기여하는 데 남녀가 동등한 조건을 가지도록 하는 것을 의미한다.

이에 양성평등교육이란 합리적인 이유 없이 성별을 이유로 모든 것을 차별, 배제 또는 제한을 하는 남녀차별 행위를 근본적으로 없애는 것을 말한다. 즉, 고정된 성

역할 교육과정을 타파하고, 타고난 성에 관계없이 자신의 소질과 능력을 충분히 개발할 수 있도록 도와줌으로써 교육의 접근 기회뿐만 아니라 학업성취 등 교육과정이나 결과에 있어 성별차이를 없애는 것을 의미한다. 그러면 양성평등교육을 위한 기본 전제로 성 차이의 개념, 성 역할과 고정관념 형성, 양성성의 효과 등을 발달심리적 관점(송명자, 1995)에서 분석해보고자 한다.

1960년대까지의 대부분의 심리학자들은 한 인간이 태어나면 그에 따른 성차의 특성은 자연적으로 형성되는 것으로 생각하였다. 즉, 성 차이는 선천적인 생물학적 요인에 의해서 결정되며 이를 명료하게 구분짓는 것이 당연하다고 보았다. 이것이 과학주의의 한계인 것이다. 남녀를 차별하는 것은 사회적인 영향을 간과한 것이다. 그러나 1960년대 이후에 일어나기 시작한 여성운동은 기존 성차에 관한 생각들은 사회적 · 문화적 편견에 기인한 것이라고 간주하였다. 그 후 성차에 대한 논쟁은 계속되고 있다. 이 성차는 성 역할발달과 관련이 된다는 점에서, 그리고 양성평등의 실현에 기초가 된다는 점에서 그 중요성을 갖는다. 신생아의 경우 남아는 여아보다 깨어 있는 시간이 길고 신체 운동량이 많다. 또한 많이 보채고, 활동수준이 높지만 여아는 조용하며 눈 접촉을 많이 한다. 이러한 차이는 생물학적 요인에서 찾을 수 있다. 1세경 여아는 남아에 비해 발성량이 많고 어휘발달도 빨리 이루어져 전체적인 언어능력도 남아보다 높으며 어휘, 독해, 언어유창성 등의 성취도는 청년기까지는 여아가 높았다. 놀이에서 남아는 적목 쌓기, 자동차, 비행기 등과 같은 운동량이 많은 놀이를 선호하며 여아는 인형놀이, 옷 입히기, 소꿉놀이 등 정적인 놀이를 선호하는 것으로 나타났다. 4~5세경이 되면 여아가 사람에 대한 공감력이 크며, 정서적 표출도 강하고 깊고 두려움과 조심성이 많으며 모험심이 낮은 것으로 나타나고, 남아는 시공간적 능력이 높은 것으로 나타났다. 이러한 성차는 생물학적 요인에도 영향을 받지만, 환경적 요인이 크게 작용한다는 반대 주장도 있다. 이들은 남아와 여아 간의 성차에 대한 경험적 근거가 없다는 것이다.

첫째, 남아의 사고가 여아보다 더 분석적이고 인지적 처리능력이 높다는 주장, 둘째, 남아가 여아보다 자아존중감과 성취동기가 높다는 주장, 셋째, 여아가 남아보다 더 사회적이라는 주장 등이 있다. 발달심리학 관점에서는 남아와 여아 간의 성차가 없다는 주장에도 불구하고, 이러한 것들이 유아 양육에 잘 반영되고 있지 않다. 가정에서의 훈육이나 유아교육기관에서 남녀 간에 성차가 있을 것이라는 가정을 하게 되면, 이것이 발단이 되어 성역할 고정관념 형성에 영향을 미치게 된다. 남녀 간의 생물학적 차이는 있지만, 능력에도 차이가 있을 것이라는 의식부터 불식시켜 나아가야 한다. 남녀는 구별하지만 차별하여서는 안 된다는 의식을 갖게 해야 한다.

발달심리학 관점에서는 성역할은 남성과 여성에 따라 각기 달리 기대되는 행동양식을 의미한다. 이러한 기대 행동양식도 성차에 대한 인식에서 기인하는 것이다. 유아가 자라면서 남성과 여성에 대한 지식이 발달함에 따라, 행동이 남성 또는 여성에게 국한된다. 즉, 성역할 지식을 획득하게 된다. 만 2세가 되면, 옷, 장신구, 소품 등을 남녀로 구분하고 만 4세가 되면 청색과 갈색은 남자 색깔로, 분홍색은 여자 색깔로 구분한다. 만 5세가 되면 성과 관련된 사회적 행동이 나타나 공격성, 지배성은 남성의 특성으로, 친절과 정서성은 여성적 특성으로 이해하게 된다. 초등학교 4~5학년이 되면 여자는 약하고 정서적이며 애정적인 반면에, 남자는 야심적이고 자기 주장적이고, 공격적·지배적인 것으로 판단한다. 이러한 성역할의 발달도 사회적 영향이나 훈육의 결과로 형성되는 것이지, 선천적으로 주어지는 것은 아니다. 문제는 그 결과로 성역할이 고정되어 버리는 사고를 갖게 되면, 민주적 생활방식에 적응할 수 없게 된다는 것이다. 즉, 다양한 사고방식이나 다문화주의적 생활방식에 적응하는 데 혹은 수용하는 데 한계를 갖게 된다.

발달심리학 관점에서는 성역할 고정관념이란 특정 행위나 활동이 남성 또는 여성에게 배타적으로 적용되는 것으로 판단하는 사고를 말한다. 여자 아이는 소죽을 끓여서는 안 되고, 남자 아이는 부엌에 들어가는 안 된다는 생각이 그 예이다. 성역할 고정관념은 자신의 성을 구분하는 시기 즉, 성역할이 발달하는 시기에 발달하는 것으로 알려져 있다. 다른 한편으로는 유아기 때부터 나타나는 것으로 보고되고 있다. 우리나라의 경우 5~6세경에 가장 강한 것으로 나타나며, 아동기나 청년기 이후에 가서는 여학생의 성역할 고정관념은 감소되지만, 남학생의 성역할 고정관념은 지속되는 것으로 나타났다. 이러한 결과는 부모의 훈육태도나 유아교육기관의 교육적 영향 때문이라 사료된다. 이 점은 유아교사들이 지속적으로 관심을 가져야 할 부분이다. 지나치게 성역할 고정관념을 갖게 되면, 다문화주의에 적응하는 데 한계를 갖게 될 것이며, 포스트모더니즘 사회에 도태될 수도 있다.

이와 같은 성역할 고정관념을 극복하기 위해서 발달심리학 관점에서는 양성성을 제시하고 있다. 종래에 남성성, 여성성을 단일차원에서 양극으로 생각한 것과 달리 남성과 여성 모두는 양성의 특성을 공유할 수 있다는 개념이다. 남성에게는 남성적 유형을, 여성에게는 여성적 성유형을 이상적인 발달로 생각하던 종래의 생각과는 달라졌다. 즉, 양성성을 갖게 되면 남녀 모두 독립적이며 자기 주장적인 남성적 특성과 민감하고 온정적인 여성적 특성을 공유할 수 있다는 것이다. 이러한 양성성을 갖게 되면 성역할 고정관념에서 타파할 수 있다. 반드시 그렇지는 않지만, 양성성을 갖게 되면 자아존중감과 또래집단에서 인기도도 높고, 양성적 여성은 성취지향적이며 책임감이 높을 수 있다는 것이다. 양성성의 의식을 갖게 되면 사회적 성취도가 높아질 것이고 직업의 선택도 폭넓어질 것이다. 독립적인 남성 세계, 여성 세계를 공유함으로써 남성과 여성에 대한 상호교류, 상호존중감이 형성될 수 있다. 이렇게 되면 민주적인 생활방식이 정착됨과 동시에 사회참여가 활성화될 것이고, 다문화사회를 도래할 수 있게 될 것으로 사료된다. 이와 동시에 성차별이 없는 사회가 도래할 것이다. 양성평등을 실현하기 위한 대안은 추상적이고 이론적인 연구물에 있는 것이 아니다. 앞에서 살펴본 바와 같이, 성차, 성역할, 성역할 고정관념 등은 유아들의 일상적인 삶 속에서 형성된다. 따라서 양성평등을 실현하기 위해서 가정 및 유아교육시설에서 생활화하는 것이 중요하다. 그 일반적인 방향은 다음과 같은 것들이다.

첫째, 동화책이나 그림책에서 여성상, 남성상의 모습을 변화시켜야 한다.

둘째, 남자니까, 여자니까라는 방식의 훈육과 양육방식에 변화가 있어야 한다.

셋째, 성 차별을 조장하는 말투를 삼간다.

넷째, 성 차별을 조장하는 행위를 삼간다.

다섯째, 유아교육기관에 남교사/여교사 적정비율을 유지한다.

이러한 양성평등이 실현되면 가정폭력이나 성폭력도 감소시킬 수 있는 여건을 마련할 수 있다. 가정폭력이나 성폭력에는 남성우월주의, 남성다움의 맹신 등이 스며들어 있기 때문이다. 이러한 이유로, 유아기의 양성평등교육을 유아교육의 독립된 영역으로 분리하여 실시하기보다는 유아도덕교육 영역에 포함하여 실시하는 것이 훨씬 더 영향력이 있을 것으로 보인다.

이처럼 유아도덕교육의 방향, 내용, 방법은 유아교육의 정의만큼이나 복잡하고 다양하여 쉽게 그 지향점을 제시하기가 어렵다. 유아기의 도덕교육이 한 인간의 나머지 삶에 지속적으로 영향을 미친다는 점에서 그 중요성이 있다고 할 수 있다. 유아가 생활하는 유아교육기관에서 즉, 일상생활 속에서 도덕적 삶이 생활화하도록 하는 것이 유아도덕교육의 핵심이라고 할 수 있다. 유아교육을 주체적으로 이끌어가는 것은 유아교사이며, 유아교사가 유아를 어떻게 가르치고 돌보아야 할 것인지에 대한 논의는 자연스럽게 부각된다. 그렇다면 유아교사가 유아를 통제할 수 있는 방법이 무엇인지를 다음 제13장에서 논의해보도록 한다.

CHAPTER

13 유아교사의 권위

일반적으로 유아교육분야에서 유아교사의 권위에 대한 연구는 거의 없는 실정이다. 유아교사의 전문성 함양은 많이 강조되고 있지만, 유아교사의 권위에 대한 연구는 미진하였다. 더구나 진보적인 학문의 한 부류인 유아교육에서는 '권위'라는 단어 자체에 대해 부정적인 이미지를 갖고 있다. 이것은 권위와 권위주의의 혼란에서 파생된 것으로 볼 수 있다. 유아교사의 권위에 대한 정당화 없는 유아교사의 전문성 제고는 요원하다.

유아교사의 권위와 전문성 함양은 별개가 아니라 궁극적으로 같은 것이다. 유아교사가 전문성을 갖는다는 것은 유아교사의 권위가 행사된다는 의미이다. 본 장에서는 유아교육현장에서 실제로 존재하고 있는 유아교사의 권위 개념을 분석하고, 유아교사의 권위 형성을 위해서 필요한 전문성은 무엇인지를 밝혀보고자 한다. 이러한 과정에서 참된 유아교사의 권위와 그릇된 유아교사의 권위를 구별하고, 보다 확실한 유아교사의 권위를 제시하고자 한다.

1 권위의 개념과 구성[16]

'authority'의 어원은 라틴어 'auctor', 'auctoritas'에서 유래된 것으로 이해하고 있다. 이는 의견, 조언, 명령어 영역에서 제시, 발명, 원인을 의미한다. 'auctoritas'는 결정이나 명령에서 말하는 행위를 지칭할 뿐만 아니라, 이 행위를 유발시키는 당사자 즉, 'author'도 함께 의미한다. 따라서 권위는 언어적인 표현인 명령, 결정, 그리고 선언을 통하여 행사되고 알려지게 된다(신득렬, 1983). 이를 개인적인 측면에서 보면, 개인의 이익을 위해서 권위적인 언어 표현에 스스로 복종한다는 의미가 있다. 반면 사회적인 측면에서 보면, 사람들이 권위에 복종하는 경우는 형벌이 두려워서라

16) 본 절은 임상도(2010)의 유아교육철학(서울: 동문사) pp. 200-205의 내용을 부분적으로 수정한 후 기술한 것임.

기보다는 공동선을 위해서 스스로 복종하고 따른다는 의미가 있다.

이처럼 모든 권위에는 복종이 수반된다. 그러나 어떤 상황에서 어떤 사람이 '내가 왜 복종해야 하는가?' 하고 질문을 한다면 권위관계가 흔들린다. 이렇게 되면 권위에 회의를 느끼게 되고, 그렇게 되면 권위관계는 깨어지고 때때로 처음 상태로 되돌아간다. 이것으로 보아 참된 권위자는 맹목적 복종을 기피하고, 회의와 확신이 따르는 반성적 태도를 가진다고 볼 수 있다.

반면 권위주의적인 사람은 복종을 최상의 가치로 보고 있으며, 명령과 지시를 따르지 않을 때 할 수만 있다면 벌을 주고자 한다. 그리고 권위주의자는 변화를 두려워하고, 타인과의 관계에서도 자신의 지위에만 관심을 갖고, 전문성, 인성의 특징보다는 법률적인 것에 더 많은 관심을 갖는다고 유추해 볼 수 있다. 권위와 복종과의 관계는 결코 절대적인 것이 아니라 어디까지나 잠정적인 것이다. 자유와 새로운 권위를 창조하기 위해서는 더욱 그러하다.

우리가 살고 있는 사회에는 어디서나 권위의 요소 즉, 명령, 선언, 결정의 제시자와 창시자가 존재한다. 이들은 우리 의사와는 관계없이 존재하는 것이다. 여기에 우리는 스스로 복종하고 따르는 것이다. 이것은 권위가 우리 사회를 지탱하는 한 부분으로서 엄연히 존재하며, 엄밀히 말하면 거미줄처럼 복잡하게 권위관계가 구성되어 있다. 이 권위관계가 우리 사회를 통제하는 수단이 되며, 공동의 선을 성취하기 위한 통로로 사용되어 오고 있다.

이와 같이 권위는 사회 규율의 수단으로 교육 현장에서 상당한 영향력을 가지고 행사되어 왔지만, 지금까지 유아교육현장이나 이론에 많이 알려지지 않았다. 그것은 자연주의 유아교육사상가들의 영향력으로 권위를 권력과 혼동하여 거부의 대상으로 간주하였기 때문이다. 이러한 오해를 방지하기 위해서 분석교육철학자인 피터스는 권위의 사용을 도덕과 권력의 중간적 위치에 두면서 권위로부터 모종의 교육적 영향력을 발생시키려고 하였다(신득렬, 1983).

도덕적 지도, 권위, 권력의 논리적 지도를 보면 권위는 도덕적 지도와 권력의 사용 중간적 위치를 차지하기에 중용을 의미하기도 한다. 그러나 권위는 양 측면으로부터 공격을 받는 대상이 되기도 한다. 즉, 도덕적인 측면에서부터는 너무 지나치게 타율적이고 엄격하다는 공격을 받고, 권력의 측면에서 볼 때 지나치게 느슨하고 비효과적이라는 비난을 받는다. 그러나 권위는 도덕과 권력 사이의 하나의 완충지대를 필요로 하는 지대에 있다는 점에서, 유아교육현장에서는 유아교사의 권위가 반드시 필요하다(신득렬, 1983). 즉, 지적 권위자인 유아교사의 명령, 선언, 결정에 유아는 스스로 따름으로써 학습이 발생하게 된다.

그렇다면 권위는 어떤 관계로 구성되어 있는가? 권위는 다음 삼중관계를 유지하고 있다고 볼 수 있다(신득렬, 1983).

① 권위자: 권위를 갖고 있다고 생각되는 사람
② 권위추종자: 어떤 사람이 권위의 소유자라고 생각하는 사람
③ 분야: 이 두 사람의 관심 분야(학문 분야)

권위는 이러한 구조를 가지기 때문에 타율성보다는 자율성을 존중하고 합리성을 선호하며, 개인의 자율성을 바탕으로 관계를 맺는다. 이렇게 본다면 참다운 권위는 권위자가 권위추종자를 지배가 아니라 창조적 삶과 가치 있는 삶을 살아가도록 돕는 것이다. 그러한 의미에서 유아교사와 유아는 동반 성장한다고 볼 수 있다.

그렇다면 권위는 어떻게 정당화되는가? 이 권위를 정당화하는 근거는 권위가 발휘되는 분야에 따라서 달라질 수 있지만, 일반적으로 합리성과 합법성이다. 지적인 분야와 교육 현장에서는 합법성보다는 합리성에 근거한다. 예를 들면, 유아교육분야에서 유아교사의 지적 권위는 정부나 대중에 의해서 결정되는 것이 아니라 같은 분야에서 연구하는 동료들에 의해 부여받는다.

여기서 유아교사의 권위는 웨버(Weber)의 3가지 권위 형태 중 어느 것에서 정당화되어야 하는가?

① 합리적 권위: 제정된 규칙의 합법성(legality)에 대한 신념에 근거한 것
② 전통적 권위: 오래된 전통의 신성과 이 전통 하에서 권위를 행사하는 사람에 대한 것
③ 카리스마적 권위: 신성, 영웅주의, 개인의 모범적인 성격 등에 대한 것

이처럼 유아교육현장에서 나타나는 유아교사의 권위는 합법적 권위와 카리스마적 권위에 근거할 것이다. 유아교사 자격증이 합리적 권위의 근거가 될 것이고, 유아교사 개인의 단정한 용모와 태도, 언행 등과 같은 것이 카리스마적인 권위의 근거가 된다. 모범적인 유아교사는 합법적 권위를 내세우지만, 유아들은 유아교사의 카리스마적 권위에 복종할 수도 있다. 그러나 유아교사의 카리스마적 권위도, 유아도덕성 발달 연구자들에 의하면 타율적 단계에서 자율적 단계로 넘어가면 조금씩 무너진다고 한다. 선생님도 실수할 수 있고, 우리와 같은 사람임이 자각되면 이 권위는 무너진다.

이와 같이 현대철학자들이 분류한 권위 중에 유아교사의 권위 근거가 어디에 있는지를 살펴보면 다음과 같이 분류된다.

① 형식적(formal) 권위: 제도화된 권위 또는 지위가 주는 권위이다. 법이나 제도에 의해서 정당화된 권위이다.

② 실질적(actual) 권위: 당사자가 가지고 있는 능력으로부터 오는 권위이다. 추종자의 태도와 밀접한 관계에 있거나 개인의 특성 등으로부터 오는 권위이다.

이를 덧붙이자면, 형식적 권위는 지위가 주는 권위로서 타인에게 영향을 줄 수도 있고 주지 않을 수도 있다. 유아교사가 무능하거나 권위주의자일 때도 유아교사의 권위는 사라지고, 유아나 그들의 부모들로부터 웃음거리가 된다. 바람직한 것은 형식적 권위와 실제적 권위가 하나로 통합되는 것이다.

2 유아교사의 권위 상실의 원인[17)]

최근 포스트모더니즘 관점에서는 유아교사의 권위가 유아의 행동에 대한 주도성, 의도성, 통제감을 제한하는 등과 같이 힘으로 사용될 때, 유아교사의 권위는 해체되어야 한다고 주장한다(이정란, 2004). 유아교사가 권위를 유아의 건강과 안전을 위해 그리고 유아가 자기 능력을 계발하기 위해서 사용하지 않고, 자신의 목적을 위한 힘으로 사용하면 비교육적임을 지적한 것이다. 유아교사의 권위가 유아교육현장에서 어떻게 사용될 때 권위가 상실하는 되는지를 김치영, 임상도(2014)의 연구를 통해서 살펴보고자 한다.

1) 실질적 권위의 상실

교육과 관련된 교사의 권위의 개념에 비추어 보면, 일반교사와 마찬가지로 유아교사가 실질적 권위를 행사하려고 하면 직위상의 권위와 지적 권위를 가져야만 한다. 유아교사의 직위상의 권위는 일반직의 직위상의 권위와 다르다. 일반직의 직위상의

17) 김치영, 임상도(2014). 유아교사의 권위 상실에 대한 원인 분석과 권위 정당화 방안 탐색. 아동교육, 23(4), pp. 25-44를 요약적으로 정리하였음.

권위는 단순히 사회를 통제하기 위한 목적으로 사용되지만, 유아교사의 직위상의 권위는 학급 통제 이상의 관점에서 해석되어야 한다. 피터스(1966)의 권위관에 비추어 보면, 유아교사가 직위상의 권위로 행사되는 명령이 과업지향적(課業指向的)이 아니라 지위지향적(地位指向的)일 때 권위주의자로 추락하게 된다. 유아교사가 직위상의 권위를 과업지향적으로 사용하지 못할 때, 권위주의자가 되며 권위를 상실하게 된다. 이에 근거하여 보면, 유아교사는 직위상의 권위로 유아의 자유를 제한하는 데 있어서 그 근거가 확실하지 않으면 권위가 질서유지, 교실관리 차원에서 사용한다는 평가를 받게 된다. 유아교사가 직위상의 권위로 행사하는 간섭, 개입이 유아의 흥미와 요구를 반영하지 못하고 단지 유아의 자유만 제한한다면 권위 남용으로 비추어질 수 있다. 이러한 점은 권위적 간섭주의에 위배되는 행위이다. 권위적 간섭주의에서는 유아교사가 직위상의 권위의 한 형태로 제한, 침해, 간섭 등의 제재를 사용할 때, 유아의 안전과 이익 증진을 위해서 그리고 교육적 필요성에 의해서 사용되어야 한다고 주장하고 있다(김정래, 2002). 유아교사가 직위상의 권위로 사용되는 제한, 침해, 간섭, 개입이 유아의 자유를 제한하면서 유아의 안전, 이익, 교육의 필요성을 위해서 사용되지 못하면 유아교사의 직위상의 권위는 상실하게 된다.

한편, 유아교사의 직위상의 권위는 다른 직업의 직위상의 권위와 다른 성격을 갖고 있다. 일반직의 직위상의 권위가 사회를 통제하는 데 초점이 있다면, 유아교사의 직위상의 권위는 학급통제 기능 이상의 것을 지향한다. 최병태(2008)는 교사의 직위상의 권위는 질서를 유지와 사회를 통제하는 차원을 넘어, 전문가가 가진 지적 권위와 관련이 있어야 한다고 보았다. 유아교사가 유아에게 지시하고, 유아가 그것을 따르는 경우는 전형적으로 유아교사의 직위상의 권위를 뛰어넘는 유아교사의 개인적 권위(personal authority)와 관련이 있다. 유아교사의 개인적 권위란 유아교사가 가지고 있는 특성이나 자질, 더 나아가 인격과 개성의 원천에서 나오는 권위이다. 유아가 유아교사를 '우리 땐땐님'이라고 부르면서 따르는 것은, 단지 질서 유지 차원을 넘어 인격자에 대한 존중, 신뢰에 기초하며 더 나아가 자기를 돌보고 가르침을 주는 존경하는 분이라는 생각에서 도출되는 것이다. 결국 유아교사가 직위상의 권위를 행사할 때 유아교사의 인격과 존중에 바탕을 둔 지적 권위와 관련성을 갖지 못하면, 직위상의 권위는 학급통제 기능으로 전락하게 되어 유아교육적 역할을 하지 못하여 유아교사의 권위는 상실하게 된다. 유아교사가 지적 권위와 직위상의 권위가 상당한 정도로 관련이 있음을 인지하지 못하면 결국 권위를 상실하게 된다.

이에 벤(Benne)은 교사가 지적 권위와 교수방법의 권위를 갖지 못할 때 비권위적인 것에 의존하고 의지하게 된다고 보았다(신득렬, 1983). 비권위적인 것이란 등급, 표창, 실패의 위협, 카리스마, 지위와 위신과 같은 외적 보상을 의미한다. 교사가 권력, 카리스마, 위신에 의지하는 것은 전문가적인 권위를 가지지 못한 증거이다. 벤의 주장에 비추어 보면, 유아교사가 비권위자로 추락하게 되는 경우는 유아교육에 대한 지적 권위와 유아교수·학습방법에 대한 권위를 갖지 못할 때라고 볼 수 있다. 유아교사는 유아교육의 지식을 다른 목적을 추구하기 위해서 이를 적용할 수 있는 전문적 능력이 없으면, 지적 권위자로서 인정을 받지 못하게 된다. 또한 유아교사가 학급통제에 있어서 육체적 힘, 위협, 체벌, 보상과 같은 것을 사용하게 되면 권위는 상실하게 된다.

이러한 권위의 개념에는 권위 추종자의 자발적 인정(복종)이 한 요소로 포함되어 있다. 유아교사는 직위상의 권위를 권위적 간섭주의 관점에서 사용하지 않을 때, 그리고 유아교사의 인격과 존중을 바탕으로 한 개인적 권위가 없을 때 권위가 상실된다. 또한 유아교사는 유아교육에 대한 전문적 지식이 결여할 때 권위를 상실하게 된다.

2) 유아교육사상의 결여

유아교사는 유아를 생활주제의 세계로 데리고 가는 방식을 가져야 한다. 유아교사가 유아를 '데리고 가는 일'이란 조무남(2006)의 표현을 빌리자면, 데리고 갈 곳을 보는 능력과 데리고 가는 방법을 전제로 한다. 이 두 가지 조건을 갖추지 못하면 유아교사는 유아를 교과의 세계 혹은 통합된 교과의 세계, 즉 생활주제의 세계로 데리고 갈 수 없다.

유아교사가 유아를 데리고 갈 곳을 알기 위해서는 통합된 교과의 세계를 보는 능력이 필요하다. 통합된 교과의 세계를 볼 수 있는 눈은 육신의 눈이 아니라 마음의 눈에 의해서이다. 다시 말해, 유아교사는 각 교과를 사정할 수 있는 감식력을 가져야 한다는 의미이다. 이러한 감식력을 갖기 위해서는 수준 높은 가치관, 인간관, 세계관을 가져야 한다. 가치관, 인간관, 세계관은 인류가 수십 세기 동안 축적해 온 교육관에 근거한다(조무남, 2006). 결국 유아교사가 가치관, 인간관, 세계관에 근거로 한 유아교육사상을 형성하지 못하면 정치, 경제, 경영 등의 가치를 무분별하게 수용할 수 있다. 그 결과, 유아교육의 가치를 타 학문과 영역의 가치에 종속시켜 유아교육을 외재적 가치 수단으로 전락시키게 된다. 그렇게 되면 유아교육은 가치혼돈에 빠지게 된다(임상도, 김치영, 2013). 유아교육의 가치혼돈은 타 학문의 종속을 가져오고 유아교육의 고유한 개념체계, 방법론적 특성, 학문적 공동체 구성에 훼손을 주게 된다. 학문은 독특한 문제와 개념, 진리관과 방법론, 학문 공동체라는 세 가지 범주로 분류된다(장상호, 2011)는 점을 상기하면, 유아교사의 유아교육사상의 결여는 유아교육의 본질을 왜곡할 수 있다. 결국 유아교사의 유아교육사상 결여는 유아교육을 수단적 가치로 전락시켰다는 누명을 받아 유아교사의 권위를 상실하게 된다. 유아교사가 유아교육에 대한 감식력을 갖춘 유아교육사상을 갖고 있지 않다면 유아교사는 권위를 인정받지 못하게 된다.

또한 유아교사는 유아를 생활주제의 세계를 데리고 가서 그 세계를 보여주는 방법에 대한 능력이 필요하다. 유아교사의 권위는 와일드(Wild)의 표현처럼 '세 개가 한 벌(triadic)을 이루는 관계를 가진' 삼중 권위구조 속에서 존재한다. 이 삼중구조 속에 있는 유아교사가 유아교육에 대한 지식을 유아의 정신능력에 적합한 방식으로 전달할 수 있는 능력을 결여하게 되면, 권위추종자를 갖지 못하게 된다. 교사가 가르치는 분야에 대한 지식에 정통하지 못하면 권위가 상실되는 것(신득렬, 1983)처럼, 유아교사도 유아를 가르치는 방법에 대한 유아교육사상을 갖지 못하면 유아교사의 유아교육적 권위는 상실하게 된다. 예를 들면, 유아교사가 '선전, 고무시키기, 시범을 보이기, 감언이설을 늘어놓기, 설교하기, 설득하기, 환심사기, 타이르기, 속이기와 같은 학교에서는 허락할 수 없는 활동과 같은 수업의 개념족들(조무남, 2006)'을 가지고 마치 수업(혹은 유아교육의 고유의 용어인 활동)인 것처럼 사용하면, 유아교사의 유아교육적 권위는 상실하게 된다. 유아교사는 권위의 삼중구조 중에서 합리적으로 유아를 가르치는 방법에 대한 유아교육사상을 갖지 못하면, 유아교사는 권위를 인정받지 못하게 된다. 유아교사는 교육학을 분야교육으로 분류했을 때, 유아교육은 초등·중등·고등교육과는 가르치는 방법에서 차이가 있음을 인지할 수 있는 유아교육사상을 가져야 한다.

결국 유아교사는 유아를 생활주제의 세계에 데리고 갈 곳을 보는 능력과 데리고 가는 방법에 대한 감식력을 갖춘 유아교육사상을 갖지 못할 때 권위를 상실하게 된다.

3) 낮은 사회적 지위

유아교사는 유아들과 상호작용을 통해서 유아의 삶에 긍정적인 영향을 주고 유아가 성장, 발달해 가는 과정에서 성취하는 것을 통해 기쁨을 갖게 된다. 유아교사는 유아교사직이 소명의식을 실천하고, 사회에 공헌하는 것으로 여기고 있다. 그럼에도 불구하고, 우리 사회의 구성원들은 유아교사가 가르치고 돌보는 일을 동시에 수행하고 있다는 이유로 전문직에 해당하는 사회적 지위를 인정하지 않으려는 경향이 있다.

유치원 교사의 역할 이미지를 분석한 연구(김정숙, 이종향, 박영숙, 조현정, 2011)에 의하면, 학부모와 일반인은 아이를 돌보는 일은 누구나 할 수 있고, 유치원 교사의 낮은 경제적 처우와 복지, 과중한 업무량으로 인하여 유치원 교사의 직업 이미지를 부정적으로 보고 있다. 이러한 유치원 교사의 직업에 대한 이미지는 전통적으로 돌봄은 전문적인 것과 상반되는 것으로 인식되어, 학문적으로 덜 성공한 여성에 의해서 수행되고 낮은 보수를 받는 일로 인식되고 있다(염지숙 등, 2011)는 주장과 그 맥을 같이 하고 있다. 그 결과 유아교사의 사회적 지위는 가시적으로 향상되지 못하고 있다. 일반적으로 직무만족에 영향을 미치는 요인으로는 봉급, 승진 기회, 안전 등의 근무조건과 인간관계, 근무분야의 안정감과 성장발전 가능성 등이라고 할 수 있다. 유아교사의 경제적 지위를 가름하는 보수처우 만족은 타 직종에 비해 낮은 편이다. 유아교사의 책임과 사명에 비추어 볼 때, 사회적·경제적 지위가 낮다(황해익, 주철안, 김병만, 2011)는 것은 유아교육의 질적 향상을 위해서 바람직하지 못하다고 할 수 있다. 이러한 점은 사회구성원들이 유아교사의 권위를 인정하지 않는 요인이 된다.

유아교사의 사회적 지위를 향상하기 위한 방안에 대하여 학부모와 일반인은 사회적 지원과 제도 개선을 통해서 이미지 전환이 가능하다고 본 반면에, 유아교사들은 여전히 자신의 직업에 대한 사회적 지위를 낮게 인식하고 있다(김정숙 등, 2011). 그 이유는 우선 봉급 수준이 다른 직업에 비하여 너무 낮다는 것, 개인의 발전성이 없다는 것, 직업의 안정성이 없다는 것(결혼 후 사직의 압박감), 유아교사들의 의견이 유치원 제반 교육이나 운영에 반영되지 않는다는 것, 설립자나 원장의 억압이 심하다는 것(유아교사의 인격 무시), 유아교육 이외에 다른 과중한 업무에 시달린다는 것 등을 들고 있다(최동근, 김수임, 1995). 유아교육의 주체이면서도 유아교사가 스스로 제원인에 의해서 유아교사직이 사회적 지위가 낮다는 것을 인식하면서도, 이를 개선하기 위한 대안이 부재하면 유아교사의 권위 확립은 요원하게 된다. 학부모들이나 일반인이 유아교사를 전문적 권위자로 인식하지 않은 이유를 분석하여, 이를 개선하기 위해서 스스로 문제점을 분석하고 이를 보완하려고 하는 노력을 하지 않으면, 유아교사의 권위 확립은 어렵게 된다. 유아교사가 스스로 실수를 줄이고 정확한 정보 제공과 더불어 전문가로서의 책무성을 인식하여 행동하고자 노력(김정숙 등, 2011)하지 않으면, 사회적 지위가 더욱 저평가되어 유아교사는 권위자로 인정받지 못하게 된다. 유아교사는 스스로 자신의 직업에 대한 전문성 인식을 확보해야 하는 것이 보다 중요하다(김승옥, 황윤세, 2006).

이처럼 사회구성원들이 유아교사의 사회적 지위를 낮게 평가하더라도, 개별 유아교사가 스스로 권위를 확립하고자 하는 주체적 노력과 의지가 부족하면 유아교사의 권위는 확립되지 않는다.

3 유아교사의 권위 정당화 방안

앞에서 유아교사의 상실의 원인을 분석하여 본 결과, 유아교사가 유아교육의 지적 권위와 전문지식의 권위를 갖지 못하고, 유아의 안전과 이익, 교육적 필요성, 인격과 존중을 바탕으로 한 개인적 권위를 갖지 못할 때, 권위가 상실됨을 알 수 있었다. 또한 유아교사는 유아교육에 대한 감식력 있는 유아교육사상을 갖지 못할 때 권위가 상실함을, 그리고 유아교사 스스로가 유아교사직에 대한 사회적 지위를 향상시키는 주체적 노력이 부족할 때 유아교사의 권위가 확립될 수 없음을 알 수 있었다. 최근에 포스트모더니즘에서는 유아교사가 유아 개인의 경험을 무시하는 권위주의적 교육사상과 권위를 포기한 비권위적이고 방임적인 교사상을 초월하여, 권위를 공유(shared authority)하는 교사상을 설정하고 있다(이정란, 2004). 이처럼 유아교육에서 유아교사의 권위 상실을 예방하고, 더 나아가 유아교사의 권위를 정당화할 수 있는 방안을 강구할 필요가 있다.

1) 개별 유아교사

교사의 권위는 교사와 학생의 지적 불평등, 교육의 모델인 교사, 학생의 자율성 발달, 교육적 자유의 확대 측면에서 필수불가결한 요소이다(박지현, 강충열, 2011). 이에 피터스(1966), 최병태(2008)는 교사의 직위상의 권위(다른 사람을 움직이게 하는 힘)와 함께 지적 권위(믿게 하는 힘)를 가져야 한다고 보았다고, 뒤르켐(Durkheim)은 성직자가 신의 대행자이듯이, 교사가 도덕적 인격체의 대행자(황종관, 2001)로서의 역할을 수행하기 위해서는 도덕적 권위를 가져야 한다고 보았다. 한편, 반톡(Bantock, 1970)은 권위를 자유의 근원으로 보면서 교사는 교육적 권위(교사의 교육적 권위가 학생의 교육적 자유를 확대해야 함)를 가져야 한다고 보았다. 이를 종합해보면, 개별 유아교사는 지적 권위, 도덕적 권위, 교육적 권위를 정당화하기 위해서 끊임없는 노력을 해야 할 것으로 보인다. 이에 본 장에서는 유아교사의 지적 권위, 도덕적 권위, 교육적 권위를 정당화하기 위한 방안을 숙고하고자 한다.

(1) 지적 권위

유아교사가 실질적 권위를 인정받기 위해서는 지적 권위를 가져야 한다. 지적 능력이 있을 때 유아교사는 실질적인 권위를 행사할 수 있다. 유아교육의 전문연구가들에 비해서 유아교사의 연구능력이 미미한 것은 사실이다. 유아교사직의 구조가 연구보다는 교수에 역점을 둔 활동을 수행하고 있기 때문이다. 영어의 'authority'는 'author'에서 파생되었고, 'author'는 'to create'(창조할 수 있음)를 뜻하는 라틴어 'augre'에서 어원을 두고 있다(김희연, 2004). 권위의 어원적 관점에서 보면, 유아교사는 연구능력을 갖추고 있어야 권위를 인정받을 수 있다. 유아교사가 지적 권위를 인정받기 위해서는 연구능력을 함양하여, 유아교육의 문제를 창조적으로 해결하고 이를 공유할 수 있는 객관적 결과물(논문, 저서)을 생산해 내는 것이다. 이러한 연구능력을 갖추기 위해서는 유아교사는 실행연구자(action researcher)로 거듭나는 것이다. 실행연구란 'action'과 'research'의 혼합용어로서, 유아교사가 '마음의 눈'으로 유아교육현장의 현실을 이해하고 문제를 진단하고 개선을 기획하는, 즉 유아교사들이 창출하는 현장연구라고 할 수 있다. 유아교사가 처한 상황과 대학 연구자가 처한 상황은 서로 다르므로 유아교육 현상의 이해, 문제를 보는 방식, 처방과 해결전략이 차이가 날 수밖에 없다(김희연, 2004). 이러한 유아교육 현상의 이해와 문제를 해결하는 데 있어 유아교사는 더 이상 실험수행자, 조사참여자 등과 같은 전문 연구가의 조력자로서의 역할에서 벗어나야 한다. 전문연구자와 동등한 간주관성, 상호주체성을 소유한 실행연구자가 되어야만 유아교사는 지적 권위를 유아교육학계로부터, 더 나아가서는 우리 사회 구성원들로부터 인정받을 수 있다. 유아교사의 실제적 경험에 근거한 연구물은 동료교사, 학부모, 교수들에게 영향을 줄 수 있다. 즉, 연구자로서의 유아교사가 되어야 지적 권위를 인정받을 수 있다.

한편, 유아교사는 직위상의 권위도 갖고 있다. 유아교사의 직위상의 권위는 유아를 움직이게 하는 힘으로서의 권위이다. 유아교사는 교실에서 유아들을 통제하기 위해서 권위에 의한 통제방법 중 가장 전형적인 것 중의 하나인 명령을 사용할 수 있다. 그러나 조수환(1987)의 주장처럼 명령은 늘 권력에 가까울 수 있다. 아동중심철학자, 포스트모더니즘에서는 이를 힘이라고 표현한 것처럼, 명령이 단지 직위를 위해서 불필요하게 사용되거나 남용될 때 권력의 도구가 된다. 교사의 직위상의 권위는 교사의 개인적 특성과 존경심에 의존한다는 측면에서 전형적인 의미에서의 직위상의 권위와는 다르다(최병태, 2008). 유아교사의 직위상의 권위는 규범적 질서 유지를 위해 사용되는 권위와는 다른 것이다. 단지 유아교사라는 직위에 있는 사람이 권한을 행사할 권리가 있음을 인정하는 그런 요소보다는, 유아교사는 정서적 안정감을 가져다주고 자신의 성장과 성숙을 돕는 사람이라는 이해를 유아에게 주어야 한다. 유아교사는 개인적 인격과 특성에 대한 유아의 인정과 존경에 기초하여 직위상의 권위를 행사하여야 한다. 이는 결국 유아교사의 직위상의 권위도 유아교사의 지적 권위에 의존한다고 볼 수 있다.

유아교사가 지적 권위를 인정받기 위해서는 실행연구능력을 갖고, 유아교육의 문제를 해결한 그 결과물을 산출하여야 한다. 또한 유아교사는 직위상의 권위를 힘, 권력, 그리고 규범적 질서 유지의 차원을 넘어 지적 권위의 인정, 존경의 차원에서 행사하여야 한다.

(2) 도덕적 권위

유아교사가 유아나 학부모, 사회구성원들로부터 도덕적 권위를 인정받기 위해서는 도덕적 행동에서부터 현대 시대정신(Zeitgeist)을 반영할 수 있는 윤리관을 가져야 한다. 유아교사는 기본생활에 관한 것은 도덕적 행동으로 습관화되어야 한다. 도덕적 갈등상황에서는 합리성에 근거한 도덕적 판단능력을 보여야 한다. 아울러 유아교사는 도덕적 덕목들을 유아들에게 가르치거나 혹은 자신이 실천할 때, 왜 도덕적 덕목들을 습관화해야 하는가에 대한 합리적 이유를 제시하여야 한다(임상도, 2010). 그 과정에서 유아는 스스로 합리적 사고가 형성되어 도덕적 판단능력과 도덕적 행동을 일치시키려는 노력이 발생한다. 경험적 연구들이 규명하였듯이(조혜정, 1992), 연령이 어린 유아는 권위자가 정한 규칙에 절대복종을 하지만, 연령이 많은 유아는 또래와 사회적 접촉이 빈번해지고 사회성이 발달함에 따라 절대복종하는 것이 아니라 유아 자신의 판단에 따라 행동한다. 유아가 타율적 도덕성에서 자율적 도덕성으로 전환하는 데는 유아교사의 도덕적 권위가 하나의 거울이 된다. 그러기 위해서 유아교사는 '행동으로 옮기지 않은 권고와 충고는 침묵보다 훨씬 큰 환멸을 가져다 준다.'(신득렬, 1983)라는 문구를 명심할 필요가 있다.

이러한 유아교사의 도덕적 권위 정당화의 노력은 이상의 것을 초월하여, 현대적인 윤리의식에 기초한 도덕적 권위를 또한 가져야 한다. 시대적 정신에 동반된 도덕적 권위를 가져야 그 정당성을 인정받게 된다. 유아교사는 그 방안의 하나로 포스트모더니즘 관점의 윤리의식을 가져야 한다. 그 내용은 관계에 기초를 둔 돌봄의 윤리, 해방적 관점에서의 페미니즘 윤리, 다양성의 평등한 공존을 추구하는 다문화 윤리, 생태주의에 기반을 둔 생명존중 윤리이다(염지숙, 방유선, 2013). 유아교사의 관계에 기초한 돌봄의 윤리는 유아교사가 유아의 이야기를 경청함으로써 유아에 대한 이해를 높이고, 요구에 민감하게 반응하고 상호신뢰 관계를 형성하기 위해서 노력하며, 학부모 및 지역 공동체 구성원들의 의사를 조정하고 반영하는 것이라고 할 수 있다. 유아교사의 해방적 관점에서의 페미니즘 윤리는 유아교사의 역할을 찬양하지만, 그에 대한 합당한 대우나 권리는 없고 책임과 의무만 강요하는 모순을 지적하고 여성으로서 소외되어 온 것을 회복하는 데 힘씀으로써, 유아교사의 주체로서 여성을 강조하는 것이라 할 수 있다. 이러한 유아교사의 다문화 윤리는 유아교사 자신의 문화에 대한 인식과 태도를 반성적으로 점검하며, 동시에 우리 사회에 존재하는 문화적 불평등에 민감하면서 평등한 공존의 관점에서 문화적 다양성을 실제로 가르침에서 실천하는 것이라고 할 수 있다. 유아교사의 생태주의에 기반을 둔 생명존중 윤리는 현대 문명의 위기, 생태의 파괴가 유아의 삶에 무한경쟁 및 이기주의, 질병 등으로 이어지고 있다는 인식하에, 자연의 생명력을 복원하고 조화로운 공동체의 삶을 가르치는 것이라고 할 수 있다. 이러한 내용의 윤리들은 급변하는 현대사회에서 유아교사직을 수행하고 있는 유아교사들에게 일관된 삶의 원칙을 제공할 수 있다. 이 윤리들은 큰 틀 내에서 서로 유기적으로 연결되어 있으며 상호보완적 역할을 하고 있어, 유아교사의 윤리의식에 기초가 되며 더 나아가 도덕적 규범이 될 수 있다(염지숙, 방유선, 2013).

유아교사의 도덕적 권위는 도덕적 행동의 습관화, 합리성에 근거한 도덕적 판단능력과 실천력을 가져야 한다. 여기에 더하여 현대 시대정신을 반영하여 포스트모더니즘 관점의 윤리의식에 기초한 도덕성을 유아교사가 갖게 될 때, 도덕적 권위를 인정받을 수 있다. 유아교사가 도덕적 권위를 갖게 되면, 배우고 돌봄을 받는 유아는 단순히 지식 습득을 넘어 도덕적 자아를 형성할 수 있어 도덕적으로 유아교사를 존경하게 된다.

(3) 유아교육적 권위

유아교사의 권위가 인정을 받은 역사적 사실을 통해서, 그리고 유아교사의 본질적 역할이 무엇인지를 통해서 유아교사의 교육적 권위를 정당화할 수 있는 방안을 모색하고자 한다.

먼저 프뢰벨에 의해서 유아의 보호와 교육이 공적 영역으로 진입되었고, 유아교사(초기에는 남자도 유아교사로 포함됨)라는 직업이 최초로 전문성을 인정받는 공적인 직업이 되었다(이윤진, 2006). 프뢰벨이 살았던 당시 유럽에서 여성이 공직에 진출한다는 것은 거의 불가능하였다. 여성이 공직에 진출하였다는 사실은 헤겔의 주장, '절대정신이 역사적 제도를 통해서 이루어진다.'에 비추어 본다면 역사적 이변이었다. 또한 권위의 본래적 의미에는 행정 당국이라는 의미도 포함되어 있음을 볼 때, 여성이 유아교사직을 통해서 공직사회 즉, 행정 당국에 근무했다는 것은 역사적 발전이 유아교사를 통해서 이루어졌음을 의미한다. 프뢰벨이 초기에는 유아교사를 남성 중심으로 양성했다가, 남성들이 유아교육에 별다른 흥미를 보이지 못하자 여성 중심으로 유아교사를 양성하였다(곽윤숙, 2008). 이 사실은 여성이 가진 능력과 가치가 새롭게 평가됨으로써 공적 사회에 여성이 진출하는 계기를 갖게 되었다. 여성이 중심이 된 유아교사가 공적 영역으로 진입했다는 사실은 유아교사의 유아교육적 권위가 공적으로 인정받음을 의미한다.

그러나 이러한 역사적 흐름이 단절되면서부터 유아교육은 여성만이 종사하는 직업이라는 인식이 확고해졌고, 대부분 여성들이 종사하는 직업이 대우와 처우는 낮게 받아야 한다는 인식에 편성하게 되었다. 이러한 전근대성에 의해서 유아교사의 지위는 낮아졌고, 비전문성으로 인식되었다. 또한 유아교사가 유아를 보살피고 돌보는 일은 모순적이고 역설적인 결과를 낳아, 유아교육 내부에서조차도 유아교사의 역할을 보호(care)보다는, 교수(teaching)를 중심으로 한 전문성을 강조하는 경향이 상존하고 있는 실정이다(곽윤숙, 2008). 유아교사의 역할은 가르침과 보살핌이 하나로 결합된 텍스트로서 이해되어야 한다는 주장(양옥승, 2004)에 비추어 보면, 유아교사는 유아발달이 여러 측면에서 미숙하고 발달이 급격하게 이루어지 때문에 신체적·정서적·사회적 보살핌과 결부된 가르침을 지향하여야 한다. 학교가정(schoolhome)을 주장한 마틴이나, 가정의 보살핌 기능을 보충해주어야 한다고 주장한 노딩스(Noddings)는 유아교사의 보살핌을 강조하였다. 유아교사는 유아교육적 권위가 가르침 속에서만 행사된다는 시각에서 벗어나야 한다. 또한 유아교사는 유아를 보살피는 과정에서도 유아교육적 권위를 행사할 수 있다. 어머니와 유아교사의 보살핌은 강도 면에서 있어서나 합리성에 있어서 차이가 있게 마련이다. 유아교사는 유아를 보살핌에 있어서 일정한 거리를 유지하면서 유아교육적 권위를 행사하여야 한다. 이 점이 초등·중등교사와 다른 점이다. 유아교사는 유아를 보호, 양육, 안내, 지도, 교수하는 가운데서 유아교육적 권위를 행사하게 된다. 이를 유아교사의 유아교육적 권위라고 할 수 있다. 유아교사는 보살핌이 결부된 가르침을 지향해야 유아교육의 본질을 훼손하지 않게 된다. 이에 염지숙 등(2011)은 전문성 있는 돌봄을 통해서 유아교사의 정체성 확립이 필요하고 하였다. 보살핌에 대한 가치를 재평가하여 유아의 보살핌이 유아교육의 가치로 위상이 정립될 수 있도록 텍스트에 포함되어야 한다. 유아교사는 'High Tech, High Touch'의 슬로건처럼, 보호와 보살핌이 강조되는 시대에는 유아교사직이 최고의 직업이라는 자긍심을 가져야 할 것이다. 유아교사 스스로가 유아교사직에 대한 자기존중감을 가져야만 그 존중감이 유아와 학부모에게 전달되어 유아교사의 권위를 인정하게 된다.

특히 문해력이 미발달된 유아에게 질서를 통제하면서 초보적인 지식과 기술을 가르치는 유아교사의 교수법은 일반인에게는 경이의 대상이 된다. 가르침의 측면에서 유아교사의 교육적 권위는 초등·중등교사와는 확연히 다른 것이다. 유아교사는 유아가 가지고 있는 능력, 잠재능력, 소질, 자질을 문자에 의한 직접적인 가르침에 의존하지 않고, 매체(교재·교구, 놀잇감)를 활용하여 즐거운 분위기 속에서(놀이형태) 계발(啓發)하려고 한다. 벤이 지적한 등급, 표창, 실패의 위협, 위신, 권력, 카리스마에 의존하지 않고도(신득렬, 1983), 유아교사는 암시, 격려, 안내를 통해서 유아들로 하여금 스스로 사고하고 행동하도록 자극하여야 한다. 이 과정에서 유아교사는 슈타이너(Steiner)가 주장한 '애정 어린 권위자'(loving authority)가 되어야 한다. 유아교사는 유아를 위한 안내자와 조언자로서의 역할을 충실하기 위해서는 유아교사가 갖고 있는 권위를 유아교육의 방법 속에서 자연스럽게 흐르게 해야 한다. 이를 위해서 유아교사 유아들에게 본보기가 되는 언행일치적인 태도, 유아와의 깊은 관계, 직무에 대한 자신감, 자기수양과 자기교육을 강화해야 한다(김명숙, 2009). 또한 유아교사는 놀이를 통한 학습에 대한 이해, 매체의 속성과 차원에 따른 유아교육적 효과 분석, 흥미유발과 흥미유지 방법, 집중력과 지속력 유지를 위한 방법에 대해 장기간에 걸쳐 고독한 탐구를 해야만 한다.

유아는 유아교사의 유아교육적 권위에 감화를 받아서 어느 순간 애착, 더 나아가서 사랑의 감정을 갖게 되어 유아교사를 맹목적으로 추종할 수 있다. 이렇게 되면 유아교사의 권위는 권위주의로 전락하게 되고 유아교사의 가르침은 교화로 전락하게 된다. 유아도 내면적 사고의 형식을 이해하는 상태로 발달하기가 어렵게 된다. 이를 예방하기 위해서는 유아교사는 감정전이(transference)의 감각을 가져야 한다. 프로이드와 브로이어(Breuer)는 환자가 자기들을 사랑한다는 것을 알았을 때, 브로이어는 당황하여 제2의 신혼여행을 갔지만, 프로이드는 계속 치료에 전념하면서 환자의 감정을 참되고 가치 있는 것을 발견하는 데로 돌렸다(Peters, 1966). 이처럼 유아교사에 대한 유아의 감정을 다른 데로 돌려, 참되고 가치 있는 것을 발견하도록 유도하여야 한다. 감정전이를 활용하여 유아가 영원히 유아교사의 권위를 추종하는 것을 막아야 할 것이다. 유아교사의 권위 행사가 극단적인 측면에서 교조주의(教條主義)로 전락하는 것을 예방하여야 한다. 유아교사는 자신과 유아 간의 관계가 수직적이고, 위계적이라는 인식에 벗어나서 포스트모더니즘 관점의 동료학습자라는 인식을 가져야 할 것이다. 유아교사는 유아와 지식구성을 공동으로 책임진다는 측면에서 유아교육적 권위를 행사하여야 한다. 이러한 측면에서 유아교사의 유아교육적 권위가 유아에게 영원히 영향력을 미치는 것이 아니라, 잠정적인 것임을 알아야 한다. 유아는 성장하면서 언제나 새로운 권위들을 만나기 때문에, 유아교사의 유아교육적 권위는 일시적이고 잠정적이어야 한다는 점을 자각할 필요가 있다. 유아교사는 유아의 자율성을 신장시켜서 유아교사의 유아교육적 권위를 점진적으로 부식(腐蝕, erode)시켜야 할 것이다.

유아교사의 유아교육적 권위는 프뢰벨에 의해서 역사상 최초로 공인되었다. 이러한 권위를 지속하기 위해서는 전문성이 있는 돌봄과 결부된 가르침을 지향해야 할 것이다. 또한 유아의 능력(잠재능력)을 계발하기 위해서는 '애정 어린 권위자'가 되어서 궁극적으로는 감정전이를 활용하여 유아가 유아교사의 권위로부터 벗어나게 해야 할 것이다.

(4) 카리스마적 권위

유아교사의 역할은 일반학교(초등, 중등, 고등) 교사의 역할과는 다르다. 유아교사는 어린 연령의 영유아를 대상으로 돌봄을 바탕으로 한 가르침을 수행하는 역할을 한다. 어찌 보면, 이는 교육의 원시적 원형에 접근한 역할을 수행한다고 볼 수 있다. 이홍우(1997)는 교육의 원시적 원형을 동성애와 태교에서 찾으면서 강한 정서적 유대감을 바탕으로 한 교육을 주장하였다. 이러한 정서를 바탕으로 한 교육이 형식화되면서 교육 활동의 밑바닥으로 사라졌지만, 유아교육에는 여전히 남아 있다. 돌봄을 기반으로 하는 유아교사의 가르침의 역할은 유아와 유아교사를 강한 정서적 유대감을 형성하여, 마침내 이를 교육내용의 이해로 승화시켜 교육의 내재적 정당화의 한 형식을 제공할 수 있다.

그동안 교사의 권위는 지적 권위에 한하여 논의되어 왔다(진현경, 2013). 피터스의 권위 개념이나 교사의 직위상의 권위(최병태, 2008)는 결국 이성적 측면만을 강조하는 합리주의 사고에 의해서 오직 교사에게 지적 권위만을 강조한 것이라고 할 수 있다. 교사에게 지적 권위를 강조하는 것은 지식을 탐구함에 있어서 교사와 학생은 비개인적(impersonal) 성격과 간주관적(intersubjective) 성격을 가져야 한다는 측면을 강조하기 위해서이다. 이러한 교사의 지적 권위는 고등교육을 담당하는 교사에게 적합한 것이라고 할 수 있다. 돌봄을 바탕으로 한 가르침의 역할을 수행하는 유아교사에게 있어서는 지적 권위를 넘어선, 또 다른 차원의 권위의 개념을 가져야 할 것으로 보인다. 이러한 의미에서 카리스마적 권위는 교육에서 배제되어야 할 요소가 아니라, 교사 권위의 핵심에 속한다고 본 반톡의 주장(진현경, 2013)을 음미할 필요성이 제기된다. 반톡은 카리스마적 권위와 지적 권위가 양립 불가능한 것으로 보지 않고, 카리스마적 권위가 지적 권위의 핵심이면서 지적 권위의 방향을 제시한다고 보았다. 반톡은 카리스마적 권위자가 구사하는 인격적 존재방식에 강조점을 두고 있다. 즉, 애정적 관계를 통제하는 카리스마적 권위자의 인격적 특성은 인류의 삶의 존재방식이며, 인간 본성에 관한 형이상학이다. 유아교사가 갖고 있는 특별한 지식과 애정적 관계의 원천으로서 유아교사의 인격은 유아교육장면에서 적극적으로 추구해야 할 요소이다. 유아교사가 가르침의 장면에서, 예를 들어 구연동화를 구사할 때 독특한 목소리와 표정, 사랑을 바탕으로 한 신체적 보살핌은 유아로 하여금 유아교사에게 포섭(participate)되고자 하는 강한 정서적 유대감을 형성하게 한다. 더 나아가 유아의 총체적 삶에 영향을 미칠 수 있다. 이처럼 유아교사는 인격적 특성을 바탕으로 한 개인의 독특한 카리스마적 권위를 행사함으로써, 유아에게 애정적 삶을 갈망하게 하여 선한 존재로 만들어 줄 수 있다.

또한 유아교사가 유아와 강한 정서적 유대감 형성을 바탕으로 한 유아교육을 수행하기 위해서는 합리주의 관점에서 배제되어 왔던 카리스마적 권위를 가져야 한다. 유아교사는 자신 독특한 인격적 특성이 반영된 카리스마적 권위를 통해서 유아교육을 수행해야 한다.

2) 공동체의 역할

(1) 지식 공동체(knowledge community) 형성

유아교사는 고독한 상태에서 지식을 생성할 수도 있지만, 자신의 학문적 발전을 도모하기 위해서는 동료들과 접촉하고 토론하고 논쟁을 벌일 필요가 있다. 연구자는 동료들의 동의를 얻어야 하며, 동의를 얻음으로써 자신의 연구 활동에 대해 만족과 확신을 가질 수 있기 때문이다(장상호, 2011).

이러한 유아교사의 학문적 공동체는 초보단계의 친분 관계를 바탕으로 한 동료 유아교사 모임에서부터 유아교육 관련 학회에까지 다양한 형태를 가정할 수 있다. 유아교사의 학문적 공동체가 형성되면 유아교사직에 입문하는 자에게 교육과 훈련을 시켜 지적 능력을 향상시킬 수 있다. 유아교사가 유아교육의 학문적 지식 공동체를 통해서 유아교육에 대한 지적 능력이 향상되어 그 영향이 유아와 학부모에게 미친다면, 유아교사의 권위는 존중받게 된다. 어떤 직업이 번창하기 위해서는 그것을 수행할 만한 적격자들이 모이고, 그들이 하는 일을 촉진하는 분위기와 환경을 만들며 그 성과로 인해 사회로부터 존중받는 분위기가 조성되어야 한다. 유아교사들은 기존의 유아교육 관련 학회를 통해서 유아교육 분야의 새로운 경향을 접하고, 이를 유아교육현장에서 실천함으로써 유아교육의 권위자로서 성장할 기회를 가질 수 있다. 유아교사가 유아교육의 학문적 지식 공동체로 참여할 수 있는 유아교육 관련 학회는 대략 25개 정도가 있다(권영례, 권혜진, 2012). 유아교사의 유아교육학적 지식 공동체는 반성적 사고를 실천하는 데 매우 중요한 역할을 한다(염지숙 등, 2011). 유아교육학계의 지식 공동체 구성원은 수평적 관계 속에서 서로의 지적 입장을 공유할 수 있는 장이 되어야 할 것이다. 유아교사가 지식 공동체에 참여함으로써 자신의 지식을 공유할 뿐 아니라, 새로운 지식을 창출할 수 있다. 이러한 관점에서 유사교사가 연구자로 참여할 때 전문 연구자에 종속되어 최소한 역할만 수행한다든지(예를 들면, 실문지 조사, 관찰, 실험수행, 프로그램 구성), 혹은 자료만 제보하는 하수인의 역할만을 수행하는 문제에서 벗어나게 해주어야 한다. 이처럼 유아교사가 연구를 수행할 때 '기만된 전문주의'(협력의 허구)에서 벗어나, '실행연구'로부터 협력과 학습을 이끄는 연구 전문가가 되도록 해주어야만 한다(김희연, 2004). 또한 유아교사가 주도한 공동연구에서는 유아교사를 그에 상응하는 제1저자, 교신저자, 제1저자·교신저자 등으로 표기를 해주어 유아교사의 지적 권위를 인정해주어야 할 것이다.

유아교육의 현장에서 새로운 지식을 구성하는 유아교사는 '불안'과 '고독'을 겪을 수밖에 없다. 우리사회는 외로움(loneliness)과 고독(solitude)을 구분하지 못하여, 홀로 연구하는 유아교사의 모습을 일부에서는 외로움으로, 더 나아가 따돌림으로 간주할 수도 있다. 이는 소규모의 유아교육 지식 공동체를 형성하여 연구를 수행하는 분위기를 조성할 필요가 있다. 지역 단위 혹은 유아교육의 분야별로 유아교육 연구를 위한 지식 공동체를 구성할 수 있도록 유아교육학계, 유아교육행정당국, 유아교육기관 운영자는 인식을 같이해야 한다. 유아교육학회에서는 지역별 유아교사 연구모임의 현황부터 파악해야 한다. 각 모임에 적합한 유아교육사상 관련 대학 강단의 교수를 참여시켜 유아교육의 독특한 문제와 개념체계, 진리관과 방법론을 공유하도록 해야 한다. 아울러 공동체의 연구결과를 학회에 발표 및 연구물로 게재할 수 있도록 안내의 역할을 수행하여야 한다. 이러한 활동을 통하여 유아교사를 유아교육의 권위자로 발굴해야 할 것이다. 유아교육행정당국도 이러한 공동체 모임을 상명하달식 방법이 아니라 자연스럽게(유아교사의 담론 경청) 조사하여, 교수와 현장 유아교사의 지식 공동체 형성에 필요한 행정 및 재정을 지원해 줄 수 있는 길을 모색해보아야 한다. 특히 사립유아교육기관 유아교사의 지식 공동체 형성을 위한 지역별 소모임을 구성하는 데 지원을 하여야 할 것이다. 유아교육기관의 운영자도 시장경제의 논리가 지배하는 경쟁체제에서 생존하기 위해서, 그리고 유아교육의 질을 향상시키는 주체가 유아교사라는 것에 인식을 한다면, 유아교사의 능력과 자질을 연마하기 위해서는 단기적이고 대규모의 연수보다는 자발적으로 관심 있는 분야에, 소규모 지역 공동체 모임에 정기적으로 참여하는 것을 적극 허용해야 한다. 유아교육학회, 유아교육행정당국, 유아교육기관 운영자는 유아교사의 권위 확립을 위해서 연구 분위기를 조성하여 유아교사들 가운데서, 연구능력이 탁월한 인물(leader)을 발굴하는 것이 필요하다.

이처럼 유아교사가 지적 권위를 확립하기 위해서는 유아교육학회와 같은 지식 공동체 참여를 통하여 연구자로 참여할 수 있도록 수평적 관계를 보장해주어야 한다. 또한 지역별 소규모 유아교육 공동체를 형성이 활성화될 수 있도록 유아교육학회, 유아교육행정당국, 유아교육기관운영자는 지속적으로 지원해야 할 것이다.

(2) 주변의 조력

유아교사는 유아와 유아교육기관과 학부모와의 유기적 관계 속에서 전문적 유아교육 행위를 주도하는 것으로 볼 수 있다. 하지만 현실적으로 보면 유아교사는 유아, 유아교육기관, 학부모와 관계에서 소극적 위상을 드러내고 있다(김희연, 2004). 유아교사가 권위 상실감을 느끼는 경우는 학부모의 지나친 간섭, 동료교사의 평가, 상급자의 부당한 지시가 있을 때라는 주장(박은주, 2010)처럼 유아교사는 근접해 있는 주변인들로부터 권위를 인정받지 못할 수도 있다. 유아교사의 권위가 존중되기 위해서는 유아교사의 주변 공동체 구성원들의 조력적 노력이 동시에 필요하다.

정부는 시장경제 논리에 의해서 유아교육의 정책을 수행하고 있다. 교육에 시장경제 논리를 도입한 취지는 공교육의 경쟁력 강화를 통한 교육의 질 제고이다. 유아교육 분야에 시장경제 논리가 도입되면서 유아교육현장에서는 소위 '생계형 민간자본'이 유입되어 사립중심으로 유아교육기관은 무한 경쟁체제를 유지하고 있다. 시장경제가 유아교육의 목적을 달성하기 위한 수단의 이상이 되고 있다. 어떻게 보면 유아교육에서는 시장경제의 논리가 목적이 되어 버렸고, 유아교육은 이것의 수단이 되어 버린 꼴이 되었다. 이러한 상황 속에서 유아와 학부모는 소비자로, 유아교육기관과 유아교사는 공급자가 되어버렸다. 극단적으로 유아교육의 수요자인 일부 유아의 학부모는 유아교육을 하고 싶으면 하고, 하기 싫으면 하지 않는 대상으로 간주하려는 태도를 보이고 있다. 이러한 상황에서 유아교사는 학부모의 유아교육과정 간섭, 요구에 상응하다 보니 유아교사의 권위가 확립되지 못하고 있다. 정부는 시장경제 논리를 빙자하여 유아교육의 행정을 통제하려는 의도나 유아교육정책에 대한 책임을 무마하려는 의도에서 벗어나야 한다. 그리고 지금 논의되고 있는 유보통합의 산적한 과제들 중에서, 유보통합의 주체인 유아교사의 자격, 처우 그리고 전문성 신장을 위해서는 유아교사의 권위 정립에 대한 논의를 먼저 해야 할 것이다. 유아교사의 양성과정 단일화 및 수업연한 상향조정, 현직유아교사의 재교육 등을 통해서 유아교사의 질적 향상을 도모하여(이정욱, 2014) 궁극적으로, 유아교사의 권위를 우리 사회 전반에 확립시켜 주어야 한다. 정부 당국에 의해서 부여되는 유아교사의 권위가 가장 영향력이 있기 때문이다. 또한 정부는 '유아들을 보니 유아교사직이 좋은데 급여나 근무조건, 인간관계, 사회적 대우 등을 생각하면 당장 그만두고 싶다.'는 유아교사의 목소리를 경청해야 할 것이다. 유아교사라는 직업에 대한 만족도 향상하기 위해서는 유아교사에 대한 사회적·경제적 지위가 향상되어야 한다. 유아교사의 사회적·경제적 지위 향상은 단기간에 도모될 수 있는 것이 아니다. 여러 가지 요인이 복합적으로 작용해야만 상승할 수 있는 것이다. 자본주의 사회에서 보수처우가 직업 선택의 주요 요인으로 작용하고 있는 것이 현실임을 고려하여, 유아교사의 보수처우만족도를 향상하는 데 유아교육계는 역량을 총 집결해야 한다는 주장에도 귀를 기울여야 한다. 정부 유아교육정책의 방향도 유아교육의 공급자인 유아교육기관 설립·운영자에게는 유아의 보호와 교육, 시설의 안정적 운영에만 전념할 수 있도록 하고, 유아교사에게는 적정한 보수와 근무 조건하에 유아의 보호와 교육에 전념할 수 있도록 해야 한다(임재택, 2002)는 주장을 수용해야 한다. 한편, 정부는 유치원 교사의 지위 향상과 위상 강화를 도모할 수 있도록 실효성 있는 법적 규정의 재정립을 해야 할 것이다(이원영, 박찬옥, 조형숙, 곽현주, 구수연, 김정미, 이승아, 2004). 이러한 내용들은 유보통합을 위한 특별법이나 관련법을 제정할 때 반드시 포함해야 한다.

또한 유아교사의 권위 정립을 위해서는 언론도 책임의식을 가지고 학부모의 의식 전환이나 국민들의 올바른 유아교육사상을 유도해야 할 것이다. 언론매체들은 유아교사 관련 기사 중에서 사건, 사고에 대해서만 보도하는 경향이 강하였다("어린이 학대 구립어린이집 CCTV 조사", 2011, p. 9/"부산, 유치원 학대교사·피해 아동 더 드러나", 2014, KBS 뉴스). 특히 유아교사와 관련된 언론 보도의 내용을 보면, 유아교사의 근무실태, 유아교사의 자질, 관리부실에 관한 기사가 가장 많이 다루어졌다(한국유아교육학회, 2011). 언론의 이러한 보도는 유아교사가 유아교육에 대한 전문성이나 자질이 부족하다는 점을 학부모에게 은연중에 심어주어, 유아교사의 권위를 상실하게 하고 있다. 유아교육현장에서 무명교사의 삶을 실천하고 있는 모범적인 유아교사의 사례, 우수 연구물 등을 지속적으로 보도하여 유아교사에 대한 국민들의 인식을 개선하여야 할 것이다.

유아교사는 전통적인 보모로서의 이미지가 아직까지 잔재되어 있고, 사립 유아교육기관은 설립자의 의지에 의해서 유아교사의 신분, 임금, 운영 등이 좌우되기 때문에 유아교사들은 직업적 정체성의 혼란, 미래에 대한 불확실성을 겪고 있다(염지숙 등, 2011). 교육기관의 권위는 학문의 자유와 민주적 제도를 갖추어야 나타난다는 주장(조수환, 1987)처럼, 유아교육기관도 유아교사의 학문적 자유, 자유로운 비판을 위해서 민주적인 절차로 운영되어야 한다. 이 원칙이 준수될 때 유아교사는 권위를 가지게 되고, 유아교육기관도 유아교육적 권위를 가질 수 있다.

이러한 유아교육이 올바르게 정립되기 위해서는 부모와의 대화가 필요하다. 유아교육사에서 유아교육이 가정교육, 어머니 무릎학교, 안방교육으로 불렸듯이 유아교육을 떠받쳐 주는 것이 학부모이다. 유아교사의 권위가 보장받고 인정받기 위해서는 학부모로부터의 신뢰를 받는 것이다. 유아교사가 학부모로부터 신뢰를 얻어내려면 무엇보다도 대화에 적극적이고 자신감을 가져야 한다. 학부모와 상호 공감 속에서 대화를 주고받을 때 권위 회복이 가능하다(박준영, 천정미, 2002). 또한 유아 학부모에게는 자녀 교육에 대한 유아교육권이 있다. 이 교육권이 유아교사의 유아교육 자율권, 전문성을 침해해서는 안 된다. 학부모의 학교교육 참여 실태(김순옥, 1992)에 나타난 것처럼, 일부 유아 학부모는 자신의 신분을 밝히지 않은 가운데 서신, 전화, 이메일을 통하여 원장, 교육청에 불만을 토로하는 경우가 빈번하게 발생하고 있다. 그 내용도 유아교사의 신상에서부터 수업방식, 유아교육내용 등과 같이 유아교사의 교육권에 해당하는 사항에 이르고 있다. 유아 학부모의 적절한 유아교육 참여를 수용할 수 있는 제도적 장치를 마련하여, 유아교사의 권위를 보장해주어야 할 것이다.

유아교사는 우리 사회의 특정 분야에만 주어지는 스승사(師)의 칭호를 받고 있지만, 유아교사의 사회적 대우와 인식은 그렇지 못하다. 유아기가 한 인간의 일생에 있어서 가장 소중하다고 역설하면서도, 보육교사와 유치원 교사의 사회적 대우나 존경은 상대적으로 상위 연령 학교교육을 담당하는 교사보다 낮은 실정에 있다. 유아교사가 스승사(師)의 칭호에 걸맞은 유아교사의 권위가 존중되기 위해서는 정부의 유아교사 처우개선을 위한 정책 실현, 언론의 공정보도, 유아교육기관의 민주적 운영, 학부모의 올바른 유아교육 참여권을 보장하는 장치가 마련되어야 할 것으로 보인다.

4 유아교사 양성기관의 권위

교사양성은 특정학과에서만 실시할 수 있는 제한적 형태로 운영되고 있다. 교사는 국가 중추적인 역할하기 때문에 그 양성을 국가가 통제권 하에 두고 있다. 반면에 보육교사는 어린이집의 양적 확대를 위해서 개방적 형태로 운영하여 오고 있다. 현재는 유치원 교사와 보육교사를 통합교사로 할지 무엇을 할지는 모르지만, 유아교사를 양성하는 기관의 권위는 확립되어야 한다. 현재 교원의 양성대학을 사범대학이라 한다. 사범이라는 말의 출처에서 유아교사양성 기관의 권위가 정립되기를 기원한다. 다음 문구는 교원양성기관의 권위가 무엇을 지향해야 하는지가 함의되어 있다.

> 사범은 학문에 밝고 행실이 바르며 도의와 덕성을 겸비하여 스승이 될 만한 사람을 뜻한다.
> 經明行修 道德兼備 可爲師範 『太祖實錄』 卷 2, 太祖元年(1392) 9月 壬寅

1) 유치원 교사의 양성[18]

현재 유치원 교사는 2·3년제 대학 유아교육과, 4년제 대학교 유아교육과, 일부 교육대학원 유아교육전공에서 양성되고 있다. 이들의 유치원 교사양성기관들은 교육

18) 본 절은 임상도(2010)의 유아교육철학(서울: 동문사) pp. 212-216의 내용을 부분적으로 수정한 후 기술한 것임.

부의 교육자격 검증에 의해서 소정의 학점을 이수하면 유치원 교원자격증을 부여하고 있다. 따라서 해마다 1만 명 이상의 유치원 교사가 양성되고 있다(권건일, 신재흡, 2007). 이는 사회적으로 유아교육에 대한 수요가 급증하였던 시기에 제도화된 결과이다. 영유아들의 출산율이 40만 명대로 하락한 시기에도 1년에 1만여 명의 유치원 교사양성이 필요한 것인가? 경제적인 논리를 대입하여 언급한다면, 유아교육계에는 구조조정을 왜 하지 않는가?

이는 유치원의 학급 수 감소와 더불어 유아교사 양성 감원을 동시에 실시해야 경영학에서 주장하는 구조조정이 완료된다는 의미이다. 유아교사 양성기관의 수를 줄이고, 양성체제의 다양성을 지향하는 것 대신에 단순화할 필요가 있다. 유아교사 양성체제의 다양화는 복잡성과 산발적으로 전락하기 쉽다. 즉, 다양성은 요구 수요를 충족시키는 한 요인이지만, 요구 수요가 상실된 상황에서 다양성은 복잡성으로 전락한다. 초등교사 양성체제는 다양성 대신에 단일체계를 지향하며, 그것은 요구 수요에 탄력적으로 대응하게 한다. 그 결과 교사수급을 적절하게 조절하여 인력과잉 산출을 조절하고 있다. 소위 말하는 '장롱 속 자격증' 방치 현상을 방지하고 있다. '장롱 속 자격증'이 증가하면 증가할수록 유아교사의 전문성은 요원해진다. 유치원 교사의 자격증 남발을 막아야 유아교사의 사회적 신분이 상승된다. 이러한 관점에서 또 다른 대안은 유아교육과 입학정원 감소이다. 4년제 대학은 입학 정원이 30명 혹은 40명으로 되어 있지만, 2·3년제 대학의 입학정원은 대학마다 다르고, 그 모집인원은 단일 수업 단위 적정기준 수를 초과하고 있다. 물론 40명 이상을 모집하여도 분반하여 수업을 할 수는 있지만, 그 자체가 유치원 교사 과잉 배출의 원인을 제공하는 것이다. 유치원 교사의 자격증 강화를 위한 논의와 유치원 교사의 전문성 확보를 위한 방안을 논의하기에 앞서 선행되어야 할 것은 유치원 교사 양성의 수를 요구 수요에 맞게 조절하는 것이다. 이 논리는 경영학의 이론을 제시하지 않더라도 상식인 것이다. 이 상식을 접어두고 자격증 취득의 기준만 아무리 강화한들, 그리고 전문성 확보방안을 제안한들 '양이 질을 저하시킨다.'는 논리를 극복할 수 없게 될 것이다.

1970년대 이후 초·중등교원 자격에 관한 논의가 많이 이루어지고 있는 반면, 유치원 교원의 자격에 관한 논의는 매우 미진한 실정이다. 하지만 유아교육의 정상화를 위해서, 그리고 유아교사 자질의 전문성 향상을 위해서 유치원 교원자격제도에 관한 논의는 계속되고 있다. 그 한 예로 초등교육과 유아교육의 연계성을 이루기 위해서는 초등교사뿐만 아니라, 유치원 교사도 초등교사자격을 받을 수 있게 해야 한다는 주장이 있어 왔다. 현행 교육대학에서 유아교육 심화과정을 운영하고 있다고 해도 그 내용 자체가 유아교육과는 맞지 않는다는 비판을 받고 있다. 반대로 유아교사 양성대학의 경우는 초등학교에 대한 교과내용이 거의 없는 실정이므로, 전면적인 개정이 우선되지 않는 한 복수전공 자격부여는 오히려 교사의 자질을 떨어뜨릴 우려가 많다(이은화, 배소연, 조부경, 1998).

이 주장은 유아교육과 초등교육이 학문적 구획화로 존재하기 때문에 상호 호환될 수 있는 여지가 없다는 관점이다. 초등학교 교사양성체제를 중등교사 양성체제와 통합하려는 현재의 시점에서 보면 실현은 거의 불가능한 것이다. 유치원 교사 자질 향상을 위한 교육부의 권고에 의하여, 유치원 교사 임용고사도 단순한 필답고사를 통한 자격증 수여에서 벗어나, 모의수업을 도입하여 유치원 교사 역할수행을 적절히 할 수 있는지에 대한 자질을 찾는 노력은 매우 고무적이라 사료된다.

2) 보육교사의 양성

현행 보육교사 양성의 큰 틀은 「영유아보육법 시행규칙」 제12조에 관련된 교과목 이수를 통한 학점만 취득하면 보육교사 자격증을 받을 수 있도록 되어 있다. 이 교과목 이수를 대학, 보육교사교육원 등에 이수하도록 되어 있다. 이것은 보육교사 양성이 다양성을 지향한다는 측면에서 인정할 만하다. 하지만 대학의 어느 학과를 불문하고 규정된 교과목만 이수하면 보육교사 자격증을 수여할 수 있다는 데 문제가 있다. 보육교사 양성의 주요 교과목은 사회과학 학문으로 구성되어 있다. 6개 영역 중 적어도 4개 영역의 교과목은 사회과학이다.

사회과학과 자연과학은 학문의 형식, 지식의 형식, 사고방식, 진리 검증 절차 등에서 뚜렷이 구별되는 학문적 구획이 존재한다. 보육교사는 영유아 삶의 방식을 지도하는 유아교사이다. 이는 심리학적 접근을 가장 먼저 실천해야 하고, 한편으로는 인간에 대한 이해와 인생 방향에 대한 숙고를 해야 하는 인문학과 철학적인 삶의 방식을 실천해야 할 맑은 영혼의 소유자여야 한다. 이러한 삶을 살아가는 보육교사에 입문할 자격을 가진 사람은 사회과학과 인문과학의 정신을 가진 사람일 것이다. 그런데 규정된 교과목만 이수하면 대학 전공에 관계없이 보육교사 자격증을 수여하는 제도가 문제인 것이다. 그러니 '장롱 속 보육교사 자격증'이 먼지 쌓이듯 쌓이는 것이다. 보육교사 자격증 발급은 매년 늘어나는데, 일선 보육교사 수급이 만성적으로 부족한 것은 이와 관련이 있다. 보육교사 양성의 학과의 폭을 보육교사의 직무와 관련이 있는 전공으로 한정하는 것이 보육교사 자질과 역할을 제고하는 데 첩경인 것이다.

그동안 정부는 어린이집의 양적 팽창을 위해 보육교사의 양적 양성을 도모하였다. 1년에 보육교사가 약 몇 명 배출되는지에 대한 자료가 그 수를 정확히 알 수는 없지만, 유치원 교사의 수와 비슷할 것으로 보인다. 보육 요구 수요와 보육교사 수를 대비해보면 보육교사 과잉현상이 나타날 것으로 보인다. 그러나 이러한 우려가 사실인지를 알아보기 위해서 현장에 가 보면 어린이집 유형별로 다르다는 것을 알 수 있다. 국공립 및 법인 어린이집은 보육교사의 지원 희망자가 넘쳐나고, 가정 및 민간 어린이집은 만성적으로 보육교사 부족난에 시달리고 있다. 그 원인은 처우와 근무조건 때문이다. 이는 구태여 조사를 해보지 않아도 직감할 수 있다. 이 부분에 대한 해결책 없이는 양질의 보육교사를 양성할 수 없다.

또한 유아교사는 유아, 부모, 일반인들로부터 권위를 인정받아야 한다. 권위는 유아교사의 학급 통제에 생명줄이기 때문이다. 권위를 상실한 유아교사는 초라하다. 유아교사가 권위를 확립하기 위해서 지적, 도덕적, 교수적 권위를 가져야 한다. 권위는 가만히 있으면 저절로 찾아오는 것이 아니며, 유아교육에 대한 학문적 탁월성을 함양하여야 한다. 아울러 유아교사양성기관도 권위를 가져야 한다. 유아교사는 유아와 더불어 성장한다는 생각, 즉, 교학상장(教學相長)의 신념을 수행하여 한다. 이를 통해서 유아교사와 유아는 경사애생(敬師愛生)의 정신을 실천하여야 한다. 유아의 성장을 위해서 유아교사의 인지적 지형이 확대되어야 한다. 기존의 경험과학적 발달관에서 탈피하여 폭넓은 지식관을 가져야 한다. 유아에게 철학적 사고를 함양할 수 있는 방안은 다음 제14장에서 논의해보고자 한다.

CHAPTER 14

유아철학교육

유아들은 자연과 외부 세계에 대해 놀라움으로 가득 차 있다. 이유와 근거에 대한 물음을 계속 던지기도 한다. 일찍이 아리스토텔레스가 철학은 경이로부터 온다고 한 점을 보면, 유아기의 지식 욕구는 앎의 철학 정신과 무관하지 않은 듯하다. 또한 20세기 교육철학을 주도했던 피터스는 민주적인 생활방식은 토론과 실천이성에 기초하고 있다고 보았다. 그것은 공정, 타인의 사유존중, 이익의 고려와 같은 것을 전제로 한다. 이성의 정확한 사용을 기대하기 위해서 철학의 논리학 영역을 학교에 보급하려는 일련의 움직임이 있어 왔다. 이러한 경향으로 유아교육에 철학적 활동을 도입하자는 주장이 유아교육에서 일어나고 있다. 본 장에서는 그 동향과 교육방향을 논의해보고자 한다.

1 유아철학교육의 동향

유아를 위한 철학교육은 1960년대 립만이 교육에서의 인지적 문제와 정의적인 문제를 질문하면서부터 시작되었다. 립만은 1972년 샤프와 함께 '어린이를 위한 철학 발전 연구소'(The Institute for the Advancement of Philosophy for Children)를 설립하여 유아철학교육 프로그램을 개발하고 있다. 1974년 립만은 소설 『Harry Stottlemeier's discovery』를 출간하여 유아교육현장에 철학을 보급하려는 운동을 전개하였다. 이어 매튜스는 1980년에 『Philosophy and the young child』를 출간하였다(Matthews는 1984, 1994년에도 저서가 있음). 이들은 유아를 위한 철학교육을 위해서 소설적 교재(novelistic texts)를 사용하였으며, 철학적 토론을 위해서 모호하고 제대로 정의되지 않은 철학적 아이디어를 포함시켰다. 1986년 립만과 샤프는 『Wondering at the world: Instructional manual to accompany Kio and Gus』를 출간하였다. 『Wondering at the world』라는 안내서는 『Kio and Gus』의 교육 보충자료이다. 이 저서는 대략 8세에서 10세 어린이의 교육을 담당하는 교사를 위해 마련된 것이다.

이러한 일련의 동향에 대하여 유아교육과정의 학자 스포텍(1989)은 유아에게 가치교육을 어떻게 할 것인지를 강하게 주장하면서 철학교육의 필요성을 우회적으로 제시하였다. 우리나라에서는 지난 90년대 초 반짝했던 논리교육 시리즈의 저작들, 『어린이를 위한 철학교육』, 『반갑다, 논리야』 등은 철학의 기본 문제들을 아주 쉽게 일상생활(동화, 이야기, 일과)에 비추어 꾸미고 있다. 그 후 매튜스(1994)의 『아동기 철학(The philosophy of childhood)』, 립만의 『어린이를 위한 철학(Philosophy for Children)』 프로그램과 맥을 같이 하여 우리나라에서는 조선희(2003a, 2003b, 2004), 진종부(2003), 조관성, 정은혜(2008), 이춘희(2009), 정대련(2009) 등이 유아철학교육에 대한 저서와 논문을 발표하여 유아교육현장에 보급하고 있다. 이들은 유아기에 철학교육을 도입하기 위한 당위성만을 단순하게 소개하는 데 그치지 않고, 유아교육현장에 실제로 적용될 수 있도록 철학 놀이방법, 동화와 관련된 활동을 제시하고 있다.

이러한 흐름을 반영하여 2005년에는 '어린이와 함께 철학하기'라는 주제로 샤프(IAPC 부원장)를 초청하여 세미나를 개최하기도 하였다. 이러한 노력은 기존의 유아교육에 철학을 도입함으로써 유아 사고력 신장에 대한 새로운 지평을 여는 계기가 되었다[19].

이를 계기로 최근에는 유아철학교육의 연구동향을 분석한 연구가 시작되었다(임상도, 2014a). 이 연구를 토대 유아철학교육 연구에 전반적인 동향을 제시하면 다음과 같다. 유아철학교육의 연구동향을 보면[20], 첫째, 2000년 이후부터 유아철학교육 전체 논문의 90% 이상이 출간되었음을 알 수 있었다. 이러한 동향은 학술지 논문, 학위논문 모두에서 유아철학교육의 효과를 검증하여 유아교육현장에 도입하고자 한 결과라고 볼 수 있다. 연구주제를 보면 철학적 탐구공체 활동의 효과 분석에서부터 철학교육의 교재, 철학교육의 방법론, 철학교육의 방향 등 특수한 것까지 다양한 주제가 연구되었다. 특히 2005~2009년의 기간 동안에는 유아철학교육 논문의 전체의 47.9%가 출간되었다.

둘째, 유아철학교육의 연구주제의 동향을 살펴보면, 유아철학교육의 적용 효과에 관한 논문 비율이 42.4%, 유아철학교육의 방향에 대한 논문 비율이 34.2%로 다수

19) 이상의 내용은 임상도(2010). 유아교육철학(서울: 동문사) pp. 218-219의 내용을 수정·보완하여 진술함.

20) 임상도(2014a). 유아철학교육의 연구동향 분석. 아동교육, 23(1), 283-301을 요약적으로 정리하였음.

를 차지하였다. 그 비율은 학술지 논문, 학위논문 모두에서 다른 주제에 비하여 상대적으로 높게 나타났다. 이러한 결과는 비판적·논리적 혹은 창의적 사고력을 배양하기 위한 하나의 방법론으로 다양한 철학교육 프로그램 개발에 집중하고 있다는 주장과, 유아철학교육의 필요성을 제기하고 가능성을 탐색하여 그 효과를 도출하는 연구가 지속되고 있다고 볼 수 있다. 반면에 유아철학교육에 대한 교사교육 및 유아철학교육의 자료 개발에 대한 주제연구는 상대적으로 4.1%, 2.7%로 낮은 것으로 나타났다. 이 부분의 주제에 대한 연구가 상대적으로 낮다는 것은 유아철학교육을 유아교육현장에 보급하는 데, 그리고 활성화를 못하게 하는 한 요인이 되고 있다. 이러한 인식은 유아철학교육을 유아교육현장에 실천되도록 현직교사와 예비교사를 대상으로 한 교육이 우선되어야 한다(어은정, 2013). 또한 어린이의 사고능력을 함양하기 위해서는 한국 어린이들에게 적합한 철학교육의 소재 발굴과 교재 발굴을 토대로 적절한 방법론을 논의해야 한다(김회용, 2012). 이처럼 철학교육을 위한 텍스트의 연구는 초보적인 수준에 있다(한기호, 2004).

셋째, 유아철학교육의 연구주제의 연대별 현황을 보면, 유아철학교육 적용 효과, 유아철학교육의 방향에 관한 주제는 각각 66% 이상, 72% 이상이 2000~2004년, 2005~2009년까지 집중적으로 연구되었다. 이러한 동향은 학술지 논문, 학위논문 모두에서도 유사하게 나타났다. 이러한 동향은 포스트모더니즘의 영향을 받아 발달심리학 중심의 방법론에서 벗어나, 유아교육의 담론을 다양화하려는 유아교육학계의 연구동향이 반영된 결과로 볼 수 있다. 논리적·추상적인 사고가 미약한 유아기에도 철학적 사고의 가능성을 탐색하려는 연구동향이 있었다. 이 시기의 유아철학교육에 대한 대부분의 연구들은 매튜스와 립만의 유아철학교육 가능성에 대한 근거하여 유아철학교육의 가능성을 강력하게 주장하였고, 일부 연구들은 립만의 '철학적 탐구공동체'를 통해서 유아의 사고와 창의성을 고찰하였다(장사형, 2012). 2010~2013년에는 유아철학교육의 모든 주제가 앞 기간보다 학술지, 학위연구논문의 편수가 감소하는 동향을 나타내고 있다. 이러한 동향은 유아철학교육의 연구방향에 대한 문제점은 없는지를 근본적으로 반성해 볼 필요성을 갖게 한다. 그동안의 유아철학교육의 연구논문의 동향이 유아의 인지능력과 언어적 활동을 중심으로 한 사유체계로서 철학을 학습하는 대로 집중한 결과, 방법론의 한계에 봉착하지 않는지를 검토해보아야 한다. 이것은 유아철학교육은 다양한 프로그램을 개발하여 철학적 사고력을 배양하는 방법론이기보다는 유아가 삶 속에서 '철학함'(doing philosophy)을 지향하도록 해야 한다(장사형 2012). 유아철학교육은 프로그램을 구성하여 특정 활동에만 적용하여 일정한 성과만을 내려는 것에서 벗어나 유아가 삶 속에서(가정, 유아교육현장, 놀이터, 기타의 공간) 체험이나 놀이활동을 통해서 '철학함을 체험'하는 것으로 지향해야 할 것이다.

넷째, 유아철학교육의 연구주제 중에서 연구논문 편수가 가장 많은 '유아철학교육 프로그램 개발 및 적용' 영역을 분석해보면 다음과 같다. '유아철학교육 프로그램 개발 및 적용'의 세부적 변인으로 사고력 증진과 사고변화과정, 창의성 증진에 관한 연구가 15편으로 상대적으로 높은 비율을 차지하고 있다. 이러한 동향에는 피아제의 인지발달이론이 갖는 한계점(유아는 자기중적이어서 추론적, 추상적 고차원적 사고를 할 수 없다는 주장)을 극복해보려는 관점에서 유아철학교육 프로그램을 개발하여 그 효과를 측정하려는 의도가 다분하였다. 어린이 철학교육의 가능성에 대한 대부분의 연구들이 피아제의 인지발달이론에 비판을 중심으로 하고 있다(장사형, 2012). 피아제의 인지발달이론에 한계점 극복과 비판을 위해서 유아철학교육 프로그램을 개발하는 것과 유아철학교육을 유아교육현장에 보급하기 위해서 유아철학교육 프로그램을 개발하는 것은 본질적으로 다름이 존재한다. 유아철학교육의 가능성과 효과가 어느 정도 논증적으로나 실증적으로 검증되었기 때문에 유아교육현장에 유아철학교육을 보급하는 프로그램 개발에 집중해야 할 것으로 보인다.

다섯째, 유아철학교육의 연구방법에 있어서 연구동향을 보면, 물적 대상으로 한 연구가 대부분 이루어졌으며, 학위논문의 경우는 만 5세를 포함하는 연구도 상대적으로 많았다. 이러한 결과는 학술지는 문헌연구가 상대적으로 많이 수행된 결과이고, 학위논문은 조사 및 실험연구가 상대적으로 많이 수행된 결과로 여겨진다. 추후 유아철학교육의 연구가 활성화되고 유아교육현장에 보급되기 위해서는 연구대상이 유아교사, 예비유아교사, 학부모 등을 중심으로 폭넓게 이루어질 필요가 있음을 시사한다. 연구유형에 있어서는 문헌연구가 학위논문 모두에 있어서 상대적으로 다른 유형에 비하여 상대적으로 높은 비율을 차지하였다. 이는 2000년대부터 유아철학교육의 연구가 필요성, 가능성 등을 중심으로 방향에 대한 연구가 급증하면서 철학의 고유의 연구방법인 문헌연구가 많이 수행된 것과 일맥상통한다고 볼 수 있다. 다음으로 양적 연구에 있어서 실험연구가 효과를 검증하기 위해서 수행되었고, 양적 연구의 한계를 극복하기 위한 대안적 연구로 질적 연구도 수행되었다. 이러한 연구방법의 변화는 2000년 이후부터 질적 연구가 증가하고 있다는 연구동향과 일치한다(이문옥, 이지영, 이방실, 2006). 문헌연구와 더불어 양적 연구, 그리고 질적 연구 등 다양한 연구유형이 도입하여 유아철학교육의 연구를 활성화하고, 유아철학교육을 유아교육현장에 적용하는 노력이 필요하다고 사료된다. 자료수집방법에 있어서는 학위 논문 모두에 2000년부터 문헌연구법이 상대적으로 많은 편수를 차지하고 있었다. 이러한 결과는 유아철학교육의 자료수집방법의 특성상 문헌연구법이 가장 많이 사용되었다고 볼 수 있다. 유아철학교육의 연구에서 철학의 자료수집방법을 취한다 하더라도, 자료수집방법의 다각화를 시도해보아야 한다. 이는 유아교육철학이 문헌 해석과 창조적 상상력뿐 아니라 관찰, 실험, 기타의 연구방법을 도입해야 할 것이다(임상도, 2013). 이를 반영하여 유아철학교육의 연구에서 자료수집방법이 검사법, 관찰법, 면접법, 질문지법, 프로토콜(protocol), 포트폴리오, 현상학적 등으로 소수의 편수이지만 진행되고 있었다. 유아철학교육의 특성을 반영할 수 있는, 즉 개별적이면서도 구체적이고 미세한 사고의 과정을 반영할 수 있는 다양하고, 다면적 자료수집방법이 모색되고 있는 것으로 볼 수 있다. 이를 계기로 유아철학교육의 연구유형이 다양화가 되어야 할 것이다. 유아철학교육의 자료수집방법에 있어서도 문헌연구와 문헌연구법과 관련된 문헌분석이 상대적 다른 방법에 높은 비율을 차지하고 있었다. 2000년부터 자료분석방법이 t검증, F검증, 일원변량분석 등의 비율이 증가하고 있었다. 이러한 자료분석방법이 다양해진 것은 유아철학교육의 효과를 심층적으로 분석할 필요성이 제기됨에 따른 결과로 간주된다. 이러한 양적 자료분석방법과 함께 질적 자료분석방법도 활성화되어, 유아철학교육의 학문적 특성을 반영하는 자료분석방법이 정립되어야 할 것으로 보인다.

이러한 유아교육철학이 유아교육의 한 영역으로 위상을 정립하기도 전에 유아철학교육에 대한 연구가 시작되었다. 유아철학교육의 주체가 유아교사임을 고려하면 유아교사 양성과정에 유아교육철학이 정규 교과목으로 선정되어야만 한다. 또한 '유아교과 논리 및 논술'이라는 교과목을 전공필수로 하고, 그 명칭도 유아철학교육으로 하여야 할 것으로 보인다. 유아교육철학의 내용을 구성함에 있어서는 형이상적, 규범적, 인식론적, 분석적, 비판적, 포스트모더니즘 등의 접근과 더불어 유아철학교육에 대한 지식과 관점을 포함하여야 할 것으로 보인다. 립만이 듀이와의 만남을 통해서 유아철학교육을 본격적으로 전개하였다는 점은 유아철학교육이 유아교육의 한 영역으로 정립될 정당성을 갖게 한다. 유아교육철학에 유아철학교육을 포함하기 위해서는 유아철학교육에 대한 교수·학습법의 연구가 지속되어야 할 것으로 보인다. 특히 탐구 내용이 심화될 때도 유아들을 적극적으로 참여할 수 있게 하는 방안에 대한 연구를 수행해야 할 것이다.

2 유아철학교육의 가치[21)]

그동안 유아교육은 과학주의에 영향을 받아서 유아 사고의 발달 목표를 추상적이고 논리적인 사고에 한정하려고 하였다. 피아제의 형식적 조작기의 사고, 비고츠키의 고등정신능력 등에 영향을 받았기 때문이다. 유아철학교육을 주장하는 학자들은 논리적·추상적 사고에서 그 이상의 사고능력을 배양할 수 없는가에 대한 의문을 갖고 접근하였다. 또한 사고 훈련의 시기는 아동기라는 관점에서 벗어나, 더 어린 연령의 유아에게도 가능하다는 논리를 갖고 있다. 유아들의 주장을 면밀히 계획하고 생활 속에서 실천하면, 그들의 자연적 추리력과 통합의 힘을 가꾸어 줄 수 있고 창조의 무한한 잠재력을 자극해 줄 수 있다는 것이다. 2000년 리드와 존슨(Reed & Johnson)은 유아철학교육의 가치를 다음과 같이 제시하였다.

첫째, 유아들에게 도덕적 가치의 역할과 인간 행위 규준을 다루는 문제(윤리적 탐구)를 탐색하는 기회를 제공할 수 있다.

둘째, 유아는 예술적 창조, 미적 감상, 미적 비평 사이의 관계(미적 탐구)를 포함한 문제 되는 쟁점을 탐색할 수 있다.

셋째, 유아가 세상을 이해하는 데 있어서 보편성(형이상학적 탐구)을 형성하도록 돕는다.

넷째, 유아로 하여금 탐구의 규칙을 탐구하게 하며 사고에 있어서 원칙(논리적 탐구)에 호소하게 한다.

다섯째, 진리, 사실과 의미의 관계 등과 같은 질문(인식론적 탐구)에 답을 찾게 한다. 철학은 확실한 답이나 고정된 생각을 이끌기보다는 의미 있는 물음과 이유를 제기하는 데 그 생명력이 있다. 아마도 '존재하는 모든 것에 회의를 하라.'는 말처럼 재고함으로써 새로운 것을 창조할 수 있는 힘이 생겨난다.

유아들의 발달 특징은 충동적이고 일시적인 사고의 특성이 있는 반면 무한한 호기심과 의문들로 가득 차 있다. 발달단계상 나타나는 일시적 현상으로만 보기에는 너무 의미가 깊다. 따라서 이들에게 적합한 철학교육을 시킨다면 올바르게 사고하고 행동하도록 할 수 있을 것이다.

이러한 관점에서 유아에게 철학교육을 실시하면 철학적 사고능력을 계발할 수 있

21) 이하의 내용은 임상도(2010). 유아교육철학(서울: 동문사) pp. 218-219의 내용을 수정·보완하여 진술함.

을 것이다. 이에 정숙자와 박준영(2011)은 아동철학교육을 통해서 창의적 사고능력, 분석적 사고능력, 비판적 사고능력, 논리적으로 자신의 의견을 토론할 수 있는 능력, 토론과정에서 타인의 의견을 존중하고 배려할 수 있는 능력을 길러질 수 있다고 보았다. 여기에 근거하여 유아철학교육을 실시하면 유아에게 다음과 같은 사고가 계발할 수 있으므로 유아철학교육이 가치가 있을 것이다. 첫째, 유아철학교육은 추상적 사고능력을 향상시킬 수 있을 것이다. 추상적 사고란 실제로 일어나지 않거나 존재하지 않는 것에 대한 심상을 형성하는 사고이다. 그동안 학교교육에서 소홀히 했던 추상적 사고를 계발하기 위해서는 지각추리, 논리추리, 증거추리, 삼단논법, 연역적 사고로 추론하는 방법을 사용할 수 있다. 둘째, 유아철학교육은 창의적 사고능력을 계발할 수 있을 것이다. 창의적 사고를 증진하기 위해서는 비판적 사고를 해야 할 것이다. 또한 창의적 사고는 비판적 사고능력을 촉진할 수 있다. 전통적인 학교교육에서는 비판적 사고와 창의적 사고를 억압하면서 논리적 엄정성을 유지하려고 하였다. 엄격하고 논리적인 사고가 요구되는 상황 속에서도 공상이나 자유로운 상상과 비판적 사고를 통해 패러다임이 확대 전환되면서 창의적 사고가 확대될 수 있다. 논리의 엄정성을 비판함으로써 창의적 사고를 계발하도록 해야 할 것이다. 셋째, 유아철학교육은 배려적 사고를 통해 대인관계를 형성시켜 주어야 할 것이다. 철학교육은 유아들에게 상대방을 배려할 수 있는 태도 즉, 배려적 사고를 길러 줄 수 있다. 배려적 사고를 통해서 원만한 대인관계를 형성해주어야 할 것이다. 넷째, 유아철학교육은 논리적 사고(개념, 판단, 추리의 작용)를 계발시킬 수 있을 것이다. 유아는 자신에게 주어진 문제를 자주적으로 탐구하고, 사고하기 위해 논리적 사고능력이 계발되어야 한다. 그 방법은 언어 사용을 통해서이다. 즉, 왜 그렇게 되었는지에 대한 이유와 근거를 제시함으로써 논리적 사고력을 계발할 수 있을 것이다.

이러한 유아철학교육을 유아에게 실시하면 추상적 사고능력, 창의적 사고능력, 배려적 사고능력, 논리적 사고능력을 계발할 수 있음으로써 유아의 발달을 촉진시킬 수 있는 가치가 있을 것이다.

3 유아철학교육의 내용 및 교수 · 학습방법

유아철학교육은 무엇을 내용으로 하는가? 이는 일반철학전공자, 교육철학전공자가 모두 궁금해 할 것이다. 리드와 존슨(2000)이 제시하는 연령 단계별 철학교육의 내용을 보면 다음과 같다.

① 유치원~초등학교 2학년: 다양한 철학적 문제 상황을 다루는 분류, 연결, 비교에 초점
② 초등학교 3~4학년: 추리 기능과 철학적 언어에 초점
③ 초등학교 5~6학년: 어린이의 자연 탐구를 준비시켜 주기 위한 다양한 논증 기능을 강조

그동안 국내에서 유아철학교육을 실시하기 위한 고독한 삶의 결정체를 제시하면 다음과 같다(출판연도순으로). 조선희, 유연옥(1999)의 『유아 사고 교육의 이론과 실제』, 조선희(2003a)의 『유아 생각 키우기』, 조선희(2004)의 『유아철학놀이』, 정대련(2009)의 『유아의 논리 논술』, 고정리(2011)의 『유아 교과 논리 및 논술』, 김혜라, 김지영, 지경진, 성연승(2011)의 『유아 논리·논술 교육』, 박찬옥, 지성애, 조형숙, 서동미, 곽현주, 엄은나, 한진원, 김현주, 김민정, 홍찬의(2012)의 『유아교사를 위한 논리·창의 교육』, 고연경, 김유경, 김정주, 남규, 이정아, 장석경(2012)의 『유아논리·논술교육』, 김영실, 윤진주(2012)의 『유아교사와 유아를 위한 논리·창의·논술교육』, 김희수, 김용환, 하정연(2013)의 『유아교과 논리 및 논술』, 성현주(2014)의 『유아논리교육』, 이은경, 이은하(2014)의 『유아교사를 위한 논리 및 논술』등의 저서가 출간되었다. 이와 관련된 논문으로는 이선영, 장영희(2015)의 「유아교과 논리 및 논술 과목 개설현황 및 교재분석」이 발표되었다. 그 중 정대련(2009)의 『유아의 논리논술: 동화로 여는』이라는 저서를 통해서 유아철학교육의 내용과 방법론을 제시하면 다음과 같다. 정대련(2009)에 의하면, IAPC는 철학교육을 위해서 철학동화를 구성하였는데, 그 주제는 실재, 진, 선, 미, 인간 등으로 고대 그리스인들이 가졌던 의문들이다. 이야기 형식의 철학동화는 의미에 대한 반성을 촉구하고 대화법적 탐구방법을 제시한다. 예를 들면, 『The Doll Hospital』이라는 철학동화는 유아로 하여금 주인공의 성별을 탐색하게 하고, 인형을 통해 친구의 의미를 되새기게 한다. 이는 동시에 여러 상황을 통해 타인에 대한 배려, 가치문제, 의문 갖기, 대화 토론을 통한 언어습득과 경험을 통한 의미 구성 등을 그 내용으로 하고 있다. IAPC에서 제공하는 유아용 철학교육 교재 『Elfie』는 소설 형식으로 정독을 유도하고 질문을 형성하며 이야기하기를 조력할 목적으로 직유, 은유, 유추 등의 수사법으로 표현된 비교 개념 경험하기, 포함관계 등을 그 내용으로 하고 있다. 실제편에서는 유아의 철학적 탐구를 돕는 활

동으로는 '경청하기(개념, 명제) → 질문하기(등장인물들의 질문, 동화 내용과 관련된 질문, 동화의 맥락에서 벗어난 창의적 질문)', 비판적 질문 행위와 창조적 반성을 돕는 철학적 탐구활동으로는 '관찰하기, 몸으로 표현하기, 문장 만들기, 동물 이름 짓고 그 이유 말하기, 동물 소리 흉내 내기' 등이 제시되어 있다.

유아들은 성인들에 비해 감정적이고 자유분방하며, 상상력이 뛰어나기에 올바른 사고와 행동을 위해서는 철학교육이 더욱 필수적이다. 중요한 것은 기존의 철학이 너무 어렵다고 생각하는 점이다. 유아들에게 철학적 훈련을 도입한다는 것은 철학을 좀 더 쉽고 흥미롭게 만드는 방법을 모색하고 내용을 풍부하게 만드는 일이다. 이러한 교수법에는 아이디어 평가나 논리적 토의, 개념적 체계, 하나의 개념을 다른 방법으로 전이시키고 조작하는 일 등이 있다. 이러한 것은 유아들의 놀이 중 말 바꾸기와 같은 연상작용이 필요한 놀이 등을 통해서 가르칠 수 있다. 유아는 집단을 이루어 노는 것을 좋아하고 또래집단을 형성하기를 좋아한다. 이러한 유아의 심리적 특성을 반영하여 놀이를 통한 교수법을 활용하는 것이 유아철학교육의 한 방법이 될 수 있다. 여기서 문제는 철학의 난해한 용어들을 유아들의 사고 수준에 맞는 용어로 전환하는 일이다. 이것은 철학자들의 작업이 아니라, 일선 유아교사들이 해야 할 고유의 업무이다. 이 점이 일반철학과 유아철학교육의 다른 점인 것이다. 이 일을 위해서는 교실의 분위기는 다음과 같이 조성되어야 할 것이다. 첫째, 철학이라는 고유의 독립된 과목을 설정하기보다는 유아교육의 제 영역에서 철학의 주제들을 가르치는 것이 더 효과적일 것이다. 유아교육의 고유한 제 영역을 보존하면서도 철학의 고유성을 유지할 수 있기 때문이다. 둘째, 한 명 한 명에게 철학적 문제를 관심의 대상으로 두는 것이 아니라, 집단을 대상으로 하는 것이 좋다. 집단화하면 심각한 문제도 덜 심각한 사태로 받아들여서 쉽게 이해할 수 있다. 특히 유아기는 또래집단을 형성하기를 좋아한다. 셋째, 학급이나 교실의 분위기가 탐구집단으로 이루어져야 한다. 이성적인 태도와 상호 존중의 분위기가 넘쳐나야 할 것이고, 세뇌의 배제가 선결되어야 한다.

이러한 유아철학교육이 유아교육기관에 도입되기 위해서는 교실의 분위기가 '탐구 공동체'로 되어야 한다. 유아교사는 탐구의 촉진자, 대화의 촉진자, 공명정대함의 보증인, 사고의 촉진자가 되어야 한다. 이 역할은 레지오 에밀리아 유아교육을 비롯한 모든 유아교사의 역할과 거의 유의한 것이다. 하지만 철학교육에 있어서 유아교사는 다음과 같은 점을 유의해야 한다.

첫째, 유아로 하여금 함축성 있는 다양한 견해를 말할 수 있도록 한다. 유아교사는 발문의 전략을 구사하면 된다.

둘째, 유아의 생각에 대하여 유아교사가 확정적으로 답함으로써 유아 사고의 싹을 무산시키지 말아야 할 것이다. 이를 위하여 프로젝트 접근법의 아이디어 회의(brainstorming)를 도입하여야 한다.

유아들이 스스로 철학적 문제에 관심을 갖도록 하는 것은 매우 어렵다. 그래서 일상생활영역 속에서, 혹은 그리스인들이 행한 것처럼 문학작품, 즉 유아들의 동화를 활용하면 도움을 받을 수 있다. 문제는 철학적 용어들을 어떻게 하면 유아들의 언어 수준에 맞추어 진술하는가이다. 유아교사가 이를 이야기 나누기 형식으로 구성하면, 유아는 이야기 상황 속에서 철학의 핵심 단어를 쉽게 이해할 수 있다.

4 유아철학교육의 과제

철학적으로 사고한다는 것은 합리적 · 논리적 · 비판적으로 사고한다는 뜻을 내포하고 있다. 개념 형성, 진술이나 문장의 판단능력, 직 · 간접적인 추리능력, 논증(전제, 가설, 가정, 이유, 근거) 등이 철학적 사고의 근간이 된다(정대련, 2009). 이것이 유아들에게 동화로 구성된 혹은 놀이로 구성된 철학적 활동을 실시했을 때 어떠한 효과가 있을 것인가 하는 점은 매우 흥미를 갖게 한다. 결론적으로 유아철학교육이 유아의 어떤 사고력, 구체적으로 말해서 추상적 사고력, 고등정신능력을 배양할 수 있는지, 그 이상의 사고력은 형성할 수 없는지 등과 같은 예견되는 결과에 관심을 가질 필요가 있다.

유아철학교육과 관련된 저서들이 공통적으로 제시하는 유아철학교육의 목표는 비판적 사고, 창의적 사고, 배려적 사고, 상상적 사고 등이다. 이러한 목표는 제7차 유치원 교육과정이 지향하는 바와도 크게 다르지 않다(정대련, 2009; 조선희, 2004). 조선희, 유연옥(1999)이 철학적 탐구 공동체 활동을 실시한 결과는 다음과 같다. 철학적 공동체 활동이 유아의 사고기술(질문 생성기술, 대안 탐색기술, 이유 탐색기술, 추론 탐색기술, 명료화 탐색기술, 관계 탐색기술, 예들기 기술), 대화 내용의 변화, 교실 상호작용 변화 등에서 긍정적인 효과가 나타났고, 유아의 친사회성 행동에도 효과적인 것으로 나타났다. 비록 철학적 사고력 핵심인 비판적 사고, 창의적 사고, 배려적 사고, 상상적 사고 등에 대한 직접적인 효과 검증과는 다소 거리가 있지만, 철학적 탐구

공동체 활동이 유아의 사고교육에 어떤 효과가 있는지를 시도한 점에서 그 의의가 있다. 그 후 유아철학교육 효과를 직접 검증하려는 연구는 거의 시도되지 않았다는 점에서 유아철학교육의 일반화는 그다지 희망적이지 않다.

또한 유아철학교육에 대한 저서와 세미나가 활발하게 일어났지만, 이를 유아교사 연수에 소개하거나 예비유아교사 단계에 적용하려는 노력도 미비한 실정에 있다. 또한 유아교육의 이론과 실제 간의 괴리가 발생하는 것 같아 새로운 접근방법을 모색할 필요성이 제기된다. 유아에게는 논리, 추론, 윤리, 비판, 창의 등과 같은 철학적 사고력을 형성할 필요성이 제기되고 있지만, 유아교사양성기관과 유아교육현장에서는 유아철학교육이 제대로 이루어지지 않고 있다. 평소에 철학에 관심이 없었던 교원들이 어느 날 갑자기 '유아교과 교과 및 논술'이 필수과목으로 생성되자, 이를 가르치려고 하는 일이 벌어지고 있다. 유아교육현장에서는 논리력 계발은 등한시한 채 쓰기 형태로 논술을 가르치고 있는 실정에 있다. 유아에게 논리적 사고력을 계발하여 여러 가지 형태로, 즉 말로 하는 구술과 글로 하는 문술이 있다. 논술이라고 했을 때 글로 하는 문술만 의미할 수가 있다. 논술은 구술이라는 부분이 있다. 토론, 대화에서 논리성과 설득성은 인간의 삶에서 기본이 되는 요소 중에 하나이다. 중등교육에서 논술이 대학 입시에 핵심으로 등장하자, 일부 유아교육현장에서 논술을 시작하려는 움직임이 있어 유아교육의 본질적 접근을 더욱더 고려하게 한다. '이론 없는 실천은 맹목적이며, 실천 없는 이론은 공허하다.'라는 지적처럼 유아철학교육의 발전을 위해서는 유아교육철학의 이론과 실천이 수레의 양 바퀴처럼 끊임없이 함께 전진하면서 발전하여야 할 것이다(김회용, 2008).

이러한 현실을 직시하여 유아교육의 각 학회에서는 유아철학교육의 내용이 유아교육과정의 각 영역에서 포함될 수 있도록 개정 시 이를 반영하여야 할 것이다. 추상적으로 유아를 전인으로 양육한다는 차원에서 벗어나, 올바름을 논리적으로 생각하고 이를 말로 표현할 수 있는 유아로 양육하는 것이 현 시대가 요구하는 유아교육이 아니겠는가? 이러한 유아교과 및 논술 과목을 통해서 유아교사는 논리적 사고력과 논리, 논술 능력을 함양한 후, 유아에게 논리적 사고 계발하기 위한 유아교육을 실시한다. 그 결과 유아가 논리적 사고력을 형성하였다면 그것으로 끝난 것인가? 그렇지 않다면, 논리적 사고력을 참되게 사용할 수 있는 관점도 함양해야 할 것이다. 차가운 이성만 있고 따뜻한 감성이 없다면 유아교육은 방향을 잃은 것과 같다. 다음 제15장에서는 유아에게 이러한 감성을 키워 줄 수 있는 유아교육을 탐구하고자 한다.

CHAPTER

15 유아종교교육

인간은 이성과 감성이 공존하고 있는 삶 속에서 살고 있다. 그동안 유아교육은 여러 이유에 의해서 인간의 감성을 깊게 해주는 종교교육을 등한시하였다. 다문화사회가 되면 될수록 다종교육이 필수적인데, 유아종교교육은 무관심으로 일관하고 있다. 인간의 감성을 풍성하게 하고 다문화사회에 종교적 갈등을 예방하기 위해서 유아종교교육에 대한 논의를 시작하고자 한다.

1 유아종교교육의 필요성

유아교육에서 종교교육에 관심을 가지지 않은 이유 중에 하나는 교육은 중립적이어야 한다는 사고에 기인한다. 정희영(2014)의 주장에 의하면, 교육이 중립이라고 생각한 것은 계몽주의 사고방식에 그 원인을 찾을 수 있다. 계몽주의 시대에는 사실에 목적과 의미가 있다고 생각하여 사실로부터 가치를 분리시켰고, 사실이란 과학적으로 증명할 수 있는 것만을 의미한다고 믿었다. 이러한 생각은 오늘날까지도 이어져 오고 있다. 여기에다 우리나라는 국교가 없다는 이유에 의해서 유아종교교육을 도외시하고 있다(임상도, 김윤미, 2014).

유아교육에서 이러한 현상은 인간 삶이 도덕적 가치, 예술적 가치, 과학적 가치, 종교적 가치, 경제적 가치, 정치적 가치, 법률적 가치, 관습적 가치에 의해서 이루어진다는 주장을 부분적으로 부정하는 것이 된다. 근대주의적 지식관이 유아교육에 그대로 반영되어 유아종교교육에 대한 논의 자체를 금기시하는 학문적 풍토를 야기하고 있다. 교육은 학문, 예술, 종교에 대한 사고와 행동을 함양해야 한다는 교육의 선각자들의 주장을 부인하고 있다. 유아교육에서 영적인 부분을 배제함으로써 유아교육 스스로 전인교육의 한계를 노출시키고 있다는 비판에 직면하고 있다(임상도, 김윤미, 2014). 종교적 감정은 도덕적 감정, 과학적 감정, 예술적 감정과 병립되는 것이 아니라 합일된 것이다(황옥자, 2009a). 특히 몬테소리는 어린이들의 종교심과 도덕성을 인간의 본질적인 요소로 보았다(조성자, 2009). 인간의 본성에는 양심과 같이 종교가 내재하고 있어, 유아는 규칙, 질서, 선, 악의 표현은 종교적 본능을 통해서 표현된다는 것이 몬테소리의 유아종교교육관이다. 유아들의 내면에 있는 종교적 잠재능력을 계발하는 것이 유아교육의 본질과 가치에 부합하는 것이라 볼 수 있다. 그럼에도 불구하고, 유아교육에서 유아종교교육을 등한시 하는 것은 유아교육의 한 축을 포기하는 것이라고 할 수 있다.

요즈음 우리의 현실은 다문화시대가 도래하면서 자연스럽게 다종교시대가 되어가 있다. 세계 각 지역에서 발생하고 있는 종교 간의 갈등, 즉 막스 웨버의 표현을 빌리자면, 종교 간의 전쟁은 신들의 싸움이다. 종교 간의 갈등은 국론의 분열은 물론, 인간 삶을 갈등의 국면으로 종국에는 파국에 이르게 한다. 이에 유아종교교육은 특정 종교의 교리에서 벗어나 유아교육적 논리 위에 논의되어야 한다. 유아종교교육에서는 종교 간의 이해와 평화 육성의 필요성을 강조하고 종교적 생활 태도를 함양하여야 할 것이다. 유아교육기관은 유아교육활동을 통해서 유아로 하여금 각 종교에 내포되어 있는 다원주의적 요소에 대한 탐색과 함께, 다른 종교인에 대한 존중과 배려를 갖도록 하여 이웃과 더불어 생활할 수 있는 태도를 실천하게 해야 한다(임상도, 김윤미, 2014). 그동안 유아종교교육을 위해서 2009년 한국종교교육학회에서 종교와 아동교육이라는 주제로 학술대회를 개최한 바 있지만, 그 결과가 유아교육에 반영되지는 않고 있다.

유아교육에서 유아종교교육에 대한 체계를 구축하기 위해서는 각 종교의 교리를 먼저 규명하여야 한다. 더불어 각 종교의 유아관련 연구동향을 파악하여야 할 것이다. 이에 본 장에서는 기존의 기성종교 즉, 불교, 기독교 등에 대한 연구동향을 고찰한 후 유아종교교육을 위한 대안을 제시하고자 한다.

2 각 종교의 유아종교교육연구 동향분석

그동안 우리나라 유아교육에서는 유아종교교육에 대한 포괄적인 연구가 거의 없었다. 그 이유는 우리나라 국교가 없다는 점과 인지발달 중심으로 유아교육이 흐르다보니, 영적인 것은 인간을 초월하는 문제로 보아 연구 분야에서 사라졌다. 최근에 포스트모더니즘이 등장하면서 다문화교육에 필수적으로 다종교교육이 필요하다는 각성이 일어났다. 이에 기독교 유아교육사상 관련 연구동향 분석(정희정, 김남임, 2013), 불교 유아교육사상 관련 연구동향 분석(임상도, 김윤미, 2014)에 관한 연구가 시작되었고, 이에 앞서 김정신(2004)의 영성지향 유아교육의 목적 설정을 위한 연구로 유아종교교육에 대한 최소한의 기본적인 근거를 갖게 되었다. 이에 본 장에서는 불교 유아교육, 기독교 유아교육의 연구동향을 고찰한 후 이를 바탕으로 유아종교교육의 방향을 제시하고자 한다.

1) 불교 관련 유아교육의 동향[22)]

1979년부터 2014년까지 국내 불교 유아교육 관련 석·박사학위논문과 학술지에 게재된 논문 총 111편을 대상으로 연도별 동향, 연구방법별 동향, 연구내용별 동향을 살펴본, 임상도, 김윤미(2014)의 연구에 의하여 다음과 같은 결과가 도출되었다.

첫째, 불교 유아교육 관련 연구의 전체적 동향을 보면, 1989년 이후부터 관련 연구가 꾸준히 증가하고 있는 것으로 나타났다. 2009년부터 2014년까지 31편(27.9%)으로 가장 많이 연구가 이루어지고 있다. 불교 유아교육사상 관련 연구는 2014년 현재까지도 활발한 연구가 이루어지고 있음을 알 수 있다. 이처럼 불교 유아교육사상 관련 연구가 꾸준히 증가한 것은 포스트모더니즘이 유아교육에 도입됨에 따라 합리주의에서 벗어나, 유아교육의 연구주제를 특수한 영역까지로 확대하면서 종교적 관점에서 유아교육을 연구하고자 하는 시대적 정신이 반영된 결과로 볼 수 있다. 이에 유아교육학자, 대학원생들이 불교 유아교육에 대하여 깊은 관심을 갖게 되어 불교 유아교육 관련 연구가 증가하고 있는 것으로 보인다.

이러한 전체적인 연구동향을 보면, 학위논문의 경우에는 석사학위가 57편(51.3%)으로 가장 많이 이루어졌고, 학술지의 경우 등재지가 39편(17.1%)으로 그 다음을 차지하였다. 학위논문의 경우 불교 관련 학과 대학의 논문이 대다수(100편, 90.0%)를 차지한 가운데서도 7개 일반적 대학원(일반대학원, 특수대학원)에서 발표된 논문의 수는 적지만 연구가 지속되고 있었다. 불교 유아교육사상 관련 연구가 불교대학이라는 경계를 넘어 일반학문분야에서도 논의되고 있음을 보여준다고 할 수 있다. 그러나

22) 임상도, 김윤미(2014). 불교 유아교육 관련 연구동향 분석. 교육과학연구, 45(4), pp. 43-64를 요약적으로 정리하였음.

불교 유아교육에 대한 박사학위논문은 단 2편에 불과한 실정이어서, 이 부분에 대한 연구를 더 강화하여 불교 유아교육에 대한 독창적인 연구 성과를 도출해야 할 것으로 보인다. 등재학술지의 경우를 보면, 등재학술지에 39편(17.1%)이 게재될 정도로 논문의 편수가 증가하고 있다는 사실은 전문학술지의 지적 엄정성을 통한 불교 유아교육의 위상을 정립하려는 것으로 볼 수 있다.

둘째, 연구방법별 동향과 관련하여 보면, 문헌연구가 55편(46.2%)으로 설문지연구(30편, 25.2%), 실험연구(23편, 19.3%)보다 다소 많이 이루어졌다. 불교 유아교육사상련 연구논문에서 문헌연구는 불교 사상의 유아교육 접목 가능성, 불교의 생명사상을 통한 생태교육 가능성 탐색, 불경동화의 유아교육적 의미 탐구를 통하여 유아를 불성으로 성장할 수 있도록 실제적인 시사점을 도출했다는 점에서 의의가 있다고 할 수 있다. 한편 설문지연구, 실험연구도 1999년부터 꾸준하게 증가하는 경향을 보이고 있는데, 이것은 유아교육현장에 실제적인 도움을 주기 위한 필요성에 부응한 결과로 보인다.

연구대상에 있어서도 문헌연구와 동일하게 55편(46.2%)으로 나타나 연구 편수가 가장 많이 이루어졌다. 불교 유아교육의 현장 적용을 위해서는 유아교육철학처럼, 연구방법과 연구대상의 다양성을 모색해야 한다. 연구대상의 다양화는 불교 유아교육의 이론연구와 현장연구를 연계할 수 있는 여지를 갖게 한다는 점에서 불교 유아교육 연구의 방향을 시사한다고 볼 수 있다.

셋째, 유아교육이론의 연구내용을 보면, 교수학습방법이 35편(31.2%)으로 가장 많이 차지하였으며, 이론분석 29편(25.8%), 부모교육 10편(8.9%)의 순으로 연구가 이루어졌다. 반면에 매체, 사상가, 평가에서는 그 수가 적게 나타났다. 불교 유아교육의 전체적인 연구경향은 일반 유아교육이론과는 관련성은 있지만, 일반 유아교육의 주요 문제와 연계한 연구는 소홀함을 할 수 있다. 상대적으로 가정교육 프로그램은 소수에 그치고 있다. 연구 주제도 최근의 유아교육 이슈(다문화가정, 북한이탈주민의 프로그램개발)를 반영하지 못하고 있는 것으로 나타나고 있다. 불교 고유의 종교성을 반영한 가정교육 프로그램을 개발하고, 이를 유아교육현장에 보급하여 가정교육의 질적 제고를 도모해야 할 것이다. 이는 연구 주제를 가정교육으로 확대하여 가정교육의 내용과 방법을 지속적으로 개발하고 제공함으로써, 약화되어 가고 있는 가정교육에 대해 불교적 대안을 제시해야 할 것이다.

이러한 연구내용별 동향분석에서 불교교육 주요개념 결과를 보면, 불교 종교교육이 32편(28.3%)으로 가장 많이 이루어졌으며, 다음으로 불교철학 25편(22.1%), 삼학이 15편(13.2%), 육바라밀이 14편(12.3%)으로 나타났고, 상대적으로 연구가 미흡한 영역은 불타 2편(1.7%), 불경과 팔정도가 각각 3편(2.6%)으로 나타났다. 연구주제로 불교 종교교육과 불교철학의 연구편수가 상대적으로 높게 나타난 것은 유아교육은 진리의 방편인 삼학, 팔정도, 육바라밀, 생명존중의 사상의 관점에서 유아의 전인적 성장과 발달을 도우려 방안을 다각도로 모색하고 있다. 이러한 점은 유아교육의 관심 분야가 불교 유아교육의 정체성 및 이론을 토대로 형성되어 가고 있다는 점을 의미한다.

마지막으로 연구내용별 동향분석에서 일반유아교육 주요개념 결과를 보면, 생태가 17편(14.6%)으로 다수를 차지하고 있다. 이러한 연구동향은 최근 유아교육에서의 생태유아교육이 강조됨에 따라 불교의 생명존중사상을 기반으로 하는 생태교육의 중요성이 증대했기 때문이다. 이러한 결과를 바탕으로 불교 유아교육은 시대적 정신, 이슈를 반영하여 유아교육의 내용과 방법을 지속적으로 제고할 수 있는 연구에 몰두해야 할 것으로 보인다. 아울러 불교 유아교육이 국가적 차원의 유아교육에 어떻게 접목되어야 할 것인지를 숙고해야 한다. 이를 위해서 불교 유아교육 관련 연구들은 종교다원주의(religious pluralism) 관점에서 다양한 종교 간의 관계에 대한 태도, 다양한 종교가 실재한다는 사실적 차이를 인정할 수 있는 종교교육에도 관심을 가져야 할 것이다. 그 일환으로, 유아교육과정과 불교를 연계할 수 있는 주제를 탐구하는 데 집중할 필요성이 있다고 보인다. 향후 불교 유아교육 관련 연구논문이 지향해야 할 바를 제시하면, 문헌연구, 설문지연구, 실험연구만으로는 불교 유아교육에 대한 구제적인 대안을 제시하는 데 한계가 있다. 이에 불교 유아교육의 지적 지평을 확대하기 위해서는 질적 연구 도입을 통한 연구방법의 다양성과 예비유아교사를 포함하는 연구대상의 다양화를 시도하여 좀 더 심도 있게 분석하지 못한 내용을 보완할 필요가 있을 것이다. 불교 유아교육과 관련된 연구주제를 일반 유아교육 관련 주제로 확대할 필요가 있다. 불교적 관점에서 유아교육사상을 도출하는 연구, 국가적 차원의 유아교육과정 사용을 종용하는 문제, 시대정신과 이슈를 해결할 수 있는 연구를 적극적으로 수행하여야 할 것이다. 또한 불교 관련 연구동향과 교육방향을 파악할 수 있는 자료가 많이 개발되어 유아종교교육의 방안을 제시해야 할 것이다. 한국유아교육학회(2005)가 편찬한 『유아교육학의 이해』의 제22장 「기독교 유아교육의 연구 동향과 발전방향」처럼, 불교 유아교육연구와 교육에 대한 현황을 분석한 자료가 공신력 있는 기관과 학술지에 지속적으로 게재되어 유아종교교육의 방안을 모색하는 데 기여해야 할 것이다.

2) 기독교 관련 유아교육의 동향

1982년부터 2013년까지 국내 불교 유아교육 관련 석·박사학위논문과 학술지에 게재된 논문 총 316편을 대상으로 연도별 동향, 연구방법별 동향, 연구내용별 동향을 살펴본 정희정, 김남임(2013)의 연구에 의하면 다음과 같은 결과가 도출되었다.

첫째, 기독교 유아교육 관련 연구가 2000년 이후부터 꾸준히 증가하고 있는 것으로 나타났다. 2005년에서 2009년에는 107편(33.9%)으로 가장 많이 연구가 되었고, 현재까지도 활발한 연구가 이어지고 있다. 연구를 활발하게 진행할 수 있었던 것은 유치원의 공교육 강화 영향 때문인 것으로 보인다. 이처럼 공교육과 함께 유아교육기관에서는 유아를 조화롭고 균형적인 발전을 조장할 수 있는 분위기가 형성되면서, 기독교 배경과 철학을 가진 학자들이 기독교 유아교육에 대해 깊은 관심을 갖게 되었다. 신학대학에서부터 일반대학에 이르기까지 기독교 유아교육에 대한 연구가 확대되고 있으며, 단지 박사학위논문은 소수인 것으로 나타났다. 학술지 등재지 및 등재지에 대한 비율이 비슷하지만. 2000년부터는 학술등재지에 기독교 유아교육 관련 연구가 증가하고 있다. 이것은 기독교 유아교육 관련 연구가 신학교라는 경계를 넘어 일반 학문, 즉 유아교육에서도 포용되고 논의되기 시작하였다는 것을 의미한다.

둘째, 연구방법에 동향을 보면 문헌연구 63.2%로 가장 많은 부분을 차지하였다. 문헌연구의 주된 주제는 기독교 유아교육과 관련된 학자들의 철학과 사상을 기독교적으로 조명해보거나 기독교 유아교육 관련 시사점, 비판점 등을 고찰하고 있다. 성경구절 속의 기독교 사상과 연관된 이야기를 통해 신앙적으로 성장할 수 있도록 하는 문헌연구도 있었다. 실험연구, 조사연구, 참여연구, 사례연구도 증가하면서 유아교육의 연구문제를 다변화하고 있었다. 이들 중 연구대상도 문헌이 가장 많았지만, 유아, 부모, 교사를 대상으로 한 연구가 증가하는 추세를 보이고 있었다. 향후 적용연구를 활발하게 진행하여 이론과 실제가 통합되고 균형을 이루는 연구방향으로 나아가야 할 것이다. 이는 교회연구를 대상으로 한 연구가 37편(41.1%)으로 가장 많이 이루어졌다. 실제적으로 기독교 유아교육의 이론 및 교육과정과 프로그램 연구가 대부분 교회학교와 관련하여 이루어졌기 때문이다. 2000년 이후부터는 교회 부설유치원과 일반 유치원에서도 연구가 이루어지면서 기독교인 유아와 비기독교인 유아를 대상으로 한 연구가 나타났다.

셋째, 기독교 유아교육의 전체적인 경향은 교육이론과 밀접하게 관련되어 있는 한편, 주요개념과 연계되고 통합된 연구에는 소홀한 것으로 나타났다. 이는 기독교 유아교육이 기독교 관련 개념이나 자체적인 교육이론을 연구하는 데 치중할 뿐, 일반 유아교육과의 관련성 있는 문제해결이나 일반 유아교육을 기독교적인 관점에서 새롭게 조명하는 연구는 것이 하지 않는 것으로 나타났다. 하위영역별 연구 경향을 보면, 사상가 연구, 부모교육, 기독교 프로그램, 성경동화 프로그램, 기독교철학 분야순으로 연구가 많이 이루어졌고, 특히 북한이탈주민을 대상으로 한 기독교 부모교육 프로그램 개발 및 적용은 다문화교육을 확장하는 좋은 사례로 볼 수 있다. 기독교 유아교육은 시대적 상황을 반영하여 기독교 유아교육의 내용 및 방법을 쇄신해야 하는 연구와 더불어 일반 유아교육의 문제를 해결할 수 있는 기독교적 대안을 제시하여야 한다.

향후 기독교 유아교육 관련 연구는 문헌연구에 집중되어 있는 한계를 벗어나기 위해서, 질적 연구 방법 등의 다양한 연구유형과 자료수집방법 및 분석방법을 통해서 변인과 인과 관계를 알아보는 연구가 이루어져야 할 것이다. 현재 기독교 유아교육 관련 연구들은 일반 유아교육이 분석하는 기준에 미치지 못하고 있다. 이러한 연구지평의 확대를 위해서 유아의 심리발달, 현장평가, 정책 및 복지에 관한 기독교적 관점의 연구가 활성화되어야 할 것이다.

이처럼 기독교 유아교육 관련 연구논문의 동향이 제시하는 바와 같이, 일반 유아교육과 관련된 연구가 활성화될 때 유아교육의 영역이 다양화될 수 있다. 인지 중심의 유아교육이 학문적 지평을 확대하기 위해서는 기독교 유아교육에 대한 연구는 지속되어야 할 것이다. 그래야 유아교육이 전인교육을 지향한다는 논리를 충족 및 보완할 수 있다. 기독교 유아교육의 목적, 교육내용, 방법, 평가 등에 준하는 기독교 유아교육의 틀이 조속히 제시되기를 희망한다.

3) 유아종교교육의 방향

우리 사회는 종교인구의 특성이 세계의 유래가 없는 다종교의 혼재 상황과 동시에 높은 비율의 무종교 인구가 공존하고 있다(정지아, 한명희, 2014). 다종교사회에서는 각각 다른 종교와의 상호이해에 대한 필요성이 제기된다. 우리 사회가 다문화사회로 급속히 변화가 되기 때문에 다종교적 특징은 앞으로 더 강화될 전망이다. 더구나 다른 종교에 대한 이해 수준은 낮은 것으로 보이며, 제도적 종교 간의 대화도 아직은 미미한 수준에 머물고 있다. 이러한 상황 속에서 종교적 갈등을 예방하고 상호 공존하기 위해서 유아교육에서 종교교육의 구체적인 역할을 마련할 필요가 있다고 보인다.

현재 유아교육의 교육과정 속에 별도의 장을 마련하여, 유아에게 종교교육을 하기보다는 유아교육의 여러 영역 활동과 연관해서 교육내용을 구성하는 것이 바람직할 것이다. 예를 들면, 각국의 문화를 소개할 때 각 나라의 종교를 소개하면서 그 종교의 모습 그대로를 드러내게 할 수 있어야 한다. 즉, 유아에게 종교학적 시각을 유아교육에 도입해야 할 것이다. 여러 종교가 드러내고 있는 신성한 모습을 보다 깊고 풍요롭게 이해함으로써 궁극적인 실제에 대한 감각을 넓게 해야 할 것이다. 그러한 의미에서 유아종교교육의 방향은 첫째, 종교에 대한 지식을 통한 건전한 종교관과 인간 이해능력을 갖도록 하는 것이고, 둘째, 종교를 통하여 인생문제를 해결하는 능력이며, 셋째, 다른 종교에 대한 이해와 배려 태도를 기르는 것이다. 이러한 방향으로 추진하되 정지아, 한명희(2014)의 주장처럼, 너무 주지주의적 성격으로 치우치 말고 종교학적 핵심을 이해하는 방향을 구성하여야 할 것이다. 또한 종교교육은 각 종교들이 지향하는 공동의 영적 세계, 나의 자아 탐구로서의 종교의 세계를 가르쳐야 할 것이다. 넷째, 종교 간의 차이를 비교할 때 무엇을 어떻게 비교할 것인가를 탐구해야 한다. 여러 종교가 드러내고 있는 신성한 모습을 보다 깊고 풍요롭게 이해하게 함으로써 궁극적인 실제에 대한 감각을 확대해야 할 것이다. 다섯째, 인간에게는 종교의 자유가 있다는 시각을 갖게 해야 한다. 유아종교교육이 교화의 논쟁으로부터 휘말리지 않을 것이다.

결국 유아종교교육은 종교의 공통적인 영성에 대한 심층적 접근에 중심을 두어야 할 것이다. 이러한 점에서 김정신(2004)은 유아교육의 목적을 영성지향으로 설정한 바 있다. 유아교육이 인지발달을 목적으로 접근하고 있는 상황에서는 그 대안으로서 유아에게 영성교육이 부각되고 있다. 영성은 종교나 종파를 초월하는 보편적 개념으로서, 선천적이고 고차적인 내면적 의식이 삶의 방식으로 드러날 수 있다. 이는 유아교육에서 영성에 대한 논의를 본격적으로 고려할 때가 도래하였다고 볼 수 있다. 이러한 과제와 함께 우선 가톨릭 유아교육 관련 연구논문의 동향, 동학(천도교)의 유아교육 관련 연구논문의 동향 등이 연구되어야 할 것이다. 불교, 기독교, 가톨릭, 동학에서 지향하는 종교관, 내용, 방법 등에 대한 체계가 구성될 때 유아종교교육에 대한 방향과 방법이 정립될 것으로 보인다.

이와 더불어, 유아종교교육에 대한 새로운 인식과 지평을 열어야 한다. 인간의 삶이 종교에 의존하는 것은 그 무엇보다 크다. 각 종교에 대한 이해를 유아기 때부터 형성시키면서 올바른 종교관을 갖도록 하여야 배려심이 형성된다. 유아교육이 전인교육을 지향하면서 여러 이유에 의해서 종교교육을 생략하면 전인교육의 한 축이 무너지게 되는 것이다. 국가적인 차원에서 유아교육과정을 개편할 때 종교교육에 대한 내용을 포함하여야 할 것이다.

이상으로 유아교육의 현황에서부터 유아교육철학의 당위성과 접근방식, 유아교육철학의 연구동향, 유아교육의 가치혼돈과 대안, 유아교육의 표기방식, 유아교육이론, 유아교육의 정의, 유아교육의 목적, 유아교육과정, 유아교수·학습방법, 놀이, 유아도덕교육, 유아교사의 권위, 유아철학교육, 유아종교교육에까지 기존 연구물을 중심으로 개괄적으로 살펴보았다. 이외에도 유아교육철학에 포함되어야 할 영역이 더 있을 수 있다. 무엇보다 시급한 것은 유아교육의 영역과 예비교사양성과정 교과목에서 유아교육철학이라는 독립된 영역을 확보하는 일이다.

이러한 유아교육철학이 독립 영역으로 정위하기 위해서는 학문적 공동체가 형성되어야 한다. 이를 위해서 유아교육 관련 학회에서 분과 형태로든지 혹은 어떠한 형태로든지 유아교육철학의 영역을 확보해주기를 기대한다. 유아교육은 과학만으로 접근하면 공학적인 틀에 갇혀서 인지적 지형을 확보할 수 없다. 유아교육이 살아 있는 학문으로 거듭나기 위해서는 철학적 안목을 수용하여야 한다.

유아교육사상사

PART 02

CHAPTER

01 서양의 유아교육역사와 사상가[23)]

인간의 삶과 더불어 유아의 양육과 교육이 시작되었다. 유아의 양육과 교육은 민족과 국가마다 달리하였지만 독특하게 이루어졌다. 여기에 대한 기록은 서양의 것을 제외하고는 거의 없는 실정이다. 유아교육에서 유아교육역사는 다른 영역에 비해 연구가 소수에 불과하다. 인류 역사상 많은 사상가들은 직접적으로나 암시적으로나 유아교육에 대한 많은 관심을 저술에서 언급하였다. 과거의 유아교육사상가들은 오늘의 유아교육이 안고 있는 문제점을 어떻게 보았는가? 이러한 관점에서 접근하는 분야가 바로 유아교육의 역사이다. 그 목적은 과거의 사상가들이 제시한 유아교육의 활동, 정책, 목적, 내용, 방법, 제도, 조직 등을 논의하여, 오늘날 유아교육이 안고 있는 문제를 해결하는 데 시사점이 있으며, 더 나아가 새로운 대안을 제시하는 데 있다.

1 원시시대의 유아교육

원시인들의 유아 양육이나 교육에 대한 기록은 없는 상태이다. 추측하건대, 그들은 유아들을 양육하고 교육하는 데 무의도적, 무의식적으로 일상생활 속에서 직접 했을 것이다. 유아들은 성인의 생활에 참여하여 모방을 통하여 그 생활을 학습했을 것이다. 당시 특별히 유아교육기관도 없었고 삶의 현장이 바로 유아교육의 장이었다. 이러한 가운데 시간적·경제적 여유를 즐기기 위해서 성인의 삶을 모방한 가장 초보적인 차원의 놀이가 발생하였을 것이다. 이는 전 문화권에 퍼져 있는 소꿉놀이, 공기받기, 숨바꼭질 등의 놀이가 이를 증명한다. 이들의 기원은 성인들의 일상적인 삶과 매우 관련이 있다.

23) 본 장은 임상도(2009). 최신 유아교육론. 서울: 태영문화사. pp. 31-111을 참조하여 재기술함.

2 역사시대 초기의 유아교육

고대사회는 인류에게 놀랄 만한 문명을 선사하였다. 기원서 800~200년대의 그리스, 페르시아, 중국, 인도의 문명은 인류의 정신적 지주를 형성하고 있다. 실존주의 교육철학자 야스퍼스(K. Jaspers)는 이 시대를 차축(車軸)의 시대라고 불렀다. 이 시대에서는 도시가 생겨나고 직업이 분화되자 원시적 경험전수방식이 매우 미흡하다는 것을 느끼게 되었다. 문자가 발전되지는 않았기 때문에 구전으로 신화, 역사, 계보, 전설, 무용담, 속담, 도덕률, 금기사항 등을 전수하였다. 또한 이러한 가운데서 구전동요, 동화, 이야기 등이 발생하였다. 예를 들면, 일리아스(Illias), 오디세이(Odysseia), 성경, 우리나라의 단군신화 등은 오랫동안 구전되다가 문자로 기록되었다는 사실이 이를 증명한다. 그 후 사회가 더욱더 정착 생활을 하게 되자 경작지 측정(인도, 중국, 수메르, 이집트 등 강물의 범람), 달력(계절의 변화 알기), 부의 축척(셈하기, 기록하기, 읽기)과 권력(법), 통치제도 등이 발생하였다. 처음에는 이러한 사실을 점토판, 파피루스, 비단 두루마리 혹은 대나무 껍질, 갑골, 양판지에 기록하게 되었다. 따라서 당시 사회에는 이러한 기록을 전문적으로 담당할 사람이 필요하였는데, 이는 사제, 승려, 서기, 사관들이었다. 그들은 그들이 가지고 있는 지식과 기술의 비법을 엄선된 다음 세대의 몇몇 유아들에게 전달하였다. 이들의 첫 형식적 유아교육을 맡은 이가 바로 유아교사였다고 볼 수 있다. 이들은 궁중의 귀족들과 연계하여 왕의 아들이나 귀족 자제들을 교육시켰다. 예를 들어, 이집트 왕족과 귀족들은 자기 아들이 7세가 되면 파라오 궁전(Pharaoh)에 보내 글쓰기, 산법, 법률, 예절, 전쟁기술 등을 배우게 하였다.

여러 문화권의 고대 유아교육에 대한 연구는 미진한 상태에 있다. 고대 서양의 유아교육에 대해서는 어느 정도 연구되어 저술되어 있다. 유아교육사에는 고대 서양의 유아교육을 전 문화권 고대 유아교육인양 가르치고 있다. 조속히 다양한 문화권의 고대 유아교육에 대한 연구가 이루어져 고대 사회의 유아교육 실체가 드러나야 할 것이다.

3 그리스시대의 유아교육

그리스는 고등교육이 매우 발달하였지만 유아 양육과 유아교육은 아주 미미하였다. 대표적으로 스파르타와 아테네의 유아교육은 오늘날에도 영향을 미치고 있다.

스파르타는 귀족, 평민, 그리고 노예 등 3계급으로 구성되었다. 그들은 일찍부터 정복에 의해서 여러 종족을 복종시켜 왔기 때문에 피정복자의 수가 훨씬 많았다. 그래서 그들은 피정복자를 통제하기 위한 국가적인 제도를 마련하였다. 그러한 제도가 군국주의 제도였다. 그들의 교육적 기초는 기원전 9세기경 전설적인 입법가인 리쿠르고스(Lycurgos)에 의해서 만들어진 헌법이다. 이 법에 의하면, 국가가 개인에 대하여 절대적 우위를 차지하고 극단적인 군사교육, 국가적 통제교육을 유지하고 있다. 따라서 스파르타의 교육목적은 이상적인 군인, 호전적인 국민양성이었다. 즉, 힘, 용기, 인내, 복종, 봉사, 희생, 애국정신을 기르는 교육이었다. 이들의 교육은 차라리 교육이라기보다는 훈련이었다. 이러한 교육을 수행하기 위해서 유아교육권을 국가가 관리하고 통제하게 되었다. 유아교육제도를 보면, 어린이가 태어나면 레스케(Leske, 국립신체검소)의 관리로부터 건강검사와 건강진단을 받았다. 이 검사에 합격을 하면 6세까지는 부모에 의해서 가정에서 양육되었다. 만약 불합격하면 산속, 동굴, 호수 등에 버려졌다. 스파르타는 영아 살해의 대안으로 영아 유기를 택한 것이다. 유기 풍습은 살해보다 영아 생존 가능성이 훨씬 높았다. 살아남은 영아의 부모들은 국가로부터 토지를 받고, 아이를 포도주로 씻으며, 강보 없이 기르고, 편식을 금지시키고 거친 음식을 제공해주며, 암흑 속에 홀로 있게 하여 공포심을 제거하였다. 7세가 되면 아동들은 부모의 곁을 떠나 병영생활을 하였다. 날마다 체조와 군사훈련을 받으면서 항복이나 후퇴는 불명예라고 배웠고, 의문 없는 복종을 최고 덕목인 것으로 교육을 받았다. 뛰기, 달기, 씨름, 창던지기, 원반던지기, 격검, 승마, 수영, 사냥, 보행에 참가하는 것은 물론이고, 가혹한 체벌도 받았다(최정웅, 조용태, 2002). 여자아이의 유아교육도 남자와 유사하게 7세까지는 가정에서 부모가 담당하였고, 그 후 몇 개의 반으로 조직된 집단에서 유희와 신체적 단련을 훈련받았다. 교육의 목적은 튼튼한 아이를 낳는 것이었다. 그 목표를 구체적으로 보면, 첫째, 건강한 아이를 낳는 것, 둘째, 아름다운 정조를 지키는 것, 셋째, 애국심에 불타는 어머니 양성(전쟁에 나가는 아들과 남편에게 '방패를 놓지 말고 당당히 싸우다가 돌아오든지, 방패에 누워 돌아오든지 하라'), 넷째, 노예를 다루는 훈련과 자녀양육법 학습 등이었다(최정웅, 조용태, 2002).

스파르타의 교육은 군사교육이었기 때문에 읽고, 쓰고, 셈하기, 호메로스 시 암송, 리쿠르고스 헌법 인지 등의 소수 지식교육만 실시하고, 예술, 종교, 인문교육 등은 무시되었다. 오직 전쟁 기술이 교육의 주요내용이었다. 따라서 우아함, 아름다움, 윤리적 탁월성이 삶 속에서 결여되었다. 하지만 스파르타의 자녀 양육은 후대에 강한 인상을 남겼다. 플라톤에서부터 루소에 이르기까지 스파르타의 자녀 양육을 자주 인용하는 것이 그 근거다. 그리고 스파르타가 의도적이고 일관된 계획에 따라 자녀를 양육했다는 사실은 유아교육이 계획적인 변화임을 강조하는 현대 교육학적인 관점과 일치하는 점이 있다.

한편 아테네는 스파르타와 매우 대조적인 도시국가였다. 아테네 교육의 기초는 기원전 6~7세기경 솔론(Solon)의 입법에 의해서 확립되었다. 아테네 교육의 목적은 개인이 가지고 있는 개성을 전체적으로 발전시켜 풍부한 교양이 있는 시민으로서의 자기 책임을 완수하는 인간양성에 두었다. 이들의 구체적인 교육목표는 지혜와 행동이 겸비된 이상적인 인간을 양성하는 것이었다. 즉, 명석한 판단력, 현명함, 통찰력, 날카롭고 재치 있음과 웅변, 용기와 담력, 인내심, 행동 등을 겸비한 개인적 탁월성을 지니게 하는 것이다. 이를 위해 대화와 토론을 중시하였다. 한편, 영아가 출생하면 집 안에 모신 헤스티아(Hestia, 부뚜막의 여신) 신 앞에서 식을 올리고 제7일 또는 제10일에 명명식을 행하고, 동시에 아버지로부터 정당한 자식이라고 확인을 받는다. 영아의 양육은 어머니 스스로가 맡지만 부유층에서는 유모의 손에서 자란다. 1년 또는 1년 반 유모의 손에 있다가 다음 양육을 맡은 시녀에게 넘어간다. 이들은 유아가 기쁘고 즐겁게 성장하게 하여 명랑한 성격을 갖도록 하였고, 완구를 갖고 놀게 하였다. 완구로는 여자아이에게는 점토로 만든 색칠한 인형, 남자아이에게는 오리, 백조, 타조 등을 주었다. 놀이로는 눈감기, 공 던지기, 죽마, 그네 등이 있었다. 가정에서 유아교육의 중요성을 인식하고 7세까지는 가정에서 부모의 유아교육적인 영향을 강조하였다. 『크세노폰(Xenophone)』에 보면, '신발을 신겨 아이들의 발을 보드랍게 하고, 계속 옷을 갈아입혀 몸을 강하게 하며, 밥을 배불리 먹인다.'라는 부분이 나타나고 있다. 『프로타고라스』에 보면, '아이가 말을 이해하면 부모, 유모, 교복이 본격적으로 아이들에게 무엇이 옳고 그른지, 아름답고 추한지, 해야 할 일과 해서 안 되는 일을 하나하나 일러주기 시작하였고, 때에 따라 위협과 매질을 하였다.'라는 부분이 나타나고 있다. 『구름』이라는 희극작품 속에도 당시의 육아에 대한 내용이 상세하게 나타나고 있다(장지원, 2014). 유아는 신화, 역사를 부모들부터 경청하면서 독립정신을 기르고 신체적 단련을 하였다. 7세가 되면 교복(敎僕, 적국의 지식인이 포로로 잡혀와 가르치는 종이 됨)이라는 가정교사에 안내를 받아 학교에 갔다. 주로 오전에는 음악학교(Didascaleum)와 오후에는 체육학교(Palaestra)에 다녔다. 음악학교에서는 현악기, 거문고, 피리를 음악교사로부터 배웠고, 체육학교에서는 체조와 운동, 경기, 훈련을 체조교사로부터 배웠다. 또한 문법교사로부터 독, 서, 산의 기초교육과 일리아드, 오디세이, 헤시오드의 작품과 이솝우화를 배웠다. 이러한 교육을 통해서 지적·심미적·신체적 조화를 이루려고 하였다(최정웅, 조용태, 2002).

서양의 고대 국가로부터 현대 유아교육이 영향을 받을 수 있는 점은 여러 가지가 있겠지만, 그중 하나는 가정에서 유아교육을 담당한 유모에 대한 것이라 할 수 있다. 고대 서양사회의 유아교육은 여성들에 의해서 이루어졌다. 유아교육을 주로 담당했던 주체는 유모들이었다(장지원, 2014). 유모(trophos)는 양육(trophe)과 같은 어근의 단어인데, 양육은 음식이라는 뜻으로 아이가 음식을 먹고 잘 성장할 수 있도록 하는 활동을 의미한다. 유모는 처음에는 젖을 주는 역할을 하지만, 시간이 지나면 보육을 담당하였고, 옛날이야기를 들려주는 등 기초적인 양육을 담당하였다. 이처럼 유모는 유아가 성장하면서 애착관계가 형성되어 양육자이면서 유아교사의 역할을 하게 되었다. 여기에서 유아교육의 원시적 원형을 볼 수 있는데, 애착을 바탕으로 한 가르침이 유아교육에 기초가 됨을 알 수 있다. 이 점이 고등교육과 다른 점이다. 플루타르코스(Plutarchos)에 의하면, 스파르타의 유모는 잘 훈련받은 숙련된 여성이었다. 딜타이(Dilthey)도 스파르타의 아들은 7세까지는 가정에 머무르며 어머니와 유모의 양육을 받으면서 잘았다고 하였다. 유모의 역할은 아이들의 좋은 습관을 기르는 것을 강조했지만, 호메로스의 이야기, 신화, 아이소포스 우화와 같은 내용을 전달하여 기초적인 도덕교육과 지식교육을 담당하였다. 이러한 분위기로 보아, 고대 서양사회의 유아교육도 단순한 보육과 양육을 넘어, 더 높은 사회적 지위를 획득하고자 하는 경쟁의 논리가 유아교육 영역에 있을 것이라고 추측하였다(장지원, 2014).

1) 플라톤(Platon, B.C. 427~347)의 유아교육사상

플라톤의 유아교육사상은 그의 저서 『국가론(The Republic)』에서 나타난다. 플라톤은 정치와 교육의 만남을 통해서, 철인 통치의 가장 중요한 과제를 각 개인이 가지고 있는 잠재능력과 소질의 상이성을 인식하고, 이에 따라 바르게 교육하는 것이라고 보았다. 이것이 그가 본 교육의 정의(正義)였다(오인탁, 1999).

이러한 교육의 정의를 실천하기 위해서 플라톤은 철인을 양성하는 교육과정을 제시하였다. 철인의 교육과정은 자연의 법칙과 신의 법칙을 따르고 있으며, 선의 이데아를 지향하고 있다. 이러한 교육과정을 제시하게 된 배경에는 당시 해로운 교육을 제거하는 것이었다. 해로운 교육이란 교과를 잘못 가르치는 것과 바른 인도가 없이 획득되는 포괄적인 지식이다. 이것은 당시 소피스트의 다지(多知)적인 교육을 지칭한 것이라 보여진다. 그 대안으로 플라톤은 지식의 세계로 인도하는 바른 길을 철인의 교육과정으로 제시하였던 것이다. 이 교육과정은 의도와 계획을 가지고 구성된 최초의 교육과정이라고 할 수 있다. 그래서 플라톤의 교육과정을 주입식 교육의 원형으로 간주하기도 한다.

또한 이 교육과정은 플라톤의 인간관에 근거하고 있다. 인간은 육체와 영혼으로 구성되어 있지만, 본질적인 것은 영혼이다. 육체가 소멸하더라도 영혼은 불멸하기 때문에 교육의 임무는 영혼을 도야하는 것이다. 그 도야를 위한 길은 다섯 단계로 구성된다. 그의 유아교육사상은 제1단계인 예비교육에 있다. 유아가 7세가 되기 이전까지는 놀이와 동화의 세계에서 성장한다고 보면서 이 시기를 교육 이전의 단계로 보았다. 그는 유아기를 제1기(1~3세: 유년기)와 제2기(3~6세: 유희기)로 나누었다. 제1기는 유아들의 좋은 생활습관과 건전한 성격형성 기회를 제공하려고 하였고, 제2기는 유아들에게 국가가 임명한 보모가 신화나 동화를 들려주어 올바른 행동 규범을 가르치려고 하였다. 7세가 되면 유아는 합목적적으로 계획된 예비교육의 세계로 인도하여야 한다. 유아교육과정은 음악과 체육이다. 영혼의 조화와 리듬, 정의로운 성질을 배울 수 있는 음악을 강조하였다. 영혼의 조화를 통해서 선과 덕행이 나오기 때문에 음악은 단순히 감정과 성격을 순화시켜주는 것이 아니라, 정신적 건강 유지를 위해서도 필요하다고 보았다. 음악에서는 노래, 음율, 문학, 문법, 특히 읽기와 쓰기, 그리고 고전 문인들의 작품을 기초 학습하기 등을 통하여 정신과 영혼을 도야한다. 그는 유아는 용기 있고 절제 있고, 성스럽고 자유로운 사람을 모방해야 한다고 믿었다(신득렬, 2000). 체육도 음악과 마찬가지로 어릴 때부터 시작되어야 하며, 일생동안 계속되어야 한다고 보았다. 그는 '신체적 탁월성에 의해서 선한 영혼이 만들어지는 것이 아니라 영혼의 탁월성에 의해서 신체를 가능한 훌륭하게 만든다.'고 보았다. 그가 체육을 강조한 것은 전쟁을 염두해 두고 모든 악조건 중에서도 견딜 수 있는 훈련을 강조하였다. 힘을 강하게 하기 위해서가 아니라 기개적인 부분을 자극하려는 것이다. 체육에서는 달리기, 넓이 뛰기, 씨름하기, 수영하기, 말 타기, 활쏘기, 창던지기, 검술, 원반 던지기, 전술 행진하기, 진지 구성 연습 및 사냥연습 등으로 신체를 단련하고 성격을 수련한다. 이처럼 그는 영혼과 육체를 우아하고 건강하게 하는 데는 음악과 체육이 중요하다고 보았다. 음악과 체육이 조화를 이루지 않으면 마음의 상태가 나빠진다는 것이다. 체육에만 전념하면 거칠어지고 사나워지며, 음악에만 전념하면 연약하고 여자 같은 사람이 된다는 것이다. 이 두 가지가 조화를 이루면 용기와 온화가 발생하게 된다는 것을 강조하였다. 또한 『법률』에서는 시가와 체육, 노래와 춤이 결합된 합창가무를 통해 유아의 역량을 함양하는 노력을 하고 있다. 합창가무에 바탕을 둔 구체적인 교육내용은 습관화의 방향에 주안점을 두고 있고, 건전하게 성장하여 향후 이성적 사유가 가능해지도록 심신을 발현하는 데 있다(장지원, 2014).

여기서 플라톤의 유아양육과 유아교육사상을 구체적으로 살펴보면, 그는 아테네의 가치관을 회복하기 위해서는 자기 자신이 아니라 올바른 정치를 위하여 목숨을 바칠 수 있는 수호자(guardians) 계급을 기대하였다. 수호자는 개인의 이익이나 이득을 초월해야 하고, 아테네 생활을 정화하기 위하여 가정생활까지도 기꺼이 희생해야 한다는 것이다. 이를 위해서 수호자 계급이 될 사람은 온화하고, 유식하며, 용기가 있는 사람이 될 수 있는 교육이 필요하다고 보았다. 더불어 모든 유아들은 출생과 더불어 부모 곁을 떠나 국가가 양육해야 한다고 믿었다. 그 이유는 시민들이 자녀의 양호 시간을 빼앗기면, 공적 선을 위하여 생활해야 할 시민이 자기의 의무를 수행할 수 없다고 보았기 때문이다. 현명하고 윤리적인 지배층으로 육성하기 위해서는 유아기의 경험이 비속하거나 비합리적인 것이 되어서는 아니 된다고 보았다. 그래서 유아들을 겁나게 하는 요괴 이야기(메두사, 고곤, 싸이클롭스)는 유아 정신에 나쁜 영향을 주기 때문에 금할 것을 주장하였다. 또한 호색적이고 전율적인 신들의 사랑 이야기, 전쟁 이야기도 금할 것을 주장하였다. 유아기 경험이 호색이나 침공성이 있으면 결국 탐욕스럽고 비겁한 인간을 만들게 된다고 보았다. 더 나아가, 그는 유아들에게 들려줄 작품을 국가에서 엄격히 검열해야 한다고 주장하였다. 이 주장은 오늘날 유아를 대상으로 한 비속한 만화, 영화, 광고, TV프로그램, 컴퓨터 게임 등을 국가에서 통제하는 근거가 되고 있다. 이처럼 플라톤은 유아를 놀라게 하거나 비겁하게 하는 이야기를 허락하지 않았다(신득렬, 2000).

또한 그는 이러한 교육을 하기 위해서는 출생 이전부터 우생학적 계획이 국가적인 차원에서 이루어져야 한다고 하였다. 가능한 각 성의 우수자끼리 결합해야 하고, 열등한 자는 열등한 자끼리 결합을 해야 한다는 것이다. 우수한 자에 의해서 출생한 자는 교육을 하나, 열등한 자에 의해서 출생한자는 교육을 하지 않아야 한다는 일종의 유전적인 면을 강조하는 귀족적인 차별을 주장하였다. 그러나 강제에 의해서 얻은 지식은 기억이 되지 않기 때문에 교육을 강요해서 안 된다고 보았다. 또한 초등 교육 이전에는 일종의 오락의 성질을 띤 것을 가르쳐야 한다고 보았다. 그 이유는 어릴 때의 자연적 소질을 발견할 수 있기 때문이다. 모든 학교는 체육관과 운동장을 갖추고, 어릴 때는 가능하면 유희와 체육이 교육과정에 전부가 되어야 한다고 보았다. 그것은 육체의 단련, 절도 있는 습관형성, 용기의 덕을 키워 주기 위해서이다.

사상계에서 플라톤이 철학적 도야의 아버지가 됨으로써 과학적, 주지의적 도야의 길을 연 것처럼(오인탁, 1999), 유아에게 철학교육을 실시하여 분석력, 종합력, 평가력과 같은 고등정신을 배양함으로써 발달이론에 더 이상 유아교육이 좌우되지 않음을 입증할 필요가 있다. 플라톤의 철학적 도야는 이성에 의존하여 관조하는 삶을 갖게 하여, 실재를 육신의 눈으로가 아니라 마음의 눈으로 확인하는 활동을 가능하게 한다(조무남, 2008). 마음과 눈으로 사물이 가지고 있는 특성을 이해하고 설명하는 이론적 활동은 유아에게 표상적 지식을 갖게 하는 원동력이 된다. 개념의 명료성과 사고체계의 논리적 일관성을 따르는 논리교육은 진리에 대한 사랑을 맛보는 시작이 아니겠는가? 또한 개념이 잘 정리된 언어를 사용하여 사고와 추론을 이행해나가는 것은 추상적 사고의 핵심이 아니겠는가? 그래서 플라톤의 디아렉티케(Dialectike)는 현재에도 살아 있는 것이다. 플라톤이 소크라테스의 입을 통하여 주장했던 디알렉티케는 진리를 향하여 나아가는 우리의 생각이 따라야 할 규칙을 찾는 학문이다. 진리에 이르는 길은 결국 논리적 법칙을 따르는 일이라고 본다면, 유아에게 논리력을 계발하여 하는 것은 종국에는 과학적, 주지주의적 도야의 길을 열어준다. 그러기 위해서는 유아들이 아름다운 유치원 정원을 거닐면서 이성의 논리에 따라 대화(사고가 철저하게 언어의 논리를 따르는 말)를 끊임없이 시도하는 '리틀 플라톤'이 가득한 유아교육기관으로 유아교육의 방향을 결정할 수도 있다. 오늘날 유아교사양성 교과목에서 논리·논술교육을 강조하는 이유가 여기에 있는 것이다.

2) 이소크라테스(Isocrates, B.C. 436~338)의 유아교육사상

플라톤이나 아리스토텔레스로부터 알 수 있듯이, 인간의 삶은 두 가지 유형으로 설명될 수 있다. 하나의 유형은 이성에 의존하여 관조하는 삶으로서, 즉 이론적인 삶이고, 다른 하나의 유형은 감성에 의존하여 끊임없이 가치를 추구하는 실천적인 삶이다. 이론적인 삶은 플라톤에 의해서 다듬어졌고, 실천적인 삶은 이소크라테스에 의해서 정교하게 다듬어졌다. 여기서 실천적인 삶이란 실제를 의미한다. 실제는 우리가 당면하는 문제를 우리 스스로 이해하고 판단함으로써, 모종의 가치를 선별하거나 행위를 선택해야 하는 상황을 일컫는다는 점에서 학설을 단순히 이해한다거나 순수 이론을 창출하는 일과는 다르다(조무남, 2006). 모든 학문이 그렇듯이 유아교육이라는 학문도 유아교육의 실제에서 탄생하였다. 유아교육의 실천적 지식을 중요성을 깨우쳐 준 이소크라테스의 실천적 지식의 개념을 고찰해보면서, 그가 죽자 당시 아테네 시민들은 그의 무덤에 교육의 완전성을 상징하는 시레네를 왜 부조하였는지를 살펴보고자 한다. 한마디로 이소크라테스는 현대 유아교사들에게 등대 같은 존재이다.

사실 실천적 지식에 대한 중요성은 그리스 시대에 소크라테스의 다른 제자 이소크라테스에 의해서 강조되었다. 교육학자 오인탁(1999)은 '플라톤이 철학적 도야의 아버지가 됨으로써 과학적, 주지주의적 도야의 길을 연 것처럼, 이소크라테스는 수사학적 도야의 아버지가 됨으로써 인간적, 인본주의적 도야의 길을 열었다.'라고 평가하였다. 조무남(2008)은 '플라톤이 이성을 인간 삶의 핵심요인으로 보았다면, 이소크라테스는 감성을 인간 삶의 본질이라고 보았다.' 교육학자들의 평가처럼 플라톤과 이소크라테스는 서양 사상의 두 기둥의 초석이었다. 이소크라테스는 키오스와 아테네에서 기원전 388년에 학교를 설립하였다. 그는 기원전 399년에는 『소피스트의 비판(Against the Sophists)』을 저술하여, 교육은 처세술을 가르치는 것이 아니라 항상 인문주의와 인본주의를 바탕으로 하는 인간교육을 지향해야 함을 주창하였다(조무남, 2008). 이소크라테스가 제시한 플라톤에게 도전한 교육문제는 '철학은 실제로 실천적 도야의 가치를 가지고 있는가?'이다. 그는 다음과 같은 대립명제를 제시하였다. '실제 생활에 있어서는 정확한 이론적 지식은 전혀 불가능할 뿐만 아니라, 필수 불가결하지 않으며, 유용하지도 않다'(오인탁, 1999). 아마 유아교육기관 현장에서 근무하는 유아교사와 유아교육에 관한 지식을 현장에 적용하기 위한 대화를 조금이라도 해보면, 이소크라테스의 명제를 수긍할 것이다.

더 나아가, 이소크라테스는 인간의 정신이 절대적 지식을 소유하지 않고도 바른 판단과 선택을 할 수 있는 능력이 있음을 주장하였다. 무교육의 상태에 있는 인간에게 확인하게 되는 사물 인식의 능력과 내용인 단순한 의견(doxa) 그 자체를 도야하고자 하였다. 이러한 견지에서 그는 교육받은 사람을 다음과 같이 정의하였다(조무남, 2008). '교육받은 사람은 일상생활에서 닥치는 문제를 잘 처리하는 사람, 정확한 실천적 판단력을 소유한 사람, 상대방과 대화하면서 자제력을 갖고 품위를 유지하는 사람, 항상 균형 갖춘 정서를 유지하면 떳떳한 자세를 취하는 사람, 언어 질서를 내면화하여 대화할 수 있는 사람, 자아를 인식하고 즐거워하는 사람, 수사학적 도야를 통하여 이성과 감성의 조화를 유지함으로써 인간적 도야를 한 사람이다.' 이를 위해서 지식의 한 유형으로 실천적 지식을 강조한다. 실천적 지식의 궁극적인 지향점은 '마음의 경작'이다. '마음의 경작'이란 말을 잘하고 언어의 의미와 질서에 따라 올바르게 생각하는 말의 예술에 입문시키기 것이다. 그 결과, 이소크라테스는 실천적 지식을 가르치기 위한 교과와 방법으로 수사학을 강조하였다. 그가 주장한 실천적 지식은 논리적 틀에 매달리는 이론적 지식과는 달리, 인간의 삶의 역동적 요소로서 시문학적 정서가 짙게 깔려 있다. 이소크라테스의 수사학은 이론적 지식의 틀이 결여하고 있는 정서적 요소를 포함한다는 점에서 보다 인본주의적이고 실천적이었다. 이렇게 본다면, 이소크라테스는 나약한 지식을 실천적인 것으로 보완함으로써 인간 지성의 폭을 확대하였다. 이른바 이론적인 것과 실천적인 것의 통합이다.

또한 수사학은 법정에서 불리한 입장을 유리한 입장으로 바꾸는 변론술에서 시작하였다(조무남, 2008). 수사학은 인간의 생각과 정서를 표현하고 가다듬는 법칙과 형식을 연구하는 실천적 학문이다. 수사학의 진원지는 시실리였으며, 이곳은 재산과 관련된 소유권 문제가 항상 그칠 줄 몰랐다. 소송에서 상대방을 설복시키기 위해서는 화술을 필요로 하였다. 기원서 460년경에 코락스와 그의 제자 티시아스는 『변론술』이라는 책을 저술하였다. 기원서 427년 수사학자 고르기아스(시실리아 외교관)가 아테네에 와서 수사학을 응용한 웅변술을 가르쳤다. 이때 고르기아스는 서정적 문체를 다듬어 더욱 장엄하게 했을 뿐만 아니라, 서정시를 대신할 산문체를 만들었다. 이 산문체는 서정시만큼이나 지적이고 운율을 탔으며 아름다웠다. 문학적 산문이라는 문체도 창안되었다. 그러나 고르기아스의 산문체가 지나치게 인위적이라는 평을 받자 이소크라테스가 이를 새롭게 고쳤다. 그는 학생들에게 웅변을 가르쳤고, 플라톤과 라이벌이면서 자신만의 독특한 교육관을 펼친, 당대 최고의 훌륭한 교사이자 탁월한 수사학자였다.

이소크라테스는 수사학을 생각의 폭을 아우르는 주제로 설정하였고, 내용을 순서에 맞게 배열하며 문장의 기본구조에 장식을 더하고 작성된 문장을 읽어내는 데 따라야 할 리듬을 살렸다. 이러한 수사학 교육은 당면한 사태를 화자가 이해하고 남을 이해시키려는 목표를 설정하며, 논증방법을 연마하고 문장을 구성하는 능력을 기르며 유창하게 말하는 방법을 기르는 데 역점을 두었다. 또한 수사학을 연마함으로써 문장을 떠받치고 있는 수사학적 틀을 따르게 되고, 자기도야를 할 수 있으며, 판단을 올바르게 할 수 있다는 것이다. 수사학의 틀은 그 안에 절제력이 있다. 수사적 산문의 틀은 시적 표현을 제거하고 모호한 용어를 수용하지 않으며, 문자의 명확성,

정확성, 순수성을 지켰고 단어와 음절의 반복을 금지하였다. 수사적 산문은 가장 아름다운 단어, 가장 표현력 있고 조화를 이루는 단어를 선택하여 문장의 시작과 끝에 리듬이 살아 있고, 문장 길이가 조화를 갖추고 자음과 모음의 결합을 시켜서 조화로운 글을 쓰도록 한다. 이러한 규칙을 따르는 것이 자기도야였다. 이소크라테스의 이러한 수사학 교육은 지적 자유인을 양성하는 철학이었다. 이는 수사학에 바탕을 두고 인격을 도야하는 데 초점을 두었다는 의미이다. 이러한 의미에서 오늘날 교육학이 추구하는 인본주의 교육과 유사한 것이었다. 물론 정치인, 웅변가 양성을 위한 직업훈련의 역할도 일부 있었지만 인문주의적인 성격을 가졌다. 이소크라테스의 수사학은 아리스토텔레스의 학문체계에서 변론술, 문학, 철학에 바탕이 되었다.

이러한 이소크라테스를 중심으로 한 실천적 지식의 중요성을 상실하게 된 것은, 아마 플라톤을 필두로 거의 2000년간 중요시 해 온 이론적 지식의 중요성에 의해서이다. 이론적 지식의 핵심인 자유교육은 이론적 삶을 위해서 자유로운 지식을 가르쳤다. 고대 그리스나 근대에서는 이성을 인간 삶의 가장 본질적인 요소로 보았다. 인간은 이성을 통하여 우주의 모습을 관조하는 존재일 뿐만 아니라, 관조하는 삶 그 자체가 가장 고결한 삶의 모습이라고 생각하였다. 이러한 삶의 모습이야말로 교육이 추구해야 할 목표라고 간주하였다. 관조(보는 것)는 이론을 통하여 우주의 참모습을 보는 인간의 지적 활동이었다. 따라서 자유교육은 이론을 실제보다 우선하여 가르쳤고, 여가가 노동보다 우선하였고 이론과 지식이 실제와 활동에 우선하였다. 이성의 가치를 더 높이고 감성적 인식의 가치를 폄하하였다. 그 결과 경험적인 것은 늘 이성적이고 합리적인 것에 비하여 천대를 받아왔다. 여기에 비하여 이성적인 것은 관조나 사색과 같은 정신적인 것을 추구한다는 것 때문에 항상 우대를 받아 왔다. 정말로 경험적인 것은 늘 육신적인 활동을 필요로 한다는 이유에 의해 본의 아니게 천시되기 일쑤였다.

그러나 현대사회의 각 분야가 전문화되면서 더 이상 자유교육의 힘만으로는 현장에서 근무할 수 없게 되었다. 전문가는 학습한 이론적 지식이나 기술을 현장에 그대로 적용하지 않고 응용하거나 상황에 적절하게 변형하여 적용할 수밖에 없었다. 이와 같은 관점에서 유아교사도 전문가가 되기 위해서는 직전교육에서 학습한 지식과 기술을 현장에 그대로 적용하지 않고, 상황에 따라 적절하게 응용하여야 한다. 특히 유아교사는 유아교육현장의 특수성으로 인하여 학습한 지식을 상황에 적합하게 응용하는 능력을 배양해야 한다. 이것이 실천적인 지식인데, 이는 유아교육을 통해서 획득된 이론적 지식을 이용하여 주어진 상황에 가정 적절한 판단을 내리고 문제해결을 시도하는 것이다. 이소크라테스의 실천적 지식에 비추어 유아교사의 실천적 지식은 다음과 같은 것이라 할 수 있다.

첫째, 교과로부터 배울 수 있는 것이 아니라 현장에서 문제를 해결하거나 결정을 내리는 데 유아교사가 스스로 창조한 전문가적 지혜이다.

둘째, 문제해결에 대한 적합한 방안을 새로이 만들어내는 것이다.

셋째, 유아와 상황에 대한 정확한 이해를 바탕으로 한다(염지숙 외, 2011).

이러한 실천적 지식은 반드시 현직교육에서만 형성되는 것이 아니다. 직전교육에서도 형성될 수 있다. 학생의 신분으로 노련한 유아교사들의 행동들을 잘 참관하고 관철한다면, 수많은 시행착오 없이도 실천적 지식을 습득할 수 있다.

다만, 유아교사의 실천적 지식을 도야하기 위해서 이소크라테스에게만 관심을 가져서는 안 된다. 그가 수사학을 통해서 도야하려고 했던 언어를 통한 유아교육에도 관심을 가질 필요가 있다. 유아교사는 이소크라테스의 문학적 수사학적 문장을 사용하여 유아의 상상력을 키우고, 유아의 이미지의 세계를 확대함으로써 유아의 정서적 깊이를 더하고 넓이를 펼 수 있다. 유치원의 아름다운 정원을 걸으면서 차가운 이성의 논리에 따라서 사고하고 생각하는 '리틀 플라톤'에게 뜨거운 감성을 심어주어, 상상력 풍부히 갖춘 통찰력, 참된 의견의 창출력, 실천적 가능성을 찾는 판단력, 그리고 인간애를 바탕으로 삶을 영위하는 능력을 갖도록 마음을 경작해주어야 할 것이다. 여기서 마음의 경작이란 말을 잘하고 언어의 의미와 질서에 따라 올바르게 생각하는 말의 예술에 입문시키는 것이다. '리틀 플라톤'이 이렇게 성장하면 인간애(人間愛)가 넘치는 진정한 자유인이 되지 않겠는가? 유아에게 논리적 사고력을 배양하면서도, 즉 머리에는 차가운 이성을, 가슴에는 사랑이 넘치는 유아를 양육하여야 한다. 그렇다면 동시, 동요, 동화 등과 같이 유아의 감성을 자극할 수 있는 유아교육이 더욱더 필요하지 않는가? 불행하게도 유아교육철학 및 유아역사, 유아교육사상사에서 이소크라테스의 유아교육적 업적을 다룬 저서는 거의 없다. 이소크라테스 부활을 통해서 이성과 감성이 어우러지는 삶, 이론과 실제 연계되는 유아교육을 실현해야 할 것이다.

3) 아리스토텔레스(Aristoteles, B.C. 384~322)의 유아교육사상

아리스토텔레스는 실천이성이 궁극적으로 지향하는 활동이자 목표는 에우다이모니아(eudaimonia)라고 하였다. 에우다이모니아는 행복의 뜻에 가까운 말이지만, 반드시 그렇지는 않다. 이는 신들이 좋아하는 삶을 의미한다(신득렬, 2000). 그는 에우다이모니아와 최고선을 동일시하려고 하였다. 지적 탁월성과 도덕적 탁월성을 존중하고 미적 가치를 중요시하는 가운데서 에우다이모니아가 실현될 수 있다고 보았다. 지적 탁월성에는 과학적 지식, 생산기술에 관한 지식, 실천적 지혜, 이성, 철학적 지혜, 사려, 이해력 등이 포함된다. 지적 탁월성은 학문 자체를 위해서 그리고 실제적 삶을 위해 필요하다는 것이다. 도덕적 탁월성에는 용기, 절제, 관대, 긍지, 온화, 우정, 진실, 정의 등이 포함된다. 그가 용기를 맨 앞에 제시한 것은 용기는 명예롭게 살고자 할 때, 수치스럽게 사는 것을 두려워할 때 필요로 하는 탁월성이기 때문이다. 이러한 도덕적 덕목들은 쉽게 획득될 수 있는 것이 아니라 연습과 반복활동을 통해서 즉, 행위자의 강력한 의지를 필요로 하기 때문에 실제로 해보아야 습득될 수 있다. 결국 아리스토텔레스는 최고의 선이 지향하는 삶은 실천이성에 따른 삶이다. 아리스토텔레스의 철학이 유아교육에 미친 영향력을 고찰하기 위해서는 '여가'와 '실천이성'에 대한 정확한 개념적 이해가 선행되어야 한다. 그의 여가 개념은 유아교육의 본질을 탐구하는 데 기준이 되고, 실천이성 개념은 유아교육의 실천적 지식의 정의하는 데 근거를 제공하기 때문이다.

또한 그는 여가를 활용한 교육을 주장하였다. 학교를 의미하는 'school'도 여가를 뜻하는 'scokle'에서 비롯되었을 볼 때, 그의 교육은 여가와 밀접한 관련을 맺는다. 그가 의미하는 여가는 활동과 반대되는 개념인 '아무런 활동도 하지 않는 상태'를 가리키는 말이 아니다. 여가는 모종의 활동이 성실하게 이루어지는 상태로서 외부의 강요나 간섭 없이, 그 자체의 목적으로 자유롭게 이루어지고 있는 상황적 조건을 의미한다. 그러한 의미에서 여가는 직업, 레크리에이션, 유흥 등과는 분명이 차이를 나타낸다. 여가활동을 하는 목적을 묻는다면 '그 활동 자체가 좋아서'라는 대답밖에 없다(조무남, 2008). '그 자체를 목적으로 하는 활동'이라는 말은 어느 특정 활동의 목적이 논리적으로 그 활동에 내재한다는 뜻이다. 이를 내재적 가치 또는 본질적 가치라고 할 수 있다. 아리스토텔레스에게 있어서 여가의 본질적 가치는 쾌락과 즐거움이다. 여가는 지적 탁월성, 도덕적 탁월성을 얻기 위한 활동으로 보고 있다. 여가는 생산활동보다 더 중요하고 고귀한 것으로 보았다. 그러한 의미에서 학교가 여가라는 말에서 나온 것은 우연이 아니다. 이러한 관점에서 본다면, 유아교육기관에서 실시되는 유아교육의 가치도 여가의 가치처럼 본질적 가치를 추구해야 할 것이다. 유아교육의 목적은 초등학교 입학을 위한 성적 향상을 위해서 하는 것도 아니고, 직업준비를 위한 것도 아니며, 더군다나 미래의 직업분야에 종사할 사람들이 갖는 잠재력을 찾는 것도 아니다. 이는 유아교육기관에 실시하고 있는 유아교육 그 차체에 있는 것이다. 전인교육이라는 말도 너무 모호하여 후대 철학자들로부터 엄청난 비판을 받았지만, 전인교육의 부하적 의미에서 본다면 그 자체에 가치가 있는 것이지, 이것이 경제적 가치나 정치적 가치를 지향하는 것은 아니다. 이렇게 본다면 아리스토텔레스의 여가개념과 유아교육은 전적으로 일치하는 것이다. 유아교육의 자유가 진정으로 실현되는 곳이 유아교육기관인 것이다. 유아교육기관은 자유롭기 때문에 웃음과 즐거움이 항상 있지 않은가? 놀이에 몰두한 유아는 마음이 누리는 즐거움에 빠져 있는 것이다.

또한 그는 스승 플라톤과는 달리, 이성과 감성의 세계를 아우르는 인간 지적 지평을 넓혔다. 그가 철학자이면서도 정치학자, 윤리학자, 의학자였다는 사실이 이를 증명한다. 또한 그는 사변적이고 이론적 지식에만 한정하지 않고, 실천이성이라는 논리를 가지고 윤리학, 정치학, 교육학을 탐구하였다. 그래서 아리스토텔레스의 사상체계를 이론적이면서도 실천적이라고 평가한다(조무남, 2008). 그는 이론적 삶이 추구하는 지식과 실천적 삶이 추구하는 지식으로 구분하였다. 이론적 삶이 추구하는 지식은 지적 탐구 밖의 다른 무엇에 관심을 두는 것이 아니라 진리추구 자체에 가치를 둔다. 예를 들어, 대수학이나 기하학을 순수하게 탐구함으로써 수와 도형의 세계를 관조하는 즐거움을 누리는 경우가 이에 속한다. 하지만 그는 실천적 삶이 추구하는 지식은 공학적 지식(일반화된 법칙을 응용하여 무엇인가를 생산할 때 쓰는 지식, 응용이론)과 실천적 지혜(실천적 판단)로 구분하였다. 그가 주장한 실천이성은 실천적 삶이 추구하는 지식 중에서 실천적 지혜에 해당하는 덕 가운데 하나이다. 실천적 지혜를 가지고 사는 실천적인 삶은 공학적 지식을 가지고 사는 삶과는 달리, 선의 추구를 목적으로 한다. 아리스토텔레스의 표현으로 말하자면, 선이 무엇인지, 어떻게 하는 것이 선을 향한 최적의 방법인지를 숙고하면서 사는 삶이다. 다시 말해서, 선하고 아름다운 것이 무엇인지를 찾는 지식인 것이다. 실천적 지혜는 사변적 이성이 포착하지 못하는 가치문제를 포함하여 우연적인 것을 추구한다. 그가 스승의 이론적 학문의 영역을 넘어 실천적 영역으로 인간의 지적 영역을 확대한 것은 이소크라테스의 수사학을 인정한 것이기 때문이다(조무남, 2008). 현장에 근무하는 유아교사는 여러 가지 상황 속에서 발생하는 문제를 접할 때, 그기에 적합한 해결책을 강구해야 한다. 해결책의 최적의 기준은 가장 선하고 아름다운 해결책이 무엇인지를 숙고하여 이에 대처하여야 한다. 이것은 도덕적이고 반성적인 선을 추구해야 한다는 의미이다. 현장에서 대처하기 위한 실천적 지식은 이론적 지식에 도움을 받을 수 있는 성질의 것이 아니다. 그것은 현장에서 오랫동안 근무한 경험 많은 유아교사들의 지혜를 통해서 배울 수 있는 것의 성질이며, 어떻게 보면 감성적으로 습득해야 한다는 의미이다.

또한 그의 유아교육사상은 『정치학(Politics)』, 『윤리학(Ethics)』의 저서들 속에 나타난다. 그는 교육이란 도덕인 인간의 형성, 도덕적인 국가건설을 위한 수단으로 보았다. 이를 위해 교육은 국가적 통치하에 둘 것을 주장하였다(최정웅, 조용태, 2002). 그는 모든 교육은 자유인을 위한 것이다. 자유인에게 적합한 교육의 목적은 '행복한 사람'을 만드는 데 있다. 이를 위해서는 참된 지식을 먼저 습득해야 한다. 참된 지식이야말로 사려분별, 자유의지, 중용의 덕 등의 근원이기 때문이다. 즉, 탁월성을 함양하는 것이다. 여기에는 지적 탁월성, 도덕적 탁월성이 필요하다. 이 두 탁월성은 교수활동과 습관화를 통해서 획득될 수 있다고 보았다.

플라톤과 마찬가지로, 아리스토텔레스는 유아의 삶에는 발달단계가 있다고 보았다. 이러한 발달단계에 상응하여 어떤 때에는 신체적 도야를, 또 다른 때에는 정신적 도야에 주력해야 한다고 주장하였다. 그러면서 그는 유아가 7세가 될 때까지는 가정에서 어머니 또는 유모의 양육을 받아야 한다고 보았다. 그러나 이 때 들려주는 동화나 놀이를 감시하고, 그것이 도덕적인 미래의 시민으로 성장하는 데 적합한 것인지 아닌지를 확인하는 가정교사가 있어야 한다고 보았다. 그가 제시하는 유아교육과정을 보면, 5세까지의 유아는 동물의 시기로서 신체적 배려를 강조하였다. 술의 금지, 적당한 팔, 다리의 운동, 충분한 영향 섭취, 추위를 견디게 하는 건강교육 등을 제시하였다. 5세 이후에는 오락을 통한 운동, 적당한 이야기 들려주기, 도덕과 체육, 모방을 통한 올바른 도덕적 습관 형성 등을 강조하였다. 더 구체적으로 보면, 태어나서부터 다섯 살까지는 주로 놀이를 통해 충분히 움직이면서 신체를 튼튼히 한다. 이 시기에는 유아의 발육이 저해 받지 않도록 공부나 노동을 요구하는 일이 없어야 하며, 모방을 잘 하는 시기이므로 야비하고 수치스런 말을 배우지 않게 하고, 적절한 때에는 처벌을 가해야 한다고 주장하였다. 또한 노예와 함께 있는 시간을 적게 해야 한다고 주장하였다. 특히 그는 일인일기 유아교육을 다음과 같이 비판하였다. '이런 유아교육을 받은 사람들에게는 비판적 사고를 기대할 수 없고 노예적 사고를 발견할 뿐이라는 것이다. 왜냐하면 노예들이 많은 곳에 창조적 문화를 기대할 수 없기 때문이다.' 또한 그는 가정에서 유아에게 옛날이야기를 들려줄 때 그 내용이 불경스럽지 않아야 한다고 주장하였다. 그 이유는 유아가 모방하기 때문이다. 유아가 저속한 언어를 사용하거나 불경한 행동을 할 경우에는 처벌해야 한다. 그렇게 하지 않으면 유아는 자유인의 언어나 행동을 습득할 수 없다. 이것은 유아가 매스컴에서 유행하는 말투나 행동을 흉내지 못하도록 지도해야 한다는 의미이다. 유아는 조용히 있을 수 없기에 딸랑이 혹은 장난감을 제공하여 오락을 통해서 유아교육이 수행되어야 함을 주장한 것으로 보아, 유아의 심리적 상황을 배려하면서 유아의 발달단계에 맞추어 유아교육을 하고자 하였다. 육체적 욕망에 대한 만족도 그 자체를 위한다기보다는 더욱 높은 정신의 성숙을 위한 것으로 간주하여 유아기에 체육과 운동을 강조하였다. 도덕적 탁월성도 쾌락과 관련이 있다고 보았다. 기쁨을 느껴야 할 때는 기쁨을, 고통을 느껴야 할 때는 고통을 느끼도록 어릴 때부터 유아교육을 해야 한다고 보았다.

이러한 지적 탁월성과 도덕적 탁월성을 통하여 얻어지는 에우다이모니아는 계속적인 자기교육에 의해서만 가능하다. 그럼에도 인간은 성인기가 되면 지적 호기심을 상실하여 교육은 유아, 청소년이 주로 하는 과업이라고 치부해 버린다. '모든 인간은 본래부터 알려고 하는 욕망을 가지고 있다.'는 아리스토텔레스의 주장처럼, 유아교사는 이러한 지적 욕망을 유아에게 자극하면서, 유아교사 자신도 끊임없이 지적 탁월성, 도덕적 탁월성을 연마하여 에우다이모니아를 성취해야 할 것이다.

4 로마시대의 유아교육

그리스가 정교하고 탁월한 학문, 섬세하고 정교한 예술을 자랑했다면, 로마는 탁월한 정치와 실제적인 예술을 대표할 수 있다. 로마인들은 실용성에 입각하여 엄격한 법률(12표법, Lex XII Tablarum)과 관습을 제정하여 제국을 통치하였다. 로마 유아교육을 위한 시대적 구분은 정치적 관점에서 볼 때, 왕정에서 공화정, 공화정에서 제정시대로 나아갔다. 왕들의 실정이 거듭되자 원로원의 의원들은 508년 군주제를 폐지한 후 로마 공화정을 출범시켰다. 로마공화정은 기원전 27년까지 지속되었고, 이후 황제의 절대 권력이 지배하는 로마제국이 등장하게 되었다. 왕정시대에는 교육에 대해서 특기할 만한 것이 없었다. 초기 공화정시대와 후기 제정시대로 구분하여 유아교육을 살펴보는 것이 타당하다고 보인다(최정웅, 조용태, 2002).

1) 공화정시대의 유아교육

500년 동안 지속된 로마 공화정은 복잡한 권력구조를 가지고 있었다. 그 권력은 원로회, 민회, 집정관이 공유할 정도로 일찍부터 법률에 의해서 사회가 구성되었다. 5세기 중반 로마 최초의 성문법인 12동판법이 제정되어 로마시 광장에 게시되었다. 12동판법에는 '해야 할 행위와 해서는 안 될 행위'를 알려준다는 점에서 교사와 교육의 역할을 수행하였다. 청소년들은 이 법을 암기하고 그것을 현실에 적용하는 방법을 알아야만 했다. 아버지와 자식의 관계, 부부의 관계, 주인과 노예의 관계, 재산권 등이 명시되어 있었다. 유아교육도 이 법에 따라 운영되었다. 공화정시대의 로마인들은 스토아 정신을 가지고 있어서 간소, 명상, 절제 등의 덕목들이 높이 평가받았다(신득렬, 2000).

초기 공화정시대의 유아교육은 가정교육이 중심이 되어 실제생활을 위한 것이었다. 이를 위해 사회적으로는 선량한 시민, 선량한 군인, 노동자, 즉 선인(Vir Bonus)의 양성이었다. 여기서 선인이란 자신의 권리, 의무, 책임감이 강한 덕을 소유한 사람, 애국심과 도덕심이 강하고, 검소하며, 근면하고, 정직하며, 용감하고, 실제적인 사람을 말한다. 이러한 선인을 양성하려 한 근본적인 의도는 전쟁 시에는 훌륭한 정복자가 되게 하고 평상시에는 선량한 노동자, 유능한 시민이 되도록 훈련시키기 위해서이다. 이러한 사람을 만들기 위해서 읽기, 쓰기, 셈하기(조그마한 돌, 주판을 사용), 12동판법 암기, 체육을 가르쳤다. 가정적으로는 교육기관이 없었기 때문에 가정이 유아교육의 중심이 되었고, 병영 혹은 농장 등에서 유아교육적 활동을 하였다. 이러한 가정교육의 중심은 어머니였다. 어머니는 자녀에게 건전한 도덕, 종교적 태도를 배우게 하고 올바른 인생관을 마련해주었다. 이때의 어머니를 마트로나(Matrona)라고 불렀는데, 이는 존경, 고귀, 유덕의 의미를 내포하고 있다. 아버지의 역할은 12동판법 제4표인 부권에 명시되어 있었다. 자식을 죽이거나 노예로 팔아도 처벌되지 않으며, 원로원, 민회, 제사, 영웅찬미대회, 농경, 승마, 수영, 권투, 검술 등에 자녀를 데리고 가서 직접 목격하게 하였다.

그러나 공화정 말기에 그리스 문화가 유입된 이후로 로마교육이 본격적으로 실시되었다. 그리스 문화를 로마에 유입한 사람은 그리스 노예인 안드로니쿠스(Andronicus, 284~204)이다. 그는 『오디세이아』를 라틴어로 번역하여 로마에 소개하였다. 그 후 그는 로마에서 그리스어와 라틴어를 가르쳤고, 그리스인들이 로마에서 학교를 개교하였으며 젊은이들은 그리스로 유학을 갔다(신득렬, 2000). 상류가정에서는 가정 중심의 유아교육에서 벗어나서 가정교사를 초빙하여 가르치기도 하였다. 한편, 시가지, 시장에서 초보 정도의 교육을 실시하는 사설학교가 발생하였다. 이를 루두스(Ludus)라고 불렀다. 146년 로마가 군사적으로 그리스를 정복하자 많은 교사들과 노예들이 로마의 교사로 채용되었다. 이 교사들이 루두스에 근무했을 것으로 보인다. 이 학교는 6~7세경에 입학하여 10세 혹은 12세경에 마치게 되는 초등학교의 성격이 강하였다. 이들의 주된 교육방법은 모방과 시범이었다(최정웅, 조용태, 2002). 안타깝게도 유아교육기관은 문헌에 나타나 있지 않으며, 가정에서 유아교육이 실시되었다고 볼 수 있다. 여러 사상가가 주장한 유아교육의 내용이 이를 뒷받침한다.

2) 제정시대의 교육

기원전 264년, 로마가 카르타고와 전쟁인 포에니 전쟁에서 승리를 함으로써, 로마가 지중해를 지배하게 됨에 따라 정치, 사회, 경제에 변화가 일어나기 시작하였다. 공화정이 몰락하고 그리스 문화의 부정에서 벗어나, 긍정의 방향으로 나아가 그리스 문화를 받아들였다. 이러한 영향으로 형식적인 교육이 발전되었다. 이때 교육의 목적은 언론의 능력과 공적인 회담 및 토론의 성공을 위한 웅변가와 연설가의 양성이 목적이었다. 훌륭한 웅변가와 연설가로 성장하기 위해서는 도덕적인 성격과 넓은 교양과 자신이 있게 말할 수 있는 능력을 연마하였다. 이처럼 훌륭한 웅변가, 연설가는 로마인에게 있어서 교양인이었다(최정웅, 조용태, 2002). 이를 위해서는 초등교육의 성격이 강한 루두스에서 6~7세에서 10~12세까지 교육을 받았다. 교육의 내용은 읽고, 쓰고, 셈하기, 12동판법, 그리스어와 호메로스의 시를 공부하였다. 이 시기는 공화정 시대와 마찬가지로 공식적인 유아교육기관은 없었고, 가정에서 유아교육을 실시하였다.

(1) 카토(M. P. Catto, B.C. 243~149)의 유아교육사상

카토는 라티움의 투스쿨룸에서 태어났다. 그는 웅변가이자 정치가, 라틴어 산문 작가이기도 하다. 반그리스적 운동을 전개하여 로마의 본래 보습을 회복하려고 하였고, 195년에는 집정관, 184년에는 감찰관이 되었다. 또한 그는 군인으로서 오랫동안 군에서 복무하였다(신득렬, 2000).

카토는 가정을 도시국가의 핵심단위로 보고 좋은 남편, 좋은 아버지의 가정교육을 주창하였다. 그는 처자식을 구타하는 남편은 신성한 것 중에서 가장 신성한 것에 폭력을 쓰는 일이라고 보았다. 그리고 그는 착한 남편은 원로보다 더욱 큰 칭찬을 받아야 하며, 소크라테스에게 칭찬할 점이 있다면, 독부인 자기 아내와 우둔한 자기 자식에 대하여 부드럽게 대하였다는 점이라고 하였다. 또한 더 나아가 그는 좋은 남편의 상을 직접 실천하였다. 그는 공무가 끝나면 자녀교육에 열중하였는데, 아내가 아들을 목욕시키거나 포대기를 입힐 때에는 반드시 곁에서 입회하였다. 그는 아들이 세상 물정을 알기 시작하자 노예에 맡기지 않고 스스로 독과 서를 가르쳤다. 더 나아가 창 던지기, 무기의 조작, 말 타기, 권투 등을 연습시켰고, 추위와 더위를 참는 단련, 급류 속에서 헤엄치는 방법을 가르쳤다. 또한 조국의 역사를 알게 하도록 『기원론』을 작성하였고, 라틴어로 된 『동자훈』을 저술하였다.

오늘날 1자녀, 2자녀로 인하여 유아가 과보호되고 있는 현실에서 카토의 육아방식은 많은 시사점을 주고 있다. 가정에서 아버지의 유아교육적 역할을 회복하는 데 카토의 육아방식은 교훈적이라고 할 수 있다.

(2) 키케로(M. T. C. Cicero, B.C. 106~43)의 유아교육사상

키케로는 아르피눔에서 태어나 로마와 그리스에서 교육을 받았다. 63년 정적이었던 카틀리나를 패배시키고 집정관이 되었다. 카이사르의 냉담함과 정적인 클로디우스의 위협으로 58년 로마를 떠났다가, 57년에 로마로 귀환하였다. 카이사르가 암살되자, 삼두정(옥타비아누스, 안토니우스, 레피두스)에 의해서 43년 카이에타에서 처형되었다. 그의 머리와 두 손은 연설자의 단상인 로트라에 전시되었다(신득렬, 2000).

키케로의 저서인 『의무론(De Officiis)』은 유학을 떠난 아들을 위해서 쓴 것이다. 여기서 아버지의 권위와 부정(父情)이 나타나 있다. 그는 아들의 유아교육을 통해서 성취해야 할 덕을 지혜, 정의, 용기, 인내 등을 제시하였다. 이러한 덕을 성취하는 방법은 재산에 대한 욕심뿐만 아니라 명예욕을 버리는 것이다(신득렬, 2000). 그는 유아들의 심적 발달을 자세히 관찰하고 그것을 전제로 하여 유아교육의 임무를 제시하였다. 그는 동물의 발달을 관찰한 후 사람의 발달을 추론하였다. 그 결과 다음과 같은 유아발달관을 제시하였다. '신생아는 매우 약하고 거의 정신을 가지지 않으며, 이윽고 약간의 힘이 생기면 수족과 감각을 연습하기 시작하며, 서는 것과 손을 움직이려고 하며, 또 자기가 여분으로 가지고 있는 것을 남에게 주고, 즐거워하며 집안에서 발견되는 것에 호기심을 가지며, 사고와 학습을 시작하고 만나는 사람의 이름을 알고 싶어 한다. 친구들과 경쟁을 하여 이기면 자랑하고 지면 실망한다. 그리고 이와 같은 발달의 각 단계에 있어서 모든 덕에 대한 소질이 발견되며, 그 소질은 특별한 지도 없이도 약간의 덕에 의해서 그 규모가 각성되며, 그 내재적 종자가 이윽고 덕의 눈으로 움트고 개화한다.' 만약 유아를 집에서 양육해 본 경험이 있는 사람이라면 키케로의 관찰에 공감을 할 것이다. 그리고 '내재적 종자가 이윽고 덕의 눈으로 움트고 개화한다.'라는 구절은 인간이 잠재능력을 계발한다는 의미와 그 맥을 같이 한다는 점에서 유아교육의 기초적 철학이 되고 있다.

이러한 그의 철학사상과 유아교육사상은 그의 문장, 웅변론과 함께 르네상스의 휴머니즘 교육에서는 독특한 키케로주의를 낳아 일반교육의 발전에 공헌하였다. 그의 아름다운 문체를 모방하려는 시도는 18세기까지 계속되었다. 이처럼 키케로의 문체에서 유아의 논술교육을 위한 방안을 탐구할 필요가 있다.

(3) 퀸틸리아누스(M. F. Quintilianus, 35~96)의 유아교육사상

퀸틸리아누스는 북스페인 칼라구리스에서 태어났다. 로마에서 일반교육을 받으면서 당대 최고의 웅변가인 아페르에게 웅변을 배웠다. 왕과 왕의 아들의 웅변을 가르치는 교사가 되었다. 그의 유아교육사상은 성선설과 천부설에 있다. 그는 인간은 선천적으로 스스로 학습할 수 있는 능력을 갖고 태어난다고 보았다. 그는 다음과 같이 외쳤다(최정웅, 조용태, 2002). "말은 뛰기 위해서 존재하고 새는 날기 위해서 존재하고 인간은 알기 위해서 존재한다." 이러한 선천적 능력을 계발시키는 것을 유아교육의 궁극적인 목적으로 삼아야 한다고 보았다. 더 나아가서 그는 선천적으로 향유된 성능이 가장 발전된 사람을 웅변가로 보았다. 따라서 그는 웅변가 양성을 유아교육의 구체적인 목적으로 삼았다.

그의 저서인 『웅변가의 훈련』에는 웅변가를 양성하기 위한 3단계 교육방법이 제시되어 있다. 제1기는 7세까지의 가정교육, 제2기는 일반적인 문법학교의 교육, 제3기는 전문적인 수사학 교육이다. 그는 가정교육과 학교교육의 비교를 통해서 가정교육이 유아교육적인 측면에서는 우수하지만 덕육에 있어서는 열등하다고 보았다. 학교교육은 학생들 상호 간에 접촉을 통해서 서로 간에 경험을 공유하고, 우정과 같은 사회성을 습득할 수 있어 학교교육이 더 좋다고 보았다(최정웅, 조용태, 2002). 그가 제시하는 가정교육을 보면 유아의 가정교육은 교양 있는 부모가 담당을 하고, 유모는 고상하고 정확한 말로 유아에게 이야기를 해야 한다고 하였다. 그 이유는 유모의 말은 영아가 처음으로 듣고 모방하기 때문이다. 부모가 교양이 없다면 유아교육을 소홀히 할 것이 아니라 도리어 조심해야 한다고 보았다. 유아의 친구도 유모처럼 신중히 선택해야 할 것을 권고하였다. 그의 언어교육은 독특하였다. 먼저 외국어 교육을 가르치고 곧 이어서 모국어를 병행하여 가르칠 것을 제안하였다. 그가 살았던 당시의 모국어인 라틴어는 그리스어에서 유래된 것이 많았기 때문이다. 그리고 라틴어는 일상생활 속에서 배울 수 있지만, 그리스어는 특별하게 배울 수 있는 시간이 없었기 때문이다. 교육은 어리면 어릴수록 좋았다고 보면서 어떤 경우에도 교육의 단절이 있어서는 안 된다고 보았다. 특히 기억력은 어릴 때 가장 왕성하기 때문에 일찍부터 언어교육을 실시해야 한다고 보았다. 다만 강제적인 교육방법 대신에 유희로서 가르칠 것을 제시하였다. 그는 유아에게 제공되는 공부는 우선 재미가 있어야 한다고 생각하였다. 잘 했을 때는 기쁨을 느끼도록 해야 하며, 공부하기 싫어할 때는 동기가 일어나도록 다른 무엇을 해주어야 한다는 것이다(신득렬, 2000). 더불어 배우는 유아는 교과 못지않게 선생을 사랑해야 하며, 부모처럼 대해야 한다고 주장하였다. 유아교사에 대한 강한 애착을 갖는 것이 공부에 도움이 된다는 것이다.

또한 그가 제시하는 학교교육을 보면, 학교교육이 가정교육보다 우수하므로 사립학교보다는 공립학교 체제를 주장하였다. 문법학교의 교육내용으로는 문학을, 수사학교의 교육내용으로는 산수, 음악, 천문학, 기하학, 철학 등이다. 교육방법에 있어서는 체벌을 반대하였다. 체벌은 노예에게 적합하기에 시민과 어린이에게는 사용하지 말 것, 회초리로 때리는 것은 무감각하게 만들고 공포심을 심어 주기에 반대하였고, 수준 낮은 교사가 체벌을 사용하며, 체벌은 열등감을 가져다 준다고 보았다.

또한 유아교사가 지켜야 할 것은 어버이와 같이 따뜻한 정이 있어야 하고, 유아교사는 악덕을 해서도 안 되며, 타인의 악덕을 용서해서도 안 되고, 교사는 너무 엄격해서도 안 되며, 분노의 정을 가져서도 안 되고, 교수법이 평이하고 인내심이 있어야 하며, 유아교사는 질문을 받으면 즉각 답을 해야 하고, 질문이 없으면 먼저 물어보아야 하며, 유아교사는 정도껏 학생을 칭찬해주어야 하며, 유아교사는 학생의 마음에 오래 남을 이야기를 해주어야 하며, 유아교사는 때때로 존경할 것, 선한 것에 관하여 문답할 것을 주장하였다. 그의 조기교육론, 체벌부정론, 개인차교육론, 학교교육우위론, 공교육론, 가정교육론, 언어교육론 등은 현대 유아교육에 기초가 되고 있다(최정웅, 조용태, 2002). 그는 단순히 말을 잘하는 사람을 배출하려는 것이 아니라, 훌륭한 사람의 배출에 관심을 가지고 있었다. 그의 생각을 유아교육에 적용하여 보면, 유아에게 논리와 논술을 가르쳐 논리적으로 말을 잘하는 유아를 양성하는 데 그치지 않고, 참된 것과 명예로운 것을 말하도록 가르쳐야 한다. 이러한 퀸틸리아누스의 웅변교육을 통해서 유아의 논술(구술)과 웅변교육에 대한 방안을 탐구할 필요성이 제시된다.

(4) 플루타르코스(Plutarchos, 46~120)의 유아교육사상

플루타르코스는 보이오티아의 카이로네이아에서 태어났다. 그의 아버지는 전기 작가이자 철학자였다. 그는 아테네에서 수학과 과학을 공부하였고 그리스, 스파르타, 고린트, 파트라스, 사르디스, 알렉산드리아 등 여러 곳을 방문하였다(신득렬, 2000). 또한 그는 『영웅전』, 『윤리학』 등을 저술하였다.

그의 유아교육사상은 『영웅전』의 윤리서편에 나타나 있다. 그의 유아교육이념은 훌륭한 사람을 키우는 일이었다. 이를 위해서는 유소년시절부터 유아교육의 방법에 유의해야 한다고 하였다. 그는 유아교육을 농업과 비유하면서 즉, 농업을 위해서는 종자, 경작지, 농부가 필요하듯이 유아교육도 소질, 교수, 습관이라는 세 요소가 합쳐야 가능하다고 보았다. '소질은 있어도 교수하는 일이 없으면 맹인과 같고, 교수를 하더라도 소질이 없으면 결함이 많고, 습관이 붙어도 소질과 교수가 없으면 불완전하다.' 이를 위해서는 우선 유아기부터 옳은 습관을 익히고 옳은 말씨를 써야 하며, 어머니가 양육하는 것도 좋지만 그렇지 못할 경우에는 도덕적으로 훌륭한 유모를 선택해야 한다. 그는 당시 시인인 유베날리스(Juvenalis, 60~120)의 표어인 '바람직한 것은 건전한 신체에 건전한 정신'을 반영하여 신체훈련을 중요시하였다. 또한 그는 품성훈련을 위해서 우선 분노를 없애고, 남의 결점을 파고드는 호기심을 없애고, 겁보가 되지 말며, 부에 대한 욕망을 학문 연구로 돌리고, 이성으로 욕정을 억제해야 한다고 주장하였다. 이를 위해서 유아는 학교에서 교사의 가르침을 받을 때, 태도를 바르게 해야 하며 좋은 교훈을 듣도록 해야 한다고 하였다. 그의 『영웅전』은 유명한 일화를 통해서 유아교육적 가치를 전해주었다는 점에서 유아교육의 가치가 담긴 일화를 발굴할 필요가 있다. 일화를 통해서 유아교육의 가치를 전하는 것이 가장 자연스러운 교육방법이 되기 때문이다.

(5) 예수(Jesus)의 유아교육사상

예수는 기원서 4년경 갈리리(Galilee)의 작은 마을 나사렛(Nazareth)에서 태어났다. 예수의 어린 시절에 대한 기록은 없지만 다른 아이들처럼 기독, 율법공부, 메시아의 도래에 대해서 공부했을 것이다(신득렬, 2000). 이러한 과정을 거치면서 구약성서에 정통하였을 것으로 보인다. 그가 살던 시대는 헤로데 1세가 유대를 지배하게 되었고, 로마에서 파견된 총독 필라투스가 유대를 잔인하게 통치했었다. 예수는 관례에 따라 아버지의 직업인 목수 일을 배웠을 것이지만, 세속적인 권력이나 부에 대해 관심을 갖지는 않았다. 인류 역사상 가장 위대한 이 성현의 삶과 가르침을 통해서 유아교사의 이상형을 정립해야 할 것이다.

예수의 사랑은 연민을 의미하며, 사랑은 용서하는 것이고, 사랑은 세속적인 권력의 자리를 멀리하는 것이다. 한편, 예수는 사랑과 정의의 정신을 함께하였다. 이러한 사랑의 정신을 몸소 보여주었다. 유아교사가 근본적으로 가져할 것은 사랑이라고 보여진다. '유아교사는 사랑을 가져야 한다.'라고 많은 이들이 이야기하지만, 유아교사가 가져야 할 사랑의 개념을 명확하게 제시하지는 못하였다. 유아교사는 인류의 가장 위대한 스승으로 예수를 모시고, 그의 사랑을 이해하여 실천하여야 할 것이다. 석가, 공자, 소크라테스와 마찬가지로 예수도 교사의 모습으로 보이는 부분이 있다. 실제로 예수는 랍비(rabbi) 혹은 선생(teacher)으로 불리었다. 랍비는 유대의 율법을 회당에서 설명하는 것을 직업으로 삼았던 사람이다. 예수는 일정한 장소에서 가르치지 않았다. 성경에서도 보듯이 그는 성전에서, 회당에서, 시장에서, 들판에서, 바닷가 등에서 가르쳤다.

또한 예수가 자주 사용한 교수법은 비형식적인 대화이다. 대화를 통하여 일상적인 경험과 이해를 직접적으로 호소하였다. 격언, 경구, 비유를 사용한 가르침은 현재적인 의미로 말하면, 인간의 감성을 관장하는 우뇌에 영향을 미쳐 기억력을 증진시킨다. 예수는 비유를 통해서 가르쳤는데, 이는 여러 가지 의미가 있다. 속담, 은유, 유사, 이야기식 비유, 본보기식 비유, 알레고리(allegory)이다(신득렬, 2000). 내러티브식 가르침이 유아의 우뇌를 자극하여 기억력을 증진시킨다는 것을 그는 이미 알고 있었던 것 같다. 익숙한 이야기, 속담, 격언을 자유롭게 인용함으로써 일반인에게 신의 왕국을 이해시키려고 하였다. 친숙한 언어로 된 비유는 한 번 들으면 거의 잊지 않는다. 또한 예수는 아주 친숙한 언어로 말하였다. 비유에서 사용된 이야기들은 이전에 자주 듣던 말이었다. 이러한 말을 듣는 사람들은 예수가 아주 다정한 교사로 보였을 것이다. 예수의 교수법은 탁월한 학습효과를 가져왔다. 짧고, 간결하고, 심오한 비유와 속담은 잊을 수 없는 것들이다(신득렬, 2000).

예수의 가르침에서 유아교사들은 자신들의 가르침을 반성해 볼 필요가 있다. 유아에게 친숙한 언어를 통한 비유의 가르침은 유아에게 평생의 등불이 된다. 인류의 역사상 가장 위대한 인간의 삶에 영향을 미치고 있는 예수의 죽음은 중세시대 교육의 개막을 알렸다.

5 중세시대의 유아교육

중세시대는 서로마제국이 쇠퇴해서 멸망하는 4~5세기경에서 문예부흥이 일어나는 전인 14세기까지의 약 1,000년간을 말한다. 이 중세사회는 봉건제도와 수도원제도가 중요한 제도였다. 봉건제도는 사회경제적 측면에서, 수도원제도는 종교적·교육적으로 중요한 의미를 갖고 있었다. 이러한 사회적 분위기 속에서 기독교 사상에 지배되어 유아는 성인의 축소판으로 여겼다. 따라서 유아는 성인과 같은 엄격한 계율을 따르도록 요구받았다. 유아를 위한 특정한 교육기관도 없었고, 유아교육에 대한 올바른 개념도 없었다.

유아들도 성인처럼 복장을 했고 성인들의 노동활동에 참여하였다. 일반 사람들은 자신의 운명을 미리 정해 놓은 하나님의 뜻에 따라 생활을 해야만 한다고 생각하였다. 추위, 굶주림, 가난과 병을 운명이라고 여겼던 당시 사람들에게 유아교육은 하나의 사치였는지도 모른다. 일반인들 중에서 글을 읽거나 쓰는 사람은 거의 없었고, 소수의 성직자들에만 지식이나 기능이 전달되었다. 한편, 종교생활을 통한 성직자가 되기 위하여 선발된 소수의 유아에게만 교육을 실시하였을 것이다. 설령 일반인 자녀들을 위한 유아교육을 했다 하여도, 현세 생활을 위한 것이 아니라 미래 세계를 위한 영혼을 배양하였다. 유아교육기관과 유사한 기관은 다음과 같다.

1) 문답학교(catechetical school)

이 학교는 일반대중과 이교도를 기독교화 하기 위한 기관으로서, 세례를 받지 못한 아동들에게 기독교의 기초적인 예비지식을 가르쳐서 세례를 받게 하였다. 그 장소는 교회 현관 혹은 적당한 곳이었고, 교육내용은 종교적·도덕적 가르침, 성경 읽기 및 암송, 성가찬송 등이었다. 수업 연한은 처음에는 1년이었으나 그 후 2~3년으로 연장되었고, 초등학교 시설이 없던 당시에는 이 학교가 초등교육기관의 역할을 했다.

2) 수도원 학교(monastic school)

수도원은 종교적 지도자의 양성센터였다. 수도원은 '홀로 사는 곳'을 의미한다. 수도원의 일반적인 특징은 첫째, 개인적 신앙생활(금욕주의), 둘째, 사회봉사(예술, 학문,

교육, 의료, 농업, 기예를 세속사회에 보급), 셋째, 교육과 연구기능을 하였다. 또한 수도원 제도는 은둔적 종교생활을 목표한다. 이곳에는 수도사(monk)가 있었는데, 이들은 부패된 인간사회를 떠나, 신과 더불어 깨끗한 생활을 영위하기 위해 금욕적인 생활을 하였다. 수도원 학교는 수도원의 부속된 기관이었다.

이 학교 부설에는 수도사를 지원하려고 하는 소년(정원, interni이라고 부름)을 위한 내교(inner school)와, 수도사를 지원하지 않는 일반소년(외원, externi이라고 부름)을 위한 외교(outer school)가 있었다. 두 학교 모두 초등반과 고등반을 두었는데, 초등반은 독, 서, 산 등의 기초과목을 가르치고, 고등반은 칠자유과목을 가르쳤다.

3) 기사교육

중세사회는 봉건제도와 함께 성립된 기사계급이 출현하였다. 기사(chivalry)라는 말은 프랑스어로 말(馬)을 의미하는 용어인 'cheval'에서 유래하였다. 이처럼 기마술을 가장 중시하는 기사제도는 9세기 후반부터 12세기 절정에 달하다가 16세기에 사라졌다. 초기 기사들의 최고 덕목(가사도)은 전사의 성격을 의미하는 충성과 무용이었고, 후기에는 기독교의 영향을 받아서는 봉사, 경건, 겸양, 약자보호 등이었다. 가사의 이상은 행동하는 사람, 용감한 군인, 충실한 신하, 신과 교회를 경외, 군주에 충성하는 것이었다.

이는 제1단계, 제2단계, 제3단계가 있었는데 제1단계를 살펴보면, 가정교육을 받은 7~8세의 아동이 14~15세까지, 그의 부친이 섬기는 군주의 시동(page)으로 활동한다. 특히 군주의 귀부인에 예속되어 그녀에게 봉사하며, 장기 행마법, 사랑과 경외의 에티켓, 악기연주법, 노래하는 법, 읽기·쓰기·셈하기, 달리기, 씨름, 권투, 승마, 창 쓰기 등을 배웠다.

4) 교회 부속학교

중세사회에서는 돈이 많은 사람은 죽은 후 자신의 영혼을 안주하도록 하기 위해서 많은 유산을 교회에 기증하였다. 이러한 기금으로 설립된 학교가 교회 부속학교이다. 이 학교에서는 성직자가 교육을 주로 담당하였다. 주된 교육내용은 초등교육의 기초적인 것을 가르쳤고, 문법, 노래, 모국어를 가르치는 교사가 모두 달랐다. 이 학교는 훗날 시민학교와 병합되었다.

이상과 같이 중세시대에는 유아를 위한 교육기관과 교육이 거의 없었다. 지금까지 유아교육과 유사한 기관만 살펴보았지만, 이 시대의 유아교육과 관련된 자료를 발굴하여야 할 것이다. 단지 기록에 없다고 해서 유아교육이 존재하지 않았던 것은 아니기 때문이다.

6 문예부흥기의 유아교육

14~15세기에 접어들면서 유럽은 봉건사회가 붕괴되고, 봉건귀족과 교회의 세력이 약해지면서 시민계급과 절대주의 국민국가가 성장하게 된다. 이러한 상황 속에서 문예부흥(Renaissance)이 발생하게 된다. 'Renaissance'라는 말은 이탈리아어의 'renascenza'에서 유래된 말이다. 이 뜻은 재생(re-birth)이다. 즉, 고대 그리스와 로마의 고전문예를 재생시키자는 것이다. 고대 그리스와 로마의 저작을 재발견하는 것이며, '원서로 돌아가자.'라는 운동이다. 이 말은 르네상스 시대 당시에는 사용되지 않았다. 이 말이 본격적으로 사용되기 시작한 것은 19세기 초였다(신득렬, 2000). 르네상스 운동은 인간의 현재 삶이 더욱 자유롭고 풍요로우며, 평화로워야 한다고 생각하였다. 이러한 사상적 흐름에 더하여 콜럼버스는 1492년 바하만 제도의 한 섬에 상륙하였고(이후 세 차례 여행), 마젤란은 1519년 태평양을 횡단하여 필리핀에 도착하였다. 코페르니쿠스는 1543년 지구의 자전설을 주장하였고, 구텐베르크는 1455년 '구텐베르크 성서'를 인쇄하였다. 이처럼 일련의 과학적 발견과 발명은 중세 사람들의 맹목적인 신앙과 인습을 깨뜨리는 데 성공하였다. 여기에서 인간의 이성에 대한 신뢰와 예찬이 칭송되었다(신득렬, 2000). 이탈리아에 발생한 문예부흥은 15세기 중엽 알프스를 넘어 영국, 독일, 프랑스 등으로 퍼져, 16세기에는 북구의 문예부응운동으로 절정에 달했다. 이러한 근대적 유아교육사상의 발단은 문예부흥기의 인문주의자들의 교육론에서 시작되었다.

1) 베기우스(M. Vegius, 1406~1458)의 유아교육사상

베기우스는 『아동교육론』에서 중세적인 아동교육방법을 비판하고, 새 시대에 부합하는 유아교육방법을 주장하였다(김옥련, 1988). 중세시대에는 아동의 체벌이 필연적이었다. 그는 아동을 다루는 방법은 체벌이 아니라 인간화와 개성화라고 주장하였다. 또한 그는 '부모들이 좋은 모범이 옳은 교육의 제일 조건이다.'라고 주장하였다. 유아교육방법은 아동의 성격에 따라 달라져야 한다고 보았다. 아울러 그는 『아동교육론』에서 다음과 같은 사항을 강조하였다. '모유로 키울 것, 사치스러운 음식을 주지 말 것, 자연에 맞추어 옷을 입히고 음식을 줄 것, 추위에 대하여 일찍부터 단련시킬 것, 충분한 수면을 취할 것, 위험한 도구를 주지 말 것, 위험한 것에서 몸을 지킬 것' 등이다. 이는 아동을 건강한 인간으로 양육하는 데 기여하였다.

하지만 그도 당시의 인문주의자들의 아동교육론과 같이 도시의 지도층과 귀족, 그리고 대상인의 자제에만 관심을 가지고 있었다. 하층민은 무절제, 변심, 향락심, 탐욕밖에 없기 때문에 멸시하였다(김옥련, 1988). 아직까지 일반 하층민의 아동을 위한 교육은 생성되지 못한 상태였다.

2) 에라스무스(D. Erasmus, 1467~1536)의 유아교육사상

에라스무스는 1466년 10월 27일 로테르담에서 태어났다. 그는 후견인에 의해서 일찍부터 수도원에 보내졌고, 1492년 가톨릭 신부가 되었다. 1495년 앙리 주교의 도움으로 파리 대학에서 신학을 공부했지만, 싫증을 느껴 자퇴하였다. 1499년 프랑스 영국을 방문하여 모어(More)와 우정을 나누었다. 그리고 1506년 튜린 대학에서 신학박사학위를 받았다. 1521년에서 1529년까지는 바젤에 살면서 루터를 만났다. 둘의 관계는 다음 구절로 판명된다. '에라스무스는 온건하고 이성적이며 세계주의적인 것인 데 비해, 루터는 급진적이고 격정적이며 민족주의적이었다.' 에라스무스가 1524년 『자유의지론』을 주장했을 때, 루터는 이에 응수하여 『노예의지론』으로 응수하였다. 둘은 지적 라이벌이었다. 에라스무스는 개혁된 기독교를 원했지만, 교회가 갈라지는 것을 원하지 않았다. 종교개혁의 목표에는 찬성했지만, 종교개혁운동에는 반대하였다. 그는 아무 데도 속하기를 싫어했던 영원한 자유인이었다(신득렬, 2000).

인문주의 최고 거장이라 할 수 있는 에라스무스의 교육사상은 그의 저서 『아동 자유교육론(The Liberal Education of Children), 1529』에 나타나 있다. 그는 이 저서에서는 전통적인 교육의 비인간성 폭로, 반휴매니스트적 성격 증오와 어린이 해방이 들어있다. 어린이를 인간으로 취급하여 존경할 것을 주장하면서, 이를 위해 아동을 연구할 것을 주창하였다. 그가 제시하는 교육목적은 지식과 세련된 교양미를 갖춘 선인을 양육하는 것이다. 이때 선인이란 지식, 덕성, 종교적인 신앙심, 훌륭한 예절을 함께 소유한 사람이다. 처음에 그는 당시 사회적인 분위기에 따라 소녀들은 교육을 받을 필요가 없다고 생각하였다. 그러나 런던 첼시(Chelsea)에 있던 모어의 집을 방문하고 나서는 점차로 생각이 바뀌게 되었다. 소년의 훌륭한 교육을 위해서는 훌륭한 어머니가 필요하다고 생각하였다(신득렬, 2000).

그가 주장한 교육내용으로는 당연히 고전문학이었다. 보조 과목으로는 역사, 지리, 과학 등이 필요하다고 보았다. 고전문학 중에서 성서문학을 가장 중요시하였다. '밭가는 촌부가 시편을 노래하고, 직공이 기계소리에 맞추어 성가를 부르고, 여정에 지친 나그네가 성서의 말씀으로 안식하기를 바란다.'라고 외쳤다. 또한 그는 현대적 의미의 교수법을 제시하였다.

첫째, 서둘지 말라. 학습은 적당한 단계에 도달해야 쉽게 이루어진다. 둘째, 무시해도 괜찮은 난제는 피하든지 혹은 연기하라. 셋째, 어려운 난제를 다루어야 할 경우 학생들의 접근이 점진적으로 이루어지게 하고 흥미를 갖도록 하라는 것이다.

그는 훈육이란 어떤 양심에서가 아니라 애정에서 나와야 하고, 올바른 습관을 갖도록 하기 위해서는 형식교육은 7세 이전에 시작하는 것이 좋다고 하면서 조기교육론을 주장하였다. 학습에 흥미를 가지도록 하기 위해서는 카드놀이 등의 유희적 방법을 권장하였다. 그는 유아가 탄생한 직후부터 자유로운 방법으로 덕과 학문을 향하도록 지도할 것을 강조하면서, 다음과 같이 몇 가지 주목할 점을 제시하였다(김옥련, 1988).

첫째, 당시 학교교육의 비인간적인 아동학대를 비난하였다. 자유인에게는 자유로운 교육이 되도록 자연스럽게 교육할 것을 주장하였다.

둘째, 능력을 무시하고 많은 지식과 높은 지식을 주입식으로 가르치는 것을 비판하였다. 유아들의 능력에 따라서 조금씩 가르칠 것을 주장하였다.

셋째, 문법 중심의 라틴어 교육방법을 비판하면서 자연스러운 담화에서 국어교육, 동화로부터 시작할 것을 제시하였다.

넷째, 무미건조한 학습방법을 비판하면서 유희적인 방법으로 가르칠 것을 제시하였다.

이러한 그의 교육방법은 아동을 자유인으로 대우하고 자유인에게 어울리는 방법으로 교육시켜야 한다는 점이다. 특히 회초리에 의한 교육을 배척하고 호의와 절도, 현명으로 가득 찬 유아교육을 주장하였다. 아동은 교사의 사랑을 통하여 학습에 대한 사랑을 가지는 것이므로, 교사는 무엇보다도 아동으로부터 사랑을 받는 부드러운 사람이 되어야 할 것을 주장하였다(김옥련, 1988). 유아가 공부에 관심을 가지는 것은 유아교사의 사랑이 매개체로 작용한다는 의미이다. 유아교사는 사랑보다 더 깊은 정을 바탕으로 강한 정서적 유대감을 유아와 형성해야 할 것이다. 이것이 유아교육의 원형이다.

3) 몽테뉴(M. de Montaigne, 1533~1592)의 유아교육사상

몽테뉴는 1533년 프랑스 보르도 근처의 몽테뉴 성에서 태어났다. 그의 아버지는 부유한 상인이면서도 몽테뉴를 특이한 방법으로 교육하였다. 몽테뉴에게 라틴어를 가르치기 위해서 일체 프랑스어를 못 쓰게 하였고, 프랑스어를 전혀 모르는 라틴어 교사를 채용하였다. 그 결과, 몽테뉴는 6세에 라틴어로 된 고전을 읽었다고 한다. 처음에 법학을 전공하면서 보르도 고등법원에서 서기를 하였다. 거기서 문필가 보에시를 만나 깊은 우정을 나누면서 인지적 지평을 확대하였다(신득렬, 2000).

그는 가톨릭과 신교 사이에 종교전쟁이 진행되는 동안 양쪽을 향하여 종교적 관용과 인간 중심의 도덕을 강조하였다. 『아동교육론(On the Education of Children)』과 『현학에 관하여(On Pedantry)』라는 저서를 통해서 교육에 대해 견해를 나타내었다. 그는 유능한 사회인이란 단순히 책을 통해서 교육되는 것이 아니라, 다양한 사회적 경험과 타인으로부터 배운다고 보았다. 그는 교육을 통해서 해박한 문법가나 논리학자를 만드는 것보다는, 심신이 완전한 신사를 양성하는 것이 바람직하다고 보았다. 예를 들어, 덕성은 독서에서 형성되기보다는 경험과 견식을 넓히는 데서 온다고 주장한다. 그리고 교육의 수행은 가정교사의 지도 아래서 이루어져야 한다고 하였다. 아동을 교육하는 일이 아주 어려운 과업임을 의식하면서, 무엇보다도 어려운 것은 훌륭한 교사의 선택이라는 것이다. 훌륭한 교사란 단순한 학자나 박식한 사람이 아니라 예절과 판단력을 갖춘 사람이라고 보았다. 그러한 교사는 학생의 능력을 이해하고 말에 응할 수 있는 분위기를 만들어줄 수 있다는 것이다(신득렬, 2000).

그의 유아교육사상은 세 가지로 요약하면, 첫째, 덕성교육은 가소성이 강한 어릴 때 실시하는 것이 효과적이며, 둘째, '지식은 동화시키고, 행동은 모방시키며, 관념은 실행으로 옮기도록 하는 것'으로 보면서 지식의 가치는 지식 그 자체가 아니라 그것을 실생활에 활용하는 데 있다고 하였다. 셋째, 덕과 지식은 항상 병행해야 하고 체벌은 목적을 달성하기가 어려우며, 체벌이 꼭 필요할 때는 정신적으로 안정되었을 때 행해야 한다고 보았다.

이처럼 유아교육의 중요성은 예로부터 가정에서부터 강조되어 왔지만, 이 시대 유아교육의 역점은 달랐다. 명문가에서는 사업을 발전시키고 그 사업을 대를 이어 가도록 하였다. 따라서 좋은 후계자를 육성하기 위해서는 가정에서 교육을 중요시하지 않을 수 없었다. 따라서 육아법은 장래 사업의 성패를 좌우할 만큼 면밀한 계획과 감독 하에 추진되었다. 처음에는 남아와 여아 모두를 어머니가 맡았다. 적당한 시기가 오면, 남아 양육은 아버지가 신뢰하는 가정교사에 의해서 이루어졌다. 가정교사의 선택의 기준도 학식보다는 인격에 중점을 두었다. 교육 장소도 주로 도시를 피하고 시골에서 이루어졌는데, 건강과 체력, 활기를 얻을 수 있었기 때문이다. 피로를 극복하고 자연과의 친숙함, 실천적 감각을 발전시키기 위하여 사지와 전신의 움직임을 강조하였다. 또한 내성적인 성격과 비굴한 행동을 막기 위하여 밝은 성격을 갖게끔 운동을 장려하였다. 이처럼 이 시대의 유아교육은 공동체로서의 가문의 명예와 재산의 유지, 운영을 대전제로 하는 유아발달에 역점을 두었다고 볼 수 있다.

7 종교개혁기의 유아교육

종교개혁은 부분적으로 문예부흥운동이 가져온 자유정신의 산물이었다(신득렬, 2000). 북유럽의 문예부흥운동은 사회적·종교적 색채를 띠면서 성경에서 새로운 의미를 찾으려고 하였다. 이처럼 문예부흥운동은 종교개혁에 많은 영향을 미쳤다고 볼 수 있다. 종교개혁은 종교뿐만 아니라 사회 전반에 걸쳐 커다란 변혁을 초래하였다. 그중에서 독일을 중심으로 한 종교개혁은 일반 민중의 교양을 향상시키기 위해서 필요한 초등, 보통교육의 제도를 마련하는 데 영향을 미쳤다. 종교개혁주의자들은 하류계급을 포함한 일반인에게 보다 많은 교육의 기회를 주자는 의도에서 공교육제도와 의무교육제도 수립을 위해서 많은 노력을 해 왔다. 이를 위해 무상의 보편적 의무교육을 실시하였다. 그 결과, 독일의 각 공화국에서는 많은 초등학교들이 생겨나게 되었다.

1) 루터(M. Luther, 1483~1546)의 유아교육사상

루터는 독일의 탁월한 성서학자이다. 가톨릭교회의 부패를 비판한 그의 95개 조항은 종교개혁을 촉발시켰다. 그는 1483년 11월 10일 아이슬레벤에서 광부의 아들로 태어났다. 그리고 1501년 에르푸르트 대학에서 입학하여 학사 및 석사학위를 받았다. 1505년에는 아우그스투스 수도원에 들어가 1507년 사제로 서품을 받았으며, 1512년 비텐베르크 대학에 입학하여 1512년 신학박사를 받았고, 동 대학에서 성서 신학 교수가 되었다. 그는 로마서 1장 17절과 3장 28절을 읽고, 자신이 위선자라는 것을 자각하게 되었다. 인간은 선행에 의해서가 아니라 그리스도 안에서 완전한 신앙에 의해서만, 그리고 인류를 위한 그리스도의 속죄에서만이 의인이 될 수 있다는 이론을 만들었다. 이 두 구절이 종교개혁의 신조가 되었다(신득렬, 2000).

이러한 루터의 교육사상은 그의 설교와 서한에 담겨 있다. 그의 사상 중 후세에 가장 영향을 많이 미친 것은 의무교육사상과 공교육제도이다. 그리고 그가 제시한 모국어 초등학교의 교육과정은 성서를 기초로 해서 종래의 읽기, 쓰기, 산수 등의 기초교과 외에 음악, 시, 역사, 수학 등을 포함시켰다. 또한 그는 성경에 대한 깊은 어원적 의미를 탐구하기 위한 수단으로 어학교육을 중시하였다. 그가 중시한 언어로는 라틴어, 히브리어, 희랍어 및 모국어 독일어 등이며, 성서를 읽기 위해 만인에게 동등한 교육기회가 주어져야 한다고 생각하였다. 뿐만 아니라, 교회로부터 교육을 해방시키기 위해서는 정부가 학교를 설립해야 한다고 주장하였다(신득렬, 2000). 가톨릭에서 거두는 명목에는 돈을 낼 필요가 없음을 선언하면서, 그 곳에 내던 돈을 교육사업에 투자하라고 호소하였다.

루터는 당시 서민층의 자녀들이 자녀교육을 등한시하는 경향을 개탄하면서, '타조를 제외한 어떠한 동물도 자기 새끼를 보호하며 그 새끼가 알아야 할 것을 가르치지 않은 분별없는 동물은 없다.'고 하면서 인간으로서 자기 자녀의 교육을 등한시한다면 무거운 징벌을 받아야 한다고 하였다. 특히 가난한 가정의 아이들은 더욱 교육을 많이 받아야 한다고 보았다. 교육은 의무적이어야 하며, 국가가 교육제도를 주관하여야 한다고 주장하였다. 즉, 무상의무교육을 최초로 천명한 것이다. 더 나아가 루터는 가정교육을 국가발전의 기초로 보고 가정교육을 중요하게 생각하였다. 그는 가정을 신뢰와 충성, 사랑 등 높은 정신의 표현이며 사랑과 인정이 경험되고 육성되는 모체라고 보았다. 그의 이러한 가정교육론은 코메니우스, 페스탈로치에 각각 영향을 주어 훗날 유아교육기관이 탄생하게 되었다.

그는 부모들이 자식교육을 등한시하는 원인을 다음 세 가지로 요약하였다(김옥련, 1988).

첫째, 경건한 마음과 성실성이 너무나 결핍되어 있기 때문에 자기가 할 수 있어도

하지 않는 사람이 많다. 마치 타조처럼 자기 자식에게 무자비하게 아무것도 해주지 않는다.

둘째, 대부분의 부모들은 자녀교육을 할 자격이 없으며, 자녀를 어떻게 양육하고 가르치는지 그 방법을 이해하지 못한다. 그들은 배운 것이 없고, 신체적 욕구만 충족시켜 주기 때문에 유아들을 철저하게 가르치고 훈련시키기 위해서는 다른 계층의 사람이 요구된다.

셋째, 부모가 자격이 있고 스스로 자녀교육을 하려는 의욕이 있더라도 다른 일과 가사 때문에 그것을 할 시간을 가지지 못한다. 부모들이 저마다 개인교수를 고용하지 않는 한 공립학교를 위한 교사를 가질 필요가 있다. 그 이유는 총명한 대다수의 유아들이 가난 때문에 버려지고 있기 때문이다. 그는 이러한 유아들에 대해 시장, 시의원은 최대한 배려하여야 한다고 하였다. 유능하고 양식 있는 시민을 양성하는 것이 시 번영의 초석이 된다고 보았기 때문이다. 루터는 남존여비의 당시 교육관을 비판하고, 남녀 구별 없이 똑같이 교육을 받아야 한다고 주장하였다. 시민의 질서 유지와 가정의 적절한 규제를 위해서도 교양 있고 훈련이 잘 된 남녀가 다 필요하다. 그러므로 남아, 여아는 똑같이 교육을 할 필요가 있다는 것이다. 그는 보편교육(universal education)의 입장에서 여자의 학교교육을 주장하였다.

또한 그는 교사의 중요성과 교직을 신성시하여, 교육사업이란 인간의 영을 취급하는 고귀하고 거룩한 일로 보았다. 그만큼 교직을 고상하고 명예로운 것으로 간주하였다. 교육이라는 말에 뒤에 사업이라는 말을 붙임으로써 교육을 사업의 대상으로 간주하게 되었다. 오늘날 유아교육사업, 보육사업이라는 말이 난무하고 있지만, 이것이 루터가 강조한 교육사업과 의미가 같은지 반성해보아야 한다.

2) 재세례파(再洗禮派, anabaptists)의 유아교육사상

독일의 농민전쟁(1524~1525) 후 생겨난 재세례파는 신앙심이 없는 어린 유아에 대한 세례는 무효라고 선언하였다. 이 파는 출생 직후 교회에서 세례를 받은 유아는 성인이 되어서도 다시 세례를 받아야 한다고 주창하였다. 이를 위해 공동의 교육시설을 만들어 모든 신도의 유아들을 교육하였다. 신생아가 이유를 하게 되면 전신도단이 공동책임으로 하는 공적 시설인 '작은 학교'에 들어간다. 이 학교에는 주임보모, 보모라는 호칭되는 유능한 여성이 보육을 담당한다. 그 규정을 보면(김옥련, 1988), 첫째, 연장자 조의 유아, 혼자 식탁에 앉을 수 있는 유아들이 먼저 침대에서 일어나고 세수한 후 옷을 입는다. 아침기도와 식사를 한 후 제일 어린 영아를 담당하게 된다. 뜰이나 들에 나가 산책을 할 때, 보모는 유아들이 다치지 않도록 세심한 주의를 한다. 둘째, 식사가 끝난 다음에 이내 취침에 들지 않도록 하고 잠자리에 누우면 나오지 못하게 하고, 필요하면 기저귀를 갈아준다. 셋째, 공동생활에서 위생상적인 측면을 배려한다. 건강진단, 전염병이 있을 경우 격리, 영양 있는 식사, 의복, 잠옷을 지급하고 병에 걸리면 친부모처럼 간호한다. 넷째, 어리면 어릴수록 보모가 헌신적으로 돌본다. 보모는 친어머니처럼 인내심을 가지고 부드럽게 대한다(체벌을 금지하였다). 다섯째, 종파의 정신적 존립을 위하여 교리와 기도를 교육의 주 내용으로 한다. 유아들이 이해할 수 있도록 보모는 유아들에게 종교교육을 실시해야 한다. 이처럼 재세례파는 유아의 행복과 건강을 공동 책임이라고 보았다.

유아교육은 사회구성원들이 공동으로 책임을 져야 한다는 재세례파의 사고는 오늘날 우리 사회에도 여전히 유효하다. 유아교육 공동체는 한국사회의 존속을 위해서도 우리 사회의 구성원들이 가져야 할 의식이다. 이는 유아교육에 대한 공동체 정신이 유아교육의 질 향상에 기초가 되기 때문이다. 특히 국가정책을 결정할 때는 우선순위에 유아교육이 진입되어야 한다.

8 실학주의의 유아교육

이탈리아를 중심으로 일어난 문예부흥기의 인문주의 교육과 북구 유럽에서 일어난 종교개혁운동은 세월이 흐름에 따라 본래의 생명력이 잃고, 편협한 형식주의로 흐르게 되었다. 인본주의를 바탕으로 했던 인문주의 고전교육이 형식적인 키케로주의에 빠져, 과도한 언어교육으로 흐르게 되었다. 무의미한 어구 연습이나 암송에 치우쳐 퇴락하게 되었다. 종교개혁도 종교적 교의교육에 열중하여 종교적·도덕적 경향으로 기울어졌다. 이러한 흐름에 반동으로 일어난 것이 실학주의이다. 후기의 문예부흥기에 나타난 키케로주의와 종교개혁이 가진 언어적 형식주의와 교육의 종교화는 실학주의자들의 비판의 대상이 되었다(신득렬, 2000).

또한 실학주의는 고전을 위한 고전교육, 언어를 위한 언어주의 학습(verbalism)에 반대하여, 교육은 모든 점에 있어서 현실적인 생활과 관련이 있어야 한다고 주장하였다. 따라서 실학주의는 '언어 이전에 사물'(things before words), 말보다는 먼저 사물을 중시하는 입장을 갖는다. 이것을 유아교육과 관련시켜보면, 교수와 학습의 기초로서 '직접적인 경험의 가치'를 중요시하게 한다. 이것은 관념적이고 추상적인 간접교육에서, 실제적이고 구체적인 직접교육에로의 이행을 의미한다. 현대적 의미로 보면, 행동적 지식에서 표상적 지식으로 나아가야 한다는 것이다.

1) 코메니우스(J. A. Comenius, 1592~1670)의 유아교육사상

코메니우스는 1592년 체코 동부 모라비아에서 태어났다. 보헤미아 동포교단에 속한 부유한 기독교도인 부모 사이에 태어났다. 그는 12세 때 양친을 모두 잃었고, 20세에 목사가 되기 위해 나소에 있는 헤르본 대학에 입학하였다. 여기에서 알슈테드 교수로부터 라트케의 사상을 소개받았고, 하이델베르크 대학에서 베이컨의 영향을 받았다. 1618년 '30년 전쟁'이 일어나자 여러 곳으로 도망을 다녔고, 1628년 레슈노에 정착하였다(신득렬, 2000).

그는 교육의 궁극적인 목적은 신과 더불어 영원한 행복을 갖는 것이라고 보았다. 이를 위해서 학교는 학생들에게 충분한 지식을 이용해서 생의 활동을 준비하는 것이라고 보았다. 더 나아가 지식, 덕성, 경건한 신앙심을 교육의 이상으로 삼았고, 사회적 지위, 빈부, 성에 관계없이 모든 사람을 교육해야 한다는 보편교육을 주장하였으며, 교육을 통해 사회개혁을 열망하였다. 특히 그는 유아를 '신의 가장 귀중한 선물이며, 헤아릴 수 없이 소중한 보배'라고 보았다. 그리고 『대교수학』 7장에서는 '인간의 교육은 어릴 때 가장 잘 이루어지며, 그래야만 성공할 수 있을 것이다.'라고 주장하였다. 그는 1658년 『세계도회』를 집필하였는데, 그 목적은 아동의 감각을 발달시키고 라틴어를 배우도록 하기 위해서이다. 이 책은 2세기 동안 학교교재로 사용되었다(신득렬, 2000). 이는 그림으로 세상 만물을 설명하고 있는데, 동양의 천자문이 한문이라는 상징적 표상방식으로 세상 만물을 설명하는 것과 대조가 된다. 이러한 유아의 언어습득, 문해력을 함양하는 방법에 대해 많은 시사점을 주고 있다.

그가 제시하는 유아교육방법은 '모든 것은 자연의 질서에 따라야 한다.'는 합자연의 원리이다. 유아교육은 자연계의 현상을 관찰하고 그에 따라 교수를 진행해야 한다는 것이다. 또 다른 원칙은 유아교육에 있어서 실물에 의해서 또는 직접적인 사물을 통한 직관주의이다. 먼저 '감관에 의존하지 않고 지성에 존재하는 것은 하나도 없다.'라고 하여 지식, 도덕의 근저로서 직관을 삼았다. 눈, 코, 귀를 통해서 얻는 지식이야말로 확실히, 빨리, 재미있게 학습된다는 것이다. 그리고 유아교육에 있어서는 훈육도 객관적 자연주의 정신에 입각하여 할 것을 주장하였다. 태양이 열과 빛을 지상에 보내고 있으나, 때로는 비와 바람을 보내며, 번개와 천둥을 울리는 것과 같이 교사는 사랑과 모범으로 아동을 대할 것이나 충고와 질책이 필요하다고 보았다. 또한 그는 네 계절에 비유하여 사닥다리의 일반적인 교육과정을 제시하였다. 그 가운데서도 어머니 무릎학교가 유아교육과 직접적으로 관련이 있다.

① 어머니 무릎학교(schula materna): 1~6세까지의 유아교육은 가정에서 어머니로부터 받는 교육이다. 이는 19세기의 유치원 교육에 영향을 주었다. 이 학교는 통상적인 뜻에서의 학교가 아니다. 어머니에 의한 가정교육을 말한다. 1633년에는 『모친학교지침서』를 저술하였고, 후에는 『유아학교』라고 개정하였다. 유아기의 교육이 가정교육이 되어야 하는 이유는 유아기는 조심성과 배려가 필요하기 때문이다. 그래서 이 시기에는 어머니의 배려가 가장 좋은 것이라고 보았다. 또한 그는 이 시기에 두뇌가 형성되기 때문에 자발적인 놀이를 가정에서 하도록 권유하였다. 그는 만연에 4~6세 유아를 대상으로 하는 반공립학교와 같은 최초의 공동학교를 제창하였다. 이 학교는 성실한 부인에 의해서 이웃 유아를 모아 서로 어울리고 함께 놀고, 노래하고, 좋은 습관과 신앙심을 배양하고 읽기, 쓰기를 하지 않고 감각과 기억을 연마하도록 하였다. 오늘날의 유치원 모형을 제시하였다.

② 모국어 학교(schula vernacula): 7~12세까지의 아동이 다니는 오늘날 초등학교에 해당되는 기관으로서 독, 서, 산, 역사, 지리, 미술 등을 가르쳤고, 의무적으로 모국어로 가르쳤다.

③ 라틴어 학교(schula Latin): 13~18세까지의 소년들이 다니는 중등학교로서 각 도시에 세워졌고 모국어, 라틴어, 그리스어, 히브리어, 물리, 수학, 지리, 역사, 7자유과과목(문법, 수사, 논리, 산수, 기하, 천문, 음악) 등을 교수하였다.

④ 대학(akademia): 19~24세까지 청년이 다니는 고등교육기관으로서 각 주에 설립되었다. 신학, 철학, 의학, 법학, 고전 등을 교수하였고 여행을 통해서 교양을 쌓도록 하였다.

그는 효과적인 유아교육을 위해서는 아동의 본성을 고려해야 한다고 주장한다. 그는 아동을 관찰한 결과 아동은 성인의 축소가 아니라는 결론을 도출하였다. 이처럼 코메니우스는 유아교육을 과학적으로 취급하면서 동시에 이를 실천한 사람이다. 그의 유아교육이론은 루소, 바제도우(Basedow), 프뢰벨 등에게 영향을 미쳐 현대유아교육에 기초를 마련하였다. 피아제도 코메니우스의 교육적 위대성을 찬양하였다고 한다(신득렬, 2000). 즉, 그는 현대 유아교육의 내용과 방법을 태동시켰다.

2) 로크(J. Locke, 1632~1704)의 유아교육사상

로크는 1632년 8월 29일 영국 세머싯 링턴에서 태어났다. 웨스트민스터 학교를 졸업한 후, 1652년 옥스퍼드 대학의 크라이스트 처치 칼리지에 입학하였다. 1656년 학사, 1658년 석사를 취득하였으며, 1665년 브란덴부르크에 외교사절단의 서기로 일하면서 정치가인 애슐리 경을 만났다. 그를 통해 여러 사람을 만나면서 견문을 넓혔다(신득렬, 2000).

로크의 사상 출발점은 본유관점주의자, 즉 플라톤, 데카르트(Descartes)이다. 이들은 어떤 관념들을 경험 이전에 이미 정신에 존재하는 생래적인 것이라고 보았다. 그러나 그는 유아, 백치가 수학이나 논리에 대해 아무것도 모르는 것으로 보아 관념들이 처음부터 존재할 수 없다고 보았다. 대신 그는 베이컨(Bacon)의 과학적 방법에 많은 영향을 받아, 인간의 정신은 환경에 영향을 받아 형성된다고 보았다. 그 후 한 인간의 정신은 백지와 같다는 백지설(tabula rasa)을 주장하게 되였다. 이 백지 위에 쌓이는 인간의 경험 하나 하나는 인간 형성에 중요한 요소가 된다는 것이다. 따라서 인간의 정신은 감각과 반성에 의해서 정신의 관념이 그려진다. 그는 인간은 교육에 의해서 선도 악도, 유용하게도 무용하게도 된다고 주장하였다. 또한 모든 지식은 경험으로부터 온다고 생각하였다(한국교육사·교육철학회, 1984). 인간의 마음이 백지라면 모든 인간은 마음의 구조상 동일한 것이다. 차이가 있다면 교육의 결과라고 할 수 있다. 인간의 마음은 능력들로 구성되어 있는데, 이것은 학교교육을 통해서 여러 가지 능력을 훈련 혹은 도야가 가능하다는 것이다. 이것이 그의 형식도야이론이다.

특히 그는 유아기는 유연성이 있어서 우리가 원하는 방식대로 유아의 정신을 만들어 낼 수 있다고 보았다. '어린이의 마음은 물처럼 이쪽으로 또는 저쪽으로 쉽게 전환된다.' 이렇게 만들어 낸 정신의 본성은 일생 동안 기본이고 고정되며, 이 정신은 여러 가지 능력들 즉, 지각, 분별, 비교, 사고, 회상하는 능력을 가지고 있다. 결국 지식이란 이러한 능력들이 외부 세계의 대상들로부터 받는 지각 인상들의 원 자료에 따라 연습될 때 얻어진다. 따라서 학교교육의 기능은 인간 정신의 여러 가지 능력을 훈련하는 것으로 볼 수 있다. 이처럼 그는 경험의 힘, 즉 실천, 실현, 실습을 중시하고 동시에 인고를 감내하여, 연습하고 단련하는 훈련의 가치를 역설하였다. 그렇다면 환경은 어떻게 아동의 정신을 조성하는가? 그의 견해는 다음과 같다.

그는 사고와 감정의 많은 부분이 연합을 통해서 발달한다고 보았다. 예를 들면, 아동이 특정한 방에서 불쾌한 경험을 맛 본 적이 있다면, 그 방에 들어 갈 때마다 자동적으로 부적 감정을 경험하게 된다. 두 개의 관념이 규칙적으로 함께 발생하면, 그 중 하나만 생각하여도 다른 하나에 대해서 생각하게 된다. 그리고 학습은 반복을 통해서, 모방을 통해서, 보상과 처벌을 통해서 된다는 것이다(Crain, 1980).

로크는 교육의 목적을 신사(紳士, gentleman) 양성이라고 정의하고, 이를 위해서 체육, 덕육, 지육, 기능, 취미, 운동, 작업, 여행 등을 강조하였다. 이 중에서도 체육과 덕육을 가장 중시하고, 지육을 이차적인 것으로 보았다. 체육에 대한 그의 명언(건전한 정신은 건강한 신체에 있다)은 오늘날 체육교육의 지표가 되고 있다. 그는 단련주의 입장에서 과보호와 자연으로부터의 격리하는 습관을 강력히 비판하기도 하였다. 아동을 사철 내내 밖에서 놀게 하여 어떤 종류의 날씨에도 잘 견디게 하였다. 신체적인 훈련을 할 때는 엄하게 하여 응석받이로 키우지 않도록 하고, 대신에 아동에게는 부모가 적절하다고 생각되는 것을 요구할 때만, 좋은 결과를 얻을 수 있다는 것을 학습시키도록 하였다. 아동의 신체적인 건강을 통해서 자기훈련을 몸에 익히도록 하여 자기 통제력을 배양하려고 하였다.

그의 덕육론은 단련주의와 엄숙주의의 과정(hardening process)이라고 볼 수 있다. 그는 다음과 같이 정신력의 중요성을 언급하였다(임채식, 강진영 역, 1997 : 40).

> 체력이 주로 역경을 이겨낼 수 있듯이 정신력도 그렇습니다. 모든 덕과 가치의 위대한 원리와 기초는 정신력에 달려 있어 인간이 자신의 욕망을 스스로 억제할 수 있고, 자신의 성향을 초월할 수 있으며, 비록 정념에 따르고 있다 해도 이성이 인도하는 곳으로 순순히 따르게 됩니다.

이처럼 그는 극기의 습관을 길러 자기 이성의 지도에 복종하게끔 해야 한다고 주장하였다. 또한 절제와 단련으로 사회 적응의 힘을 배양하는 의지력 훈련을 강조하였다. 의지력을 양성하여 이를 실천함으로써 습관화하도록 하였다. 이를 위해 아동은 자신의 욕망을 억제하고 이성에 따라 행동하도록 부모, 교사는 시범지도를 하되, 체벌은 반대하였다. 체벌은 아동의 기를 꺾어 자유분방한 아동 대신에 풀이 죽은 우울한 아동을 만든다는 점에서 반대하였다.

첫째, 체벌은 육체적이며 목전의 쾌락에 빠져 고통을 피하려는 인간의 성향을 극복하는 데는 전혀 도움을 주지 못하며, 오히려 그런 성향을 고무하여 모든 악행과 불규칙적인 생활을 일으키는 근원이 되어버린다는 것이다.

둘째, 체벌은 아동의 흥미를 유발시키지 못하고 혐오하게 만든다.

셋째, 체벌에 의한 노예적 훈련은 노예적 기질을 만들어 버린다.

넷째, 아주 엄격하게 다뤄지고 난 뒤 치유되는 경우도 있지만, 만일의 경우 아이는 더욱더 의기소침해질 수 있다.

그는 체벌과 마찬가지로 포상도 아이를 우쭐하게 만들기에 주의할 것을 강조하였다. 음식이나 돈으로 보상하게 되면, 아동을 이러한 것에서 행복을 얻도록 만들어 욕구 억제를 통해 이성에 복종시키는 교육 목표를 손상시킨다. 특히 교사가 아동에게 돈을 주지 말아야 하는 이유가 여기에 있다. 그래서 그는 최상의 보상은 칭찬이나 추켜 주는 말이며, 최선의 벌은 비난이라고 보았다. 이처럼 교육적인 방법으로는 존경심과 불명예를 알게 하는 것이 더 효과적이라고 보았다. 가정에서 체벌이 어쩔 수 없이 필요하다면 감정적으로 하지 말고, 이성적으로 아동이 수긍할 만한 온당한 이유를 제시하고 합리적으로 실시한다. 그는 아동의 미래를 위해서 제약이 반드시 필요하다고 하였다. 이 점은 하나 혹은 둘 뿐인 자기 자녀에게 사랑의 이름으로 제약을 포기한 오늘날 부모들에 교훈을 주고 있다.

또한 다른 결과와 인정 및 비난을 짝지어 주어 효과를 극대화할 수 있다고 하였다. 예를 들면, 아동이 공손히 과일을 줄 것을 요구하면 과일을 주면서 동시에 그의 공손함을 칭찬한다. 또한 규율을 정해 놓고 아동을 처벌하는 것에도 그는 반대를 하였다. 훈시보다는 예시를 통해서, 명령 대신에 바람직한 행동을 실행시킬 것을 주장하였다. 이처럼 그는 모든 보상이나 벌이 바람직한 효과만을 주는 것은 아니라고 보았다. 비합리적이거나 방종한 행동을 보상해서는 안 되며, 합리적인 행동만 보상할 것을 주장하였다(한국교육사·교육철학회, 1984).

그의 지육론은 형식도이론의 입장에서 인간의 정신은 일정한 능력, 즉 주의력, 기억력, 관찰력, 추리과정 등으로 구성된다고 보았다. 이러한 능력이 잘 훈련된 사람은 그 능력을 유효하게 사용할 수 있다는 것이다. 그러므로 교육이란 정당한 도야(훈련)나 단련에 의해서 정신의 각종 능력을 훈련하여야 한다는 것이다. 수학 과목을 통해 지적 훈련을, 이성에 의한 욕망의 통제를 통해 도덕적 훈련을, 그리고 고된 과정을 통해 신체적인 훈련을 해야 한다고 주장하였다. 유아교육의 방법으로는 경험과 관찰

(감각, 기억, 추리의 과정을 획득), 흥미중심, 구체적인 경험, 논리적인 사고, 발표와 응용 등을 중시하였다.

또한 여행은 신사 수양방법으로 가장 좋다고 보았다. 단, 자기 나라에서 충분한 교양과 타국의 언어를 배운 후 여행을 할 것을 주장하였다. 여행을 통해서 많은 사람을 만나고, 이를 통해서 다른 사람의 기질, 습관, 생활양식을 접할 수 있다. 이것은 대인관계에 자신감을 생기게 하고 예의범절을 배우게 한다. 결국 그는 여행이 인간 수업의 역할을 한다고 보았다.

이렇게 본다면 그가 제시한 신사는 덕, 지혜, 예의, 학문 등을 갖춘 사람이라고 할 수 있다. 로크는 유아교육을 중요시하여 작업, 유희, 완구 등의 교육적 가치를 인정하였다. 그는 먼저 유아들의 흥미를 유발시키기 위해 학습에 놀잇감을 처음으로 도입하였다. 읽기 학습을 시키기 위해서 주사위를 이용하여, 각 면마다 알파벳을 붙여 가지고 놀면서 자연스럽게 기억하도록 하였다. 놀이가 끝나면 언제든지 사용할 수 있도록 가까이 두도록 하였다. 그리고 기성품의 완구를 주기보다는 주변에 있는 것들, 작은 돌, 열쇠뭉치, 종이조각 등 흔히 있는 것을 완구로 사용할 것을 주장하였다. 유아가 좀 크면 스스로 완구를 만들도록 하였다(김옥련, 1988). 그리고 교재에는 가능하면 삽화를 많이 그려서 책과 쉽게 친해지게 하였다. 가장 읽기 좋은 책으로 『이솝우화』를, 좀 더 크면 『성서』를 추천하였다. 그 이유는 지혜와 덕의 습득에 도움이 되기 때문이다.

유아의 기본생활습관 형성에 대한 그의 견해를 구체적으로 더 살펴보면 다음과 같다. 로크는 겨울에도 옷을 적게 입혀서 습관에 의해서 추위를 인내하도록 하였다. '아이들에게 겨울이든 여름이든, 너무 따뜻하게 옷을 입히지도 덮어주지도 말아야 한다는 겁니다. 인간은 갓 태어났을 때, 얼굴은 신체의 다른 부분처럼 연약했었습니다. … 우리의 몸은 처음부터 익숙해진 것에는 잘 견딜 수 있습니다… 그러나 너무 두껍게 입히지 않도록 하십시오. 다음을 잘 기억해 두십시오. 자연은 아이의 머리를 머리카락으로 잘 덮어 주었고, 한두 살 내에 머리가 탄탄해지도록 해주었기 때문에 모자를 쓰지 않은 채 자도 괜찮습니다. 오히려 머리를 따뜻하게 하는 것이 두통, 오한, 코감기, 기침감기 및 기타 여러 가지 질병에 더 잘 걸리기 쉽습니다.'(임채식, 강진영 역, 1997 : 20-21).

이러한 습관에 의해서 신체의 각 부분을 단련시켜서 신체적 건강함과 강인함을 얻도록 한다. 그는 계속해서 냉수로 발 씻기, 냉수욕, 수영 등과 같은 방법으로 단련하게 하였다. 특히 뛰어 놀다가 덥다고 해서 차갑고 습한 땅에 털썩 주저 앉거나 누워버리거나, 차가운 음료수를 마시면 몸에 해롭기 때문에 이러한 행동을 못하게 하였다. 참는 습관이 생기면 그 이상의 이로운 점을 갖기 때문이다.

또한 소녀의 가슴부분을 꼭 끼게 만드는 옷 제작에 반대하였다. 대신 자연이 최선이라고 생각하는 대로 신체를 만들 기회를 주라고 권고하였다. 좁은 가슴, 거친 숨쉬기, 잘록한 허리, 훌륭한 몸매를 만들기 위한 방법은 신체 각 부분에 영양이 자연적으로 배분되지 못하게 하여, 신체의 불균형을 초래한다는 것이다. 그는 중국 여자들이 조그마한 발을 만들기 위해 조이는 신발을 착용함으로써 갖게 되는 해로운 점을 예로 들었다.

그는 유아들의 식사는 간단하고 단백한 것을 권하였다(임채식, 강진영 역, 1997 : 27).

> 유아기일 때나 두세 살까지는 육류를 삼가야 합니다. 그렇게 함으로써 아이의 현재와 장래의 건강과 체력이 좋아진다 해도, 부모 자신이 육류를 과잉 섭취하는 습관이 빠졌을 때는 아무런 동의도 구하지 못하게 됩니다. 그런 부모들은 자기들처럼 적어도 하루에 두 번은 육류를 섭취하지 않으면 아이가 영양실조에 걸릴 것이라고 생각해 버립니다.… 서너 살까지 육류를 섭취하지 않아도 치아는 튼튼해지며 쉽게 병에 걸리지도 않으며, 따라서 건강하고 튼튼한 체질의 기초를 세울 수 있다고 나는 확신합니다.

육류 섭취가 필요하다면 하루에 같은 종류의 고기 한 번으로 그치고, 가능하면 쇠고기, 양고기, 송아지 고기 등과 빵을 곁들어 먹도록 해야 한다. 또한 소량으로 식사하는 것을 습관화할 것을 권하였다. 지금도 그렇지만 당시도 육류의 과잉섭취로 인한 비만을 경계하자는 의도이다. 그러나 그는 우리들의 생각과 다르게 일정한 식사시간을 지정하는 것에 반대하였다. 그 이유는 일정한 식사시간을 정하면 아이들은 그 시간만 되면 먹는 것을 기대하고, 그 시간만 지나면 안달을 부리고 조바심과 식욕이 아주 없어져 버리기 때문이다. 특히 아침 식사를 억지로 권하지 않아도 아이가 무기력하고 허약해지지 않는다고 그는 보았다.

또한 숙면은 아이들을 건강하게 자라게 하기 때문에 충분한 수면이 아이들에게 필요하다고 보았다. 일찍 자고 일찍 일어나는 습관을 갖게 해야 한다. 그러기 위해서 밤늦게까지 어른과 환담을 나누지 못하도록 하고, 두려움이나 불안하지 않도록 깨울 때는 너무 성급하게 큰 소음으로 깨우는 것을 피하고, 낮은 목소리로 부드러운 동작으로 시작해서 서서히 잠을 깨울 것을 권하였다. 침대는 딱딱하게 하고, 깃털로 된 푹신한 것보다 오히려 누빈 것이 좋다고 하였다. 딱딱한 침대에서의 숙면은 신체 각 부분을 튼튼하게 한다고 보면서(임채식, 강진영 역, 1997 : 35) 이렇게 말하였다.

> 반면에, 매일 밤 깃털로 된 푹신한 것에 파묻혀 자면 몸이 나른하고, 힘도 없고, 종종 질병의 원인이 되어 일찍 죽습니다. 결석은 신장을 따뜻하게 감쌌기 때문에 발병됩니다. 모든 병의 원인과 허약한 체질은 부드러운 침대 때문인 경우가 많습니다.

이러한 그의 주장이 현대 의학적으로 타당한지는 모르지만, 그는 수면의 습관을 갖게 하는 데는 딱딱한 침대가 효과적이라는 것이다. 동시에 숙면은 위대한 강장제라고 볼 정도로 충분한 수면을 강조하였다.

규칙적인 통변도 건강에 중요한 영향을 주기 때문에 아주 중요하다고 그는 보았다. 변비를 예방하기 위해서, 아침식사 후 화장실에 가는 것이 좋다는 실험에 의해서, 아침식사 후 화장실에 갈 것을 권하고 있다.

유아가 조금 아프다 해서 약을 줘서도, 의사를 불러서도 안 된다고 보았다. 병은 약에 의해서 치유되기보다는 자연에 맡기는 편이 안전하기 때문이다. 이상의 생활습관에 더하여 예법의 내적 원리가 몸에 베여서 나타나는 친절과 겸손의 예의범절을 추가하였다. 그는 이것을 지육보다 더 중요한 것으로 보았다. 예의가 바르다는 것은 자신과 다른 사람의 일을 다 같이 존중하는 태도이다. 본받기와 습관화를 통해 몸에 배이도록 한다. 이렇게 되면 유아는 태연하게 행동하여 타인에게 호감을 주게 된다(고후순, 김동일, 조옥희, 1997).

이처럼 그는 어린 시절부터 규율과 도리를 알게 하여 올바른 습관을 형성시킬 것을 강조하였다. 그의 이러한 주장은 유아기의 습관 형성의 중요성을 일깨워 주어 유아교육의 한 목적으로 자리 잡고 있다. 일본의 유아교육목적이 그로부터 많은 영향을 받았다고 본다.

그리고 그는 학교교육보다는 가정교육을 중시하였다. 그 이유는 학교는 학생 개개인의 개성을 충분히 식별하여 지도하는 일이 곤란하기 때문이다. 이처럼 그는 학교교육을 통렬하게 비판하면서 자식에게 가장 큰 영향력을 줄 수 있는 가정에서의 부모의 역할을 중요하게 생각하였다. 가정에서나 아버지에 의해서 거동이나 언동을 감화 받게 하였다. 아버지로서 확실한 권위를 가지고 유아들의 친구가 되어 유아들의 고민을 들어주고 이성적으로 사고하는 훈련을 시켜주어야 한다. 특히 아버지는 유아들의 성향을 파악하여 도덕, 신중함, 예절을 스스로 실천하도록 도와야 한다. 이것은 조기교육을 통한 소질 개발이라는 미명하에 유아를 잠시도 집에 머물게 두지 않는 우리의 현실에 많은 시사를 준다.

그는 훌륭한 가정교사 밑에서 좋은 교육을 받게 하는 것이 신사로 양성하는 데 더 유용하다고 보았다. 그 당시 사회는 가정교사가 교육을 주도적으로 수행했다는 점에서 타당하지만 오늘날에는 현실적이지 못하다. 이와 함께 그는 아동의 정신은 백지와 같아서 교육에 의해 마음대로 할 수 있다고 할 정도로 교육의 힘을 과대평가하기도 하였다. 또한 그는 교육과 훈련을 동일시하는 오류도 범하였다. 그가 말한 신사의 개념도 현대교육의 목적으로는 부족하여 새로운 개념으로 정립할 필요가 있다. 원래 'gentleman'은 본래 라틴어 'gens'에서 온 것으로 자유인의 혈통을 가진 사람을 의미하지만, 시대와 문화를 넘어 이제는 교양교육을 받은 사람으로 해야 한다(신득렬, 2000). 그가 정립시킨 신사도는 사회 모든 분야에 퍼져 있고, 영국을 넘어 세계적인 인간상이 되고 있다.

유아는 인격적인 존재이며, 사회의 중요한 구성원으로 인식하도록 전환했다는 점에서 그는 아동의 발견자였다. 그의 교육사상은 루소의 명저 『에밀(Emile)』에 아홉 번이나 언급되는 것으로 보아, 루소에게 많은 영향을 주었다. 그리고 능력심리학과 행동주의 심리학에 많은 영향을 미쳤다. 특히 유아교육에 미친 그의 사상은 실로 방대하다고 할 수 있다. 그리고 지·덕·체의 조화를 강조한 점은 전인교육에 초석이 되고 있다. 그가 살았던 시대에는 청교도들이 원죄설에 의한 아동관을 가지고 준엄한 태도로 아동을 가정에서 교육시켰다. 이러한 교육은 부모와 자식 간에 애증적 감정을 갖게 하였다(고후순, 김동일, 조옥희, 1997). 로크는 부모 자식의 관계를 합리적인 지성으로 극복할 수 있는 양육태도를 제시하였다. 또한 유아를 부모의 대와 소망을 잇는 목표로 생각하거나 자신의 허영을 위해서 유아를 희생시켜 유아를 물질적으로는 풍요하지만, 정신적으로 빈곤하게 하는 요즘 가정에서 유아를 어떻게 교육시켜야 할 것인가에 대한 양육관을 제시해주었다.

9 자연주의의 유아교육

자연주의 유아교육사상은 16세기 라블레, 몽테뉴, 17세기 라트케, 코메니우스 등의 교육사상에서 볼 수 있다. 18세기에 접어들면서 샤프츠베리(Shaftesbury), 디드로(Diderot), 루소, 범애주자(philanthropinism)들에 의해서 절정을 이룬다. 이들의 자연은 주관적이며, 인간이 후천적인 습관이나 의도에 의하여 변화되기 이전의 상태 혹은 경향을 의미한다. 이러한 자연주의 유아교육사상은 현대 심리주의, 과학주의, 사회주의적 경향에 기초를 이루게 된다. 자연주의 유아교육이 지향하는 점은 개인이 타고 난 선천적인 선과 덕성을 보존하여 개인의 권리를 인정하는 사회를 건설하자는 것이다. 인간은 원래 선하기 때문에 본능, 경향, 감정이 자유롭게 나타나도록 해야 한다는 것이다. 따라서 유아교육은 외부에서 강제되는 방법이 아니라 개인의 자연적 발달이어야 한다고 주장한다. 그는 서적보다는 자연, 관찰, 조사, 추리, 호기심에 의한 유아교육을 권장하였다.

1) 루소(J. J. Rousseau, 1672~1747)의 유아교육사상

루소는 1712년 6월 28일 제네바에서 가난한 시계공의 아들로 태어났다. 일찍이 어머니를 잃고 아버지와 숙모로부터 양육을 받았다. 16세가 되었을 때 루소는 야망을 갖고 제네바를 떠났다. 그는 샤보이 지방에서 젊은 미망인이자 남작 부인인 와랑을 만났다. 와랑의 집에 집사로 들어가게 되었고, 와랑은 어머니의 역할을 해주었다. 그는 와랑의 주선으로 공부를 하기 시작했으며 다방면의 사람과 교류하면서 인지적 지평을 넓혔다(신득렬, 2000).

루소가 살던 당시 사람들은 관습, 전통, 예법, 법률에 가득 차 있어 지칠 대로 지쳤고, 진절머리 날 정도로 이성, 논쟁, 철학 등을 들었다. 그리고 탁상공론적인 논쟁 속에서 무의미한 삶, 상상과 희망이 없는 삶을 살고 있었다. 루소는 이러한 문제에 대해서 끊임없는 의문을 제기하였고, 나름대로 해결하려고 노력하였다. 보다 나은 이성과 문화 의식의 응용으로 사회가 발전되어야 한다는 볼테르(Voltaire)의 주장은 존경을 받았지만, 조화로운 정서와 자연적 표현에 바탕을 두지 않는 이성은 무용지물에 불과하다는 루소의 주장은 무시당하였다. 이처럼 그는 당대 정열적인 반체제 인사이고, 사회 개혁과 인간의 복지 향상을 주장한 당대의 대표적인 낭만주의 사상가였다. 루소 사상의 대상은 그 당시에 팽배해져 있는 두 가지 사조 즉, 고전적 사조와 기독교적 사조였다. 그는 고풍적 허례허식에 사로잡힌 당시 상류층의 부패성과 당시의 예의범절, 관습, 애정표현, 양육방법 등에 의해서 인간의 이성이 망가져 간다고 느껴 이를 신랄하게 비판하였다. 그 당시 기독교인들이 믿었던 성악설을 부인하고 성선설을 주장하였다. '인간은 자유롭게 태어났으나 어디에서나 속박되어 있다.' 라는 말은 루소의 사상을 가장 잘 대변하여 주고 있다. 그에 의하면, 인간은 원래 선하며 올바른 내재적 욕구를 갖고 태어난다는 것이다(Weber, 1984). 그는 인간의 욕망, 욕구, 요구, 정서 등을 죄악시하는 것이 아니라 이를 인정하고 표출하려고 했다.

이를 위해서 사회적 제약들로부터 벗어나자는 것이다. 그의 유명한 명제인 '자연으로 돌아가라(Return to nature).'는 인간 본래의 본성으로 돌아가라는 것이다.

그는 인간의 자연성을 존중하고 인간의 모든 문화와 도덕을 자연에서 이끌어 내려고 하였다. 자유가 인간의 특징으로 보고 그것이 인간의 본질적인 권리를 이룬다고 보았다. 자연인의 이상은 인간의 본성에 따라 행동하는 자율적인 사람이다. 이것은 인간의 선한 본성을 개화시켜 인격을 완성하자는 것이다. 또한 유아교육에 대한 그의 생각은 『에밀』에 나타나 있다. 『에밀』은 총 5권으로 구성되어 있는데, 제1권은 출생에서 5세까지의 교육으로, 이 시기의 교육은 신체발육에 중심을 두고, 자연의 힘을 이용할 것을 주장하였다. 제2권은 5세에서 12세까지의 교육이다. 그는 이 시기는 인생에 있어서 최대의 위기라고 보면서 교육은 '소극적 교육'(negative education)이어야 한다고 주장했다. 소극적 교육이란 아동에게 미덕이나 진리를 가르칠 것이 아니라 악으로부터 마음을, 오류로부터 정신을 보호해주어야 한다는 것이다. 문자 습득보다는 감각 기관을 발달시켜야 한다. 이성이 발달할 때까지는 지식교육과 도덕교육을 금했다. 제3권은 12세에서 15세까지로 지식 습득을 시키되, 호기심으로서 사물을 관찰하고 경험시켜야 한다. 그러므로 독서는 필요 없고, 교과서는 『로빈슨 크루소(Robinson Curusoe)』 한 권으로 족하다. 제4권은 15~20세까지의 교육으로 사회생활에 필요한 교육으로 사랑의 원리, 인간관계, 종교교육 등이 행해진다. 교과목은 역사, 문학, 철학, 법률, 다양한 교수 내용 등이다. 제5권은 에밀의 처가 될 소피(Sophie)의 교육, 여성교육에 관한 것이다. 여자는 다만 순종, 겸양의 덕을 길러 현모양처가 되면 족하다는 소극적인 교육이다(유봉우, 1987).

또한 『에밀』은 첫머리에 '조물주가 만물을 창조할 때는 모든 것이 선하지만, 인간의 손에 넘어오면 모든 것이 타락한다.'(Rousseau, 1979)라고 하여 성선설의 입장을 취하면서 자유주의 입장을 내세웠다. 인간을 포함한 모든 사물은 창조주의 손에서 태어날 때는 본연의 모습대로 선하게 잘 형성되었지만, 인간의 손에 넘겨 오면서 자연스러웠던 본성이 타락하기 시작했다는 것이다. 그러므로 그는 이러한 현상으로부터 벗어나기 위해서 필요한 것은 태어나는 어린아이가 인간사의 잡다한 시시비비에 들볶이지 않도록 선견지명을 가지고, 그 성장과 발육을 지켜주는 일이라고 보았다(팽영일 역, 1994).

그는 인간을 교육하는 주체로 자연, 인간, 사물을 들었다. 교육이란 자연으로부터 부여된 것, 사물로부터 부여된 것, 인간으로부터 부여된 것 등을 의미한다(유봉우, 1987). 사람의 능력을 내부로부터 발전시키는 것은 자연의 교육이다. 이 교육을 어떻게 이용할 것인가를 가르치는 것은 인간의 교육이며, 우리가 접촉하는 주위의 사물에 관하여 경험을 얻는 것은 사물의 교육이다. 이 삼자의 교육이 잘못될 때 그릇된 인간이 형성된다는 것이다. 인간과 사물의 교육을 자연의 교육에 일치해야 한다. 그래서 그는 교육의 목적은 '자연의 목적 그 자체 외에는 있을 수 없다.'라고 하였다. 인간만이 유일한 교육자라고 생각하는 것에서 벗어나도록 하였다. 인간에 의한 교육이 자연에 의한 교육과 사물에 의한 교육보다 선행되면 아이를 망친다는 것이다. 그 예로서 성인의 과보호, 보행연습에서 성인의 지나친 개입은 자연과 사물에 의한 교육의 기회를 잃어버리게 된다고 보았다.

이러한 『에밀(Emile)』에 나타난 유아교육의 내용을 요약하여 제시하면 다음과 같다.

첫째, 유아기는 동물의 시기로서 그 양육방법은 자연 질서에 일치하여 실시할 것을 제시하였다. 먼저 사랑이 넘치는 가정에서 인간형성이 필요하다. 그리고 신체 및 체육교육 면에서 사지를 자유롭게 하고, 분노와 슬픈 감정이 일어나지 않도록 배려한다. 감각을 통해서 직접 세계를 경험할 수 있는 것이 교육내용이다. 일정한 시가가 되면 유아는 자신의 잘못을 스스로 교정할 수 있기 때문에 성인의 강압적 교정을 반대하였다. 루소는 유아에게 너무 일찍 습관이 고착되어지는 것을 경계하였다(신득렬, 2000). 유아에게 길러주어야 할 단 하나의 습관은 어떤 습관에도 길들여지지 않도록 하는 것이라고 보았다. 유아는 가소성이 크기 때문에 그러한 상태를 잃지 않도록 해야 한다고 하였다. 언어에 있어는 언행이 일치되도록 강조하였다.

둘째, 아동기는 사회적 발전 단계로서 비유하면서 감각교육 기간임을 강조한다. 감각과 신체단련을 위해 수영, 달리기, 점프, 던지기 등의 내용을 강조하였다. 또한 노동을 통해서 학습이 자연적으로 일어나도록 노동에 대한 경험을 강조하였으며, 선악 등 도덕적 교훈을 교수하는 것을 금지하였다. 특히 종교교리를 가르치지 말 것을 주장하였다. 어른들조차도 완수하기 힘든 고통스러운 의무를 신의 이름으로 아동에게 부과하지 말고, 부모가 먼저 종교적인 모범을 보여야 한다고 보았다. 루소는 직접적으로 아동을 통제하려는 적극적인 교육에 반대를 하였다. 그리고 교과서에 의한 지식습득을 강조하는 주지주의 입장을 경멸하였다. 교과서에서 얻어진 지식이 생활과 무관하면 무가치한 것으로 보았기 때문이다. 따라서 물리, 지리, 천문, 박물 등과 관련 있는 유용성을 주요한 교육내용으로 제시하였다. 이러한 도덕교육은 명제 중심의 도덕교육을 금하고, 노동과 교육을 결부시킨 창조와 노작교육을 권장하였다. 이는 교과중심에서 아동중심으로의 교육적 전환을 제시하였다.

셋째, 소년기는 농부의 시기, 즉 이성과 수공의 교육이 가능한 활동기로 보았다.

체육교육을 통해서 신체운동을 하게 하고, 육체와 정신적인 단련을 위해서 레크리에이션 활동을 강조하였다. 이 때 지식교육을 실시하고 교과로는 지리학, 우주학, 물리학, 박물학을 권장하였다. 이론적이거나 언어적인 내용보다도 농사일, 목수일 등 구체적이고 가시적인 유용한 과제를 통해 아동 자신의 경험을 훈련시킬 것을 강조하고 있다.

이처럼 그의 교육방법은 심성계발과 자아 주도이다. 유아들의 심성 계발을 위해 유아를 사악한 환경으로부터 보호할 것을 주장하였다. 그리고 속박, 성인 복장, 엄격한 생활 등 비자연적인 제약으로부터 해방되어야 한다고 주장한다. 가능하면 유아가 원하는 만큼 먹고, 뛰고, 놀도록 놓아두어야 하며, 유아의 자발적인 충동을 신뢰해야 한다고 하였다(Rousseau, 1979). 그는 유아기 때는 건강한 신체를 위해서는 근육활동을 강조하여야 하며, 지식 획득에 있어 감각적 경험의 가치를 높이 여겼고, 언어적 자극에 대해 부정적인 입장을 가졌다. 그는 '육체는 약하면 약할수록 명령한다. 거꾸로 강하면 강할수록 복종한다.'고 하였다(팽영일 역, 1994). 이처럼 자연은 여러 가지 시련을 통해서 어린이를 단련시킨다는 것이다. 치아가 나올 때에 열이 나는 것처럼 자연이 어린이를 단련시키는 것은 어린이를 더욱더 강하게 하고, 이것이 악덕으로부터 벗어나게 한다는 것이다. 이러한 점에서 요즘 체육에 의한 단련과 다른 것은 지각도 함께 단련시켰다는 점이다. 어릴 때부터 가능하면 맨발로 뛰어다니게 하고 정확하게 균형을 잡아서 모든 운동을 하도록 하였다. 이때 교육자는 주위의 위험물을 치워주거나 직접 같이 참여하여야 한다. 특히 신체훈련과 발육을 위해 의복을 편안하게 하고 손발을 자유롭게 움직일 수 있게 한다. 이처럼 루소는 인간으로서 살아나가는 자세와 강한 의욕, 이것을 뒷받침하는 지성과 체력을 중요시하는 단련주의 교육을 강조하였다.

'느낀다, 그러므로 우리는 존재한다.'는 루소의 명제처럼 인간은 오감을 통해서 바르게 판단하는 것을 배운다는 것이다(팽영일 역, 1994). 즉, 어린이들에게 감각을 올바르게 사용할 수 있도록 지도하여 훗날 형이상학적인 지식을 소유할 수 있게 하였다. 유아들에게 사물을 만져 봄으로써 사물의 열, 단단함, 크기, 모양의 특성을 알게 하며, 그 후 헤아리기, 측정하기, 무게 달기, 비교하기 등을 알게 해야 한다는 것이다. 따라서 유아교육은 상징성을 형성하기 전에 사물과의 빈번한 접촉 경험을 제공하여야 한다. 이를 위해서 루소는 촉각훈련을 위해서는 깜깜한 밤이나 불빛이 없는 곳에서 여러 가지 게임을 많이 하게 하였고, 시각훈련을 위해서는 눈어림으로 정하여 실제로 길이나 높이를 재게 하여 판단을 정확하게 하였다. 또한 청각훈련은 가장 지도에 의해서 아이의 귀를 리듬과 하모니에 민감하게 하였다. 이를 위해 규칙적이고 종지형태가 바른 악구를 만드는 연습을 충분히 시켜야한다고 하였다. 미각훈련은 신체의 건강을 중요한 것인 만큼 보다 세심한 주의를 기울려야 한다. 조미료가 첨가되지 않은 과일, 채소, 고기 등의 맛에 익숙하도록 해야 한다. 좋아하는 맛과 싫어하는 맛에 너무 지나치게 편중되지 않도록 해야 한다. 자연이 가르쳐 주는 최고의 맛을 찾아내는 훈련을 하여야 한다는 것이다. 그리고 후각훈련을 위해서 미각과 함께 후각을 사용하도록 하였다. 이처럼 오감을 올바르게 인도함으로써 통각을 사용하도록 하였다. 이러한 통각을 아리스토텔레스는 '공통감각'이라고 하였고, 칸트는 '선험적 통각'이라고 명명하였다(팽영일 역, 1994). 루소의 유아교육방법을 모리쉬(Morrish)는 다음과 같이 요약하였다(고후순, 김동일, 조옥희, 1997 : 68에서 재인용).

첫째, 유아교육은 성장이다. 그러기에 그것은 자연스러운 과정이어야 한다.

둘째, 유아교육은 아동중심이어야 한다.

셋째, 유아교육은 아동의 자유와 행복을 위한 것이다.

넷째, 유아교육은 경험을 통해서 이루어져야 한다.

다섯째, 유아교육은 개성의 계발이다.

이처럼 그는 유아교사의 역할을 안내자라고 보았다. 유아교사는 유아에게 지식을 가르치기보다는 유아의 천성을 조화롭게 발전하도록 돕는 안내자, 선도자에 불과하다. 즉, 소극적인 교육으로 진리를 가르치기보다는 오해를 방지하는 것이다. 유아교사는 아동에게 명령, 금지, 교훈 등과 같이 간섭을 하지 않고 아동의 자유를 보호하는 교육을 해야 한다. 적극적으로 외부에 집어넣는 것이 아니라, 반교육적인 것들이 영향을 미치지 않도록 하는 소극적 교육을 의미한다. 원래 소극적 교육이란 학습자에게 외적인 것을 적극적으로 집어넣는 것이 아니라, 사회 안에 있는 반교육적인 것들이 영향을 미치지 못하도록 막는 것을 의한다. 유아를 도시가 아닌 시골에 데려가서 교육하는 것은 소극적 교육의 본보기이다(신득렬, 2000). 그래서 루소는 너무 서두르지 말라고 요구하고 있다. '시간을 아끼지 말고 버려라.'라고 권고한다. 자연발달에 따라 끈기 있게 기다릴 것을 요구한다. 너무 일찍 책으로부터 무의미한 정보나 사실을 암기하는 것에 반대하였다. 또 이성과 판단은 천천히 발달되기 때문에 많은 것을 가르치지 말라고 하였다. 학문을 사랑하는 취향과 지적 호기심, 탐구심을 외면하게 할 수 있다는 것이다. 현대 유아교육학자들이 일찍 학업을 시작하는 것이 학교교육의 성공을 보장한다는 보장도 없으며, 오히려 이른 성취가 책 읽는 사람이 되는 성향이나 수학적 기술을 적용하고자 하는 성향의 발달을 위협할지도 모른다는 손상된 성향 가설(damaged disposition hypothesis)을 주장한다(Katz & Chard, 1989)는 점에서 루소의 예견은 참으로 탁월하다고 할 수 있다.

그러므로 유아교사의 역할은 아동이 스스로 발견하도록 해야 하는 것이다. '당신은 유아들에게 진리를 가르치기보다는 그에게 스스로 진리를 발견하는 법을 보여주어야 한다.'(Rousseau, 1979). 그리고 우화를 들려주는 것에 대하여 반대하였다. 동화와는 달리 우화는 어른을 교화하기 위해 저술된 것이다. 우화를 읽는 유아는 작가의 의도와는 반대되는 생각을 갖는데, 가령 여우와 까마귀의 우화에서 까마귀를 비웃고 여우를 좋아한다는 것이다. 그럼에도 취학 전 교육현장에서는 우화를 들려주는 사례가 많다는 것을 아쉬워하였다. 더불어 소극적인 윤리를 강조한다. 덕을 주기보다는 악을 예방하고, 타인에게 이익을 주려는 것보다 해를 끼치지 않는 것이 선행되어야 한다는 것이다. 또한 그는 교사가 교육에 있어서 중요한 것은 유아의 준비 태세를 파악하는 일이며, 이를 위해 교사는 유아가 각 발달단계에서 무엇을 할 수 있는가를 자문해야 한다고 하였다(Rousseau, 1979). 그러나 루소는 후세의 학자들에게 많은 비판을 받았다.

첫째, 그는 자신의 이론을 실천하지 않았다는 점에서 많은 비판을 받고 있다. 이론이 반드시 실천 가능성을 전제로 하지 않는다는 점에서 이 비판은 그의 위대성에 해가 되지 않는다. 그리고 학문의 논의에서 '인신에 관한'(ad hominem) 질문이 금기라는 측면에서도 그러하다.

둘째, 그의 유아교육은 교사와 학생의 관계를 1 : 1로 전제하고 있다는 점이 오늘날에 현실적이지 않다는 것이다. 이 점은 공교육 붕괴와 연관시켜 보면 더욱더 설득력이 있는 비판이 될 수 있다.

셋째, 듀이(1916)가 지적했듯이 그는 사회 상태를 자연이 아니라고 한 점은 인간의 사회적 본성을 무시하였다.

그럼에도 불구하고, 그는 아동기를 발견하여 아동기의 독자적인 존재를 인정하고, 아동을 아동답게 취급하였으며, 성인의 축소판(miniature)이 아니라고 주장한 최초의 사람이다. 그는 상상력으로 인간의 성장기 동안에는 아동기가 있음을 최초로 지적하였다. 유아는 성인의 축소판이 아니기에 장차 어른이 되기 위해 오늘을 희생하는 생활을 해서는 안 된다고 보았다. 유아에게는 각 시기마다 완성해야 할 독자적인 세계가 따로 있음을 최초로 제시하였다.

그의 이러한 사상은 주입식 교육에 대한 강한 저항으로 일컬어지는 '아동중심' 교육에 많은 영향을 주었다. 유아교육이란 인간의 삶에 객관적으로 주어진 가치, 문화 유산을 주입하거나 내면화하는 것이 아니라, 인간의 타고난 잠재 능력을 계발하는 것이라고 보고 있다. 또한 그의 유아교육방법은 자발성의 원리, 개성존중의 원리, 아동중심, 생활중심, 활동중심 등을 강조하는 현대 유아교육의 기초가 된다. 유아기의 독자성을 발견하고 자연스럽고 여유 있게 도야되기를 바라고 있는 그의 사상은 근대교육을 탄생하게 하였다.

이러한 그의 사상은 페스탈로치, 프뢰벨, 듀이, 그리고 몬테소리, 게젤, 프로이드, 에릭슨(Erikson), 촘스키(Chomsky), 피아제 등에게 많은 영향을 주었다(Crain, 1980). 이들의 사상과 아이디어는 유아교육의 한 주류를 형성하고 있다. 특히 그의 불후의 명저 『에밀』은 200여 년이 지난 오늘까지도 유아교육의 성서로 읽히고 있다.

2) 오베르랑(J. F. Oberlin, 1740~1826)의 유아교육사상

오베르랑은 스트라스부르크(Strasburg) 대학을 졸업한 후 성직자 자격을 획득한 후, 1767년 바드라-로슈(Bandela-Roche)의 목사로 부임하였다. 이 지역은 30년 전쟁으로 극도로 경제가 황폐화되어 있었다. 그가 부임하자 이 지역 사람들의 생활을 재건하기 위해서 여러 가지 경제적·사회적·교육적 개혁을 추진하였다. 또한 농업협동조합을 설립하여 농업기계와 새 경작법을 도입하여 농업을 개혁하였다. 이러한 경제적 개혁과 함께 문화진흥과 교육을 개혁하려고 하였다. 마을마다 초등학교, 중간학교, 성인학교를 설립하여 7세부터 16세까지의 일관적인 단선형 학교제도를 정비하였다(김옥련, 1988).

그 외에도 그는 1770년 편물학습 소학교(La Petet Ecole A Tricoter)를 설립하였다. 이 학교는 유럽의 최초 유치원이라고 불리고 있다(김옥련, 1988). 이 학교는 3세 이상의 취학 전 어린이와 수업시간 외의 아동을 대상으로 한 학교였다. 이 학교는 부모가 일터에 있는 동안 유아를 보호하는 역할을 맡았다. 그는 루터의 사상을 영향으로 인하여 유아기 때부터 신앙과 학습, 그리고 노동의 초보(初步)와 놀이생활을 유도함으로써 보다 좋은 성인의 기초를 닦으려고 하였다. 그래서 이 학교의 교육목표는 가정에서 베인 나쁜 습관을 제거하고 대신 복종, 성실, 질서 등의 좋은 습관을 가지는 일, 표준 프랑스어 발음과 문자를 가르치는 일, 기독교와 도덕의 초보를 가르치는 데 있다. 이 학교의 교사는 편물기술을 가진 반제트(S. Banzet)와 세플(L. Scheppler)이었다. 한 사람은 수공을 지도하고, 다른 한 사람은 학습과 놀이를 지도하였다. 교육내용은 정확한 프랑스어의 말음, 찬송가와 성경의 학습, 채집, 관찰이나 그림을 통한 박물, 지도 그리기를 통한 지리, 놀이, 바느질 방법, 뜨개질하는 방법, 동화 등이었다. 그러나 이 학교는 1주일에 두 번만 문을 열기 때문에 전 유렵에 영향력을 미칠 수 없었다. 오베르랑은 사회적·경제적 개발과 지역주민의 복지일환으로 특이하게도 편물학습 소학교를 운영하였다. 그는 유아교육을 통해서 산업과 경제를 개혁하려고 하였다.

10 신인문주의의 유아교육

계몽주의가 이성과 지성을 가지고 인생과 사회를 해석하려는 데 반하여, 여기에 대한 반발로 신인문주의는 이성과 지성을 강조하기보다는 감상적이고 심미적인 태도로 인생을 탐구하려고 하였다. 예를 들면, 루소는 계몽사상에 불만을 가졌는데, 이는 너무도 인간을 기계화한다는 것이다. 여기에 반발하여 인간의 감정과 정의를 존중하는 자연주의 사상을 제기하였다. 인간성의 원만한 발달을 숭상하고 조화로운 인간 육성을 시도할 것을 주장하였다. 더 나아가 역사와 민족에 중점을 두는 인도적인 사상, 문예와 사상 면에서는 낭만주의가 나타났다. 이러한 사조가 교육에 있어서는 신인문주의 교육으로 나타났다. 신인문주의 유아교육사상가로는 페스탈로치, 프뢰벨 등이 여기에 속한다.

1) 페스탈로치(J. H. Pestalozzi, 1746~1827)의 유아교육사상

페스탈로치는 1746년 1월 12일 스위스 취리히에서 태어났다. 그는 어머니인 수산나와 가정부인 슈미트에 의해 양육되었다. 두 여성의 영향으로 그는 여성적인 정감이 있었다. 평생 가난한 사람을 도운 할아버지인 안드레아스로부터도 영향을 받았다. 그는 루소의 『에밀』, 『사회계약론』을 읽고 감동을 받았다(신득렬, 2000).

페스탈로치는 루소의 영향을 받아 루소의 교육사상을 실천하였으나, 그의 행적은 루소의 모방도 아니고 맹목적인 추종자도 아니었다. 그는 인간은 평등하므로 교육도 평등해야 한다고 믿었다. 루소의 교육은 부유층 유아를 위한 교육이라면 그는 가난한 유아, 고아, 여아 등을 대상으로 하였다. '궁전에 살든 오두막에 살든' 동등한 사람이라고 믿었다(Weber, 1984). 산업시대의 사회문제들과 대중교육의 필요성을 인식한 최초의 사람들 중의 한 명이었다. 또한 그는 루소의 영향을 받아서 기독교의 원죄설을 부인하고, 인간의 본성은 선한 것으로 보면서 인간을 사회적인 관점에서 보았다. 특히 빈자의 생활조건을 개선하려는 목표를 세우고 이를 실현하는 길을 찾으려고 하였다(신득렬, 2000). 그는 학교를 세우고 그의 교육을 실천하려고 하였다.

루소는 기성사회의 부패와 타락을 제거하기 위해서 파괴적인 면을 강조하고 모든 것을 부정하는 데 열중했지만, 루소와는 달리 그는 파괴로 인한 폐허를 적극적으로 참여하여 새로운 인간사회를 건설하는 데 노력하였다. 특히 사회를 개혁함으로써 빈민을 구제할 수 있다는 정신, 이상적인 사회건설의 궁극적인 길은 모든 인간의 내면에 있는 고귀한 인간성을 깨우쳐주는 것을 교육에서 찾았다(김정환, 1974). 그는 사상을 사상에 그친 것이 아니라 끝까지 실천하였다. 자신의 교육방법을 적용함에 있어서도 올바른 자료에 근거하려고 하였다. 또한 교육에 있어서도 그의 사상은 루소 이상의 독자적인 관점이 있었다. 그는 루소의 영향을 받아 자연 상태에 있어서의 교육의 의미, 자발적인 교육의 중요성을 강조하였지만, 교육에 있어서 순종도 강조하였다. 그는 '순종 없이는 어떠한 교육도 불가능하다.'라고 하였다(팽영일 역, 1994). 그는 자유 없이는 교육이 존재할 수 없지만, 그 자유는 오직 교육자에 대한 올바른 순종이어야 한다는 것이다. 그래서 그는 다음과 같이 외쳤다.

'자유도 좋지만 순종도 좋은 것이다.'

이처럼 그는 교육의 본질을 인간의 자연적 본성을 계발하는 데 있다고 보았다. 모든 교육 활동은 인간 본성의 구체적인 전개를 조장하는 데 집중해야 한다. 유아의 내적인 발달 원리에 따라 그들의 능력이 펼쳐지도록 격려하고 도와주어야 한다고 믿었다. 교사는 정원사처럼 외부의 장애를 막아주고 안내하는 역할을 해야 한다. 이러한 유아교육이 한 개인의 단계에만 머물러서는 안 되며 사회개혁으로 확대되어야 한다고 보았다. 이른바 유아교육을 통해서 사회를 개조하려고 하였다. 예를 들면, 빈민의 유아를 구제하기 위해서는 자선이 아니라, 유아교육으로 그들의 내적 성질을 발달시켜 완성해야 한다고 보았다.

그는 자연법칙처럼 인간의 발달도 법칙이 있다고 생각하였다. 자연적 유기체로서 개인은 3가지 측면, 지적(머리), 신체적(손), 도덕적 그리고 종교적(가슴) 측면을 가지고 있다고 생각하였다. 따라서 그는 유아교육의 목적을 인간의 모든 능력 즉, 지, 덕,

체를 조화롭게 발달시키는 데 두었다. 지적 교육을 위해서는 실물학습을 통한 주변의 모든 것들이 교육내용이 되었다(수학, 지리 등을 중시함). 손의 교육은 노작교육으로 나타났다(노동을 통한 학습, 과학적 영농기술 개발). 가슴의 교육을 위해 그는 정서와 감정을 발달시켜야 한다고 생각하였다(기독교 신앙). 이처럼 페스탈로치는 머리, 손, 가슴에 따른 유아교육의 내용을 제시하였다(신득렬, 2000). 그가 살던 시대는 산업혁명으로 인하여 전통적인 생활양식과 사고방식이 흔들려서 민중이 대거 발생하게 되었다. 이러한 문제를 해결하기 위해서 그는 전인교육을 주장하였다. 지, 덕, 체의 조화로운 인간을 양성할 것을 주장하였다. 정신, 심정, 기술의 조화로운 발달을 통해서 특정 신분이나 직업에 관계된 특정된 인간을 형성하기 전에 폭넓은 인간적 교양을 가진 인간을 양성하여 편협한 사고를 막으려고 하였다. 이러한 전인교육 위에 직업교육을 할 것을 주장하였다. 또한 직업에 애착과 지속인 변화에 적응하기 위해서는 공식적인 학교를 마친 후에도 계속 공부할 수 있는 여건을 마련할 것을 주장하였다. 즉, 일반 사회 교육기관에서 계속 공부할 것을 주장하였다. 이것은 오늘날의 평생교육 개념의 효시가 되고 있다.

유아교육내용은 수, 형, 어를 기초로 해서 교육내용을 분류하였다. 수, 형, 어를 익히게 하기 위해서 유아의 자연적 학습 경향성에 따라 '대상 학습 단원'(object lesson)을 고안하였다(Weber, 1984). 유아교육방법의 기본원리는 감각적 지각에 기초하여 자연 대상물을 이용하여 무의미한 추상적 활동을 막으려고 하였으며, 이 직관적인 방법을 이용하여 유아의 심성을 계발하려고 하였다. 예를 들면, 유아교육방법은 구체적인 것에서 추상적인 것으로, 간단한 것에서 복잡한 것으로, 가까운 것에서부터 먼 곳으로, 기지에서 미지로 향하는 것이다. 그리고 직관 ABC(사물을 수와 종류로 식별, 형태와 모습을 보고, 이름을 음과 말로 표현하는 방법), 자발성의 원리(아동에게 명료한 개념을 주고 이를 일상생활에서 발표하게 하는) 등이 있다(김정환, 1987). 그리고 우선 쉬운 것에서 시작하여 앞으로 나아가기 전에 쉬운 것을 완전히 학습시키고, 그 후 새로운 것을 조금씩 덧붙여 나아가는 단순성, 완결성, 연속성의 원칙을 제시하였다. 또한 유아교육은 여러 측면이 잘 조화를 이루기 위해서 농장 일, 정원 등에서 일하는 노작활동을 함께 지도할 것을 권고하였다. 이와 같이 그의 실물학습에 참여한 유아들은 사물을 정확하고 명료하게 이해할 수 있게 되었다. 이 실물학습이 그를 유명하게 만들었다(신득렬, 2000).

또한 페스탈로치가 영국에 있는 친구 그리브스에게 보낸 『유아교육서한』에는 그의 가정교육론이 나타나 있다. 이는 편지형식으로 된 작품으로서, 이 걸작은 그가 원숙한 나이에 쓴 것으로 그의 사상이 유감없이 나타나 있다. 그는 어머니와 자녀의 대화를 바탕으로 한 가정교육(안방교육)이 인간 형성의 가장 기초가 된다고 보았다. 따라서 이 유아의 교육이 가장 중요하기 때문에 교육의 주체는 양친이 되어야 하고, 특히 어머니의 모성애를 교육의 제1조건이며 사랑과 신뢰의 원동력이 된다고 보았다. 이처럼 어머니를 천성적인 교사로 보았기 때문에 어머니를 통한 교육이 인격형성의 터전이 되어야 한다는 것이다. 김정환(1974)은 페스탈로치의 가정교육을 다음과 같이 설명하고 있다.

첫째, 가정에는 질서가 있어야 한다.

둘째, 가정은 순수한 정감들이 길러지는 도덕교육의 터전이다.

셋째, 가정은 기초교육이 다져지는 곳이다.

여기에 근거하여 오늘날의 유아교육은 모성에 의한 가정과 생활권을 중심으로 하는 교육으로서 유아에게 내재하고 있는 소질과 능력을 조기에 발견하고, 이를 조화롭게 발전시켜 이를 인간교육의 기초로 삼고 있다. 그는 유아교육의 목표를 전인적 인간발달의 기초 조성으로, 내용으로는 정서교육, 방법으로는 대화, 수용, 고무, 창조, 습관, 실물에 의한 개념의 내면화, 자기 활동성, 노작성 등을 설정하였다. 또한 유아교육을 국민교육 일환의 교육단계로 존중할 것을 주장하였다. 어쩌면 엄격하면서도 가정과 같은 화기애애한 분위기를 학교에 도입하여 아동의 긍정적인 도덕성을 유발하려고 하였다.

페스탈로치의 교육론 속에 지속적으로 흐르고 있는 생각은 사랑과 수용을 바탕으로 한 지도를 강조하는 것이며, 유아의 직접적인 경험을 통한 스스로 학습, 흥미를 바탕으로 한 학습, 노작을 통한 교육 등이다. 그럼에도 불구하고, 그는 체벌에 대해서는 독특한 생각을 갖고 있었다. 그는 체벌을 결코 좋은 방법은 아니기에 가능하면 억제해야 하지만, 꼭 필요하고 효과적인 경우도 있다고 보았다. 체벌이 효과가 있기 위해서는 다음 사항이 지켜져야 한다.

첫째, 체벌은 강한 훈련의 과정이며,

둘째, 부모를 대신한 사랑의 발로로 사용하고,

셋째, 잘못된 행동을 교정하는 수단으로,

넷째, 잘못된 행동에 대한 보상으로,

다섯째, 아동을 고무하기 위해서 사용하라는 것이다(김정환, 1987).

이러한 그의 체벌관은 체벌에 논란이 자주 일고 있는 요즘 체벌의 적절한 사용에 대한 원칙을 제시해주고 있다.

페스탈로치의 인간중심 교육사상과 사랑에 의한 교육의 실천은 바람직한 교사상으로, 교성(敎聖)으로 온 인류의 모범적 스승상으로 추존 받고 있다. 그의 교육목표는 '인간은 그 창조자에게 봉사하고 양심이 명하는 바에 따라 살아가게 하는 것, 사회에 대해서는 독립적이고 자주적으로 적응함으로써 유용한 삶이 되게 하고 개인적으로는 내면적인 행복을 누리게 하는 것이다'(팽영일 역, 1994). 이것은 교육계에서 많이 인용되는 구절 중의 하나이다. 그리고 그의 유아교육은 프뢰벨과 오웬에게 계승되어 유치원과 유아학교의 창설로 발전되었다. 그의 자발성의 원리, 노작활동은 오늘날 유아교육방법에 요체가 되고 있다. 그럼에도 그의 비문에 있는 구절(모든 것은 남을 위하여, 나를 위하여 한 것은 아무것도 없다)처럼 그는 자신을 위해서는 한 것은 아무것도 없다. 계속적인 실패에도 불구하고 빈민을 위한 그의 교육활동은 오늘날 교육사업이라는 명목 아래 영리 추구도 없이 유아교육에 헌신하는 이들에게 등불이 되고 있다. 그가 1804년에 세운 이페르돈 학교는 프뢰벨, 헤르바르트, 미국의 공교육지도자 만, 바나드, 맥루어 등이 방문하였다. 이처럼 그는 교육의 역사에도 공헌하였다. 이 학교는 비록 불행하게 폐쇄되었지만, 많은 교육사상가에게 영향을 미쳤으며, 이러한 점에서 그의 학교는 영원히 살아 있다고 볼 수 있다.

2) 프뢰벨(F. W. A. Froebel, 1782~1852)의 유아교육사상

프뢰벨은 1782년 오버바이스바흐에서 태어났다. 그는 출생 후 9개월 만에 어머니를 여의었다. 새어머니가 온통 이복동생에게만 관심을 쏟자, 그는 자연 속에서 삶의 의미를 발견하면서 신비주의를 경험하였다(신득렬, 2000). 어린 시절에 받은 종교적 영향, 자연과의 교제, 관념철학과의 만남, 낭만주의 운동, 과학정신으로 영향을 받았다. 헤르바르트와 마찬가지로 프뢰벨도 페스탈로치의 이론을 발달시킨 사람으로 간주된다. 헤르바르트가 교사의 방법과 활동에 관심을 가진 데 비해, 프뢰벨은 유아의 발달과 활동에 관심을 기울였다는 관점에서 페스탈로치의 참된 수제자라고 할 수 있다(신득렬, 2000). 그는 산림원에서 광물학 조수까지 거치면서 나무의 성장이나 인간의 성장, 광물 결정까지도 모두 같은 원리에 의해 이루어진다고 믿었다. 그 결과 만유재신론(panentheism)적 사고를 갖게 되었다(팽영일 역, 1994 : 120-121).

> 모든 사물에는 하나의 영원한 법칙이 깃들어 있으며 작용하고 지배하고 있다.… 이 모든 것을 지배하는 법칙의 근원에는 필연적으로 모든 것에 편재하고 자유롭고 생명력 있고 자각적인 그리고 그 위에 영원한 통일자가 있다.… 이 통일자가 신이다. 만물은 이 신에게 그 기원을 가지고 있으며 그리고 만물 속에는 신이 살고 있다.

그는 세계 전체를 하나의 살아 있는 조화, 생명을 지닌 유기적 통일체로 보고, 그 중심에 신을 두어 신과 인간, 만물에 동일한 신성이 내재하고 있다고 생각하였다. 그는 우주를 하나의 유기체로 보고 그 근저에 통일자로서의 신이 있다고 보았다. 그 신은 절대법칙으로서 우주에 내재하여 만물을 움직이며 만물의 생명을 부여하고, 만물의 본성을 형성하고 있을 뿐 아니라 우주를 초월하여 만물을 지배, 규정, 제약한다. 이러한 신의 성질, 즉 신성이 만물의 본성을 형성하고 있으므로 그 신의 본성이 곧 만물의 본성인 것이다. 그는 신과 인간의 일치된 화합과 전체성에 두고 있기 때문에 인간도 이 신성이 스며들어 있다고 보았다(박덕규, 1991). 특히 그는 신, 자연, 인간 이 삼자의 내적 관련에 근본을 두고 그 관련 속에 통일을 지향하였다. 개인으로서 통일, 가족으로서 통일, 국민으로서 통일, 인류로서 통일, 만물로서 통일 등과 같이 통일의 개념을 강조하였다. 이 통일은 신적인 것이며, 그가 의미하는 신은 종교적인 개념이면서도 철학적, 자연과학의 절대법칙이다.

프뢰벨은 인간의 자연적인 힘을 개발하는 데는 유아를 올바로 가르쳐야 한다는 결론에 도달하였으며, 1840년 ‘어린이를 위한 정원’을 의미하는 유치원을 설립하였다. 처음에는 이 기관의 이름을 ‘어린이 보호기관’ 혹은 ‘어린이 양육을 위한 기관’이라고 불렀다. 이 이름들이 성가시고 듣기 싫은 이름으로 생각하다가, 어느 날 숲속을 걷다가 영감을 받아 ‘Kindergarten’이라는 용어를 선택하였다(신득렬, 2000). 프뢰벨은 유아교육이란 인간이 갖고 있는 신성을 개화하는 것(unfolding)이라고 보았다. 유아교육이란 식물의 성장과 같은 것으로 보았다. 식물은 성장에 필요한 적절한 공기, 온도, 수분과 영양분을 지닌 토양, 태양 등을 제공해주면 자연의 법칙에 따라 완성된 목표점을 향해 그냥 자란다. 이 때 정원사가 할 일은 성장에 필요한 조건을 관리해 주는 일이면 족하다. 따라서 유아교육은 인간의 신성이 왜곡되지 못하도록 성장과정을 도와주는 것이라고 보고 있다. 그러한 의미에서 유아들의 학교를 유치원으로 표현하고 유아를 꽃으로 유아교사를 정원사로 비유하였다. 유아 노래 중에서 ‘꽃밭에는 꽃들이 모여 살고요, 우리들은 유치원에 모여 살아요…’라는 구절은 프뢰벨의 유아교육을 상징한다고 볼 수 있다.

인간은 신성을 소유하고 있기 때문에 이를 표현하기 위해서 끊임없이 창조적인 활동을 한다. 유아들의 창조적인 활동도 신적인 것을 표현하는 것이라고 볼 수 있다. 이렇게 본다면 유아교육의 과제는 유아의 자기표현을 도와주는 것에 지나지 않는다. 이러한 자기활동의 원리가 프뢰벨 유아교육의 기본 원리이다. 따라서 유아교육은 신적인 인간의 본성에 따라 해야 되지, 명령, 간섭, 강제적 유아교육은 부정하며 금지해야 한다. 더 나아가 유아교육이 전인적이고 조화로운 발달을 목적으로 해야 한다는 것은 당연하다. 이를 위해 그는 전통적인 교실구성을 벗어나 정원교실을 만들었고, 또한 의자를 둥글게 배치하고 바닥에 원을 그려 유아들을 둥글게 앉도록 하였다.

그는 갓 출생한 유아는 단지 가족의 일원일 뿐만 아니라, 보다 넓게 전 민족, 전 인류의 일원으로 보았다. 인류의 미래, 과거, 현재의 발전을 위해서 유아를 관찰하고 돌보아야 한다고 하였다. 그리고 인간은 유아(乳兒), 유아(幼兒), 소년, 청년, 성인기까지 연속적으로 발달하기 때문에 각 단계를 충실히 발달시켜야 하며, 단계를 뛰어 넘거나 학습에 간격을 만드는 것을 반대하였다. 유아관을 보면, 유아의 내부에는 이미 출생 시 완전한 것, 선한 것이 맹아(萌芽)의 상태에 있으며 유아의 발달은 이 내부에 있는 완전한 것과 선한 것을 전개하는 일이며, 교육은 이 전개를 조장하는 일이다. 프뢰벨의 이러한 발달관은 전성설(preformation)과 비슷하다. 사물이나 유기체는 발생할 때부터 완성체가 축소되어 있으며, 발달의 과정은 이를 확대하는 과정이라고 보았다. 듀이는 그의 교육원리를 다음과 같이 설명하였다.

첫째, 유아를 협동적이고 상호상조적인 생활방식으로 훈련하고, 유아들에게 상호의존 의식을 육성하고 유아들을 실제적으로 도와서 이 정신을 명백한 행동으로 실현하도록 조성하는 데 있다.

둘째, 모든 교육활동의 근원은 유아의 본능적, 충동적 태도와 활동에 있으며, 타인의 관념을 빌리거나 본인의 감각을 통하거나를 막론하고 외부적인 재료를 제시하고 적용하는 데 있는 것이 아니라, 아동의 자발적인 행동을 교육적으로 활용하는 것이다.

셋째, 개인적인 성향과 활동은 협동적 생활 방식을 유지하는 데 이용되는 동안 조직되고 지도된다. 그리고 유아는 생산과 창조적 활동을 통해서 가치 있는 지식을 획득하고 확보한다(한기언, 1987).

프뢰벨에 의하면, 유아(乳兒)기 단계는 보육의 시기로 신체를 돌보고 보호하는 시기이다. 이 시기는 공동감정이 싹트기 시작하는 시기이므로 물적·인적 환경을 마련해주어야 한다. 유아(幼兒)기는 형식적인 교육이 시작되는 시기이며, 교육내용은 노래, 채집과 분류를 통한 사물의 명칭 익히기이다. 그리고 페스탈로치의 어, 형, 수에 그는 놀이를 더 첨가하였다. 놀이는 유아기에 최고로 발달하며 놀이는 유아의 내적인 것 즉, 유아의 자주적인 표현, 자체의 표현이다. 그리고 유아의 활동충동과 작업충동은 놀이로 나타나며, 모든 선의 원천은 놀이에 있고 놀이에 나타난다. 확고하게, 자발적으로, 묵묵히 인내심 있게 노는 유아는 반드시 유능한 묵묵함, 인내심이 있어 타인의 행복과 자신의 행복을 위하여 헌신하는 인간이 될 것이라고 보았다. 프뢰벨은 유아교육의 방법으로 부모들에게 다음과 같이 외쳤다.

'부모들이여 놀이로서 아동을 키우고 보호하라!'

이처럼 유아의 창의적 충동을 건전하게 키우기 위해서는 유아에게 이상적인 유구를 주어야 한다고 주장하였다. 여기서 이상적인 유구는 은물이다. 은물은 단순한 적목에 지나지 않지만, 이것을 놀이와 작업에 사용하여 유아의 신성을 무의식적으로 발전 및 체현시킨다. 은물은 파괴와 건설, 건설과 파괴라는 두 개 활동을 급속히 찾아내기 위한 유구이다. 따라서 은물은 유아의 창의력을 일깨워주고 수련하고 강화하는 것을 목적으로 한다. 단순히 분리되지 않으면서도 풍부한 다양성을 갖는 것을 유아들에게 제시함으로써 출발하는 데 있다. 그래서 유아의 활동은 비약하지 않고 연속적으로 발전할 수 있으며, 유아의 여러 가지 능력이 도야된다. 은물의 기본 원리는 다음과 같다.

첫째, 유아가 자기의 본성에 따라 자유롭게 활동적으로 다룰 수 있어야 한다.

둘째, 다음에 올 놀이의 씨앗이 먼저 놀이 속에 포함되어야 한다.

셋째, 유아의 여러 가지 능력 즉, 인식능력뿐 아니라 심정과 의지도 함께 훈련하여야 한다.

이러한 은물이 구형(球形)으로부터 시작하는 이유는 다음과 같다. 자연계를 구성하는 원리는 힘이다. 이 힘은 단일한 것에 출발하여 각 방면으로 작용한다. 이 힘이 발전해서 자유롭게 나타나게 되면, 그 결과는 공간적인 현상으로 또는 개체적인 산물로서 구형이 나타난다. 구형은 여러 가지 형식의 최초이자 최후의 형태이다. 자연물의 형태는 외관상으로 다르게 보이지만 원초적인 형태는 구형인 것이다. 이 구형은 모든 자연물의 원인인 통일성의 조건을 가지고 있고, 무형인 동시에 가장 완전한 형태이다. 구형은 점, 선, 평면 등 모든 것이 들어 있다(모든 사물도 이러한 성질을 포함). 또한 구형으로부터 모든 형태가 만들어진다(한기언, 1987). 이러한 측면에서 제1은물은 여러 가지 색깔 털실을 입힌 부드러운 공 6개로 시작하였다. 제2은물은 공, 사면체, 실린더와 막대기, 줄, 제3은물은 8개의 작은 사면체로 분리될 수 있는 사면체, 제4은물은 길게 분리되는 사면체, 제5은물은 27개의 사면체로 구성된 사면체와 반으로 나누어진 사면체, 세 부분으로 나누어진 사면체 계속해서 사면체, 삼각형, 원, 실, 작은 돌, 조개 등으로 이어지는 제16은물로 구성되어 있다. 이러한 활동의 근본적인 목적은 프뢰벨이 추구하는 상징적인 이상주의, 신비주의적 관념을 갖도록 하는 것이다. 정상적 발달을 방해하지 않도록 은물을 사용하여 인간의 신성한 내적 법칙을 각성하도록 하는 데 있다.

작업은 여러 가지 재료를 가지고 손을 사용하여 만들어 보는 활동으로 모두 11개로 되어 있다. 제1작업은 두꺼운 하드보드지에 5~6mm의 눈금을 그려주고 난 뒤, 두꺼운 바늘이나 송곳 같은 것으로 구멍 뚫기, 제2작업은 첫 작업에서 뚫은 하드보드지의 구멍을 털실이나 두꺼운 실로 바느질하듯 꿰매는 바느질하기, 제3작업은 준비 단계 그리기와 12단계 그리기로 나누어지는 데 모눈종이를 이용해서 그리도록 하는 그리기, 제4작업은 제3작업에서 그려낸 그림을 물감이나 크레용으로 칠하는 색칠하기, 제5작업은 종이끈으로 기하학적 형태를 만들도록 하는 종이끈으로 형태 만들기, 제6작업은 가운데를 세로로 잘라 놓은 색종이에 종이끈을 끼우면서 짜기를 하는 매트 짜기, 제7작업은 일상생활에서 많이 이용하는 색종이를 접어서 주변의 사물을 만들어 보는 종이 접기, 제8작업은 종아를 여러 가지 형태로 오려내는 종이 오리기, 제9작업은 말린 콩을 12~18시간 담갔다가 얇고 둥근 막대에 끼우면서 구멍 활동을 하는 콩으로 만들기, 제10작업은 두꺼운 마분지에 펼친 그림을 그려서 오린 후 상자를 만드는 상자 만들기, 제11작업은 점토, 모래, 흙, 밀가루 등으로 여러 가지 형태를 만드는 점토로 만들기이다(방인옥 등, 2003).

그리고 그는 어머니 노래 7개와 50개의 게임과 노래내용을 제시하였다. 또한 동시, 이야기, 그림, 격언, 손 유희, 율동에 대한 지도 지침, 정원 가꾸기와 애완동물 돌보기, 작업활동, 시골길 산보 등을 주로 할 것을 제시하였다(Weber, 1984).

당시 프뢰벨의 교육 이념은 독일 공립학교에 반영될 수 없었다. 또한 독일 내에서 설립이 금지되었다. 결국 그의 유치원은 영국으로 미국으로 확산되었다. 특히 미국에서는 1870년대와 1880년에 프뢰벨의 프로그램에 대한 강연회가 자주 개최되었다. 이것이 미국 전역에 프뢰벨의 아이디어를 전파하는 계기가 되었다. 이 과정에서 그의 프로그램 자체가 너무 형식적이라는 이유에서 교사들은 이를 빈번히 응용하였고, 그 결과 그의 프로그램은 독창성을 상실하게 되었다. 그리고 진화론의 영향으로 그의 프로그램은 변화되었다.

프뢰벨은 인간이 타고난 능력이 중요하다고 인정하였고, 유아를 사랑으로 돌보았다는 점에서는 현대 교육이론에서 성장의 개념에 대한 일반적인 인식을 가져오는데 중요한 영향을 미쳤다. 그러나 발달을 설명하는 방식과 발달을 촉진하는 방법은 비판을 받고 있다. 그는 발달의 목표를 완성된 산물로 설정하였기에 성장의 정지를 뜻한다고 비판받고 있다. 또한 인간의 정상적 발달을 방해하지 않도록 은물을 사용하여 인간의 신성한 내적 법칙을 각성하도록 하였다. 이러한 방법에 대해 듀이(1916 : 92)는 다음과 같이 비판하고 있다.

> 교사의 암시적 질문이나 교육적 방안을 써서 교사가 바라는 것을 학생으로부터 '이끌어 내려고' 한다. 바라는 것이 얻어지면 교사는 아이가 올바르게 발달하고 있다고 생각한다. 그러나 일반적으로 말해서 학생은 교사가 바라는 방향으로 나아가는 데 하등의 자율적 추진력이 없다. 어쩌다 얻어지는 결과물은 교사가 바라는 대로 한 나머지 얻어진 것이다. 여기서 학생은 교사가 제시하는 단서에 의존하는 습관을 형성하게 된다.… 이것은 일러주는 식(telling) 교육보다도 더 해를 끼친다.

이처럼 유아들의 능력을 밖으로 이끌어 내려고 하는 방식에 대해서는 회의와 비판을 받았다.

또한 길패트릭은 프뢰벨이 상징주의적인 입장을 가지고 있었고, 유아가 은물을 자유롭게 사용하는 것을 금지하였기 때문에 아동의 자발성, 창조성의 싹을 잘라 버릴 위험이 있다고 비판하였다(팽영일 역, 1994). 이들은 이렇듯 프뢰벨을 비판하였지만, 궁극적으로는 유치원 교육원리나 실천을 개혁하여 보급하는 데 있었다.

그의 교육사상을 정통적으로 계승한 사람은 듀이이다(한기언, 1987). 물론 듀이로부터 여러 가지 비판을 받지만, 그의 유아교육원리는 듀이의 시카코 대학 부속학교 운영에 일련의 원리가 되었다. 듀이를 비롯한 진보적 유치원 이론가의 비판은 프뢰벨 유치원 프로그램의 효율성에 관한 것이 아니라, 아동의 직접 경험과 실험에 중점을 두지 않는다는 점이다. 이처럼 그의 사상은 유아교육은 물론이고, 교육의 여러 방면에 영향을 주어 20세기 새로운 교육을 여는 데 발판이 되었다. 또한 몬테소리도 프뢰벨로부터 영향을 받았다. 두 사상가의 아동관과 수학적 관점은 많은 부분에서 일치하고 있다. 몬테소리 교구는 프뢰벨의 은물과 작업에서의 주요 아이디어가 적용되었음을 알 수 있다. 그리고 피아제 연구의 많은 부분도 프뢰벨의 내용과 일치하고 있다(고후순, 김동일, 조옥희, 1997).

이처럼 유아를 창조적·활동적 생명체로 이해하고, 유아의 자기활동 표현으로서 놀이와 작업을 높이 평가한 그의 입장은 오늘날 유아교육의 방향에 지표가 되고 있다. 유아를 위한 계획적·체계적 프로그램을 계발한 최초의 교육자로서 유아교육과정, 유아교수·학습방법, 교사교육의 이론과 실제에 크게 공헌하였다(이영자, 이기숙, 1997). 프뢰벨의 공적은 무엇보다도 일관된 형이상학적 고찰을 유아교육에 도입한 것이다(서순태, 2003). 이는 유아교육을 철학적 차원에서 실행하였다고 볼 수 있다.

11 산업혁명기의 유아교육

19세기에 접어들면서, 민족주의 운동과 각국의 산업화 물결은 교육을 더욱 필요로 하였다. 교육발전의 수준이 국가발전의 척도가 되었고, 개인도 사회계층 상승의 유일한 길이 교육에 있었다. 이러한 배경 속에서 국가 발전과 혁신을 위해 국가가 교육을 관리하는 강력한 국가주의가 태동하게 되었다.

산업혁명 이후 인구의 증가, 산업 기술의 혁신적 발달 등으로 인해 교육의 의무화, 대중화가 전개됨에 따라 각 국가들은 교육을 국가 발전으로 삼게 되었다. 프랑스, 독일, 영국, 미국 등의 그 대표적인 나라들이다. 그 가운데서 영국에서 일어난 산업혁명은 사회구조와 교육에 많은 변화를 주었다. 산업혁명으로 인한 빈곤자의 교육, 비숙련공의 교육, 부녀자·연소자의 교육, 근로자들의 교육 등으로 인하여 국민교육제도 제정의 필요성을 실감하게 되었다. 그리하여 자선학교, 일요학교, 빈민학교, 고아학교, 직공학교 등이 생겨났다.

1) 오웬(R. Owen, 1771~1858)의 유아교육사상

오웬은 영국 몽고메리셔 뉴타운에서 태어났다. 10세까지 학교교육을 받은 후 도제로 직조공장에 들어갔다. 그는 공장주가 갖고 있는 훌륭한 도서관에서 많은 책을 읽었으며, 19세의 나이에 지배인이 되었다. 1813년 새로운 공장을 세웠고, 1813년 2권의 에세이를 출판하였다. 뉴라나크에 있는 자신의 방직공장이 경영방법에서 사회개량의 성지로 명성이 자자하자, 그는 노동자 자녀들의 교육을 위해서 성격형성학원을 설립하고, 자선교육기관의 성격인 유아학교(infant school)를 설립하였다(김영우, 1987). 이 학원에는 유아학교, 소학교, 청년과 성인을 위한 학교가 있었다. 그는 무지하고 빈곤한 노동자와 그들의 자녀를 위해서 아동노동의 성격과 아동선도를 교육적 측면에서 해결하였다. 그는 이익금 중 5% 이상을 노동자 복지에 할당하고, 아동을 위한 놀이터와 학교에 자금을 제공하였다. 그는 취로연령을 10세 이상으로 하고, 그 이하의 아동은 공장 부속학교에 입학시켜 교육을 실시하도록 하였다. 여기서 아동의 고용 조건은 다음과 같이 하였다(김영우, 1987 : 281).

① 기계에 의한 공장의 노동시간은 1일 12시간으로 할 것
② 12세까지는 노동시간을 6시간 이내로 제한할 것
③ 이후 연령의 남녀 모두는 읽기, 쓰기를 잘할 때까지, 특히 여아는 평소 입는 옷을 바느질할 때까지 고용해서는 안 된다(팽영일 역, 1994).

또한 1816년 공장촌 중앙에 성격형성학원을 세워 그 목적을 다음과 같이 천명하였다.

① 이 마을에 있는 주민의 직접적인 복지를 위해
② 근린사회의 복지를 위해
③ 영국 전토의 사회개혁을 위해
④ 세계에 있는 나라의 개선을 위해

이처럼 그는 노동자의 복지를 위해서 노력하였다. 그는 1798년에 맨체스터 문학철학협회(Manchester Literacy and Philosophical Society)의 회원이 되어, 문학적 식견과 아동 성격형성 및 종교문제에 대한 나름대로의 견해를 함양하였다. 그는 1818년 프랑스의 유아학교, 페스탈로치의 이훼르돈(Yredon)학교, 펠렌버그(Fellenber, 1771~1844)의 학교 등 여러 학교제도를 시찰하였다. 그리고 노동자의 처우 개선과 노동조건 개선을 위하여 노동입법의 필요성을 느껴 1815년 「공장법」 제정운동을 하였고, 1819년에는 「공장법」을 의회에 통과하는 데 노력하였다. 이러한 노력으로 인하여 그를 공장법의 아버지로 불리게 되었다. 한편으로 그는 이상촌을 건설하려고 하였다. 기성종교와 사유재산제를 부정하는 협동촌락사회 건설계획을 제창하였다. 이로 인하여 그를 지지하는 사람들이 그를 떠나게 되었다. 그 후 그는 꿈을 실현하기 위해서 미국으로 건너가 인디애나 주에 뉴하모니협동촌(New Harmony Community of Equality)을 건설하였으나 3년 만에 실패하였다. 귀국 후 그는 노동운동에 전념하여 영국의 대노동조합을 결정하는 결정적인 역할을 하였다. 그의 교육사상은 『새로운 세계(The New World)』라는 저서에 요약되어 있다.

이 저서에서 그는 인간의 존재를 다음과 같이 기술하고 있다. 인간은 복합적인 존재이기에 인간의 인격은 타고난 형질 또는 체질과 더불어, 그러한 체질에 영향을 미치는 외부환경에 의해 형성된다. 외부 환경은 인간이 태어나서 죽을 때까지 계속 작용하면서 영향을 미친다. 그러므로 모든 유아는 태어날 때부터 결함이 없는 한, 외부 환경의 질에 따라 열등한 존재 혹은 매우 우등한 존재로 형성, 생육될 수 있다. 인격은 환경에 의해 형성되기 때문에 유아는 좋은 환경 속에서 살아야 한다는 것이다. 당시의 가난한 노동자의 인격은 적절한 안내나 지도 없이 제멋대로 형성된다고 하였다(신득렬, 2000). 그래서 그는 노동자의 빈궁과 불행의 원인을 근본적으로 제거하고, 인간의 완전한 평등을 실현시키고자 하였다. 인간의 성격형성은 전적으로 환경에 의해서 좌우된다고 생각하여 환경의 중요성을 강조한다. 이러한 그의 생각은 베이컨의 과학적 정신과 로크의 경험주의 영향, 자기의 공장경영자 경험을 통해서 형성된 것이다. 특히 환경이 인간의 성격을 형성한다는 성격형성이론은 특이하다. 인간의 성격은 사회환경에 의해서 형성된다는 것을 확인한 그는 인간의 사회적 환경을 변화시켜 인간을 개조하고 사회결함을 제거할 수 있다고 보았다. '성격은 환경에 의해서 형성되는 것이며, 개인에 의하여 형성되는 것은 아니다.'라고 하였다. 인간의 성격에 결정적으로 영향을 미친다고 본 환경은 경제적·사회적·교육적 환경이다.

또한 오웬은 인간의 성격형성을 위해 훈련 내지 교육은 출생부터 조직적으로 해야 한다고 하였다. 그는 '성격은 어린이들이 통상적인 학교에 입학하기 전에 대부분 만들어지거나 파괴된다.'고 보았다. 그래서 그의 공장 중앙에 성격형성학원을 설치하여 아동을 해로운 환경으로부터 벗어나도록 올바른 도덕교육을 하였다. 또한 그는 사회적 해악의 궁극적인 원인은 무지와 오류에 있다고 보고, 이를 극복하기 위해서 사회를 재건하였다. 범죄와 빈곤이 없는 이상사회를 건설하려고 노력하였다(김영우, 1987).

그는 아동 고용의 최저 연령을 10세 이하로 하고 무료로 교육을 하였다. 전기시설, 통풍시설을 갖춘 교실과 운동장의 시설도 마련하였다. 형식주의적인 지식교육 대신 사물의 관찰에 의해 생활에 적응하는 경험적 방법을 채택하였다. 그의 성격형성학원은 6세까지 유아학교에, 6~10세까지 초등학교에, 10~25세까지는 야간학교에 수용하여 교육을 하였다.

이러한 유아학교는 노동자 계급을 위한 일종의 보육기관으로, 연령상 공장에도 취업하지 못하고 도제학교에 입학하지 못하는 6세 이하의 유아가 대상이었다. 이는 유아를 보호하고 바람직한 습관을 길러 주는 것이 목적이었으며, 탁아소의 기능과 학교의 기능을 함께 가진 기관이었다. 이 곳의 근본방침은 성격형성에 의한 환경개선 교육, 유아 자신에 의한 교육, 사랑과 행복의 교육, 상과 벌의 폐지, 직관교수, 생산과 노동이 결합된 교육이었다. 이러한 방침을 바탕으로 근본적인 목적은 유아의 신체적, 지적, 도덕적 성장에 두었다.

교육내용은 종교교육을 반대하고 주위 동물, 식물, 수목을 익히고, 기쁜 마음으로 노래하고 춤추고, 음악에 맞춘 행진, 군악대용 파이프 연주와 지리 공부이다. 이를 통해서 본성을 착하게 하고 습관을 통한 성격형성을 함양하려고 하였다. 또한 유아학교에서는 1~3세와 4~6세의 두 집단으로 나누어 교육을 실시하였으며, 복합 연령에 의한 집단구성방법을 주로 사용하였다. 설립 후 6개월 당시 3세가 60명, 4세 40명, 5세 59명, 6세 48명이었다(이영자, 이기숙, 1997). 교육방법은 징벌 대신에 무징벌의 교육, 서적중심 대신에 실물교육, 엄격한 교육 대신에 개성 존중의 자유교육, 실내교육 대신에 자연과 접하는 야외교육 중시 등이다. 그가 뷰캐넌(J. Buchanan)과 영(M. Young)에게 제시한 수업 지침을 보면, 유아교사는 유아들의 좋은 성격을 형성하기 위해서는 어떠한 이유로든 간에 유아를 벌해서는 안 되며, 위협, 욕설을 해서는 안 된다. 유아교사는 쾌활한 얼굴과 친절한 태도와 목소리로 유아를 대하여야 하며, 그들의 놀이 친구들을 즐겁게 해주도록 한다. 교실은 주로 동물을 그린 그림과 지도를 갖추고 자연물에서 채취한 자연적인 물건들로 교실을 장식하고, 자연적인 것을 관찰하게 하여 이를 설명하여 줌으로써 유아의 호기심을 자극하고, 그들과 대화를 생동감 있게 한다. 또한 유아의 생활은 인간관계와 사회 학습을 위한 기초 자료로 중시한다. 이를 위해 소녀들은 바느질, 요리, 소년들은 군사적 훈련, 무용, 음악을 공부한다. 또한 생산노동과 교육을 연계한다.

한편, 오웬은 교육적 사회주의자라고 할 정도로 노동자계층의 자녀에 대해서도 많은 관심을 가졌다. 결국 교육에 의해서 사회 개혁을 강조한 사회주의 교육의 선구자였다. 그러한 그의 유아학교는 취학전 교육 발달사의 기원으로 보아도 적당할 것이다. 그의 유아학교는 단순히 직장 부모를 위해 육아의 신체적 보호에만 중점을 두는 탁아시설은 아니었던 것 같다. 급변하는 사회, 가정생활 속에서 바람직한 성격형성과 옳은 성장이 보장되는 환경조건을 제공하였던 유아교육시설이었다(김옥련, 1988). 이러한 그의 유아학교는 상인인 윌더스핀(Wilderspin, 1792~1866)에 의해서 영국 전 영역에 설립되었고, 교원을 양성하였다. 그러나 윌더스핀은 오웬의 이상을 실천하기보다는 독, 서, 산을 중심으로, 발달단계를 고려하지 않는 주지주의적이고 주입식 형식교육으로 변질시켜 버렸다는 비판을 받고 있다.

페스탈로치로부터 많은 영향을 받았던 그는 '나는 환경이 인간을 만든다고 하는 것을 알았다. 그러나 동시에 나는 인간이 환경을 만든다고 하는 것, 인간은 자신의 의지에 따라서 환경을 통제하는 힘을 자기 자신 속에 가지고 있다고 하는 것을 알았다.'라는 페스탈로치의 구절 가운데 한쪽만 계승했다는 점에서 비판을 받고 있다(팽영일 역, 1994). 또한 유아를 예외 없이 수동적인 존재로 파악한 나머지, 능동적인 면을 충분히 파악하지 못하고 있다는 비난을 받고 있다.

그러나 오웬은 어려서부터 점원생활을 하면서 가난을 몸소 체험하고, 또한 가난한 사람들의 생활상을 직접 목격하였다. 특히 노동자들의 곤궁과 비참한 타락상을 목격하였으므로, 큰 공장을 경영하는 위치에 있으면서도 가난한 노동자들의 곤경에 대해 남다른 관심을 가졌다. 그는 어쩌면 우리나라의 모습과 유사한 사회상 즉, 생계를 위해서 부녀자들까지도 노동을 함으로써 가정과 가정교육의 붕괴 현상을 사업가의 측면에서 해결하려고 노력하였다. 그의 이러한 노력은 오늘날의 직장보육시설의 필요성과 정당성에 이론적 근거를 제공해주고 있다. 이러한 의미에서 오웬의 유아학교는 현대 어린이집의 원형이라고 할 수 있다. 또한 오늘날 유아학교를 추진하려는 유치원과 보호적인 기능에 교육적인 면을 접목하려는 어린이집은 그 기원과 두 기관의 통합적 근거를 그의 유아학교에서 찾아야 할 것이다.

2) 맥밀란(M. McMillan[24], 1860~1931)의 유아교육사상

맥밀란은 미국계 스코틀랜드인으로서 고아로 자랐다. 그는 음악을 공부한 후에 런던에서 가정교사로 있었다. 당시 취학 전 교육은 주로 중류층 가정의 자녀들을 위한 것이었다. 반면에 저소득층 자녀를 위한 시설은 교육학적 원리가 아니라, 건강문제와 관련된 박애주의 정신에 의해서 운용되었다. 그녀는 1893년 요크시어의 공업도시, 브라드포드에서 결성된 독립노동당에 입당하여, 1894년 브라드포드 교육위원회 위원으로 선출되었다. 이 지위를 바탕으로 학교에 건강검진, 목욕, 급식 도입 등을 위해 노력하였다. 그 후 프뢰벨협회에 가입하여 프뢰벨 유아교육사상을 연구하였다. 1908년 언니 라첼 맥밀란(Rachel McMillan)의 도움을 얻어 실험진료소를 개원하였고, 2년 후 이 연구소를 런던 빈민가 데프트포드(Deftford)로 옮겨 영세민 유아를 위한 '환경개선십자군 운동'을 전개하였다. 1906년과 1907년 「학교급식 및 학교 의료

24) Margaret McMillan은 동생이며, Rachel McMillan의 언니이다. 통상 맥밀란 자매라고 칭함.

에 관한 교육법」을 제정하게 되었다. 1911년 야영학교(camp school), 야외유아학교(open air nursery school)를 열어 2세부터 5세까지의 유아들에게 급식과 자유놀이의 장을 제공하였다. 1차 대전 중에서는 노무자의 자녀들이 다녔고, 1명당 7펜스의 보조금을 정부로부터 지원을 받았다. 1917년 언니가 세상을 뜨자 유아학교 교원양성센터를 창설하여 유자격 교사에 대해 1년, 일반학생에 대해서는 3년 과정으로 가르쳤다. 1919년 유아학교는 정부로부터 공인을 받아 국가보조금을 지원 받게 되었다(김옥련, 1988). 또한 이 센터는 1930년에 '라첼·맥밀란 교원양성대학'으로 발전하였다.

그녀는 유아들의 불결, 질병, 영양실조, 과중한 노동 등을 제거하는 것이 유아교육의 가장 으뜸가는 전제라고 확신하였다. 그리고 이를 위해 국가는 유아교육에 적합한 환경조건을 제공할 책임이 있다고 주장하였다. 그녀는 프뢰벨주의의 한 사람으로서 몬테소리 교육을 많이 비판하였지만, 몬테소리의 교구와 유아 개개인에 대한 세심한 주의 등에는 공감하였다. 그러나 그녀는 정서와 상상력을 유아교육의 기초로 보고, 자유로운 놀이활동이야말로 창의적, 독창적인 인격을 키운다고 주장하였다. 이를 위해 유아교육에 치료적, 예방적 의료 서비스를 비롯하여 심리학적 및 사회복지적 각종 서비스를 제공해야 한다고 보았다. 따라서 교육과정도 유아의 신체적 건강을 개선하는 데 있었다. 또한 유아의 정신적 성장에 적합한 환경을 제공하려고 하였다. 이 유아학교의 환경을 보면, 넓은 대지 위에 여섯 채의 야외 오두막(open air shelters)이 있고, 각 오두막은 짐을 두는 방, 욕실, 위생시설이 있으며 한 사람의 교사와 몇 사람의 견습생(probationer)이 30~50명의 유아들을 매우 친절하고 헌신적으로 지도하였다(1명의 교사 밑에 부설센터의 학생 4명이 견습생으로 있고, 5세만의 유아 6명에 1명의 견습생, 5세 이상 유아 12명에 1명의 견습생이 있음). 뜰에는 미끄럼틀, 정글짐 그리고 샛길, 계단 등이 있고 새집, 비둘기 집, 토끼 집, 폐물더미도 있었다. 목초밭, 야채밭, 꽃밭, 모래밭, 가슴 높이 목욕통, 깨끗한 옷, 영양가 있는 음식, 그리고 학습경험을 제공하였다. 그리고 의사 한 사람이 매주 한 번씩 왕진하고, 간호부는 매일 한 시간씩 방문하여 유아들의 건강을 보살폈다. 또한 이 학교는 자모회가 있어서 학교와 가정 사이의 협력을 도모하였다. 어머니는 자기 유아에 대한 것을 유아교사에게 이야기하고, 유아교사는 잘 듣고 어머니가 자기 유아에게 도입할 수 있는 양육법과 게임을 제시하였다. 특히 유아나 그 어머니의 출석이 산발적일 때는 정서적 접촉을 위하여 가정방문을 하였다.

이 유아학교의 하루일과는 다음과 같다(김옥련, 1988).

07:30	교문을 열고
08:00 ~ 09:00	등교
09:00	아침밥
식후	수공놀이, 자유놀이(뜰에서 날씨가 나쁘면 실내에서)
11:30 ~ 12:00	점심
점심 후	낮잠, 자유놀이, 음악과 게임
16:00	간식
17:00 ~ 17:30	하교

그리고 그녀는 '손으로 교육하고 언어적 충동을 보호하는 일을 주요 작업으로 하였다.'라는 것을 실천하는 교육방법을 채택하였다. 수공교육, 언어교육(담화력의 교육)을 특히 중시하였다. 그녀는 이러한 유아교육활동을 통해서 문화실조의 상태를 극복할 수 있다고 보았다.

3) 피바디(M. E. Peabody, 1804~1894)의 유치원 보급운동

초기 미국 유치원교육에 가장 큰 공헌을 한 사람은 피바디이다. 그녀는 1840년 보스톤에서 서점을 개업하여 많은 문인들과 교류하면서 교육에 대한 관심을 갖게 되었다. 특히 그녀는 프뢰벨의 『인간교육』을 읽고 많은 감명을 받았다. 여기서 그녀는 프뢰벨의 유치원교육에 관심을 가졌고, 1860년 미국 최초로 영어로 가르치는 유치원, 즉 영어회화유치원(English-speaking kindergarten)을 보스톤에 있는 그녀 자택에 개설하였다. 그 후 그녀는 유아 양육에 대한 지식, 교양이 불충분하다고 느껴, 1867년 독일을 방문하여 프뢰벨의 미망인 레빈(L. Levin)으로부터 직접적인 지도를 받았다. 1868년 귀국 후 프뢰벨주의를 보급하기 위하여 정기간행물을 발행하였고, 많은 논문, 저작, 강연을 하였다. 한편으로는 유치원 교사양성기관의 필요성을 절감하여, 1868년 그녀의 유치원 속에 미국 최초의 유치원 교원양성소를 설치하였다. 이처럼 그녀는 미국 유치원 교육운동의 선구적 전도사로서의 역할을 다 하였다(김옥련, 1988). 미국에서 피바디의 유치원 보급운동은 선교사들에 의해서 우리나라 유아교육에 직·간접적으로 영향을 미쳤을 것으로 보인다.

12 20세기의 유아교육

20세기에 접어들면서, 정치적 변화와 고도화된 산업기술의 발전으로 인하여 유아교육은 사상적으로나 실제적인 면에서 있어서 많은 변화를 가져왔다. 20세기 유아교육은 무엇보다도 생물학, 심리학, 사회학 등으로부터 많은 영향을 받았다. 또한 유아교육에 과학적인 방법이 이용되어 교육공학 등이 유아교육현장에 응용되게 되었다. 그 결과 다양한 형태의 유아교육이 발생하게 되었다. 그 가운데서 자유학교 운동은 유아교육에 많은 영향을 미쳤다.

1) 자유학교 운동

현대 최초의 진보주의 학교는 1889년 영국의 레디(C. Reddie, 1852~1932)가 더비셔(Derbyshire)에 아봇츠홀메(Abbotsholme)라는 학교를 세웠다. 이것이 계기가 되어 새 학교운동이 일어났고, 그 다음 단계로 아동 해방을 주장하는 자유주의 교육 운동으로 나타났다. 이는 아동에게 기존 것을 강제하거나 표준화하는 것을 거부하고, 아동의 흥미와 요구에 입각한 자유로운 활동과 창조적인 자율성을 강조하였다.

(1) 엘렌 케이(E. Key, 1849~1926)의 유아교육사상

엘렌 케이는 스웨덴의 한 정치가의 딸로 태어나 학교교육을 거의 받은 바 없이, 보모 밑에서 가정교육을 받으면서 성장하였다. 교사, 문예평론가, 부인운동가로서 당시 보수적인 사회 현실에 대하여 비판을 가하였다. 특히 현대 중심의 학교교육과 아동해방, 아동에로의 복귀를 주장하였다. 주요 저서로는 『아동의 세기(The Century of Child, 1899)』가 있다. 이 저서에는 그녀의 유아교육사상이 잘 나타나 있다. 그녀는 신앙에 기초를 준 생명발전 사상을 견지하고, 아동 생명의 자유로운 발전을 조장하는 것이 유아교육의 사명이라고 하였다. 그리고 아동 고유의 본성을 억압하고, 타인의 본성에 충실하도록 하는 교육은 교육적 범죄라고 통박하였다. 종래의 교육이 외부로부터의 강제적인 부과이기 때문에, 아동의 내부로부터의 자발적인 발전을 저해하는 경우가 많다는 것이다. '오늘날 사람들이 인간을 만들고 있다고 믿지만, 실은 다만 주형(鑄型)으로 조작하고 있다.', '학교는 학적부에 수없이 많은 독창성의 약탈죄를 기록하고 있다.' 등이다.

이처럼 아동의 자연성을 발달시키는 아동의 자기활동, 좋은 환경, 평화로운 가정에 역점을 두었다. 또한 전통적인 교육내용에서 지식욕, 자립심, 관찰력을 살릴 수 있는 교육내용으로 바꿀 것을 주장하였다.

(2) 슈타이너(R. Steiner, 1861~1925)의 유아교육사상

루돌프 슈타이너는 1861년 크랄예맥 지방에서 태어났다. 그는 철도공무원인 아버지의 영향으로 어린 시절, 아름다운 환경과 당시 최첨단 과학기술의 상징인 철도가 있는 환경 속에서 성장하였다. 그는 칸트의 『순수이성비판』을 20번 이상 숙독할 정도 철학의 인식론에 대하여 관심이 많았다. 대학 시절에는 피히테의 자아철학을 통해서, 지식 탐구가 신비주의적인 감정이 아닌 인식의 문제로서 인간 내면의 인식의 힘에 형성됨을 자각하였다. 1890년 괴테-쉴러 문헌 보고서에서 자연과학을 접하면서, 인간 본성에 대한 인식은 교육과 예술로서 이루어진다는 것을 자각하게 되었다. 특히 괴테(Goethe)의 연구를 통해 인식의 문제와 영적인 문제를 해결하려고 하였다.

그는 근대과학의 이론, 즉 주관과 객관, 과학과 예술, 물질과 정신을 구분하는 것이 아니라 통합성을 발견하려고 하였다. 인간을 신체, 영혼, 정신의 통합체이며 인간은 네 가지 기본적인 구성요소인 물질체(physischerleib), 에테르체(Etherleib), 아스트랄체(Astralleib), 자아(Ichleib)가 합성된 존재로 보았다. 0~7세까지는 물질체가, 7~14세 동안에는 에테르체가, 14~21세 동안에는 아스트랄체가, 21세 이후에는 자아가 두드러지게 활동한다는 것이다. 슈타이너는 자신의 인지학적 세계관에 근거하여 1919년 슈투트가르트에 발도르프학교를 설립하였다. 그는 인간이 7년을 주기로 탄생한다고 믿었다. 첫 7년은 젖니에서 영구치로 가는 시기로, 이 시기의 유아는 의식에 따라 사는 것이라기보다는 존재의 깊은 본질적 층위에 머물러 있다. 두 번째 7년 주기는 생명이 탄생시기에는 영혼의 수준에서 작용하는 능력들이 발달한다. 눈으로 본 것을 이미지나 그림으로 표현하게 되는데, 따라서 교육은 어린이의 상상력과 느낌을 자극하는 예술적 체험과 리듬운동 차원에서 이루어져야 한다(정영근 2010). 이에 강인구(2009)가 제시한 발도르프 유치원 교육에 대한 구체적인 사항을 보면 다음과 같다.

발도르프 유아교육의 교육원리로는 유아교사의 모범과 유아의 모델링을 강조한다. 모범인으로서 유아교사는 시간과 공간적 질서가 있는 환경을 준비해야 한다. 유아교사는 하루 일과, 또는 1년의 리듬을 유아교사의 특별한 활동과 관련하여 구성하고, 고집스럽거나 고지식하지 않게 규칙적인 반복 작업을 할 수 있도록 한다. 그리고 유아교사는 무엇인가에 열중하고 있어야 한다. 유아교사가 바느질을 하는 것을 보면, 유아들 역시 활동하려고 한다. 유아는 모델링 그 자체를 즐긴다. 모델링을 통해서 유아 스스로 먼저 할 수 있도록 하는 것이다. 유아교사와 유아가 상호작용을 하는 가운데서 참다운 교육이 가능하다는 것이다. 또한 발도르프 유치원에서는 놀이 환경을 구성하기 위해서 자연에 대한 이해와 친화감을 통해 인간이 자연과 더불어 살 수 있는 기초를 형성할 수 있는 교육을 강조한다. 유치원 교실은 기본적으로 같은 계통의 색으로 맞추는 것이 좋고, 전체적으로 보아 간소하고 침작한 분위기가 좋다. 태반의 색이 분홍색이기 때문에 분홍색의 커튼은 유아의 마음을 안정시켜준다. 또한 분홍색은 밖에서 들어오는 햇빛이 유아에게 부드럽고 자연스럽게 비치도록 한다. 교실 안에는 자연의 소재를 많이 사용한다. 자연의 소재가 교실 안에 있으면 자연의 인상을 교실 안에서도 재구축할 수 있다. 외부 환경이 단순할수록 유아는 자신 속에서 많은 것을 만들어 내기 때문에 외부 환경은 단순하게 한다. CD, 비디오 등과 같은 전기음을 피하고, 조용하고 낮은 목소리를 사용한다(음악의 경우도 '라'음조 중심으로). 놀잇감으로는 인형, 천, 털실, 자연에서 주워 온 것(솔방울, 돌, 조개껍질, 나뭇잎) 등의 단순한 놀잇감을 사용하고 있다. 자연 재료를 만지면 촉감을 통해서 전달해 오는 힘을 인식한다. 자연재료의 겉면의 촉감은 감각을 깨이게 한다. 자연소재의 다양한 감각이 뇌를 자극한다. 자연적 재료의 놀잇감을 같고 노는 것은 세계에 대해 가장 현실적인 관계를 형성하게 한다. 자연 재료는 다양하게 사용할 수 있고 유아의 사고를 고정하지 않는다(상상력으로 놀잇감을 다양하게 변화시킴). 변형과 변화가 허용되는 단순한 놀잇감을 통해 놀이의 즐거움과 기쁨을 느낀다. 발도르프 인형은 대체로 표정이 없고, 구체적인 형태를 갖고 있지도 않다. 이는 뜨개질 작업과 같은 수공예 작업의 가치를 인식시키고 있다.

발도르프 유치원의 하루 일과를 보면, 자유놀이는 유아 각자가 자기가 좋아하는 놀이를 선택하여 놀게 한다(요리활동, 상상놀이, 수공예 작업, 목공예 작업). 정리시간은 리듬에 의해서, 즉 교사가 천을 정리고 의자를 바로 놓은 모습을 통하여 정리시간임을 알게 된다. 정리시간을 마치면 유아는 손을 씻기고, 유아교사는 유아에게 기름을 발라준다. 유아교사와 유아가 원으로 둘러 앉아 동작과 함께 아침기도를 한다. 아침기도가 끝나면 유아교사와 유아는 원의 형태를 계속 그리며 라이겐(Reigen)을 한다. 라이겐은 주제가 있는 움직임이다. 계절의 변화, 인간활동 등이 주된 주제가 된다. 아침식사(간식)는 우주와 땅의 리듬적인 관계성 속에서 이루어진다. 월요일은 쌀, 화요일은 보리, 수요일은 기장, 목요일은 호밀, 금요일은 귀리, 토요일은 수수이다. 계절과 날씨에 관계없이 바깥놀이는 아침식사 후에 활동을 한다. 비가 오면 우의와 장화를 신고 놀이를 하고 가까운 숲 속을 산책한다. 바깥놀이가 끝나고 교실에 들어오면 유아는 원으로 둘러앉아 동화를 들을 준비를 한다. 과장된 목소리를 피하고 자연스런 목소리로 천을 통해서 구성된 이야기 무대를 통해서 이야기한다. 특별활동은 습식수채화를 일주일에 한 번 물에 젖은 도화지로 수채화를 그린다(빨강, 파랑, 노랑의 기본적인 색을 이용하여 유아 스스로 색깔의 배합을 체험하도록 함). 오이뤼트미는 일주일에 한 번 특정 요일에 실시하는데, 오이뤼트미 전공교사가 와서 유아들과 함께 활동을 한다. 전문교사와 유아는 오이뤼트미 복장과 신발을 신고 모음과 자음을 동작으로 구성한 동화를 자발적으로 함께하게 한다. 금요일에 청소하기 활동을 한다.

또한 발도르프 유치원은 가정과 같은 따스한 분위기를 연출한다. 이는 교육이 목적이 아니라 따스한 가정과 같은 분위기에서 안정감 있게 자신의 욕구들을 자유스럽게 분출하도록 한다. 발도르프 유치원은 신체의 감각을 경험하는 교육을 한다. 손과 감각을 직접 경험하는 가운데서 스스로 개념을 형성하게 한다. 이는 놀잇감, 놀이의 형태, 교수 형태가 유아에 무한한 창의력의 자유를 부과하는 교육이다. 이상과 같이 발도르프 유치원 교육은 우리 유치원 교육과는 자연, 창의력, 자유라는 측면에서 대비가 된다. 우리나라 유치원 교육은 자연, 계절, 자연재료와 다른 구조를 하고 있다. 당장 놀잇감에서부터 그 차이를 볼 수 있다. 플라스틱, 나무, 화학제품으로 된 제조된 놀잇감 속에서 정형화된 방식으로 놀도록 강요받고 있다. 이는 인간적 가치와 본성이 다르게 성장할 수밖에 없다. 생태유아교육과 발도르프 유치원 교육, 우리문화가 융합된 유아교육을 만들어 나가야 할 것이다.

(3) 데크롤리(O. Decroly, 1871~1932)의 유아교육사상

데크롤리는 내과 의사로서 정신장애자를 위한 학교를 세우기도 하였다. 그는 1907년 실험학교를 설립해서 생활에 의한 생활교육을 실행하였다. 그는 교육방법으로 아동이 흥미를 강조하였다. 그는 아동의 학습을 아동의 욕구와 관련을 지워서 아동의 흥미를 일깨우려 하였다. 그가 제시하는 욕구는 식물에 대한 욕구, 적에 대한 방어욕구, 일하고 행동하려는 욕구 등이다. 그의 학교의 작업교실은 일, 담화, 관찰, 공동생활 등을 자유롭게 하는 특징이 있었다.

(4) 니일(A. S. Neill, 1833~1973)의 유아교육사상

니일은 정규학교를 다니지 않고도 검정고시를 통해서 교사 및 교장직을 수행하였다. 1924년 영국 폴세트(Porset)의 라임 레지스(Lyme Regis)에서 섬머힐학교(Summer-hill School)를 열었다. 점점 학생 수가 증가하자, 1927년 북부 서포크(Suffolk)의 레이스턴(Leiston)으로 옮겼다. 그는 19권의 저서를 남겼는데 그 대표적인 저서는 『섬머힐 : 아동 양육에의 급진적 접근(Summer-hill: A Radical Approach to Child Rearing, 1960)』이다.

그의 교육철학은 아동의 선성과 생래적인 발전 가능성에 대한 확신에서 출발한다. 아동은 태어나면서부터 현명하며, 자유가 주어지면 자기발전을 할 수 있는 생래적인 잠재 능력을 지니고 있다고 믿었다. 더 나아가, 그는 철저한 자유에 입각 교육이야말로 증오와 공포에 찬 오늘날의 병든 사회를 구할 수 있는 유일한 길이라고 주장하였다. 따라서 책을 중심으로 하는 교육대신에 창조적인 놀이활동을 중심으로 하는 교육방법을 제시하였다. 그는 아동의 해방, 아동이 그의 자연적인 흥미에 따라 생활할 수 있는 자유를 허용하는 유아교육방법을 주장하였다. 그의 학교는 시험과 숙제를 배격하고, 권위와 억압에 의한 종교교육과 도덕교육에 반대하였다. 그가 50년간 자유교육을 실시한 결과로 내린 결론은 '참다운 자유 속에서 자라난 아이는 자기의 자유의지에 의해 자신의 행동을 잘 통제할 줄 아는 자율적인 아동(self-regulated child)이 된다.'는 것이다.

국내에서는 니일의 저서가 번역서로 출간되어 있다. 『Summer-hill 교육 시리즈 1권-10권, 행복한 학교, 문제의 아동, 문제의 부모, 문제의 교사, 문제의 가정, 방종이 아닌 참 자유, 마지막까지 살아 남은 사람, 어린이의 삶을 사랑하는 교육, 자유로운 어린이, 섬머힐 교사의 수기』이다. 이러한 저서 속에 담겨 있는 철학을 찾아 유아교육의 새로운 지평을 열어야 할 것이다. 인간의 자유에 대한 믿음을 전제로 하여 자율적인 유아를 양성하는 유아교육을 지향해야 할 것이다.

(5) 몬테소리(M. Montessori, 1870~1952)의 유아교육사상

몬테소리는 1870년 8월 31일 이탈리아 안코나의 캬라발레에서 출생하였다. 그녀는 보수적이고 건전하며 규율이 바른 가정에서 자랐다. 11세 때 로마에서 교육을 받았고, 특히 수학과 기술분야에 재능을 보였다. 공업학교에 입학하였으나 생물학으로 흥미가 변하였다. 그 후 의학을 공부하여 의과대학에 입학한 첫 여학생이 되었다(김옥련, 1988).

대학졸업 후 로마대학 부속정신병원의 조수로 있으면서, 정신적인 결함이라는 것은 의학적인 문제라기보다는 교육적인 문제라고 확신하였다. 당시 정신박약아의 문제는 주로 의학 분야에서 취급하였다. 여기에 문제점을 제기하면서 이타르과 세강을 연구하였다. 세강은 정박아를 걷기부터 훈련시키고 그 동작에서 균형을 어떻게 잡을 것인가를 가르치고, 다음에는 촉각이나 근육감각의 교육에서 지식으로, 지식에서 개념으로, 개념에서 도덕으로 지도하였다(김옥련, 1988).

그녀의 사상에는 다윈(Darwin)과 헉슬리(Huxley)의 진화론, 프로이드의 정신분석학적 입장, 왓슨의 행동주의 입장도 있지만, 루소, 페스탈로치, 프뢰벨 등의 자연주의 사상에 이어지는 사상적 계보를 따르고 있다(고후순, 김동일, 조옥희, 1997). 그녀의 교육은 신, 인간, 자연에 기초한다. 신은 인간과 세계 속에 있는 생명 그 자체이며, 특히 유아의 성장과 발달을 이끈다고 보았다. 그리고 주관적 자연(인간의 주관성, 내면성, 자발성)과 객관적 자연(물리적 자연성)을 일원화시키려고 하였다. 그녀는 교육의 본질을 신의 의지, 우주적인 사명(우주의 조화) 즉, 우주적 질서와 우주의 법칙을 자각시키는 것으로 보았다. 이러한 교육관에 의해서 유아는 식물처럼 성장하려는 욕구를 가지고 있고, 왕성한 생명력을 가진 생물학적인 존재이며, 유아는 잠재성을 소유하고 있고, 동물과 다른 점은 지성을 소유하여 창조적인 활동을 추구한다. 그리고 유아는 정신과 육체로 이루어진 살아있는 통일체이며 사회적 존재라고 보았다(조옥희, 권영자, 1998). 몬테소리는 오랫동안 유아들의 관찰을 통해서 유아가 좋아하는 것은 연습의 반복, 환경 속의 질서, 자유로운 선택, 침묵, 자신의 존엄성, 자발성과 예절, 싫어하는 것은 보상과 벌(상보다는 작업을 통한 내적 희열감에 만족), 장난감과 사탕(장난감은 곧 싫증, 저급한 생리적 본능보다는 지적인 것에 강한 관심을 보인다) 등이라는 것을 어린이를 통해서 발견하였다.

그녀가 유아를 중요하게 생각했던 이유는 첫째, 유아는 인류의 아버지이다. 유아는 미래의 인류 진보와 발전에 기여할 수 있다. 적절한 환경이 주어지면 유아의 영혼 속에 있는 자질과 능력이 나타난다. 그러므로 부모와 교사도 유아를 통해서 끊임없이 배워야 한다.

둘째, 이상사회의 건설은 유아로부터 시작해야 한다. 국가의 전통과 인습을 바꾸고 민족의 특성을 강력하게 하기 위해서는 유아기부터 해야 한다. 유아의 무한한 잠재력 계발과 활용을 통해서 이상사회를 건설해야 한다. 유아의 교육을 통해서 인류의 미래를 개선해야 한다고 보았다.

또한 그녀는 다음과 같은 점에서 유아기의 중요성을 강조한다. 유아는 우주적인 힘, 모든 생명체를 진화하도록 인도하는 충동인 호르메(Horme)가 출생과 더불어 나타난다. 리비도(Libido)와 비슷한 이 힘을 유아가 갖고 있기 때문에 유아기는 인간 발달의 가장 중요한 시기이다. 이때 교육은 유아의 내적인 자기발전을 도와야 한다. 뿐만 아니라, 유아는 무의식적 기억으로 환경을 흡수하는 활동인 므네메(Muneme)가 있다. 내적 민감성에 따라 언어, 습관, 인습, 지식, 기능, 감정, 성격, 의지 등이 습득되어 유아가 속한 민족의 일원이 된다. 이 정신은 0~3세까지는 무의식적으로, 3~6세까지는 의식적으로(계획적으로 환경과 상호작용) 작용을 한다. 이 정신은 6세까지만 지속되기 때문에 유아기는 일생에서 가장 중요하다는 것이다. 그녀는 유아의 성장 원리를 다음과 같이 제시하였다.

첫째, 작업의 법칙이다. 유아는 작업을 통해서 자기 통합을 획득하고 자기 과제에 집중하면 만족과 평온을 찾고 작업을 통해서 참된 자아를 발견한다.

둘째, 독립성의 법칙이다. 유아는 완전한 발달을 이루기 위해서 외부지도, 직접지도, 의존성에서 벗어나야 한다.

셋째, 집중력이다. 유아는 충동에 바탕을 둔 본능적인 흥미에서 지적 흥미로 변환해야 한다. 특히 인지적 흥미에 바탕을 둔 집중력 획득을 구조화해야 한다. 그러면 유아는 집중력이 강한 활동에서 즐거움과 만족감을 갖는다.

넷째, 의지의 발달이다. 의지는 우주적인 힘, 호르메에서 나온다. 유아는 성인의 간섭이 배제된 상태에서 독립적으로 활동을 반복하여야 한다. 유아는 자제력이 획득되면 창의성이 생겨난다.

다섯째, 인지발달이다. 유아의 인지발달은 유사점과 차이점을 구별하는 데서 시작한다.

여섯째, 상상력과 창의성이다. 유아는 선천적인 능력으로서 명상과 같은 주의집중력을 가져야 한다. 그리고 유아는 판단에 대한 자율성과 독립성, 진실과 실질을 향한 신념이 있어야 한다. 유아는 미, 질서, 실제가 포함된 환경 속에서 자유롭게 선택하고 방해 없이 집중할 때 자신의 생각과 답을 찾기 위해서 자신의 의지대로 타인과 의사소통할 자유가 보장될 때 가능하다.

일곱째, 정서적 발달과 영적 삶이다. 유아는 출생 시 정서적, 영적 환경에 반응할 감각을 소유하고 있다. 그러므로 유아는 정서적, 영적 삶에 자극을 받아야 한다(조옥희, 권영자, 1998).

이처럼 몬테소리는 유아의 성장은 이미 다 갖추어진 것이 그대로 성장하는 과정으로는 보지 않는다. 변화(metamorphosis)라는 생물학적인 용어로 유아의 성장을 설명한다. 발달은 '재탄생의 연속이다(알-애벌레-번데기-성충).'라고 보면서 변화의 연속성을 강조하였다. 이러한 변화는 신체적 · 정신적 · 사회적 측면에서 이루어진다.

첫째, 유아기(0~6세)에서는 성격과 지능이 형성된다. 유아 전기(0~3세)에는 무의식적 흡수기, 창조기이다. 자아의식은 없으나 정신활동은 있다. 무의식적 흡수력에 의해서 지성이 형성되고 감각이 형성된다. 보행, 질서, 언어 등의 획득에서 특히 민감하다. 유아 후기(3~6세)에는 전기에서 경험했던 것을 조직화하고 기능화 하여 손으로 정착된다. 오관이 열리는 시기로서 감각이 민감해진다. 내적 모델을 만들고 자아의식이 강해진다. 공동생활에 대한 감수성이 발달하고 도덕적 의식이 발달한다. 이를 위해서 감각기관과 손사용을 위한 실물과 감각 교구가 있는 탐구의 장을 마련해주어야 한다. 또한 근육발달을 통한 의지력 발달, 또래를 통한 사회성 발달을 배려하고, 자기 조정의 과정을 통해서 상상력과 창의력을 키워 가도록 한다.

둘째, 아동기(6~12세)에서는 정신적, 육체적 안정기로서 독립적인 생활의 기초를 마련해주어야 한다. 전기 아동(6~9세)은 지적 흥미를 매우 강하게 느끼게 하고, 후기 아동(9~12세)은 자신의 세계를 확장하여 우주까지 관심을 넓히도록 한다. 이때 아동은 지적 욕구가 강해서 기억력과 사물의 이치를 알고자 하는 지식욕이 강하다. 특히 논리적 관심과 함께 도덕적 의식발달, 정신적 독립이 강하여 성인의 독단에 저항하며 위인전을 좋아한다. 그리고 조직 내 집단활동과 사회의식의 발달로 인하여 자기 문화에 동화를 잘 한다고 보았다(조옥희, 권영자, 1998).

그녀는 이러한 유아기에는 민감기가 있다고 보았다. 민감기는 특정한 시기에 나타나는 것으로, 이 기간 동안 특정한 기능을 익히고 원만한 성격을 형성한다. 유아는 민감기 동안 어떤 특성을 자기 것으로 만들고는 사라지는 일시적 현상이 일어난다. 이 민감기는 환경에 대한 반응이기보다는 생명의 본질 즉, 내적 동기의 결과이다. 민감기에 접어들면 특별한 주의 집중력이 나타난다. 인간은 6세 이전에는 민감기를 통해서 자연에 적응한다. 따라서 교사는 민감기 동안 일어나는 창조 에너지인 성운(nebulae)의 잠재력을 계발하는 교육방법을 생각해야 한다. 민감기는 흡수정신의 민감기, 질서의 민감기, 감각의 민감기, 걷기의 민감기, 작은 사물에 대한 민감기, 사회적 관심에 대한 민감기 등으로 나타난다(Crain. 1980).

그녀는 인간의 육체적인 에너지와 정신 에너지가 상호작용을 하지 않으면, 정상적인 발달로부터 일탈이 일어난다고 보았다. 이 일탈을 막는 방법은 정신집중의 방법,

즉 작업을 통한 것이 정상적인 방법이다. 정상화란 일탈된 상태에서 원래 상태로 회복하는 현상을 말한다. 이는 자유가 부여된 준비된 환경에서 더욱더 촉진된다. 일탈의 원인은 억압, 성인의 의지 개입, 언어발달 장애, 퇴행 등에 의해서이다. 일탈된 성격은 변덕이 심하고, 무질서하며, 소심하고 게으르다. 여기에 처방은 정신 집중에 의한 작업과 사물을 손으로 조작하는 것이다. 특히 교구를 통한 정상화 제1단계는 관찰과 즉흥적이고, 제2단계는 일시적으로 교구 선택, 교사의 선택에 의존, 집중시간이 짧고, 제3단계는 스스로 선택할 수 있는 시기로 창의적인 방법으로 작업을 한다. 정상화된 아동의 특징은 질서에 애착, 작업을 사랑하고, 자발적으로 깊은 집중, 현실에 애착, 침묵, 소유본능 둔화, 순종의 태도, 자립적, 주도적, 자발적으로 자기훈련을 한다.

그녀에 의하면 여기서 '준비된 환경'[25]이란 유아의 자연적 성장이 가능하도록 자유가 부여된 환경 즉, 이념으로부터 자유가 아닌 교육실천의 자유, 유아 본성에 적합한 환경(유아의 자발적 자기표현이 가능한 자유로운 환경), 유아의 요구에 상응하는 환경, 유아의 개별성이 존중되는 환경, 유아의 자연적 성장이 가능하게 하는 장애가 제거된 환경, 사회적 발달이 배려된 환경(집단 속에서 자기 책임), 자유와 규율이 있는 환경, 질서가 있는 환경, 과업이 제공되는 환경, 발달 수준에 맞도록 역동적 조성, 확대, 심화된 환경을 말한다. 그녀의 준비된 환경으로 인해 환경론자 취급을 받기도 하지만, 유아 속에 유아가 있다고 주장한 의미를 되새겨 보면 그녀는 분명히 루소 계열의 자연주의 사상가이다.

또한 몬테소리는 유아교육의 목적으로 다음 세 가지를 제시하였다.

첫째, 유아 내적 생명력의 조성과 정상화 즉, 잠재능력의 가능성과 천부적인 개성을 신장해 가도록 돕는 것이다.

둘째, 인격의 완성 즉, 심·신의 조화, 지·정의 조화로운 통일, 개성의 발휘, 사회성 발달이다.

셋째, 이상적인 사회 건설이다. 즉, 인류평화 공존에 기여하고 우주적 사명과 과제를 자각함으로써 이상적인 사회건설에 공헌하는 것으로 하였다.

그녀는 어린이들을 세심하게 관찰한 결과, 유아의 예측할 수 없는 '폭발적 현상'에 주목하였다. 갑자기 치아가 나오면 다른 치아도 나고, 첫 걸음마를 하기 시작하

25) 이로 인하여 그녀를 환경론자로 오해하기도 한다. 주시하다시피 환경론자들은 개체의 자율성을 우선으로 보지는 않는다. 유아 각자가 내적 요구와 흥미를 충족시켜 줄 수 있는 환경으로 유아의 개별성이 특히 존중되는 환경이다.

면 계속 걸을 수 있고, 말을 시작하면 언어의 발달이 계속된다는 점을 발견하였다. 이러한 현상을 교육의 '각성' 문제로 취급하였다. 그래서 그녀는 교육에서 가장 먼저 한 일은 유아에게 각성을 호소한 것이었다. 그녀는 주의력, 내적 생활, 공동생활의 의미, 스스로 교육, 자주적인 태도 등에 대해서 교구로서 혹은 살아있는 목소리로써 자연스럽게 태도가 형성되기를 기대하면서 유아를 각성시켰다. 유아를 각성시키면 이것에 의하여 유아는 스스로 자신을 교육한다는 것이다. 이 각성은 교육자가 유아의 정신을 집중시켜 마음을 통일시키면 얻어질 수 있다고 보았다. 정신이 집중되면 유아는 총명해지고, 종교적인 회심과 같은 정신 현상이 나타나서 일상성을 초월하는 내적 특질을 가진다는 것이다. 그녀의 이러한 생각은 '교육자는 깨어나라.'라는 구호에 의해 유아에 잠재되어 있는 힘을 자극하여, 활동을 하게 하는 실존주의 교육관에 영향을 주었다. 교사의 개입에 의해서 각성 전의 상태(착란상태)를 깨우쳐 각성을 가져다주어야 한다고 보았다. 개입 초창기에는 불유쾌한 교란을 느끼게 하지만, 전회가 이루어진 후에는 비로소 감사를 회상한다는 것이다. 이처럼 그녀의 교육은 영혼의 심연을 깊이 파고들어 가는 것을 그 사명으로 하고 있다. 교육은 '아직 계발되어 있지 않지만 모든 유아의 영혼 속에 숨어 있다. 인간에 접근하는 하나의 길' -회심을 예감시키는 것-을 추구하였다(팽영일 역, 1994).

이러한 회심을 추구하기 위해서 몬테소리는 교구를 아동심리학에 기초하여 명확한 의도를 가지고 제작하였다. 교구 그 자체가 자기 목적적이고, 유아들이 물체를 손으로 다루고 싶어 하는 욕구충족을 위하여 만들어진 것이다. 그녀는 교구의 획일화를 피하기 위해서 동일한 교구를 만들지 않도록 유의하고, 색 또는 형태를 바꾸어 교육효과도 조금씩 다르게 만들었다. 또 유아는 자기가 좋아하는 교구를 선택하여 좋아하는 장소로 옮겨서 조작할 수 있다. 교구가 단 한 개밖에 없기 때문에 교재 선택을 모방할 수 없고 마음대로 조작할 수는 있다. 모방이 없기에 유아의 마음은 한 곳으로 집중할 수 있다. 또한 교구는 철저하게 자주성을 기를 수 있도록 고안된 것이어서, 유아는 혼자서 작업에 몰두하면서 '생명이 없는 교사'로부터 절대적 명령을 받고 자신에게만 책임이 있는 혼자만의 작업에 마음을 불태우는 것이다[26]. 유아가 스스로 그 잘못을 알고 정정할 수 있도록 되어 있다는 점은 스키너의 자기강화, 자기교수의 여러 가지와 일치한다(고후순, 김동일, 조옥희, 1997). 감각 교구의 특징은 감각속성의 고립화(집중력과 변별력을 높이기 위해 한 가지 감각기능), 적극적 관여(학습의

26) 일상생활에서 유아가 단추를 끼울 때 하나를 잘못 끼우거나 잃어버리면 단추 구멍 하나 또는 단추 하나만 남게 되어 다시 고칠 것을 명령하는 것과 같다.

기초로서 행동과 동작 중시), 자기시정 자료(성공과 실패의 결과가 자명하여 행동의 교정이 가능), 매력(유아의 마음을 끄는 색과 크기로) 등으로 되어 있다. 이러한 것은 비단 교구에만 한정된 것이 아니라 '어린이의 집' 가구도 그러하다.

초기에는 교육내용을 운동교육, 감각교육, 언어교육 등으로 나누었으나, 그녀가 설립한 국제 몬테소리협회(AMI: Association Montessori International)는 일상생활연습, 감각훈련, 언어교육, 수교육, 문화교육 등 다섯 가지로 제시하였다(방인옥 등, 2003). 각 영역에 관련된 교구를 살펴보면 다음과 같다(조옥희, 권영자, 1998).

첫째, 일상생활연습이다. 이는 그 나라의 지리적 환경조건 및 문화적 환경조건하에서 여러 가지의 생활방식을 인격 형성에 필요한 작업으로써 받아들여, 연습하도록 하는 내용이 주를 이루고 있다. 일상생활연습의 직접목적은 구체적 작업의 습득과 운동의 조정을 통한 독립심과 자립심의 육성에 있다. 간접목적은 운동을 조정하기 위해서 필요한 의지력과 이해력, 집중력과 질서감의 발달에 있으며, 이를 통해 올바른 인격형성을 획득함이 일상생활 연습의 주된 목적이다. 몬테소리는 책상 위를 청소하다가 먼지가 일어남을 본 어린이가 기쁨 속에서 더욱 열심히 청소를 하였으며, 브러시를 들고 창틀에 먼지가 있는 곳으로 다가가서 기쁘게 작업하는 것을 목격하였다. 이를 보고 몬테소리는 먼지 털기, 쓸기 등을 교재화하였다. 이외에도 세탁하기, 금속 닦기, 다림질하기, 꽃물 갈기, 옷 입고 벗기, 문 열고 닫기, 정숙의 연습 등이 있다.

둘째, 감각훈련이다. 유아는 생물학적 관점에서 감각 기능이 세련되어 감각이 기능화 되고 또한, 약한 부분이 정상화됨으로 감각 기관이 강화되어 지적인 발달을 이룬다. 사회학적인 관점에서는 내적인 충동에 의한 작업을 자기 행동을 존중하는 힘과 사물에 집중하는 힘, 정숙함과 질서감, 판단력이나 예민한 관찰력 등을 발달시킴으로 감각훈련의 목적은 궁극적으로 인격 형성을 도모하는 데 있다. 몬테소리는 정신병동에 수감된 어린이(빵 부스러기를 끊임없이 만지고 있는 유아)를 관찰하면서 감각훈련의 필요성을 느꼈다. 정박아들이 손을 끊임없이 사용하는 것을 목격하면서, 자극 없이 지성이 성립되지 않음을 자각한 몬테소리는 정상아에게도 이 원리를 적용하여 5감각(시각, 청각, 촉각, 미각, 후각)을 중심으로 교구를 고안하였다. 집어넣기 원기둥, 분홍탑, 갈색계단, 촉각판, 온각병, 음감벨, 미각병, 후각통 등이 있다.

셋째, 수교육이다. 유아들에게 지적발달을 자극하기 위하여 논리적으로 사물을 생각하는 힘을 몸에 익히도록 하는 데 의의가 있다. 직접목적은 생활 속에 막연히 익숙해진 수량에 대해서 논리적으로 수량의 개념을 인식하며, 체계적으로 이해하며 수학적인 두뇌를 육성함에 있다. 간접목적은 유아가 문화전체를 습득하기 위해 인격형성에 필요한 상상, 이해, 판단, 추상력을 길러 원만한 인격 형성에 도움을 주고자 함에 있다. 몬테소리는 유아들의 사고력이 구체적인 개념에서 추상적인 개념으로 옮겨가도록 여러 가지 교구를 고안하여 사용하였다. 물건을 헤아리는 수세기 활동과 같은 구체적 조작적 활동을 통하여, 양과 숫자를 연관하여 수 개념을 인지하도록 하였다. 예를 들어, 수 막대를 통해 양을 익히고 모래 숫자판을 통해 수를 익혀 물렛가락 상자에서 일치시킨다. 우표놀이, 은행놀이, 색비즈와 세강판, 암산, 작은 색비즈의 주판, 분수 시계 등이 있다.

넷째, 언어교육이다. 이는 자신의 생각을 표현해내는 수단일 뿐만 아니라, 타인의 생각을 받아들여 자신의 사고의 폭을 넓혀가고 경험을 정리, 기억하고, 축적하는 역할을 하는 지성의 도구라고 하였다. 언어교육의 직접목적은 모국어를 정확하게 이해하고 표현할 수 있는 기본능력을 육성하는 데 있다. 간접목적은 모국어를 존중하는 태도를 기르고 문화의 전승과 창조의 힘을 발달시키며 사고력, 이해력의 증진을 통한 논리적 과학적인 사고의 확립에 있다. 몬테소리 언어교육내용은 크게 음성언어와 읽기, 쓰기의 문자언어로 대변할 수 있다. 음성언어는 실제로 사물을 경험시키는 것으로, 언어를 가르치고 올바른 개념으로 구성시켜 어휘를 넓히는 방법으로 언어발달을 돕도록 하고 있다. 이는 풍부한 어휘 확장을 시키기 위해 물건의 이름, 사진홀더, 음악 감상, 끝말 이어가기, 수수께끼 등을 교구화 하였다. 또한 그녀가 어린이의 집에서 유아들을 관찰하던 중, 4세 유아가 어느 날 피곤한지도 모르고 쓰고 또 쓰고, 마루나 벽 할 것 없이 쓰는 것에 대한 충동으로 가득 차 버리는 놀라운 현상을 목격하게 되었다. 이 현상을 '쓰는 것에 대한 폭발'이라고 하고, 4세 전후의 쓰기에 대한 민감기를 놓치지 말고 교육할 것을 강조하였다. 몬테소리는 읽기와 쓰기의 기술 발달을 직·간접적으로 도울 수 있는 언어교구를 개발하여 사용하였다. 모래 문자판, 이동문자, 실물의 첫 글자와 첫 소리, 품사의 역할(명사, 관형사, 단문, 단수와 복수, 외래어 등) 등이다.

다섯째, 문화교육이다. 그녀는 유아가 현실의 세계를 탐구하고 알아 나감으로써 굉장히 기뻐하며 자신을 둘러싼 우주, 별, 동식물 등의 변천사를 통해 보다 더 아끼고, 사랑함으로써 유아들 안에서 생명을 발전시키고 전개시켜 나가려 하는 데서 문화교육의 중요성을 찾았다. 그래서 그녀는 문화를 쉽게 흡수할 수 있는 3~6세까지의 시기를 충분히 이용하여, 민족이나 사회의 복잡한 문화를 교육할 것을 주장하였다. 그 목적을 보면 유아기는 사회 속의 한 인간으로서 받아들여야 할 모든 양식, 습관, 예술, 문학, 삶의 형태 등을 이해할 수 있는 자세와 태도, 능력 등을 기르는 데 있다. 지리의 내용으로는 백과 청의 지구본, 집어넣기 세계지도, 대조지형, 지도 서랍, 국기, 상상의 섬 등이고, 역사의 내용으로는 지구의 역사, 생명의 역사 등이며, 생물의 내용으로는 생물을 위한 그림 맞추기 카드, 다섯 개의 척추동물, 분류된 생명법의 그림 맞추기 그 외 미술, 물상, 음악, 종교 등에 관한 내용이다.

이와 같은 몬테소리 교육에서 교사의 역할을 정리해보면 다음과 같다.

첫째, 교사는 '가르치는 것'보다는 유아가 본래 가지고 있는 자연적 에너지를 '이끌어내는 것'을 본 임무로 한다.

둘째, 교사는 직접적 지시보다는 유아의 자발적 활동을 지원함으로써 간접적으로 유아의 성장을 돕는 것이다. 즉, 교사의 역할은 유아의 자기발전을 조성시키는 역할을 해야 한다. 이를 위해 교사는 정서적으로 안정시켜 주고, 어려운 것을 도와주고 또 여러 가지 일을 배려해 준다는 것을 유아들이 의식하도록 분위기를 만들어야 한다.

셋째, 교사는 유아에게 주어진 자유를 활용하도록 보장하는 것이다. 이를 위해서 교사는 유아는 목적적 활동을 통해서 자기 자신의 능력을 실현할 능력이 있다고 믿는 것이다. 따라서 교사는 유아가 작업에 몰두해 있을 때 개입, 칭찬, 도움을 주는 것은 유아를 방해하는 결과를 가져온다는 것을 알아야만 한다는 것이다.

넷째, 교사는 유아를 잘 관찰하고 기록하여 유아의 새로운 학습을 세우는 데 귀중하게 활용해야 한다는 것이다(김옥련, 1988).

또한 몬테소리는 교사의 자질을 다음과 같이 제시하였다(고후순, 김동일, 조옥희, 1997).

첫째, 정신적 겸허함이 요구된다.

둘째, 애정과 봉사의 자질이 요구된다.

셋째, 자신의 결점을 제거하기 위해서 끈질기게 노력하는 자세와 이를 위해서 지식을 쌓아야 한다.

넷째, 예민한 관찰의 정신과 감수성의 자질이 요구된다.

이처럼 몬테소리는 기존의 사회적 전통과 구속에서 인간을 해방함으로써 인간의 본성이 보다 자유롭게 발전 및 신장되어야 한다는 사상은 사회개혁운동에 불을 질렀고, 교육개혁으로 이루려고 하였다. 또한 교사의 권위와 엄격한 규율 때문에 유아를 구속하는 것이 아니라 파멸에 몰아넣을 때, 몬테소리는 교사를 뒤로 물러나게 하고 유아에게 최대한 자유를 허용하였다.

그럼에도 불구하고, 몬테소리의 교육방법은 여러 가지 점에서 비판을 받고 있다. 그녀의 교육방법에 대한 길패트릭의 비판을 종합해보면(Crain, 1980) 다음과 같다.

첫째, 몬테소리의 자유의 원리는 절대적 자유가 아니고 제한된 자유이며, 전통적인 유치원과 비교할 때 유아는 교사로부터 고립된 상태에서 자유로운 선택을 통해서 자립을 배우고, 개인주의를 형성함으로써 타인의 권리를 존중하는 것은 이 교육의 큰 장점이다. 그러나 프뢰벨에 비해 사회적 협동을 위한 실제 상황을 마련해주지 않고 있다.

둘째, 유아의 자기표현의 수단으로 만들어 진 교구는 구체적인 활동에 제한을 가하고 있으며, 성격상 형식적이며 사회적 관심으로부터 멀리 떨어져 있다. 그리고 게임, 놀이는 엄격히 규제하고 있으나 동화와 상상력을 이용한 극(drama)은 거의 활용되고 있지 않다.

셋째, 자유와 밀접한 자기교육은 유아가 혼자 힘으로 문제해결책을 마련하고 자신의 해결방법을 스스로 확인하는 것은 좋은 방법으로 인정되나, 대부분 형식적 교구들은 기계적인 조작으로 축소되어 있다.

넷째, 아동을 위한 실제 생활교육은 유아 혼자 힘으로 하는 데는 가치가 있으나 실제로 제한된 교실 내에서는 유아의 흥미에 따라 동기유발을 일으킬 수 없었고, 더 넓은 영역의 사회적 경험이 결여되어 있다.

다섯째, 감각교육은 훈련의 반복을 필요로 하는데, 이것은 형식적 훈련주의를 아직도 고집하고 있으며, 단조로운 교구들은 유아의 감각능력을 잘 길러주지 못한다.

결국 길패트릭은 몬테소리 방법이 능력심리학(Faculty psychology)에 기초를 두었다는 점과 감각운동을 사용했다는 점, 그리고 개인주의적 개념이 있다는 점에서 많은 비판을 하였다(Osborn, 1975). 이러한 영향은 적어도 현대 인지이론이 대두되면서 몬테소리 교육방법이 인지이론과 유사점을 가지고 있다는 평가를 받게 될 때까지는 계속되었다(이기숙, 2001).

이와 함께 몬테소리 교육방법을 둘러싼 단체들의 주장도 우리를 혼란스럽게 한다. 소위 이탈리아식, 일본식, 미국식 등등의 미명하에 우리나라에 여러 갈래로 도입되고 있다. 어느 방법이 그녀의 참 교육방법인지를 이해하는 데 어려움을 주고 있다. 그리고 각 대학 유아교육과에서 그녀의 교육방법을 정규교과목으로 다루는 대학은 소수이다. 대신 제도권 밖 사회단체에서 간헐적으로 이루어지고 있는 점도 그녀의 참된 교육방법을 이해하기 어렵게 한다. 또한 몬테소리 저서와 교구가 분리되어 소개되는 경향, 교구와 교육비가 고가인 점도 예비 교사들의 접근을 어렵게 하고 있다. 이 때문에 교육사 및 유아교육학계 일부에서 그녀의 교육방법에 대해 부정적인 시각을 갖고 있는 것도 사실이다.

여러 가지 상황에 얽혀 그녀의 교육방법을 부정적인 시각으로 보려는 입장이 팽배해져 있다. 그러나 우리나라 유아교육기관마다 그녀의 교육방법이 널리 행해지는 것도 사실이다. 그야말로 이론과 실제가 괴리되고 있는 현실이다. 그렇다면 예비교사들도 침묵 속에서 방관만 할 것인가? 방관은 참 용기가 아니면 학문의 길로 가는 첩경이 될 수 없다. 그래서 예비교사들은 그녀 교육방법에 대한 선입견으로부터 벗어나 무지의 장막 속에 그녀의 교육사상부터 냉철히 분석하기를 기대한다. 왜냐하면 '그녀의 설계들은 현대적인 형식에 알맞고 여전히 교육의 일부로 남아'(Cleverley & Phillips, 2006) 있기 때문이다. 그녀가 지시적 교수가 아닌 자발적으로 배울 수 있는 기회를 통해서 유아의 인지능력을 변화시킬 수 있다고 믿은 점, 그리고 개별적인 접근과 감각훈련을 강조한 점은 오늘날에도 살아 있다. 마지막으로 유아교육의 수많은 이론 중에서 유아교육현장에 도출된 몇 안 되는 유아교육사상이기 때문이다.

2) 진보주의 운동과 듀이(J. Dewey, 1859~1952)의 유아교육사상

진보주의 영문인 프래그머티즘(pragmatism)은 도구주의(instrumentalism), 실험주의(experimentalism), 기능주의(functionalism) 등의 이름으로 사용되고 있다. 진보주의 교육운동은 미국 진보주의 교육운동의 아버지라고 불리는 파커(Parker, 1837~1902)에 의해서 시작되어, 1896년 듀이 실험학교가 설립되었고, 1919년 진보주의 교육협회가 설립되었다. 이 협회에는 회원 수가 10,000명에 달했고, 「진보주의 교육지」를 발행하였다. 초창기 진보주의 운동은 개인적인 성격이 강했으나, 1930년대 경제공황을 겪으면서 사회개혁운동의 성격을 갖게 되었다. 학자로는 길패트릭, 차일즈(Childs), 카운츠(Counts), 보드(Bode) 등이 있다. 그러나 진보주의 교육운동은 1955년 진보주의 교육협회가 해산되고, 1957년 소련(현 러시아)의 인공위성 스푸트닉(Sputnik)의 발사로 많은 비판을 받았다.

진보주의는 종래의 교사중심적이며, 교과목중심적인 교육에 불만을 품고, 아동을 중심으로 하는 교육을 실시할 것을 주장한다. 아동은 성인의 축소판이 아니라 아동 나름의 독특한 세계가 있다는 것이다. 아동의 성장은 성인의 준비가 아니라 각 아동의 단계에 맞는 생활을 통해서 이루어진다. 교육자는 이러한 아동의 특성과 욕구, 필요, 흥미, 문제점을 파악하여, 그 결과를 토대로 아동의 자연스러운 성장을 도울 수 있는 교육과정을 마련해야 한다. 그래서 진보주의 교육은 아동중심교육, 생활중심교육이라고 한다.

진보란 변화를 의미한다. 여기서 변화라는 것은 새로운 요소가 들어오는 것을 말한다. 생물학적으로나 지적으로 인간과 환경은 끊임없이 변화한다. 따라서 교육은 인간과 사회의 변화에 관심을 가져야 한다. 끊임없이 변화하는 세계에 효과적으로 적응하기 위해서는 변화를 이해하고, 변화가 가져오는 문제점을 좋은 방향으로 해결할 수 있어야 한다. 교육은 현재와 단절된 과거에 집착하는 것도 아니고, 아직 나타나지도 않는 미래를 상정해 놓고 현재를 무시한 채 그 준비에 전념해서도 안 된다. 대신 아동의 현재 관심, 호기심, 요구 등을 나타나는 학습과 성장을 중요시한다. 아동이 가진 흥미, 호기심, 요구 등은 창조적 지성의 내재적 성장력의 표현으로 보기 때문에 변화와 진보의 핵심으로 본다.

이처럼 진보주의 교육자들은 교육은 미래의 준비가 아니며, 성인이 필요하다고 느끼는 것의 주입도 아닌, 아동의 성장을 도와주는 것으로 보고 있다. 아동의 성장이란 경험의 계속적인 재구성에 의해서 이루어진다. 즉, 아동은 자신의 활동성과를 스스로 비평적으로 평가하는 과정을 통해서 자신의 행동을 검토하고, 그 과정을 통해서 자신이 소유하고 있던 생각을 재구성하는 것이다. 이러한 과정을 듀이는 반성적 사고(reflective thinking)라 하였다. 진보주의자들은 학습자의 자발성과 잠재가능성을 높이 평가하였고, 교과서를 비롯한 책 중심보다는 학습자의 활동들과 경험을 중시하였다. 교과목 간의 경계선을 무너뜨렸고, 교사들 간의 협력을 자극하였다. 길패트릭이 창안한 구안법(project method)은 이러한 교육과정을 반영한 것이다(신득렬, 2000). 그러나 진보주의는 아동의 흥미와 아동의 필요를 너무 지나치게 강조한 나머지, 사회적 전통과 사회적 관여를 등한시했다는 비판을 받고 있지만, 진보주의 교육원리는 매우 우수한 것이다.

첫째, 교육은 삶 그 자체이며 삶의 준비는 아니다. 지적인 삶은 경험의 해석과 재구성이기 때문에 연령에 맞는 학습 사태를 공부해야 한다.

둘째, 아동은 전인(whole child)으로 이해되고 교육되어야 한다. 학습의 과정은 성인의 강요에 의해서가 아니라 아동중심으로 되어야 한다.

셋째, 문제해결을 통한 학습이 교과목 내용의 주입보다 우선해야 한다. 지식 그 자체가 목적이 아니라, 지식은 삶의 사태에서 발생하는 문제를 해결하는 도구가 되어야 한다.

넷째, 교사의 역할은 지시가 아니라 조언이다.

다섯째, 학교는 경쟁보다는 협동을 강조하고 격려해야 한다.

여섯째, 민주주의는 경험의 공유이다. 민주주의, 성장, 교육은 상호 연관되어 있다.

여기서 듀이는 이러한 운동을 주창한 사람들 중의 한 명이다. 그는 1859년 10월 20일 미국 버몬트 주 벌링턴에서 태어났다. 버몬트 대학에 입학한 후 자유롭게 독서와 여가 생활을 향유하였다. 대학졸업 후 3년간 고등학교 교사로 일한 후에 존스 홉킨스 대학원에 진학하였으며, 1884년 헤겔(Hegel)을 연구하여 박사학위를 취득하였다. 그는 조용하고 수줍은 성격을 가지고 있었지만, 불의와 대결할 때는 단호한 모습을 보여주었다. 그는 고독 속에서 사유하는 철학자일 뿐만 아니라 행동하는 지성인이었다. 그는 미국이 직면한 문제뿐만 아니라 국제문제에 대해서도 자신의 입장을 천명하는 논문, 논설문, 단문을 발표하였다. 그리고 대학교수들의 학문적 자유 수호에도 앞장섰다(신득렬, 2000). 시카고 대학부설 초등학교(University Elementary School), 일명 실험학교(Laboratory School), 듀이학교(Dewey School)를 세워서 교육적 아이디어와 이론들을 전시, 검증, 비판하였다. 듀이가 유아교육에게 미친 영향은 웨브(1984)의 평가가 말해주고 있다. '미국 유치원은 듀이의 진보주의 교육원리를 그대로 받아들였고, 아동연구로부터도 필요한 도움을 받았으며, 또한 유아교육과정의 구성 지침으로 손다이크의 연합주의로부터 도움을 받았다.'라고 평하고 있다. 우리나라 유아교육도 이 평가에 동의할 것이다. 듀이의 사상적 배경에는 여러 가지 사상이 있다. 그 중에는 일원론 그리고 실용주의(pragmatism)철학, 도구주의(instrumentalism), 경험이 내재하고 있다. 그는 평생의 스승인 헤겔의 영향을 받아 모든 문제들을 이원론으로 인식하고, 대립되는 두 가지를 융합하는 논리를 취하였다(Cleverley & Phillips, 2006). 그는 사회 안에 있는 여러 가지 이원론은 사회 계층을 분열시키고, 교육의 평등에도 영향을 미친다고 보았다. 이를 해결하기 위해서 그는 대립과 반대로 계속 변화하는 문화와 사회를 종합하는 점진적인 진보관을 갖고, 변화의 기본 도구로서 정치가 아닌 교육을 선택하였다. 이어 이를 실천하기 위해 그는 일관된 논리로 '이것이냐 저것이냐' 대신에 '이것도 저것도'라는 정반합을 지향하였다. 이러한 논리는 그의 모든 저서에서 즉, 사고와 행동, 개인과 사회, 경험과 지성, 주관과 객관, 교재와 아동, 학교와 사회, 아동과 커리큘럼, 흥미와 노력, 경험과 자연 등을 극복하려고 하였다. 이러한 저술활동과 함께 사회운동을 전개하였다. 진보는 의식을 가진 개인과

집단에 의해 일어나며, 이러한 변화와 진보의 기본적 도구는 정치적 혁명이 아니라 유아와 젊은이의 교육이라고 생각하였다.

또한 그는 피어스(Peirce)가 창설하고 제임스(James)에 의해서 구체화되고, 자신이 체계적으로 발전시킨 실용주의 철학에 의하여 초자연적 교리, 전통적인 권위를 배제하고 인간, 자연, 과학에 의해서 확실성을 찾는 과학적인 방법론을 중시하였다. 즉, 실험적인 실천에 의한 문제해결을 강조하였다. 따라서 고정적·절대적 지식관의 프뢰벨 유치원 프로그램을 싫어하였다. 대신 그는 인간 생활의 향상을 위한 바탕으로 실용성을 중시하였다. 진리도 일상생활의 문제를 해결할 도구라고 보았다. 진리는 목적이라기보다는 수단으로서, 도구로서 역할을 한다. 과거의 철학자들은 지식은 유용성과 관계없이 그 자체로서 완벽한 것을 강조하였다. 그러나 듀이는 지식이란 주어진 상황에 적용할 수 있는가를 중요하게 생각하였다. 그리고 과거의 지식은 현재, 미래 문제를 해결하도록 조직되어야 하며, 지성적인 방법으로 지식을 획득할 것을 주장하였다. 듀이가 살던 당시는 개인 경험, 사회적 경험을 교육내용으로 수용할 수 없었고, 문자와 인쇄술의 발달로 교육내용은 실생활과 유리되었다. 이러한 점들은 교과중심 교육내용을 형성하였고, 지식 위주의 교육으로 흐르게 되었다. 듀이는 교과중심 교육내용으로부터 경험중심 교육내용으로 돌아갈 것을 주장하였다. 이를 위해 학습자를 중심으로 학습자의 발달과 흥미를 수용하였다. 그는 『학교와 사회』에서 다음과 같이 아동중심교육을 설명하였다(고후순, 김동일, 조옥희, 1997 : 165에서 재인용).

> 구 교육은 중력의 중심이 아동 이외에 있었으며, 또는 중력의 중심이 교사, 교과서 기타 어떤 곳에 있었던 간에 아동 자신의 직접적인 본능과 활동 이외의 장소에 있었다. 그러나 이곳에 기초를 두면 아동의 생활에 관하여 거론할 여지가 없다. 이제 현대교육에 도래하고 있는 변혁은 중력의 중심 이동인 것이다. 그것은 코페르니쿠스가 천체의 중심을 지구로부터 태양에 이동시킨 데 비할 만한 변혁이요, 혁명이다. 이제 와서 아동이 태양이 되고 그 주위에 교육상의 모든 문제가 회전하는 것이다.

이처럼 듀이는 아동을 중심으로 하여 교육상의 모든 문제를 조직하여 아동중심교육을 강조하였다. 그리고 교육의 가치 우선순위 결정은 무의미한 것으로 보고, 대신에 어떤 내용이든지 삶을 풍부하게 하는 학습내용을 내재적 가치가 있다고 하였다. 그는 아동을 중심으로 교육상의 모든 문제를 조직하고, 아동의 직접적인 본능이나 활동을 중심으로 혁명적인 학교를 건설하려고 하였다. 이를 위해서는 아동의 생활이 모든 것을 지배하는 학교, 그리고 교육은 아동의 능력, 흥미 및 습관의 심리학적인 통찰에서 시작하고, 교육의 기초로서 흥미를 강조하는 교육원리를 주장하였다. 그는 흥미를 어원적 측면에서 고찰하여 'inter'+'est'라고 풀이하였다. 이는 양자가 관계를 가짐을 의미하고 상호작용의 의미와 연속성을 나타낸다.

또한 그는 인간이 자연에 의해서 만들어지는 동시에 자연을 재구성한다는 인간중심의 자연주의관(anthropolatric naturalism)을 갖고 있다. 인간 노력의 본질은 자연 속에서 이루어진 인간 경험의 구조를 밝히는 것이라 보고, 그의 저서 전 과정에 경험의 개념이 구성되어 있다. 인간의 역사는 경험의 역사이므로 경험은 연속적이라고 보았다. 경험을 수동과 능동의 과정, 즉 1차적 경험은 본 것, 2차적 경험은 느낀 것, 3차적 경험은 행한 것으로 구분하였다. 듀이가 주장하는 경험은 로크를 중심으로 하는 영미 계열의 경험과는 다르다. 이는 '겪는다.', '해 본다.'는 식으로 이해되는 그러한 경험을 의미하는 것이 아니다. 경험은 개인적인 것뿐만 아니라, 인간사회가 지력의 기능과 더불어 성취한 모든 것을 의미한다. 이러한 경험은 계속적으로 새로운 것을 결합하고 조직화하는 것이 일어난다. 이러한 의미에서 교육도 경험의 계속적인 재조직, 개조, 변형이라고 보았다.

듀이는 교육을 유아의 경험 충실성과 관계에서 생각하였기 때문에, 사회에서 교육은 인간 생활에 필연성 내지 필요성으로서 존재하게 된다고 보았다. 여기에 의해서 조직된 교육기관이 유치원을 비롯한 각종 교육환경이다. 교육자는 단지 외적 제어의 지도가 아닌 유아의 본성과 습관을 통찰하여 활동의 중심에서 순서 있는 지도를 하여야만 한다. 특히 교육자는 미소, 조소, 질책, 훈계와 격려 등 상벌의 의미를 명확하게 자각하고 이를 행사하여야 한다. 이를 유아 개인적인 측면에서 보면, 교육이란 경험의 재구성이다. 이것은 첫째, 살아가는 활동이라는 의미이고, 둘째, 경험의 지도와 제어를 더욱더 증진시킨다는 의미이다.

이러한 측면에서 교육은 결국 성장이다. 그는 성장이 문제가 되는 한 성장하고 있는 것의 미성숙이 전제가 되어 있다고 보았다. 그래서 그는 미성숙은 타인에게 의존하여 성장하는 것을 의미하는 의존성과 경험으로부터 배우는 유연한 가능성을 의미하는 가소성이라는 특징을 지닌다고 보았다. 다른 동물과 달리 인간만이 성인과 연대하여 능동적 활동을 통해서 경험을 습득하여 결국 자주성을 획득해 간다. 곧 경험이란 나중에 어떤 상태의 곤란을 극복할 수 있는 힘인 것이다. 이러한 의미에서 교육이 성장이라고 하는 말은 유아의 방임을 의미하지 않고, 유아를 정말로 존중하면서 고귀한 성품의 발현에 기여하는 것이어야 한다(팽영일 역, 1994). 그래서 듀이(1916 : 52)는 에머슨(Emerson)의 말을 인용하여, '아동을 존중하라. 부모 노릇을 너무 하려고 하지 말라. 아동의 고독을 방해하지 말라.'라고 하였다. 이것은 훈련과 규율이 없어 유아를 방임으로 만드는 것이 아닌가 하고 반문하면 그는 다시 에머슨의 말을 다음과 같이 인용하였다. '아동을 존중하라. 아동을 끝까지 존중하라. 그러나 또한 그대 자신도 존중하라.' 이와 같이 그는 교육을 경험의 계속적인 개조로 생각하면서 목표와 교육과정이 동일한 것으로 보았으며, 교육의 목적을 교육과정 그 자체에서 찾았다. 그는 목적을 계통이 있고 질서 정연한 활동이 일어나게 하는 것이라고 보았다. 훌륭한 목적은 각 개인의 모든 상황을 검토하여 설정하고, 신축성이 있어서 상황에 따라 변경될 수 있어야 한다고 주장하였다. 그러한 의미에서 듀이는 교육목표 설정 기준을 다음과 같이 제시하였다(팽영일 역, 1994).

첫째, 교육받아야 할 아동 개개인의 내적인 활동과 요구에 기초하여야 한다. 그는 유아의 선천적 본성과 후천적인 습성을 등한시하는 추상적·획일적으로 고원한 목표를 경계하였다. 즉, 교육자는 실제 활동에 있어서 유아의 이해를 반드시 고려해야 한다는 것이다.

둘째, 유아는 활동에 따라 가소성이 개선될 수 있기 때문에 유아의 유연한 성장에 따라 그 목표도 유연하게 성장할 수 있도록 해야 한다.

셋째, 특수한 활동목표도 목표일 경우에는 일반적인 성격을 지닌다.

이러한 점에 의거하여 교육은 생활의 과정이지 성장을 위한 준비 또는 장래준비가 아니라고 보았다. 즉, 교육의 목적은 성장 그 자체라고 보면서 성장 이외에 따로 교육목적이 있을 수 없다고 보았다. 이처럼 듀이는 교육내용과 사회 실제 현상의 분리가 교과중심 교육내용을 형성하였다고 보았다. 그 결과, 교육내용은 그 자체를 위한 학습을 강조하여 학습자의 지성계발은 못하고 대신 지식위주의 교육을 지양하였다. 이러한 문제를 해결하기 위해서 학습자의 사회적 활동, 삶을 중시하는 교육내용, 경험중심 교육과정 즉, 학습자를 중심으로 교육내용을 조직할 것을 주장하였다. 그렇다고 이것은 교사, 학부모, 교육 전문가의 의견을 무시하거나 배제한 것은 아니고, 교과중심 교육내용이 무시했던 학습자의 발달과 흥미를 수용하였다는 의미이다. 그는 교육내용을 다음 3단계로 나누었다.

① 제1단계: 행동하는 방법에 대한 지식을 놀이[27]와 일을 통해서 획득하게 한다.

27) 듀이의 놀이에 관한 개념은 프뢰벨과 다르다. 듀이는 유아가 외적으로 하는 행동으로 표시되는 것이 아니고 유아의 정신적 태도에 의해 의미가 부여되어진다고 보았다. 놀이는 유아의 힘, 사고, 신체적 활동이 상호작용하여 만족한 상태로 자신의 상상과 흥미를 통합하는 자유로운 행위라고 보았

② 제2단계: 행동할 수 있는 교육내용을 심화하는 단계로 학습자의 지성적 능력을 체계화하고 유용성을 가져올 수 있도록 일과 놀이를 공간적·시간적 차원으로 확대한다. 그 대상은 자연과 인간이며 교육내용은 지리와 역사이다.
③ 제3단계: 교육내용을 통해서 과학적인 사고방식으로 지성과 사회적 지성을 체계적으로 성장한다. 교육내용은 과학이고 이를 통해서 지성적인 삶의 성장을 이루는 것이다.

이처럼 그는 인간 문제에 과학의 적용을 최종 단계로 강조하였다. 이러한 적용을 통해서 인간은 지성적인 성장의 삶을 영위할 수 있다고 보았다. 듀이는 지성을 계발하기 위해서는 아동중심 교육방법이 더 유효하다고 보았다. 이것은 학습자 중심의 교육방법으로서 학습자는 진정한 경험의 장면을 가져야 하고, 학습자를 진정한 문제 경험의 장면 속에 사고하도록 자극한다. 또한 문제해결을 순서 있게 발전시켜 스스로 검증하고 타당성을 찾도록 해야 한다. 그는 교육방법의 단계를 다음 4단계로 제시하였다(Dewey, 1916).

① 제1단계 사고의 경험: 무엇인가 행할 것을 부여하여 행함으로써 배우게(learning by doing) 한다.
② 제2단계 자료의 사고: 기억, 관찰, 의사소통 등을 통해서 새로운 해결방안을 모색한다.
③ 제3단계 관념의 형성: 자료에 대한 창조적인 사고를 통해서 진정한 하나의 관념을 형성하여 미처 깨닫지 못한 곳에서 사용함으로써 창조적 사고가 생겨나게 한다.
④ 제4단계 관념의 검증: 관념은 하나의 예상에 불구하므로 실제로 실천 행동을 검증한다.

이러한 절차가 특정 학과 분야에서만 적용되는 것이 아니라, 일상적인 생활 속에서 실천되어야 한다는 것이 그의 주장이다. 듀이가 주장하는 이러한 교육방법을 깊게 성찰해보면, 그는 흥미가 무한 가능성을 가지고 있기 때문에 아동의 흥미를 강조

다. 즉, 놀이는 유아의 내적 충동에 기초하여 유아를 고등의 의식과 행위로 이끄는 것이다. 따라서 교사의 지시나 모방이 배제되어야 하고 인위적이고 추상적인 상징주의가 유아 자신의 표상인 상상적 놀이로 대치하여야 한다고 주장하였다(이영자, 이기숙, 1997).

하는 한편으로, 숙고와 인내심을 필요로 하는 훈육의 필요성 역시 깊게 인식하였다. 흥미와 훈육을 통합하기 위해 지적 경험, 직접적 관찰, 의사소통, 교과목의 유기적 통합, 일상생활과 교과목의 유기적 통합, 실행에 의한 학습을 제시하였다(신득렬, 2000).

듀이의 교육은 사회생활 속에서 무의식적으로 실천되어야 한다고 보았다. 이를 위해서 사회가 무의식적으로 구성원들에게 영향을 미쳐 교육적 기능을 수행해야 하고 여기서부터 의도적 교육을 시작할 것을 주장한다. 먼저 유치원을 포함한 교육기관에서 교사의 역할을 보면 다음과 같다.

첫째, 종교, 예술, 정치, 실업 등 사회생활 그대로를 유아들에게 경험시키면 유아는 혼란을 가져다주기 쉽기 때문에 단순화된 환경을 유아들에게 제공하는 것이다. 가장 기본적인 사회상을 선택하여 단순한 것에서 복잡한 것으로 인도하는 것이다.

둘째, 교육기관은 사회의 부정적인 요소를 제거하여야 한다.

셋째, 교육기관은 유아들에게 지역사회와 밀접한 관계를 배울 수 있도록 배려함과 동시에 공동체의 다양한 제약으로부터 벗어나 한층 더 넓은 환경과 생생한 관계를 지닐 수 있도록 하는 것이다(팽영일 역, 1994).

한편으로, 그는 유아의 본능을 교육적으로 이끄는 방법을 보여 주었다.

첫째, 유아는 4~5세경이 되면 사회적인 본능이 나타난다. 이러한 사회적 본능이 유아의 언어적 본능으로 나타난다. 처음에 유아는 자기가 본 것에 한해서 말하지만 대신 다른 사람의 흥미에 대해 관심을 갖는다. 이 과정에서 언어적 본능이 나타난다.

둘째, 유아는 초기에는 실뽑기, 편물, 재본 등과 같은 초보적인 구성적 충동이 나타난다. 처음에는 모방을 하면서 점차 독창적인 구상력을 발휘하게 된다.

셋째, 언어적 본능과 구성적 충동이 결합하면서 탐구의 본능이 나타난다. 교사는 유아의 탐구심을 만족시키기 위해 무엇인가를 해보고 싶어 하는, 충동을 가치 있는 결과를 가져오도록 약간의 지도가 필요하다.

넷째, 사회적 본능과 구성적 본능으로부터 예술적 충동이 나타난다. 유아는 다양한 색채와 형상을 통해서 자기를 표현하고 예술적인 작품을 산출하게 된다.

듀이는 유아의 충동을 방임하지 않고 이를 교육적으로 살려가기 위해서 다음과 같이 제창하였다(팽영일 역, 1994).

'우리들은 아동들과 함께 생활하자.'

듀이는 『오늘의 교육(1940)』이라는 저서에서 '교사는 변천하는 첨단에 서서 나가야 할 것인가, 아니면 뒤에 서서 따라가야 할 것인가?', '교사는 사회인인가 아니면 노동자 혹은 성직자인가?'에 대해 언급하였다. 그는 교사는 용기를 갖고 앞장서서 지적으로 해결하려고 노력해야 하며, 현 시대와 사회를 정확히 탐구하고 이해하려고 노력해야 한다고 하였다. 또한 교사의 자유와 교육기관의 자유가 있어야 아동을 학습할 수 있는 필수조건이 된다고 주장하여 교사의 자유를 옹호하였다. 교사는 교육에 대한 사명을 완성하기 위하여 꾸준히 연구하고 공부하여야 하며, 아동의 지적, 도덕적, 정서적, 심미적, 정신적 발달을 도와주기 위해서는 아동심리학을 탐구해야 한다. 교사는 아동의 흥미를 북돋아 주기 위해서는 아동의 비뚤어진 성격을 고치려고 노력해야 하며, 성인 중심의 이론이 아니라 아동의 흥미 중심으로 학습내용을 구성해야 한다고 하였다. 그리고 아동에게 학습에 대한 동기를 주어야 한다고 역설하였다. 이러한 흥미가 자연스럽게 쏟아져 나오도록 항상 연구해야 한다. 그가 제시한 유아의 흥미에 기초한 자유놀이 활동과 흥미영역, 일상생활과 관련된 제 활동, 지역사회와 연계를 위한 견학 등은 오늘날 유아교육과정의 토대를 이루고 있다. 그는 유아들의 경험이 반영될 수 있는 유치원 활동을 고안하였던 것이다

유연한 생각을 유지하면서 오랜 교육경험과 사색, 아동의 생생한 생활감정 등을 기초로 하여 교육의 이상을 추구했던 듀이의 아동교육 개혁 방안은 이상적 유치원 모습에 대한 귀중한 견해를 제시해주고 있다. 그는 프뢰벨의 유아교육의 사상을 비판적으로 계승하고 있으며, 미국에서는 그를 기점으로 하여 전통적인 유아교육과 현대교육을 구분하는 것도 여기에 있다. 우선 그는 프뢰벨이 말하는 '인간의 교육'을 실천하려면 교실에 생명력이 부활되어야 한다고 하였다(팽영일 역, 1994). 이를 위해 다음 4가지를 주장하였다.

첫째, 교재는 아동 자신과 상호작용 하는 사회형식과 가까운 활동을 촉진하는 것이어야 한다. 그것은 유희, 경기, 실제적인 일, 공예, 이야기, 회화적 상상, 대화 등의 형식을 통해서 유아들에게 가장 친근한 것이어야 한다. 또한 모형 만들기와 극 상연과 같이 자신의 활동을 통해서 자신의 경험을 받아들이도록 교재는 유동성이 있어야 한다. 이처럼 교실이 생명력을 갖게 되면 유치원과 초등학교의 교육과정을 연계시킬 수 있다고 보았다. 즉, 그 당시나 지금이나 유치원은 덕육과 사회성 훈련에 중점을 두고 있고, 초등학교는 읽기, 쓰기, 셈하기 등 지육에 중점을 두고 있는 이 양분된 체제를 서로 연계시킬 수 있다고 보았다.

둘째, 듀이는 프뢰벨의 놀이 관점을 계승하여 유희가 지닌 의의를 한층 더 깊이

성찰하였다. 그는 시대의 변천에 따라 항상 새로운 유희를 창조해 가야 한다고 보면서 은물을 유구로 사용하는 것을 불식시키고, 모방놀이의 형식도 현 시점에 맞도록 충실화시킬 필요가 있음을 주장하였다. 특히 그는 현실성이 풍부한 물품이 상상력의 활동에 여지가 없다고 금지하는 경향에 대해서 강력하게 비판하였다. 유아의 상상적인 유희는 현실에서 사용하고 있는 사물을 중심으로 해서 생기는 여러 가지 암시, 회고, 예상 등의 결합을 통해서 이루어지기 때문이다. 그러므로 그는 유아의 유구와 교재는 가능한 한 현실적·직접적이고 솔직한 것이어야 한다고 하였으며, 가능한 다양한 공간과 넓은 공간을 제공하여 자유로운 활동을 할 수 있게 하였다.

셋째, 유희는 유아의 자연스러운 충동과 본능을 수용하고 지각력과 판단력을 더 높은 단계로 향상시켜 주어야 하고, 또 의식을 심화 및 확대시켜 여러 가지 행동을 하려고 하는 힘의 통제를 증대시켜 주어야 의미가 있다는 것이다. 그렇지 않으면 단지 기분전환에 불과하고 교육적으로 무의미하다고 보았다. 그래서 그는 유치원에는 목재, 금속, 가죽, 실 등과 같은 다양한 재료와 옛날이야기, 노래, 게임을 도입하여 유아 스스로 판단력과 기준으로 작업하도록 하였다. 이 때 모방과 암시를 제시하여 주면 유아의 어설픈 힘과 미숙한 의식을 끊임없이 향상 및 인도한다는 것이다. 모방과 암시는 유아 자신이 스스로 무엇을 원하고 있는가를 마음속에 더욱더 명확하게 그릴 수 있도록 도와준다. 예를 들면, 집짓기 놀이에서 집을 짓기 위해서 준비한 자료를 보는 데서 생기는 암시와 작업을 하고 있는 아동을 보는 암시는 5세 유아의 활동을 지도하는 데 충분하다는 것이다.

넷째, 그는 프뢰벨의 유치원과 몬테소리의 어린이의 집에서는 가공되고 인공적으로 만들어진 재료를 사용하여 활동시키고 있는 것에 불만을 가졌다. 기성품을 다루면 그 기성품을 만들 때 사용되었던 지혜를 습득할 수 없다는 것이다. 그래서 그는 원 자료들을 제공하여 생생히 살아 있는 지혜를 습득하는 것이 더 가치 있는 것으로 보았다(팽영일 역, 1994).

또한 그는 유아의 학습자료에 대해서 관심을 많이 가졌다. 유아는 관찰과 사고를 통해서 인간에게 주의를 기울이고 있다. 비단 이는 직접적 문제의식에서뿐만 아니라, 직접 참여할 수 없는 이야기 세계에서도 이를 발견할 수 있다. 이 단계 유아의 정신은 다양성과 변화에 의해서 풍부해지고, 행동에 의해서 생생해지고 그리고 확실한 특징에 의해서 의미를 파악할 수 있는 하나하나의 통합을 추구한다. 따라서 사회적인 분야와 자연적인 분야의 관심을 각각 분리시켜서는 안 된다는 것이다. 그렇다고 해서 자연물에 인간적인 의미를 부여하는 의인화를 정당화한 것은 아니다. 이 의인화는 사이비 과학을 가능하게 하고, 자연 자체에 대한 사랑을 불러일으키는 대신에 여러 가지 감각적·정서적 부속물에 흥미를 갖게 하여 흥미를 소산시켜 흥미를 없어지게 한다고 보았다. 결국 유아의 정신과 자연과의 연결을 시도하는 것이 아니라, 이미 이루어져 있는(본성적인) 연결에 자유롭고 유효한 활동을 할 수 있도록 해주는 것이다. 유아는 마음으로 사물을 이해한다는 사실을 중시하였다. 유아의 이미지 형성에서 유아의 내적, 필연적 관련을 확인해야 한다고 보았다(팽영일 역, 1994).

그는 루소나 피아제처럼 학습과 활동은 협동적으로 이루어져야 한다고 보았다. 그래서 책상이 아닌 탁자, 이동하고 작업할 수 있는 방, 실험실이나 도서관이 가까이 있는 교실 즉, 현대적인 초등학교를 예견하였다. 학교의 풍토는 이상적인 가정환경(부모와 유아의 담화, 탐구 격려, 독서, 그림, 놀 수 있는 즐거운 환경, 소풍)과 닮아야 한다고 보았다.

또한 그는 지식을 전수하기 위한 실물교육을 교실에서 아무리 해보아도 농장과 정원에서 직접 하는 것을 대신할 수 없다고 보았다. 마찬가지로 감각기관의 훈련 역시 아무리 해보아도 실제 상황에서의 감각훈련을 따라 갈 수 없다고 보았다. 이러한 의미에서 작업을 교실에 도입하여 요리, 방직, 목공예, 수예 등을 할 것을 주장하였다. 결국 학교는 공동체이자 태아기와 같은 사회이어야 한다고 보았다. 또한 직접적인 경험을 통해서 협동, 배려, 노동의 존귀함, 주의 집중, 노동정신 등을 아동이 배우기를 희망했다(Cleverley & Phillips, 2006).

한편, 그는 유치원에서 유아들이 실수하지 않도록 너무 세심하게 배려하는 지도방법에 대해서 불만을 가졌다. 너무 세심한 배려는 유아들로 하여금 지나치게 재료와 작업방법을 가리게 하고 이로 인하여 유아들은 독창력이 제한된다. 듀이의 이러한 실천적 활동을 '산업중심 프로그램'(industrial program)으로서 오늘날 유치원 교육과정에 그대로 스며들어 있는 것으로 보았다.

유아교육에서 듀이의 가장 큰 공헌은 문제해결(problem-solving)과 사회화(socialization)를 강조한 점이다(이기숙, 2001). 유아가 문제에 직면하여 문제를 정확하게 인식하여 문제해결의 계획을 설정하고, 그 다음 문제해결에 필요한 자료를 수집하고 예정된 계획을 전개시켜 결과를 검증함으로써 확실한 해결에 도달하게 하는 것이다. 이 과정에서 유아들 간의 협동적 집단활동을 강조하여 유아 주변의 실생활 문제를 해결하게 하는 것이다. 특히 듀이의 교육관과 아동관 즉, 유아를 '개인적 존재'와 '사회적 존재'로 보는 관점은[28] 프로젝트 접근법의 주요 목표가 되고 있다. 이 점은 오늘날 유아교육에서 각광받고 있는 프로젝트 교수·학습법의 근거가 되고 있다.

그럼에도 불구하고, 듀이가 살았던 당시나 오늘날의 교사들은 그의 철학을 특히 흥미를 잘못 이해한 나머지 흥미에서 시작하여 기존의 훈육으로 나아가려는 사탕발림식 교육으로 퇴보시켰다. 그가 제시한 교육방법은 고도의 교육과 훈련을 받은 교사에 의해서 사용될 수 있다는 점을 망각한 것이다. 또한 그 당시 스푸트닉 사건 등으로 인하여 미국에서 그의 사상은 수면 속으로 잠기게 되었다.

그러나 그의 사상은 한 번도 시행된 적이 없다는 점에서 그는 실패하지 않았으며, 또한 그는 루소의 교육적 혁명을 완성하여 아동을 해방시켰다(Cleverley & Phillips, 2006)는 평을 받고 있다. 그리고 오늘날 유아교육과정 개발과 운영에 이론적 주류를 이루는 피아제와 그 추종자들과도 같은 입장을 갖고 있다[29]. 이는 피아제뿐만 아니라 몬테소리, 콜버그 등과 그 맥을 같이하고 있다. 그래서 콜버그(1981)는 현대 유아교육의 목적은 듀이의 진보주의 교육과 인지발달이론에 근원을 두어야 한다고 하였다.

3) 말라구치(L. Malaguzzi, 1920~1994)의 삶과 레지오 에밀리아 접근법

이탈리아는 2차대전 직후 국민들의 교육적 변화에 대한 요구가 증가하면서 진보주의에 근거한 생활교육을 수용하기 시작하였다. 또한 교육의 주도권을 중앙정부에서 지방정부로 이관하게 되었다. 이 무렵 전 이탈리아의 교사들은 교육개혁을 주장하였고, 이와 동시에 각 지방 도시에서는 부모공동조합(parent cooperative) 형태의 학교가 자발적으로 설립되기 시작하였다. 그 중 진보적이고 사회주의적인 성향이 강하고, 공업과 상업의 중심지인 레지오 에밀리아(Reggio Emilia) 시의 빌라 첼라(Villa Cella)에서는 2차대전 패전 직후, 여성들이 중심이 되어서 부서진 탱크, 말, 트럭을 팔아 '부모협동학교'를 설립하고 있었다.

여기에 감동을 받은 개혁적 교육 실천가 말라구치(1993)는 1945년 당시 중학교 교사로서 그 현장을 방문하여 이를 직접 목격하였다. 그 후 그는 오전에는 중학교에서

---

28) 전자는 지성과 능력을 겸비하고 개인적인 관심을 지닌 유아를 의미하고 후자는 주변 환경과 능동적으로 상호작용을 하는 유아를 의미한다. 결국 학교는 유아가 지성을 겸비하여 사회적 생활을 보다 의미 있게 영위하도록 도아주어야 한다(이기숙, 2001).

29) 프랭클(Frankel)이 지적했듯이 듀이의 초기 사상과 피아제의 구성주의 이론은 같은 뿌리를 갖고 있다. 임재택(1998)은 듀이가 先行後知的 접근이라면 피아제는 先知後行的 접근이라고 두 학자의 학문적 차이를 유추하였다.

근무하고, 오후에는 주민과 더불어 유아교육의 체제를 만드는 데 몰두하였다. 한편으로 그는 교육에 대한 무관심과 무지, 권위주의와 주입식교육에 대한 비판과 계몽을 하면서 유아교육개혁운동을 전개하였다. 그는 중학교 교사로 7년간 근무한 후 로마 국립연구소(National Center for Research)에서 심리학을 전공하였고, 정신건강센터(National Health Center)에서 일하였다. 1963년에는 부모협동학교를 시립학교체제로 전환시켜, 1963년 진보적인 유치원(유치원 이름: 로빈슨, Robinson)을 처음 개원하였다. 이 유치원은 비종교적이며 보호에서 벗어나 양질의 교육을 지향하였다. 그러나 이 유치원은 화재로 소실되었지만 재건축을 통하여 발전된 시설을 갖추었다. 주민들의 신뢰와 존중을 얻기 위해서 일주일에 한 번씩 시내공원, 노천, 광장 등에서 수업을 하거나 유아들의 작품을 전시하였다.

그 후 말라구치는 제네바의 루소 연구소(Rousseau Institute)를 방문하여 피아제 연구 업적들을 보고 감명을 받았다. 수, 양, 분류, 영역 측정 보존, 변화, 공간, 속도, 탐구 등에 대한 영역을 일상생활 속에서 접할 수 있는 새로운 교육방법을 모색하였다. 이를 위해 그는 수많은 교육전문가들의 견해를 받아들였다. 그가 열거한 사람들을 보면 듀이, 월렌(Wallan), 마카렌코(Makarenko), 비고츠키, 에릭슨, 피아제, 몬테소리 등이다. 1970년대에 와서는 카(Carr), 세퍼러(Schaffer), 가드너, 호킨스(Hawkins) 등이다(Malaguzzi, 1993 : 53-54). 말라구치는 이들의 교육이론을 먼저 수용하면서 독자적인 유아교육이론을 개발하였다. 그 중 주요 특징만 보면, 처음에 말라구치는 듀이의 진보주의 교육을 바탕으로 하는 프로젝트 교수·학습법으로 사용하면서, 피아제의 구성주의 이론에 근거하여 유아가 탐구과정에서 능동적으로 배울 수 있도록 풍부한 문제해결 상황을 유아에게 제시해주었다. 즉, 학습자가 인지적 갈등을 통해서 능동적으로 지식을 구성해 간다는 피아제의 능동적 교육을 활용하였다. 또한 이에 부합되는 반성적 추상을 향상시키기 위한 '학습을 위한 그리기' 전략을 활용하였다. 그러나 말라구치는 피아제의 구성주의 이론이 가지고 있는 약점을 알고 있었다. 그는 피아제에게 감사하는 마음을 가지고 있다고 말하면서, 피아제 이론이 가지고 있는 결함을 지적하였다. 피아제 이론이 유아를 고립시키고, 성인의 역할을 평가절하한 점, 사회적 상호작용과 기억에 적게 관심을 가졌으며, 사고와 언어를 분리시키는 점이다(Malaguzzi, 1993). 그는 이러한 피아제 이론의 한계를 극복하기 위해 비고츠키(1978)의 이론과 후기 피아제 학파의 사회적 구성주의 이론을 폭넓게 수용하였다. 즉, 정신도구의 발달을 위해서 상징적 도구가 매개된 사회적 상호작용과 근접발달영역(Zone of Proximal Development: ZPD)의 교육적 활용을 강조하였고, 구성주의를 사회적 상호작용영역으로 끌어들여 사회인지적 갈등을 활용하였다. 그 후 가드너의 다면적 지능이론, 다상징적 매체를 활용하는 교육이론 등을 수용하였다. 이를 종합하면, 사회적 구성주의의 이론적 토대 위에 협동적인 사회적 상호작용과 다양한 교수매체를 통한 상징적 표상을 학습의 수단 또는 도구로 활용하는 다상징적 교수법 등에 의해서 유아의 인지적 능력을 증진하려고 하였다(김은희, 2000a).

1960년부터 1967년까지 8년 동안은 시당국으로부터 지원을 받는 유아학교 설립에 노력한 결과, 1980년에는 22개 유치원, 58개 학급이 생기게 되었다. 1971년에는 전국교사대회를 개최하였고, 『아동을 위한 새로운 경험』이라는 책을 출간하였다. 1976년부터는 천주교와 갈등을 해소하기 위해서 5개월 동안 공개토론을 하기도 하였다. 1976년부터 1984년까지는 「0~6세」라는 저널을 편집하였고, 1985년에는 「어린이」라는 교사 잡지를 발간하였다. 1980년에 스웨덴에서 레지오 에밀리아 유아교육의 결과물인 유아작품과 그 접근방법을 기록한 전시회를 처음 개최하는 등 전 세계 순회전시를 하였다.

이러한 유아교육에 대한 그의 노력은 1992년 레고상(Denish LEGO Prize)을 수상하게 하였고, 1993년 시카코 콜재단상, 1994년 한스 크리스찬상이 레지오 에밀리아 유아교육기관에 수여되었다. 이러한 국제적인 인정으로 인하여 말라구치를 비롯한 레지오 에밀리아 유아교육 경험과 특징을 통칭하는 '레지오 에밀리아 접근법'(Reggio Emillia Approach)을 탄생시켰다. 말라구치에 대한 유아교육철학은 아직까지는 체계적으로 정리되어 있지는 않다. 단지 레지오 에밀리아 접근법과 관련된 저서들 속에서 그의 사상과 관점이 부분적으로 언급되어 있다. 그는 유아교육사상가였는가? 아니면 유아교육실천가였는가? 이러한 관점에서 말라구치의 유아교육철학이 정립되고 평가되어야 할 것이다.

13 20세기 과학자들의 유아교육

유아교육은 실천적·응용적 학문이라는 고유의 특성과 80년대 양적 팽창에 따라 현장의 요구에 부응하기 위하여, 사상적 기반이나 철학적 논의보다는 현장을 지원할 수 있는 교수방법 차원과 실증적 연구라는 실용적 차원에서 많은 연구가 이루어져 왔다(최양미, 정선아, 유혜령, 2005). 이러한 측면에서 경험과학적 접근의 이론은 유아교육의 한 축을 형성하고 있다. 유아교육 연구 분야에서 실험적 연구가 많은 것으로 보아 행동주의적 접근으로 유아교육의 현상을 설명하려고 하는 것도 사실이다. 한편, 유아교육은 아동발달이라는 기초 학문의 적용 분야에 불과하다는 혹평을 받을 정도로 발달적 접근의 이론이 유아교육을 지배해 왔다(Cannella, 2002). 발달적 접근은 듀이의 진보주의 교육철학에 의해서 피아제의 발생적 인식론이 정당화되면서 그 틀이 구성되었다. 그 결과, 발달적 접근은 유아교육 분야의 주요한 이론적 토대를 형성하여 왔다. 두 접근 모두 당시 학문적 동향에 따라서 자연과학적 사고방식에 따라 교육현상, 특히 유아의 성장과 발달을 엄밀한 과학성을 지향하면서, 객관적 사실에 따라 계획적인 분석을 통해서 설명하고 확실한 결론에 도달하려고 하였다.

본 장에서는 유아교육의 주류를 형성하고 있는 20세기 유아교육 체계를 양옥승(2006b)의 교육과정 분류에 따라 경험과학적 접근, 발달적 접근으로 구분하여 이에 해당하는 학자들을 분류하고자 한다. 그 후 이들의 이론을 개관하고자 한다.[30)]

1) 행동주의 심리학자들

유아교육에서 경험과학적 접근은 실증주의 사고방식에 의해서 실제로 증명할 수 있는 객관적 사실만을 연구의 대상으로 삼고, 그 결과로 유아교육현상을 설명하려고 한다. 유아교육에서 경험과학적 성과는 양적 연구의 수가 이를 증명해 준다. 한때는 유아교육에서 경험과학의 연구결과를 통계적으로 처리할 수 없는 경우는 연구결과를 인증 받지 못하는 것처럼 보일 때가 있었다. 유아교육의 현상을 사변적으로, 추상적으로, 주관적으로 설명하고자 하는 앞 세대와, 그 당시 연구 풍토에서는 자연과학의 연구방법을 도입하여 이를 설명하고자 한 것은 당시로서는 당연한 것인지도 모른다. 행동주의 심리학자들에 속하는 이론가들은 무엇을 생각하면서 어떤 유아교육의 사상을 구상하였는지를 살펴보고자 한다.

(1) 파블로프(P. Pavlov, 1849~1936) 고전적 조건형성이론

심리학의 기틀을 마련한 러시아의 생리학자인 파블로프는 러시아의 리아잔에서 가난한 시골 목사의 아들로 태어났다. 그는 목사가 되고자 했으나 과학에 더 관심을 쏟았다(서봉연, 이순형, 1994). 1904년 소화분비 연구로 노벨상을 수상하였고, 말년에

30) 이하 내용은 임상도(2003). 영유아교육의 사상과 이론. 서울: 꾸벅. pp. 48-272까지의 내용을 재기술함.

는 인간의 고등신경활동에 관심을 가지고 제2신호계이론을 구축하여 신경증, 정신병에 대한 독자적인 생각을 나타냈다. 주요 저서로는 『조건반사학(conditioned reflex, 1927)』, 『고등정신신경활동의 객관적 연구 20년(1923)』 등이 있다.

파블로프는 소화액 분비에 관한 실험 도중 원래는 반응을 일으킬 수 없던 자극이 반응을 일으키는 것을 관찰하였다. 처음에는 개에게 고기 가루를 입에 넣어 주었을 때만 개가 침을 흘리는 것을 알았는데, 연구하던 중 개가 음식을 보거나 냄새만 맡아도 침이 분비된다는 것을 발견하였다. 이를 관찰한 그는 다음과 같이 체계적인 실험을 진행하였다. 개의 움직임이나 온도, 소음이 개의 행동에 영향을 미치지 못하도록 온도와 조명이 일정한 방음실에 개를 넣고 멍에에 매었다. 이에 앞서 개 턱밑에 침샘관이 밖으로 나오도록 뚫어 그 양을 측정을 할 수 있는 장치를 설치하였다. 개가 이러한 실험 상황에 익숙해졌을 때부터 실험을 시작하였다. 우선 종소리를 울린 뒤 금방 소량의 고기를 개에게 주어서 이를 먹도록 하였다. 이렇게 종소리와 고기를 몇 번 계속해서 짝지어 준 뒤에 고기를 주지 않고, 종소리만 들려도 개는 침을 흘리게 되었다. 원래 개는 고기에 대해서만 타액분비 반응을 유발되었으나 그 후 종소리가 자발적인 타액분비 반응을 일으키는 힘을 가지게 된 것이다(이성진, 2001).

파블로프는 고기를 무조건 자극이라고 하고, 그것에 의해서 유발된 타액분비 반응을 무조건 반응이라고 불렀다. 고기와 짝지어 제시한 종소리를 조건 자극으로 그 타액 반응을 조건 반응이라 하였다. 이를 간단하게 표현하면 다음과 같다(Crain, 1980).

* 고기(무조건 자극, unconditional stimulus) → 침(무조건 반응, unconditional response)
* 종소리(조건 자극, conditional stimulus) + 고기(무조건 자극, unconditional stimulus)
  → 침(조건 반응, conditional response)
* 종소리(조건 자극, conditional stimulus) → 침(조건 반응, conditional response)

심리학에서는 이러한 일련의 조건형성과정을 고전적 조건형성이라고 한다. 파블로프의 이 간단한 조건형성실험은 그 후 학습심리학에 지대한 영향을 주었다(이성진, 2001). 물론 동물을 비롯한 인간은 음식뿐만 아니라 강화물(칭찬, 벌, 보너스)을 보아도 행동을 하게 된다.

그러나 조건형성은 초기에는 바로 조건 반응이 형성되는 것이 아니고 몇 번 시행을 거듭해야 조건 반응의 형성이 획득된다. 조건 자극과 무조건 자극(강화물이 필수적임)이 동시에 제시되어야 한다. 조건 반응이 획득된 후 강화를 중단하면 조건 반응이 감소되는데, 이를 '소거현상'이라 한다. 그렇다고 완전히 망각하는 것이 아니고 일정 휴식 후 조건 반응이 나타나는데, 이를 '자발적 회복' 혹은 '재획득'이라 한다. 그리고 특정 자극에 대해 조건 반응이 일어난다면 그 특정 자극(조건 자극)과 유사한 자극에 대해서 반응을 보이게 된다. 이를 '일반화'라고 하며, 조건 자극에 대해 반응을 보이지만, 유사자극에 대해서는 조건 반응을 보이지 않는 것을 '변별'이라 한다(Crain, 1980).

이러한 조건형성도 차원을 달리할 수 있다. 즉, 고차 조건형성도 가능하다. 음식과 소리를 1차조건형성, 음식과 불빛을 2차조건형성, 음식과 상징물을 3차조건형성이라고 할 수 있다. 이를 인간에 적용시키면 1차조건형성은 신체적인 처벌, 2차조건형성은 음식이나 고통, 3차조건형성은 언어적 위협 등이 있다. 조건 자극과 무조건 자극을 제시하는 시간 간격 차이도 반응에 중요하다. 조건 자극을 제시하고 무조건 자극을 제시하는 경우, 조건 자극과 무조건 자극을 동시에 제시하는 경우, 무조건 자극을 먼저 제시하고 조건 자극을 제시하는 경우 중 어느 경우가 반응의 강조를 높이는가? 이를 간단하게 나타내면 다음과 같다.

조건 자극 > 무조건 자극
조건 자극 = 무조건 자극
무조건 자극 > 조건 자극

이 중 첫 번째 조건 자극을 먼저 제시하고 무조건 자극을 제시하는 것이 가장 효과적이라고 한다. 이 원리에 따르면 부모나 교사는 아동에게 놀고 나서 숙제를 하게 하기보다는 숙제를 하고 나서 놀게 하는 것이 효과적임을 제시하고 있다.

파블로프의 조건형성의 원리는 인간의 선천적인 행동 즉, 생리적인 반응에만 적용된다는 한계점이 있다. 고전적 조건형성의 원리를 이용한 예는 무수히 많다. 전기장치 담요, 폐소공포증 환자 치료의 체계적 둔감법 등이 있다. 이처럼 고전적 조건형성은 반사반응이나 선천적인 반응의 조건형성에 잘 적용된다. 그러나 능동적이고 복잡한 기술을 어떻게 사용하는지를 설명하는 데는 한계가 있다. 유기체는 능동적인 행동으로 스스로 효과적인 방법을 찾을 수 있기 때문이다. 고전적 조건형성에서 유기체가 조건 자극을 기다렸다가 수동적으로 반응한다고 본다는 관점은 비판을 받고 있다(박아청, 2001).

파블로프의 실험 절차가 '고전적'이고, 조건 반사를 전제로 하며, '개'를 대상으로 하기 때문에 현대 인간의 복잡한 행동을 설명하는 데 아무런 관련이 없다고 생각하는 것은 큰 착각이다(이성진, 2001). 인간의 정서적 반응은 주로 고전적 조건형성에 의해서 학습된다는 사실들이 인간의 삶 속에 무수히 많기 때문이다. 그리고 인간은 공포증과 같은 강력하면서도 엉뚱한 정서적 반응도 고전적 조건형성에 의해서 학습된다. 그리하여 고전적 조건형성은 생활 속에서 무의식적으로 행동하게 만든다. 이처럼 인간의 삶 속에 자연스럽게 작용하고 있는 고전적 조건형성이론이 유아의 자발적 성향을 형성시키는 데 방해가 된다는 사실에 의해서 이 이론 자체를 부정하는 것은 잘못이다. 특히 행동주의 학습이론에 입각한 유치원 프로그램들을 모조리 영유아교육에서 추방되어야 할 것이라는 생각은 아주 위험하다. 이는 행동 수정, 행동 목표, 티칭 머신 등이 유아교육 프로그램에 적극 채택되고 있으며, 인간의 행동을 학습시키는 데 연령과 대상에 따라 고전적 조건형성이론은 설득력이 있기 때문이다. 이처럼 파블로프는 인간의 생리적인 측면이 조건이 형성될 수 있음을 밝혔다. 여기서 핵심은 파블로프의 실험 결과를 유아교육에 응용하기 위해서는 여러 가지 점들을 고려하지 않고, 예비유아교사에 바로 가르쳤거나 유아교육현장에 적용한 점이다. 동물을 대상으로 한 결과를 유아교육에게 적용하기 위해서는 철학적 가치 즉, 생명윤리, 자율성, 생리적 측면과 정신적 측면의 차이 등과 같은 요소를 정당화했어야 한다.

(2) 왓슨(J. B. Watson, 1878~1958)의 고전적 조건형성이론

왓슨은 미국 캘리포니아 그린빌(Greenville)의 한 농가에서 출생하였다. 그의 유년 시절은 그의 회고에 비추어 보면(나는 게을렀으며 다소 말을 안 듣는 학생이었고, 내가 아는 한 낙제점수를 넘어본 적이 없다.) 문제아였다(서봉연, 이순형, 1994). 그럼에도 불구하고 그는 울만 대학에 진학하였고, 시카고 대학에서 기능주의 심리학자인 엔젤(Angell) 교수 아래서 동물학습을 주제로 하여 학위를 취득하였다. 한때 그는 존스홉킨스 대학의 교수로 재직하였으나, 일신상의 이유로 사직하고 후에 어느 회사의 부사장으로 실업계에 들어갔다.

1909년 그는 심리학의 주제는 의식이 아니라 관찰 가능하고, 측정이 가능한 행동을 연구해야 한다고 주장하였다. 그의 이러한 주장은 당시 심리학을 자연과학과 같은 '성공적인' 위치에 올려놓고자 갈망하고, 논리실증주의에 매료되어 있던 미국 심리학자들을 흥분시켰다(이성진, 2001). 1913년 그의 생각은 『행동주의자의 견해에 의한 심리학』이라는 글을 통해 발표됨으로써 심리학에 큰 영향을 미쳤다. 그리고 1년 후 조건 반사에 대한 파블로프의 연구를 읽고, 1918년 아동에 대한 연구를 시작하여 발달의 문제에 학습의 원리를 적용시킨 최초의 심리학자가 되었다. 그는 1919년 『행동주의자의 입장에서 심리학』이라는 저서를 저술하면서 행동주의를 제창하였다(서봉연, 이순형, 1994).

또한 환경론자인 왓슨의 주요 이론은 『행동주의(1924)』에 나타나 있다. 그 이전에 심리학은 주로 내관(內觀 또는 내성, introspection)의 형태로 자기관찰을 하는 것이었다. 내관은 자기 자신의 지각과 감정을 매우 주의 깊게 관찰하고 하는 것을 말한다. 그는 이러한 내관의 방법은 쓸모없는 접근이라고 생각하였다. 그는 심리학의 대상은 의식이 아니고 행동이 되어야 하는 것으로, 언어, 사고, 감각 등을 내재적으로 보며 인간의 행동은 모두 자극-반응의 형태를 취한다고 보았다. 빨기와 숨쉬기와 같은 타고난 반사적인 기제의 존재를 인정하고 생득적인 사랑, 공포, 분노의 존재를 가정하였지만, 실제로 모든 인간의 행동을 조건화에 의해 설명하려고 하였다. 그는 다음과 같이 자신 있게 외쳤다. '12명의 건강한 유아와 그들을 양육할 수 있는 계획된 특별한 세계를 주면, 유아의 재능, 취미, 기호, 능력, 적성, 종족에 관계없이 내가 의도하는 의사, 변호사, 화가, 거지, 도둑을 만들 수 있다.'(Weber, 1984 : 77에서 재인용).

또한 그는 심리학이 과학이 되려고 한다면 그 자료는 관찰 가능하고, 측정 가능해야 한다고 주장하였다. 더 나아가 그는 사람들의 행동을 연구함으로써 심리학에 대한 객관적인 과학이 가능하다고 하였다. 왓슨의 주요 관심사는 인간 정서의 조건형성이다. 공포, 분노, 사랑 등은 출생 직후 학습되지 않는 정서반응이다. 그는 이것들도 조건형성으로 학습을 시킬 수 있다고 보았다. 인간은 나이가 들면 낯선 사람, 쥐, 개, 어둠 등과 같은 다양한 것을 무서워한다. 이로 미루어 보아 공포반응을 일으키는 대부분의 자극은 학습되는 된다고 볼 수 있다. 그는 11개월 된 '알버트(Albert) B'라고 불리는 유아를 대상으로 공포조건 형성실험을 하였다(Crain, 1980).

그는 먼저 알버트가 흰쥐에 대해 공포를 갖도록 조건형성을 시킬 수 있는지를 알아보고자 하였다. 최초에 알버트는 쥐에 공포를 보이지 않았다. 그 후 네 번에 걸쳐 쥐를 보여주면서 그와 동시에 알버트 머리 뒤에서 막대기를 세계 두드려 놀라는 반응을 일으켰다. 다섯 번째 시행에서, 알버트는 쥐만 보고도 얼굴을 찡그리고 울면서 움츠렸다. 여섯 번째 시행에서 쥐만 제시하였는데도 불구하고, 알버트는 울면서 되도록 먼 곳으로 가려고 애를 섰다. 며칠이 지난 후 자극 일반화 조사에서 알버트는 여러 가지 물건을 잘 가지고 놀았지만, 털이 난 것, 토끼, 개, 털 코트, 면화 솜, 산타 할아버지 등을 볼 때마다 안달하면서 울었다. 왓슨은 알버트가 입양되어 떠났기 때문에 공포를 탈조건 형성을 시키지는 못했다. 대신 피터(Peter)라는 아이의 탈조건 형성 실험에 많은 조언을 하였다.

피터는 공포반응을 제외하고는 모든 면에서 적극적이고 건강한 아이였다. 흰쥐, 토끼, 털 코트, 면화 솜, 개구리, 생선, 기계 장난감 등을 무서워하였다. 먼저 피터를 높은 의자에 앉혀 놓은 후 간식을 준 후 무서워하지 않을 만큼 거리에서 우리에 든 흰 토끼를 보여주었다. 그 다음날 피터가 경미한 두려움을 느낄 정도의 거리에 토끼를 근접시켰다. 이와 같은 일을 매일 반복하자, 피터는 마침내 한 손으로는 과자를 먹으면서 다른 한 손으로는 토끼와 놀았다.

또한 왓슨은 분노란 처음에는 학습되지 않은 반응으로서 신체동작을 구속하는 데 대한 반응이라고 보았다. 처음에는 분노가 한 상황에 대한 반응이지만 나중에는 다른 여러 상황에서 나타난다. 예를 들면, 2세 된 여아가 불에 가까이 가는 것을 막으면 소리를 지르고 몸을 경직시키기 시작한다. 나중에는 '~를 하라.'라는 말만 들어도 화를 낸다. 이는 명령 상황과 처음 신체적 구속 사이에 연합이 생겼기 때문에 분노를 일으켰다라고 볼 수 있다.

그는 사랑이란 처음에는 피부를 쓰다듬거나, 간질이거나, 가볍게 흔들거나, 톡톡 건드림으로써 자동적으로 일어나는 반응이라고 보았다. 이 때 영아는 미소 짓거나, 소리 내어 웃거나, 즐거운 소리를 내기도 한다. 특히 젖꼭지, 입술, 성기와 같은 성감대 부위를 자극함으로써 그런 반응을 유발하기 쉽다고 보았다. 영아에게 이러한 자극을 많이 빈번히 보내는 대상이 어머니이기 때문에 어머니에게 좋은 감정을 갖게 된다. 나중에는 어머니와 연합된 사람들이면 모두 이 같은 감정을 갖게 된다. 2차 조건형성을 통해 타인에 대한 사랑의 감정을 갖게 된다는 것이다(Crain, 1980).

그는 이러한 자신의 조언을 공포를 제거하기 위한 치료절차에만 국한하여 사용하지 않았으며, 아동양육에 대해서도 많이 언급하였다. 부모들에게 자녀를 엄격한 계획에 따라 기를 것을 권하였다. 그렇게 하면 자녀들은 곧 부모의 관대한 모습과 관대한 반응을 연합하게 되어 부모로부터 떨어져 스스로 세계를 탐색하는 것을 배우게 된다고 보았다.

많은 부모들은 왓슨에 의하여 고안된 시간에 따른 수유법에 따라 신생아를 양육하였고, 왓슨이 주장한대로 부모들은 그들이 원하는 대로 자식을 만들 수 있다는 전제 아래 아동을 양육하였다. 그는 부모들에게 외쳤다. '아동을 다루는 데 있어서 한 가지 현명한 방법이 있다. 그것은 아동을 성인처럼 대우하는 것이다.··· 아동을 껴안거나 입을 맞추거나 또 무릎 위에 앉히지도 말아라. 꼭 입을 맞추어야 한다면 '잘 가

거라.' 할 때 이마 위에 입을 맞추어라. 아침에는 악수를 하라'(Osborn, 1975).

그에 이러한 충고는 1930년대에 상당한 영향력이 있었다. 그는 러시아의 파블로프와 미국의 심리학자 손다이크의 조건형성원리를 심리학으로 만드는 데 공헌하여, 금세기의 심리학 방향에 큰 영향을 미쳤다. 그리고 1920년부터 1940년 사이에 왓슨의 조건화와 행동주의 이론은 아동양육에 큰 영향을 미쳤다(Osborn, 1975). 특히 그의 자극-반응 심리학은 스키너에게 큰 영향을 주었다(박아청, 2001).[31] 아동교육을 과학적인 학습원리라는 확고한 기반 위에 구축하려는 왓슨의 목표는, 미국 유아교육에 중요한 일부분으로 남아 있다. 그러나 앞에서 실험에서 본 것과 같이 유아를 대상으로 한 실험은 생명윤리를 위협하였다. 그러나 아무리 좋은 이론이 창출하였더라도 생명의 존엄성, 인간의 가치를 부인하는 행위는 비윤리적인 것이다. 조건형성의 성과를 과도하게 더 나아가서는 학습 만능론에 빠질 위험이 있다. 왓슨은 유아 정서를 조건형성할 수 있음을 보여 주었다. 분노, 분리불안, 공포 등을 감소시킬 수 있는 조건형성은 유아교육현장에 도입하면 이러한 문제를 해결하는 데 도움이 될 것으로 보인다.

(3) 손다이크(E. L. Thorndike, 1874~1949)의 시행착오학습

손다이크는 미국 메사추세츠 주의 윌리엄스버그에서 출생하였다. 그의 어린 시절을 수록한 문헌이 없는 것으로 보아, 유년시절은 평범하였던 것 같다. 처음에는 하버드 대학의 제임스(James) 교수에게 배웠다. 이 당시 그는 과학적인 방법 즉, 상세한 실험 절차, 면밀한 양적 처리, 세밀한 분석력 등에서 탁월한 능력이 있음을 제임스로부터 인정받았다. 그는 제임스의 습관적 학습 개념을 지지하는 동물 학습을 실험하였다. 이 혁신적인 일에 수행할 실험실(병아리의 본능적 행동 조사) 제공을 하버드 대학이 거절하자, 그는 캠브리지 대학의 연구 지하실에서 그가 고안한 문제상자(problem box) 안에 있는 동물들을 실험하였다. 이 실험의 결과, 학습의 법칙(law of learning)을 만들었다(Weber, 1984). 이후 칼럼비아 대학으로 옮겨 카텔(Catell) 교수의 지도 아래서 『동물 지능-행동에 있어서의 연합과정의 실험적 연구(1898)』라는 논문으로 학위를 받았다. 이 논문은 모르간(Morgan)과 분트(Wundt)의 영향을 받은 것으

31) 이 부분에 대해 웨버(Weber, 1984)는 스키너의 극단적인 환경 결정론은 왓슨의 잔영이며, 왓슨의 행동주의는 영국의 경험주의 철학자 로크와 소련의 생리 심리학자인 파블로프의 아이디어의 결합으로 보고 있다.

로서 동물심리학의 선구를 이루고 있는 것으로 많은 심리학자들의 주목을 받았다(교육학사전편집위원회, 1972). 그는 25세부터 동대학 교원양성부의 교수로 듀이, 길패트릭 등과 근무하면서 교육심리학에 관심을 갖고, 동물연구의 방법을 아동과 청년에게 적용하였다. 이로 인해 그는 미국 교육심리학의 창시자로서, 연합주의 심리학의 제창자로 평가받고 있다(한국유아교육학회 편, 1996).

비록 고전적 조건형성이론이 유기체의 행동을 설명하는 데 유용하기는 하지만, 인간의 모든 행동을 설명하는 데는 한계가 있음이 점차 밝혀지게 되었다. 그는 반응을 유발하는 자극이 분명하지 않을 때의 행동은 어떻게 설명할 것인가? 문제해결을 하는 행동은 어떤가?라는 질문을 하면서, 반응 뒤에 제시되는 그 무엇 때문에, 유기체가 학습한다는 것을 확신하고 이를 연구하기로 하였다. 그는 학위논문에서 고양이 등 동물을 실험상자에 가둔 후, 탈출까지의 시간을 측정하고 반복에 의하여 학습이 일어나는 것을 증명하였다(한국유아교육학회 편, 1996). 즉, 그는 학습자가 다양한 반응을 해보면서 그 중에서 문제를 성공적으로 해결한 반응을 학습한다는 것을 증명하였다. 이러한 성공을 하기까지 다양한 반응을 해보았기 때문에 이를 시행착오학습(Trial-and-error learning)이라고 한다. 즉, 성공한 행동은 유기체의 기억 속에 각인되어 나중에 성공적인 행동을 할 수 있도록 하고, 반대로 불만족스럽고 실패한 행동은 기억 속에서 배제된다. 또한 성공적인 반응이 성공을 가져다 준 도구가 되었기 때문에 도구적 조건형성(instrumental conditioning)이라고 한다(이성진, 2001).

고전적 조건형성에서 유기체는 무조건 자극을 얻는 데 피동적인 데 반해, 손다이크의 문제해결 학습이론에서 유기체는 보상을 얻는 데 능동적이다. 만족한 결과를 초래한 반응은 학습이 되고 불만족스러운 결과를 초래한 반응은 점차 하지 않게 되는 현상이 일어난다. 그는 이를 효과의 법칙(law of effect)이라고 하면서 학습은 시행착오에 의한 효과의 법칙에 의해 이루어진다고 하였다.

그는 인간의 정신이란 독특한 신체기관 또는 초자아적인 존재가 아닌 일상생활에 제공되는 환경과 이에 대한 반응들 간의 통합적인 연합체로 보면서, 생물학에서 사용하여 오던 반사호(reflex arc)의 개념으로 '학습을 신경조직 내의 생리적 결합으로 인해 특수한 반응이 연결되는 과정'이라고 정의하였다(Weber, 1984). 이는 다음과 같다.

메시지 → 신경회로 → 감각기관 → 근육 및 선(線) 반응이처럼 인간의 감각과 아이디어는 자극과 반응(S-R) 간의 반사호에 의해 만들어진 결합들로 이루어진다는 것이다. 이것을 기본 전제로 인간의 3가지 학습의 법칙을 제시하였다. 이 법칙의 기본 가정은 인간 학습과 동물 학습은 유사하게 진행된다는 것이다.

첫째, 효과의 법칙(law of effect)이다. 즐거운 결과를 가져오는 반응은 강화되고 불쾌한 결과를 가져오는 반응은 약화된다. 학습의 효과에 영향을 주는 요인으로 성공과 실패, 보상과 체벌, 만족과 불쾌 등이다.

둘째, 연습의 법칙(law of excercise)이다. 자극과 반응이 자주 반복되면 될수록 그 자극과 반응의 결합은 더 오랫동안 지속된다.

셋째, 준비성의 법칙(law of readiness)이다. 어떤 신경단위는 어떤 상황에서 다른 신경단위보다 더 잘 준비된 성향을 가질 수 있다. 미리 준비하고 있으면 투입되는 자극에 만족감을 가질 수 있지만 그렇지 않은 자극은 불쾌감을 준다(이것은 아동이 어떤 성숙수준에 도달을 언급한 것이라기보다는 준비적 적응법칙).

따라서 그는 유아들에게 결합시키고자 하는 행동을 결합시키도록 하면 유아는 수정이 가능한 수동적 존재가 될 수 있다고 보았다. 이러한 의미에서 교사는 유아가 획득한 행동의 결합을 선별하고, 유아의 반응을 정착시키는 단계를 설정할 수 있는 책임과 역량을 가지고 있어야 한다.

손다이크는 모든 학습 지도는 교육의 과학화에 바탕을 두어야 한다는 신념을 갖고 있었다. 그는 수많은 심리학적 의문들을 객관적이고, 실증적인 자료들의 수집을 통해 해결하려고 하였다. 연구의 핵심인 객관성은 자료들로부터 어떤 결과를 도출하는 귀납적인 방법이라고 보았다.

한편, 손다이크는 아동의 개인차에 대해 잘 알고 있었기에 개인차 변화를 유전의 영향과 관련시켜 연구하였다. 특히 지능과 학업성취에서 유전의 영향력을 크게 강조하였다. 그 결과, 프랑스의 비네(Binet)와 시몽(Simon)은 지능문항을 계열적으로 구성하여 난이도 수준에 따라 검사 항목을 배열하였다.

그는 지능검사 개발에 적용했던 방법이 모든 교육 문제의 진단과 평가에도 확장되도록 하였다. 그 결과, 그는 측정 도구를 활용하여 교육을 과학화하자는 운동을 제창하였다. 세상에 존재하는 것은 무엇이든지 양으로 존재한다. 이것을 철저하게 알기 위해서는 이것의 질과 양을 바르게 아는 일이다. 교육은 인간 행동의 변화에 관한 일이고 그 변화는 두 가지 조건(양과 질)의 차이에서 일어나고 이 두 조건은 각각의 산출 결과들 - 만들어진 산물, 표현된 말, 수행된 동작에 의해서 우리에게 알려진다(Weber, 1984 : 74에서 재인용). 이러한 결과를 평가하기 위해서 유아의 수, 어휘, 읽기, 언어능력, 글쓰기, 그림 그리기 등의 성취 능력을 측정하는 도구를 개발하였다. 1903년 그는 유치원 교육자들에게 교육의 양화 전망을 제시하였다. 그 후 심리학과 교육학은 기술적 연구로부터 정확한 양적 연구로 방향이 변화하였다. 따라서 유아교육도 세밀한 주의와 겸허한 자세에 의해 유아를 다루어야 할 것이고, 특히 유치원에서는 유아의 잠재능력에 대한 정확한 측정과 이 변화에 대한 기록을 해야만 할 것이다. 그러나 이러한 측정능력은 그때나 지금이나 유치원 교사의 능력 밖에 있다. 그는 이러한 사실을 고려하여 교사는 유아의 복합적인 정신능력의 특징을 관찰하고 측정할 수 있는 능력을 갖기 위해서는 과학적 훈련이 필요하다고 주장하였다. 즉, 교사는 유아의 지적 성장에 대한 측정도구의 개발 및 활용에 있어서 과학적 전문성이 있어야 한다는 것이다. 그의 이러한 주장은 1920년대 유아교육과정 구성에 영향을 주게 되었다.

먼저 손다이크는 프뢰벨의 유아교육을 반박하였다. 손다이크는 유아의 성장을 개화라고 보는 대신에 유아의 선과 악을 적절한 환경적인 조작을 통해서 계발할 수 있다는 입장을 취하였다. 그리고 당시 프뢰벨 유치원의 환경적 불결함에 대해 유아의 신체적 건강이 유아의 보호와 양육에 가장 기본적인 요소이며, 이 요소가 유아의 지적, 도덕적 생활에 기본이 된다고 보았다. 프뢰벨 교육에서 정해진 은물과 작업 대신에 유아를 위한 첫 은물로 칫솔, 제1작업으로 수면을 선택하는 활동 계획을 유아들에게 마련해주는 것이 좋다(Weber, 1984 : 67에서 재인용)라고 보았다. 또한 유아들을 원형의 형태 또는 테이블 주변에 일방적으로 앉게 하는 것보다는 밝은 빛을 받을 수 있도록 좌석을 배열하는 것이 필요하며, 달리기, 뛰기, 올라가기, 파내기, 헤엄치기와 같은 신체놀이도 실내의 작업 및 놀이와 균형을 유지하도록 권고하였다.

그는 1903년 『유치원 교육자를 위한 심리학 노트』에서 유아의 습관형성의 자연적 경향성과 습관형성을 지배하는 법칙에 대해 논의하였다. 이러한 주장에 힘입어 당시 유아교육기관에서는 유아교육과정의 구성에 습관목록표(Habit Inventory)가 제작될 정도로 많은 영향을 미쳤다. 그는 인간 생활이 자극과 반응이 결합된 습관의 덩어리로 되어 있음에도 불구하고, 학교는 이상과 지성적 삶을 추구하는 나머지 이를 무시하고 있음을 비판하였다. 그는 지식 그 자체도 아이디어들 간의 계열성에 대한 습관에 불과하다고 보았다. 정신의 변화 역시도 신에 관한 사고 및 행동 습관의 변화에 불과한 것이라고 보았다. 따라서 교사가 할 일은 유아들에게 직접 구체적 습관을 가르치고, 이에 대한 성공 여부를 측정하는 일이라고 보았다. 더 나아가 당시 유치원이 공교육으로 인정받기 위해서는 사변적인 모호성이나 추상적인 언어를 사용하기보다는, 유아교육에서 가능한 습관목록과 성취결과를 행정가들에게 제시하여 그들의 비난이나 회의를 종식시킬 것을 주장하였다.

이러한 습관을 형성시키는 데 가장 좋은 방법은 즉각적인 보상과 불쾌감을 주는 것이라고 보았다. 교사가 늦게 착한 행동과 나쁜 행동을 발견하고, 칭찬과 체벌을 연결하면 유아는 과시적 습관과 속이는 습관을 형성케 하는 잘못된 습관을 낳는다는 것이다. 따라서 그는 유아교육에서 가장 가치 있는 목적은 복종, 자조, 명랑함, 예절, 용기 등의 습관을 형성하는 것이라고 정리하였다. 이 목적을 달성하면 유아는 좋은 습관을 형성할 뿐만 아니라, 바람직하지 않는 내적 경향성을 억압한다고 보았다(Weber, 1984). 특히 유아의 나쁜 행동을 절단하기 위해서는 '직접적 제지'가 가장 좋은 교육과정이라고 하였다. 유치원 교사의 손에 명확한, 관찰 가능한, 구체적인 유아 행동의 변화를 유발할 책임이 있다(Weber, 1984 : 69). 교사는 유아를 지도하기 위해 목표의 상세화, 습관 형성의 상세화, 행동 유발 상황의 세분화, 신경조직 연결의 세분화 등에 안목이 있어야 한다. 이러한 그의 입장은 힐(Hill)에게 영향을 주어 유아교육과정에서 습관 형성을 강조하게 하였다.

손다이크는 인간의 학습은 정신훈련에 의해서 일어난다고 보기보다는 자극들과의 연합들로 구성된다고 보았다. 정신훈련에 의한 원리의 전이보다는 한 학습 상황에서 다른 학습 상황으로의 전이는 두 상황 간의 동일요소들에 의해서 일어난다고 보았다. 이러한 그의 동일요소설이 수용되어짐에 따라 유아교육은 보다 실용적인 이점을 찾게 되었다(Weber, 1984). 또한 그는 홀(Hall)의 반복설(recapitulation)을 공격하면서, 인간은 변화할 수 있으며 더 나아질 수 있음을 주장하였다. 아울러 그는 학습에서 유아의 흥미가 중요하다고 주장한 듀이의 생각에 대해서, 흥미(interest)란 효과의 법칙에 관련을 가질 때만 가치 있다고 보았다. 이를 위해서는 어떤 정신적 활동이 개체가 추구하는 어떤 일에 적극적으로 참여할 수 있도록 배열하여야 한다. 그래서 모든 교육방법은 모든 학습자에게 건전한 사고는 유익한 행동을 낳고 불건전한 사고는 해로운 행동을 가져오도록 배열할 것을 주장하였다(Weber, 1984).

이와 같이 그는 교육이 당시 미국의 사회개혁에 이르는 길이라고 보면서도 과학적 연구를 통해서 얻은 사실들과 조화를 통해서 이루어져야 한다고 보았다. 유아교육의 과학화에 대한 그의 노력에도 불구하고, 유아교육의 문헌에는 그의 삶과 사상적 영향의 흔적을 찾기가 어렵다. 그러나 그의 이론은 당시 개혁유치원 교육과정(reconstructed kindergarten curriculum)의 이론적 기반이 되었다. 그의 자극-반응 심리학 및 측정운동이 유아교육과정에 영향을 주었기 때문에 미국 유치원 교육을 초등학교 저학년에 포함시킬 수 있었다는 평을 받고 있다. 이것은 당시 교육과정 개혁운동의 지도자들도 그의 주장에 공감하여 교육의 과학화를 진보주의 운동의 한 요소라고 보았기 때문이다. 이렇듯 손다이크에 의해서 시작한 시행착오학습은 하버드대학 스키너에 의해서 보다 체계적으로 연구되었다(이성진, 2001). 유아교육에서 손다이크의 업적은 시행착오설과 같은 행동주의 심리학에 대한 공헌에 비하여, 유아교육의 공헌은 상대적으로 평가절하되고 있다. 그는 미국 유아교육의 공교육에 기여하였고, 유아교육내용의 한 축인 기본생활습관 형성에 이론적 토대를 형성하였다. 이 부분에 대한 관심이 지속되어야 할 것이다. 이러한 점에서 볼 때, 손다이크에 대한 공헌은 다시 평가되어야 한다.

(4) 스키너(B. F. Skinner, 1904~1990)의 조작적 조건형성이론

스키너는 1904년 미국 펜실베이니아 주의 스켄하나라는 조그만 마을에서 출생하였다. 소년 시절에는 학교생활을 좋아했으며, 썰매, 뗏목, 수레 등을 잘 만들었고, 시와 소설을 즐겨 작성하였다. 고등학교 졸업 후에는 뉴욕에 있는 해밀턴(Hamilton) 대학에 진학하여 영문학을 전공하였다. 그는 우등생으로 졸업한 후 2년 동안 작가가 되고자 노력하였다. 그러나 그는 문학에 대해 '말할 만한 중요한 것이 없다.'라고 외치면서 문학에 대해 성공하지 못할 것이라는 결론을 내렸다(서봉연, 이순형, 1994). 그는 늘 인간과 동물 행동에 관심이 있었으며, 하버드 대학 심리학과 대학원에 진학하여 반사의 개념에 관한 연구로 박사학위를 받았다. 1948년부터는 동 대학교수로 재직하면서 많은 저서를 발표하였다(Crain, 1980). 1967년 미국 대학의 심리학과장을 대상으로 실시된 조사에서 그는 20세기 미국 심리학자 중, 가장 영향력이 있는 사람으로 선정되었다.

이처럼 그는 저술 활동과 연설을 통하여 기존 교육, 문화, 사회, 정신요법, 정치 등 광범위한 영역에 걸쳐 과감히 분석, 비판하여 사람들을 흥분, 격분시키기도 한 철학자이기도 하다. 코페르니쿠스, 다윈, 프로이드와 함께 세계 4대 지성으로 꼽기도 한다(이성진, 2001). 스키너는 환경론, 경험론, 기계론, 결정론, 유물론 등에 심취하여 아동의 발달은 '우리 손에 달려 있어서 아동은 우리가 만드는 대로 된다.'고 가정하였다. 이처럼 환경이 인간 행동의 원인이 된다고 생각하였다. 인간은 물리적 환경뿐만 아니라 사회적 환경에 의해서 지배된다. 그래서 그는 인간 행동의 모든 진술은 물리적인 언어로 명확하게 진술되어야 한다고 보았다. 더 나아가 그는 인간의 자율적인 존재를 즉, 관념, 가정, 성격의 특징, 의지 등을 부인하고 이러한 것들이 없이도 인간은 행동을 할 수 있다고 보았다. 그리고 자율성, 자유, 존엄을 예찬하는 전통적인 문헌을 배격하였고, 참된 자유, 존엄, 가치를 갖기 위해서는 인간 내면에서부터 환경의 변화로 눈을 돌려야한다고 주장하였다. 특히 환경적인 조건들을 조작함으로써 인간의 행동을 수정할 수 있다는 강력한 신념을 가지고 있었다. 예를 들면, 과식은 음식의 맛을 덜 맛있게 함으로써, 그리고 성 문제는 결혼을 통해서 해결할 것을 주장하였다(Crain, 1980).

이러한 인간의 기대 행동은 정적강화, 부적강화를 통해서 유도할 수 있다는 신념에서, 그는 청년 시설에 즐겨 읽었던 소로우(Thoreau)의 소설 『숲속의 생활(Walden)』에 영향을 받아 자신의 조건형성 윤리에 기초하여 이상 사회를 『Walden Ⅱ』에 표현하였다. 그는 이상사회는 '통제'에 의해서 즉, 링컨(Lincon)의 연설문을 '국민을 위한 정부, 국민에 의한 정부, 국민의 정부'에서 '정부' 대신에 '통제'로 표현하여 이상사회를 만들 수 있다고 주장하였다.

스키너의 이론은 손다이크 이론에 그 뿌리를 두고 있다. 러시아의 파블로프가 고전적 조건형성이론을 시험할 무렵에 미국에서는 손다이크의 시행착오학습(trial and error learning), 문제해결학습 실험이 진행되고 있었다. 두 실험에서 고양이가 상자를 빠져나가는 것은 '학습된 반응'이 문제해결과 보상획득에 도구적인 것이기 때문에 이 학습을 도구적 학습(instrumental learning)이라 하지만, 그는 이 실험에서 학습자가 환경을 조작하기 때문에 문제를 해결했기 때문에 조작적 조건형성(operant conditioning)이라고 하였다. 스키너는 파블로프의 원리를 반응적 행동이라고 보았다. 유기체의 행동이란 알려진 자극에 대하여 자동으로 유발되는 반응인 것이다. 대신에 스키너는 유기체의 행동은 그 행동 뒤에 나타나는 강화물의 자극에 의해서 통제된다고 보았다. 즉, 행동은 그 행동의 결과에 의해 결정된다는 것이다[32]. 이는 다음과 같다.

32) 고전적 조건 반사와 조작적 조건 반사의 비교(이성진, 2001)

특징	고전 조건 반사	조작적 조건 반사
자극-반응의 계열	자극이 반응 앞에 온다.	반응이 효과(또는 보상) 앞에 온다.
자극의 역할	반응은 추출된다.	반응은 방출된다.
자극의 자명성	특수한 반응은 특수한 자극을 일으킨다.	특수한 반응을 일으키는 특수한 자극이 없다.
조건형성과정	한 자극이 다른 자극을 대치한다.	자극 대치는 일어나지 않는다.
내 용	정서적·부수의적 행동이 학습된다.	목적지향적·의도적 행동이 학습된다.

자극(?) → 반응 → 강화자극

이 때 강화물은 반응 확률의 증가와 감소에 영향을 미친다. 정적 강화물(먹이, 물)은 반응 확률을 증가시켜 주지만, 부적 강화물(전기 쇼크, 고통스런 소리)은 반응 확률을 감소시켜 준다. 이 강화물은 일차 강화물(먹이, 물, 미각, 기아, 갈증과 같은 생리적인 동기)과 이차 강화물(사회적 승인, 금전과 같은 학습된 결과)로 분류할 수 있다. 또한 강화물을 제시할 때도 간헐적이고 불규칙적으로 제시되어야 효과가 있다. 이에 따라 강화 계획은 보통 다음 4가지 형태로 제시된다.

① 고정간격 강화: 일정한 시간마다 보상
② 고정비율 강화: 일정한 수 반응이 나타날 때마다 보상
③ 변동간격 강화: 불규칙한 시간 간격으로 보상
④ 변동비율 강화: 불규칙한 수 반응이 나타날 때마다 보상

이 중에서는 변동비율 강화가 가장 효과가 있다. 처음에는 연속적으로 강화를 주는 것이 효과적이며, 더 오래 지속시키려 하면 간헐적 강화 계획을 세워야 한다.

조작적 조건형성을 극대화하기 위해서는 강화물은 반드시 반응이 일어난 후 즉시 주어야 한다. 벌을 주기보다는 나쁜 행동이 일어나지 않도록 소거한다. 예를 들면, 공격인 행동이 발생하면 주의를 기울이지 않다가 우의적인 행동이 일어나면 주의를 기울인다. 스키너 자신도 교육 개선을 위해 강화보다 더 나은 대안은 보지 못했다라고 하였다(Weber, 1984). 영유아교육에서 교사는 영유아 행동의 조성자 또는 형성자이다. 스키너의 조작적 조건형성이론에 근거하여 교사들이 빈번히 사용할 수 있는 강화원은 웃음, 머리 끄덕여 주기, 캔디, 크래커에서 토컨까지이다. 웨브(1984)는 교사들을 위한 행동 수정원리를 다음과 같이 제시하였다.

첫째, 모든 행동은 학습되어진다. 그러므로 모든 행동은 수정이 가능하다.

둘째, 행동 수정은 긍정적인 강화에 의해 행동을 다듬어가는 방법이다.

셋째, 단일의 구체적 행동이 행동 수정의 대상이 되어야 하며, 이때의 행동은 외현적 행동으로 말하고 생각하는 모든 것이 해당한다.

넷째, 유아에게 효과적으로 작용될 수 있는 보상이나 강화원을 찾아야 한다.

이처럼 교사들은 유치원의 등원표와 같은 케케묵은 방법으로부터 벗어나 프로그램학습, 교수 기자재를 이용한 학습 등과 같은 효율적인 강화에 대해 관심을 가져야

한다고 주장하였다.

그는 학습을 전체적·통합적으로 보려고 한 것이 아니고, 요소별 분석적 방법으로 보려는 입장에서 학습을 크게 자극에 대한 반응의 관계로 보려고 하였다. 나아가 학습 주체자의 목적이나 심리적 필요에서 기인하는 것이 아니라, 생리적인 충동이나 기계적인 통제에 의해 기인한다고 보았다는 점에서 비판을 받고 있다.

그러나 그는 동물 행동의 분석에 의거하여 조작의 개념을 중심으로 독자적인 심리학의 영역을 구축하였다는 평을 받고 있다. 그는 '행동주의란 인간행동에 관한 과학이 아니라, 그 과학의 철학이다.'라고 하면서 '행동주의는 인간사에 어떠한 역할을 하는 것이냐?' 하는 철학적 관점까지 발전시키려고 하였다(이기숙, 2001). 그럼에도 불구하고 영유아교육 분야에서만 이 이론을 경시하는 경향이 있다. 이 이론에 대한 가치 판단을 내리기에 앞서 깊은 이해를 먼저 가져야 할 것이다. 실제로 강화물 조작을 통해서 유아의 행동을 변화시키려할 때, 그 이유 및 원인을 설명하면 기계적인 조건행동이 완화되지 않겠는가? 이유와 원인을 제시하면서 영유아의 기본습관을 조건형성으로 유아교사가 의도적으로 조작한다면 효과가 있을 것이다. 그리고 정적 강화와 부적 강화를 적절하게 활용할 수 있는 안목을 가져야 한다. 예를 들면, 정적 강화는 친사회적 행동에 부적강화는 반사회적 행동을 감소시키는데, 이를 활용할 수 있는 지혜가 필요하다.

(5) 반두라(A. Bandura, 1925~)의 사회학습이론

반두라는 캐나다 엘버트(Albert) 주에서 태어나 아주 조그만 시골에서 자랐다. 콜롬비아(Columbia) 대학교에서 심리학을 전공하여 학사학위를, 아이오와(Iowa) 대학교에서 석사 및 박사학위를 받았다. 대학시절 초기에는 심리치료과정, 아동의 공격성에 많은 관심을 가졌다. 특히 그는 학습이론가 스펜스(Spence)의 영향을 받아 행동수정, 모델링, 관찰학습, 자기조정, 자기효능에 관한 연구를 많이 하였다. 그는 1953년 이래로 스탠포드(Stanford) 대학 심리학과 교수로 재직했다. 1953년에는 미국심리학회로부터 우수과학자상을 받았고, 1974년 미국 심리학 회장을 역임하는 등 사회과학 전 분야에 많은 관심을 가지고 있다(서봉연, 이순형, 1994). 그는 1977년 『사회학습이론(Social learning)』에서 사회학습 분야의 이론적 연구와 실험적 연구를 통합하였다. 그는 사회과학 전 분야에 대한 관심과 지식으로 인하여 현대 일반론자라 불린다(송명자, 1995).

행동주의 학습이론가들이 실험한 상황은 사회적 상황이 아니다. 다른 동물들이 없는 상황에서 실험이 이루어진 결과들이다. 그는 과연 실험에 참여한 동물은 사회라는 맥락 속에서도 그러한 행동이 가능할 것인가? 하는 의문을 가졌다. 특히 그는 인간이 사회적인 상황에서 모방을 통해서 많은 학습을 한다고 하면서, 모방학습에 대한 새로운 개념이 필요함을 역설하였다. 그는 모방이 다음 3가지 측면에서 학습자에게 영향을 미친다고 분석하였다(이성진, 2001).

첫째, 타인이 하는 행동을 관찰함으로써 새로운 반응을 학습할 수 있다. 학습자가 하지 못하는 행동을 시범자가 할 때 학습자는 그 행동을 모방할 수 있다. 교사가 칠판에 수학 문제를 푸는 과정을 학생들이 모방하여 그대로 해보면서 학습한다. 시범자는 반드시 실제 인물이 아니어도 효과가 있다. 또한 상징적·회화적 방식도 훌륭한 시범자가 될 수 있다.

둘째, 타인의 행동을 관찰함으로써 특수한 행위를 억제하거나 피하게 되는 수가 있다. 교사가 많은 아동 앞에서 한 아동을 벌하면 다른 아동이 그러한 행동을 않도록 하는 일벌백계가 이에 해당한다. 더 나아가서 민족의 속담, 설화, 우화 등도 상징적 모델이 된다.

셋째, 모방은 또한 행동을 촉진하는 작용도 한다. 다른 사람이 행동을 하면 그 행동을 따라하는 경우가 있다. 영유아는 손가락을 빠는 행위를 보고 손가락을 빨 수가 있다.

또한 반두라는 사회적 상황 속에서 타인의 행동을 모방함으로써 더 빨리 학습한다고 주장하였다. 예를 들면, 과테말라의 소녀들은 모친의 베 짜는 모습을 보고 베 짜는 것을 배운다. 이와 같이 인간은 지루한 시행착오 없이도 학습의 과정이 가능하다. 또한 타인을 관찰하면 어떤 한 결과가 나타날 것인지를 예상할 수 있는 내적인 인지가 있다. 실제로 인간은 여러 종류의 내적 모델 즉, 살아 있는 인물, TV, 책 등을 통해서 학습한다. 관찰학습은 다음과 같은 5가지 모형이 있다(이성진, 2001).

① 직접모방 모형: 학습자가 모델 행위를 관찰하고 모델이 한 행동을 그대로 시행함으로써 보상을 받는 것을 기본 전제로 한다.

② 동일시 모형: 학습자가 모델의 비도구적인 독특한 행동유형을 습득하는 것을 말한다. 아동은 부모의 정서적 반응, 광범위한 의미체계, 도덕적 가치를 동일시하는 과정에서 내면화한다.

③ 무시행학습 모형: 행동을 예행해 볼 기회가 없거나 모방에 대한 강화가 없음에도 불구하고 학습자가 학습을 하는 것이다.

④ 동시학습 모형: 모델과 학습자가 동시에 동일한 과제의 학습을 하는 상태에서

학습자는 모델의 행동을 보고 그대로 행동하는 것을 말한다.

⑤ 고전적 대리 조건형성 모형: 타인이 정서적으로 경험하는 것을 관찰하고 그와 비슷한 정서적 반응을 학습한다.

또한 그는 관찰 학습은 다음의 네 가지 과정을 거쳐 이루어진다고 보았다(Crain, 1980).

① 주의과정: 모델에 주의, 주목을 끌도록 한다(관찰자의 욕구, 흥미, 심리적 특성에 좌우).

② 파지과정: 모델을 관찰한 후 → 어느 정도 시간이 경과한 후 → 모델의 행동을 상징적 형태(언어적 부호)로 기억해야 한다.

③ 운동재생과정: 행동을 정확하게 재생한다(이를 위해서 운동 기술을 갖추어야 하고, 신체적성장과 연습이 있어야 한다).

④ 강화와 동기과정: 모델을 관찰한 후 새로운 지식을 획득하면 강화를 받아야 한다. 특히 대리적 강화(과거에 다른 사람도 강화)를 받았다는 사실이 있어야 한다.

그는 이러한 관찰 과정에 의하여 주로 공격인 행동을 연구하였다. 인간이 공격적인 모델을 관찰 후 언제 강화를 받는지를 실험하였는데, 공격적인 영화를 다음 3집단에게 보여주었다.

제1집단 공격적 행동 → 보상
제2집단 공격적 행동 → 처벌
제3집단 공격적 행동 → 무반응

이 실험에서 제2집단의 영화를 본 아동이 공격성을 훨씬 덜 모방하였다. 이것은 대리적인 벌이 공격성의 모방을 감소시켰다고 볼 수 있다. 나머지 집단 간에는 차이가 없었다. 두 번째 실험에서는 영화에서 본 내용을 그대로 재연하면 주스를 주겠다고 하자, 그 결과 세 집단 간에는 차이가 없었다. 이것은 대리적 벌이 단지 새로운 반응의 수행을 방해했을 따름이지 그 획득을 방해하는 것은 아니라는 것을 보여준다. 예를 들어, 범죄프로그램은 아동의 범죄 행동을 연습하게 하여 환경이 조성될 때까지 그 행동을 억제하게 한다고 볼 수 있다(Crain, 1980).

그는 성 역할 모방도 남성, 여성의 행동양식을 모두 학습한 후 자신에게 맞는 행동만 수행한다고 보았다. 그 이유는 각 역할에 맞는 행동을 할 때마다 강화를 받았기 때문이다. 그러나 비상시에는 두 성 모두는 다른 성의 행동을 한다. 그것은 관찰만을 통해서도 기술을 습득하기 때문이다. 이처럼 사회적 강화는 관찰을 제한하는 것이 아니라 실행하는 기술의 범위를 제한한다(Crain, 1980).

인간은 사회과정이 진행될수록 보상과 벌에 덜 의존하게 된다. 대신 자기규제 즉, 내적 기준에 따라 스스로 자신을 보상하고 벌한다. 그는 이러한 자기 평가 기준도 직접적인 보상과 벌의 산물이라고 보았다. 예를 들면, 부모는 자녀의 점수가 높으면 칭찬한다. 시간이 지나서 그 자녀들도 이와 같은 기준을 모방하여 자기규제로 채택한다(Crain, 1980).

그는 모델의 친사회적 행동(희사, 협동, 이타심)도 적당한 모델의 노출에 의해서 다른 사람에게 영향을 준다고 보았다. 예를 들면, 운동선수가 우승상금을 불우이웃돕기 모금 본부에 희사하면 이 행동을 모방하여 불우이웃돕기 성금액이 증가하는 데 영향을 미친다.

이처럼 반두라의 사회학습은 우리의 삶에 많은 영향을 미친다고 볼 수 있다. 특히 모델의 본은 육아나 교육에 있어서 매우 중요하다. 반두라는 이러한 중요성을 우리들에게 일깨워 주었고 이를 교육에 어떻게 적용할 수 있는가를 보여 주었다. 다시 말해서 그는 환경론자로서 환경의 힘이 학습에 어떻게 작용하는가를 보였다.

그러나 발달론자들은 그가 내적 흥미에 의해서 스스로 학습하는 인간의 본성을 무시했다고 비판한다. 그리고 그들은 그가 인지적 기술이 학습의 한계를 결정짓는다고 하였지만, 인지구조나 단계의 중요성을 강조하지 않는다고 비판한다. 그럼에도 불구하고 그는 타인이 어떤 과제를 실행하는 것만으로도 이를 학습할 수 있다는 것을 보여 주었다. 유아교육에 있어서 모방은 유아 학습에 결정적으로 영향을 미칠 수 있다. 그만큼 유아는 모방을 잘 한다. 모방을 학습을 넘어 유아교육적 차원에서 논의하게 한 점이 그의 공헌이다. 또래 유아, 유아교사, 성인 등의 행동이 유아에게 바로 영향을 미쳐 모방학습을 가능하게 한다. 친사회적 행동은 모방학습을 통해서 반사회적 행동은 비난, 처벌을 받는 행동을 통해서 모방학습을 실시할 수 있는 안목을 가져야 한다.

이상과 같이 행동주의 심리학자들의 영향으로 오늘날 취학 전 교육기관은 적절한 상벌의 강화로 습관을 길러 주게끔 유아를 교육하는 데 초점을 맞추게 되었다. 그리고 학습의 구체적인 단계를 구분하고 각 단계마다 강화하는 순서화된 교육과정을 구성하게 되었다.

2) 발달접근적 입장의 과학자들

심리학의 한 영역으로 발달심리학이 유아교육에 미친 영향은 대단하였다. 유아의 신체·운동, 인지, 언어, 수, 과학, 사회·정서, 음악·미술 등이 어떻게 발달하는가에 대한 것은 전문학자를 비롯한 일반인에게도 관심이 대상이 되었다. 유아발달에 관한 발달심리학자들의 관점은 유아교육의 방향, 유아교수·학습방향을 결정하는 데 절대적이었다. 여기에서는 유아교육에 있어서 발달접근을 입장을 견지하고 있는 대표적인 학자들의 발달이론을 살펴보고자 한다.

(1) 홀(G. S. Hall, 1844~1924)의 반복설과 유아교육

홀은 진화론적 발생심리학을 바탕으로 한 아동 연구의 창시자이다. 그는 처음에는 목사의 길을 가고자 1년간 신학공부를 한 후, 시험설교에서 이 계획을 단념하였다(Cleverley & Phillips, 2006). 그는 신학과 철학을 수학한 후 1887년 하버드 대학교에서 미국 최초의 심리학 박사를 취득하였다. 이 대학에서 그는 인간 정신의 진화 원리를 규명하고 있던 제임스(James)와 함께 연구를 하였다. 그 후 그는 연구를 더욱 활성화하기 위해서 독일에서 헬름홀츠(Helmholtz)와 분트(Wundt)에 대해 공부하였다(Weber, 1984). 그는 미국 심리학에 독일의 분트 이론과 영국의 다윈, 스펜스의 이론을 접목한 후, 자신의 독자적인 심리학적 이론을 구축하였다. 이처럼 다채로운 배경이 그의 연구에 많은 영향을 주었더라도 진화론과 분리되어 이해될 수가 없다. 그는 청년기 때 진화론에 대해 강의를 듣는 순간, '진화'라는 말에 매혹되었다고 한다(Cleverley & Phillips, 2006).

그는 자신의 이론을 미국 유아교육의 기본 이론으로 삼으려고 하였다. 그 후 존스 홉킨스 대학에서 미국 최초로 심리학 및 교육학 교수가 되었다. 1888년 클라크(Clark) 대학교 총장으로서 재임하면서, 심리학 실험실을 창설하여 발생심리학(genetic psychology) 분야의 제 문제를 규명하였다. 1882년에는 미국심리학회를 창설하여 초대 회장을 역임하기도 하였다. 또한 진화론적 발생심리학을 체계화함과 동시에 질문지법을 고안하여 아동, 청년, 노인의 심리를 연구하였다. 아동들이 물건을 수집하는 방식, 아동의 다양한 인형들, 모래더미에서 노는 아동 등 다양하게 연구를 하였고, 심리학의 견지에서 예수를 연구하여 '엉터리 신학자'로 악평을 받았고, 프로이드(Freud) 이론을 미국에 도입하여 '엉터리 성 이론가'라는 악평을 들었다(Cleverley & Phillips, 2006). 그는 아동발달에 관한 최초의 과학적 잡지인 『발생심리학지(The

Journal of Genetic Psychology)』를 처음 발간하였으며, 그의 주저로는 『청년기(1904)』가 있다. 터만(Terman), 게젤, 듀이 등이 그의 제자이다(한국유아교육학회 편, 1996).

한편, 1900~1925년 미국에서는 프뢰벨의 이상주의와 듀이의 진보주의 이념적 논쟁과 함께, 유아교육에 대한 과학적인 연구가 집중적으로 시작되었다. 행동과학의 새로운 연구분야로서 아동연구운동이 시작되었는데, 홀이 아동발달 연구의 기초적인 역할을 하였다(이기숙, 2001). 1893년 그는 미국 교육협회(National Education Association)에서 '아동 연구'라는 주제 강연을 통하여 관찰법이 아동 연구의 새로운 방법이 되어야함을 강조하였다. 이 관찰법에 입각하여 교육의 본질을 이해해야 하며, 활동이 이루어져야 한다고 주장하였다. 그는 이러한 관점에 의해서 유아교육 분야의 프뢰벨을 다음과 같이 비판하였다(Weber, 1984).

첫째, 프뢰벨 교육사상이 상징주의, 신비주의임을 비판하였다. 즉, 프뢰벨의 교육사상은 아동의 욕구를 전혀 고려하지 못하므로, 유아교육자들이 관심을 가져야 할 분야는 아동의 신체적 건강(physical health)이어야 한다는 것이다.

둘째, 프뢰벨의 은물과 작업은 아동을 너무 혹사시키고 있다고 비판하였다. 은물과 작업은 아주 어린 유아들에게 오랜 시간 동안 의자에 앉아서, 아직 채 발달되지 않은 소근육을 사용하도록 요구하고 있다. 그는 이러한 프뢰벨의 유치원 교육이 무익한 활동을 방지하기 위해서, 유아교사는 아동의 발달 속도, 아동의 자발적인 놀이와 게임, 언어 발달, 자제력, 상상력을 이해하여야 한다고 주장하였다. 그는 1883년 『어린이 마음의 내용들』이라는 저서에서 65%의 아동이 개미를 본적이 없고, 55%의 아동이 목재는 나무로 만들어진다는 사실을 모르는 데에 놀랐다. 그래서 그는 아동이 학교생활을 시작할 때, 어떤 지식을 가지고 있을 것이라고 생각하는 것을 잘못이라고 보았다. 교사는 최선을 다해 아동을 연구하고 탐구해야 한다고 주장하였다. '아동발달에 관한 자료가 유치원 교육과정의 내용이 되어야 한다.'고 하였다(Cleverley & Phillips, 2006). 이러한 홀의 노력으로 당시 유아교육자들은 클라크 대학의 여름 강좌에 많이 참여하였다. 처음에 이들은 홀의 아동 연구로부터 도움을 받아, 프뢰벨 유치원의 성공을 이끌기 위해서 그의 강의에 참여하였다. 그러나 그들은 시간이 흐름에 따라 프뢰벨의 직관적인 방법을 벗어나 홀의 과학적 방법을 채택하게 되었다.

그는 관찰법 외에도 진화론에 깊게 몰두한 나머지 발생반복론(recapitulation)을 신봉하게 되었다. '유아, 아동, 청년은 인류가 지나온 과거 역사를 푸는 세 가지 열쇠이다.'라고 믿었고, 심리학을 '영혼에 대한 발생학'의 연구로 규정하였다(Cleverley & Phillips, 2006). 그는 '개체에게는 종족의 조상이 겪은 경험과 일을 되살려 보려는 깊고도 강한 갈망이 존재한다.'고 보았다. 이러한 생각에 따라 그는 '개체 발생론(ontogeny: development of individual)[33]은 계통 발생론(phylogeny: evolution of race)[34]을 반복한다.'라는 명제를 제시하였다(Weber, 1984). 예를 들면, 그는 8세~사춘기까지의 4년을 인류가 유인원 단계에서 벗어난 선사시대로 보았다(Cleverley & Phillips, 2006). 다시 말해, 아동의 활동은 인류문화가 재현해 온 진화 과정을 거치게 된다는 것이다. 구체적으로 보면, 아동의 발달은 마치 원시시대의 문화인 수렵 활동, 동굴 활동, 집짓기 활동과 유사하다는 것이다. 따라서 그는 인간의 정상적인 정신 과정은 철저하게 인류 문화의 각 단계의 삶을 필요로 한다고 보았다. 또한 그는 아동의 행동은 인간이 진화되었던 종족들의 원시적 특성을 반영하는 것이라 하였으며, 더 이상 중요치 않은 원시적인 행동패턴들은 아동의 놀이를 통해 반영되거나 점차 감퇴된다고 보았다. 예를 들면, 유아가 나무에 올라가고 그네를 타는 것은 유인원의 놀이와 관련을 지을 수 있다. 교사가 유아에게 과거 진화된 것에 대한 역할놀이를 허용하면 유아는 점차 더 적절한 형태로 발전되어갈 수 있다는 것이다. 그래서 그는 유치원 교사들에게 다음과 같이 충고하고 있다. '아동으로 하여금 환상과 상상의 방향으로 놀게 하라, 이것이 바로 아동의 놀이이며 정신적 놀이가 된다.'

또한 그는 아동들에게 모래, 점토, 진흙 등과 같은 자료들과 접촉하여야 하며, 동시에 활기찬 생활을 할 수 있도록 하여야 한다고 주장하였다(Weber, 1984). 그럼에도 불구하고 그의 반복설은 널리 인정되지 못했다. 그 이유는 인간은 똑같은 상태로 존재하는 것이 아니고, 시간이 경과함에 따라 변화한다는 다윈의 진화론을 잘못 적용한 것이었기 때문이다(이영자, 이기숙, 1997).

1901년, 미국 교육협회에서 행한 연설에서 그는 처음으로 '아동중심학교'(child-centered school)라는 말을 사용하면서 아동중심교육 원리를 제안하였다(Weber, 1984). 그는 학교가 여가, 작업으로부터 해방, 원시적 낙원의 영속화를 의미한다고 보고, 학교는 무엇을 가르치는 데 절대적인 가치를 두기보다는 오히려 아동의 건강, 성장, 유전적 소질에 이바지하는 데 있다고 하였다. 따라서 학교는 학습의 주요 과제가 아동에 의해서 선택되어져야 하며, 어떤 개입이 있을 때는 그 이유를 설명해야 한다고 보았다. 그리고 알파벳, 곱셈표, 문법, 계산, 성경 등에 대한 숭배를 타파해야 한다고 주장하였다. 그 이유는 우리 조상들은 문맹자임에도 불구하고 별다른 문제가 없었기 때문이라는 것이다.

33) 한 개인이 출생하여 사망에 이르는 발달의 전 과정을 설명하는 이론.
34) 한 종족의 진화과정을 설명하는 이론.

그리고 그는 아동에게는 교사의 가르침보다는 모성을 더 필요로 한다고 보았다. 아동의 정신을 훈련하는 교사보다는 조화로운 품성을 가진 교사가 더 필요하며, 이상적인 유치원의 교실은 빛, 통풍, 습도가 최상의 조건으로 유지되어야 한다고 보았다. 그는 유아의 위생을 가장 중요시하였다. 아동에게 은물의 구, 원주, 입방체를 마술사처럼 다루게 하는 것 대신에 비눗방울 놀이, 인형 놀이, 율동, 행진, 서커스, 자유 놀이, 게임, 다양한 동·식물의 수집, 분류를 할 수 있는 다양한 장난감 목록 등을 제공하여야 한다고 하였다. 또 식사 예절에 따라 빵, 우유, 과일을 먹게 하여 정신을 맑게 하여 주고 성질을 부드럽게 해주어야 한다고 하였다(불교의 點心이라는 관점에서 보면, 허기가 있어 정신이 혼미할 때 음식을 먹으면 정신이 밝아지는 것을 보면 일리가 있다고 보인다). 그리고 그는 교사들에게 각 아동을 연구할 것을 권고하였다. 교사는 가르칠 때보다는 아동을 연구할 때 더 많이 배우게 된다. 교사는 실제로 아동을 연구함으로써 아동을 이해해야 한다는 것이다.

또한 그는 아동교육 담당자들에게는 다음과 같이 충고하고 있다(Weber, 1984).

첫째, 7~8세 아동은 발달적 전환기에 있으므로 과다한 공부와 긴장을 줄이도록 하라.

둘째, 8~12, 13세 아동은 학습에 의해서 심성의 수정이 가능하기 때문에 연습, 반복적 습관 형성, 기계적 학습을 하도록 하라.

셋째, 청소년기에 있는 아동에게 정서와 감성적인 면을 가장 우선하도록 하라.

이처럼 그는 이상적인 유치원은 아동의 발달적 특징이 가장 잘 반영될 수 있도록 실행하는 것이라고 보았다. 일반적으로 진화론적 발달 원리는 미래와 진보에 대한 강력한 신념을 갖고 있던 당시 미국인들의 의식과 부합하는 것이었다. 그러나 홀의 발생반복이론은 듀이에 의해서 많은 비판을 받았다(Dewey, 1916). 듀이는 반복설에 의한 유아교육은 주로 과거 지향적이라고 보았다. 인간의 성장은 결코 과거의 진화단계를 밟은 것은 아니다. 이렇게 유아를 본다면 교육은 뒷세대에게 앞세대의 성장과정의 지름길로 성장을 촉진시키는 데 있다. 유아교육은 유아들에게 과거를 반복하는 일이 아니라 과거에서 해방시켜, 지나온 길을 다시 밟는 일에서 해방시키는 것이다. 반복설이 과거를 강조하여 유아들에게 미치는 현재 환경의 지도를 경시하는 것은 교육의 기능을 포기하는 것이라고 보았다. 그렇지만 듀이도 유아의 충동적인 행동이 맹목적이고 산발적이어서 주위 환경에 잘 적응되지 않는다는 점, 과거 유산이 현재 삶에 도움이 될 때 가치가 있다는 점에서(물론 과거의 산물을 현재 자원으로 활용하는 것과 과거의 산물을 복고적인 표준과 모범으로 삼는 것은 차이가 있지만) 반복설을 긍정하였다.

그는 듀이와 함께 유아교육 프로그램을 보다 진보적이고 발달적인 형태로 발전시키는 데 기여하였다. 홀의 제안처럼 현재 유아에게 제공되는 교구와 교재는 아동의 대근육 운동에 적절한 것이었다. 유아교육에 있어서 그의 업적은 인간 행동발달을 이해하기 위해 아동을 연구하도록 심리학자들을 자극한 것이며, 어린 유아를 담당하는 교사일수록 유아에게 더욱더 적응할 필요가 있음을 강조하였다. 또한 유아와 관련되어 일하는 사람은 유아와 유아발달에 대한 이해뿐만 아니라 유아교육체계도 유아의 패턴에 맞춰져야 한다고 한 점이라 하겠다. 관찰법에 의한 그의 아동 연구는 게젤(Gesell)에 의해 계승되었다(Weber, 1984). 이러한 홀의 주장이 유아교육에 반영되어 오늘날과 같은 바깥 놀이터가 만들어지지 않았나 싶다. 놀이터 대부분의 시설은 유아의 대근육 발달을 연습하는 곳이기 때문이다. 조기에 학업적 성취를 강조하는 우리의 현실에 비추어 보면, 홀의 사상은 우리들에게 많은 것을 시사하고 있다. 그중에서 무엇보다도 현 단계의 발달적 특징에 충실한 유아교육을 지향해야 할 것이다.

(2) 게젤(A. Gesell, 1880~1961)의 성숙이론과 유아교육

홀의 제자 중의 한 사람인 게젤은 1890년 초부터 홀의 이론에 따라 아동 연구를 충실하게 수행하였다(Weber, 1984). 루소가 '발달이란 정해진 스케줄에 따라 전개된다.'라고 추측했지만, 그는 발생학적 모델을 적용하여 아동발달을 최초로 연구한 사람이다(Crain, 1980).

게젤은 1880년 자연경관이 매우 수려한 미시시피 강의 상류인 위스콘신 알마(Wisconsin Alma)에서 출생하였다. 그의 이러한 성장 배경은 그의 학문적인 방향에도 영향을 미쳐 낭만주의적인 길을 가게 하였다. 그는 위스콘신, 클라크 대학에서 철학박사 학위를 받고, 기저 생리학에 대한 지식을 얻기 위해서 30세에 예일(Yale) 대학에 입학하여 의학박사를 취득하였다. 그는 1911년 예일 아동발달 임상센터(Yale Clinic Child Development)를 설립하여 동료들과 함께 아동 운동신경발달에 관한 세부적인 연구를 하였다. 영유아의 연령별 발달규준을 확인하기 위해서 500명의 영유아를 대상으로 운동발달, 언어발달, 적응행동, 생활습관 및 행동 등에 관한 발달 수준을 조사하였다. 그는 규준이란 엄격히 고정된 사실이라기보다는 오히려 특정한 연령층에 나타날 수 있는 행동의 지표라고 생각하였다(Osborn, 1975). 그의 관찰 연구는 항상 세밀하게 계획되고, 치밀하게 수행되었고, 자료를 정확하게 기록하였다. 그의 아동관찰 자료수집방법은 그 당시 획기적이었다. 관찰방법으로는 일방경 관찰(one-way vision screen), 장면 촬영법(cinematography)을 사용하였다(Weber, 1984). 게젤이 연구한 아동행동규준(behavior norms)은 현재 소아과 의사, 심리학자들이 기본자료로 사용하고 있다(Crain, 1980). 이러한 게젤의 유전 결정론은 홀 이론의 연장이라고 볼 수 있다. 게젤은 성숙을 '유전자가 발달과정을 방향 짓는 기제(機制, mechanism)에 대한 일반적인 명칭'으로 정의하였다. 개체의 유전 형질의 발달에 따라 아동행동이 자동적으로 개화한다고 보았다. 이 성숙이 개체 내의 제 발달 및 그 발달 기제의 방향을 조정하는 내적 조정기능을 한다. 또한 성숙이 가장 초보적이면서도 아동발달에 강력한 영향을 주는 요인이라고 보았다(Weber, 1984). 성숙은 환경의 역할과는 구별되는데, 즉 태아가 모태로부터 받는 산소, 체온은 내적 환경의 성숙과 구별된다. 환경은 적절한 성장을 유지시켜주지만 구조와 행동을 순서적으로 전개시키는 데 직접적인 역할은 하지 못한다. 출생 후 발달 방향도 특수한 순서대로 성숙에 의해서 이루어진다. 머리로부터 발로 혀, 입술, 눈, 목, 어깨, 손, 손가락, 몸통, 다리, 발등의 순서로 발달한다. 서기 전에 앉기, 걷기 전에 서게 된다. 이 모든 것은 신경계의 성장과 함께 발달하는데, 이 신경계의 성장은 유전자에 의해서 중재된다는 것이다. 이처럼 그는 개체 성장의 힘은 출생 시에 결정된다고 보았다(Crain, 1980).

그가 성장이 유기체의 내적 특성과 환경적인 조건이 동시에 포함되어야 가능하다고 본 점에서, 개체의 성장에 환경과 훈련의 요소를 인정한 것도 사실이다. 그러나 이 인정은 그가 지나치게 내적 요인을 강조함으로써 그 의미가 감소되고 말았다(Weber, 1984). 그는 자신의 주장을 옹호하기 위해서 아동성장의 기본적 패턴에 관한 자료를 효과적으로 수집하였다. 그는 아동발달단계는 연령에 의해서 보편적인 단계를 나타낸다고 보았다. 그는 예일대학 임상센터에서 수많은 연구를 통해서 인간 발달 영역에 대한 성장패턴을 차트화 하였다. 이 성장패턴 차트를 '성장지수'(gradients of growth)라고 부르면서, 이것은 학습기능뿐만 아니라 신체적, 정서적, 지적 발달에 관한 자료들로 구성하였다.

그리고 그는 성숙은 교육, 연습의 효과와는 대조가 되는 것으로 보았다. 어떤 기술이 성숙에 의해서 좌우된다면 성숙상의 스케줄보다 앞서 가르칠 필요는 없다. 일란성 쌍생아 연구에서와 같이 계단 오르기, 블록 쌓기, 손의 협응 등의 훈련은 별로 효과가 없었다. 게젤은 환경을 경시한 것이 아니라 정상적인 성장을 위해서 필요함을 인정한다. 그러나 환경요인이 성장을 유지, 변화, 수정할 수는 있지만, 발달의 기본적인 진행과정을 만들지는 못한다고 주장한다. 그는 성장은 성숙에 좌우한다고 믿었다.

게젤은 현재 아동의 성장은 과거 성장에 기초한다고 보았다. 학교 학습의 기능은 아동의 발달적 준비도와 직접적으로 관련이 있다는 것이다. 예를 들면, 읽기 행동은 발달적으로 읽기 준비도에 의해서 가능하다고 보았다.

① 15개월: 그림책을 가볍게 두드림.
② 18개월: 그림책 속에 있는 아는 그림을 가리킴.
③ 2세: 그림책에 나오는 그림 3가지를 지적할 수 있음.
④ 3세: 그림책에 나오는 4가지의 기하도형을 확인할 수 있음.
⑤ 4세: 철자에 관심을 갖고 대문자를 확인할 수 있음.
⑥ 5세: 인쇄된 단어에 관심을 갖기 시작함.

이러한 연령은 절대적이라기보다는 보편적인 연령 기준이다(Weber, 1984). 따라서 인간 성장의 연구는 양적인 형태로 측정하는 것이 아니라 패턴(pattern)으로 측정해야 한다는 것이다. 패턴화 과정(process)에 의해서 행위들이 체계화될 수 있기 때문이다. 예를 들면, 신생아는 눈을 목표점에 고정시키지 못하지만 시간이 지나면 눈을 고정시킬 수 있다. 그 이유는 눈을 움직이는 근육과 뇌신경 간의 패턴이 새로이 연결되었기 때문이다. 그 후 움직이는 물체에 주목하며, 목을 움직여 추적할 수 있다. 이것은 눈을 움직이는 근육과 목을 움직이는 근육 간에 새로운 패턴이 형성되었다는 것을 의미한다. 눈과 손의 협응도 점차적으로 신경과 근육들이 조직화된 결과이다(Crain, 1980).

이러한 인간발달의 원리는 다음과 같이 설명한다. 인간은 양측, 반구로 된 뇌, 두 손, 두 눈, 두 다리로 진화해, 한쪽이 우세할 때까지 양쪽을 번갈아 혹은 양쪽을 동시에 사용한다. 그 후 양측은 점차적으로 효과적인 쪽으로 체계화가 되어간다. 또 최상위의 발달단계에 도달한 인간은 정면에서보다는 약간 비슷하게 접할 때, 가장 효과적으로 기능을 한다고 하였다. 예를 들면, 신생아의 경직성 목 반사와 같이 우세한 한쪽을 사용한다. 한 손, 한 눈, 한 발등의 사용이 이를 증명해 준다.

그리고 인간은 수천 만 년 동안 진화한 결과 자기 규제의 능력이 있다는 것이다. 자기 수유의 주기, 자기 수면의 주기, 의식이 깨어있는 주기 등과 같이 자신을 제어할 수 있다는 것이다. 이러한 자기 규제의 기제가 있기 때문에 인간은 새로운 영역에 급격히 들어가면, 부분적으로 물러서다가 다시 앞으로 전진하기 전에 자신의 진행과정을 견고히 한다. 예를 들면, 기고 걷는 과정이 되면 2~3번 정도 이전단계로 되돌아가곤 한다. 수면을 더 취하다가 덜 취하다가 하면서 점차적으로 수면을 줄여간다. 이처럼 안정과 불안정의 시기를 주기적으로 거치면서 발달이 진행되며, 본성이 과도한 성장을 방지한다고 보았다(Crain, 1980).

게젤은 인간은 동일한 순서로 성장하지만 발달 속도에는 개인차가 있다고 보았다. 정상적인 영유아는 동일한 순서를 거치지만, 그 성장 속도는 상이하기 때문이다. 성장속도는 기질(생리), 성격(정신)과 관계가 있다. 느리게 자란 아동은 느리고, 조심성이 있고, 고른 기질, 기다릴 줄 알고 생을 현명하게 본다. 빠르게 자란 아동은 반응이 빠르고, 쾌활하고, 즐겁고, 나서기를 좋아하고, 총명하며, 영리하다. 불규칙적으로 자란 아동은 너무 조심스럽고, 너무 느리고, 기분에 좌우되고, 조바심이 있으며, 순간적으로 총명하다. 따라서 영아교육기관은 영유아의 개성을 충분히 발달시키도록 돕는 것이 필요하다. 이러한 개인차를 인식하기 위해서는 교사는 진지함을 가져야 한다고 하였다(Weber, 1984). 진지함에서 통찰력이 나오기 때문이다. 이를 위해 영유아 교사는 개인의 독특한 개성에 예민할 수 있는 식견을 가져야 한다. '모든 아동은 하나의 개체이며 자신의 정해진 성장표에 따라 발달한다.'고 한 그의 말은 아동의 독특성을 강력하게 믿고 있다.

또한 게젤은 부모들이 선입견을 가지고 아동에게 강요해서는 안 된다고 하였다. 따라서 부모는 '반드시 해야 한다.'는 사고를 버리고 아동의 신호와 단서에 따라야 한다. 요구수유, 요구수면을 해야 한다는 것이다. 이를 위해서는 부모는 아동에 대한 발달 경향과 순서에 대한 이론적인 지식이 필요하다. 학교는 아동이 자신의 개성을 충분히 발달시키도록 도와야 한다. 이러한 게젤의 주장에 대해서 '너무 자유방임적이다.'라는 비판이 있었으나, 여기에 대한 게젤의 입장은 '외부 통제 능력을 견딜 수 있는 능력이 성숙될 때까지 관심을 가지면 아동은 자신을 통제하는 것을 배운다.'는 것이었다(Crain, 1980).

그는 1943년 『현대 문화에서 영아와 아동(Infant and child in the culture of today)』이라는 저서에서 영유아의 성숙 상태를 바르게 이해하지 못하는 교육은 헛수고이며, 그리고 해로운 간섭 및 부당한 훈육이 되고 말 것이라고 경고하였다(Weber, 1984). 그는 성숙에 기초한 교육을 준비도(readiness)라고 하였고, 이것은 새로운 경험을 위한 최적의 시기, 가장 효과적인 훈련이 가능한 적기라고 하였다. 신경계통의 성숙이 준비되기 전의 훈련은 영유아들에게 실패의 경험 및 욕구불만을 야기하기 때문에,

부모와 교사들에게 성숙이 준비될 때까지 영유아교육 활동계획을 기다려야 한다고 충고하였다. 그러나 그의 이러한 주장은 과학적 접근방법 즉, 심리측정운동에 매료된 당시 학자들에게 호소력이 없었다. 그러나 당시 유아교육 학자들은 발달적 용어를 언급하면서 학습준비도의 필요성으로 역설하였다.

그는 1925년 당시에 취학전 교육(pre-school)이라는 용어는 생소하지만, 곧 이 용어가 사라지고 그것을 대신할 만한 독자적인 교육기관이 생길 것이라고 설파하였다(Weber, 1984). 1923년 『학령전기의 아동(The preschool child)』이라는 저서에서, 영유아기는 생물학적으로 가장 중요한 시기로 보았다. 그 이유는 발달이 동적인 연속으로 이루어지고, 동적인 연속성이 뒤이어 일어나는 모든 발달에 필연적으로 영향을 주기 때문이라고 보았다(Osborn, 1975). 그는 이러한 의미에서 1920~1930년대에 미국에서 보육시설이 증가하는 것에 찬사를 보냈다. 발달을 중시하는 교육정책이 유치원 교육에까지 하향화하는 현상으로 보았기 때문이다. 그러나 성숙도 중요하지만 훈육이나 학습도 중요하다는 점을 너무 간과하고 있고, 그가 만든 발달 기준표는 너무 획일적이고 중류가정 아동을 대상으로 했다는 점 등이 비판을 받고 있다. 이러한 비판에도 불구하고, 아동을 자연의 모습 그대로 파악했다는 점과 수치에 얽매여서 아동을 진단하지 않고 전체적인 인격으로 파악했다는 점이 인정을 받고 있다(Crain, 1980). 이렇듯 그가 제시한 성장지수는 심리학자 부모, 유아교육학자들에게 매우 유용한 자료가 되고 있다. 성장지수는 일반적으로 발달특징을 잘 정의해주며, 그리고 성장 지수는 개인의 성숙 정도의 기준이 되기 때문이다. 그러나 게젤의 연령 기준 자료들은 끊임없이 오해를 받았다. 예를 들면, 행동규준 자료들에는 그 연령기의 성장 중앙 경향치를 나타내는데, 일반인들은 보통 영유아 혹은 정상 영유아라고 이해해 버렸다. 이 기준에 지체되면 이상이 있는 영유아로 보았다. 어떤 영유아의 어떤 발달이 규준 행동보다 일찍 일어날 수도 있고 늦게 일어날 수도 있다는 사실 즉, 게젤이 그토록 강조했던 개인차의 가능성을 부정하였던 것이다. 교사들은 게젤의 표준행동 목록을 유아교육내용 그 자제로 간주해버려 고정된 발달을 강조하게 되어 버렸다. 그는 연령과 단계의 개념이 개념상으로만 치우쳐 해석되어 온 사실에 대하여 경고하였다(Osborn, 1975).

이러한 그의 자연적 개화, 성숙의 개념 등은 영유아를 있는 그대로 두는 것이 좋다든가, 혹은 유전에 의해서 성장의 한계가 정해진다는 주장으로 이해되어 유전적 결정론을 강화시켜주기에 충분하였다. 또한 그의 자료가 하나의 유아 집단으로부터 나온 표준 행동이 모든 유아들에게 일반화되는 모순이 있었다(Weber, 1984). 그가 관찰한 유아의 내용은 유아교육기관이 아니라 병원이었다는 점도 그의 이론을 유아교육에 적용하는 데 유의점을 갖게 한다. 비록 오늘날에는 그의 주장이 분명히 잘못된 것으로 받아들여지고 있지만, 당시에는 그의 아동연구에 대한 자료들은 유아교육자들이 프로그램을 계획하는 데 있어 교과서로 이용될 정도로 지대한 영향을 행사한 것은 사실이다. 그리고 20세기 후반에는 게젤의 인간발달이론에 영향을 받아 나이별로 수집된 표준적이고 평균적인 행동목록에 의해서, 영유아교육이 운영되었다는 점에서 그의 업적은 크다고 할 수 있다. 게젤의 주요 초점은 유아발달에 대한 지나친 기대로 인하여 영유아 성숙수준 이상을 강요하는 것을 경계하는 것이었다. 그는 유아교육의 발달분야의 선구자이며 큰 영향을 끼친 학자라고 평가받는다. 영유아의 발달을 훈련 혹은 지나친 조기교육에 의해서 수행하려고 현실에 대하여 경종을 울렸다는 점에서 유아교육의 사상의 한 면으로 여전히 유효하다.

(3) 프로이드(G. Freud, 1856~1939)의 정신분석이론과 유아교육

프로이드는 한 세기 반 동안 심리학에서 자취를 감춘 성악설의 관점을 부활시킴으로써 '인간은 근본적으로 선하다.'는 루소의 성선설을 뒤집어, 개인의 삶은 갈등적인 충동들의 투쟁사로, 인간사를 무의식적인 자아와 사회적 자아 간의 끊임없는 투쟁사로 보았다(Weber, 1984). 그가 부각시킨 본능은 성적충동과 무의식이다. 특히 그는 '인간의 정신이란 성적 지식의 저장소이다.'라고 할 정도로 성을 강조하였다. 이러한 의미에서 그의 이론을 심리·성적 이론으로 부르기도 하지만, 인간의 정신은 의식에 의해서만 밝힐 수 없는 무의식적 과정으로 구성한다고 보았기에 일반적으로 그의 이론을 정신분석[35]이론이라고 한다.

그는 체코의 모라비아(Moravia)에서 40세 아버지와 20세 어머니 사이에서 태어났다. 빅토리안 시대인 4세 때 재정적인 어려움으로, 반 유태인적인 풍조가 만연한 비엔나(Vienna)로 이사하였다. 이 도시의 분위기는 어린 프로이드로 하여금 성적 충동에 관심을 갖게 해주었다. 그는 7형제 중 장남으로 매우 영리하여 다방면에 지적 관심을 보여 전공분야 선택에 어려움을 겪기도 하였다(Crain, 1980). 비엔나 대학 의과대학에 진학하여 민물고기의 척추에 관하여 연구를 하였다. 이후 신경생리학에서 정신병리학으로 전향하여 정신의학과 정신장애에 대해 연구를 하였다. 1886년 결혼

35) 정신분석이란 인간의 의식 세계를 탐구하는 내성법과는 달리 인간의 무의식적 요소를 분석하여 얻은 추론에 입각하여 인간의 내면세계를 관찰하는 방법이다. 주로 체면, 꿈, 실언(중얼거림) 등과 같은 단서를 통해 인간의 부적응 원인을 임상적으로 규명한다(Weber, 1984).

후 경제적 문제로 인하여 정신치료사로서 개인 진료원을 개업하였다. 여기서 당시 의학에 기초하고 있는 가정들에 의문을 품었다. 이 의문으로 인하여 그는 인간의 의식 세계를 탐구하는 내성법과는 달리, 무의식적인 요소들을 분석하여 얻은 추론들에 입각하여 인간의 내면세계를 들여다보는 정신분석이라는 새로운 방법을 창안하였다. 여기서 그는 그가 일시적으로 복용한 코카인의 혁명적인 사용법을 발견하려고도 하였다. 그 후 파리에 있는 샤르코(Charcot) 연구소를 방문하여 그곳의 샤르코로부터 '히스테리(hysteria, 병적 흥분)'에 대한 강의를 들었다. 이 정신장애가 그의 연구의 시발점이 되었다. 귀국 후 부로이어와 공동으로 이 분야를 연구하였다. 그들은 히스테리가 물리적이거나 신경학적 토대에 원인이 있다고 생각하여, 당시 치료법인 수압치료와 전기치료법을 그만 두었다(Cleverley & Phillips, 2006). 대신 이러한 증상은 관념들로 치료될 수 있다는 새로운 패러다임을 수용하였다. 인간은 물리화학적 메커니즘의 견지에서만 자신의 활동을 설명할 수밖에 없는 기계(machine)에 불과하다는 입장에서, 물리적 실재와 대조를 이루는 정신적 실재야말로 신경증에 결정적이 것이 되는 것으로 보는 견지로 전향하였다.

그 후 그는 최면술을 이용하여 히스테리 환자를 치료하였다. 그 결과 환자들은 소원, 감정을 의식으로부터 억압, 차단당하고, 이 억압된 에너지가 신체적인 각 부분으로 퍼져 증상을 나타낸다고 보았다. 이들의 치료는 무의식으로 밀려난 감정을 풀어주는 것이다. 그러나 최면술은 일부 환자에게만 가능하고, 일시적이었으므로 '자유연상'이라는 새로운 방법을 발전시켰다. 연상을 차단하는 것을 '저항'이라고 하고 이것이 의식을 억압의 힘이라고 보았다. 그 결과, 그는 모든 환자의 마음 자체는 갈등상태 '윤리적, 심미적, 개인적 가장'으로 인하여, 용납하기 어려운 욕망이 있음을 발견하였다(Crain, 1980).

1895년 부로이어와 프로이드는 『히스테리아에 관한 연구』를 출판하여 정신분석학의 토대를 마련하였다. 그 후 두 사람은 연구방법이 달라 공동 연구를 중단하였다. 프로이드는 의식으로부터 차단하고 있는 중심정서가 '성'이라고 결론을 내렸다. 여기에 더하여 프로이드는 환자가 묻혀 버린 기억이 먼 과거 즉, 아동기까지 간다고 주장하였다. 부로이어도 프로이드의 주장에 동의했으나, 성을 난처한 것으로 생각하였다[36]. 프로이드 이전에는 아동기는 성적으로 중성이며, 아동들이 표현하는 성적

36) 피터스(Peters, 1966)에 의하면, 프로이드와 브로이어(Freud & Breuer)는 환자가 자신들을 사랑한다는 것을 알았을 때 두 사람의 행동은 달랐다. 브로이어는 당황하여 자기 부인과 제2의 신혼여행을 갔지만, 프로이드는 계속 치료에 전념하여 환자의 감정을 참되고 가치 있는 것을 발견하는 데

호기심은 부자연스러운 조숙성을 나타낸다는 주장이 널리 수용되고 있었다(Cleverley & Phillips, 2006). 이에 비해 프로이드는 성은 사춘기가 되어야 완성된 형태로 나타난다는 당시의 견해를 적나라하게 공격하였다. 이와 같은 성에 대한 인식 차이로 인하여 두 사람은 독자적인 길을 가게 되었다.

앞에서도 언급한 것처럼, 당시에는 성이라는 것은 사춘기에 시작되는 것으로 보았다. 그러므로 아동기 성욕에 대한 증거가 학계에 수용되지 못하였다. 순진한 아동들이 성적 욕구를 경험한다고 한, 프로이드의 주장을 당시 사람들은 그를 성도착증 환자로 간주하였다. 또한 프로이드도 자신이 발견한 사실을 이해하는 데 큰 어려움을 겪었다. 그는 한동안 안개 속을 헤매다가 사실에 기초하지 않는 것은 허구임을 자각하였다. 그래서 이 사실적 지식을 얻기 위해서 1897년 '자기분석'을 하였다. 아버지의 사망에서 느낀 혼란이 동기가 되어 자기의 꿈, 기억, 어린 시절을 조사하였다. 이 분석을 통해서 아동기 성욕이론에 대한 독자적인 확증을 얻었다. 바로 그 유명한 '오이디푸스 콤플렉스'(Oedipus Complex)[37]를 발견한 것이다. 홀의 발생반복론에 영향을 받은 프로이드는 이 오이디푸스적 행위가 역사적 진리이고 상속된다고 보았다. 결국 오이디푸스 콤플렉스야말로 모든 신경증의 핵심이고, 무의식적 정신의 토대가 된다고 간주하였다(Cleverley & Phillips, 2006).

1890년 프로이드는 '꿈의 해석'을 발표하여 무의식의 영역을 탐구하였는데, 이 과정이 너무 어려워서 사고할 수도 없었고 글을 쓸 수도 없었다. 이러한 분위기 속에서 프로이드는 완전히 지적으로 고립되었다. 그러나 1901년 젊은 소장 학자들(Adler, Jung) 사이에서 그의 이론이 수용되기 시작하였다. 이들과의 매주 토론을 가진 것을 계기로 '정신분석학파'가 탄생하였다. 1909년 홀에 의해 미국 클라크 대학에 초청되어 강연한 것이 계기로 미국에 알려지기 시작하였다.

그러나 1933년 나치는 그의 책을 불살랐고, 프로이드 체포령을 내렸다. 프로이드는 1938년 비엔나를 떠나 런던에서 생활하다가 83세로 턱 암의 고통 속에서 죽었다. 결국 그는 의학도에서 과학자로서 학문의 길을 걸어갔다. 그의 학문은 일반들이 가진 신화와 민속신앙을 정당화하였고, 대륙철학의 무의식이라는 개념과 인문학 및 과학이론을 이어받았고, 그 무엇보다도 그 당시의 의학 수준에 많은 영향을 받았다(Cleverley & Phillips, 2006).

로 돌렸다.

37) 희랍의 3대 비극시인 중 한 사람인 소포클레스(Sophocles, 495-406, B.C.)의 작품 중 Oedipus The King(오이디푸스)에서 유래하였다.

프로이드는 아동의 정신이 '백지상태도 에밀과 같은 천진무구한 생각을 하는 존재도 아닌 성적 지식의 저장소이다.'라고 하였다. 아동은 동생이 출생하면 가족 안에서의 지위 위협으로 말미암아 아기가 어떻게 생기는가에 대해 궁금해 한다. 그 이후로 아동은 출생, 임신, 성교 등 다방면에 대한 지식을 습득하게 된다. 또한 아동도 이성을 유혹하려는 욕망에서부터 변태성욕에 이르기까지 성적 활동을 한다(Cleverley & Phillips, 2006). 이처럼 아동은 여러 단계를 거쳐 성적 지식에 대한 네트워크가 완성되어 간다.

그가 제시하는 심리성적(psychosexual)의 발달단계를 보면, 먼저 그의 성 개념은 매우 그 폭이 넓다. 성은 단순한 성교만 아니라 신체의 쾌감을 일으키는 모든 것을 성이라고 보았다. 아동기의 성적 행위는 빠는 행위, 수음, 타인의 신체를 엿보는 것, 신체를 보여주려는 욕망, 배설, 흔드는 신체운동, 물기, 꼬집기, 잔인한 행동 등이다. 이처럼 그는 성을 인간이 추구하는 유기체적 쾌락으로 보았다. 이러한 행동이 쾌감을 줄 뿐만 아니라 나중에 성행위 시 다시 나타나기 때문이다. 그리고 모든 인간은 성 욕망을 갖고 있다는 것이다. 단지 정상인도 성적 욕망을 갖고 있으나 죄의식, 부끄러움 때문에 억압하지만, 성도착증 환자는 여자 물건 훔치기나 엿보기 등을 통해서 절정감을 맛본다(Crain, 1980)는 것이다.

프로이드 이론의 전 과정에 근간을 이루는 것은 성 에너지인 리비도(libido)이다. 심리성적 의미에서 초기에는 성적 원동력으로 하였으나, 후기에는 생존 욕으로 오늘날은 본능과 상관되는 성적 충동이나 쾌락의 원천으로 개념으로 사용되고 있다. 프로이드는 리비도를 에로스(eros)와 타나토스(thanatos)와 함께 무의식에 자리 잡고 있다고 설명하고 있다. 리비도가 에로스로 지향하면, 성욕과 상관되는 종족본능, 무에서 유를 창조하는 건설 욕, 평화사상으로 연결된다. 리비도가 타나토스로 지향하면 사의 본능으로써 결합의 파괴에서 지향하며 개인적인 수준에서는 공격성, 사회적인 결합의 파괴를 통해서 만족을 얻으려 한다. 이처럼 양자는 모순된 관계로 서로 힘의 균형을 취하고 있다. 예를 들면, 유아가 기성품보다는 조립식 장난감을 더 좋아하는 것, 인류의 역사가 평화와 전쟁의 연속인 것도 이 때문일 것이다.

그는 '개인의 일반적인 성적 에너지'인 리비도가 집중된 신체부위가 성감대라고 하였다. 주요한 성감대는 '입 → 항문 → 성기'로 이동한다. '이런 순서는 성숙과정(타고난 생물학적인 요인)에 의해서 지배된다.'고 프로이드는 생각하였다. 또한 경험도 발달에 결정적인 역할을 한다고 보았지만 결정적인 것은 아니라고 보았다. 그 발달과정은 다음과 같다(Crain, 1980).

① 구강기

구강기는 전기와 후기로 나누어지는데, 전기에서 자애적인 성격이 강하다. 예를 들면, 젖을 빠는 행위는 생존을 위해서도 하지만, 그 행위 자체가 쾌감을 주기 때문이다. 자기 자신의 몸을 통해서 만족을 얻는다. 생후 6개월 전 영아는 세계를 대상부재(對象不在)의 상태로 생각한다. 타인이나 사물에 대한 개념은 없고, 심지어 엄마의 존재에 대해서도 자신과 분리된 타인으로 인식하지 못한다. 자신이 타인에 의존하고 있다는 사실을 깨닫지 못하고 있다. 그는 이러한 초기 대상부재를 일차적 나르시즘(primary narcissism)이라고 묘사하였다. 오직 자기 자신에게만 관심을 가지고, 자기애적이다. 후기가 되면 엄마에 대한 개념이 발달하면서, 분리불안[38]을 느끼게 된다. 치아가 발달하여 물려고 하는 충동이 생겨 엄마의 젖을 물면 엄마는 자극적인 반응을 보인다. 그리고 엄마 측면에서도 이제 아기가 조금 자랐기 때문에 틈틈이 떼어놓으려고 한다. 따라서 영아는 전기 때보다 삶이 복잡해지고, 고민스러워진다. 단순하고 만족스러운 때인 초기로 돌아가고 싶은 욕망이 생긴다.

이러한 이유로 고착과 퇴행이 생긴다. 고착은 불안이나 좌절이 너무 클 때 현 단계에 머물려고 하는 것이다. 구강기에 고착되면 음식에 집착, 연필 등을 빠는 행위에서 편안함을 느낀다. 또한 구강으로 하는 성적 행위에서 쾌감을 느끼고, 흡연, 음주에 몰두하게 된다. 고착의 이유는 과다만족, 과다좌절이다. 오랫동안 수유에 만족한 영아는 계속 구강적인 쾌락을 찾으려고 하고, 구강기에 좌절을 경험한 영아는 성인이 되어서도 구강기의 만족을 찾으려고 성인이 되어서도 식사가 늦게 나오면 게걸스럽게 먹는다. 퇴행은 발달의 초기 단계 행동으로 되돌아가려고 하는 것이다. 여자아이는 남자 동생이 생기면 사랑의 결핍을 느껴 구강기 행동 즉, 손가락 빨기로 퇴행한다. 남자 친구로부터 실연당하여 우울증이 생기면 먹는 일에서 편안함을 느낀다. 퇴행은 부분적, 일시적이지 병적인 것은 아니다. 또 아동이 유치원 시절을 그리워하는 것도, 성인이 어린 시절을 그리워하는 것도 이 때문이다.

② 항문기

유아는 항문부위에 성적관심을 두게 된다. 유아는 배설물이 항문의 점막을 자극할

38) 프로이드는 아동의 불안을 정상적인 것으로 인식시키려고 하였다. 처음 불안은 어머니 품에서 떨어져 있다는 사실을 자각하는 것이고, 두 번째는 부모가 자기에게 화를 낸다는 사실을 자각하게 된다. 이 애정상실의 불안은 여러 가지 형식으로 일생동안 지속되며, 세 번째는 거세의 위협과 연결되고, 네 번째는 초자아출현과 연결된다.

때 쾌감을 느낀다. 이는 괄약근을 통제할 수 있기 때문에 최후에까지 참았다가 마지막에 방출함으로써 쾌감을 느끼는 데 자주 흥미를 느낀다. 또 자신의 배설물을 가지고 놀거나 관심을 느낀다. 이 즐거운 행위를 부모가 종용하도록 하고 혐오감을 갖게 하여 배변훈련을 시킨다. 부모의 이러한 행위에 대해서 유아는 고의로 더럽힘으로써 부모와 맞선다. 이러한 것을 '항문기 폭발적' 성격이라고 한다. 반면에 청결, 질서, 신뢰성에 지나치게 신경을 쓰는 '항문기 강박적' 성격이 나타날 수 있다. 성인이 되면 권위에 복종하는 것에 분노를 느끼지만 이를 표현하지는 못한다. 소극적 완고함, 검소하면서도 인색해진다. 대부분의 사람들은 두 가지 성격, 혹은 두 가지를 조합한 성격을 다 소유하면서 발달한다. 그러나 스트레스를 받으면 보다 두드러진 방식을 나타낸다.

③ 남근기

남아는 오이디푸스의 위기를 겪게 된다. 남아가 자신의 성기에 관심을 가질 때부터 시작된다. 자기의 성기를 타 남성이나 동물과 비교해보고, 성인 여자의 성기를 보려고 한다. 또 자신의 성기를 보여주기를 즐기고, 성적인 성인으로 자신의 역할을 상상한다. 공격적이고 영웅적인 남자를 상상하여 이를 실험하려고 하고, 환상 속의 여인을 엄마로 정하고 공격적인 키스, 밤에 함께 자기를 원하고, 결혼까지 생각한다. 그러나 그의 계획, 실행이 부적함을 깨닫는다. 또한 다 큰 소년이기에 현실적으로 불가능하다는 것을 알게 된다. 아버지야말로 유아가 하고 싶은 대로 할 수 있는 사람임을 알게 된다. 어머니의 애정을 구하는데 아버지를 경쟁자로 느낀다. 근친상간적 욕구와 이러한 상황을 프로이드는 그리스 신화에 등장하는 오이디푸스 왕의 조건에 비유하였다. 즉, 아동에게 오이디푸스 콤플렉스의 윤곽이 그려진다는 것이다(오이디푸스 왕이 자신도 모르게 아버지를 살해하고 어머니와 결혼한 희랍신화와 유사함). 그러나 유아는 아버지가 너무 크기 때문에 경쟁적인 욕망을 현실적으로 실천할 수 없다는 것을 깨닫게 된다. 그리고 반사회적 행위를 포기해야만 하는 것을 배우는 과정에서 그 수단인 거세의 위협을 느끼게 된다(Cleverley & Phillips, 2006). 한편으로, 유아는 아버지에게 질투를 느끼면서도 아버지의 사랑을 필요로 한다. 결국 유아는 억압과 동일시라는 방어적인 책략을 통해서 오이디푸스적 난국을 타개한다. 억압을 통해서 근친상간적 욕망을 무의식으로 묻고 사회적으로 승인되는 사랑만을 인정하게 된다. 그리고 아버지에 대한 적대감을 억압하고, 동일시를 증가시킴으로써 경쟁심을 극복한다. 이 과정에서 어머니와 여동생, 누나, 형 등 여러 사람과 동일시하며, 양향성적인 특성이 나타난다. 이러한 오이디푸스 위기를 극복하는 과정에서 유아는 마침내 방어전략을 내면화하여 초자아(superego)를 형성한다. 특히 부모의 금지나 사회적 금기를 자신의 것으로 수용한다. 이를 통하여 욕망을 통제할 수 있는 내적 경찰이 존재하게 된다.

이러한 프로이드 이론에 바탕이 되는 것은 남성이었다. 1900년 그는 여성도 남성과 유사할 것이라고 생각하였지만 곧 포기하였다. 여자아이는 동생의 출생으로 인한 애정상실감, 남근 선망증, 아버지와 낭만적인 사랑 등에서 오이디푸스 위기가 나타난다. 이를 엘렉트라 콤플렉스(Electra Complex)라고 한다. 여자아이는 남근을 가지고 있지 않다는 사실을 발견하면서 특히 위기가 발생한다. 이 충격으로 어머니에서 아버지로 마음을 전환하는 하고 아버지의 아기를 갖고 싶어한다. 그러나 여자아이는 이 전환에서 남자아이와 달리 자위행위를 자제하고 수동적 여성을 선호하고, 아버지에 대한 근친상간적 욕망을 억압하여 철회한다(Cleverley & Phillips, 2006). 프로이드는 여자아이의 이 억압은 남자아이의 거세 공포보다는 명백하지 못하다고 보았다. 그러므로 남아에 비해 여아의 초자아 형성의 동기에는 의문이 있다고 보았다. 그 결과 여자아이는 아버지와 동일시한 남성적 성격을 갖거나 어머니와 동일시하여, 동성애주의자 혹은 성과 완전히 인연을 끊게 될 것이라고 보았다. 거세할 남근이 없다는 이 열등감은 여자아이 자신을 열등한 존재로 인식한다는 것이다. 따라서 그는 남자아이에 비해 여자아이는 약한 초자아를 발달시킬 것이라고 주장하였다.

그러나 그는 모든 것이 여자이이에게만 불리한 것은 아니라고 하였다. 여자아이는 애정과 승인을 받고자 하는 절실한 노력은 남자아이보다 더 외향적이고 지성적으로 된다. 사랑에 대한 적극적인 추구는 자신의 심리를 적극적으로 통제하도록 하여, 어머니와 대항하게 하고 이는 독립정신을 이끌어준다는 것이다. 따라서 프로이드는 성차에 있어서 양성적 존재를 인정할 것을 주장하였다. 이처럼 프로이드는 양향성 관점에서 아동을 배려할 것이 보다 좋은 방법이라고 생각하였다.

④ 잠복기(6~11세)

오이디푸스 감정에 대한 강한 방어책을 수립한다. 성적 충동은 부끄러움, 혐오, 연민 등 사회적으로 용납되는 태도가 나타날 때까지 억압되고 제한된다. 이러한 태도에 의해서 성인의 공동체생활에 참여할 수 있게 된다. 그 결과 아동은 개방성과 매력은 사라지고 아동의 호기심도 점점 줄어든다(Cleverley & Phillips, 2006). 성적, 공격적인 환상들이 대부분 잠복상태에 있게 된다. 평온한 상태를 유지하면서 스포츠,

게임, 지적 활동과 사회적으로 수용된 일에 에너지를 전환한다. 그러나 완전히 사라지는 것이 아니라 여자아이의 몸에 관심을 갖는다. 에릭슨(Erikson)은 이 잠복기를 '사춘기의 폭풍 이전의 소강상태'라고 하였다.

⑤ 사춘기(생식기)

성적 에너지의 방어벽을 깨트리려고 하고, 오이디푸스적 감정이 의식 속으로 들어오려고 한다. 또 부모로부터 자유로워지려고 한다. 남자의 경우 자신의 여자를 발견하고, 아버지와의 경쟁을 버리고 아버지의 지배로부터 자유로워지려고 한다. 여자의 경우 자기 나름의 삶을 확립하려고 하지만, 독립이 쉽지 않다는 것을 느끼고 매우 고통스러워한다.

이처럼 그의 리비도는 인간의 생물학적 성숙에 따라 시간적으로 발달하지만, 인간 마음의 공간에 위치에 있는 주관체(主管體)에 머물게, 되면 인간의 성격구조는 역동적인 성질을 띠면서 발달한다고 보았다. 그는 인간의 행동은 궁극적으로 정해져 있는 동인(drive)에 의해서 결정된다고 보았고(인과성 원리), 이 동인은 유기체 행동의 원인이 된다고 보았다(Weber, 1984). 리비도가 원초아(id)계에 자리하면 생물학적인 특성을 가지며, 심리적으로 생리적으로 강하게 충만하게 된다. 여기서 원초아는 유전적으로 물려받은 특성이 있고, 신체적인 접촉을 통해서 필요한 심리적 에너지를 확보하며, 긴장 상태에서 에너지가 증가되며, 참을 수 없는 상태에 이르면 발산해야 한다. 또한 원초아는 철저하게 쾌락의 원리를 따르는데, 이것이 그대로 표출되면 기존 윤리나 법에 어긋나는 반사회적인 행동을 하게 된다. 이처럼 원초아는 지적인 의식이라고는 조금도 없는 신생아의 본능과 능동적 동기로 특징지어진다(Cleverley & Phillips, 2006). 프로이드는 원초아를 '끓어오르는 흥분들로 가득 찬 구덩이'로 비유하고 있으며, 쾌락의 원리에 지배, 고통을 최소, 쾌를 최대로 하려고 한다. 그러나 좌절을 경험하게 되면 바라는 대상에 대해 환각을 일으키게 된다. 이렇게 되면 논리적, 시간적 감각도 없어지고, 무질서하고 공격적이고 파괴적으로 된다.

한편, 리비도가 자아(ego)계에 자리하면 외부세계의 조건을 수용하고 자기욕구를 조절 및 적응하며, 합리적·현실적 생활을 영위한다. 자아는 현실성의 원리에 따라 원초아의 에너지를 적절하게 조장한다. 자아는 유기체의 삶을 유지시키며 주변의 환경적 조건이 적절할 때까지 원초적 욕구를 억제시킨다. 자아는 현실적 원칙을 파괴하지 않는 조건하에서 원초아의 욕망을 충족시킨다. 자아는 현상과 관계를 가져야 하는 아동의 필요성 때문에 원욕으로부터 분리된 자기이다(Cleverley & Phillips, 2006). 자아는 현실을 다루는 법을 말한다. 더 이상 환각의 세계에서 살 수가 없기 때문에 즉각적인 충동을 연기하고, 현실을 고려하도록 하는 자아를 갖게 된다. 자아는 이성과 분별이 있기에 현실의 원리를 따른다. 이차적인 사고과정으로 현실과 공상을 분별하며 지각, 인지과정을 지닌다. 자아의 기능은 원초아와는 독립적이지만, 원초아의 힘을 빌려온다. 이들의 관계는 말과 기수의 관계로 비유할 수 있다. 그래서 인간은 기수가 말을 잘 다루는 것처럼 이상적인 관계를 유지할 수도 있지만, 말에 기수가 끌려가는 경우도 있다(Crain, 1980).

또한 리비도가 초자아(super-ego)계에 자리하면 일관된 자세, 불합리성을 극복하고 올바른 판단과 사고를 하게 한다. 초자아는 사회적 규범을 반영하며 완벽을 추구한다. 초자아는 검열하고 제지하는 기능을 수행하는 마음의 무의식적인 힘이다. 오이디푸스 콤플렉스가 내면화된 죄의식에 토대를 두고 있는데 도덕적 개념이 형성됨으로써 한층 더 발달하게 된다(Cleverley & Phillips, 2006). 초자아는 옳고 그름을 다룬다. 이것은 오이디푸스의 산물(부모의 내사)로서 학교 선생, 종교적 지도자를 동일시하면서 도덕적인 기준을 채택한다. 이처럼 초자아는 양심과 이상적 자아의 형태로 나타날 수 있다.

또 한 가지 알아둘 것은, 'id', 'ego', 'super-ego'는 프로이드가 사용한 말이 아니라, 그의 저서를 영어 번역한 사람들이 라틴어에서 선택한 말이다. 따라서 각각 'the It', 'I' 혹은 'Me', 'Above I'가 되어야 한다는 주장도 있다(Cleverley & Phillips, 2006). 이 세 가지 주관체 중에서 자아가 중심적인 역할을 한다. 자아는 원초아, 현실, 초자아를 받아들여야 하는 실행기관이다. 자아는 생물학적인 욕구를 충족시키면서도 외부 현실 세계도 고려하여 초자아의 명령도 어기지 않도록 한다. 그러나 이 균형을 유지하기가 어렵다. 자아가 원초아의 충동을 처리할 수 없다고 느끼면 신경증적 불안을 느끼고, 초자아로부터 처벌을 예견하면 도덕적 불안을, 자아가 외부세계로부터 위험을 받으면 현실적 불안 등을 느낀다. 자아는 원초아로부터 끌려 다니고, 초자아로부터 제한을 받고, 현실로부터 배척을 당하는 자아는 조화를 이루려고 노력한다[39]. 그래서 '인생은 쉽지 않다.' 물론 인간의 성격 구조 구분은 분명하지 않

39) 자아가 발달해감에 따라 욕구 간의 갈등 조정을 위한 기술이나 습관을 발달시킨다. 성숙한 자아는 직접적인 수단을 활용할 수 있지만, 미성숙한 자아는 시간이 걸리는 적응 기술을 사용한다. 프로이드는 이를 방어기제라고 하였다.
- 억압: 불안을 일으키는 기억, 충동 등이 의식으로 떠오르지 못하게 하는 것을 말한다. 이때 의식이 완전히 해소되거나 망각되는 것이 아니라 의식의 배후에 남게 된다.

고, 색상처럼 명암이 서로 조화롭게 이어져 있을 뿐이다(Weber, 1984).

프로이드는 아동기의 숨은 비밀을 밝히는 중요한 접근 방법을 꿈 해석이라고 보았다(Cleverley & Phillips, 2006). 꿈이란 깨어있을 때 행동 못지않게 중요한 현상이다. 무의식을 탐구하고 꿈 자체의 기원과 기능에 관한 이론 형성에 아동의 꿈은 중요하다. 또 아동기의 꿈 분석은 아동기의 초기 경험과 인류 전체 발달이 발생반복에 따른 사실을 밝히는 데도 중요하다. 아동기의 꿈은 얼마간의 간접 경험에 관련되는 소원성취의 형태로 나타낸다. 위에 언급한 세 가지 주관체는 꿈에서도 작용을 한다. 원초아의 욕망으로 시작하면 배고픈 아동은 맛있는 음식을 먹는 꿈을 꾼다. 성적, 공격적 욕망들은 왜곡, 과장되어 나타난다. 따라서 꿈을 직선으로 해석할 수 없다. 대신 꿈에 대해 자유연상을 하여 저변에 깔린 의미를 해석해야 한다(Crain, 1980).

프로이드의 연구 목적은 억압되거나 차단된 경험들을 되살려 주는 데 있다. 사고나 감정이 우리를 통제하도록 하는 것이 아니라, 우리가 사고, 감정을 의식적으로 통제할 수 있도록 원초아가 있는 곳에 자아가 있게 하는 것이다. 우리는 우리 사회에 의해서 우리의 본능을 억압받도록 고통을 받고 있다. 따라서 교사는 정원사처럼 개인의 성장을 방해하는 요소를 제거해주어야 한다. 훈계보다는 정서적 원인을 이해하도록 노력해야 한다. 그리고 강압적이고 욕구불만적인 지시나 명령은 피해야 한다. 따라서 교사는 사랑과 관용, 시인으로서 아동을 다루어야 한다. 그래서 프로이드는 부정적인 교육은 피하고 긍정적인 교육을, 주지주의 교육에서 정의적 교육으로 치중할 것을 권고하였다. 또한 성교육의 필요성을 역설하였고, 구강기의 모유의 중요성, 항문기의 대소변 가리기 훈련, 남근기 아동의 성에 대한 호기심과 관심을 지

- 승화: 성적, 공격적 에너지를 문화적으로 보다 고도의 사회에서 수용되는 형태로 대응 즉, 이타적 행위, 예술적 활동 등을 하는 기제이다.
- 퇴행: 문제에 적응하기보다는 초기의 보다 원시적 형태로 되돌아가려는 기제이다. 꾸중을 들었을 때, 손가락이나 : 자기 자신이 부끄럽다고 무섭다고 하는 동기를 느끼면 그 동기를 자신의 내부에 있는 것으로 인정하지 않고 다른 사람에게 그 동기를 구하려는 기제이다. 자신을 무의식 속에 증오를 갖고 있는 사람이 다른 사람이 자기를 미워하고 있다고 질책하며 동시에 자기는 어떠한 악의도 품고 있지 않다고 생각하는 경우이다.
- 반동행동: 본능적 행동과 정반대되는 행동을 취하는 현상이다. 더러움을 피해 손을 씻고, 옷을 갈아입는 등 강박적으로 청결하려고 하는 것이다.
- 보상: 자신이 성취하기 힘든 다른 생활영역에서 성공을 기대함으로써 개인 내지 환경적 장벽을 뛰어넘기 위한 방법이다.
- 합리화: 의식적, 무의식적으로 자신의 사상, 행동, 감정을 그럴 듯한 이유로 설명하거나 정당화하는 것으로 깊은 마음의 뜻은 숨기고 보다 유리하게 보이려는 행동경향이다.
- 도피: 괴로운 경험을 하고 있는 장면으로부터 피하는 현상이다. 집을 나가는 것과 같은 물리적인 것도 있고, 수업 중에 소란할 때 백일몽에 사로잡히는 심리도 있다(김제한, 1998).

나치게 억압하면 무의식적으로 들어가면 동성애, 성도착증, 변태성욕자, 금욕주의자가 될 원인을 제공함으로써 성욕의 적절한 발산과 억제가 필요함을 제시하였다. 자위행위, 배변훈련처럼 가정에서는 아동의 별난 행동을 지나치게 억제하지 말 것과 절대적 필요 이상을 강요하지 말 것을 권고하였다. 지나친 억압은 가학성(sadism)을 유발시킬 것이라고 보았다(Cleverley & Phillips, 2006). 교사는 유아의 이러한 성욕을 자제하고 승화시켜 생산적인 교육활동을 한다면 유아는 창작활동이 가능한 반면에, 아동의 기본적인 충동이 해소되지 않으면 인성발달에 영구적인 결함을 초래할 수 있다는 것을 기억해야 한다.

오늘날 많은 유치원 교사들은 정신분석이론의 권고에 따라 놀이를 통하여 유아의 내적 감정을 표현하게 한다. 물감 칠하기, 극화놀이, 점토, 쌓기놀이, 대근육 운동 등은 유아의 감정, 긴장, 적대감을 해소시킬 수 있다. 그리고 묘사음악을 통해서 자신의 감정을 마음껏 표현해보게 하고, 진흙, 점토, 모래와 같은 자연적인 재료를 통해서 무의식적인 충동을 자유롭게 표현하도록 한다. 또한 인형을 가지고 유아의 마음속 갈등을 표현할 수 있도록 하고 있다(이기숙, 2001).

유아에게 미치는 가장 큰 영향은 가정에서 주고받는 유아와 유아, 그리고 유아와 부모 사이의 상호작용이다. 이러한 측면에서 프로이드는 아버지가 딸을 좋아하고 어머니가 아들을 좋아하는 데서 볼 수 있듯이 가족 간의 유대는 성적 결속력이라고 보았다. 아들에 대한 어머니의 사랑이 가장 안전한 것임을 인정하면서 가장 좋은 가정이란 '아동짐승'(child beast)이 문명화된 성인이 되어 그의 자녀들을 다시 계몽된 방식으로 양육하는 것이라고 보았다(Cleverley & Phillips, 2006). 이러한 그의 주장은 루소의 고상한 야만인과 같은 의미이다. 또 당시나 지금의 부모들은 성에 대한 정보를 금기하려는 경향이 있다. 이러한 점에 대해서 프로이드는 신생아 때부터 원래 성욕을 가지고 출생하며 사춘기가 되기 전에 이미 사랑, 유순함, 헌신, 질투 등 성적 토대를 둔 감정을 경험한다고 보았다. 성적 무지는 순수함을 보증하기보다는 비밀리에 건강하지 못한 호기심을 자극한다는 것이다. 동시에 성적인 것은 모두 불결하다고 생각한다. 그래서 프로이드는 성욕에 대한 구체적인 사실을 10세 이전에 알도록 해주어야 하며, 성에 관한 도덕적 의무를 배우게 해야 한다고 하였다.

이처럼 정신분석이론은 정상적인 발달경로에서 이탈되어 있지만, 그다지 심각한 신경증이 아닌 아동을 재지도할 때 효과적이며, 또한 예방적인 기능을 수행하여 아동기에 겪은 우연한 외상경험을 이상적으로 감소시키는 데 기여할 것이라고 프로이드는 주장하고 있다(Cleverley & Phillips, 2006). 반면에 그는 교육이 본능을 억압하여 성적인 발달을 지체시키고 교육이 종교적인 영향을 받는 것도 문제라고 보았다. 그는 종교가 도덕성을 향상시키는 데 대해서 공개적으로 회의적인 태도를 보였다. 그래서 교육의 주요과업이 억제하고, 금지하며, 억압하는 것임을 수용하면서도 이것이 신경증적 질환을 초래할 것임을 인정하였다. 따라서 교육은 좌절된 아동과 무간섭적인 아동 등을 보호하면서도 최소한의 손상으로 최대한의 성과를 거둘 수 있도록 해야 한다고 하였다.

또한 무의식과 성에 대한 문제를 진지하게 수용한 점이 그의 업적이다. 그러나 성 문제에 대해 너무 집착한다는 점, 오이디푸스 컴플렉스는 보편적이 아니라는 점, 남근 선망증과 거세불안은 프로이드 시대의 문화적 고정관념에서 비롯되었다는 등의 비판을 받았다. 최근에 그의 비과학적인 체계와 비정상적인 환자로부터 나온 결과라는 점에서 그의 이론은 사형 선고를 받았다. 발달심리학자들은 아동이 상처받기 쉬운 존재도 아니고, 그렇게 순응성이 있는 것도 아니라고 주장하였다. 아동은 탄력성이 강하며 놀라운 적응력을 나타내고 있다. 또한 배변훈련은 나중의 퍼스낼리티 특성과는 관계가 없는 것으로 나타났다(박아청, 2001). 그렇지만 그의 훈육 개념은 영유아의 문제를 다루는 데 주요개념이 되었고, 성격 구조와 역동성을 설명하는 데 뼈대가 되었다(Weber, 1984). 그의 허용주의적 양육태도는 유아의 자연적 본능의 억압으로부터 초래되는 엄청난 부작용을 피하기 위한 노력의 산물이다.40)

그렇지만 그는 당시의 학자들이 불연속적으로 존재한다고 생각한 5가지 영역의 연속성을 확립시켰다. 물리적 영역과 인간의 사고 및 감정의 영역은 자연적 법칙성 내에 연속성이 존재하며, 원시 · 고대적, 유아적인 것과 문명화 · 진화된 것 사이에는 연속성이 존재하며, 아동과 성인 사이에는 연속성이 존재하며, 합리적이고 목적이 깨어 있는 생활과 불합리하고 목적 없는 꿈 및 환상적 생활 사이에는 연속성이 존재하며, 정신 질병과 정신적 건강 사이에는 연속성이 존재한다(Cleverley & Phillips, 2006)는 것을 우리에게 보여 주었다. 또한 그가 인간의 초기경험이 일생에 영향을 준다고 주장함에 따라 인생 초기 경험의 중요성을 자각하게 되었다. 유아의 초기 경험이 건강한 정서발달과 사회성 발달에 매우 중요한 영향을 주고, 인간 삶의 초기

40) 그 후 프로이드의 이론은 분파가 된다. 그의 두 제자인 칼 융(Carl Jung)과 헤릭스 아들러(Felix Adler)는 프로이드로부터 벗어나 각각 새로운 학파를 만들었다. 융은 프로이드의 범 성욕설을 부정하였고, 아들러는 인간 행동의 근원적 동기는 성이 아닌 강력한 정서라고 주장하였다. 그리고 에릭 프롬(Eric Fromm)은 프로이드의 생물학적인 접근방법으로부터 벗어나 인간을 둘러싸고 있는 문화가 인간 행동을 결정하는 원천이 된다고 하였다. 또한 에릭 에릭슨(Eric Erikson)는 인간의 성격형성은 사회적 맥락에서 야기되는 불안과 갈등의 원인을 규명하고자 하였다.

정신적 상처에 대한 이해가 성인이 되어서 나타나게 된 정신적 문제를 푸는 실마리가 된다는 것에서 유아, 아동교육에 주요한 시사를 준다. 따라서 오늘날 영유아교육은 프로그램을 구성하는 데 있어서, 유아의 정서적 감정을 해결하도록 도와주고 내적인 느낌을 표현하기 위한 기회를 제공해야 한다는 변화가 일어나게 되었다(이영자, 이기숙, 1997). 유아교육에서 실시하는 극 놀이, 미술과 음악 활동을 통한 자기표현을 하도록 하는 것도, 교사가 유아들의 감정과 정서적 표출에 방해되지 않기 위해서 학급에서 비지시적인 역할을 하는 것도 다 그의 이론에 근거한 것이다. 프로이드의 연구 대상은 정신질환자였다. 그리고 정상적인 유아들이 생활하는 장소에서 이론이 도출된 것도 아니다. 대상과 장소가 유아, 유아교육기관과는 성격이 다른 것이다. 그의 성적이론을 적용할 때 주의해야 할 점이 여기에 있다. 하지만 유아교육에서 유아가 한 행동에 것에 대하여 그 내면을 통찰하게 하였다. 그 통찰을 통해서 그 행동을 이해하게 되면 훨씬 더 관용적인 태도와 자세를 갖게 된다. 여기에 인본주의 정신이 나타나는 것이다.

(4) 에릭슨(E. Erikson, 1902~1994)의 심리사회적 발달이론과 유아교육

에릭슨은 1902년 독일 프랑크푸르트(Frankfurt)에서 덴마크인 아버지와 유태인 어머니 사이에서 출생하였다. 그가 출생하기 전에 그의 모친은 친아버지와 헤어졌고, 소아과 의사인 홈버거(Homburger)와 재혼하였다. 어린 시절 그는 어머니와 의붓아버지는 유태인이었지만, 자신은 금발과 푸른 눈을 가졌다는 이유로 유태인 친구들로부터 '이방인'이라고 놀림을 받았다. 이러한 경험이 그의 정체성 위기와 혼미에 관한 연구에 기초가 되었다(Crain, 1980). 그는 고교시절에는 고대사와 미술에 대하여 뛰어난 두각을 보였지만, 틀에 박힌 학교 분위기를 싫어하였다. 졸업 후 상실감과 미래에 대한 불확실감에 사로 잡혀 미술 공부를 위해 전 유럽을 방랑하였다. 25세 때 프로이드 딸, 안나 프로이드(Anna Freud)가 설립한 비엔나 학교에서 미술을 지도하면서 아동정신분석 수련을 받았다. 특히 여기서 브로스(Blos)를 만나 공부하면서 프로이드로부터 정신분석방법을 배웠다. 1933년 히틀러의 탄압으로 미국 보스톤에 정착하여 아동정신분석소를 개업하였다. 3년을 보낸 후 처음에는 하버드 대학에서, 후에는 예일 대학에서 유능한 문화 인류학자들과 제휴하였다(Weber, 1984). 그 결과 미국 전 지역을 여행하기 시작하여, South Dakota에 있는 Pine Ridge 인디언 보호 구역에서 시악스(Sioux)족 인디아들과 함께 거주하면서 그들의 조상과 문화를 분석하기도 하였다. 그 후 유록(Yurok)족 어부들을 연구하기 위해서 여행을 하였다. 이 인디언들로부터 인디언의 자녀 양육을 연구하였고, 이러한 연구가 그의 연구의 지평선이 되었다. 서구 사회의 아동문제들이 자연스럽게 인디언들에게도 그대로 문제꺼리가 된다는 점을 발견하였다. 그 후 캘리포니아 대학에서 정상 아동을 대상으로 종단연구를 하였다. 1949년 개인의 자유와 학문의 자유를 위협하는 충성서약서 서명 거절로 대학 당국과의 마찰로 인하여 추방당한 후, 메사추세츠 오스틴 릭스(Austin Riggs) 센터의 자문위원으로 1960년까지 일하였다. 이후 그는 하버드 대학 교수로 임명되었다(Crain, 1980).

에릭슨은 프로이드와 달리 자아의 발달은 개인이 속하고 있는 사회 조직의 특성과 밀접하게 관련되어 있는 것을 밝히는 데 심혈을 기울였다. 그는 프로이드의 정신분석학적 발달이론의 자아 심리학을 심리·사회적 발달이론으로 발전시켰다. 그리고 개체발생과 개통발생 간의 관계를 규명하려고 하였다. 이를 위해 서로 다른 문화권 속에 살고 있는 아동에 대한 수년간의 연구를 통해서 사회가 개인의 자아에 영향을 준다는 것을 밝히려고 하였다(Weber, 1984). 그는 『아동과 사회(Children and society, 1950)』에서 생의 8단계를 개진하였다. 생의 전 과정에서 이 8단계가 상이한 문화에서 상이한 방법으로 진행되는지를 밝혔다. 그리고 그는 『청년 루터(Young man Ruther, 1958)』와 『간디의 진실(Gandhi's truth, 1969)』 등에서는 역사적인 인물들을 통해서 정신분석학적 과정을 밝혔고, 그리고 『정체성: 청년기의 위기(Identity: Young and crisis, 1968)』에서는 청년기 정체성 위기와 극복과정을 보여주었다(Crain, 1980).

이러한 에릭슨의 이론은 프로이드의 정서 갈등이론으로부터 영향을 받았지만, 프로이드의 정서단계의 변형으로서 프로이드의 성욕설에서 수정하여 심리·사회적 관점으로 발전시켰다(Weber, 1984). 이는 좁게는 아동이 어떻게 자아정체감(ego-identity)을 발달시키고 어떻게 사회화되는가에 주된 관심을 가졌다. 그가 말하는 아이덴티티란 용어에 대해서는 그때에 따라 주체성, 자기정의(正義), 자기한계, 존재증명, 자각, 자기가치 등 여러 가지에서 나타나는 의미를 포함하고 있다(박아청, 2001). 그는 프로이드가 리비도의 표출양상 자체가 성격발달의 주요 지표로 간주한 점, 연령에 따라 리비도의 표출양상이 달라진다는 점을 인정하고 있다. 그러나 에릭슨은 변화하는 욕구를 충족시키고자 환경과 접촉하는 과정에 영유아의 자아양식이 경험하는 위기(crisis)와 그 극복과정을 성격발달의 주 요인으로 생각하고 있다. 그에 의하면, 인간은 욕구가 환경에 의해서 좌절되기도 하고 충족되기도 한다. 욕구가 충족되는 긍정적 경험과 좌절되는 부정적인 경험이 교차하는 과정 속에서, 자아 양식이 위기를 경험하게 된다고 보았다. 긍정적인 경험의 비율이 높으면 위기는 긍정적으로 극복되며, 영

PART 02
유아교육사상사

집단과 더불어 놀이활동에 참여하면서 주도성에 의한 자기주장이 나타나고, 경쟁에 몰입하며 이러한 과정 속에서 때로 좌절을 경험하기도 한다. 이 시기에 최초로 싹트는 자기 주도적 활동이 적절한 비율로 성공하게 되면 유아는 주도성을 확립하게 되지만, 실패의 경험이 많을 경우 아동의 주도성은 위축되고 자기주장에 대해 죄의식을 갖게 된다. 또 유아에게 활동에 참여할 수 있는 자유가 주어지고 유아의 질문에 대하여 돌보는 이가 대답을 충실히 해주면 주도성이 나타난다. 반면에 활동을 제한하고 질문에 대하여 억압적인 태도를 취하면 죄악감이 형성된다. 그 이유는 오이디푸스의 산물인 초자아의 형성은 사회화를 위해 필요하지만 대담한 주도성을 위축시키기 때문이다. 이때 돌보는 이는 권위를 완화하고 흥미 있는 계획에 동등한 자격으로 참여하도록 한다. 이렇게 하면 야망을 포기하지 않고, 자신의 야망을 성인 사회생활의 목표에 맞게 부합시킬 수 있다. 동시에 학습 준비, 협력하려는 준비, 의무감 분담 준비 등의 태세가 형성된다고 보았다.

④ 근면성 대 열등감(sense of industryvs. inferiority): 6세에서 11세 사이의 아동은 강한 자아의식과 역량이 수반되어 부지런하게 학습 과제를 탐구하고, 각종 문화적 요구와 상징들을 활용하려고 시도하며 무엇인가 창조하려는 관심 등을 발휘하려는 건설적 작업 에너지가 도사리고 있다. 이 시기를 에릭슨은 사회문화 의식 및 전통 의식이 일어나는 사회적 결정단계라고 불렀다. 학교에서 부과되는 여러 과제들에 꾸준히 주의를 집중하고 성실히 작업에 임하는 과정에서 근면성을 획득한다. 이러한 근면성은 전 생애에 중요한 과업성실성을 갖게 한다. 반면에 아동 자신에게 주어진 일에 적절한 성취를 느끼지 못하면 열등감에 빠져들게 된다. 또한 아동에게 일을 하고 물건을 만들도록 허락하고 일 성취에 대해서 칭찬을 해주면 근면성이 나타난다. 반면 활동을 제한하고 일의 결과에 대해 비판만 하면 열등감이 생기게 된다. 교사는 아동을 격려하고 재능을 발견하고 북돋아 주는 교사나 부모의 태도가 아주 중요하다.

⑤ 정체감 대 혼미감(sense of identity vs identity confusion): 청년기에 해당하는 중요한 발달단계로서, 나는 누구인가에 대한 분명한 정체의식을 가지게 되는 것을 뜻한다. 자신의 성격의 동일성과 계속성을 주위로부터 인정받으면 정체감이 생긴다. 그러나 성 역할과 직업선택에서 안정성을 확립할 수 없다면 혼미감을 느끼게 되고, 정체감위기(identity crisis)에 빠지게 된다. 이처럼 다른 사람과의 친밀성 위에서 자아정체감을 형성하지 않는다면, 사랑하는 대상과의 상호성 속

에서 진정한 성적 생식을 발전시킬 수 없다.

⑥ 친밀성 대 고립감(sense of intimacy vs. isolation): 이 시기는 개인이 아이덴티티의 문제를 처리할 수 있을 만큼 성장했기 때문에 타인과의 친밀한 관계의 문제로 이행한다. 친밀성이란 자기가 무엇인가를 잃어버리고 있지는 않는가 하는 두려움 내지 다른 사람과의 정체감 융합을 하는 능력을 의미한다. 예를 들어, 결혼은 친밀성을 전제로 한다. 이 단계의 위험성은 고립이다. 결혼을 하게 되면 사회적 인정으로 인하여 친밀성이 증진되지만, 반대 홀로 있게 되면 사회적 비난과 함께 고립감을 갖게 된다. 이것은 인간관계를 피하는 것이 되며 성격에 장애가 된다.

⑦ 생산성 대 침체감(sense of generativity vs. stagnation): 이 시기의 성인은 사회 속에서 자신의 위치를 차지하기 시작하고, 무엇인가 완성하려고 노력한다. 본래 생산성은 어린이, 생산물, 관념, 예술 작품을 의미한다. 그러므로 생산성은 사회가 존속 발전해 가는 데 있어서 아주 중요한 의미를 가지므로, 성인으로서는 빠뜨릴 수 없는 능력이다. 이러한 능력이 없으면 침체감이 생긴다. 특히 가정, 직업에서 성공적인 수행을 할 수 없으면 심리적 침체감이 생긴다.

⑧ 통정성 대 절망감(sense of integrity vs. despair): 인생의 황혼기에 있는 사람은 사람마다 다름으로 통정을 하기 위해서는 나름대로 인생의 의미를 숙고해보아야 한다. 통정은 자기인생을 있는 그대로 받아들이고 죽음에 대해 크나 큰 공포심을 갖지 않고, 직면할 수 있는 능력을 의미한다. 그렇지 않고 절망감을 갖는다면 인생은 허무하다는 감정이 증대하거나 인생이 너무 짧다고 하는 감정을 갖게 된다.

이처럼 에릭슨은 각 발달단계의 중요한 투쟁의 모든 요소가 긍정적인 면을 갖고 있다고 생각하지도 않으며, 또한 항상 해결해야 할 갈등으로 존재한다고도 보지 않았다. 그는 성격발달에 있어서 균형을 이루는 것이 절대 필요하다고 보았다. 아동자신의 욕망 및 포부와 그의 주변 환경적 욕구 사이에 적절한 균형을 이룩하는 것이 필요하다(Weber, 1984). 이러한 균형이 개인의 정신 건강을 가져온다는 것이다. 또한 그가 제시한 각 단계들은 인생의 주기 단계를 나타낸다. 각 단계는 그 단계에서 해결하지 않으면 안 되는 특이한 발달과제를 가지고 있다. 이 과제는 자아 측면과 사회 측면에 관한 발달과제이다. 따라서 유아기에 발달한 자아가 사회 조직, 역사상의 각 시대, 각 문화 속에서 어떻게 조화를 이루는가를 이해하지 않으면 안 된다(김제한, 1998).

또한 에릭슨은 미국의 부모들이 전통적인 육아법을 잘 따르지 않으려고 한다는 사실에 대해 다음과 같은 권고하였다. 부모들은 자녀들의 기본적인 안정감을 전해주는 것이 중요하다. 이를 위해서 부모들은 종교적 신앙심으로부터 내적 안정감을 얻어야 하며, 더 나아가 '인간에 대한 신념'을 가져야 한다. 이러한 그의 말은 영유아는 내적 성숙적 시간표에 따라 성숙한다는 게젤의 입장과 유사한 견해를 가지고 있다. 그는 '건강한 아동은 반 정도만 잘 보살펴주면 내적인 발달법칙에 따라 성장하게 된다는 것을 깨닫는 것이 중요하다.'라고 하였다. 또한 부모는 아동과 성인간의 기본적인 차이점을 인식하기를 바랐다. 그 이유는 연약한 자녀가 자신에 대해 좌절을 느끼지 않도록 유의해야 하기 때문이다(Crain, 1980).

에릭슨은 건강한 발달은 성숙에 따라 기본 계획과 연관되어 있다는 것을 제시함으로써 프로이드 이론을 루소, 게젤의 발달 방향으로 옮겨 놓았다는 평가를 받고 있다. 반면에 자아발달을 프로이드의 성적 신체부위에 너무 무리하게 연결시켰다는 점이 비판을 받고 있다. 또한 그의 이론은 개념적인 면에서 모호하고 애매하다고 평을 받고 있다. 이것은 그의 연구가 실증적으로 활발하게 연구가 되지 못했기 때문이다. 그러나 그의 이론은 여러 가지 면에서 실제적인 시사점을 준다. 4~5세 유아는 다양한 신체적 활동과 언어활동에 적극적으로 참여하고자 하는 의욕에 넘친다. 이러한 의욕이나 의도를 너무 지나치게 통제하면 유아는 위축되고 죄책감을 갖게 된다. 교사나 부모는 가능하면 유아의 자기주도적 활동을 인정하고 포용해야 할 것이다. 또한 자아의식은 평생을 두고 점성적 원리로 발달해 간다는 그의 주장은 교육의 목표가 자아실현이 되어야 함을 의미한다. 에릭슨은 인간의 자아가 사회집단에 의해서도 형성됨을 밝힌 데 의의가 있다. 그러므로 인간 발달의 사회적 역할의 중요성을 인식시키는 데 기여하였다. 또한 에릭슨은 자아가 사회 속에서 통합되어가는 과정을 밝혔다는 측면에서도 의미가 있다. 유아가 자아에 대한 인식을 긍정적으로 형성되도록 하기 위해서는 적극적 권유 및 도전의식을 갖도록 하며, 한편으로는 실패에 대한 책임, 두려움을 극복할 수 있도록 격려와 용기를 주어야 할 것이다.

(5) 보울비(J. Bowlby, 1907~1990)의 애착이론

보울비는 1907년 런던에서 출생하여 캠브리지 대학을 졸업한 후, 런던 대학 모즈레이 병원에서 아동정신 의학을 전공하였다. 그는 안나 프로이드의 동반자로서 아동정신분석학의 이론과 임상을 공동으로 연구하였다. WHO(세계보건기구)의 요청으로 이루어진 연구인 『유아의 정신위생』에서 모성적 양육의 상실이 그 후의 인격 형성에 악영향을 미치는 것을 지적한 이래 주목받게 되었다(Crain, 1980). 보울비는 1936년 수용시설 아동의 장애에 대해 관심을 가졌다. 특히 탁아소와 고아원에서 자란 아동이 타인과 친밀하지 못하며, 지속적인 관계를 유지 못하는 등 정서적인 문제가 있음을 발견하였다. 그는 시설아동들이 생의 초기에 어머니에 대한 확고한 애착을 형성할 기회를 놓쳐버렸기 때문에, 그 후 사랑을 할 수 없는 것으로 보았다. 또 정상적인 가정에서 출생하였으나, 장기간 분리를 경험한 아동도 유사한 징후를 보인다는 것을 발견하였다(Crain, 1980).

이러한 관찰의 결과, 보울비는 어머니와 아기간의 관계에 대해 세심한 주의를 기울이지 않고는 발달을 이해할 수 없다는 확신을 갖게 되었다. 유대형성이 얼마나 중요한가? 어떻게 형성되는가? 그것을 방해받으면 어떠한 결과를 초래할까? 등의 문제를 해결하기 위해서 동물행동학[41]으로 전환하였다. 그 결과 그는 인간 행동은 '적응환경' 즉, 인간이 진화해 온 환경을 고려함으로써만이 이해될 수 있다는 확신을 가졌다. 인간사의 대부분은 이동, 식량 찾기, 전쟁 등이었다. 이때 아동은 성인의 보호를 받기 위해서 기제가 필요했다. 그 결과 아동은 애착행동(몸짓, 신호)을 발달시켜 왔다. 예를 들면, 아기가 울면 성인은 달려와서 무엇이 잘못되었는가를 보게 된다. 또 아기가 미소를 보내면 부모는 사랑을 느껴 가까이 있게 된다. 옹알이, 잡기, 빨기, 따라다니기 등도 마찬가지다. 특히 생후 6개월이 되면 유아는 어머니에게 특별한 반응을 나타낸다. 영아는 어머니가 방에서 나가면 울고, 어머니가 안아주면 울음을 그치게 된다. 이와 같은 특정한 행동을 보울비는 애착(愛着, attachment)이라고 하였다. 그는 유아가 어머니에 대하여 품는 이러한 애정을 동반한 마음의 연결을 애착이라 불렀다. 처음에 그는 의존(dependency)이라는 개념을 사용하다가 나중에는 애착으로 불렀다. 그 이유는 다음과 같다.

첫째, 의존이란 것이 있다고 한다면 그것은 본래 무력한 출생 직후가 최대일 것이고, 그 후 감소되어야 할 것인데도 불구하고 애착은 출생 직후에는 없지만, 생후 6개월부터 형성되는 것이기 때문에 본래는 별개의 것이 아닌 것이 분명한 데도 지금까지의 의존개념은 그것이 정리되어 있지 않다.

둘째, 의존이란 개념에는 유아가 어머니에게 의존하는 것은 배고픔을 없애기 위해

41) 동물행동학(ethology)은 진화의 맥락에서 동물과 인간의 행동을 연구하는 학문이다. 대표적인 인물은 찰스 다윈(Charles Darwin, 1809~1882)이다. 현대 동물행동학은 코날드 로렌츠(Konrad Lorenz), 니코 틴버겐(Niko Tinbergen) 등이 있으며 이들은 칼 본 프리슈(Karl von Frisch)와 함께 노벨 생물학상을 공동 수상하였다.

젖을 달라고 하는 것과 같은 생리적 욕구의 충족을 어머니에게 의존하고 있기 때문이라는 의미가 포함되어 있지만, 유아와 어머니와의 연결은 생리적 욕구의 충족을 매개로 성립된 것만은 아니다.

셋째, 의존이라고 하는 말에는 부정적인 어감이 포함되어 있지만 본래 어린이가 타인에 대한 애착을 형성하는 것은 바람직한 것이며, 필요 불가결한 것이다.

넷째, 의존이란 개념에서는 자립한 성인 즉, 어머니에 대한 애정을 계속 품고 있는 사실을 설명할 수 없다(박아청, 2001 : 73-74).

이처럼 그는 유아기의 애착 형성은 성인이 되었을 때의 사회생활 적응에 하는 데 중대한 영향을 미친다고 보았다. 보울비에 의하면 애착 행동은 처음에는 누구에게나 나타내지만 3~6개월이 되면 몇몇 익숙한 사람에게만 한정되고, 낯선 사람에 대해서는 경계를 하게 된다. 이것은 다른 종의 각인과정과 유사하다. 그 후 아동은 애착 대상과 가까이 하는 데 더욱더 적극적이다. 그는 애착행동은 본능적, 생래적인 것이며 모든 종의 적응적 가치를 지닌다고 하였다(Crain, 1980). 이러한 애착의 단계를 살펴보면(서봉연, 이순형, 1994) 다음 4단계와 같다.

① 제1단계(0~3개월)

인간에 대한 무분별한 반응성으로 생후 처음 몇 달 동안에는 대부분의 사람에게 아주 비슷한 다양한 반응을 보인다. 출생 직후 아기는 사람의 목소리, 사람의 얼굴, 정확한 얼굴 모습을 더 좋아한다. 이러한 선호가 가장 강한 애착행동 중의 하나인 사회적 미소를 유발한다고 보울비는 보고 있다. 처음 2주 동안 잠에 들려고 할 때 눈을 감은 채 미소를 보내지만 비사회적이다. 약 3주경이 되면 사람의 목소리를 듣고 미소 짓지만 완전히 사회적인 것은 아니다. 약 4주쯤 되면 조소하듯 의도적으로 얼굴을 쳐다보고 함빡 웃는다. 그러면 부모는 흥분하게 되고 사랑스럽다는 감정이 솟아난다. 이렇게 되면 아기와 부모는 특별한 유대가 맺어진다. 약 5주쯤 되면 눈 마주치기를 포함하여 사람의 얼굴을 보고 활짝 웃는다. 이렇듯 3개월 전까지 아기의 미소는 어떤 모습의 얼굴이라도 개인적인 선호를 보이지 않는다. 미소는 돌보는 이를 가까이 있도록 하기 때문에 애착을 증진시킨다.

미소 짓기를 시작할 무렵이 되면 옹알이가 시작된다. 사람의 목소리를 듣거나 사람을 보았을 때 옹알이를 하지만 처음에는 비선택적이다. 이 옹알이는 돌보는 사람을 즐겁게 하여 되받아 이야기하게끔 한다. 울음 역시 아기가 도움이 필요하다는 신호이다. 이는 마찬가지로 비선택적이다. 마찬가지로 붙잡기 행동도 돌보는 이를 가까이 있게 한다. 열린 손바닥에 어떤 것이 닿으면 자동적으로 그것을 꽉 쥐는 파악반사와 크게 놀라거나 혹은 지탱하는 힘을 잃을 때 팔을 쫙 폈다가 도로 가슴 주변으로 가져오는 모로(More)반사가 있다. 보울비는 이러한 반사는 돌보는 이를 붙잡으려는 것으로 보았다. 아기는 위험에 처했을 때 어머니가 달려오면 붙잡고, 놓쳤을 때 껴안는다. 또 그는 더듬거나 빠는 반사도 어머니와 상호작용을 가져오기 때문에 애착의 한 패턴으로 보았다.

② **2단계**(3~6개월)

낯익은 사람에게 초점을 맞춘다. 약 3개월이 되면 아기는 모로반사, 쥐기반사, 더듬기반사를 포함하여 반사들이 사라지고 아기의 사회적 반응은 선택적이 된다. 3~6개월 사이에 아기는 차츰 낯익은 사람에게만 미소를 짓고, 낯선 사람을 보면 응시만 한다. 4~5개월 된 아기는 옹알이도 낯익은 사람에게 옹알거리고 낯익은 사람이 달래야 울음을 그친다. 5개월쯤 되면 아기는 아는 사람에게만 만지고 손을 뻗쳐 잡는다. 이때에는 아기의 신호에 가장 잘 반응해주고 가장 잘 놀아주는 사람에게 강한 애착을 발달시킨다.

③ **3단계**(6개월~3세)

능동적 접근을 추구한다. 6개월경이 되면 애착 인물이 있고 없음에 관심을 보인다. 애착인이 떠나려 하면 울기 시작한다. 그러나 7개월경에는 기어서 이동할 수가 있기 때문에 무력하게 기다리지만 않는다. 양친을 능동적으로 뒤따라 갈 수 있다. 양친이 어디에 있는지를 확인하여 가까이 있게 되려고 자신의 움직임을 수정하고 적응한다. 또 양친의 위치나 움직임에 따라 소리쳐 부르기와 같은 새로운 양식을 갖기 시작한다. 반면에 애착인물에 대해 탐색하기 위해 멀리 떨어져 보기도 한다. 공원 등에서 아기는 엄마를 한 번 쳐다보고는 과감히 앞으로 나선다. 그러나 엄마가 뒤로 물러나거나 떠난다는 반응을 하면 찰싹 매달린다. 3세가 되어야 양친과 함께 양친의 움직임에 자기의 행동을 조절할 수 있다. 이 단계 동안 애착은 강해지고 배타적이 된다. 이는 격리불안에서 알 수 있다. 엄마가 잠시 사라졌다가 다시 나타날 때 엄마를 맞이하여 기뻐하는 정도에서 볼 수 있다. 7~8개월경이 되면 애착의 배타성은 가장 강하다. 낯선 사람을 볼 때 약간 경계하는 것에서부터 울음을 터뜨리기까지 다양하다. 특히 아프거나 낯선 환경에 처했을 때 보다 강하게 나타난다. 이때 낯선 사람에게 건네주려고 하면 바짝 달라붙는다.

④ 4단계(3세에서 아동기 말까지)

동반자 행동을 한다. 앞 단계에서는 오로지 돌보는 이와 가까이 있을 때만 관심을 갖지만, 이 단계에는 양친의 계획을 어느 정도 이해하며 양친이 없는 동안 양친의 행동을 어느 정도 상상할 수 있다. 아동은 양친과 동반자와 같은 관계로 행동하기 시작한다.

그는 이 단계 이후에 대해서는 구체적으로 언급한 것이 없다. 청년은 양친으로부터 애착은 벗어나지만 대신 누군가에게 애착을 형성한다. 성인은 독립적이라고 생각하지만 위기가 닥쳐오면 사랑하는 사람과 가까이 있으려 한다. 노인은 젊은 세대에게 점점 의존해야 한다는 것을 알게 된다. 그래서 보울비는 '홀로 있다.'는 것은 인간 생활에 있어 가장 큰 공포 중의 하나라고 하였다. 친밀한 애착의 욕구가 인류의 본성에 깊숙이 자리 잡고 있다.

보울비는 이러한 인간의 애착행동은 동물의 각인(刻印, imprinting)과 유사한 과정을 밟는다고 주장한다. 각인은 동물의 새끼들이 사회적으로 반응해야 할 대상을 학습하는 과정이다. 새끼들은 처음에는 광범위한 대상을 따르지만 각인이 끝날 무렵에는 단 하나의 대상에 애착하게 된다. 그 후는 공포반응으로 인하여 새로운 애착을 형성하기가 어렵다. 인간도 이와 유사한 과정을 밟는다고 주장한다. 아기는 미소, 붙잡기, 울음 등의 행위를 아무에게나 하지만 6개월경에는 몇몇 친숙한 사람에게 한정되며, 결국 어느 한 사람에게만 애착된다. 이때 아기는 낯선 사람에게는 공포를 보인다. 동물의 경우와 마찬가지로 낯선 사람에 대한 공포는 새로운 애착을 형성할 가능성을 감소시켜 버린다.

보울비는 수용시설에서 자란 아동은 성장해서도 깊은 애착을 형성하지 못하는 데 충격을 받았다. 이들을 '애정 없는 인물'이라고 불렀고, 타인을 단지 자신의 목적을 위해서만 이용하고 타인과 사랑하는 지속적인 유대를 형성할 수 없는 것 같다고 보았다. 어릴 때 어떤 인물과 각인을 형성할 기회가 없었기 때문일 것이다. 수용시설은 간호사 몇몇 사람이 아기의 신체적인 욕구는 충족시켜주지만, 그들과 어울려 애착관계를 형성할 만큼의 충분한 시간적 여유가 없다. 웃을 때 함께 웃고, 옹알이를 받아주고, 안아달라고 할 때 안아 줄 사람이 없어서 특정인과 유대관계를 형성하기가 어렵다. 이러한 각인 실패를 회복할 시기를 결정하기가 어렵다. 다른 종들과 마찬가지로 인간도 공포반응이 나타날 때 끝난다는 것이다. 보통 8~9개월에 나타나는데, 이때는 낯선 사람과 공포뿐만 아니라 분리불안이 일어난다. 또 이 시기의 인간적 상호작용의 부족은 언어 발성에 영구적인 장애를 주기도 준다. 그러나 치료를 받으면 18~24개월까지는 사회적 장애를 보상할 수 있다. 이후 인간적긴 상호작용이 부족한 아이는 결코 정상적으로 발달할 수 없다. 보울비는 이러한 각인 실패에 못지않게 애착대상과의 분리로 인한 고통에도 관심을 가졌다. 이러한 분리는 다음 3가지의 과정을 거친다.

첫째, 아기는 반항한다. 울고, 고함치고, 돌봄을 거절한다.

둘째, 절망의 시기를 거친다. 조용해지고 행동을 철회하고 무기력해지고 깊은 슬픔의 상태에 빠진다.

셋째, 분리 상태에 들어간다. 좀 더 활발해지고, 돌보는 사람의 보호를 받아들이고 엄마가 돌아왔을 때 외면한다.

다행히 대부분의 아기는 몇 주 내에 엄마와 유대를 재형성한다. 그러나 격리가 지속되고 다른 돌보는 이들까지 상실하면 모든 사람과의 유대를 포기할 수도 있다. 격리도 6개월에서 1년 사이에, 즉 애착을 형성한 직후에 가장 심각한 영향을 미치는 것 같다.

그는 아기의 신호와 반응이 사회성 발달을 위한 생물학적 기본계획의 일부라면, 양친이 아기의 반응에 잘 반응해 줄 때 발달이 가장 잘 진행될 것이라고 하였다. 아기의 울음에 일관성 있고 신속히 반응해 줄 때 아기는 비교적 덜 울고 1세경에 독립적으로 된다고 주장하였다. 부모가 아기의 신호에 반응해주기 위해서는 아기의 내적 경향에 따라야 한다는 것이다. 이것은 게젤의 입장과 동일하다(Crain, 1980). 보울비는 수용시설의 애정 결핍과 격리의 잠재적인 악영향을 최초로 경고한 사람이다. 그의 인식을 수용하여 일부 병원에서는 모자가 함께 병실에 있는 것을 허용하고 있다. 또 모자결연 시에도 한 사람에게 집중되기 전인 생후 처음 몇 개월 사이에 항구적인 가정에 보내는 것이 바람직하다. 보울비의 영향을 받은 로조프(Lozoff)는 아기와 어머니의 밀접한 신체적 접촉은 아기와 모에게 모두 긍정적인 영향을 미친다고 하였다. 그럼에도 대부분의 병원은 전염병을 막는다는 명분으로 분리시키고 있다. 발달심리학에서는 출생 후 1년 이내에 영아와 어머니 또는 자신을 돌보아 주는 사람 간에 이루어지는 애착 형성의 결과가 후에, 발달하는 정서적 안정성과 대인관계에 중요한 기초가 된다고 보고 있다(송명자, 1995). 특히 보울비는 애착형성 과정에 있어서 영아는 단순히 피동적인 존재가 아니라, 스스로 보살핌을 이끌어내는 데 적극적인 역할을 한다고 보는 입장이다. 그러나 그의 연구는 너무 유아기에 치중했다는 점과 웃음, 울음, 따라가기 등을 본능적 것으로 취급했다는 점, 전쟁 후 수용시설에 있는 아동을 연구 대상으로 삼았다는 점에서 한계가 있다. 그럼에도 그의 독점 애착이론은 영유아 양육에 많은 시사점을 주고 있다. 오늘날 취학 전 교육기관에서는 그가 제시한 사실에 주목하면서 공유애착의 정당성을 확립해야 할 것이다. 보울비가 유아 양육에서 애착(정)의 중요성을 인식한 점은 유아의 교육에 있어서도 마찬가지이다. 애착에서 더 나아가서 정서적 유대감을 바탕으로 한 가르침이 진정한 교육이 될 수 있다.

(6) 촘스키(N. Chomsky, 1928~)의 천성주의 이론과 유아언어교육

미국 필라델피아에서 태어난 촘스키는 히브리어 언어학자인 아버지의 영향을 받아 언어학에 매우 많은 관심을 가졌다. 그는 펜실베이니아 대학에 입학하여 언어학, 수학, 철학을 공부하였으나 곧 싫증을 느껴 자퇴하려고 하였는데, 이 때 언어학자 헤리스(Harris)와의 만남을 통하여 언어 연구에 몰두하였다. 이후 그는 해리스를 연구하면서 자신의 이론을 형성하기 시작하였고, 그러는 동안 펜실베이니아 대학에서 학사 및 박사학위를 취득하였다. 그는 박사학위 중 하버드 대학 특별프로그램에 참여한 후 수학과 언어학의 혼합을 통하여 새로운 이론을 제시하였다. 그러나 전통적인 학파로부터 그의 이론은 배척당하였다. 이러한 영향으로 그에게 온 유일한 교수직 제안은 매사추세츠 공과대학(MIT)이었다. 1955년에는 MIT 교수로 재직했다(송명자, 1995). 1957년에는 『구문적 구조론(Syntactic structures)』을 발표하여 구문론에 관심을 돌리게 함과 동시에 새로운 언어심리발달에 새로운 장을 열게 하였다. 그는 언어학뿐만 아니라 정치적 활동, 외국 정책, 월남전의 반박, 군사개입 등에도 견해를 제시하였다(송명자, 1995). 또한 촘스키는 인간의 언어구조가 다양한 학습에 의해서 획득되기에는 지나치게 복잡함에도 불구하고, 아동들은 한정된 언어적 경험을 바탕으로 복잡한 문장구조를 재빨리 터득하고, 이를 구사하고 있다는 사실에 주목하였다(송명자, 1995). 평범한 아동의 언어 성취를 단지 강화, 모방, 자연적 호기심만으로 설명하기는 너무 미흡하다고 보았다. 그 이유는 아동은 제한된 수의 문장을 듣고도 무한정한 수의 새로운 문장을 이해하고 만들어 내기 때문이다. 또 이러한 관찰을 바탕으로 그는 인간이 태어날 때 언어획득기제[42](Language Acquisition Device: LAD)를 선천적으로 갖추고 있다고 가정하였다(이연섭, 강문희, 1995).

언어적 자료(입력) → LAD(처리) → 문법적 능력(문장이해와 산출 능력) 산출

이것은 인간에게만 발견되는 종 특유의 것이며, 신체적으로 정상적인 아동들에게 정상적인 기제라는 것이다. 이 기제는 출생 시 완전히 형성되어 있지는 않지만, 중추신경계가 성숙함에 따라 같이 성장한다는 것이다(Crain, 1980). 구체적으로 언어획득기제란 뇌의 특정 구조나 부위를 뜻하는 것이 아니라, 외부로부터 들어오는 언어자극을 분석하는 일단의 지각적 및 인지적 능력을 뜻한다. 이러한 선천적인 언어처리능력에 의해 아동은 주변으로부터 듣는 여러 언어자극들의 의미를 이해하고, 낱말을 연결시켜 문법적으로 정확한 문장을 스스로 만들어내는 언어수사능력을 보이게 되는 것이다(송명자, 1995). 그는 모든 문화권의 아동들이 공통적으로 생의 일정기간 내에 빠른 속도로 언어를 획득해간다는 사실에 근거하여, 언어발달에는 생득적인 면이 있을 것이라고 가정하였다. 또한 그는 언어학자들이 일반적으로 '언어적 보편성'(languistic universals)이라고 부르는 모든 언어에는, 공통적인 어순과 문법적 특성이 있다는 사실 또한 모든 인간에 보편적인 언어획득기제가 존재할 것이라는 가능성을 시사해 준다고 보았다. 그리고 사춘기 이전의 뇌의 손상으로 인한 언어장애는 비교적 빠르고 쉽게 치유되나, 사춘기 이후의 언어손상은 회복이 거의 불가능하다는 사실 또한 생득론적 관점을 지지한다. 더욱이 1세경부터 사춘기 사이에 언어는 쉽게 획득되나, 이 시기를 넘기면 언어획득이 극히 어려워지는 언어발달의 절정기가 나타나는 것은 언어획득기제가 선천적으로 프로그램화되어 있기 때문인 것으로 생각하였다(송명자, 1995).

촘스키 이전에는 아동이 다른 사람을 모방하여 수많은 문장을 획득하며 이를 저장했다가 필요시 찾아내어 사용한다고 믿었다. 그러나 촘스키는 고정된 문장만을 사용하지 않고 새로운 문장을 창조하기에 이를 믿지 않았다. 인간은 내적 규칙체계(문법)를 갖고 있기 때문에 전에 결코 들어보지 못한 문장을 만들 수도 있다. 또한 인간은 서술문을 의문문으로 바꾸어 사용하는 변형규칙을 갖고 있다. 그리고 항상 구조의존적으로 규칙을 따르고 있다. 그 이유는 언어는 정신에 대한 생물학적인 본질을 부분적으로 따르고 있기 때문이라는 것이다. 정신은 언어적 경험을 구라고 부르는 단위 안으로 구조화하고, 단지 구조 의존적 변형규칙만을 사용하도록 생리적으로 성

42) LAD를 주영희(1992)는 언어습득기구라고 번역하면서도 이를 기제로 보고 있으며, 이연섭, 강문희(1995)는 언어습득기제라 번역하면서 생리적 기관이 아니라 단순히 촘스키가 가설적으로 추론해 낸 심리적 기제라고 보고 있다.

향 지어져 있다고 본다(Crain, 1980).

그는 아동이 문장을 만들고 변형시킬 때 표면구조와 심층구조에 주의를 기울인다고 보았다. 아동은 5~6세가 되면 이러한 규칙을 숙달한다. 아동은 먼저 심층구조를 찾아내고 그 다음에 변형을 숙달하기 시작한다. '주어 - 목적어 - 서술어'의 형태에서 다른 문장으로 변형한다.

영유아의 언어발달 과정은 다음과 같이 설명할 수 있다. 먼저 아기는 태어나자마자 언어에 조율된다. 아기는 말에 따라 경미한 반응을 보인다. 즉, 말의 소리와 단어의 범위에 따라 움직임이 다르다. 2~3개월이 되면 옹알이를 하는데, 이를 초기 단계 음성 기제의 본질로 보았다. 1세경이 되면 단일 단어로 말하며, 1년 6개월이 되면 두 단어를 묶는 전신어가 발달한다고 보았다. 전신어는 명백한 언어 구조(주어-동사)를 갖는다. 2~3세가 되면 문장구조에 대한 명백한 감각을 보인다. 접미사, 어형 변화 등을 사용하며 동시에 과규칙화 하기도 한다. 3~6세가 되면, 아동들의 문법은 급속히 매우 복잡해진다. 의문문과 같은 문장 변형 조직이 급속히 발달한다. 아동은 반복적인 연습을 통하여 이러한 역량을 견고히 하는 것으로 보인다. 5~6세가 되면 대부분의 문법을 숙달하지만 아직은 수동태와 같은 일부 변형은 파악하지 못한다. 이러한 언어 발달과정은 어느 문화권에서나 같다. 단일어, 두 단어, 굴절, 심층구조, 구(句) 구조 단위, 규칙 사용, 변형형성 등의 과정을 시작한다(Crain, 1980).

영유아는 언어를 듣는 것이 전부임에도 불구하고 특별한 훈련이 없이도 언어를 숙달한다. 저소득층, 중산층, 농촌, 도시 등 모든 곳에서 이와 같은 현상이 발생한다. 이처럼 영유아는 언어를 스스로 습득하게 된다고 촘스키는 믿었다. 따라서 영유아의 언어 결핍을 우려하여 개개 영유아의 언어를 지도하는 것이 얼마나 어리석은지를 깨닫게 한다. 그럼에도 불구하고 영유아들에게 문법을 가르치려고 노력한다. 이것은 영유아들이 언어의 근저에 있는 규칙을 스스로 찾기 때문에 헛일이라고 보았다. 그 이유는 이 과정에 간섭하는 것은 잘못이며 실수를 교정하는 것은 그들을 혼란시키고 자신감을 손상시키기 때문이다. 또 지방 방언을 표준어로 고치려는 노력이 계속된다. 이것은 지방이 서울보다 열등하다는 가정에 근거한다. 결국 아동에게 열등의식만 심화시켜 준다. 그는 확대시켜 모방하기가 언어 획득에 필요한지를 의심스럽게 생각하였고, 나무도표(수형도, tree diagram)를 이용한 부분적 언어 설명 방법은 너무 추상적이기 때문에, 추상적 사고가 출현되는 청년기에 효과적인 방법이라고 생각하였다(Crain, 1980).

또한 촘스키는 여러 심리학적 연구를 고무시켜 왔다. 문법 출현에 대한 기술적 연구, 언어획득기제를 추적한 측두화의 결정시기(5세)를 연구하게 하였다. 또 피아제 계열의 연구자들을 자극시켰다. 두 입장은 아동은 성인의 가르침보다 아동 자신의 노력을 통해서 구조와 조작을 자발적으로 파악한다고 믿었다. 그러나 촘스키는 언어 획득은 자율적이며 성숙에 지배를 받는 과정이라고 하였다. 그리고 인지발달과는 상당히 독립적이라고 하였다. 반면에 피아제 학파들의 학자들은 언어구조가 실제로는 그 이전의 인지적 성취에 의한다고 주장하였다. 예를 들면, '주어 - 술어 - 목적어'는 감각운동발달에 의존한다고 본다. 감각운동 끝 무렵에는 물체를 찾는 것, 자신이 줍는 행위, 찾으려는 물건 등을 구분할 수 있다. 자기(주어), 행동(술어), 대상(목적어)을 분리하기 때문에 언어습득을 위한 인지적 요건이 먼저 발달한다는 것이다. 또 7세까지는 수동태를 이해할 수 없는데, 이것은 가역적 조작 능력이 없기 때문이라는 것이다.

이처럼 언어발달에 촘스키의 천성이론은 많은 타당성을 가지고 있지만, 아동들의 부적절한 언어가 많은 경우에 모방에 의해서 이루어진다는 사실, 그리고 사춘기 이후에도 여러 형태로 언어발달이 이루어진다는 사실은 이 이론의 문제점을 지적하여 준다(송명자, 1995). 또 언어발달과 신경계통 간에는 관계가 있음이 분명하나, 이것이 누구에게나 동일하게 언어획득기제가 있다는 것을 증명해주지 않는다고 보고 있다(Lenneberg, 1967). 그리고 그의 이론은 확고한 경험적 증거에 기초를 두기보다는 가상적이고, 논리적인 이론에 불과하다는 비판을 받고 있다. 몬테소리는 관찰에 의한 예감에 의존하여 언어획득기제에는 결정적인 시기가 있다고 한 점을 회상하면, 촘스키의 이론은 이들이 어떻게 습득되는지를 명확히 해 준다. 이러한 촘스키의 언어습득이론은 유아언어교육에 많은 영향을 미쳤다. 유아는 거의 본능적으로 언어를 습득하는 능력이 있다는 믿음을 갖게 하였다. 이는 외국어교육을 모국어교육과 병행하여 가르치는 요즈음의 유아교육 실태 속에서, 유아언어교육의 진정한 목적이란 무엇인가를 다시 한 번 생각해보게 한다.

(7) 피아제(J. Piaget, 1896~1980)의 구성주의 이론과 유아교육

피아제는 1896년 감성적인 어머니와 사상가인 아버지를 두었으며, 스위스의 작은 대학촌 뇌샤텔(Neuchatel)에서 태어났다. 그는 중세 역사학자이며 세심하고 체계적인 사상가인 아버지에게서 많은 영향을 받으며 자랐다. 피아제는 아버지의 연구 방식을 채택하여 가족의 갈등으로부터 도피하였다. 그는 10살 때 백변종 참새에 관한 논문을 작성할 정도로 과학적인 소질을 어릴 때부터 보였다. 김나지움(예비대학)에 다니면서 연체동물에 관한 연구를 발표하자, 박물관 관장직을 제의 받을 정도로 국제적인 명성을 얻게 된다. 그러나 그는 자신이 나이가 어리다는 이유로 이를 거절하였다. 한편으로는 종교와 철학에 대한 과학적인 토대가 부족함을 깨닫고, 한때 지적 위기를 경험하기도 하였다. 그는 뇌샤텔 대학에 다니면서 생물학과 더불어 철학, 사회학, 심리학, 종교학, 논리학 등 다양한 학문영역에 관심을 가졌다. 이때 그는 고도의 광범위한 탐구로 인해 지적 혼란을 겪기도 하였다. 21세에 연체동물에 관한 논문으로 자연과학 분야의 학위를 받았으며, 23세 때 아동심리 분야에 대한 과학적인 연구를 하여 인간 정신 발달을 연구하고자 하는 계획을 수립하였다. 즉, 자신이 발견한 사실을 지식의 근원에 관한 철학적인 문제를 해결하는 데 사용하고자 하였다. 그는 이 분야를 발생학적 인식론(genetic epistemology)이라고 불렀다(Crain, 1992). 1920년에는 파리에 있는 비네(Binet) 실험실에서 아동용 지능검사를 만드는 일을 하면서 아동을 연구하였다. 그는 이 일에서 정답보다는 오답의 일관성에 더 많은 관심을 가졌다. 여기서 그는 아동의 오류에 일관성이 있음을 발견하고, 아동은 그 나름대로 독특한 사고의 특성이 있다고 생각하였다. 유아는 그 연상의 사람보다 우둔한 것이 아니라, 전혀 다른 방식으로 생각한다고 보았다. 이를 계기로 그는 표준화된 연구방법을 버리고, 보다 개방적인 임상적 면담을 고안하고 관찰에 많은 시간을 보내었다. 1921년 이래로 제네바에 있는 루소 연구소에 근무하면서 4~12세까지의 유아를 면담하면서 7세 이전의 유아들은 꿈, 도덕성, 일상생활의 흥미, 기타 주제에 대하여 질적으로 다른 방식으로 사고한다는 것을 발견하였다. 그는 연구소 조교인 샤트네이(Valentine Chatenay)와 결혼한 후 큰 딸 쟈끌린느(Jacqueline), 둘째 딸 뤼시엔느(Lucienne), 아들 로뎅(Laurent)을 열심히 관찰하였다.

이후로 그는 철학적인 문제들로 관심을 바꾸었다[43]. 1940년에는 탁월한 그의 동료인 제스민카(Szeminska), 인헬더(Inhelder) 등과 그의 연구를 더욱 확대하고 구체화하는 작업을 하였다. 아동과 청소년이 수학적·과학적 개념(우연, 수와 양, 공간과 시간, 속도, 분류)을 어떻게 이해하여 구성하게 되며, 그 과정이 어떤 이론적인 모형에 의해서 포착될 수 있는지를 규명하였다. 그의 연구를 접한 아이슈타인(Einstein)은 시간, 속도, 운동개념을 연구하도록 그를 격려하였다. 그 격려 결과로 두 권의 책이 각각 출판하였다. 『시간에 대한 아동의 이해(The child's conception of time, 1946)』, 『운동과 속도에 대한 아동의 이해(The child's conception of movement and speed, 1946)』이

43) 저자 견해: 이상까지의 피아제 연구를 인지발달이론이라고 칭하고자 한다. 이후를 포함하여 그의 연구를 구성주의라고 하고자 한다.

다. 1956년에는 록펠러재단의 후원으로 발생학적 인식론센터를 창설하여 이곳에서 연구에 몰두하였다. 1960년대에 들어오면서 그에 대한 관심이 폭발하게 되면서 그의 연구방법, 준임상적 면접법은 비판의 대상이 되었다. 1970년대를 접어들면서 수많은 영역에서 연구의 기초를 닦은 그의 업적은 재평가하기 시작하여, 1969년 미국 심리학회로부터 「인간 지각과 지능의 본질에 관한 진화론적 측면의 연구」에 대한 특별과학공헌상을 받았다(송명자, 1995).

피아제의 주된 관심사는 인식론적 문제를 과학적으로 해명하는 일이었다. 전통적으로 인식론은 철학의 한 분야로서 지식의 범위, 성질, 근원 등을 내성과 사변을 토대로 탐구한다. 그는 철학의 사유 자체에 불만을 가진 것이 아니라, 객관적 증명의 과정을 생략한 채 주장된다는 점이다. 그는 인식은 객관적인 관찰과 자료 수집에 의해서 타당성이 검증되어야 한다는 것이었다. 인식의 문제를 객관적으로 해명할 수 없다면 사변적 논쟁만 일으킨다고 보았다. 그리하여 그는 '지식은 어떻게 형성되느냐'라는 문제로 국한시켜 지식이 성장하고, 발달하는 기제와 저급의 지식이 고급의 지식으로 이행하는 경로를 밝히려고 하였다. 이를 달성하기 위해 공간, 시간, 인과성, 수, 논리-수학적 분류 등의 개념과 지식이 개인적으로나 집단적으로 어디에 연유되어 어떻게 변성되는가에 대한 가설과 이론을 구성하고, 그들을 증거에 의해서 입증하였다(장상호, 1982).

철학, 심리학, 생물학을 토대로 하여 기존의 학설을 그대로 수용하지 않고 독특한 관점에서 종합하는 방식을 취했다. 철학에서 합리론과 경험론, 생물학에서는 다윈의 돌연변이설과 라마르크(Larmark)의 용불용설, 또한 심리학의 연합주의와 게슈탈트 학파 등을 변증법적으로 종합하였다. 지식의 근원에 대해서 철학에서는 데카르트와 같은 선천설(apriorism)과 로크와 같은 경험론이 있다. 일찍이 칸트(Kant)도 이 두 입장을 종합하였지만, 피아제는 칸트와는 유사한 점도 있지만 차이점도 있다. 지식이 개인에 의해서 적극적이고 능동적으로 구성된다는 점에는 동조하지만, 칸트와 달리 피아제는 시간, 공간 혹은 기타 범주 개념은 선천적으로 주어지는 것이 아니고 경험적으로 발견되는 것도 아니라는 것이다. 그는 지식은 개인과 환경 간의 부단한 상호작용에 의해서 쇄신되고 재구성된다고 보았다. 그 이유는 유기체와 환경 간의 상호작용에 의해서 유기체의 새로운 특성이 나타나는 것에, 관심을 두는 생물학에 근거했기 때문이다. 생물학적 법칙이 지적발달에 직접 적용될 수 있다고 보았다(예: 지능이 생물학적 성장의 한 특수한 사례에 속함).

그는 이러한 연구에서 다윈의 돌연변이설과 라마르크의 용불용설 중 어느 것도 타당하지 않다고 보았다. "격한 물결은 달팽이로 하여금 바위에 씻겨나가지 않으려는 활동을 점차 증가시켰으며, 그 활동이 그것의 껍질을 넓히거나 좁히는 결과를 가져오게 하였다."는 것이다(장상호, 1982 : 20). 이러한 결과로 인하여 그는 유기체의 특성은 유전과 환경 간의 상호작용에 의해서 비롯된다고 보았다. 그 상호작용에 있어서 가장 중요한 역할을 하는 것은 유기체 자체의 적극적인 활동이다. 마치 상이한 종의 생물이 환경에 자체를 적극적으로 적응하면서 점차 진화하듯이, 한 개인도 그 접하는 환경에 적극적으로 적응하면서 진화한다는 입장이다. 이와 같이 피아제는 생물학적인 측면과 인지적 측면 간에는, 그 구조와 기능의 면에서 부분적인 동형성이 있다고 가정하고서 생물학적인 개념을 빌어 지식과 지능의 발달을 설명한다. 그렇다고 생물학의 접근방법을 취하지는 않는다. 생물학적 적응과 인지적 적응 간에는 질적인 차이가 있기 때문이다. 생물학은 유기체와 환경 간의 관계를 물질과 에너지의 생화학적 교환에 국한하지만, 인식 문제는 인식주체와 인식대상간의 기능적 관계를 규명한다. 이것을 그는 발생학적 인식론의 과제로 규정하였다.

인간 지능에 관해서도 그는 연합주의나 게슈탈트 학파와 다른 입장을 갖는다. 인간의 지능은 자극과 반응의 결과나 습관체제가 아니라 상호 간에 구조적인 관련을 갖는 내면화된 행위 체제이고, 외부적인 환경을 단순히 복사한 것이 아니고 개인의 능동적인 소산이다. 자신이 창조한 구조로 수용한다는 것이다. 이점에서 영미 계열의 연합주의와는 다른 입장을 갖는다. 또 게슈탈트 심리학과 지능은 두 가지 점에서 다르고 보았다. 지능은 게슈탈트 심리학의 지각 현상으로 환원시켜 버릴 수 없는 고차원 속성을 지녔다는 점이 있다는 것이다. 지각적 게슈탈트는 생리적인 의미의 평형화를 모델로 하고 있기 때문에 개인의 자율조정에 의한 평형화의 여지를 남기지는 않는다. 그리고 지각적 게슈탈트는 비합산적이고 비가역적임에 비해 지능의 구조는 합산적임과 동시에 가역적이다. 두 번째 이유는 게슈탈트 심리학은 지능의 구조를 선천적으로 혹은 고착된 것으로 취급한다는 점이다. 반면에 피아제는 구조는 개인의 적응과정에서 부단하게 생성되고 변형되고 재구성되며, 몇 가지 특징적인 단계를 거쳐 발전되는 성질을 지닌다고 보았다(장상호, 1982).

이렇듯 피아제는 인간의 지식과 지능은 개인과 환경 간의 상호작용에 의해서 그 내부에서 점차적으로 구성된다고 보았다. 유아는 생후 차츰 그의 환경과 상호작용을 하면서 인지적 도식이나 구조를 변형 및 정교화 시키는 과정을 거친다. 이처럼 피아제 이론은 지능과 그것의 발달에 관한 것이다. 그는 지능을 "생물학적 적응의 한 가지 특수한 사례"(장상호, 1982 : 27)로 정의하였다. 지능은 인간이 환경과 능률적으로 상호작용 하게 하는 일종의 생물학적인 성취라고 보고 있다. 기능적인 측면에서 보면, 지능은 적응과 조직화라는 두 가지 측면을 갖는다. 적응은 동화와 조절 사이에 균형을 유지하려는 선천적인 경향이다. 동화란 유기체가 이미 가지고 있는 구조에 환경적인 요소를 부합시키는 것을 말한다. 조절이란 유기체가 이미 가지고 있는 구조를 환경적 상황이나 압력에 부합하도록 변형시키는 것이다. 예를 들면, 음식물을 씹고 소화시킬 때 유기체는 그 소화된 물질을 그 자신의 생리화학적인 구조에 부합하도록 변형시킨다. 이와 같은 동화와 동시에 그 생리화학적 구조는 그 소화된 물질에 조절하여 변형된다. 이처럼 상보적인 자율과정에서 평형을 취하는 것이 적응이다. 조직화는 둘 이상의 분리된 체제나 구조를 좀 더 응결력 있는 고차원의 체제나 구조로 통합시키려는 경향이다. 유기체는 적응과 조직화라는 기제로 환경과 상호작용하여 이전보다 능률적이고 새로운 구조를 획득하게 된다(장상호, 1982).

피아제는 지능의 구조는 전체, 변형, 자율조정 등의 세 가지 요건을 갖춘다고 하였다. 구조는 어느 순간에 낱낱의 부분으로 환원시킬 수 없는 전체의 형태로 존재하면서 자율적으로 변형된다. 이 구조는 앞의 적응과 조직화와 밀접하다. 어떤 순간에도 모종의 구조를 갖고 있지 않으면 환경에 적응할 수 없고 조직화 할 수 없다. 기능적인 측면은 불변하게 남아 있지만, 구조는 규칙적인 계열에 따라 변한다. 그 예로 올챙이와 개구리는 적응하고 조직화하는 성향을 갖고 있지만, 생리적인 구조는 전혀 다르다.

지능의 내용을 보면, 초기에 피아제는 유아의 사고 내용에 관심을 가졌다. 그림자는 어디서 오는가, 무엇이 강물을 흐르게 하며, 무엇이 구름을 움직이게 하는가를 묻고 아동의 반응을 추적하였다. 그러나 피아제는 내용 자체에 대해 큰 흥미를 가지지 않았다. 내용의 단순한 진술보다는 그 내용의 이면에 잠복해 있는 보다 근본적인, 즉 지능의 구조와 기능 탐구에 많은 시간을 보냈다.

그는 인간이 태어날 때 특정 지적 능력을 갖고 태어나는 것이 아니라고 보았다. 자율적 반사, 적응과 조직화라는 기능뿐인데 영아는 이를 기반으로 하여 특수한 적응능력을 발전시켜 나간다는 것이다. 유기체로서의 인간 역시 특수한 생물체의 기능과 구조를 가지고 있으며, 그것을 토대로 생물학적인 적응을 해 간다. 그러나 인간은 생물학적 적응 이상의 능력을 갖고 이 세상에 존재한다[44]. 심리적 측면에서 볼 때, 동화란 일단의 인지도식(schemes)이 형성되고 그 인지도식에 따라 주어진 인식

44) 이것이 피아제가 일생에 걸쳐서 탐구하려고 했던 관심의 대상이었다.

대상을 흡수하고 해석하는 과정이다. 조절은 주어진 인지도식의 새로운 특성과 압력에 의해서 이미 가지고 있는 인지도식이 변형되는 과정이다. 여기서 인지도식은 감각적인 행위도식에서 고도의 추상적인 이론, 수학의 도식까지 포함한다. 이 인지도식은 인지적 조직화에 의해서 구조의 성질을 갖는다. 예를 들어, 신생아는 반사적으로 젖을 빤다. 이 도식에 따라 다른 대상(젖 이외 것들)을 동화하여 빨지만 젖꼭지와 다른 대상이 여러 모로 다르기 때문에 여기에 맞게 입 모양을 조절한다. 이 과정에서 원시적 행동형태를 다른 종류에 적용할 수 있는 하나의 일반적인 도식으로 발전시킨다. 이것은 신생아가 보상을 받기 위해서가 하는 것이 아니라, 이미 획득한 기능 자체를 행사하려는 적극적인 필요에 의해서 일어난다. 이러한 도식은 조직화에 의해서 다른 부류의 도식, 보는 도식, 붙잡기 도식 등과 협응하여 영아에게 적합한 통합된 구조를 형성한다(장상호, 1982).

또한 피아제는 인간은 일생을 환경에 적응하고 그 반응을 조직화해야 한다고 보았다. 그러나 이것을 달성하는 심리적 구조(도구)는 인간의 연령에 따라 변화한다. 지적 발달은 서로 상이한 종류의 구조로 특징 지워지는 일련의 규칙적인 단계를 거친다는 가설이다. 지적 구조의 발달과정은 인식주체와 인식대상 간의 관계가 더욱 완벽한 평행 상태를 유지하도록 하는 방향으로 발전된다. 피아제는 그것을 4단계로 구획하였다. 감각운동기(0~18개월), 전조작기(18개월~7세), 구체적 조작기(7~11세), 형식적 조작기(11세 이후) 이다. 그러나 이 단계는 불연속적인 것이 아니라 발달의 흐름을 편의상 나누어 놓은 것이며, 각 발달단계는 독립적인 것이 아니며, 각 단계의 특징으로 나타나고 행동도 어떤 연령범위에 고정된 것이 아니다. 발달은 누적적인 방법에 따른 계속적인 흐름으로써 새로운 단계는 앞의 단계와 통합된다는 의미이다. 각 단계의 해당 연령은 여건에 따라 빠르거나 늦을 수 있다. 그리고 각 단계는 구조화된 전체로서 어떤 속성이 있고, 개인은 일생을 거쳐 일정한 단계를 거치며, 어떤 특정한 시점에서의 구조는 한 단계의 완료와 동시에 다음 단계의 시작이 된다.

각 단계는 조작[45](operation)이라는 용어로 설명한다. 그는 조작을 "상징 이전에 사물에 부과시켜 수행하기 때문에 행위로, 원래 가졌던 행위의 성질을 잃지 않고 사고 수준에서 수행되기에 내면화될 수 있는 행위로, 조합의 조작은 분리의 조작으로

45) 장상호(1982)에 의하면, 역사적으로 논리학자가 다루는 공리적 체계로서의 논리와 심리학자가 다루는 논리적 사실로서의 사고 간에는 서로 연결할 수 있는 소지가 없었다. 심리적 사실을 논리로 설명하면 논리주의(logicism)라는 표찰이, 논리를 심리적 사실로 설명하면 심리주의(psychologism)라는 오명이 뒤따른다. 그러나 피아제는 이 두 영역이 서로 만날 수 있는 근거를 조작이라는 개념에서 찾았고, 각 단계의 인지구조를 논리와 수학이라는 형식언어로 기술하려고 하였다.

의 당장 바꾸어질 수 있기에 가역성을 띨 수 있는 행위로, 구조화된 전체(유목화)의 형태로 서로 연결되어 있기에 법칙에 의해서 특정 지워지는 체제들 속으로 협응되는 행위"라고 하였다(장상호, 1982 : 36). 이러한 정신적 조작은 출생에서부터 존재하는 것은 아니다. 일생 동안 다음 4단계를 거쳐서 점차적으로 구성되고 확장된다고 하였다.

① 감각운동기

출생 직후의 영아는 감각 동작적인 행동을 하게 되며 이로 인하여 환경을 느끼고 사물을 지각하게 된다. 이러한 감각 동작적 행동이 모든 지적발달에 기초가 된다. 이를 설명하기 위해서 피아제는 감각운동기의 하위를 6단계로 구분하였다.

- 1단계(출생~1개월): 반사를 사용한다. 피아제는 신생아의 행동 구조를 말할 때 도식(scheme, 혹은 schema)이라는 용어로 설명한다. 도식은 보기, 쥐기, 때리기, 차기와 같은 외부 환경에 대처하기 위한 행동 패턴이다. 그 첫 도식은 주로 반사들인데 그 중에서도 빨기 반사이다. 이러한 반사는 처음에는 수동성을 내포하지만(어떤 자극이 있기 전까지는 활동을 하지 않음) 곧 자발적인 행동의 일부가 되어 능동적으로 사용하려는 욕구가 생긴다(예를 들면, 영아가 식후에 빠는 행위를 하는 것을 보면 빠는 행위 자체를 위해 빠는 것). 영아는 젖꼭지뿐만 아니라 옷, 베개, 담요, 손가락, 스치는 것 모든 것을 빤다. 이처럼 1단계에서는 동화적 활동이 현저하지만 이것은 조절적인 행동의 시초가(물체에 따라 빠는 입 모양을 달리함) 된다. 그리고 조직화(젖을 원활히 빨기 위해 머리와 입술의 움직임을 변화)한다.
- 2단계(1개월~4개월): 1차 순환반응이 나타난다. 영아가 우연히 새로운 경험을 하게 되면 그것을 반복하려고 한다. 예를 들면, 우연히 손이 입에 닿고 멀어지면 다시 가져오려고 애쓴다. 그렇게 할 수 없을 때도 있다. 즉, 손 빨기 도식에 동화시키는 데 필요한 조절을 할 수 없다. 영아는 여러 번 실패한 후 빠는 행위와 손동작을 조직화하여 손가락을 빨 수 있다. 이처럼 둘로 분리된 신체적 도식, 동작을 조직화한다. 영아는 능동적으로 서로 다른 동작들과 도식을 통합하는 구성적 과정을 거친다.
- 3단계(4개월~10개월): 2차 순환반응이 시작된다. 이 단계는 1단계와 달리(신체 부위들의 협응) 자신이 아닌 외부에 흥미로운 사건을 발견하고, 이를 다시 반복하려고 할 때 일어난다. 예를 들면, 피아제의 큰 딸 뤼시엔느가 유모차에 누워 머리에 달려 있는 인형을 움직이기 위해 다리를 움직였다. 잠시 후 다시 다리를 움직

이고 인형을 응시하였다. 며칠 간 이런 장면은 되풀이되었고 흔들림을 보고 웃었다. 피아제는 2차 순환과정을 재미를 '지속시키려는 것'으로 규정하였다. 영아는 새로운 사건을 볼 때 미소를 짓고 동시에 스스로 사건을 만들어 낼 수 있는 자신의 능력을 즐기고 있는 듯하다.

- 4단계(10개월~12개월): 2차 도식의 협응이 시작된다. 3단계에서 영아는 매달린 인형을 움직이기 위해서 차는 행위를 한 것은 단순한 결과를 얻기 위해서 단순한 행동을 한 것이다. 그러나 이 단계에서는 어떤 결과를 얻기 위해서 둘로 분리된 도식을 협응하게 된다. 예를 들면, 피아제의 아들 로뎅이 성냥갑을 잡으려고 하자 피아제가 손으로 막았다. 그러자 로뎅은 손을 넘거나 돌아가려고 하였지 치우려고는 하지는 않았다. 며칠 후 로뎅은 피아제의 손을 치우고 성냥갑을 잡았다. 즉 치우기와 잡기라는 분리된 두 개의 도식을 협응시켰다. 영아는 이러한 행위를 통해서 공간, 시간에 대한 기본 범주를 발달시킨다.
- 5단계(12개월~18개월): 3차 순환반응이 나타난다. 3단계에서 영아는 매달린 인형을 움직이기 위해서 유모차에서 차는 행위를 한 것은 단순한 결과를 얻기 위해서 단순한 행동을 한다. 4단계는 하나의 결과를 얻기 위해 두 가지로 분리된 행동을 한다. 이 단계는 다른 결과를 관찰하기 위해서 다른 행동들을 시도한다. 예를 들면, 로뎅은 식탁에 앉아서 새 식탁의 소리를 주먹으로 치면서 새로운 소리를 듣기 위해서 새로운 방법으로 쳤다. 우리는 목욕탕에서 영아들이 물이 나오는 수도꼭지에 자신이 손을 대는 위치에 따라 물이 어디로 퍼지는지를 면밀히 시험해보는 광경을 종종 볼 수 있다. 이때 영아는 자신의 행동을 변화시켜 그 결과를 관찰한다. 영아는 성인의 가르침이 없이도 스스로 학습을 하며 호기심으로 도식을 발달시킨다.
- 6단계(18개월~2세): 사고가 시작된다. 5단계에서 영아는 자신의 행동을 변화시켜 그 결과를 관찰한다. 이 단계에서 영아는 행동하기 전에 좀 더 내적으로 사고를 한다. 예를 들면, 뤼시엔느는 피아제가 성냥갑 속에 사슬을 넣었을 때, 즉각 그것을 꺼내려고 하였다. 처음에는 두 가지 도식 즉, 성냥갑 뒤집는 것과 손가락을 성냥갑 속에 집어넣은 행동을 보여 주었다. 실패하자 행동을 멈추고 성냥갑 틈을 주의 깊게 바라보면서 입을 벌렸다, 오므렸다 하다가 성냥갑을 열고 사슬을 꺼냈다. 이처럼 행동으로 바로 옮기지 않고 생각을 한 후, 아직 말을 잘 할 수 없기에 입 돌림(운동동작)을 한 것이다. 또 이 단계에서는 지연모방(눈앞에 없는 모델을 모방하는 것)을 할 수 있다.

또한 감각운동기에 나타나는 대상의 영속성 개념의 6단계 발달과정을 보면 다음과 같다.

- 1단계와 2단계: 영아는 대상부재 상태에 있다. 시야에서 사라지면 잠시 응시할 뿐, 나타나지 않으면 눈을 다른 곳으로 옮긴다.
- 3단계: 광경을 지속적으로 쳐다보기와 같이 외부 세계에 관심을 갖는다. 예를 들면, 사물이 떨어지면 떨어진 곳을 쳐다본다. 혹은 담요로 공을 가리면 공이 있던 곳을 쳐다본다.
- 4단계: 인형을 담요로 가리면 담요를 들추고 인형을 찾는 것처럼 완전히 숨겨진 대상을 찾을 수 있다.
- 5단계: 옮겨놓는 곳을 볼 수만 있다면 위치 이동을 이해할 수 있다.
- 6단계: 보이지 않는 위치 이동을 이해할 수 있다. 즉, 공의 궤적을 마음속으로 그려 볼 수 있다. 공이 소파 밑으로 들어가면 공이 어디로 나오는지를 알 수 있다. 이처럼 대상의 영속성 개념은 공간감각을 갖게 해주며, 자신과 우주 속의 많은 사물은 하나의 대상임과 자신이 독립된 존재임을 깨닫게 된다.

이와 같은 감각운동기의 특징을 종합하면 다음과 같다. 언어가 없기 때문에 사물에 대한 단어가 없으며, 영아가 직접 다루고 있는 사물이 아닌 경우에는 그 사물은 존재하지 아니한다고 느낀다. 영아는 자기중심적이기 때문에 모든 것을 자기중심으로 보게 되며, 자신의 심리적 세계만 존재하게 된다. 원거리 목적물에 대한 반응을 나타내기 시작하며 아직 목적과 수단을 식별하지 못하나, 점차적으로 원인과 결과를 식별할 수 있는 지적 능력이 시작된다. 이 시기의 여러 가지 단순경험에 의하여 평가능력의 기초가 이루어진다. 산발적으로 나타나는 동작적인 반응이 하나의 통일된 계열성 있는 형태를 이루기 시작한다. 분산된 여러 가지 경험이 모아져서 하나의 통일된 도식 즉, 쉐마(schema)를 형성한다. 여기서 사전 및 사후라는 경험이 시간개념을 형성하는 기초로 이루어진다. 표상의 개념이 시작되고 특정한 자극이 어떤 전체적인 행동의 부분임을 알게 된다. 어떤 물체와 같은 대상이 눈에 보이지 않더라도 그 존재를 인식하는 것을 의미하므로 대상의 영속성 개념이 존재한다.

② 전조작기

이 단계는 감각운동기에서 조작적 사고단계로 넘어가는 과도기이다. 즉, 감각운동적 양식의 활동에서 개념적·상징적 양식의 활동으로 전환한다. 이러한 상징적인 능력의 결과로 지능의 영역은 시간적으로 공간적으로 확장한다. 그러므로 어떤 사상(事象)을 점점 내적으로 표상(表象)할 수 있게 되고, 감각운동적인 행동의 의존도는 줄어든다. 여러 가지 사상이나 사건을 내적으로 표상한다는 것은 바로 사고를 의미한다. 이러한 사고는 비언어적 상징이나 언어를 사용하게 한다. 예를 들면, 쟈끌린느는 헝겊조각을 베고 웃으며 자는 척하였는데, 이는 헝겊조각이라는 대상을 현재 보이지 않는 베개를 나타내는 데 사용한 것이다. 이러한 놀이를 상징놀이라고 할 수 있다. 이 시기의 유아에게서는 가상놀이가 현저하게 나타난다. 또한 전조작기 초에는 언어가 급속히 발달한다. 쟈끌린느는 연못에 간 후 '로버트는 울고, 오리는 호수에서 헤엄치다가 가 버렸어요.'라고 하였다. 이것은 과거의 사건을 재구성하기 위해서 단어를 사용한 것이다. 이러한 언어의 사용은 유아의 경험을 확장시켜 준다. 언어를 통해 과거를 체험할 수 있고, 미래를 예기할 수 있고, 사건을 다른 사람에게 전달할 수 있다. 그러나 사고가 너무 급속도로 확장되기 때문에 이치에 맞는 언어를 사용하지는 못한다. 유아가 사용하는 단어는 실제 사물을 나타내기 위해서 사용하는 것이 아니라 전개념(preconcepts)으로 사용한다. 예를 들자면, 쟈끌린느는 아빠를 '많은 루시엔느와 많은 쟈끌린느를 가진' 사람이라 말하였다. 이러한 현상은 유개념(concept of class)과 유목 내의 소집단 간을 구분하지 못하는 것이다. 일반적인 유개념을 갖지 못했기에 추론도 특수한 것에서 특수한 것으로부터 발전하는 변환적(transductive)인 특징이 나타난다. 예를 들면, 루시엔느는 '난 아직 낮잠을 자지 않았어. 그래서 지금은 오후가 아니야.'라고 말하였다. 오후는 많은 특수한 사건이 포함되어 있고 낮잠은 그 일부에 지나지 않는다는 것을 이해하지 않는다. 일반적으로 유아가 언어를 숙달함에 따라 논리적 사고법을 배운다고 생각한다. 그러나 피아제는 언어가 논리적 사고구조를 제공하는 것은 아니라고 생각한다. 대신 논리는 행위로부터 유래하며, 감각운동기 동안에 논리적으로 일관된 행위체제를 발달시킨다는 것이다. 그 후의 논리는 보다 내적으로 조직화된 행위일 뿐이라는 것이다.

이러한 내적 행위가 어떻게 논리적 체계를 형성하는가를 연구하기 위해 4세 유아를 대상으로 과학적인 과제를 주어 다음 실험을 하였다(Crain, 1980).

과학적 추리로서 양의 보존개념, 수 보존, 유목화 등을 주제로 하였다. 먼저 연속적인 양 보존의 개념은 똑같이 채운 A1과 A2의 두 컵을 보여 주고, 물의 양이 동일한지를 물으면 유아는 대부분 그렇다고 대답한다. 다음은 A2의 컵의 물을 높이는 낮고 밑면적이 더 넓은 P의 컵으로 옮기면서 물의 양이 동일한지를 물으면 두 가지 형태로 반응한다. 첫 번째는 'A1이 더 높기 때문에 양이 더 많다.'고 한다. 혹은 'P가 더 넓이 때문에 P가 더 많다.'고 한다. 이러한 대답은 유아가 높이, 넓이 중 어느 한 가지 차원에 영향을 받았기 때문이다. 두 번째 대답은 'A1이 더 높기 때문에 양이 더 많다.'라고 하다가 나중에 'P가 더 넓이 때문에 P가 더 많다.'라고 하면서 혼란에 빠진다. 이때 유아는 지각적 차원을 고려하지만 두 차원을 동시에 고려하지는 못하는 직관적 규제를 보인다. 그러나 이 혼란의 모순점을 해결하기 위해서 유아는 보존개념 단계로 나아가게 된다. 7세 정도가 되어야 보존의 개념을 획득하게 되는데, 이는 세 가지 논거에 의해서 보존의 개념을 획득하게 된다. 첫째, 유아는 '더 붓거나 더 들어내지도(+, −) 않았으므로 물의 양은 같다.'라고 답하는 하는 동일성의 논거를 갖는다. 둘째, 하나의 변화가 다른 하나의 변화로 인하여 서로 상쇄된다는 보상성의 논거다. '한쪽의 넓이가 다른 한 쪽의 길이와 같다.'라는 것을 깨닫게 된다. 셋째는 '이것을 전에 있던 컵에 그대로 다시 부어도 양은 같다'라고 하는 역조작성의 논거를 갖는다. 이러한 논거의 근저에는 가역적인 정신활동, 즉 논리적 조작이 있다. 조작은 정신적 활동이므로 아동은 마음속으로 보상성, 가역성을 수행한다. 이러한 보존의 개념은 가르칠 수 있는가? 피아제는 아동은 자발적으로 보존개념을 숙달한다고 주장한다. 수 보존에 관한 피아제의 실험 중의 하나는 한 줄의 달걀 컵과 한 묶음의 달걀을 준 다음 각 컵에 하나씩 채울 수 있을 만큼 달걀을 집어보라고 하는 과제이다. 역시 두 가지 차원의 대답이 나왔다. 첫 번째는 줄에 있는 달걀 개수를 무시하고 컵과 달걀의 줄 길이만 같게 하였다. '실제로 컵 속에 달걀을 넣어 보렴.'이라고 하자, 달걀이 너무 많거나, 너무 적은 것에 놀랐다. 두 번째는 자발적으로 각 컵 아래 한 개씩의 달걀을 놓는 1:1 대응을 만들었다. 이것은 지각적인 배열을 위해서 직관적인 접근방법을 사용하였다. 그러나 한 줄의 달걀을 모아 놓거나 펼쳐 놓으면 유아는 어느 한쪽이 더 많다고 한다. 논리적으로 추리하기보다는 즉각적인 지각에 의하여 좌우되기 때문에 보존개념을 이해하지 못한다. 구체적인 조작기의 아동은 두 줄에는 아무 것도 추가하거나 빼내지 않았으므로 개수는 같다(동일성). 한 줄은 길고 한 줄은 조밀하게 모아져 있기 때문에 개수는 같다(보상성). 다시 더 길게 늘리면 서로 같다(역조작). 물질, 무게, 부피, 길이의 보존 개념에 대해서도 동일성, 보상성, 역조작 등과 같은 논리적 개념을 갖게 된다. 그러나 어떤 보존개념은 다른 보존개념보다 좀 더 어렵고 나중에 숙달될 수도 있다. 물질, 무게, 부피의 순서로 보존의 개념이 숙달된다(Crain, 1980). 이를 수평적 격차(horizontal decalage)라고 한다. 유목화 실험에서 18개가 갈색이고 2개는 흰색인 도합 20개의 나무 구슬을 유아에게 제시하고 모두 나무로 만들어졌음을 이해시켰다. 그 후 갈색 구슬이 많니, 나무 구슬이 많니? 하고 물으면 갈색 구슬이 많다고 대답하였다. 갈색 구슬이 나무 구슬에 비해 훨씬 많다는 것에 압도되어 갈색 구슬이 나무 구슬에 속한다는 것을 깨닫지 못한다.

또한 피아제는 사회적 사고의 과제로서 자아중심성, 도덕판단, 물활론, 꿈 등을 주제로 하였다(Crain, 1980). 피아제는 과학적인 사고와 사회적 사고 사이에는 각 단계마다 상응 관계가 있다고 보았다. 보존개념 과제에서 두 가지 차원을 고려하지 못하는 것처럼, 다른 사람과의 관계에서도 한 가지 이상의 관점을 고려하지 못한다. 오직 한 가지 관점에서만 생각한다. 예를 들어, 유아에게 세 개의 산으로 만든 모형 주위를 둘러보게 하여 다른 각도에서 어떤 모양으로 보이는지를 보게 하였다. 그리고 나서 자신이 위치에서 본 산의 모형 모습과 반대편의 인형이 본 산의 모습을 고르라고 하였다. 유아들은 자신이 본 모습은 잘 고르나 인형이 본 모습은 자신이 본 것과 똑같은 것을 골랐다. 이처럼 자아중심성은 자기의 조망과 다른 사람의 조망을 구별하지 못하는 것을 의미한다. 이것은 이기적이고 독단적인 것과는 다른 것이다. 예를 들면, 엄마 생일선물로 모형자동차를 구입하여 정성스럽게 포장하고 엄마의 마음에 들기를 기대하는 표정을 지으며 엄마에게 선물하였다. 이것은 엄마의 관심과 자신의 관심이 다르다는 것을 사실을 고려하지 못한 결과이다. 또 모래 놀이를 하면서 또래와 같이 놀고 있으면서도 서로 다른 구멍을 파고 있는 것을 볼 수 있다. 서로 구멍을 연결하려면 다른 친구의 조망이 필요한데, 이러한 협동적 놀이는 구체적 조작기 이후에나 가능하다. 피아제는 성인과의 관계보다는 또래와의 상호작용을 통해서 점차 자아중심성을 극복한다고 보았다. 성인은 유아의 마음을 이해하여 주는 데 비하여 또래는 그렇지 않다. 유아는 또래의 권위에 눌리지도 않고 갈등상태에 빠져도 개의치 않는다. 그래서 유아는 다투고 타협 및 협동하기도 하는 과정에서 다른 사람의 관점을 고려하여 상이한 관점을 통합한다. 이처럼 피아제는 자아중심성이 또래와의 상호작용을 통하여 극복하든지, 그렇지 않든지 간에 상이한 관점이 있다는 사실을 파악하는 데 유아가 능동적인 역할을 한다는 것이다(Crain, 1980).

이뿐만 아니라, 피아제는 유아의 공기놀이에서 도덕적 판단에 대한 연구를 하였다. 공기놀이에 대한 유아의 사고, 즉 규칙이 변화될 수 있는지에 대한 여부에 관심을 가졌다. 10세 전까지의 유아는 규칙은 고정되어 있어서 변화될 수 없다고 생각한다. 규칙은 어떤 권위로부터 즉 국가, 신으로부터 주어지는 것이기 때문에 규칙은 변경될 수 없다고 주장한다. 10세가 지나면 규칙은 게임을 하기 위한 합의된 약속이라는 상대주의적으로 생각하게 된다. 규칙은 고정적이거나 절대적인 것이 아니라, 게임을 하는 사람이 동의만 하면 규칙은 변경된다고 생각한다. 규칙에 관한 유아들의 이러한 개념들은 도덕적 태도에서 그대로 보여준다고 피아제는 보았다. 어린 유아는 성인에 의해 부여된 규칙에 맹목적으로 복종하는 타율적인 도덕성을 갖는다. 이는 항상 따라야만 하는 강력한 법이 있다고 생각한다. 좀 더 나이가 들면, 아동은 규칙은 협동을 위해서 동등한 사람이 만든 것이라고 생각하는 자율적인 도덕성을 갖는다. 피아제는 자아중심성 극복과 같이 또래와의 상호작용을 통해서 자율성을 획득한다고 보았다. 또래와의 동등한 자격으로 상호작용을 하면서 규칙은 절대적으로 내려 온 것이 아니라 협동적 상호작용을 위한 계약이라는 것을 배우게 된다(Crain, 1980).

유아는 물활론적인 사고에 의해서 생물과 무생물 사이의 구별을 구체적 조작기나 성인과는 다른 방식으로 사고한다고 피아제의 연구는 밝히고 있다. 물활론은 모든 물체에 생명을 부여하는 것이다. 4~6세 유아는 활동하는 것은 다 살아 있다고 여긴다. 태양은 빛을 발하기 때문에 살아 있고, 산은 아무것도 하지 않기에 죽었다라고 말한다. 6~8세 아동은 움직이는 것에 한하여 생명을 부여한다. 탁자와 꽃은 움직이지 않기에 죽었고, 자전거, 돌멩이, 구름은 때때로 움직이기에 살아 있다고 생각한다. 8세경이 지나야 비로소 스스로 움직이는 것에 대하여 생명을 부여하며, 그 후가 되어야 식물과 동물에 한정한다. 물활론의 또 하나의 측면은 자신의 감정과 의식을 무생물에게 부여하는 것이다. 어린 유아의 그림을 보면 웃는 풍선, 웃는 태양과 같은 것이 많이 나타난다(Crain, 1980).

또한 꿈에 대한 피아제의 연구를 보면, 처음에 유아는 꿈을 실제라고 믿는다. 꿈에 나타난 거인이 실제로 거기 있느냐고 물으면 정말로 거기에 있다고 생각한다. 또 꿈이 다른 사람에게도 보이며 바깥으로부터 들어오는 것이라고 생각한다. 6~7세경이 되어야 꿈의 성질을 완전히 이해하게 된다. 그러면 유아는 어떻게 꿈에 대해서 배우게 되는가? 악몽을 꾸었을 때 부모들은 걱정하지 말라고 하면서 실제가 아니라는 것을 강조하면서 안심을 시킨다. 이와 같이 유아는 꿈을 성인으로부터 배울 것이라고 피아제는 추측하였다. 그러나 여기에 대해 콜버그 등은 미개 사회의 유아를 대상으로 한 연구에서 꿈은 단계를 따라 숙달하는 것으로 보았다. 먼저는 꿈은 비현실적인 것이라고 깨닫고 다음에는 볼 수 없다는 것과 마지막에 성인의 영향을 받아 꿈은 실제라는 견해를 받아들인다(Crain, 1980).

이를 요약하면, 이 단계의 어린이는 사물의 이름을 알게 되고 단일차원에서 사물들을 구분할 수 있게 된다. 그리고 감각운동적인 행동보다 정교화 하게 된다. 이 단계의 가장 뚜렷한 특징은 언어의 발달이다. 언어의 발달은 모든 지적발달을 촉진시키는 데 가장 중심적인 역할을 하게 된다. 지금까지 의사표현을 감각운동적인 방법에 의존하던 것을 언어로 대치하기 시작한다. 주위에서 일어나는 어떤 사상(事象)이나 사물의 변화에 대하여 추리와 판단을 하기 시작하나, 아직 그 추리와 판단은 외형적인 모양에 의존하며, 내적인 조건이나 어떤 객관적인 원리에 근거하지 못한다. 이 단계의 후반에 이르면 언어를 사용하여 자기 자신의 생각을 비교적 정확하게 표현하기 시작한다. 그러나 그 사고는 자기중심적인 사고를 벗어나지 못한 상태에 있다. 그러므로 어떤 현상을 여러 관점에서 보지 못하고 한 가지 방식으로 보려는 경향을 나타낸다. 이 단계에서는 아직 보존성의 개념을 발달시키지 못하고 있다. 보존성이란 어떤 물질의 면적, 부피, 길이 등을 여러 가지 다른 모양으로 바꾸어 제시하더라도, 그 면적이면 면적의 크기가 항상 변하지 않고 남아 있다는 것을 아는 개념을 말한다. 이러한 보존성의 개념이 없는 것은 정신적인 사고의 조작이 가능하지 못하다는 것을 의미한다(Crain, 1980).

③ 구체적 조작기

이 단계에 이르게 되면 정신적인 기능을 조합할 수 있는 능력을 나타낸다. 피아제에 의하면 정신기능의 조작이 아동들이 경험하는 내용을 어떤 질서와 관계에 따라 하나의 조직된 형태로 정리할 수 있는 능력이라고 하였다. 구체적 조작기의 특징은 다음과 같다. 논리적인 추리를 할 수 있게 된다. 그러나 그 논리적 사고는 유아가 직접 관찰한 사실에만 국한된다. 말하자면 구체적인 지각이 있은 연후에 조작이 가능하다는 것이다. 그리고 자기중심성이 약해지고 다른 사람을 의식하는 일도 하게 된다. 그러므로 언어도 사회화된다. 또한 한 사물이 여러 가지 모습으로 보일 수 있다는 것을 이해하게 되고, 그 결과 한 사물에 대해 여러 가지 차원으로 볼 수 있게 된다. 그러므로 일정한 분류체계를 가지고 사물을 분류하고 사물 간의 상호관련성에 따라서 새로운 의미를 찾을 수 있다. 이 단계의 특징은 아동의 사고에서 지배적인 역할을 하고 있던 귀납적인 사고방식이 연역적인 사고방식으로 전환하고 사물의 보존성 개념이 나타나기 시작한다(Crain, 1980).

④ 형식적 조작기

구체적 조작기의 아동은 정신적 활동에 의해서 체계적인 사고를 할 수 있다. 실제적으로 행동을 해보지 않고도 그 과정을 거꾸로 이야기할 수 있다. 그러나 실제 행위가 일어날 수 있는 구체적인 사물에 대해서만 사고할 수 있다. 이 단계에 이르면 아동은 가장 발달한 인지적 조작단계에 들어선다. 즉, 사고의 범위가 추상적이고 가설적인 범위에까지 확장된다. 구체적 조작기에는 사고활동이 직접 지각하고 손으로 만질 수 있는 구체적인 사물에만 한정되어 있었으나, 이 단계에 이르게 되면 구체적이고 실제적인 상황을 넘어서는 문제를 다룰 수 있게 된다. 예를 들어, "순이는 철이보다 작고 영수보다 클 때 누가 가장 클까?"라는 질문을 하면 구체적인 조작기의 아동은 실제로 세 아이를 세워 놓고 비교하여 문제를 해결하지만 형식적 조작기의 아동은 마음속으로만 배열할 수 있다. 또 피아제는 가설적인 가능성에 대한 추리에도 관심을 가졌다. 무색 액체를 담은 1, 2, 3, 4표가 붙은 4개의 플라스크와 무색 액체를 담은 g라는 작은 플라스크를 주고 이를 썩혀 노란색을 만들게 하였다. 전조작기의 유아는 아무렇게나 액체를 마구 섞었다. 구체적 조작기의 아동은 각 플라스크에 g를 붙이고, g를 1, 2, 3, 4의 병에 각각 한 번씩 붙는 것으로 끝을 맺었다. 즉, 두 가지 차원을 동시에 생각할 수 있는 체계적인 행동을 하였다. 형식적 조작기의 아동은 모든 가능성에 대해서 여러 가지 조합을 시도해보고 중복 혹은 빠지는 일이 없도록 기록하였다. 한 상황에서 여러 가지 가능성을 미리 생각해보고 나서 그것을 체계적으로 검증해 보는 것이 마치 과학자처럼 행동하였다. 이 단계에서 나타나는 지적 활동의 특징을 정리하면 다음과 같다. 지적 문제에 대한 접근행동이 보다 조직화된다. 무선적인 접근행동이 지배적이었던 지금까지의 방식에서 탈피하여 의도적이고 조직적인 접근방법에 의하여 문제를 해결하려고 시도한다. 그러므로 자연 시행착오적인 해결방법이 줄어든다. 구체적이고 실제적인 상황을 넘어서는 문제를 다룰 수 있게 된다. 그리하여 마음속으로만 존재하는 추상적인 사물에 대해서 논리적으로 생각할 수 있게 된다. 가설을 세우고 추리를 하여 논리적인 결론을 이끌어낼 수 있게 된다. 또한 사고활동에 있어서 지금까지의 평면적 사고 중심에서 벗어나 종축적인 사고를 할 수 있게 된다. 따라서 문제해결에 있어서 종축적 참조를 빈번하게 사용하기 시작한다. 이는 탈중심화가 완전하게 이루어짐으로써 어떤 사물이나 현상을 하나의 관점에서만 보지 않고, 여러 관점에서 볼 수 있는 사고능력을 나타낸다. 추상적인 사고능력이 충분히 발달하여 마치 과학자들이 생각하는 것처럼 생각하며 추상적인 문제를 해결할 수 있게 된다.

이는 또한 형식적 조작기에 있어서 이른바 조합적 사고 능력이 가능해진다(Crain, 1980). 이 단계의 특징을 다음과 같다. 첫째, 머릿속에서 두 가지 이상의 변수 카테고리를 동시에 조작하는 것이 가능하게 된다(여행할 때 속도, 거리, 시간의 관계를 생각할 수 있다). 둘째, 장래의 변화에 대해 생각할 수 있게 된다(부모와의 관계가 앞으로 10년간 크게 바꾸어질 것을 알게 된다). 셋째, 장래에 일어날지도 모를 일을 논리적으로 그 결과를 예상할 수 있게 된다(학교의 성적으로 자기가 가능한 대학이나 취직 등을 예측할 수 있게 된다). 넷째, 자기행위의 결과를 예상할 수 있게 된다(지금 고등학교를 그만두면 어떤 종류의 직업의 가능성이 없어진다는 것을 인식하게 된다). 다섯째, 일련의 기술에 대해 논리적 일관성이나 비일관성을 파악할 수 있게 된다(법에서는 만인이 평등하다는 것과 대통령의 특사와의 관계가 모순임을 안다). 여섯째, 자기 자신 및 자신이 살고 있는 세계에 대하여 보다 현실적으로 생각할 수 있게 된다. 자기가 속해 있는 세계에 대하여 보다 현실적으로 생각할 수 있게 된다. 자기가 속해 있는 지역사회나 문화의 규범으로부터 어떠한 방법으로 행동하면 좋은가 하는 기대를 받고 있음을 알게 된다(박아청, 2001).

또한 피아제 학파에서는 단계의 개념에 대해 다음과 같은 입장을 취하고 있다(Crain, 1980). 첫째, 단계의 순서는 불변이다. 단계를 통과하는 속도는 사람마다 다르지만 누구나 같은 순서로 통과한다. 둘째, 단계는 성장과정이 질적으로 상이한 기간으로 나누어짐을 의미한다. 다른 시기의 사고는 질적으로 다른 과정을 통해 조직화된다. 셋째, 단계는 일반적인 특성들을 나타낸다. 즉, 사고의 일반적인 패턴을 나타낸다. 그래서 각 단계의 많은 과제는 아동의 행동을 예언할 수 있게 한다. 넷째, 모든 문화권에서 동일한 순서로 진행한다.

이러한 인지적 발달을 결정하는 요인들은 무엇인가? 피아제는 성숙론, 환경론 중 어느 것도 완전한 것이 되지 못한다고 보고 있다. 유기체가 환경 적응과정에서 개방적, 적극적, 자기 조정적인 역할을 하는 주체임을 가정한다. 유기체는 주어진 유전적·환경적인 자극을 단순히 혼합하는 것이 아니라, 그 나름의 자율적인 과정에 의해서 통합시켜 평행을 이루고자 한다. 이렇게 본다면 인지발달의 최종적인 목표는 적용 범위가 넓고, 유동적이고 안정된 평행 상태를 지향한다. 학습도 다음 3단계의 평형화 과정을 거친다(장상호, 1982).

첫째, 저차원 수준에서 인지적 평형을 유지한다.

둘째, 이전에 주목하지 않았거나 미치지 못했던 모순된 자료를 자각함으로써 인지적 불균형과 갈등을 경험한다.

셋째, 그 갈등상태를 해결하는 방식으로 인지구조를 재구성함으로써 높은 수준의 인지적 평형상태를 성취한다.

그러나 학습에 있어서는 다음과 같은 조건이 먼저 갖추어져야 한다. 새로운 경험이 주어질 때 이것의 의미를 이용할 수 있는 정신구조를 먼저 갖추고 있어야 한다. 제시되는 경험의 유형과 유아의 인지구조 간에 너무 큰 차이가 있으며 너무 쉽게 단순화하거나 변형시켜 버리거나 혹은 피상적으로 학습하게 된다. 아무리 정밀한 정보를 제공하더라도 적절한 인지구조가 구성되기 있지 않으면 유아는 정보를 올바르게 처리할 수 없다는 것이다. 이 점은 '어떤 교과라도 지적성격을 손상시키지 않고, 어떤 발달단계의 유아들에게도 효과적으로 가르칠 수 있다.'고 본 브루너(Bruner, 1960)의 주장과 정반대되는 견해이다. 이들의 논쟁은 지성사의 또 다른 면을 차지한다.

이러한 점에서 피아제는 학습을 두 가지 유형으로 구분하였다. 첫째는 단순히 특수한 사태에 대한 특수한 반응을 획득하는 학습은 외부적 압력이나 보상에 의해서 일어나지만 일시적, 불안정, 적용범위가 좁다. 둘째는 발달을 토대로 둔 광의 학습은 유아가 새로운 경험을 동화시키는 데 필요한 인지구조를 갖고 있을 때 일어난다. 이러한 학습은 일반적이고 내면화된 지식구조를 촉발시킨다. 그 이유는 보상이 없이도 유아는 인지구조의 평형화로 경험의 진정한 의미를 느끼기 때문이다(장상호, 1982). 이처럼 피아제는 적응이라는 측면에서 교육은 불균형을 극복하고 좀 더 균형화된 상태인 심리적인 구조를 창조하는 것을 의미한다. 그는 교육은 바로 이와 같은 개인의 창조적인 활동을 촉진하고 돕는 과정으로 보았다. 성공적인 교육은 교육받은 사람과 사회 간의 관계가 상호보완적으로 좀 더 높은 수준의 평형을 향해 발전될 때 보장된다고 보았다. 그는 교육의 목표를 첫째, 창의적, 창조적, 새로운 것을 발견해 내는 사람의 창출이며, 둘째, 비판할 수 있고 검증할 수 있는 정신을 형성시키는 것으로 설정하였다. 이것은 결국 지적 구조를 형성시켜야 가능한 것이다. 지적 구조는 학습자 자신이 구성하는 것이지 누구도 대신할 수 없다. 학습은 내부 상태와 환경적 압력 간의 평형을 찾으려는 학습자 자신의 자기조정적 활동이다. 또한 교사의 역할은 유아의 자발적 환경을 조정하고 유아의 활동을 촉진하도록 배려하는 데 있다. 그럼에도 불구하고 오늘날 학교는 교사의 적극적인 개입을 중시하고 학생을 피동체로 간주한다고 그는 비판한다. 따라서 능동적 교육이 전통적인 교육방법을 대치해야 한다고 제안한다. 이것은 교사중심의 방법도 아니고 아동중심의 방법도 아니다. 이 방법은 학습자 자신의 활동과 그것에 의해서 비롯되는 그 나름의 창조적인 활동에서 도출된다(장상호, 1982).

피아제는 스스로 교육학자라고 자처하지는 않았지만, 교육에 대해 깊은 관심을 보였다. 그는 우리에게 따끔하게 충고를 한다. 일반인뿐만 아니라 교육학과 교수, 교사양성기관의 교수들조차 교육학을 중요한 학문으로 인식하지 않는다는 것이다. 그 이유는 기초학문 분야에 성공적으로 적응하지 못한 학자들로 구성되어 있기 때문이라고 보았다. 또 이 열등의식에 쌓여 종합대학 내에서 교사 양성을 꺼려한다는 것이다. 예를 들면, 초등학교 교사는 종합대학 밖에서 이루어지고 있으며, 따라서 다양한 학문적 분위기를 접할 수가 없다는 것이다(우리나라의 경우 유아교육도 마찬가지이다.). 그리고 교사는 학교를 졸업한 후에도 의사만큼 자기가 하는 일에 연구를 하지 않는다. 이러한 전문성 결여는 행정부의 비전문적이고 관료적인 지시나 명령을 교육의 철학인 양 받아들이게 한다. 그는 이러한 점을 극복하기 위해서 교육학을 인간의 총체적인 성장에 관심을 두고 탐구활동을 해야 한다고 하였다. 더불어서 교육학을 중요한 학문으로 인식할 것을 권고하였다. 또한 그는 교육학적인 혁신은 교육학자가 아닌 신학자, 철학자, 과학자, 의사, 심리학자 등에 의해 이루어져왔다는 점을 이상하게 생각하였다. 교육은 그 나름의 과제와 탐구 영역을 가지고 있기 때문에 그 나름의 문제의식과 방법론을 가진 일군의 학자들에 의해서 탐구되어져야 한다고 보았다(장상호, 1982).

피아제의 실험이 당시 미국에 소개되었을 때는 꽤 큰 충격이었다. 물량 보존과 같은 피아제의 실험이 미국 심리학자들에게는 생소하다는 것, 그리고 성인에게는 자명한 논리가 유아들에게는 분명하지 않다는 것이다. 그래서 미국에서는 피아제의 주장을 확인하기 위해서 복제실험을 하였다. 직·간접적으로 실험과제를 가르쳐서 인지발달을 촉진시키는 방식을 취했다. 그 결과, 미국 유아는 스위스 유아들보다 약간 일찍 발달하나 일정한 나이 전에는 피아제의 발견과 같은 보존 실험에 실패하였다. 그리고 피아제가 연구한 지적 구조가 훈련에 의해서 발달 및 획득이 촉진되는가를 실험하였다. 그 결과, 훈련의 효과가 지속적이지 못함을 발견하였다. 이러한 영향으로 피아제식 유아교육 프로그램 개발은 인지발달단계이론에만 입각하여 이루어졌다. 그 결과, 60년대 피아제식 교육에서 특히 유아교육은 교실을 실험장으로, 교사를 실험관으로 만들었다. 이러한 결과는 첫째, 주입식으로 피아제의 실험과제를 가르치는 방법은 유아를 수동적 존재로 보고 반복적으로 되풀이하여 가르치게 되었다. 둘째, 교사의 역할을 감소시키는 문제를 초래하였다. 교사는 '너무 일찍 가르치려고 하면 유아는 배우지 못하고 늦으면 가르치려고 하는 것을 이미 유아는 알고 있다.'라고 하소연하였다. 이러한 문제점으로 인하여 피아제식 유아교육은 퇴조하기 시작하였다. 그러나 유아의 발달 및 학습에 능동적으로 참여하는 주체라는 가정하에 설립된 프로그램들은 성공을 거두었다. 예를 들면, high/scope와 같은 프로그램은 구성주의 프로그램으로 그 명맥을 유지해 오고 있다. 1970년 말부터는 피아제의 인지발달단계와 실험과제로부터 벗어나 인식론적 입장을 강조하는 구성주의가 대두되었다.

즉, 그의 인식론적인 입장에 초점을 맞춘 프로그램들은 유아의 인지 구조 구성을 돕는 교수방법과 교수·학습 과정이 개발되었다. 그중 특히 레지오 에밀리아 접근법(Reggio Emilia Approach, Malaguzzi, 1993)은 피아제 이론을 근간으로 하였다[46]. 피아제는 칸트(Kant)와 달리 시간과 공간 혹은 여타의 범주개념들이 선천적으로 주어지는 것이라고 믿지 않는다. 이들은 이미 있는 외부적 현실의 경험적인 발견도 아니고 처음부터 이미 형성된 것도 아니다. 그에 의하면 지능이나 지식은 개인과 환경간의 상호작용에 의해 부단히 쇄신되고 재구성된다고 주장한다. 하지만 피아제 역시 객관적 구성주의 성격을 강하게 가지고 있다. 그가 제시한 감각운동, 전조작, 구체적 조작, 형식적 조작이라는 4가지 인식적 구성 틀을 제시한 점에서는 상대적 구성주의라고 할 수 있지만, 이 4가지 구성 틀이 연령이 증가함에 따라서 위계적으로 발달한다는 점에서 객관적인 구성주의라고 할 수 있다. 그리고 그가 제시한 단계는 아동이 성장하는 계속적인 과정임을 밝히고 있지만, 곤충의 생명순환 단계처럼 분명하지는 않다. 그리고 그는 유아를 '고독한 과학자'자로 간주하였지, 비고츠키처럼 유아의 인지적 성장에 사회적인 영향을 많이 강조하지는 않았다(Cleverley & Phillips, 2006). 유아가 내적으로 지식을 구성해 나가는 내재적 원리를 다루었지, 사회적 환경이 유아의 지식 구성에 어떻게 연결되는 지에는 크게 관심을 두지 않았다.

후기 피아제 학파는 구성주의를 사회적 상호작용의 영역으로 수용하여 인식론적 개인주의적 관점을 수정하였다. 유아의 지적 발달에 미치는 또래 간 상호작용의 역할에 대한 가설적인 정의를 실증 및 실용화하였다. 유아에게 사회인지적 갈등 유인 조건과 사회적 과제 조건을 활용하여 학습을 지원할 수 있다고 보았다. 유아를 '고

46) 여기 대한 구체적인 설명은 임상도(2002). 프로젝트 접근법과 레지오 에밀리아 접근법의 이론적 비교. 대구 : 청하. p. 14. 참조.

독한 과학자'로 보기보다는 개인의 인지적 발달은 가족, 학교, 또래, 매체, 의식, 활동 등과 연관된 사회적 과정으로 인식하는 사회적 구성주의(social constructivism)의 시각을 갖게 하였다. 최근에는 포스트모더니즘에서 피아제 이론에 대한 다각적인 비판과 함께 이를 극복하기 위한 방안이 제시되고 있다.

이에 이화도(2010b)는 인간의 합리성의 근원을 논리적·이성적 사유에 한정한 피아제 이론은 데카르트의 사고하는 주체(cogito-subject)개념을 중심으로 한, 근대 모더니즘의 한계를 드러낸다고 주장하였다. 특히 유아기 사고를 지각중심의 자아 중심적 사고로 규명하면서, 어른의 사고에 비해 미성숙한 단계로 규명한 피아제 이론을 새로운 패러다임에 의해서 재해석되어야 할 것을 주장하였다. 그는 교육이라는 용어를 한 번도 거론한 적이 없지만, 그의 이론은 오늘날 교육에 있어서 매우 중요한 시사점을 주고 있다. 1960년대 그의 이론이 브루너에 의해 미국에 소개되면서 발달심리학계뿐만 아니라, 유아 학습과 발달에 엄청난 영향을 주었다. 한국 유아교육은 피아제의 이론적 틀 위에서 유아교육과정이 성립되었다 하더라도 과장이 아닐 것이다. 한편, 유아교육에 포스트모더니즘이 도입됨에 따라 피아제 이론에 대한 비판이 일고 있다. 유아교육을 공부하는 관점에서 볼 때 피아제 이론을 비판해야 할 것인가? 아니면 피아제 이론을 유아교육에 그대로 적용한 추종자를 비판해야 할 것인가? 피아제는 유아교육학자가 아니다. 피아제 이론은 유아의 인지발달과정에 대한 사실을 규명하는 데 초점이 있었다. 다만 피아제가 규명한 사실을 유아교육현장에 바로 적용시키려고 한 점이 피아제의 이론을 비판의 장으로 몰고 갔다. 당분간 피아제 이론을 중심으로 한 인지발달적 접근과 포스트모더니즘 간에는 유아를 대상으로 하여 학문적 논의가 계속될 것으로 보인다.

(8) 콜버그(L. Kohlberg, 1927~1987)의 도덕발달철학과 유아교육

콜버그는 뉴욕 브롱크스빌(Bronxville)에서 태어나 미국의 명문 사립고등학교 앤도버 아카데미(Andover Academy)를 졸업한 후, 대학을 진학하는 대신에 이스라엘 난민을 수송하는 부조종사의 일을 하였다. 사회적 정의를 행동으로 실천한 이 경험은 훗날 그의 도덕성 발달이론에 기초가 되었다고 한다. 1948년 시카코 대학에 입학하여 2년 만에 학사학위를 받았고, 철학, 문학을 통해서 도덕적 전통을 배워 같은 대학 심리학과에 입학하였다. 이 과정에서 그는 베틀하임(Bettlheim), 로저스(Rogers), 벡(Beck)과 같은 학자들로부터 임상적 이론과 실제를 배웠다. 처음에 임상심리학자가 되려고 하였지만, 피아제 이론에 관심을 갖고는 도덕 문제에 대해 아동과 청년들을 면담한 결과로 박사학위를 받았다.[47] 1962년부터 1968년까지는 시카코 대학에 재직하다가, 1968년부터 1987년까지는 하버드 대학에 재직하였다. 불행하게도 그는 생의 마지막 20년 동안은 열대병과 도덕적 이상주의와 현실 간의 괴리로 인한 우울증으로 고통을 겪었다. 그 결과 그는 59세에 자살로 삶을 마쳤다. 그는 허심탄회하고 겸손한 사람이며 진정한 학자였고, 행동이 일치하는 진정한 도덕인으로서 일생을 살다간 지난 시대의 마지막 스승으로 평가받고 있다(송명자, 1995).

콜버그는 90여 편[48]의 저서를 통해서 도덕성을 중심으로 철학과 심리학, 유아교육 분야의 여러 문제에 대해 깊이 사고하였다. 그리고 루소, 듀이, 발드윈(Baldwin)과 같은 학자를 이해하는 데 많은 도움을 주고 있다. 그는 어느 시대를 막론하고 인간이 지켜야할 보편적인 정의의 원리와 도덕률이 있다고 생각하였다. 그래서 그는 듀이나 피아제의 선행연구들을 활용하여 1955년 이래 20년 동안의 연구를 통해서 문화권에 관계없이, 보편적으로 발견되는 도덕적 판단 단계를 제시하였다. 인간의 개인적 욕구중심의 단계로부터 원리적 도덕성으로 이행해 가는 과정이 그의 이론의 근간이다. 영유아기의 도덕성 발달 과정에 한하여 그의 이론을 탐구해보면 다음과 같다.

피아제의 인지발달이론과 도덕발달에 영향을 받은 콜버그는 도덕발달단계를 청소년, 성인기까지 확장시켰다. 그는 도덕이란 개인에 의해 내면화[49]된 사회적 행위인 일련의 문화적 규칙들로 정의하면서 도덕적 개념을 도덕적 판단으로 보았다. 주시하다시피, 그의 도덕적 판단은 인지발달과 깊은 관련이 있기 때문에 도덕적 판단은 인지구조와 함께 발달한다고 보고 있다. 그래서 도덕적 행동보다는 도덕적 판단의 이유에 관심을 갖고 연구하였다.

이처럼 그는 인지구조의 발달과 도덕적 판단은 밀접한 관련이 있음을 가정하였다. 피아제는 도덕적 구조를 논리적 판단 구조에 비추어 설명한다. 논리적 발달이 도덕발달에 필수적이고 그것의 발달을 제한한다. 인지단계가 구체적 조작기에 있는 사람은 전인습적 도덕단계(1단계, 2단계)에, 논리적 단계가 형식적 조작기에 있는 사람은 인습적 도덕단계(3단계, 4단계)에 제한된다. 대부분의 사람은 논리적 단계가 도덕단계

47) Kohlberg, L.(1958). The Development of modes of thinking and choice in the years 10 to 16. Unpublished doctoral dissertation, The University of Chicago.

48) Kohlberg, L.(1981). *The philosophy of moral development: Moral stages and the idea of justice*(Vol 1). San Francisco: Harper & Row. 부록편 참조.

49) 내면화된 도덕성의 실천력을 강조하는 학습이론적 입장, 내면화된 도덕성의 태도나 감정을 강조하는 정신분석적 입장, 내면화된 도덕성의 개념이나 판단의 발달을 강조하는 인지발달적 입장으로 구분된다.

보다는 높다. 그러나 콜버그는 인지발달과 도덕적 발달이 완전히 대응하는 것은 아니라고 보았다. 인지발달이 도덕발달에 필요하지만 충분하지는 않다고 보았기 때문이다. 인지발달단계가 높다고 하여 도덕성이 높다고는 볼 수 없다는 것이다. 그 이유는 의지나 욕망 때문에 도덕적 판단이 현실화되지 않기 때문이다.

또한 콜버그는 도덕을 도덕적 판단력으로 보면서, 인지구조의 한 양상인 도덕적 판단력도 인지구조처럼 단계를 거쳐 발달한다는 주장이 다른 도덕연구가들과 구별되는 독특한 점이다. 콜버그도 피아제처럼 아동과 성인의 사고 차이는 사고의 질적 차이이며 기본적으로는 단계의 차이라고 믿고 있다. 이를 바탕으로 하여 세 가지 수준을 제시하였다. 각 단계는 도덕적 수준으로 사고의 질을 담고 있는 두 개의 관련된 단계로 구성되어 있다[50]. 그러면 각 단계는 어떠한 특징을 갖고 있는가? 콜버그는 인지를 '내적으로 조직된 전체 혹은 내적 관계의 구조'라고 정의하면서, 인지는 유기체가 환경과의 능동적인 상호작용을 통해서 조직된 단계로 보았다. 단계는 아동의 사고 양식 혹은 문제해결 양식의 질적 차이를 나타내며, 이 차이는 불변의 순서, 계열, 계승을 형성한다. 이러한 단계는 어떤 과업에 대한 특수성을 반영하는 것이 아니라 사고와 전체적인 구조를 형성하여 위계적으로 통합된다. 이러한 도덕발달단계의 특징은 다음과 같다.

첫째, 단계는 불변의 계열을 의미한다. 토미는 10세 때에는 1단계, 13세 2단계, 16세 때에는 3단계였고, 리차드는 16세 때에는 4단계, 20세 때에는 5단계, 24세 때에는 6단계였다. 그는 모든 단계는 계열지어 진전하지만 뛰어 넘지는 않는다고 보았다.

둘째, 도덕발달의 단계는 특정 상황에 대한 태도가 아니라, 전체적인 사고방식을 규정한다. 인지국면(보편화된 생명의 가치)에 있는 개인은 동기국면(내적 비난에 의거한

....

50) **수준 1: 전인습적 단계(preconventional level)**
- 1단계: 처벌과 복종지향(물리적인 결과에 의해 옳고 그름을 결정하고 힘 있는 사람에게 복종하는 것 자체를 도덕적 가치로 판단)
- 2단계: 도덕적 상대주의(욕구를 도구적으로 충족시키는 행위가 옳은 행위이며 수단적 호혜성 수준에서 판단)

수준 2: 인습적 수준(conventional level)
- 3단계: 집단 내 조화 또는 착한 소년-소녀 지향(물리적인 힘보다는 타인의 인정을 받는 심리적인 인정 여부에 따라 옳고 그름을 판단)
- 4단계: 법과 질서(권위, 고정된 규칙, 사회적 질서 유지가 옳은 행동으로 판단)

수준 3: 후인습적 수준(postconventional level)
- 5단계: 사회적 계약과 합법적 지향(개인의 권리와 사회 전체 승인하는 기준을 준수하는 것이 옳은 행동)
- 6단계: 보편적인 윤리적 원리 지향(윤리적 원리와 일치하는 양심에 의한 것이 옳은 행동)

도덕행위)에서도 6단계에 있을 것이다. 예를 들어, 약을 훔치는 상황에서 6단계에 있는 개인은 시민불복종을 포함하는 상황에서도 6단계에 있다.

셋째, 도덕단계는 문화적 조건 아래서도 보편성을 갖고 있다. 기본적 도덕 원리는 보편적인 의미를 갖기 때문에 사회, 문화, 종교에 의미 있는 영향을 받지는 않는다. 개인이 단계의 계열을 통과하는 속도에는 사회, 문화, 종교에 영향을 준다.

그러면 왜 상위의 단계가 하위의 단계보다 우수한가? 콜버그는 시간적으로 나중에 오는 것 이상의 더 좋은 것이 있음을 주장하였다. 이를 위해 그는 심리학적으로는 분화와 통합, 철학적으로는 규범 윤리학과 초윤리학으로 정당화한다. 1단계에서 2단계로 인간의 생명 가치가 진보했다면 다음과 같은 진술을 하게 된다. '생명의 가치가 재산의 가치보다 더 높게 자리 잡기 때문에 누구나 생명을 구하기 위해서는 재산을 훔쳐야 한다.'는 것이다. 즉, 생명의 가치가 재산의 가치로부터 좀 더 분화되고 통합된다. 5단계와 6단계를 인간존경에 비추어 분화와 통합을 설명하면, 의무와 권리가 통합에 이르지 못할 경우 혹은 옳은 것을 행할 이유가 자기이해 관계로부터 분화되지 못할 경우 형무소에 갈 용의, 즉 의무를 수반할 행위를 할 수 없다. 6단계만이 이러한 행위를 할 수 있다. 또한 높은 단계는 앞 단계보다 더 분화적이고 추상적인 도덕문제를 다룰 수 있다. 규범 윤리학적의 준거인 보편성과 규정성에서도 상위의 단계가 하위의 단계보다 우수하다는 것을 정당화하였다. 5단계에서는 법이란 모든 이의 복지를 극대하기 위해 계약적 절차에 의해서 제정되어야 하며, 시민과 사회는 계약의 일부로 복종해야 한다고 주장한다. 그러나 6단계는 규칙공리주의 입장보다 더 보편적인 정의 원리, 역할채택의 원리, 보편적인 도덕적 정의의 관점을 갖는다. 그리고 규정성의 관점에서 보면, 4단계는 규칙과 사회질서 유지를 지향하지만, 5단계는 법유지 조망과 분명히 구분되는 법제정적 조망을 가질 수 있다. 마지막으로 콜버그는 초윤리적 관점에서 상위의 단계가 하위의 단계보다 우수하다는 것을 정당화하였다. 1단계는 비인칭적 혹은 이상적 토대 위에서 도덕판단을 하지 않지만, 6단계는 도덕적 언어를 사용할 뿐만 아니라 구체적 도덕방식에 도덕적 언어를 사용한다.

콜버그는 도덕적 판단 능력을 알아보기 위해서 윤리적 가상 딜레마(대표적인 것이 하인즈의 딜레마)[51]를 제시하였다. 가상적인 딜레마를 사용한 이유는 개인적 편견이

51) 스위스 어느 시골에 하인즈(Heinz)라는 농부가 살고 있었는데, 어느 날 그의 부인이 암에 걸려 죽어가고 있었다. 그런데 같은 마을에 사는 어느 약사가 라디움 종류의 약을 발명하게 되었다. 그러나 그 약은 제조가 10배 이상으로 약값을 책정하여 2,000달러였다. 하인즈는 돈을 구하려고 백방으로 노력을 하였으나 절반밖에 구할 수가 없었다. 하인즈는 약사에게 1,000달러밖에 없으니 죽어가고 있는 부인의 살리기 위해서 약을 싸게 팔거나 아니면 일단 외상으로 달라고 간청하였다. 그

나 선입견 없이 도덕적 갈등에 몰입할 수 있기 때문이다. 윤리적 가상 딜레마에 대한 아동들의 반응으로부터 도덕적 판단을 분석하였다[52]. 분석의 근거는 판단의 내용이 아니라 무엇을 기준으로 판단하는가 하는 판단의 형식이다.

먼저 1단계에 속한 유아들의 '올바름'이란 규칙과 권위에 복종하면서 벌을 피하는 것이다. 따라서 올바름이란 규칙을 어기지 않는 것, 복종해야 하기에 복종하는 것, 사람과 재산에 대한 손상을 끼치지 않는 것이다. 그리고 옳은 것을 행하는 이유는 벌을 피하기 위함과 권위자의 강력한 힘 때문이다. 하인즈의 딜레마에서 하인즈가 약을 훔친 것은 '법에 어긋나니까' 혹은 '훔치는 것은 나쁘니까' 등의 이유에서이다. 설령 하인즈의 행동에 동의를 하더라도, 그 이유는 '그녀를 죽게 내버려 둔다면 신으로부터 벌을 받게 되니까'이다. 이 단계는 벌을 피하기 위해서 규칙을 따른다. 그

러나 약사는 매우 냉정하게 이를 거절하였다. 절망에 빠진 하인즈는 마침내 부인을 살리기 위해서 그 약을 훔치게 되었다. 이러한 하인즈에 행위에 대해서 판결해보시오.

52) 하인즈 갈등(Heinz dilemma)에서 하인즈의 행동에 대한 구체적인 반응을 각 단계별로 분류한 것을 예로 들어보자.

1단계: (괜찮다) 훔친 약값이 실제로는 200불밖에 안 될지도 모른다.
(나쁘다) 남의 것을 함부로 훔칠 수 없다. 그것은 죄다. 약값이 비싸니까 비싼 것을 훔치면 그만큼 큰 죄가 된다.

2단계: (괜찮다) 약국 주인에게 큰 해를 끼치는 것도 아니고, 또 언제나 갚을 수도 있다. 아내를 살리면서 훔치는 길밖에 없다.
(나쁘다) 약사가 돈을 받고 약을 팔려는 것은 당연한 일이다. 그것은 영업이고, 이익을 내야 한다.

3단계: (괜찮다) 훔치는 것은 나쁘지만, 이 상황에서 아내를 사랑하는 남편으로서는 당연한 행동이다. 아내를 살리려 하지 않는다면 비난받을 것이다.
(나쁘다) 아내가 죽는다 해도 자기가 비난받을 일은 아니다. 죄를 안 지었다고 해서 무정한 남편이라 할 수는 없다. 훔치지 않아도 하인즈는 자기가 할 일을 다 한 것이다.

4단계: (괜찮다) 사람이 죽어 가는데 약사가 잘못하는 것이다. 아내를 살리는 것이 하인즈의 의무이다. 그러나 약값은 반드시 갚아야 하고, 훔친 데 대한 처벌도 받아야 한다.
(나쁘다) 아내를 살리려는 것은 당연하지만, 그래도 훔치는 것은 역시 나쁘다. 자기 감정이나 상황에 관계없이 규칙은 항상 지켜야 한다.

5단계: (괜찮다) 훔치는 것이 나쁘다고 말하기 전에 전체적인 상황을 고려해야 한다. 이 경우 법은 분명히 훔치는 것이 나쁘다고 규정한다. 그러나 이 상황이라면 누구라도 약을 훔칠 수밖에 없을 것이다.
(나쁘다) 약을 훔쳐서 결과적으로 아내를 살릴 수 있지만, 목적이 수단을 타당화 하지 못한다. 하인즈가 전적으로 나쁘다고 말할 수는 없지만, 상황이 그렇다고 해서 그의 행동이 옳은 것이 될 수는 없다.

6단계: (괜찮다) 법을 준수하는 것과 생명을 구하는 것 사이에서 선택하라면 약을 훔치더라도 생명을 구해야 하는 것이 더 높은 수준의 원칙이다.
(나쁘다) 암은 많이 발생하고 약은 귀하니 필요한 모든 사람에게 약이 다 돌아갈 수 없다. 이 경우 모든 사람에 보편적으로 옳다고 생각되는 행동을 해야 한다. 감정이나 법에 따라 행동할 것이 아니라, 한 인간으로서 무엇이 이성적인가를 생각했어야 한다.

리고 지위나 힘에 따라서 인간 생명의 가치도 달라진다고 본다.

다음으로, 2단계에서의 올바름이란 자신이나 타인의 욕구를 충족시키는 것과 구체적인 교환이라고 콜버그는 보았다. 옳다는 것은 규칙을 따름이며 즉각적인 이해관계와 욕구를 충족시키는 일로서 동등한 교환, 거래, 협약이다. 공정성, 상호호혜, 동등배분, 공유 등과 같은 실용적인 것으로 판단한다. 1단계보다는 논리적 상호성, 가역성 개념을 가지지만 자기주장과 욕구를 중심으로 하는 이기주의적인 경향이 나타난다. '네가 내 등을 긁어다오. 그러면 나도 네 등을 긁어주마.' 이처럼 정의와 명분에 의한 동기보다는 상호배분성에 입각한 동기를 가진다. '우리 같이 참외밭에 가서 참외를 훔쳐서 나누어 먹자.' 하인즈 딜레마에서는 하인즈는 약을 훔쳐서라도 그의 아내의 생명을 구해야 한다는 자기중심적 실리추구의 요소가 강하게 나타난다. 또한 하인즈는 아내를 사랑한다거나 필요로 한다면 약을 훔쳐야 하는데, 그 이유는 그가 그렇게 되었을 때 그의 아내가 필요로 하기 때문이다. 혹은 모든 것은 우리가 어떻게 보는가에 따라 달라진다. 하인즈가 약을 훔치는 것이 정당하다고 볼 수 있는 사람이 있는가 하면, 약제사의 측면에서는 잘못되었다고 생각할 수 있을 것이다. 2단계는 1단계처럼 규율을 고정적이거나 절대적인 것으로 생각하지 않는다. 대신 외적 권위에서 벗어나 실제적인 면을 고려한다. 권위자도 과오를 범한다는 것을 깨닫게 된다. 이렇게 본다면 유아의 도덕적 판단에는 권위주의적인 요소, 자기중심적 요소, 이기적 상호분배적인 요소가 강하게 나타난다.

3단계에서는 올바름이란 집단의 판단이라고 본다. 하인즈는 약을 훔쳐야 한다. 그 이유는 사랑하는 아내를 위해서 약을 훔치지 않았다고 주위 사람들로부터 비난을 받기 때문이다. 혹은 하인즈는 약을 움치지 말아야 한다. 그 이유는 약제사는 나쁘지만 그렇다고 훔치는 행위는 집단으로부터 비난받기 때문이다. 선과 악의 판단 기준을 집단의 규범에 근거하여 판다.

4단계에서는 '살인하지 말라.'라는 법을 따르지 않으면 사회가 혼란에 빠진다는 논리 즉, 판단의 근거를 법과 질서의 유지에 둔다.

5단계에서는 훔치는 것은 약제사의 합법적인 권리를 침해하는 것이다. 혹은 법정에 의의를 제기하여 원조를 요청해야 한다. 합법적 권리나 사회구성원의 사회계약이 판단의 근거가 된다.

마지막 6단계에서는 오로지 생명 존중이라는 윤리적 원칙에 근거한다. 콜버그는 6단계의 보편적인 도덕원리는 어떤 상황에서도 언제라도 채택되기를 원하는 정의의 도덕적 원리에 이르게 한다고 보았다. 그래서 도덕교육은 도덕적 사고력을 길러 주는 반성적 사고와 함께 단계 발달을 통한 도덕적 판단능력을 발달시켜야 한다는 것이다. 이러한 의미에서 그는 도덕성 발달을 자극하기 위해서 도덕교육에서 있어서 전통적인 교육방법을 거부하고, 도덕적 판단력 함양을 도덕교육의 최종 목표(6단계)로 설정하였다.

이처럼 콜버그는 전통적인 도덕교육처럼 구체적인 덕목을 도덕교육의 내용으로 하기보다는, 유아가 일상 상황에서 당면하는 직접적인 경험을 도덕교육의 내용으로 선정할 것을 주장하였다. 도덕교육은 보다 구체적으로 도덕적 판단의 발달단계에 맞게 소집단을 구성하여, 도덕적 가치갈등을 포함한 문제에 대한 토론을 행함으로써 보다 하위의 발달단계에 있는 유아가 상위단계에로의 이행을 촉진하는 것이다(박아청, 2001). 그래서 도덕교육은 도덕적 사고력을 길러 주는 반성적 사고와 함께 단계 발달을 통한 도덕적 판단능력을 발달시켜야 한다는 것이다. 특히 수업시간은 어떤 규칙이나 권위에 얽매여 있기 때문에 도덕성 발달에 별다른 의미가 없다고 보았다. 그래서 교사는 학교의 일상생활에서 발생하는 도덕적인 문제를 유아의 도덕교육의 내용으로 선정해야 한다는 것이다. 한편으로 그는 보상과 벌을 주는 스키너식 도덕교육 방법이 인간의 존엄성 손상과 교화에 우려가 있다는 점에 반대하였다. 대신 교실이나 가정은 도덕적 분위기를 연출하여 보다 높은 도덕적 단계 추론하기, 유아의 현 수준에 불만을 갖도록 문제상황 제시하기, 개방적인 대화의 분위기, 역할극을 통한 토론의 기회 제공 등의 방법을 제안하였다. 그리고 그는 개인적인 수준에서 덕을 정하기보다는 사회적 수준의 정의가 학교도덕교육에 중심이 되어야 한다고 보았다. 이러한 모델로 킹(King) 목사의 정의감과 도덕적 지도력을 사회정의로 보았다. 학교에서 배우는 정직한 행위가 사회에서 실천되고 정직한 생활과 일치될 수 있는 방향을 모색한다면, 콜버그의 이러한 주장은 가치가 있을 것이다(임상도, 1989). 하지만 콜버그의 이러한 도덕교육은 여러 가지 점에 비판을 받고 있다. 먼저 그의 도덕교육은 도덕성 발달에 있어서 인지적인 요소만 너무 고려하였다는 것이다. 피터스(1981)는 첫째, 콜버그의 주장은 도덕적 판단이지 도덕적 행동은 아니다라는 것이다. 둘째, 콜버그는 전통적 도덕교육이 합리적인 도덕적 판단을 기르는 데 저해한다고 보았다. 그러나 도덕적인 규범, 가치를 가르치지 않고 어떻게 도덕적 사고력을 계발할 수 있겠는가? 이점에 대해 피터스는 원리화된 6단계의 수준으로 가기 전에 법, 규칙에 복종하고 인정하는 인습적인 단계를 거쳐야 한다고 주장하였다. 유아들은 습관과 전통의 마당을 거쳐 이성의 궁전에 들어갈 수 있으며, 들어가야 한다. 그래서 피터스는 정의와 같이 잘 이해되지 않는 덕을 가르치기보다는 절제, 관용, 긍지, 성실과 같은 구체적인 덕목을 가르치는 것이 바람직하다고 보았다. 셋째, 콜버그가 도덕적 사고를 판단하기 위해서 제시한 딜레마는 유아들의 일상적인 삶과는 괴리된 가상의 세계이다. 따라서 이러한 상황에 유아는 실제적인 판단을 할 수 있겠는가? 하는 비판을 받고 있다. 최근에는 포스트모더니즘 관점에서는 도덕성이 일방적으로 형성되는 것이 아니라, 상호 간에 구성되는 것임을 제시하면서, 비교문화적, 다문화적, 배려윤리 측면에서 도덕교육에 연구가 진행되면서 콜버그의 도덕성 연구가 비판의 대상이 되고 있다.

이러한 비판에도 불구하고, 그가 제시한 도덕적 판단은 도덕적 행동에 있어서 가장 영향이 있는 요소 중의 하나이고, 영속적이고 비가역적이라는 점에서 보면, 인지적 요소를 중요시하는 학교 교실 장면에 설득력이 있다고 보여진다. 그는 유아교육의 사상과 이론에 대한 일련 흐름을 파악할 수 있는 유아교육과정 이데올로기 제시는 유아교육과정에 유형 구성에 있어서 단초가 되고 있다. 또한 유아도덕교육뿐만 아니라 유아교육과정의 유형을 이해하는 데 많은 지식을 제공해주었다. 그리고 심리학적 사실을 철학적으로 정당화하여 유아교육에 적용하려고 한 점은 유아교육철학의 존재 가치를 정립시키는 데 도움을 주고 있다.

(9) 비고츠키(Lev. S. Vygotsky, 1896~1934)의 사회·문화이론과 유아교육

스위스에서 피아제가 활발한 연구 활동을 하고 있을 무렵, 러시아에서는 비고츠키가 인간의 사고에 대해 연구를 하고 있었다.[53] 비고츠키는 러시아 서쪽 항구도시 고멜(Gomel)에서 은행원인 아버지와 교사인 어머니 사이에서 출생하였다. 그는 어릴 때 친구들로부터 '작은 교수'로 지칭될 정도로 모의재판, 토론에서 친구들을 주도하였다고 한다. 특히 그는 역사와 문학, 시를 좋아하였고, 한때 예술적 창조성에 관한 연구를 하기도 하였다. 17세 때에는 모스크바 대학에 추첨되어(유대인은 3% 정도만 입학이 허용) 입학하여, 문학을 전공한 후 1917년 문학사를 취득하였다. 1917년부터 1924년까지 그는 고등학교에서 문학, 지방 사범대학에서는 심리학을 가르쳤으며, 지체부자유아에 대한 교육에도 관심을 가졌다. 1924년 1월 6일 레린그라드에서 의학심리학을 명쾌하게 강연하여 청중들을 흥분시켰다. 그 후 루리아(Luria, 1902~1977)의 추천으로 모스크바 심리학연구소에 근무하였고, 1925년에는 예술심리학에 관한

53) 두 사람은 공교롭게도 1896년생이다.

연구로 박사학위를 받았다. 그는 폐결핵에 걸려 죽음을 예견하고 가능하면 빨리 연구와 교수를 하였고, 그리고 신경증 환자 치료자들을 돕기 위해서 여러 곳을 방문하였다. 마침내 그는 37세라는 젊은 나이에 폐결핵으로 생을 다하였다(송명자, 1995). 그러나 그의 연구는 사후 그의 동료와 학생들에 의해서 계속되었다. 그는 37세라는 짧은 삶을 살았으나 180편이 넘는 논문, 저서 및 연구물을 출판하였다(Bodrova & Leong, 1996). 그 중에서 대표적인 저서라고 할 수 있는 것은 『사고와 언어(Thought and language, 1934)』와 『사회 속의 정신(Mind in society, 1930)』이다. 특히 『사고와 언어』는 출판 후 소련(현 러시아) 내에서 비판의 표적이 되었다. 그의 저서들이 1962년 영역판이 출판되기까지는 그의 이론은 서방 사회에 알려지지 않았다. 그의 이론이 우리나라에 본격적으로 도입하기 시작한 것은 제6공화국의 북방외교 정책 이후이며, 최근에 우리나라 유아교육의 새로운 대안으로서 그에 대한 연구가 활발하게 진행되고 있다. 특히 사회적 구성이론, 레지오 에밀리아 유아교육체제, 포스트모더니즘에서 그의 이론이 새롭게 조명되고 있다.

비고츠키는 게젤, 워너(Werner), 피아제 등의 초기 저서들을 읽고 그들이 강조한 내적 인지발달의 중요성을 인지하였을 뿐만 아니라 사회·역사적 맥락 내에서 발달을 고려하였다. 그는 '모든 인간의 인지활동은 사회적 역사의 테두리 내에서 구현되고, 사회적·역사적 발달의 소산을 형성한다.'는 마르크스-레닌주의적 명제를 제시하여 연구에 몰두하였다(김제한, 1998). 그래서 흔히 그의 이론을 문화적·역사적 이론으로 불리기도 한다. 그는 피아제와 마찬가지로 유아가 스스로 지식을 구성해 가는 것으로 본다. 그러나 피아제[54]와 달리 인지적 구성은 항시 사회적으로 매개되며 현재와 과거의 사회적 상호작용에 영향을 받게 된다고 보았다. 지식이란 한 사회나 문화가 오랜 역사와 전통을 통해 축적해 놓은 외적 산물이며, 유아는 자기보다 유능한 성인이나 또래와 함께 참여하는 활동을 통해 인지를 발달시켜 나간다고 비고츠키는 보고 있다. 유아의 인지발달은 성인의 도움이 주도적인 역할을 하는 타인 안내적(other-guided)인 단계로부터 성인이 도와준 내용을 유아가 내면화하여 보다 높은 수준의 정신과정에 도달한다(Vygotsky, 1978). 문화발달의 법칙(genetic law of cultual development)에 의하면, 발달은 사회적/개인 간 차원(social/interpersonal plane)에서 성인이나 앞선 또래와의 상호작용 과정 중에 먼저 일어나고, 이 발달은 다시 한 번 내면적/개인적 차원(internal/intrapersonal plane)에서 내면화의 과정을 통해 일어난다(오

54) 피아제는 인지적 구성은 기본적으로 물리적 대상들과의 상호작용 속에서 생겨나는 것이며, 주위 사람의 역할은 환경을 계획하거나 인지적 불일치를 만들어 내는 데 간접적이라고 보고 있다.

문자, 2013). 그는 이 과정에서 언어가 지식의 내면화 과정에 필수적인 도구라고 보고 있다. 특히 고차적인 사고체계는 언어라고 하는 수단을 이용해서 아동에게 전달되어야 한다.

이처럼 비고츠키는 독립적으로 발생하기 시작한 사고와 언어는 처음에는 아무런 관계가 없이 독립해서 기능을 한다고 보았다. 그러나 아동이 성장함에 따라서 언어와 사고가 서로 결합하게 된다는 것이다. 언어와 사고 발달의 단계를 살펴보면 다음과 같다(김제한, 1998).

① 언어발달의 단계

- 제1단계(원시적 단계): 출생 후부터 2세까지의 시기로 언어와 의식적 사고가 접합되기 이전의 시기로서 비지적 언어기능이 나타난다. 고통이나 욕구불만이 원인이 되어 울거나 아니면 만족하여 목청을 울리거나 소리를 내는 음을 낸다.
- 제2단계(순수심리 단계): 2세 정도가 되면 언어가 상징기능을 가진 사실을 발견하고, 사물에 어떠한 이름이 붙어 있는 가를 계속 질문하거나 또한 이 발견을 표시하게 된다. 조건 반사를 사용하거나 적극적으로 정보를 탐색하게 된다. 그 결과 어휘의 수가 증가하고 언어와 사고가 점점 서로 접합하기 시작한다. 그러나 문법적 구조나 그 규칙을 인식하지는 못한다.
- 제3단계(자기중심적 언어의 단계): 체험을 통하여 자기중심적 언어의 단계로 이행한다. 혼자서 혹은 다른 사람과 가까이 하고 있을 때 독백이라는 형태를 취한다. 자기 자신에게 향하는 언어이고 다른 사람의 반응 기대하지 않는다. 자기중심적 언어는 긴장으로부터 해방하는 것이고, 활동의 부속물일 뿐만 아니라 문제에 대한 해결책을 탐색하고 고찰하는 가운데 이루어지는 올바른 의미에서 사고에 대한 중요한 도구이다.
- 제4단계(내언어화 단계): 자기중심적 언어는 7세 정도에 소멸해 버리는 것이 아니라 오히려 감소하여 내언어화 단계를 준비한다. 머리 속에서 말을 하지 않고 언어를 조작하는 것을 학습한다. 여기서 문제해결을 위한 내적 기호를 사용한, 논리적 기억이라는 수단을 사용하여 사고를 하는 것이다.

② 사고발달의 단계

- 제1단계(비조직화되지 않은 군집 사고): 우연적 지각상의 연계에 따라 사물을 집단에 소속시킨다. 처음에는 시행착오에 의해서 사물을 무작위로 형성한다. 둘째,

시간적, 공간적으로 우연히 일어난 사물을 집단으로 분류하여 그 집단에 이름을 붙인다. 셋째, 앞 단계 분리방법에 불만을 갖고 집단 내의 요소를 여러 가지로 이행시켜 집단 분류의 수정을 한다.

- 제2단계(복합적 사고단계): 주관적 인상에 의해서가 아니라 사물 간에 실제로 존재하는 연계에 따라 연결을 짓는다. 그 과정은 다음과 같다. 연합적 복합성(사물의 색깔, 형, 근접성과 같은 요소에 의해서 사고), 집합적 복합성(유사성보다는 대비로 분류, 예, 각각의 색을 가진 사물을 모아 집단을 분류), 연쇄적 복합성(의미 있는 어떤 관련성을 가지고 사물을 점차적으로 연합적으로 선택, 예를 들면, 굵고 푸른 사물과 굵고 붉은 사물을 연합하고 다음은 붉고 낮은 둥근 사물을 가지고, 둥근 황색 가운데의 사물과 연합), 확산적 복합성(사물을 분류할 때 사물 개개의 요소를 결합하는 속성에 유동성. 예를 들면, 삼각형을 모은 후 사다리꼴도 같이 함께 썩음), 유아 개념적 복합성(분류 집단에 붙인 이론을 설명하라고 하면 사용된 조건을 합리적으로 설명할 수 없다. 복합적 사고로부터 개념적으로 이행하는 시기에 나타난다.)이다.
- 제3단계(개념적 사고 단계): 추상의 특징을 안정되게, 사고의 도구로 통합해 간다. 아동은 자기의 통합, 분석의 개념으로 사물을 보아간다. 유아는 일정한 시간이 지난 후에 언어와 사고가 서로 연합되고, 이러한 연합은 아동이 발달해 가는 과정에서 변화하고 성장한다. 언어와 사고가 결합하여 언어적 사고가 되며, 이 단계에서 아동은 언어 개념을 획득하게 된다(김제한, 1998). 그는 유아의 자기중심적 언어가 단순히 자기의 생각을 표현하는 것이 아니라, 문제 해결을 위한 사고의 도구라고 보았다. 예를 들면, 유아의 '혼잣말'의 경우 성인과의 참여활동에서 주고받는 외적 언어를 충분히 내면화하여, 유아 자신의 내재적 사고로 변환하는 과정에서 유아가 소리를 내어 자신의 사고를 표현하는 과도기적 특성으로 본다.[55]유아의 지적 발달에 있어서 내적 언어와 사회적 언어 모두가 영향을 준다는 것이다. 특히 내적 언어(inner speech)가 인간의 사고에 중요한 역할을 한다고 보았다. 어떤 목적 달성에 필요한 수단을 얻기 위해 마음속에서 사용되는 언어가 내적 언어이다. 이 언어는 경험이 쌓이면 점차 소멸된다.

앞에서 살펴 본 바와 같이, 비고츠키는 인간은 사회적인 환경에 영향을 받는 것으로 보았다. 이러한 사회적 맥락은 인간이 지식을 내면화하는 학습에 많은 영향을 미

55) 반면에 피아제는 자기중심적 사고는 인지발달적 특성이 언어를 통해 표현된 한 양상에 불과하다고 주장한다. 유아가 탈중심화되면 사회화된 언어로 바뀌어간다는 것이다.

친다. 특히 인간의 고등정신 기능의 발달에 많은 영향을 미친다. 인간이 갖고 있는 고등정신 기능은 학습과 교수를 통해서 획득되는 인지적 과정으로서 숙고되고, 매개되고, 내면화된 행동이다(Bodrova & Leong, 1996). 비고츠키 학파에서는 인간의 정신 발달에는 정신의 도구(mental tools)가 중요한 역할을 한다고 본다. 정신의 도구가 부족하면 학습을 잘 하지 못하고 정신을 집중할 수 없다. 이러한 정신의 도구는 연령이 증가함에 따라서 점차적으로 채워지는 것이다. 유아가 정신의 도구를 획득하게 되면 반응적 주의집중에 덜 의존하게 된다. 또 유아가 정신적 도구를 갖게 되면 학습을 자발적으로 수행하여 그 책임을 지게 된다. 따라서 교사의 역할은 유아들에게 정신의 도구를 갖게 하는 것이다. 비고츠키 학파의 큰 장점은 정신의 도구를 가르치는 방법을 시행하고 검증하여 왔다는 것이다.

유아가 정신적 도구를 획득하고 좀 더 높은 정신적 발달을 이루려면, 그 도구가 유아의 근접발달영역(Zone of Proximal Development: ZPD) 내에 놓여 있는가의 여부가 관건이 된다. 이와 같이 비고츠키는 근접발달영역을 발달과 학습의 중요한 전략으로 보고 있다. 그는 아동의 지적 능력을 근접발달영역의 개념으로 설명하고 있다. 근접발달영역은 지능검사점수나 학업성취도 등 아동이 현재 스스로 과제를 해결할 수 있는 실제적 발달수준(level of actual development)과 자신보다 인지적으로 유능한 성인이나 또래의 도움을 받아 과제를 해결할 수 있을 것으로 기대되는 잠재적 발달수준(level of potential development) 간의 격차를 의미한다(Vygotsky, 1978). 이 근접발달영역에서 아동을 도와주는 것은 아동이 속한 문화라는 것이다. 아동의 지적 발달이란 그 사회가 오랜 역사 동안 축적하여 온 문화를 내면화함으로써 이루어진다는 것이다. 결국 교사는 유아의 인지발달을 위해서는 또래, 성인과의 상호 참여활동을 하게 해야 한다. 러시아어에는 학습과 교수의 개념을 포괄하는 'obuchenyie'라는 용어가 있음을 보면 위의 내용이 이해가 간다. 더불어 비고츠키 학파는 발달이 학습에 영향을 줄 뿐만 아니라, 학습이 발달에 영향을 주기도 한다는 것을 믿고 있다. 이렇게 본다면 성인이나 교사는 유아의 발달 수준을 고려함과 동시에 유아를 발달로 이끄는 수준에서 정보와 지식을 제공해야 한다.

이러한 근접발달영역은 유능한 타인이 유아의 수행을 지원하는 1단계, 유아가 혼자 수행하는 2단계, 유아가 수행에 익숙하여 자동화되고 고정화되는 3단계, 과제 수행이 자동적으로 되지 않아 근접발달영역을 재순환하는 4단계 등의 순으로 이루어진다. 근접발달영역 내에서 교사나 성인, 부모가 유의해야 할 일은 다음과 같다. 근접발달영역 내에서 전문가와 초보자의 상호작용은 사회적으로 공유되는 모든 활동까지 확대할 수 있다. 또 성인의 도움뿐만 아니라 또래, 상위 수준의 유아들과의 상호작용을 통해서도 과제를 상한계에서 수행할 수 있다. 그리고 유아를 평가할 때 유아가 혼자서 할 수 있는 것뿐만 아니라, 다양한 도움을 받았을 때, 수행할 수 있는 것까지 고려해야 한다. 이렇게 본다면 유아의 발달에 적합한 실제의 범위를 현재보다 더 확대해야 할 것이다.

또한 비고츠키의 근접발달영역의 개념은 유아교수·학습에 도입될 수 있다. 유아가 가진 장점에 기초하여 근접발달영역 내에서 장점을 증폭(amplification)시킬 수 있다. 증폭은 유아의 근접발달영역 내에서 정신의 도구를 사용하고, 성인의 도움을 받아 수행함으로써 곧 새롭게 나타날 행동을 지원한다. 예를 들면, 유아는 거리와 속도의 관계에 관한 물리적 관계를 이해하기 위해 구체적인 사물을 조작하게 한다. 이러한 지식은 거리와 속도에 관한 추상적인 추론을 이해하는데 사용될 수 있다. 또 성인과 아동 간의 이러한 상호참여 활동은 아동의 인지발달을 촉진하는 방안이 될 수 있다. 브루너는 아동이 스스로 문제를 해결할 수 있는 수준에 도달하기까지 매 단계마다, 아동의 수행수준에 맞추어 도움을 주는 수준과 양을 적절히 조절하는 방안을 발판화(scaffolding, 혹은 비계)라고 하였다. 발판화는 성인의 일방적인 가르침에 의존하는 성인중심의 인지발달 촉진방안과 아동의 자발적인 활동에 의존하는 극단적인 아동중심 방안을 적절히 통합하여, 성인이 아동의 수행수준에 적응해가며 궁극적으로 아동이 독자적인 문제해결 수준에 도달할 수 있도록 촉진하는 효율적인 성인과 아동 간의 거래적 상호작용모형으로 알려지고 있다(송명자, 1995). 예를 들면, 유아가 호랑이를 보고 '어흥'이라고 하면, 부모는 '그것은 호랑이란다.'라고 반응을 보인다. 이러한 도움을 브루너는 언어획득지원체제(Language Acquisition Support System, LASS)라고 하였다. 학습의 초기 과정에서는 교사, 성인이 적극 개입하여 많은 발판화를 설정하지만, 학습이 진행되면서 학습 수행을 유아에게 이행한다. 이처럼 비고츠키의 근접발달영역의 개념은 인지발달이 사회적 상호작용의 결과로 발달된다는 사실을 강조하고 있으며, 유아의 인지발달에 교사나 성인이 적극적으로 도움을 줄 수 있는 이론적 근거를 제시했다는 점에서 중요한 의미가 있다(박아청, 2001). 유아의 현재 능력보다 앞선 과제를 제시하여 조언과 도움을 주면서 유아들의 지적 발달을 촉진시키는 것이 교사의 역할이라고 볼 수 있다. 그러나 이러한 근접발달영역의 개념은 하나의 가정에서 출발하고 있다. 그래서 일부에서는 그 개념이 모호하다고 비판하고 있다. 특히 교사들은 학생의 잠재적 수준을 어떻게 파악하여 지도를 해야 되는가 하는 의문을 제기하고 있다(김제한, 1998). 유아교사는 유아를 위한 훌륭한 교수방법을 고안하기 위해서는 유아의 사고가 어떻게 발달하는가를 먼저 이해하고, 유아가 현재 지닌 능력으로 해결할 수 있는 과제보다 좀 더 어려운 과제를 부여해야 한다. 이와 동시에게 유아들에게 조건과 도움을 주어 인지발달을 이루도록 해야 한다. 이러한 비고츠키의 이론은 아동의 발달에 새로운 관점을 제공해 준다. 발달이 학습에 영향을 줄 뿐만 아니라 학습이 발달에 영향을 준다고 보고 있다. 이 점은 유아교육에 새로운 관점을 준다는 점에서 높이 평가받는다. 그러나 언어가 인지발달에 미치는 영향을 지나치게 강조하였다는 점과 공유된 활동에서 타인의 역할을 지나치게 강조한 반면, 능동적인 참여자가 되기 위해서 유아가 무엇을 해야 하는가에 대한 충분한 설명을 하지 않았다는 점은 비판을 받고 있다. 심리학자로서의 삶은 짧았지만, 그는 러시아의 심리학적 연구 가운데서 사회정치학적 기초를 확립시킨 인물로서 높게 평가되고 있다(김제한, 1998). 1960년부터 영어권에 소개되기 시작한 그의 교수 이론은 레지오 에밀리아 접근법(Reggio Emilia Approach) 등에 많은 영향을 미쳤다(Malaguzzi, 1993). 우리나라에는 1980[56]년 후반부터 그의 논문과 저서가 본격적으로 소개되면서부터 그에 대한 활발한 연구와 더불어, 그의 이론으로부터 유아교육의 방향을 새롭게 모색하려는 노력이 진행되고 있다.[57] 우리나라에서 학문의 자유가 통제되었던 시절, 그의 저서는 금서가 되어 그의 사상을 탐구할 기회를 잃어버렸으나, 이후에는 그의 저서가 많이 연구되었다. 앞으로의 유아교육은 이러한 연구결과가 반영되어야 할 것이다.

56) 우리나라에서는 1980년 후반 제6공화국 북방정책 이후 비고츠키에 대한 문헌을 널리 볼 수 있었다.

57) 우리나라 유아교육 분야에는 성숙주의 심리학에 기초를 둔 아동중심 교육과정, 행동주의 심리학에 기초를 둔 교육과정, 진보주의적 인지발달이론에 기초를 둔 교육과정에 비고츠키의 사회문화이론을 도입하여 새로운 유아교육과정을 구성하려 하고 있다.

CHAPTER

02 한국의 유아교육역사와 사상가

개화기 이후 우리나라 유아교육은 서양의 유아교육철학, 유아교육내용, 유아교육방법, 유아교육평가에 영향을 받아, 우리나라의 전통적인 유아교육은 무조건 낡고 쓸모없는 것으로 간주하는 사고방식이 만연한 것도 사실이었다. 이러한 사고방식은 교육학도 마찬가지였다. 한국교육역사에 대한 연구가 미진하였고 온통 서양교육사로 점철되었다. 심지어 한국교육역사가 생소하게 여겨졌다. 그러나 포스트모더니즘이 유아교육에 도입되면서부터는 우리나라의 전통적인 유아교육에 대한 것을 발굴하여, 이를 현대 유아교육에 접목하려는 일련의 움직임이 진행되고 있다. 이러한 관점에서 상고시대에서 현대에 이르는 우리나라의 유아교육역사를 논의하고자 한다. 상고시대 유아교육은 자료 부족으로 인하여 최근에 출간된 문헌들을 해석하여 역으로 유추하는 형식을 전개하였다.

1 고대사회의 유아교육

상고시대와 삼국시대에 제도적인 유아교육기관에서 유아교육이 실시되었다는 기록은 없다. 이러한 현상은 서양의 유아교육도 마찬가지이다. 하지만 상고시대와 삼국시대에 유아교육은 비형식적으로 가정에서, 그리고 부모에 의해서 혹은 유모에서 의해서 행해진 것만은 분명하다. 물론 그 내용은 양육적이고 훈육적인 요소가 강해서일 것이라 생각된다. 그리고 이 시대의 유아교육은 다음의 영향을 받았을 것이다.

첫째, 신화와 샤머니즘, 둘째, 불교의 영향, 셋째, 유교의 영향이다. 이 세 가지는 우리 민족의 정신적 토대를 형성하고 있다. 이러한 관점에서 우리 민족의 신화에서 불 수 있는 유아교육의 사상의 핵심은 인본주의이다. 대부분의 신화에 전해져 오는 인간의 존엄성을 강조하고, 인간이 모든 만물의 중심임을 중시하고 있다. 추측하건대, 유아들은 성인들로부터 신화를 경청하면서 개인, 가정, 사회, 국가의 장래를 위해서 이바지해야 할 의무와 도덕심을 배웠을 것이다. 이러한 점을 의식한다면 우리 민족의 신화들을 새롭게 각색하고 재구성하여 유아교육의 내용으로 개발하는 것도 매우 의미 있는 일이라 사료된다. 우리 전통 속에 있는 좋은 유산의 가치를 재발견함은 물론이고, 이를 통해서 생명존중의 의식, 도덕성을 각성시키는 현대 유아교육에 밑거름이 될 것이다.

우리 민족의 무속신앙 핵심은 범신론적이다(임상도, 2009). 모든 사물에 신성을 불어 넣어 귀하게 다루었다. 그 중에서 유아관을 보면, 프뢰벨의 생각처럼 유아를 신적인 존재로 간주하였다. 임신 초기의 태몽에서부터 태중의 생활과 태교, 탄생 전후까지 모든 과정에 신(삼신할머니)의 보호를 받는 것으로 생각하였다. 삼신(三神)은 천지광명의 조화신, 교화신, 치화신으로 낳고, 기르고, 다스린다는 세 개의 신을 의미한다(상생방송, 2015. 4. 10. 환단고기 북콘선트 독일편). 신의 상징적 의미를 할머니로 한 후 삼신할머니로 칭하였다. 환국, 배달, 고조선의 상고시대로부터 이어져 오는 삼수문화의 결경체가 유아의 출산에도 그대로 작용한다는 의식이 전승되어, 유아가 탄생하거나 혹은 짐승의 새끼가 태어나려고 하면, 찬물을 떠놓고 두 손 모아 무사한 탄생 및 출산을 기원하는 모습을 우리 주변에서 볼 수 있다. 또한 아기를 낳으면 반드시 금줄을 매달아 다른 사람이 들어오지 못하게 한다. 이러한 풍습은 아기를 낳은 집의 아기와 산모의 건강을 위해 병균이 못 들어오게 하는 위생적인 목적도 지닌다. 금줄은 지방에 따라 형태나 명칭에 약간 차이가 있지만, 대체로 형식이나 의미 등은 같으며 대개 짚으로 꼰 왼새끼를 두른다. 왼새끼는 귀신이 싫어하는 줄이라는 뜻이며, 출입구·대문 등에 친다. 아들을 낳았을 경우는 고추 또는 솔잎이나 숯을 매달며, 여자아이를 낳으면 미역, 솔방울, 종이를 달아둔다. 또한 임산부 및 그 가족은 철저하게 종교적인 생활에 버금가는 금기사항을 실천하였다. 그 결과 의학이 발달한 현대사회와 비교했을 때 신체적 성장, 정신적 성장에서 문제가 적었다. 요즈음에 와서는 무속신앙을 미신으로 취급하여 아주 형편없는 것으로 보고 있다. 무속신앙의 상당한 부분이 현대 유아교육과는 일치하지 않더라도 생명의 존엄성과 태교의 교육적 가치, 태중 혹은 출산 후 금기사상의 실천은 여전히 살아 있는 유아교육의 가치이다(임상도, 2009). 아기가 태어나면, 삼신상의 쌀과 미역으로 밥과 국을 끓여 다시 상에 올려놓고 빈 다음에 산모가 먹는다(고기를 넣지 않고 소금으로 간을 맞춘다). 아기가 태어난 뒤 7일째를 첫이레, 14일째를 두이레, 21일째를 세이레라고 불렀다. 첫이레는 삼신상을 차려 놓고 삼신에게 감사하는 동시에 아기의 명을 빈다. 이 날은 아기의 살깃을 벗기고 깃 없는 옷을 입히며, 가족들을 대면하게 된다. 무병장수를 위해서 실꾸리를 채워 주거나 곁에 놓아둔다. 세이레에는 삼신상을 차려 마지막 감사의 인사를 드리고 금줄을 걷고 수수떡을 마련하여 오는 사람과 나누어 먹었다. 아기가 100일째 되는 날에는 백일잔치를 하였다. 백설기, 수수떡 등을 만들어 손님을 대접하고 백일잔치 상을 차려 축하를 해주었다. 돌잔치는 영아의 첫 번째 생일을 축하하는 한 의식으로, 앞날이 무사함을 기원한다. 돌잔치에서 돌의 의미는 열두 달을 한 바퀴 돌았음을 나타낸다. 이렇듯 탄생에서 첫돌까지 전승되어 온 의식은 세계 어느 민족과 문화에도 볼 수 없는 경건하고 체계가 있었다. 이러한 의식은 지금도 계승되고 있다. 영아 육아의 체계가 확립되어 있었다. 그리스의 의식과 비교해 보아도 훨씬 더 조직적으로 되어 있음을 알 수 있다. 이래도 미신으로 몰아서 우리의 탄생과 양육을 무시할 것인가? 수태에서 임신 후 태교, 출산(순산기원, 탯줄, 삼칠일), 육아(금줄, 백일, 첫돌, 훈육)로 이어지는 일련의 과정은 영아 양육에 있어 최고선이다.

이러한 우리 민족에게 있어서 불교는 사상적으로 학문적으로 예술적으로 많은 영향을 미쳤다. 불교가 유입되기 이전에는 우리 민족은 원시신앙인 무속이 실생활에 중요한 위치를 차지하였다. 고등 종교인 불교가 들어오면서 유아의 양육과 교육에 영향을 주었다. 유아의 양육과 교육에 대한 불교적 입장이 나타나는 문헌을 보면, 먼저 『삼국유사』에는 임신 시의 역할 등을 적은 태교의 가르침이 나타나고, 또한 『부모은중경』에 요약되어 있다. 이 경전에는 부모가 자식에게 베풀어야 하는 것들을 언급하고 있다. 이로 보아 유아의 출생과 성장에 있어서 부모의 역할을 중요하게 다루었다. 또한 이 경전은 최초의 그림이 들어있는 불교 서적이다. 불교적 관점의 수태, 타태, 출산에 대한 가르침은 당시 민중들에게 교훈적인 영향을 미쳤을 것으로 보인다. 불교에서는 수태에서 정자와 난자 이외에 정신적 요소로서 주체적으로 역할을 담당하는 전 생업에 대한 윤회전생의 주체가 필요하다고 보고 있다. 이는 사성제에 의해서 모체에서 수태되는 것을 고로 파악하여 인간실존에 대한 자각을 촉구하고 있다. 타태, 즉 인공임중절은 어떠한 경우이든, 불살불생의 금계를 금하는 것으로 용납하지 않았을 정도로 생명에 대한 윤리적 측면을 강조하였다. 이는 태아적인 관점에서 출산을 이해하고 있다(백경임, 1986). 또한 불교의 인연설화, 비유설화, 본생설화 등 불교교리를 재미있는 이야기 형식으로 구비 전승되면서 우리민족 삶의 일부가 되었다는 사실은 불교관련 설화가 유아교육에 중요한 역할을 했을 것이라고 짐작된다(박현진, 정대련, 2005). 이것은 오늘날 포스트모더니즘적 관점의 문학에서 중요하게 다루는 내러티브가 실행된 것이다. 불교동화로 인식되고 있는 자카타는 불교

교리의 색체를 재미있는 이야기 형식으로 구성한 것이다. 자카타의 유아교육적 의미를 분석한 권은주(1994)의 연구에 의하면, 자카타는 사실적인 표현보다는 초논리성 즉, 동화적 특성이 강하여 환상적이고 감상적인 유아들의 이해방식과 일치하며, 더불어 유아의 상상력 발달에 도움을 준다고 하였다. 이때나 지금이나 유아는 자카타의 구체적인 내용 즉, 이타심, 인과응보, 지혜 등에 관련된 이야기를 들으면서 자신과 동일시하게 되었을 것이다. 마찬가지로 웃음이나 유머 외에도, 유아기 유아의 도덕성 발달을 자극할 수 있는 교훈과 윤리가 담겨져 있는 백유경이라는 불교동화를 들으면서 도덕성을 내면화(권은주, 1999)하였을 것이다. 불교는 고대 사회의 초기에는 왕족을 중심으로 널리 퍼졌지만, 시간이 지나면서 민중들이 생활화하였다. 이것으로 보아 불교의 교리, 세계관, 윤리의식 등은 유아의 양육과 교육에 많은 영향을 미쳤다고 볼 수 있다. 현재에도 불교 사찰에서 실시하는 유아교육이 널리 실시되고 있다.

우리나라 고대 유아교육사가 실증적 자료 즉, 문헌이 남아 있지 않다고 하여 고대 유아교육을 고찰을 포기할 수 없다. 우리는 문헌으로 존재하는 것만 텍스트로 규정할 수 없다는 사실에서 그 정당성을 찾아야 할 것이다. 대를 이어 전해내려 온 것에 우리 고대사회의 유아교육을 발견할 수 있다. 전래동화, 동요에서부터 설화, 민요, 무가, 판소리, 민속극, 속담, 수수께끼 등과 같은 구비자료에 의존하여 상고시대와 삼국시대의 유아교육을 찾아야 한다. 이에 안경식(2002)은 구비(口碑)를 비석에 새겨 놓은 것으로서, 오랫동안 전해온 말이라고 해석하였다. 또한 돌에다 세긴 비석보다 말에 세긴 비석이 더욱 진실성이 있다는 의미의 구전심비(口傳心碑)의 약자로 구비라고 칭한다는 것이다. 또한 안경식(2002)은 『한국구비문학대계』를 통해서 아동교육과 관련된 이야기 주제 분석을 통해서 가르치는 사람의 모습과 역할, 배우는 사람의 모습과 역할 분석, 무엇을 가르치고 배우는가를 규명하였다. 물론 구비자료에 등장하는 시대가 불분명하지만, 그 결론은 다음과 같다. 가르치는 사람은 스승은 교육적인 강자이고, 배우는 사람인 유아는 교육적 약자인 것이다. 약자인 유아가 강자인 스승에게 순순히 복종해야 한다는 일반적인 논리의 허구성에 반기를 든다. 물론 서민층의 관점에서 구비되어 온 자료를 바탕으로 하기 때문에, 교육에서 약자인 유아가 약하고 무식하고 무능하고 순진하지 않다는 입장을 대변하고 있다. 마치 이 부분은 포스트모더니즘에서 비판적 시각으로 보고 있는 유아교사의 힘의 오용처럼 느껴진다. 다음으로 전통적인 부모상인 엄부자모가 이야기에서는 엄모자부상으로 나타난다. 어머니의 역할과 아버지의 역할은 상황에 따라 얼마든지 바뀔 수 있다는 것이다. 이

부분은 가족관계가 재편되는 현실에 있어서 부모의 교육적 역할이 교환적으로 바뀔 수 있어야 한다는 교훈을 주고 있다. 또 다른 분석은 아동이 배우는 것은 글보다 행실이 주가 되어야 한다는 것이다. '유아의 잘못된 행실은 부모의 익애나 교육적 모범이 부재한 탓이다.'라는 것이다. 이를 해결하기 위해서는 사회적 환경 즉, '아동의 삶의 현장, 이웃집, 친구로부터도 배우게 해야 한다.'는 것이다. 교육의 장이 서당, 현대적인은 의미로 학교교육만을 의미하는 것이 아니라는 것이다. 배우는 사람도 스승, 곧 교사에게만 있다는 것이 아니라는 것이다. 또한 글공부만이 살 길이 아니라는 것을 보여 주고 있다.

이처럼 고대시대의 유아교육이 문헌에 기록이 없다고 하여, 없는 것으로 간주할 것이 아니라 우리 생활 속에서 전해 오는 이야기를 통해서 그 가치를 찾아야 한다. 이러한 맥락에서 '할머니가 들려주는 이야기(구연동화)'에도 집중할 필요가 있다. 어르신이 물려준 이야기 중에서 유아교육과 관련된 이야기를 채집하려는 노력이 할머니의 구연동화 교실에서 함께 이루어져야 할 것이다.

고대사회의 유아교육에 관한 또 다른 자료로는 속담이 있다. 김은주, 서영희, 임재택(2006)은 한국 속담에 나타난 전통 아동교육관을 연구하였다. 제목이 암시해주듯, 한국 속담 속에 나타난 아동교육관을 제시하고 있다. 유아와 유사한 단어(아이, 아동, 아기, 자식, 새끼, 아들, 딸)가 들어간 속담을 분석하였다. 유아교육은 어릴 때부터 바르게 교육해야 한다. 교육목적은 효의 실천과 지식의 입신양명을 위해서, 교육의 내용은 부모의 마음가짐이나 역할 및 환경이 중요하며, 특히 가르치 자와 배우자의 자의 상호교감이 중요하는 것이다. 그리고 교육방법은 자연스럽게 해야 하지만, 엄격하게 하고 또래 간 혹은 형제간에 어울리면서 자연스럽게 배우도록 해야 한다는 것이다. 유아교사는 부모의 마음으로 온 정성을 다하여 사랑으로 유아를 교육해야 하고, 항상 바른 본보기를 보일 것을 요구하고 있다는 것이다. 같은 맥락으로 김희섭, 이경화(2007)의 속담을 통해 본 제주의 전통적 자녀양육관도 첫째, 제주도의 속담은 도전적, 순응적 자녀양육 양식을 반영하여 '노동생산성을 지닌 여아', '강인한 모성의 독립적 양육의지', '실리지향의 엄격한 양육' 등의 관점을 반영하고 있다. 둘째, 제주의 초월적 양육관에 의해서 운명론, 초월적 힘의 매개체로서의 아동, 속신적 육아금기가 내포되어 있음을 밝혔다. 이러한 고대사회의 유아교육에 대한 연구는 문헌, 구비자료 등을 통해서 지속적으로 수행되어야 할 것이다. 그래야만 한국아이를 키우면서 서양의 학자를 들먹이고 있다는 비난을 극복할 수 있을 것이다. 서동요(김은경, 권대원, 2013)의 분석을 통한 유아음악에 대한 연구는 이러한 측면의 한 예가 될 수 있다. 전설, 속담, 이야기, 시, 동요 등에 담겨져 있는 내용에서 유아교육사상 관련 요소를 찾는 노력이 계속되어 잊혀져 가고 있는 상고시대와 삼국시대의 유아교육을 찾아야 한다.

2 고려시대의 유아교육

고려시대는 영아, 유아, 아동의 개념이 미분화되어 있었다. 단지 신양재(1994)의 연구에 의하면, 3세 이전은 젖먹이로서 사회의 관습적 제한에서 벗어난 시기, 10세 이하는 법의 적용 대상에서 벗어난 시기, 15세 이하는 병역과 부역과 같은 성인의 과업에서 자유로운 시기로 구분하였을 것이다. 고려시대에는 장정(16세 이상)이라는 용어를 중심으로 그 이하를 지칭하는 용어가 따로 없었을 것으로 보인다. 지금도 장정이라는 용어는 군에 있어서는 신병신고식 전까지의 입대한 젊은이를 지칭하고 있다. 고려시대에서는 영아, 유아, 아동을 한 개념으로 통합한 것 같다. 신양재, 권은주(2004)에 연구에 의하면, 고려시대에는 아동기의 규정을 15세로 하였다. 그 근거로 『고려사』를 인용하고 있다. 나이 16세부터 장정으로 칭하고 부역 및 병역을 담당하였고, 과거응시자격 부여와 1년에 콩 1섬을 세금으로 납부하도록 하였다는 점이다.

이러한 고려시대의 아동관에 대해 신양재, 권은주(2004)는 『동국이상국집』을 인용하여, 아동을 다음과 같이 비유하였다. '사람이 처음 세상에 태어났을 때는 태고의 순박함이 있고, 꽃이 아직 피지 않은 듯하고, 총명함이 아직 구멍이 뚫리지 않는 듯하다.' 『동국이상국집』은 영아를 태고의 순박함과 총명함이 있고, 보는 것, 듣는 것, 말하는 것에 있어서 혼탁이 되어 있지 않는 상태로 보고 있다. 『목은집』에도 영아는 섞임이 없는 순수한 생태인 순일하다고 보고 있다(신양재, 권은주, 2005). 이처럼 영아를 온전한 상태로 보았다. 그러나 자라면서 물욕에 의해서 선한 성품이 흐리게 된다는 것이다. 고려시대의 유아교육은 처음의 본성을 보존하는 일을 중요하게 생각하였다. 당시 불교적 인식과 성리학의 이념을 유아교육이념으로 정립하려고 한 것처럼 보인다. 이러한 유아교육사상은 마치 프뢰벨이 유아에게 신성이 깃들어 있다는 생각과 방정환이 유아의 얼굴을 한울님이라고 한 점과 일맥상통한다고 볼 수 있다. 또한 신양재, 권은주(2004)는 『고려사』의 열전, 개인 문집을 인용하면서 고려시대에는 아동의 생득적인 측면을 중요시했을 것이라 주장하고 있다. 즉, 아동의 소질이나 품성은 선천적으로 타고나는 것으로 보았으며, 이후의 모습은 선천적 · 생득적인 것에 의해서 결정된다고 보았다. 이들은 문집에 나타난 것을 분석한 결과, 고려시대의 유아교육이념은 배움에 의해 덕을 닦고 성인을 본받아 본성을 회복하는 것이라고 하였다.

한편, 고려시대에 아동을 보호하는 장치는 법률적인 차원에서 이루어졌다(신양재, 권은주, 2004). 『고려사』에 보면, 아이를 남에게 준 자, 기른 자, 자식을 버린 자에게 각각 매 50대, 도형 1년, 도형 2년을 각각 적용하며 내 아이를 기른 것으로 허용한다라고 되어 있다. 그리고 10세 이하의 아이에 대해서는 엄격한 법 적용을 피했다. 그리고 고아, 기아, 빈곤아동을 사찰에서 위탁의 형태로 보호하거나 시설에 수용·보호하였다. 가난한 부녀자에게는 아동을 위탁 보호하는 대신 양육에 필요한 물품을 국가가 지급하였다. 성종 13년(994년)에는 양육할 사람이 없는 아동은 10세까지에 한하여 급량을 관급하고, 그 이상이 되면 원하는 바대로 거주하게 하였다(조건덕, 민광미, 현정희, 정희정, 천은영, 2011). 충목왕 3년에는 해아도감을 설치하여 유아를 보호하였다(권미량, 서영희, 2015). 이는 사회적인 차원에서 고아를 위한 보호시설을 마련하여, 오늘날의 의미로 보육시설의 정책으로 실시하였다고 볼 수 있다. 당시 고려는 불교를 국교로 하여 건국된 나라였다. 그러므로 당연히 불교의 가르침에 의해서 유아들을 교육하였다. 불교의 자비사상에 의해 고아, 미아, 빈민아는 사찰에서 위탁하는 형태로 보호하였다.

서양교육과 마찬가지로, 고려시대의 유아교육도 개인적인 지도에 의해서 행했을 가능성이 높다. 고려시대의 문집을 분석한 신양재, 권은주(2005)의 연구에 의하면, 유아교육이 주로 행해진 곳이 가정과 사찰이었다는 것이다. 가정에서는 글자, 문장, 시, 경서, 과거공부를 하였고, 특히 가학의 전통을 통해서 유아교육을 실시하였다. 비형식적 교육기관으로는 사찰에서 개인적으로 스승에 의해서 가르침을 받을 것이다. 신양재, 권은주(2004)의 『고려사』 인용을 보면, 당시의 유아는 법을 승려에게 배웠고, 사찰이 중요한 교육기관이었다. 다음과 같은 고백이 이를 대변해 준다. '스님에게 구두법을 배웠는데 열 살 적에 집에서 나와 절에서 글을 배웠다.' 이러한 풍속은 지금도 이어져 절에 공부하러 가는 경우가 그러한 경우이다. 스승 사(師)자의 스승님을 자꾸 반복하다 보니 스님이 된 것이 아닌지 그 어원을 풀어보아야 할 것이다. 이러한 경향은 서양 중세시대의 문답학교의 교사가 성직자였다는 사실에 비추어 보면, 고려시대의 유아교육은 사찰에 있는 승려가 담당했다는 사실을 유추할 수 있다. 혹은 『고려사』에 나타난 것처럼(신양재, 권은주, 2004), 은거하고 있는 유학자에게 개인적으로 찾아가 글을 배웠을 것이다. 초야에 은둔하고 있는 대가를 찾아가 글을 깨우치는 것이 그 당시의 일반화된 모습이었을 것이다. 지금도 노학자들은 '어릴 때 어느 어느 선생님을 모시고 공부를 하였다.'라고 젊은 시절을 회고하고 있다. 주된 교육내용은 유학의 경전이었을 것이다. 과거시험에 대비하고 인간관계의 폭을 넓히기 위해서는 유학의 가르침이 필수로 될 수밖에 없다. 특히 『효경』과 『논어』가 고려시대의 필수과목이었을 것이다(신양재, 권은주, 2004). 또한 고려시대는 서양의 중세시대의 도제교육처럼 가정생활 속에서 가사노동, 손님 접대 심부름, 제사, 세시풍속 등에서 필요한 지식과 기술을 배웠을 것이다. 고려시대 문집을 분석한 신양재, 권은주(2005)에 의하면, 유아를 대상으로 유아교육의 내용은 문자학습(흙책, 모래판, 종이를 사용), 천자문과 육서, 시, 효행록, 학칙, 소칙 등이 사용되었을 것이다. 고려시대 문집의 내용에는 유아교육 원리로 일상생활 내용을 바르게 하고, 몸을 바르게 하고, 올바른 습관을 형성하려고 하였다. 이러한 내용은 로크의 덕육론과 유사한 것으로 볼 수 있다. 기본생활습관 형성을 통해서 바른 본성을 형성하려고 한 점은 동서양이 공통된 것이라 할 수 있다.

또한 고려시대에는 전국에 서당이라는 오늘날 초등교육기관과 같은 교육기관을 설치하였다. 송나라 사신 서경(徐兢)이 쓴 『고려도경』에 의하면, '마을 거리에는 경관과 서사가 서로 바라보고 있고, 성인이나 어린 아이들까지도 향의 선생에게 배운다.'라는 대목이 있다. 이는 유아들도 서당에서 배웠다고 추측할 수 있다. 서당은 고구려의 경당, 고려시대의 서당, 조선시대의 서당으로 그 맥을 계승하고 있다. 4~5세에 조기교육을 하려고 한 의욕이 있었기 때문에 고려시대에도 서당에 유아를 입학시키려는 풍경이 있을 것으로 보인다.

또 다른 한편으로, 고려시대에 정몽주 모친 이씨가 『태중훈육문(胎中訓育文)』을 저작하여 태교에 관심을 가졌다라는 사실은 태교를 중요시하였고 볼 수 있다. 그러나 안타깝게도 이 저서의 원문은 전해지 않는 것으로 보인다. 이홍우(1997)는 태교를 동양의 원시적인 교육의 원형이라고 주장하였다. 뱃속에 있는 태아에게 모체가 교육적인 영향력을 행사한다는 것이다. 태교의 핵심은 육체적 연결(모체와 형성되어 가는 태아의 몸)을 기화(氣化, 액체가 기체로 바뀌는 현상)로 하여 정신적 연결을 도모하는 것이다. 이는 육체적 연결을 정신적 연결로 승화하는 것이며, 심과 신의 일체인 것이다. 마치 메를로 퐁티(Merleau-Ponty)의 몸 개념(이화도, 2009)과도 같은 것이다. 인간의 몸을 통한 유아교육의 방향을 제시하고자 한 것이 현대 유아교육의 한 방향이다. 의학적 접근으로 해결할 수 없는 형이상학적 존재인 기를 임산부가 고귀하고 정결하게 하면, 그와 한 몸으로 연결된 태아도 그와 같이 똑같이 되게 된다는 것이다. '태중교육 열 달이 스승에게 십 년 배우는 것보다 더 중요하다.'는 것이 여기에 연유되어 있다. 오늘날 준비된 결혼과 계획된 결혼생활이 유아교육에 얼마나 중요한가에 비추어 보면, 고려시대 문헌에부터 나타나기 시작은 태교는 유아교육의 출점이라고 할 수 있다.

3 조선시대의 유아교육

조선은 유교를 국교로 하여 건국된 나라이다. 유교의 가르침을 실천하기 위해서 어려서부터 효를 근본으로 하는 도덕교육을 강조하면서 지행일치와 예를 실천하게 하였다. 문헌을 통해 본 조선시대 유아양육방법을 고찰한 연구(김영옥, 백혜리, 2000)에 의하면, 첫째, 연령에 따라 유아에 대한 양육태도와 방법이 달랐다는 것이다. 7세를 기준으로 7세 이전의 유아가 하고 싶은 대로 하도록 하는 허용적인 양육태도를 가졌고, 7세 이후에는 좀 더 엄격하게 대하였다는 것이다. 당시에는 7세 이전의 유아에게는 건강, 안전의 문제를 중시하였다. 3세가 되면, 부모로부터 독립하는 시기로 기본적인 생활교육을 실시하였다. 7세 이전의 유아 양육에 대한 책임은 어머니에게 있었다. 7세 이후가 되면 사리분별을 가르쳤다. 남자와 여자의 분별에 따른 성별 교육을 실시하였다. 10세가 되면 의복, 예의, 예절 등 일상생활에서 성인과 같은 대우를 받게 되었다. 제사 참여에서부터 직업을 갖고 가족 구성원의 역할과 경제적 역할을 수행하였다. 둘째, 유아교육에서 인격교육을 포함한 훈육이 강조되었다. 조기에 교육하는 것이 효과적이라는 믿음과 발달이 후천적으로 이루어진다는 믿음에 기초하여 교육을 하였다. 이를 통해서 군자가 되기 위한 이상적인 인격자를 만들려고 하였다. 셋째, 조선시대에는 유아를 한 가정의 대를 이어야 한다는 의미와 집안을 빛내기 위해서, 벼슬에 올라 명예를 얻을 수 있도록 하는 데 교육의 목적이 있었다. 넷째, 유아양육에 있어서 부모의 적극적인 역할을 강조하였다. 부모는 유아양육에 있어서 자발적인 놀이를 허용하고 올바른 행동을 모범을 보이고자 하였다. 유모 선정에 있어서도 신중을 기우려 유아의 후천적 발달에 많은 관심을 가졌다. 서양의 유아교육사상가 플라톤, 퀸틸리아누스도 유모에 의한 교육을 신중하게 할 것을 권고한 바 있다. 다섯째, 조선시대의 유아에 대한 사랑과 가르침간의 균형을 중시하였다. 체벌에 대한 원칙을 설정함으로써 체벌로 인한 유아의 인격을 무시하는 것은 경계하였다. 체벌에 대한 경계와 유아에 대한 무조건적 경계는 교육에 있어서 사랑과 가르침의 균형을 강조하였다. 한편으로 정조(1783년)는 부모가 부양책임을 지지 못하는 경우, 국가가 부양책임을 갖는다는 자휼전칙(字恤典則) 중 '유기 및 부랑걸식 아동보호법령'을 제정하기도 하였다. 이것은 버려진 아이나 걸식아가 굶어 죽지 않도록 구제할 수 있는 시행방법을 규정한 것이다(권미량, 서영희, 2015).

이처럼 조선시대는 유아교육과 유아의 보호를 위해서 국가적 차원에서 정책이 시행되고 있었음을 알 수 있다. 다만, 유아를 위한 독립된 교육기관은 존재하지 않고 가정에서 유아교육이 실시되었다는 점에서 서양의 유아교육과 같다. 하지만 여러 학자들에 의해서 유아교육의 중요성과 필요성은 끊임없이 제기되었다.

1) 유아교육사상가

(1) 이황(李滉, 1501~1570)의 심학사상과 유아교육

이황은 경상도 안동 예안현 온혜에서 태어났다. 호는 퇴계이며, 6세 때(중종 1년)에 글을 배웠는데, 아침마다 단정히 세수하고 머리를 빗고 앞날에 배운 글을 몇 번 외우고는 새로운 공부를 하였다고 한다. 그가 34세가 되던 해 3월에 문과에 급제하였고, 67세에 예조판서 겸 동지 경연춘주관사가 되면서 사퇴하였다. 이황은 한평생 주자의 학을 가슴에 품고 심혈을 기울이고 발분하여 『주자서절요(朱子書節要)』를 저술하였다. 또한 주자의 학문적 이론을 더욱 계통하면서 주자의 심성론을 연구하였다(조행자, 2002). 성인이란 인의 덕을 체득하여 어느 상황에서나 그의 인이 즉각적·자발적으로 발휘되고, 그것으로 생을 일관하는 사람을 의미한다. 이황은 이를 실천하였다.

이황의 심학은 인간과 우주에 대한 철학적 인간학으로서 형성된 학문적 체계이다. 이(理)는 만물에 산재하나 그 쓰임새는 실로 마음에 있다는 것이다. 바른 마음을 닦는 것이 성(性)의 순수성이고 이의 순성이라고 하였다. 예를 학습하거나 실천하는 수신에 노력하면서, 그 변화의 원리를 이기론과 심성론 등으로 구분하여 탐구하였다. 그 결과 심의 구조와 작용을 도해하여 알기 쉽게 나타내려고 하였다. 이황의 『성학십도(聖學十道)』는 도덕적 인격형성과 관련된 전통적인 지혜가 옹축되어 있다. 그럼에도 불구하고 현대인은 성학에 대한 실천적 모방을 시도하는 일이 드물다. 하지만 가정과 유아교육기관에서 유아의 도덕교육을 위해서는 이황의 심학사상을 도입하여야 할 것이다. 이에 조행자(2002)는 유아의 생각과 행동의 내면적 수양으로서 이황의 심학사상을 모델로 연구할 필요가 있음을 주장하였다. 향후 이황의 심학사상을 유아도덕교육으로 구체화하는 작업은 유아교육을 공부하는 후학들의 과제이다. 더 이상 도덕교육을 서양의 사상에서 찾기보다는 우리의 옛 성현들의 사상 속에서 탐구하여야 한다. 거기에 대한 한 일예가 이황의 심학사상이다. 유아도덕교육에서 논쟁 중에 있는 방법론적 측면을 여기서 탐구하여야 할 것이다.

(2) 조식(曺植, 1501~1572)의 실천윤리와 유아교육

조식은 경상남도 삼가현 토동에서 태어났다. 조식의 학문은 경의(敬義)로 요약할 수 있다. 당시 학자들이 실천을 등한시하고 이론 탐구에만 몰두한다고 걱정하면서, 이론의 위주의 학문은 '귀로 듣고 바로 입으로 떠드는 학문'이라고 비판하였다(김영숙, 2012). 김영숙(2012)의 연구에 의하면, 조식의 사상은 경의 사상을 통한 실천, 일상경험을 통한 실천, 마음 수양을 통한 실천으로 요약된다. 이러한 남명 사상은 유아교육과정에서는 실천적 탐구이론, 인성교육 실천, 일상경험을 통한 기본교육 실천에 함의를 지닌다고 할 수 있다. 조식의 실천 사상은 그의 사후 일어난 임진왜란에서 그의 제자들이 의병장으로 활동하여, 나라를 구한 구국 정신에서 실천되었다. 지금도 남명학이라는 학문단체가 결성되어 그의 사상을 연구하고 있다. 이는 서양의 어느 사상가 못지않게 학문세계를 지속하고 있어 지성사에 귀감이 되고 있다.

이러한 조식의 사상은 『남명집』에 수록되어 있는데, 여기에는 시, 부, 명, 편지, 기문, 발문, 비문, 상소, 논, 잡저 등 여러 형식의 글들이 발췌되어 있다. 조식의 경 사상에 근거하면, 오늘날 유아교육과정의 이론은 실천을 바탕으로 성립되어야 하며, 실천은 이론에 입각하여 이루어져야 한다. 유아교육과정이 이론과 현장을 효율적으로 상호보완할 수 있는 이론적 근거를 조식의 경 사상은 제공해 준다고 볼 수 있다. 또한 조식의 사상 중 일상생활 경험을 통한 기본교육의 실천은 즉, 하학 후에 상달하는 방법의 학문 기본 순서는 유아교육 방법의 방향을 제시해주고 있다. 이는 일상생활 활동을 통한 기본적인 문제해결능력을 기르는 것에 역점을 두어야 함을 시사한다. 조식의 내면 자아를 통한 성찰은 개인의 자아가 중심을 잃지 않고, 사람의 본분을 알아가는 사회적 자아와의 공존하는 과정을 담고 있다. 유아의 인성교육은 개인적인 차원과 사회적 차원을 고려하여 실시해야 함을 제시해주고 있다. 이처럼 조식의 사상은 유아도덕교육, 교육방법, 교육과정을 구성하는 기본 원리로 코메니우스의 주장과 비교해 보아도 부족함이 없어 보인다. 이제 우리 후학들은 조식의 학문적 세계를 탐구하여 유아교육 전반의 문제를 해결하는 데 시원으로 삼아야 할 것이다.

(3) 이이(李珥, 1536~1584)의 이기론과 유아교육

이이는 조선 중종 31년 강릉 북평촌에서 태어났다. 이름은 이(珥)고 자는 숙헌이며, 호는 율곡이다. 13세에 진사 초시에 협격하였고, 29세에 대과에 급제하기까지 9번 응시하여 모두 장원급제를 하였다. 16세에 어머니인 신사임당이 작고하자, 19세에 금강산에 입산하여 선수행을 하였다. 명종 21년에는 대제학에 임명되었고, 선조 원년에는 이조 좌랑에 제수되었다. 그는 42세에 『격몽요결』을 작성하여, 처음으로 학문하는 사람이 공부하는 방향을 알 수 있게 하였다. 그 내용은 먼저 뜻을 세우고, 몸가짐을 바르게 하고, 어버이를 섬기기는 방법, 집안에서나 세상에서 살아가는 방법 등 10조목으로 구성되어 있다. 이이의 『격몽요결』에 나타난 교육원리를 적용한 김미라(2011)는 유아예절교육의 과정 및 순서를 다음과 같이 제시하였다.

목표세우기 → 나쁜 습관 버리기 → 몸가짐·마음가짐 다지기
→ 몸소 실천하기 → 반성하기

또한 『격몽요결』의 「지신」장에 나오는 구용을 살펴보면, 먼저 발모양은 무겁게, 손모양은 공손하게, 눈모양은 단정하게, 입모양은 신중하게, 목소리는 조용하게, 머리모양은 곧게, 숨쉬기는 고르게, 서 있는 모습은 덕스럽게, 얼굴빛은 씩씩하게 등이다. 이는 유아교사의 모범적 용모를 언급하고 있는 것 같다. 「지신」장에 나오는 구사의 내용을 일부를 살펴보면, 얼굴빛은 온화한 것을 생각하라, 말할 때에는 충성된 것을 생각하라, 의심나는 일이 있으면 남에게 물을 것을 생각하라, 분이 날 때는 어지러운 것을 생각하라 등이 있다.

이이는 교육에 관하여 다양하게 논급할 정도로 교육실천가였다. 이이는 이는 무한하고 항구불변한 존재로서 어느 곳에나 있으되, 기를 통하여서만 자체를 드러내는 무형, 무위의 존재이다. 이는 모든 기에 통하고 있으나 기는 국한성을 갖는다고 주장을 하였다. 또한 사단과 칠정은 모두 기발한다고 보았다. 이이는 유교적 인성론에 기초한 주기론적 입장에서 유아는 모두 선한 본성을 갖고 태어났으나, 기질의 맑고 흐림, 순수하고 잡됨의 차이가 있음을 인정하였다. 그는 사람마다 기질의 차이를 인정하지만 그것을 준거로 사람을 차별하지는 않았다. 그렇지만 기를 통솔하는 뜻이

서지 않으면 만사가 이루어지지 않는다고 보고 입지(立志)를 중시하였다. 그 후 몸가짐과 언행을 바르게 하는 수렴공부를 주장하였다. 수렴은 밥 먹고 말할 수 있을 때부터 시작되는 공부로 아주 일찍부터 실행되는 소학공부이다. 이는 현대 유아교육의 기본생활습관 형성과 그 맥을 같이한다(최양미, 2000). 더 나아가 수렴교육은 인간본성의 문제와 연결하여 유아의 단계에서부터 이미 기가 흐리고, 잡박해질 가능성이 있기 때문에 어렸을 때부터 반복하여 교훈과 가르침을 실시할 것을 주장하였다. 이처럼 이이는 유아의 기질변화를 위한 교육을 주장하면서 조기교육을 주장하였다. 이이의 주기론적 철학이론과 인성론에 비추어 볼 때 현대 유아교육의 생활교육은 행동적 차원을 넘어 인성, 인격 차원에서 이루어져 함을 시사하고 있다. 서양의 여러 유아사상가들이 있지만, 학문하는 자세와 이를 몸소 실천한 유아교육사상가들이 있는가? 유아교육의 공부를 왜 하는가? 어떤 자세로 공부를 할 것인가? 등을 연구하여 지와 행이 일치되어야 함을 유아에게 인식시켜야 할 것이다.

(4) 이덕무(李德懋, 1741~1793)의 작은 선비(사소절)와 유아교육

이덕무는 영조 17년(1741)에 강계도호 부사를 지낸 이필익의 서자인 통덕랑 성호와 모친 반남 박씨 사이에 장남으로 태어났다. 비록 부친이 서자인 까닭으로 불우하게 지냈지만, 어려서부터 총명하고 반듯한 성품으로 역경과 고난을 예지로 극복하였다. 그는 정조 2년(1778)에 부연사서장관 심염조를 따라 연경에 가서 견문을 넓혔고, 정조 3년(1779)에 규장각 외각 검서관에 임명되었다. 정조가 추진한 도서편찬사업을 주도적으로 추진하였다. 이덕무는 시대적 분위기에 따라 문학을 통한 계몽과 교육으로 사회를 발전시키고자 하는 의지를 갖고 있었다.

그는 고증학에 기초하여 『천자문』보다는 『훈몽자회』를 배우는 것이 더 바람직하고 생각하였다(박영태, 하수연, 박정숙, 2009). 이덕무는 『士小節』의 士(사)를 사대부(士大夫)의 士(사)의 의미로, 소절(小節)은 작은 예절의 의미로 즉, 작은 예절을 지켜 허물을 적게 하여 대의에 나아간다는 뜻으로 『士小節』을 저술하였다. 현인의 교훈과 근래에 있었던 사실을 적어 예절을 닦고 가정의 법칙을 이끌어 내려고 하였다. 이 저서의 내용은 남자의 예법 「사전(士典)」 5권, 부녀자의 예절 「부의(婦儀)」 2권, 유아의 규범 「동규(童規)」 1권 등 총 8편으로 구성되어 있다. 유아의 규범인 「동규(童規)」는 행동거지, 가르쳐 익힘, 어른을 공경함, 이런 일, 저런 일로 역을 나누어 구체적인 방법을 제시하고 있다. 『사소절』의 「동규(童規)」와 『2007년 개정 유치원 교육과정』을 비교한 박영태, 하수연, 박정숙(2009) 연구에 의하면, 바르게 앉는 행동과 아홉 가지 몸가짐, 식생활 습관, 용모단정, 주변생활도구의 안전한 사용에 대한 지침은 유아교육과정의 건강생활에 접목할 수 있다. 또한 자기절제, 부모의 자녀에 대한 태도, 자녀의 부모에 대한 태도, 손님에 대한 태도, 친구에 대한 태도 등은 유아교육과정의 사회생활에 접목될 수 있다. 겸손하고 신중한 태도로 듣고 마음에 명심하는 듣기의 바른 태도, 존댓말 사용, 바르고 고운 말 사용, 때와 장소에 적절한 목소리, 다양한 쓰기 도구의 사용법 등은 유아교육과정의 언어생활에 접목할 수 있다. 지식을 전부 가르치지 말고 스스로 생각하는 마음의 여유를 갖고 질문하는 태도를 가지게 하며, 나아가 사물의 개념을 가르쳐야 한다고 한 점은 유아교육과정의 탐구생활에 접목될 수 있다.

또한 유아교육방법으로 『사소절』에서는 조기교육, 학습자 중심교육, 자득교육, 반복교육, 체벌교육 등을 주장하였다(심정렬, 2008). 유아교육에 있어서 무엇보다 중요한 것은 어릴 때부터 바른 심성과 습관을 가질 수 있도록 지도하는 조기교육을 강조하였다. 이는 학습역량에 적합하게 하되, 다소 여유가 있도록 학습자인 아동중심으로 가르치는 것이 훨씬 효과적인 교육이 되는 것을 강조하였다. 단순히 암기만 하는 것은 글의 의미를 이해하지 못하기에 스스로 사색을 통해서 대상을 정확하게 관찰하여 학문을 궁구하는 자발적이고 참여적인 학습태도를 스스로 깨닫는 것이 중요하다는 것이다. 바른 공부습관을 갖도록 하기 위해서는 지속적인 공부가 이루어져야 함을 강조하였다. 공부의 효율성 측면과 습관의 나태함을 예방하는 의미에서 체벌의 필요성도 강조하였다.

이덕무의 이러한 유아교육은 서양의 어느 철학자, 과학자 못지않게 오늘날 유아교육에 많은 시사점을 가진다고 할 수 있다. 로크와 같은 반열에서 유아교육의 내용과 방법에 영향을 미쳤다고 볼 수 있다. 로크는 신사양성에 관심을 가졌는데, 이러한 사상은 사회, 문화, 스포츠 등 다양한 분야에 영향을 미쳤다. 서양의 이상적인 인간상인 신사와 조선시대의 이상적인 인간상인 선비는 교육이 추구하려고 한 방향이었다. 이덕무의 사소절은 작은 선비 즉, 유아교육에서 지향하려고 하는 이상적인 유아상으로 정립할 수 있을 것이다. 향후 이덕무의 연구가 지속적으로 수행되어 우리나라 유아교육의 단초로 삼아야 할 것이다.

(5) 정약용(丁若鏞, 1762~1836)의 실학사상과 유아교육

정약용은 1762년 경기도 남양주시 조안면 능래리에서 태어났다. 자는 미용이고, 호는 다산이다. 그는 10세 이전 지은 시를 모아 『삼미자집』이라는 책을 내기도 하였다. 매부 이승훈를 비롯하여 이벽, 이가환 등을 통해서 이익의 학문과 천주교 및 서양 문물에 대한 폭넓은 이해를 갖게 되었다. 정약용은 22세에 소과에 합격하여 진사가 되었다. 1800년 투옥되어 유배 생활을 하면서 다양한 분야의 학문을 체계화하였다. 그는 정치와 경제 등에 걸쳐서 492권의 방대한 저작을 남겼다.

정약용은 교육을 개혁하기 위해서 『천자문』과 『사략』, 『통감절요』를 가르쳐서는 안 되는 과목이라고 주장하였다. 이는 유아의 직접적인 생활과 관계가 없다는 점 때문이다. 특히 『천자문』의 문장은 유아의 이해수준을 넘어선 고사에 바탕을 둔 추상적 내용이라는 점이다. 첫째로, 맹목적인 암송은 유아가 싫증을 내게 만든다는 것이다. 둘째로, 『천자문』은 유별분류체계가 없다는 점이다. 이는 철저한 의미이해를 습득하지 못하게 한다는 단점이 있다. 셋째로, 『천자문』은 문자의 대비배열을 하지 않아서 횡설수설함으로써 학습의 효과를 거두지 못한다는 점이다(김태오, 2001). 이러한 비판 논리에 의해서 정약용은 『아학편(兒學編)』을 직접 저술하였다. 첫째, 『아학편』은 상권에는 유형자를, 하권에 무형자를 순서대로 수록함으로써 구제적인 문자를 추상적인 문자보다 앞서 가르치려고 하였다. 둘째, 물체, 실정, 일의 세 가지 유별 분류원칙에 따라 유사한 종류의 문자를 동시에 가르치려고 하였다. 셋째, 서로 대비적으로 구분되는 문자를 배열하여 학습의 효과를 증진시키려고 하였다. 이러한 정약용의 주장을 현대 유아교육의 관점으로 보면, 유아의 이해수준을 존중하고 유의미한 문자학습을 실시했다고 할 수 있다(김태오, 2001). 이러한 점은 페스탈로치의 유아교육방법보다 더 깊은 의미를 가진다고 할 수 있다. 유의미한 문자교육을 통해서 문해력을 증진시키려고 한 점은 맹목적인 문자교육에 대한 경종을 울려주고 있다.

(6) 최한기(崔漢綺, 1807~1877)의 기일원론과 유아교육

최한기는 조선조 순조 3년 개성에 출생하였고, 자는 진노, 호는 혜강이다. 1835년 생원시에 합격하였으나 더 이상 과거 공부를 단념하고 세상을 유람하였다. 그 후 재야에 기거하면서 학문 연구에만 몰두하였다. 그는 1,000권의 저술을 남겼고 지금은 31권 200여 권만 전해지고 있다. 철학, 천문학, 행정학, 역사학, 지리학, 수학, 공학, 의학 등 다방면에 거쳐 저술하였다.

최한기의 유아교육사상은 그의 저서 『인정(人政)』 25권 속에 나타나 있다(강태훈, 2003). 그는 기의 이론에 기초하여 전통적인 형식주의를 과감하게 벗어나려고 하였다. 그리고 인간 능력의 개인차를 존중하였다. 개인차에 따라 교육의 적용을 달리할 것을 주장하였다. 이를 통해 엘리트 교육보다는 민중전체에 대한 계몽적 교육을 강조하였다. 그는 교육의 목적을 기의 운화 논리에 의해서, 교육은 개인의 완성을 통하여 사회적 자아를 형성하는 것으로 보았다. 더 나아가 자연적인 모든 존재의 질서를 체득하는 것이라고 보았다. 교육과정에서 초학의 시기가 무엇보다 중요하다고 보면서, 가정과 부모의 애정에 의해서 유아에게 친근한 가르침을 중시하였다. 초학의 시기에는 무엇보다도 기본적인 생활습관의 교육과 기초학문을 중요시하였다. 또한 유아교육의 방법에 있어서는 개인차를 강조하였다. 우수자는 운화기로 가르치고 중등자는 일상적인 내용을 가르치며, 하등자는 감각적인 것을 이용하여 한 단계씩 끌어올려야 한다는 것이다. 유아교육의 내용으로는 신체적 훈련과 인지적 훈련을 동시에 강조하였다. 효도나 예절과 같은 이념적인 것과 더불어 음악, 활쏘기, 서예와 같이 생활과 관련이 있는 것도 중요시하였다. 그래서 최한기는 소학은 기본생활습관으로서, 수학은 사고훈련의 수단으로서 특별히 강조하였다. 이러한 훈련을 통하여 개인의 자아 완성을 넘어, 사회적 자아실현을 궁극적으로 도모한 점이 최한기의 유아교육론이다. 더불어 최한기는 유아교육에 있어서 교사와 부모의 역할을 강조하였다. 교사는 유아를 보호해야 할 양육자이며, 유아와의 상호작용을 통하여 유아의 학습을 촉진하고 발달할 조력자라는 것이다. 부모는 사랑을 매개로 한 상호작용자로서 양육과 교육에 있어서 중요한 역할을 하는 자라는 것이다(백수정, 2003). 이처럼 최한기는 기일원론의 독특한 사유체계를 바탕으로 경험적이고 실용적인 유아교육사상을 수립하였다. 사유체계인 기학을 수립하고 이를 기초하여 주체적으로 유아교육을 전개하였다. 이는 서양의 어느 교육사상가와 비교하여도 모자람이 없다.

(7) 최시형(崔時亨, 1827~1898)의 동학사상과 유아교육

최시형은 본관은 경주이며, 초명은 경상, 자는 경오, 호는 해월(海月)이고, 동학의 2대 교주를 역임하였다. 최시형의 유아교육사상은 「해월신사법설(海月神師法設)」에 나타나 있다. 한편, 어린이 키우기의 「동규(童規)」와 어린이 모시기의 「해월신사법설(海月神師法設)」을 비교한 최은주(2012)의 연구에 의하면, 최시형은 유아의 잉태에서부터 이미 완전한 존재(한울님)로 파악하고, 유아를 섬기고 모셔야 할 대상으로 삼고 있다는 것이다. 유아교육에서 성장주의이론가 혹은 아동중심이론가의 주장들과 입장이 유사함을 알 수 있다. 「해월신사법설(海月神師法設)」에는 도란 갓난아이를 보호하듯 하라. 즉, 도를 닦는 것은 정성, 공경, 믿음을 바탕으로 갓난아이를 보호하듯이, 자신의 마음을 닦아 한울님의 본성을 회복해 가는 수련의 과정으로 보고 있다. 교사는 교육을 시키는 것이 아니고 어린이 곁에서 어린이를 모시고 섬기며 천심을 회복하는 사람이다. 어린이의 순수함, 어린이다움, 하느님다움, 천품을 회복시키는 작업이 교육이라는 것이다(최은주, 2012). 유아교육은 성장, 능력향상만을 목표로 추구하는 현실에 대한 비판을 하면서, 어린이가 곧 한울님이라는 생각을 갖고, 후천 개벽을 해야 한다는 사상이 내재되어 있다.

이러한 최시형의 어린이관은 소파 방정환에게 영향을 미쳐 어린이날 제정, 색동회, 구연동화 등으로 이어지고 있다. 이러한 유아존중사상이 프뢰벨의 신성에 영향을 받았는지 아니면 프뢰벨이 동학의 사상에 영향을 받는지에 대한 그 원류를 탐구해보아야 할 것이다.

이상과 같이 조선시대 학자들의 사상은 내용적으로 기본생활습관을 강조하고 있다는 점에서 로크의 유아교육사상, 시범과 모방의 원리는 반두라의 모방학습을, 직관에 의한 경험의 원리는 듀이의 경험을 연상하게 하고 있다. 가까운 것에서부터 시작하라는 단계적 학습 원리는 코메니우스의 합자연의 원리를 설명하는 듯하며, 조기교육의 원리는 왓슨, 분트, 블룸 등의 조기교육이론과 대동소이하다는 것을 알 수 있다.

2) 조선시대 수신서를 통한 유아교육탐구

조선시대의 학자의 유아교육사상 탐구에 이어, 유아교육의 기초가 된 수신서를 중심으로 그 내용을 간략하게 개관하고자 한다. 이를 통해 현대 유아교육이 지향해야 할 바를 탐구하고자 한다.

(1) 태교(胎教)에 관한 문헌

특히 조선시대에는 태교의 중요성을 강조하였다. 중국에 영향을 받아 태교와 관련된 많은 저서들이 출간되었다. 그 대표적인 저서는 허준의 『동의보감』, 빙허각 이씨의 『규합총서』, 이이의 『성학집요』, 사주당 이씨의 『태교신기』 등이다. 이처럼 조선시대에 태교를 중요하게 간주한 것은 태교가 잘 이루어지면 가정교육, 서당교육 등에 긍정적인 영향을 미친다고 본 까닭이다. 통계상의 수치는 제시할 수 없지만, 장애 유아 수가 증가하는 오늘날 결혼 전 미혼교실, 임산부 교실 등에 태교에 대한 체계적인 교육을 실시하여야 할 것으로 보인다. 유아교육학회에서 태교에 대한 체계적인 교육과정을 구성하여 과감히 강단과 유아교실 밖으로 나아가야 한다. 태교를 통해서 유아교육의 외연 확장은 유아부모교육을 자연스럽게 실시할 수 있는 장이 된다. 이홍우(1997)에 의하면, 태교는 동양적인 관점에서 교육의 원형이다. 유아교육의 대상 범위를 출생 전 수태에서 태교에 이르는 과정을 포함시켜야 한다는 주장이 여기에 있다.

(2) 명심보감(明心寶鑑)

명심보감은 중국 명나라 범입본(范立本)이 엮은 책으로 총 19편 263장으로 구성되어 있고, 우리나라에는 고려 충렬왕 때 보급되었다. 교육의 원리는 윗사람의 시범과 모범을 통한 교육방법이 주된 교육원리로 강조되고 있다. 내가 어버이께 효도하여야 내 자식도 또한 나에게 효도를 한다. 학습의 원리는 모방을 통한 동일시의 원리를 지향한다. 다른 사람의 좋은 모습은 적극 본받고, 좋지 못한 점은 신중히 삼가도록 하는 모방과 동일시의 초점을 두고 있다. 또한 학습의 원리로 직관의 경험적 원리를 강조한다. 이는 일을 통해 직접 체득함을 중시하는 교육의 원리를 강조한다. 예를 들어, 한 가지 일을 경험하지 않으면 한 가지 지혜도 자라나지 않는다. 발달의 원리로 순서와 방향으로 단계적인 학습의 원리를 강조하고 있으며, 가깝고 쉬운 것으로부터 시작하도록 하고 있다. 간결하게 묻되, 가까운 것부터 생각해 나가면 인이 그 가운데 있다는 것이 그 대표적인 예가 된다. 발달의 원리로 결정적 시기인 조기교육의 원리가 내재하고 있다. 예를 들면, 「훈자편」에 남자가 가르침을 받지 못하면 자란 뒤에 반드시 미련하고 어리석어진다. 여자가 가르침을 받지 못하면 자란 뒤에 반드시 거칠고 솜씨가 없어진다. 이처럼 『명심보감』은 유아교육에서 강조하는 교수·학습의 원리를 포함하고 있다(김향은, 2001b)고 할 수 있다. 여기서 좀 더 심층적인 연구가 지속되어 유아교육의 교수·학습을 탐구하여야 할 것이다.

(3) 소학(小學)

유아교육에 기초가 된 또 다른 저서는 『소학』이 있다. 이 책은 1187년 남송 때 주희가 전6권으로 편찬한 책이다. 태교에서부터 가정에서 자식을 가르치는 방법을 논하고 있다. 6세부터는 지식교육을 시작하게 하고, 7세부터는 남녀를 유별하게 양육하게 하고 10살이 되면 본격적인 교육을 실시할 것을 권하고 있다. 유아교육의 원리를 보면 다음과 같다. 교수의 원리로는 시범의 모범원리가 있다. 유아들이 접하게 되는 주변인물의 영향력을 강조하고 있다. 「고희편」에 맹자의 어머니가 세 번 이사하였다는 이야기가 그 예가 된다. 여기서 통합의 지행일치의 원리를 강조하고 있다. 배움은 실천으로 이어질 때 진정한 가치가 있음을 강조하고 있다. 이론적 궁리보다는 올바른 행위의 실천이 더욱 중요하다는 원리를 중시하였다. 흥미유발의 원리도 있는데, 유아들이 좋아하는 노래와 춤을 통해 예절을 가르침으로써 학습의 효과를 증진시키려고 하였다. 학습의 원리로 모방의 동일시 원리가 있는데, 선하고 어진 인물들의 행실을 좇아서 배우도록 하고 있다. 「가언편」에 '대체로 선배들이 하는 일은 주밀하고 자상하며, 후배들이 하는 일은 빠뜨리고 소략함이 많다.'라고 하고 있다. 직관의 원리로는, 직접 경험하는 학습법의 원리를 강조한다. 「가언편」에 '오늘 한 가지 일을 행하고 내일 한 가지 어려운 일을 행함을 오래 계속하면 마음이 저절로 견고하게 될 것이다.'라고 하고 있다. 발달의 원리도 단계별 학습의 원리를 제시하고 있다. 가깝고 쉬운 일에서부터 단계적으로 학습하도록 하고 있다. 「입도편」에 태교를 강조하고 있다. 옛날에 부인이 아기를 배면 잠을 잘 때 몸을 기울게 하지 않고, 앉을 때 한쪽으로 지우치지 않고, 설 때 한쪽 발에만 의지하지 않았으며, 맛이 정상이지 않은 음식은 먹지 않으며, 벤 곳이 반듯하지 않으면 먹지 않으며, 자리가 반듯하지 않으면 눕지 않으며, 눈으로 사악한 것과 귀로는 음란한 소리를 듣지 않았으며, 밤에는 소경을 시켜 시를 외우고 바른 일을 이야기하게 했다. 이와 같이 하여 아기를 낳으면 형용이 단정하고 재주가 남보다 뛰어났다. 한편 개별화의 원리도 강조하였다(김향은, 2001b). 문미옥, 류칠선(2000)은 『소학』에 나타난 유아교육론을 다음과 같이 정리하였다. 첫째, 『소학』의 교육목적은 하늘로부터 부여받은 성을 소유한 성인이 되는 데 있다. 둘째, 『소학』의 교육내용은 연령과 성별에 따라 건강생활, 기본생활습관, 개인생활, 가정생활, 집단생활로 분류하였다. 셋째, 『소학』의 교육방법으로 지행합일, 자기조절교육, 탐구학습, 단계별 학습, 구성주의적 모방학습, 경전 들려주기를 강조하고 있다. 이처럼 소학은 일상생활에서 유아가 실행해야 할 기본예절과 도덕적 덕목을 제시하고 있다. 유아교육에 있어서 기본생활습관, 도덕교육, 사회성을 위한 지침서로 충분하다고 사료된다.

(4) 동몽선습(童蒙先習)

『동몽선습』은 『천자문』을 배운 후 『소학』으로 들어가기 전에 배우는 책이다. 교육의 모범적 원리 즉, 오륜은 몸소 실천한 옛 성현들의 일화를 모범적 사례로 소개하여 책을 접하는 유아들로 하여금 본받도록 독려하고 있다. 이는 통합의 원리로 지행일치를 제시하고 있다. 학습의 원리로는 모방을 강조하고 있다. 또한 배우는 이는 자세로서 단정하고 덕 있는 벗을 취해 그 훌륭한 면모를 본받도록 하고 있다(김향은, 2001b).

(5) 동몽수지(童蒙須知)

『동몽수지』는 『동몽선습』을 배우고 난 후에 배우는 예절교육용 교재였다. 주희가 지은 것으로서 수지는 마땅히 알아야 할 바를 말하는 것으로서, 유아가 마땅히 알아야 할 바를 기록한 책이다. 유아의 일상생활에서 반드시 지켜야 할 예절인 옷, 모자, 신발 등을 바르게 입고 쓰고 신기, 공손한 말 사용, 바른 걸음걸이, 주변 청소하고 정돈하기, 글자를 읽고 쓰기 등이 기록되어 있다(류칠선, 2002).

(6) 격몽요결(擊蒙要訣)

『격몽요결』은 1577년 이이가 벼슬에서 물러난 후 아동계몽을 위하여 38권으로 집필하였다. 그는 공부하는 사람들에게 성리학에 입문하는 기반을 잡아주려고 하고 있다. 교육의 원리는 지행일치를 강조하고 있다. 학문의 진정한 가치는 실천궁행에 있음을 강조한다. 학습의 원리는 직관에 의한 경험을 강조한다. 이는 구체적인 일상생활의 일로부터 배움이 이루어진다고 보았다. 모범과 동일시의 원리로 '시골 사람들 중에서 착한 자가 있으면 반드시 친근하게 지내고 서로 정을 통하고 지내야 한다.' 라고 하였다. 발달의 원리로는 단계별 학습을 주장하고 있으며, 배움에도 먼저와 나중의 차례가 있어야 함을 밝히고 있다. 조기교육의 원리로서 민감한 때를 놓치면 돌이킬 수 없는 결과를 초래될 수 있음을 경고하고 있다(김향은, 2001b).

(7) 사소절(士小節)

『사소절』은 1775년 이덕무가 지은 소학을 현실에 적합한 내용의 소절을 엮어서 만든 책이다. 「동규편」에는 동지, 학습, 경장, 사물의 영역별로 유아의 규범을 가르치고 있다. 모범의 원리로는 시범과 모범을 통한 교육의 원리를 강조하고 있다. '어른이 아이들과 부담 없이 해학하기를 좋아하면 아들은 두려워하는 바가 없으므로 날로 어리석어진다.' 통합의 원리로 지식과 실천이 하나가 되어야 함을 강조하고 있다. 동기유발의 원리로는 노래와 춤으로 흥미를 불러일으키는 방법을 권장하고 있다. 이는 동일시의 원리를 활용하고 있고, 단계적 학습의 원리를 제시하고 있다. 아울러 조기교육의 관점에서 결정적인 시기에 교육을 소홀히 하면 위험한 결과를 초래할 수 있다고 지적하였다. 또한 개인차에 기초한 학습의 원리를 적용하고 있다(김향은, 2001b).

(8) 예기(禮記)

『예기』의 내칙 편을 보면, 유아교육은 식사습관과 언어습관을 익히게 하였고, 의복습관, 수 개념, 육갑집기, 남녀차별의 행동, 장유유서 행동 등을 가르쳤다.

(9) 삼강행실도(三綱行實圖)

『삼강행실도』는 세종 10년(1428년)에 진주에 사는 김화라는 사람이 아버지를 살해한 사건이 계기가 되어, 세종 16년(1434년) 11월에 반포하였다(강미희, 2005). 여기에는 유아도 일정한 부분 주인공으로 등장하고 있다. 언해본 「효자편」에는 모두 7편이 등장한다. 그 내용은 다음과 같다. 아버지를 구하기 위해 호랑이에게 달려들어 범의 목을 움켜잡는 모습, 아버지를 위해 여름에 베게와 잠자리에 부채질하여 시원하게 해주고, 겨울에는 몸으로 이불을 따뜻하게 하는 모습, 늙고 병든 할머니를 아버지가 산속에 버리는 것을 뉘우치도록 아버지에게 항변하는 모습, 한겨울에 어머니께 드릴 생선을 구하기 위해 얼음을 깨는 모습, 아버지의 억울함과 목숨을 구하기 위해서 신문고를 치고 아버지 대신 죽기를 마다하자 않은 모습, 계모가 밥 짓는 일, 나귀의 채찍을 잡는 일 등 종 부리듯 아무리 궂은 일을 시켜도 계모를 미워하지 않고 기꺼이 순종하는 모습, 호랑이로 인해 죽은 아버지의 원수를 갚기 위해 호랑이 굴로 찾아가 호랑이를 도끼로 찍어 죽이는 모습 등이 그려져 있다. 여기에 나오는 유아와 자신을 동일시하여 효를 실천하도록 하였다는 데 그 의미가 있다. 또한 여기에는 한글 본문, 한문 본문 및 시와 찬을 추가함으로써 유아에게 다양한 장르를 접할 수 있게 하였다. 이러한 『삼강행실도』는 유아교육의 가치와 유아문학의 가치가 동시에 포함되어 있다고 할 수 있다. 이는 누구나 쉽고 즐겁게 볼 수 있도록 제작하여 유아의 교육기회의 균등을 추구하려는 정신이 스며 있다고 할 수 있다.

(10) 양아록(養兒錄)

『양아록』은 16세기 이문건(1494~1567)이 손자 이수봉을 양육하면서 시문형식으로 기록한 육아일기이다. 이 문헌을 통해서 알 수 있는 것은 조선 중기에는 1~7세, 8~10세, 11~15세로 구분하면서, 1~7세는 양육을 하는 시기로 보며 잘 보호하는 데 중점을 두었다(백혜리, 2001). 또한 이 문헌은 6~7세가 되면 남아는 주 양육자가 남아가 되며, 남성들이 거처하는 주거 공간으로 옮겨서 생활하여야 한다고 되어 있다. 특히 할아버지가 주 양육자로 유아를 돌보는 것으로 나타나 있다. 이로 미루어 보아 유아 양육에 대해 남성도 많은 관심을 갖고 있는 것을 알 수 있다. 유아를 선천적으로 선한 존재로 보면서 가문의 영광이 되고, 번성 및 계승할 중요한 존재로 인식하였다는 사실도 이 문헌에 나타나 있다.

(11) 백동자도(白童子圖)

『백동자도』는 많은 동자들이 놀이를 하는 모습을 그린 민화이다(백혜리, 1999). 여기에서 백은 많은 아동의 수를 의미하기에 따라서 많은 유아들이 놀고 있는 그림이라는 의미가 담겨져 있다. 화면에는 아름다운 저택과 정원, 자연의 모습을 배경하여 괴석, 나무 등의 환경과 연 날리기, 그네, 씨름, 꽃놀이, 활쏘기 등과 같은 세시풍속과 물놀이와 같은 계절놀이, 그리고 군대놀이, 원님놀이, 가마놀이, 장원 급제 행차와 같은 상징놀이와 투계, 원숭이 놀이, 잠자리, 새 잡기 등과 같은 놀이들이 그려져 있다. 그림의 폭은 8폭, 10폭의 병풍으로 구성되어 있다. 이 그림을 통해서 당시 사람들은 많은 자식 낳기, 유아의 심신을 단련하고 용맹성을 기르고 입신양명, 부귀영화, 장생 등의 소망을 갈구했다고 한다.

(12) 동유교육(童幼教育)

『동유교육』은 17세기 중엽 선교사 바뇨니(Vagnoni)가 1620년에 저술한 것이다. 이 책은 당시 서양의 아동교육을 이해할 수 있는 아동교육서로 조선시대에 소개되었다. 이 책은 상하 두 권으로 구성되어 있고, 아동교육뿐만이 아니라 수제치평을 모두 담고 있다. 이 책은 조선시대의 외규장각목록(1782)에 소개되었다. 서구의 아동교육이 우리나라에 소개된 자료 중 최초의 자료로 평가받고 있다. 이 책의 실체는 존재하지 않고 있다(김귀성, 2009). 다만 대만의 보인대학에서 1996년 간행된 영인본 내의 필사본이 존재하고 있다. 이 책은 서양의 윤리학적 관점, 가정교육의 관점에서 아동교육을 진술하고 있고, 교사와 부모교육을 강조하고 있다. 중국의 전통문화를 비판하면서 그 대안을 제시하고 있다. 그러나 조선시대에는 이 책이 널리 알려지지 못하였다.

이처럼 조선시대 대부분의 유아교육사상 관련 도서는 예의 실천을 강조한 윤리교육, 인격교육을 바탕으로 하고 있었다. 이러한 도서를 집에서 혹은 서당에 공부한 유아는 예의 본질을 깨닫고 이를 실천하는 것이 일상생활이었을 것이다. 아직 다가오지 않은 경쟁을 염두해 두고 유아기 때부터 지식과 기술을 가르치고 있는 오늘날 일부 유아교육기관의 사례에 비추어 본다면, 인격수양과 배움의 실천을 강조한 조선시대의 유아교육이 내재적 가치를 더 충실하였다라고 할 수 있다. 조선시대 유아교육도서를 통해서 내린 조선시대 유아교육의 결론은(김향은, 2003), 첫째, 조선시대의 유아교육은 인격의 확립과 완성이라는 유아교육의 목표에 위배됨이 없이 유아교육의 원리와 내용, 방법이 하나로 맞물리는 형태를 갖고 있었다. 둘째, 조선시대의 유아교육은 어떻게 배울 것인가?라는 물음에 대한 적절한 답과 동시에 어떻게 가르칠 것인가?에 대한 답변도 제시하고 있음을 알 수 있다. 또한 우남희(1999)의 조선시대 아동용 교재 분석에 의하면, 조선시대의 유아교육은 지식보다는 타인과의 관계에 대한 교육을 더 강조하고 있다. 정서표현은 억제되고 조절되어야 함을 강조하여 점잖은 유아로 키우려고 하였다. 또한 정서의 안정을 통하여 사고의 촉진을 돕는다는 측면에서 시와 악을 중요시하고 있었다. 즉, 올바른 생각과 낙천적인 사고를 갖도록 하였다.

4 개화기의 유아교육(1876~1910)

개화기에는 이제까지의 국가, 사회 체제를 유지해 온 유교에서 탈피하여 근대적 사회체제를 확립하기 위한 움직임이 있었다(백혜리, 2006). 유아교육도 전통적 유아교육사상과 근대 서구 유아교육사상이 병존하면서 현대적인 유아교육이 태동하려고 하였다.

1876년 강화도 조약 체결 후 경성, 인천, 부산, 원산 등을 중심으로 외국인이 진출하여 병원, 초등학교, 유치원을 설립하였다. 물론 이때 설립된 유치원은 우리 민족의 유아들을 위한 것이 아니었다. 개화기에 최초로 설립된 유치원은 1888년 원산유치원이다. 설립자는 원산에 거주하는 일본인 단체인 원산거류민단이었다(이숙희, 1999). 이어 일본인이 1897년 부산에 부산유치원을 개원하였고, 1900년에는 인천에 경자기념 경성유치원이 설립하였다. 이들 유치원은 일본인 자녀들을 위한 유아교육기관이었다. 1908년 대한제국은 관립한성고등학교 부속유치원을 설립하여, 우리 민족의 유아들을 교육받게 하였다. 그 후 1909년 함경북도 포교위원에 의해서 함경북도 나남에 사립 나남유치원이 개원되었다. 이숙희(1999)의 연구에 의하면, 1888년부터 1909년까지 9개 유치원이 설립되었다. 이는 거의 일본인에 의해서 개원되었다. 이런 상황에서 당시 한성부윤 장헌식이 유아교육을 위한 협의를 거친 후, 1908년 4월 2일 칙령 제22호로 「고등여학교령」을 만들어 유치원 규정을 만들었다. 고등여학교 내에 유치원을 설립하려고 한 점은 당시 사회적 상황에 비추어 보면 납득이 가지 않는다. 아마 유아를 돌보는 사람이 고등학교 여학생 정도가 되니까 그러한 관습에 의해서 고등여학교에 유치원을 설립하려고 한 것 같다. 실제로 실행이 되지 않았다는 점에서 다행이라고 할 수 있다. 1900년대를 전후하여 발간된 유아 관련 서적은 신정가정학, 한문가정학, 신편 가정학 등 가정학과 관련된 서적에 유아와 관련된 내용이 담겨져 있었다(백혜리, 2006).

개화기의 유아교육이 어떻게 전개되었는지는 최한수(1997)의 연구 즉, 개화기의 학회지를 통해서 알 수 있다. 개화기의 유아교육은 서구식 유아교육의 수용 과정에서 전래되어 오던 우리의 유아교육사상이 퇴화되어가고 있음을 엿볼 수 있다는 것이다. 개화기 때부터는 유아교육에 있어서 본질적인 문제인 교육이 추구하는 것은 인간상보다는 유아교육에 있어서 실질적인 면인 방법적인 것을 크게 강조하고 있었음을 알 수 있다. 예를 들면, 호남학보의 내용을 보면, '유아교육이란 아이를 기르는 법을 적절히 잘하면 변변치 못한 화초라도 금병의 채화보다 화려하다는 것이다. 그러나 기르는 것이 적당치 못하면 향기가 많은 난초일지라도 말라서 죽을 것이다. 사람도 이와 같기 때문에 자식을 낳음에 있어서 약하고 둔함은 그 근원이 태중에서 생긴다.… 또한 어릴 때 위생에 힘쓰지 않으면 일평생 한이 된다는 것이다(최한수, 1997).' 이 내용은 프뢰벨의 성장주의 유아교육사상이 내재하고 있고, 또 다른 한편으로 맥밀란 자매의 보건, 위생에 관한 보상적 교육관이 내재하고 있다.

개화기의 선교사들이 조선에 들어오면서 의료와 교육을 중심으로 선교활동을 수행하였다. 이러한 상황 속에서 개회기의 유아교육도 당시 유럽과 미국의 유아교육적 사조에 힘입어, 프뢰벨의 유아교육과 맥밀란 자매의 보상적 유아교육사상이 선교사를 통해서 개화기에 도입되었다고 볼 수 있다. 그리고 태극학보에는 영아의 교육은 부모의 교육이 절대적으로 필요하며, 전적으로 가정에서 교육이 실시되어야 한다고 보았다. 또한 대한자강회에서는 유아들은 놀이를 통하여 유아 스스로 정리 정돈할 수 있는 능력을 기를 수 있다고 하였다(최한수, 1997). 유치원이 보급되는 시대의 어려움에도 불구하고, 놀이중심의 유아교육이 실천된 것은 다행이었다(이상금, 1995).

또한 개화기의 학회지에는 유아교육의 방법으로는 태교를 비롯하여 임부의 위생과 동정에 대하여 제시하고 있다. 임부의 의복은 가볍고 헐렁한 것을 입어야 하고 청결하고 습기가 없어야 한다. 임부의 방은 남쪽 또는 동남쪽을 향하여 햇볕을 쬐도록 한다. 공기가 잘 통하고 여러 가지 꽃이 아름답게 어우러진 정원이나 녹음이 우거진 산천과 넓은 들이 바라보는 것이 좋다. 임부는 신체운동을 적당히 하고 수시로 교외와 바닷가, 넓고 밝으며 아주 넓은 땅 혹은 정원 과수밭 사이를 거닐어서 심신을 유쾌해야 한다. 영유아교육방법으로는 모유의 중요성, 유모의 선택, 인공 젖에 대한 주의 사항도 있다. 가정생활에서의 의복, 음식, 거실의 선택에 까지 상세하게 기술하고 있다. 건강교육에서는 생치, 종두, 질병 등에 대하여 언급하였고, 유아의 동정(건강한 유아는 반듯이 편히 자며 잘 먹고 운동을 좋아함), 유희(공과 같은 것을 주고 유리와 쇠로 만든 것을 주지 않음), 완구(나무로 둥글게 만든 것, 독이 있는 장식을 피하고, 지식을 기르고 육체에 도움이 되는 놀잇감을 선택하여 제공), 보모(신체가 강장하고 성질이 온후하고 글을 약간 아는 사람으로 선택) 등에 대한 전반적인 것이 나타나 있다(최한수, 1997). 유아교육의 대상이 수태, 태교(부모교육)까지 포함되어야 함을 암시하고 있다. 이로 인해 현대 우리나라 유아교육의 원형이 나타나기 시작하였다는 데 의의가 있다. 하지만 국권을 상실함으로써 유아교육은 모습을 완전히 갖추지는 못하였다.

5 일제 강점기(1910~1945)의 유아교육

1910년 8월 22일에 조인되어 8월 29일 발표된 대한제국과 일본제국 사이에 병합조약(併合條約)이 이루어졌다. 1910년 3월 말 현재 일본인 유치원은 9개소나 설립되는 등 일본인을 위한 본격적인 유아교육이 실시되었다(이숙희, 1999). 이러한 상황 속에서 조선인 유아를 위한 유치원 설립에 관한 논의가 일어났다.

조선인을 위한 유치원은 고등여학교에 부속으로 설치하도록 되어 있었지만, 실제로는 부속유치원을 설치할 수 있는 학교가 거의 없었다. 더욱이 부속유치원 설치는 의무조항이 아니라 교장이 임의로 판단하는 고유권한이었다. 다만, 1910년 이후 기독교계 학교에는 유치과와 예비과를 설치하였다(이상금, 1995). 소학교 이전의 유아를 수용하는 체제가 교파와 상관없이 기독교계 사립학교에 일반화되었다. 이상금(1995)의 설명에 의하면, 이 시기에 유치원이라고 하지 않고, 유치과라고 한 것은 미국 내의 유아교육체제와 관련지을 수 있다. 현재 미국의 유치원학년(K-grade)처럼, 미국선교사는 'day school'(매일학교)인 소학교에 유치원을 자연스럽게 포함시켰기 때문이다.

이후 1912년 선교사들이 중심이 되어 배재학당에 가양유치원을 개설하였다. 1913년 백인기가 서울 인사동에 경성유치원을 세웠다. 이 유치원에는 한국인 교사 3명, 일본인 교사 1명으로 인가되었다. 1914년 선교사 브라운 리(Brown lee)가 한국인 유아 16명을 대상으로 한국인 보조교사 조 앨리스(趙愛理施)와 함께 이화학당 부설유치원을 개원하였다(이은화, 이정환, 이경우, 이기숙, 박은혜, 홍용희, 1997). 1915년에는 유치원 교사 양성기관인 이화유치원 사범과가 개설되었다. 1916년 박희도가 중앙교회 부설 중앙 유치원을 설립하였는데, 오늘날 중앙대학교 부설유치원의 전신이 되었다. 1917년 헤스(Hess)가 인천에 영화유치원, 에드워드(Edward) 부인이 배화유치원을 설립하였다.

그 후 1921년에는 전국에 47개 유치원이 설립되었다. 1922년 일본 총독부는 「조선교육령」을 반포하면서 유치원 규정을 제정하였다. 유치원에 대한 유일한 법적 근거가 마련되었다. 3·1 운동 이후 문화운동의 확산에 따른 유아교육에 인식이 점차 확산되었다. 이에 1922년 일제는 「유치원과정」을 공포하여 유아교육에 통제를 가하였다. 이 시기의 유아교육은 민족정신을 보존하기 위해서 유치원교육을 통해 우리말과 글을 가르치는 경우가 많았다(이숙희, 1999). 한편, 1921년 태화기독교사회관의 마의수(Mamic D. Myers)가 복음전도, 여성교육, 사회사업을 실천하였다. 이는 섬김과 나눔의 정신으로 보육사업을 실천하였다. 영유아보육의 역사에서 태화기독교사회관이 탁아프로그램 개발의 발화점이 되었다라고 평가하고 있다(권미량, 서영희, 2015). 이러한 암울한 시기에 유아교육의 씨앗이 이 땅에 뿌려진 것은 다음 두 명의 선각자 때문이다.

1) 부래운(Chartlotte G. Brownlee, 富來雲, 1876~1970)의 유아교육사상

이화학당 당장 프라이(Lulu E. Frey, 재임기간 1898~1921)는 유아교육은 유치원교육 전문가에 의해서 이루어져야 한다는 신념에 의해서, 1912년 미국으로 직접 건너가 신시내티 유치원 교사양성학교(Cincinnati Kindergarten Training School)의 졸업반인 브라운리를 만나서 조선에 와서 유치원 교육을 해줄 것을 요청하였다(이상금, 1995). 이것이 계기가 되어 부래운은 1913년 12월 경성에 도착하였고, 1914년 1월 7일 손탁 호텔의 한 방에서 16명의 유아를 대상으로 이화유치원을 개원하였다. 1918년 밴플리트(E. VanFleet)를 영입한 후 전문적인 유아교육을 실시하였다. 부래운은 밴플리트와 함께, 1915년 이화유치원에 설치된 이화유치원사범과의 교수로서 한국 유치원

교사와 유아교육지도자를 양성하였으며, 그 졸업생들이 전국에 정통 유아교육의 이론과 실제를 파급시켰다는 평가를 받고 있다. 또한 놀이를 통한 유아교육을 지향하였다. 프뢰벨의 은물중심의 놀이교육이 아니라, 듀이의 자유로운 놀이와 활동이 중심이 되는 아동중심주의 교육이었다. 단지 이상금(1995)의 분석처럼, 프뢰벨과 듀이로 이어져오는 놀이(play)를 일본에서 유희(遊戲)로 번역했기 때문에 당시에는 놀이를 춤(dance) 즉, 리듬에 맞추어 춤추는 것만으로 이해된 것 같다. 이와 같이 잘못된 놀이의 개념은 오늘날까지도 이어지고 있다.

또한 부래운은 유아교육의 내용을 유희, 창가, 수기(은물과 작업), 동화 등 놀이를 통한 유아교육을 전개하였다. 다양한 경험을 통해서 기초적인 지식, 말하기 지도, 집중력 기르기, 질서 지키기 및 양보의 생활태도를 기르는 데 주력하였다. 아마 듀이의 경험중심 교육과정과 손다이크의 기본생활 습관형성을 유아교육에 실천한 것처럼 보인다. 부래운은 어머니를 조직하여 유치원 교육과 더불어 부모교육을 동시에 실시하였다. 이는 놀이중심의 유치원 교육의 본질과 육아법을 계몽하기 위해서이다.

1955년에는 대전에서 유치원 교사양성을 위한 대전여자초급대학을 설립하여 9년간 학장으로 재임한 후, 1964년 퇴임 후 귀국하였다. 부래운의 유아교육적 활동은 현재 대한민국 유아교육의 단초가 되었다. 부래운의 유아교육사상은 한국의 유아교육에 기초를 제공하였다. 요즈음에도 부래운 같은 유아교육 학도들이 나타나 여러 나라에 유아교육의 기초를 제공하는 것이 부래운의 유아교육사상에 보은하는 길이다. 부래운이 정든 고국과 고향을 떠나 척박하고 암울한 타국에서 유아교육의 기초를 제공하였다는 것은 슈바이처에 버금가는 인본주의 정신이 없이는 불가능하다.

2) 허길래(Miss Clara Howard, 1895~1995)의 유아교육사상

허길래(Miss Clara Howard)는 1895년 8월 19일 미국 조지아 주 캐스린의 기독교 가정에서 7남매 중 장녀로 태어났다. 조지아 주 학생선교대회 기간 중 해외 선교사업에 관하여 듣고 선교사로 봉사할 것을 결심하였다. 이 때 개성 호수돈여자 고등보통학교에서 유아교육을 전공한 선교사를 보내달라는 요청이 있었다. 그리하여 그녀는 1923년 9월 7일 개성에 오게 되었다(허길래 선생님을 사랑한 사람들의 모임 편, 1996). 허길래는 감리교 산하 4개 유치원 원장직을 맡았다. 1925년부터는 1년간 이화 유치원사범과에 재직하였다. 이후 피바디(George Peabody) 대학과 컬럼비아 대학에서 석사학위를 취득하였다(이상금, 1995). 1955년에서 1961년까지 대전보육초급대학 초대학장을 역임하는 등 유아교육의 교사양성에 많은 노력을 하였다.

허길래가 우리나라에게 가져다 준 유아교육의 공헌은 다음과 같다. 첫째, 전국적인 활동을 전개했다는 점이다. 암울했던 시대에 올바른 유아교육의 관점, 즉 아동중심주의 이념과 놀이활동중심의 현장교육을 전국에 보급하였다는 점이다. 한국 유아교육의 발전에 정초가 되었다라고 평가할 수 있다. 허길래가 담당한 유치원은 전국 8도의 감리교 유치원 102개원의 원아 5,000명, 유아교사 200명이었다고 한다. 둘째, 어머니회를 조직하여 부모교육활동을 하였다는 점이다. 부모교육을 통해서 자녀양육을 개선해보려고 노력한 점은, 오늘날 유치원에서 개최되는 부모교육의 시원이 되었다. 또한 허길래가 한국유아교육에 남긴 자취와 공헌은 허길래 선생님을 사랑하는 사람들의 모임 편(1996), 『허길래』라는 저서에 생생한 이야기들이 있다. 허길래의 유아교육사상 역시 유아교육을 온 인류에 전파하려는 것과 무관하지 않다. 어떻게 보면, 유아교육을 통해서 이상사회, 좁게는 건전한 사회를 만들려고 한 점이다. 이러한 활동이 허길래의 유아교육사상을 영원히 보존하는 일이 된다. 허길래의 유아교육사상이 계승되어 아직 유아교육이 정착되지 않는 나라에 보급되기를 기대한다.

이제 유아교육을 공부하는 후학들도 부래운(Chartlotte G. Brownlee, 富來雲, 1876~1970)과 허길래(Miss Clara Howard, 1895~1995)의 정신을 계승하여 개발도상국들에게 유아교육을 심어주어야 할 것이다. 이러한 활동이 계속될 때, 즉 개발도상국의 그 누군가가 또 다시 다른 개발도상국에 가서 유아교육을 심을 때 유아교육을 통한 이상적인 사회가 건설될 것이다.

3) 방정환(方定煥, 1898~1931)의 어린이 사랑과 유아교육사상

방정환은 1899년 야주개(서울 종로구 당주동)에서 태어났다. 9세에 가업이 파산하여 밥을 굶으며 쌀을 꾸러 다니는 등 많은 고생을 하며 자랐다. 7세까지는 서당에 천자문을 읽고, 보성소학교 유치반과 매동보통학교, 미동보통학교를 거쳐 15세에 선린상업학교에 입학하였다. 그는 가난으로 인하여 17세에 취직을 하였다. 19세에는 천도교 3대 교주 손병희 3녀 손용하와 결혼하였다. 다음해 보성전문학교 법학과에 입학했고, 그 후 『개벽』 특파원자격으로 일본 도요대학에 유학하였다. 그 대학의 철학과를 다녔지만, 아동문학과 아동심리학에 관심을 가졌다. 21세에 「독립선언서」를 배포한 이유로 서대문 형무소에 수감되기도 하였다. 방정환은 최남선의 영향을 받아

'녀석', '놈', '아해', '애'라는 칭호 대신에 어린 사람을 존중한다는 의미에서 '어린이'라는 말을 사용하기 시작하였다(김태오, 2001). 그 후 방정환은 아동을 존경한다는 의미로 '어린이'라는 용어를 사용하면서 아동의 인권 신장을 위해 노력하였다. 그는 천도교의 동학사상에 근거하여 아동해방운동을 전개하였다. 천도교소년회를 조직하여 어린이에게 존댓말쓰기 운동을 전개하면서, 1922년 5월 1일 제1회 어린이날을 제정하고 다양한 행사를 가졌다.

방정환은 아동운동을 출판물(『어린이』 등), 예술문화운동(동요보급운동, 동화구연 등), 소년단체운동(색동회 등) 등을 통해서 전개하였다. 그는 아동을 이상세계인 하늘나라의 성품을 가진 존재로 보면서, 성인이 해야 할 일은 그 아동의 성품을 그대로 보존하는 것이라고 보았다. 그는 어린이를 다음과 같이 표현하기도 하였다.

> 어린이를 '한울 뜻 그대로의 산 한울님'
> 어린이의 얼굴을 '한울님의 얼굴'
> 어린이의 자는 모습 '어린 한울님의 얼굴'

이렇게 표현하면서 그는 아동의 성선성에 기초하여 아동중심적인 측면에서 유아를 존중하자는 운동을 전개하였다.

방정환의 사상을 연구한 김태오(2001)에 의하면, 방정환은 성선설적 유아 이해를 바탕으로 천진무구한 존재인 유아를 하느님과 스승으로 섬겼다고 하였다. 당시의 유아는 천대받고 자랐으며 삶은 참담하였다. 그래서 방정환은 유아가 부모의 소유물이나 사회의 주문품으로 취급하지 말고 한 인간으로 존중하기를 바랐다. 유아에게 기쁨을 주기 위해서 아동존중의 정신을 실천하였다. 방정환은 유아관은 성장의 원리에 입각하였다. 그의 아동관은 서양의 성장주의 유아관에 영향을 받은 것으로 보인다. 성장주의 유아관의 한계를 방정환의 유아교육사상이 갖고 있었지만, 암울한 시대에 유아를 존중하려고 한 방정환의 사상은 오늘날 유아교육현장에서 살아 있다. 어린이날의 제정이 그 대표적인 것이며, 구연동화가 또한 그러하다.

방정환은 유아를 한울님으로 보면서 유아를 사랑하고 존중하려고 한 점은, 서양의 어느 유아교육사상가의 사상 못지않게 위대하다. 그 위대한 사상이 계승되어 유아교육기관에서 유아폭력을 추방하여야 할 것이다. 그는 유아를 한울님이라고 하였다. 인간이 한울님을 폭행할 수 있는가? 이것은 어느 순간에 유아에 대한 존중, 인권에 대한 교육이 유아교육에서 사라지면서 발생하였다.

6 해방 후의 유아교육

1948년 대한민국 정부수립 후 1949년에 「교육법」이 공포되었다. 이 법 10절 제146조, 제147조, 제148조에 유치원에 관한 규정이 포함되어 있었다. 유치원이 교육법 속에 그 자리를 차지하고 목적, 목표 등을 설정하였다. 이 조항은 1947년 3월에 공포된 일본의 「학교교육법」 중 유치원에 관한 조항인 제77조와 제78조를 모방한 것이다. 해방 후 6·25까지 유치원 교육에 대한 저서나 연구발표는 것의 없었고, 유치원 교육은 등한시되었다(김옥련, 1988). 아마 미 군정기에는 초·중·고등교육을 위한 학교 개학이 주요 관심사였을 것이다. 이 때 교육을 담당한 사람은 육군대위 릭카드(E. N. Lockard)였는데, 그는 '새 교육'이라는 이름으로 민주주의 교육이념과 미국식 진보주의 교육방법을 도입하였다. 달톤 플랜(Dalton Plan), 구안법(Project Method)을 도입한 것을 보면, 듀이의 유아교육사상이 이때 유치원 교육으로 나타나지 않은 것이 이상하다.

1950년 제2대 교육부장관(백낙준)이 「국립 유치원 설치 계획」을 발표하여, 유치원 발전을 위한 도약을 시도했으나 6 · 25 사변으로 실패하였다. 1952년 「교육법 시행령」이 공포되면서 유치원 설립인가와 원아 수, 보육 과목, 보육 일수 등을 정하였다. 1950년대에는 전반적으로 유치원 교육에 대한 것이 부진하였다. 1963년에는 「유치원 설치 기본령」을 공포하여 유아교육에 관한 시설을 기준을 정하였다. 1969년 유치원 교육과정이 「교육부령」으로 마련되었다. 1970년에 들어와서는 유아교육에 대한 수요가 증가하자, 민간을 중심의 유치원 교육을 정부 중심으로 전환하려는 움직임이 있었다. 그리하여 1979년 제1차 유치원 교육과정이 개정되어 제2차 유치원 교육과정이 공포되었다.

그 후로 1981년 12월 31일, 「교육부령 제442호」로 제3차 유아교육과정이 개정 공포되었다. 한편, 1982년 유아교육 진흥정책이 가속화 되자 새마을 유아원이 신설되면서 유아교육기관이 급격하게 증가하였다. 동년 12월 31일에는 「유아교육진흥법」이 제정되었다. 1991년 「영유아보육법」이 공포되면서 새마을 유아원은 어린이집이나 유치원으로 전환하였다. 1991년 9월 30일에는 유아교육과정이 제4차로 개정되었으며, 1991년 12월 31일에는 「교육법 제148조」를 개정하였다. 그 내용은 '보육'이 '교육'으로 교정되었고, 1992년 3월부터 만 3세부터 취학 전 시기까지의 유아를 대상으로 하는 전인적 발달을 유아교육의 목적으로 하였다.

1992년 9월 「교육부 고시 제 1992-15호」로 제5차 유치원 교육과정 개정 및 고시하였다. 이 교육과정의 특징은 지방자치제를 전제로 하여 지역문화 및 특성을 살리는 것을 골자로 하고 있고, 교육청과 학교의 교육과정 편성과 운영의 결정권을 부여하고 있다. 1995년 교육개혁위원회가 신교육 체제 수립을 위한 교육개혁방안을 발표할 때, 유치원 교육의 공교육화 방안이 논의되었다. 유치원을 기간학제에 포함하기 위해서 농어촌 지역 및 도시 영세민 자녀를 대상으로 무상교육을 실시하려는 계획을 수립하였다. 이후 교육개혁위원회는 1997년 6월 2일 유아학교 안을 마련하여 대통령에게 보고하였다. 그 내용은 유아학교 체제의 단계적 구축, 취학 전 유아에 대한 유아교육 권리 보장, 유아교육 개혁 추진 체제 확립 등이다. 1998년 3월 1일부터 시행된 「교육법」 개정안에 따르면, 「초등중등 교육법」에 제35조 유치원 교육의 목적, 제36조 유아 입학연령, 제37조 유치원 무상교육 등이 명시되어 있다.

1998년에는 제6차 유치원 교육과정이 개정 및 고시되었다. 이 교육과정은 유아교육현장에 수준별 교육내용의 적절성 및 개별화 교육, 반일제, 종일제, 통합교육 실천, 인성교육의 강화 등을 근간으로 하고 있다. 이후 유아교육 공교육화 운동에 힘입어 2004년 1월 29일 법률 제 7120호로 「유아교육법」이 제정되었다. 이 법으로 인하여 「유아교육진흥법」, 초·중등교육법에 포함되어 있던 유아교육 관련 법 조항이 모두 삭제되면서 독립된 유아교육의 법을 마련하게 되었다. 「유아교육법」은 5개장 34조로 구성되어 있다. 2007년 제7차 유치원 교육과정에서 개정 고시하여 2009년 3월 1일부터 시행하고 있다. 지금 생각하면 이상한 일이었지만, 2004년에는 유아가 다니는 미술학원에도 무상교육비를 지원해야 한다는 의견으로 논쟁이 되었다. 유치원 전환 조건으로 미술학원에도 무상교육비를 지원한다는 방침이 확정되면서 이 논쟁은 종결되었다. 유아교육을 조기교육으로 간주하려는 관점과 유아교육에 정치적 논리를 수용하여 외재적 가치를 추구하려는 세력들에 의해서 유아교육은 도전을 받았다.

한편, 유아교육의 또 다른 기관인 어린이집은 1991년 1월 14일 「영유아보육법」이 신설됨에 따라 국공립 보육시설, 민간 보육시설, 직장 보육시설, 가정 보육시설로 재정립되었다. 그와 동시에 보육사업 주관부처를 보건복지부로 일원화하였고 종전의 단순 '탁아' 사업에서 보호와 교육을 통합한 '보육' 사업으로 확대 발전시켰다. 그 후 10차례 법령개정과 보육시설의 확충을 통하여 보육서비스의 질을 향상시키기 위해서 2004년 1월 29일 「영유아보육법」을 전면 개정하였다. 2004년 6월 12일 정부조직법 개정으로 영유아 보육업무가 보건복지부에서 여성가족부로 이관되었다. 2005

년에는 표준보육과정을 개발하였다.

2011년 5월 2일 그동안 이원화되어있던 유치원과 어린이집의 교육과정을 하나 통합하여 하나의 교육과정으로 만든 것이 5세 누리과정이다. 유아에게 무상교육·무상보육을 동시에 시행하여 양질의 교육과 보육의 경험을 제공하려고 하였다. 2013년 3월 모든 유치원과 어린이집은 5세 누리과정에 이어 3~4세까지 누리과정을 확대하였다. 결국 현재 유아교육과 영유아 보육은 3~5세 유아들은 교육과 보육이 통합된 '3~5세 누리과정'을 통해서 공정한 출발점을 보장받고 있다. 신체운동·건강, 의사소통, 사회관계, 예술경험, 자연탐구라는 누리교육과정의 영역을 통해서 교육과 보육의 통합이 봉합된 것처럼 나타나고 있다.

1990년대 이후부터 유치원 교육과 영유아 보육 간의 갈등(주무부서, 유아교육기관의 다름, 교육내용 영역의 다름)은 유아교육에 대한 명확한 개념 정립이 부족한 상태에서 미국 등 외국의 보육정책을 수용한 결과라 여겨진다. 유아교사가 유아를 교수하는 상황에서도 영유아 신체적 보호와 보살핌의 행위가 발생한다. 영유아 보육교사가 영유아를 보호하고 보살피는 상황 속에서도 교수적 행위는 발생한다. 이러한 점을 망각하고 유아에 교육인가, 보육인가에 대한 부질없는 논쟁이 계속되고 있다. 2015년도에도 유아교육과 영유아 보육을 어떻게 통합할 것인가에 대한 논의가 진행되고 있다.

해방 후부터 지금까지 우리나라 유아교육은 많은 변화를 거치면서 비약적으로 발전하고 있다. 유아교사 양성교육에서부터 전문학회, 유아교육현장과 유아교육정책에까지 다양한 목소리가 반영되면서 진행형으로 발전을 거듭하고 있다. 그럼에도 불구하고 여전히 남은 문제는 유아교육의 완전한 공교육화와 유아교사의 사회경제지 지위 향상을 위한 일련의 조치가 더 개진되어야 한다. 유아교육의 선진화를 위해서 유아교육 발전 5개년 계획의 가시적 성과가 도출되어야 할 것이다.

1) 오천석(吳天錫, 1901~1987)의 『스승』과 유아교육사상

오천석은 1901년 평안남도 강서에서 출생하였다. 호는 천원(天園)이며 미국 콜롬비아 대학교 대학원에서 공부하였고, 미군정 문교부장관, 제2공화국 문교부장관을 역임하였다. 오천석은 해방 후 우리나라 교육 및 학교제도의 기틀을 마련하셨으며, 민주주교육사상의 소개와 실천을 위해 헌신하였다. 해방 이전 컬럼비아 대학에서 듀이의 강의를 직접 듣고 지도를 받았거나 듀이의 교육학을 연구하였을 것이다(임한영,

1968년에 의하면, 김흥제, 장리유, 김필례, 황신덕, 오천석, 서은숙, 노재명, 김활란, 김마리아, 윤성순, 장석영이 듀이에게 직접 배운 한국인임). 이러한 학문적 배경은 당연히 우리나라 유아교육에 관심을 갖고 제도적 기틀을 마련하고자 했을 것이다. 특히 오천석의 유아교육에서 대한 공헌은 한국유아교육학회의 학술지 「유아교육연구」의 휘호를 준 것에서 나타난다.

오천석의 대표적인 저서인 『스승』은 유아교사가 어떠한 길을 가야하는지에 대한 분명한 길을 알려주고 있다. 정원식이 서문에서 쓴 문장을 유아교육으로 변환하여 다시 적으면 다음과 같다. '유아교사의 얼굴은 사람들의 마음속에 감동을 주는 자애와 관용의 부드러운 모습이어야 하고, 유아교사의 손은 새로운 것을 만드는 창조자의 손이며, 유아교사의 길은 비록 고달픈 행로이기나 하나 진리의 탐구자이어야 함을 깨우쳐 주고 있다'(오천석, 2002). 유아교사가 경사(經師)냐, 인사(人師)냐 하는 오천석의 물음은 유아교사들의 삶의 등대가 되고 있다. 또한 유아교사가 스승이라는 칭호를 부여받기 위해서 교직 생활을 어떻게 해야 할 것인지에 대한 깊은 성찰을 제공해주고 있다. 유아교사가 어떠한 삶을 살아가야 할 것인가를 생각한다면, 오천석의 『스승』이라는 저서를 볼 필요가 있다. 그러한 점에서 오천석의 『스승』은 유아교사에게 스승이 되고 있다.

2) 주화정(1942~)의 진실주의 유아교육철학과 유아교육

아마 국내 유아교육학계에서 자신의 유아교육철학을 자신 있게 저서로 제시한 학자는 거의 없는 것으로 보인다. 그러한 가운데서도 주화정은 2008년 9월 1일 『유아교육철학』(개정판, 예일기획)이라는 저서를 출판하면서 자신의 유아교육철학을 제시하였다. 필자의 좁은 식견으로는 아마 국내학자로서 저서를 유아교육철학을 간략하게나마 제시한 것은 주화정이 최초라 생각된다.

주화정은 1942년 충청남도 예산군 광시면 서초정리에서 출생하였다. 부친은 한성은행 강화지점에 근무하였고, 6·25사변으로 부모를 잃고 조부모의 양육으로 예산농업고등학교 졸업하였다. 공주대학교를 졸업한 후 14년간 초등교사를 경험하였다. 그 후 한남대학교 영어교육과, 충남대학교 초·중등교육행정을 전공한 후 공주전문대학 교수로 임용되었다. 1995년 건국대학교에서 교육학박사학위 취득한 2001년 공주대학교 사범대학 유아교육과 교수로 임용되었으며, 2007년 동 대학교에서 정년퇴임하였다.

주화정의 유아교육철학은 유치원, 초등학교, 고등학교, 전문대학, 대학교를 두루 거치면서 형성된 경험과 한기언의 기초주의 교육철학에 근거한 진실주의이다. 교육이념은 진실주의 실현, 인간상은 자유인, 교육방법은 이상과 현실의 조화이다. 그는 원광, 원효, 이황, 이이, 안창호, 루소, 헤르바르트, 프뢰벨, 듀이, 슈프랑거, 한기언의 교육철학을 분석한 후 진실주의 유아교육철학을 제시하였다. 첫째, 유아기의 독립이다. 둘째, 유아교육은 무상으로 유아 전원이 취원되어야 한다. 셋째, 유치원 교육은 위대한 인간의 기초교육이다. 넷째, 유아교육방법은 놀이를 통한 기본생활습관화이다. 다섯째, 유치원의 중심은 원아이다. 여섯째, 유치원 교사는 유아의 내발적 능력의 발아 촉진자이다(주화정, 2008). 간결하지만, 그의 유아교육철학에는 동서양 유아교육철학이 함축되어 있다. 유아교육에서 유아교육철학의 위상이 정립되어 가는 과정에 있다. 주화정의 유아교육철학을 먼저 유아교육학계에 알릴 필요가 있다. 이러한 활동은 또 다른 유아교육철학을 탄생시키는 계기가 되기 때문이다.

7 과제

이 밖에도 현대에 와서 유아교육철학, 사상 그리고 유아교육역사에 대한 저작을 제시한 학자들이 있다. 유아교육의 철학, 사상, 역사를 학문적 신념으로 지속적으로 탐구한 후, 은퇴한 학자들을 찾아야 할 과제가 있다. 이상금의 1987년 『한국근대유치원교육사』(이화여자대학교 출판부), 1995년 『해방 전 한국의 유치원』(양서원), 김옥련의 1988년 『유아교육사』(정민사) 등은 한국 유아교육의 역사를 고찰할 수 있다는 측면에서 매우 귀중한 문헌으로 간주할 수 있다. 각고의 노력 끝에 유아교육의 역사를 조명하여 유아교육의 방향을 제시해 준 이러한 학자들의 유아교육철학, 유아교육사상, 유아교육역사 등이 탐구되어, 한국 현대 유아교육사상가 반열에 올려야 할 것이다. 그 외에도 외국의 이론을 빌어 혹은 한국 전통사상에서 우리나라의 유아교육의 방향을 제시한 유아교육철학자, 유아교육사상가, 유아교육역사가를 찾는 노력은 계속되어야 할 것이다. 우리의 유아교육을 주체적으로 정리하여 우리의 유아교육을 우리가 만들어가야 한다. 유아교육을 공부하는 현 세대도 외국 사상가로 점철된 유아교육철학, 유아교육사상, 유아교육역사를 공부하게 해야 할 것인가?

동양의 유아교육의 철학과 사상, 역사에 대한 연구는 사실 서양에 비하여 미진한 상태에 있다. 중국, 일본, 인도, 베트남, 동남아 등 여러 나라에서 유아에 대한 교육은 어떠한 형태로든지 수행되어 오고 있다. 이들 나라의 육아방법에서 교육을 탐구하여 범세계적인 유아교육의 철학, 사상, 역사를 구성할 필요가 있다. 이러한 측면에서 늦은 감은 있지만, 공자, 진학금(陳鶴琴)의 유아교육사상이 탐구되고 있는 점은 다행이라 생각된다. 임채식(2001)은 공자가 추구하는 인간상을 규명하여, 이를 유아교육에서 구현하기 위한 자료를 제공하려 하고 있다. 안세정, 김은주(2015)는 공자의 예악사상을 통해서 유아음악교육의 방향을 탐색하려고 하였으며, 주희진(2001), 이경자(2005)는 중국 진학금의 유아교육사상을 탐구하여, 서구로부터 유아교육을 받아들여 어떻게 자신들만의 유아교육으로 정착시켰는가를 보여주고 있다. 이처럼 동양의 여러 나라의 유아교육탐구를 통해서 우리나라의 유아교육을 풍부하게 할 수 있는 정보 및 자료를 제공하여야 할 것이다. 이러한 탐구를 통해서 한국의 위대한 유아교육철학자, 사상가, 역사가를 만들어 나아가야 한다. 이 작업은 개인적으로 단시간에 할 수 있는 것이 아니다. 유아교육의 공동체가 인식을 같이 할 때 가능하다. 한국의 위대한 유아교육철학자, 사상가, 역사가의 탄생을 염원한다.

강문희(2012). **영유아생활지도**. 경기: 교문사.

강미희(2005). 삼강행실도의 아동교육사적 가치 연구. **열린유아교육연구, 10**(3), 79-111.

강영삼, 이성흠, 김진영, 조상철(2009). **교육학개론**. 경기: 교육과학사.

강인구(2009). 대안교육 모델로서의 독일 발도르프 유치원. **임상사회사업연구, 6**(2), 5-23.

강태훈(2003). 혜강의 기교육론에 있어서 유아교육의 문제. **영유아교육연구, 6**, 5-21.

강현석, 황윤세(2005). 놀이이론의 재개념화를 통한 유아교육과정 통합 전략의 탐구. **미래유아교육학회지, 12**(2), 33-65.

고문숙, 임영심, 유향선, 황정숙, 김은심(2006). **유아교과교육론**. 서울: 창지사.

______________________________(2010). **유아교과교육론**. 서울: 창지사.

고성민(2005). 생명사상을 기초로 한 불교 유아교육과 발도르프 유아교육 비교연구. 동국대학교 대학원 석사학위논문.

고연경, 김유경, 김정주, 남규, 이정아, 장석경(2012). **유아논리논술교육**. 서울: 동문사.

고정리(2011). **유아 교과 논리 및 논술**. 서울: 파란마음.

고현, 정명자(2012). 어머니의 유아교육기관 선택 결정요인 모형 분석. **미래유아교육학회지, 19**(3), 99-121.

고후순, 김동일, 조옥희(1997). **유아교육사상사**. 경기: 양서원.

곽덕영, 양승희(2000). 포스터모더니즘 시대의 유아교육. **논문집, 22**, 109-124.

곽윤숙(2008). 유아교육의 주체로서 어머니와 유아교사에 대한 비판적 고찰: 모성과 보살핌 의 담론을 중심으로. **유아교육연구, 28**(6), 47-64.

곽향림(1997). 아동 문학에서의 패러디의 교육적 활용. **유아교육학논집, 1**(2), 71-90.

교육과학기술부(2011). 「**2011년 교원자격검정실무편람**」.

교육학사전편집위원회(1972). **교육학대사전**.

구정화, 박윤경, 설규주(2010). **다문화교육의 이해와 실천**. 서울: 동문사.

권건일, 신재흡(2007). **유아교사론**. 경기: 양서원.

권기욱(2007). **유아교육기관평가**. 서울: 보현사.

권미량, 서영희(2015). **보육학개론**. 서울: 동문사.

권영례, 김소라(2011). **영유아교사론**. 경기: 양서원.

권영례, 권혜진(2012). **영유아교사론**. 서울: 방송통신대학교 출판부.

권은주(1994). 불교설화의 유아교육적 가치 탐색. 숙명여자대학교 대학원 박사학위논문.

_____(1999). 백유경과 유아 도덕성. **한국일본교육학연구, 3**(1), 121-139.

_____(2000). 불교 생명존중사상의 유아교육 적용. **아동권리, 4**(2), 171-181.

권은주, 신양재(2012a). 대승기신소·별기에 나타난 인식론의 유아교육적 의미 연구Ⅰ. **한국영유아보육학, 71**, 265-288.

___________(2012b). 대승기신소·별기에 나타난 인식론의 유아교육적 의미 연구Ⅱ. **한국영유아보육학, 73**, 123-148.

김경미(2009). 유아 영성형성을 위한 기독교교육. 장로회신학대학교 대학원 석사학위논문.

_____(2013). **유아과학교육**. 서울: 창지사.

김경숙, 김미숙, 김성애, 김수진, 박숙영, 백유순, 이성봉, 조광순, 조윤정, 최민숙, 허계형

(2002). **유아특수교육개론**. 서울: 학지사.

김경철, 김안나(2009). **유치원기관평가의 이해와 실무**. 서울: 학지사.

김경철, 채미영(2001). 한국 전래동화에 나타난 아동관 분석. **열린유아교육연구, 6**(3), 203-218.

김경희(2011). **영유아교수법**. 서울: 꿈의 날개.

김귀성(2009). P. A Vagnoni 著『童幼教育』에 나타난 아동교육론. **교육문제연구, 11**(25), 21-42.

김규수(1997). 아동중심교육의 개념적 고찰: DAP에 관한 견해. **열린유아교육연구, 2**(2), 49-68.

_____(2000). 포스트모더니즘과 유아교육. **열린정신문학연구, 1**, 81-102.

_____(2001). 포스트모더니즘적 유아교육사상 고찰. **유아교육연구, 2**(1), 161-176.

김나림, 이종향(2013). 로봇 플랫폼에 따른 유아의 사회적 행동 연구. **교육종합연구, 11**(4), 23-40.

김명숙(2009). 발도르프 어린이집 혼합연령 학급에 대한 교사의 인식 및 교사의 역할. **발도르프교육연구, 1**(1), 67-97.

김명희, 이종헌, 고은님(2007). **영유아교수학습방법론**. 경기: 양서원.

김미경, 허계형, 최영해(2011). **특수유아교육**. 서울: 교육아카데미.

김미라(2011). 전통 유아예절교육의 현 대적 활성화 방안 연구 -『격몽요결(擊蒙要訣)』의 "입지(立志)"와 "실천위주" 교육을 중심으로. **미래유아교육학회, 18**(2), 201-222.

김미량, 김수희(2013). **영유아교수방법론**. 경기: 공동체.

김민진(2011). 다문화 정보 그림책을 활용한 유아 다문화교육이 유아의 다문화 인식에 미치은 영향. **열린유아교육연구, 18**(5), 79-107.

김상림, 안효진, 이시자(2011). 유아 다문화교육 관련 연구동향 분석: 국내 학술지를 중심으로. **한국보육학회지, 1**(2), 147-171.

김성혜, 김춘일(2005). **유아교육사**. 경기: 교육과학사.

김수향, 이용주, 이은진(2013). **유아교육기관 운영관리**. 서울: 동문사.

김순옥(1992). **학부모의 학교 교육 참여 실제에 관한 연구**. 서울: 한국교육교원단체총연합회.

김승옥, 황윤세(2006). 유아교사(예비·현직)의 자기평가와 교사 전문성 인식간의 관계. **아동교육, 15**(4), 117-126.

김애자(2007). 현상학적 관점에서 본 유아교육과정의 재개념화. **현상해석학적 교육연구, 5**(1), 69-87.

김연진, 이상희(2012). **부모교육**. 서울: 태영출판사.

김영숙(2012). 남명의 실천 사상이 유아교육과정에 주는 함의. **남명학연구, 34**, 243-265.

김영실, 윤진주(2012). **유아교사와 유아를 위한 논리·창의·논술교육**. 서울: 공동체.

김영애(2001). 유아교사를 위한 교과교육학의 탐색. **서강정보대학 논문집**, 47-62.

김영옥(2005). 유아교육 연구의 성과와 전망. 한국유아교육학회 편. **유아교육학의 이해**. 경기: 양서원. (pp. 19-34).

_____(2009). 한국 유아교육·보육프로그램의 동향과 과제. **아동교육, 18**(3), 55-68.

김영옥, 백혜리(2000). 조선 시대 아동 양육 방법에 관한 문헌적 탐구. **유아교육학논집, 4**(1), 5-25.

김영우(1987). 오웬. 한국교육학회 교육사연구회 편. **교육사상가평전**. 서울: 교학연구사. (pp.

279-300).

김예주, 이윤주(2012). 국내 놀이치료의 연구동향 -국내학회지 게재논문(2000-2010)을 중심으로. **한국놀이치료학회지, 15**(3), 329-343.

김옥련(1988). **유아교육사**. 경기: 정민사.

김은경, 권대원(2013). 『예기』, 『악기』를 통해 살펴 본 <서동요>의 유아 교육적 의의. **신라문화, 41**, 281-324.

김은영, 신현옥, 신화식, 정정옥(2012). **아동복지**. 경기: 교문사.

김은주, 서영희, 임재택(2006). 한국 속담에 나타난 전통 아동교육관 연구. **아동교육, 15**(4), 37-55.

김은혜(2011). 유치원 교육과정 변천에 따른 유아 사회교육 동향 분석. 영남대학교 대학원 석사학위논문.

김은희(2000a). **레지오 에밀리아 접근법의 이해와 현장 적용: 다양하게 표상하며 몰입하여 사고 하기**. 서울: 창지사.

______(2000b). 최근 유아교육 프로그램. 방인옥, 박찬옥, 이기현, 김은희. **유아교육과정**. 경기: 정민사. 299-363.

______(2004). 사회적 구성주의 패러다임의 학습공동체 실천을 통한 기관수준의 유아교육과정 변형에 관한 연구. **유아교육연구, 24**(4), 161-198.

______(2007). 관계에 기초한 유아교육과정 변형여정과 실천 돌보기. **변형영유아교육연구, 5**(2), 5-28.

김점옥(1998). 불교와 동학에서 나타난 생명사상의 유아교육적 함의. 부산대학교 대학원 석사학위논문.

김정래(2002). **아동권리향연**. 경기: 교육과학사.

김정숙, 이종향, 박영숙, 조현정(2011). 유치원 교사, 학부모, 일반인이 인식하는 유치원 교사의 직업적 이미지. **유아교육학논집, 15**(3), 459-484.

김정신(2004). 영성지향 유아교육의 목적 설정을 위한 연구. **유아교육연구, 24**(2), 107-133.

김정원, 김유정, 이효정(2008). **교수-학습방법**. 서울: 공동체.

김정임(2008). 발도르프 유아교육의 원리와 유아교과교육. **한국발도르프 영유아교육학회학술대회, Vol, 2008. 1**, 69-88.

김정환(1974). **페스탈로찌의 생애와 사상**. 서울: 박영사.

______(1987). 페스탈로찌. 한국교육학회 교육사연구회 편. **교육사상가평전**. 서울: 교학연구사. (pp. 167-182).

김제한(1998). **발달심리학**. 경기: 양서원.

김주아, 류현수(2008). **아동복지**. 서울: 동문사.

김주영(2008). 생태유아교육과 불교유아교육의 사상에 관한 연구. 동국대학교 대학원 석사학위논문.

김진(2012). 인천광역시 유치원교사의 유치원 기관평가에 대한 인식 비교. 경인교육대학교 대학원 석사학위논문.

김진영, 백혜리, 최윤정(2009). **교수-학습방법론**. 경기: 양서원.

김치곤, 윤경옥, 오세경, 박종수, 김명숙, 신미숙(2012). 유아 과학교육 프로그램의 연구동향 분석. **유아교육학논집, 16**(6), 49-73.

김치영, 임상도(2014). 유아교사의 권위 상실에 대한 원인 분석과 권위 정당화 방안 탐색. **아동교육, 23**(4), 25-44.

김태오(2001). **아동교육의 철학적 탐구**. 서울: 특수교육.

김향은(2001a). 『동몽수지(童蒙須知)』에 나타난 아동교육내용 연구. **한국영유아보육학. 28**, 65-81.

_____(2001b). 전통사회의 아동교육원리. **아동연구, 10**, 66-86.

_____(2003). 조선시대 아동교육서를 통해 본 전통아동교육원리. **민족문화연구, 39**, 403-438.

김현기(2001). 레지오 접근법과 단원중심 접근법이 유아의 창의적 표현능력 발달에 미치는 영향에 관한 비교연구. 성균관대학교 대학원 석사학위논문.

김현자, 김혜금, 이상희(2012). **유아교사론**. 서울: 태영출판사.

김현자, 한성심(2010). **영유아교수방법론**. 서울: 태영출판사.

김현주(2013). 영아교사 관련 주제 연구동향 분석. **유아교육학논집, 17**(4), 401-419.

김혜라, 김지영, 지경진, 성연승(2011). **유아 논리·논술 교육**. 경기: 양서원.

김호(2013). 유아교사의 창의적 수업 능력 평가 도구 개발. **열린유아교육연구, 18**(4), 377-396.

김회용(2008). 한국 어린이 철학교육의 발전 방안 모색. **교육사상연구, 22**(3), 21-41.

_____(2012). 지식기반 사회에서의 철학적 탐구공동체를 통한 유아 사고력 계발연구. **교육연구, 14**(2), 357-380.

김희섭, 이경화(2007). 속담을 통해 본 제주의 전통적 자녀양육관. **미래유아교육학회지, 14**(4), 303-323.

김희수, 김용환, 하정연(2013). **유아교과 논리 및 논술**. 서울: 태영출판사.

김희연(2004). 실행연구자(action researcher)로서의 유아교사: 유아교사의 정체성 확립을 위한 일고. **유아교육연구, 24**(6), 235-255.

김희연, 정선아(2006). 어린이의 삶의 관점에서 본 유아보육·교육과정의 본질. **유아교육연구, 26**(5), 355-376.

김희태 편저(2010). **유아교육철학과 교육사**. 서울: 한국방송통신대학교 출판부.

김희태, 곽노의, 백혜리(2010). **유아교육철학 및 교육사**. 서울: 한국방송통신대학교 출판부.

김희태, 백순근(2012). **유아교육평가**. 서울: 한국방송통신대학교 출판부.

나귀옥, 김경희 (2008). 포스트모던 사회의 유아의 이해에 근거한 유아교육의 방향. **미래유아교육학회지, 15**(2), 353-376.

나은숙, 김세희 (2003). 어린이문학교육을 위한 패러디 그림책의 분석. **어린이 문학교육 연구, 4**(2), 99-116.

남웅선혜, 임진형(2000). 유아예비교사를 위한 교과교육론 PBL 수업설계 적용 연구. **육아지원연구, 1**(1), 67-94.

노영희(2010). 포스트모더니즘 관점에서 본 Anthony Browne의 어린이 그림책 특징 연구. **열린 유아교육연구, 15**(2), 273-299.

노영희, 조선희(2012). 포스트모던 그림책 읽기에 나타난 유아의 의미 구성적 반응. **열린유아교육연구, 17**(4), 391-419.

노진아, 이규옥, 정길순, 육성희(2009). 국내 유아특수교육 관련 연구의 동향 분석: 창간호부터 2008년 6월까지 국내 유아특수교육 관련 전문 학술지에 게재된 논문을 중심으로. **유아특수교육연구, 9**(1), 1-32.

라정숙(2012). **유아수학교육**. 서울: 문음사.

류미향(2011). 유아 생명존중 교육과정 개발을 위한 기초연구. **교육과정연구, 29**(1), 21-40.

류칠선(2000). 소학에 나타난 아동교육론. **아동학회지, 21**(1), 215-234.

_____(2002). 동몽수지에 나타난 아동교육내용연구. **한국영유아보육학, 28**, 65-81.

마송희(2007). 유아영어교육 연구동향. **열린유아교육연구, 12**(5), 185-208.

명지원(2010). 방정환의 아동교육사상에 대한 연구. **열린유아교육연구, 15**(1), 85-110.

문미옥, 류칠선(2000). 소학에 나타난 아동교육론. **아동학회지, 2**(1), 215-234.

문태형(2006). **유아교육연구법**. 대구: 대구대학교 출판부.

민정아(2013). 한국 생태유아교육학의 연구 동향. 한국교통대학교 대학원 석사학위논문.

박덕규(1991). **프뢰벨의 교육사상과 킨더가르텐**. 서울: 박영사.

박사빈 (2011). 포스트모더니즘 관점에 기인한 유아 문학의 방향 및 과제. **한국영유아보육, 68**, 171-187.

박선영(2010). 달크로즈 기법을 적용한 음악치료가 유아의 일상적 스트레스에 미치는 효과. **종합예술과 음악학회지, 4**(1), 83-101.

박선희, 김희태(2012). **아동건강교육**. 서울: 한국방송통신대학 출판부.

박성미, 김민진(2013). 유치원 교사의 유아교육용로봇 제니보 활용실태 조사연구. **어린이미디어연구, 12**(2), 141-168.

박성연, 박응임, 서소정, 안지영, 이주연, 임희수, 장혜성, 한세영(2007). **영유아교수법**. 경기: 교문사.

박수정(2000)편저. **현장 유아 교육과정**. 서울: 열린교육.

박승순(2013). 유아교사의 수업평가 도구개발 연구-대집단 이야기나누기와 소집단 조형활동 수업을 중심으로. **열린유아교육연구, 18**(4), 351-375.

박아청(2001). **교육심리학의 이해**. 경기: 교육과학사.

박영태, 하수연, 박정숙(2009). 이덕무의 『사소절』, 「동규」편과 2007년 개정 유치원 교육과정 비교연구. **석당논집**, 217-259.

박영태, 허해옥(1998). **인성교육 프로젝트 이론과 실제**. 서울: 한국유아교육정보.

박은주(2010). 유악교사 지각한 직무스트레스, 교사효능감, 사회적 지지 및 조직 효과성과의 관계. 대구대학교 대학원 박사학위논문.

박은영, 장완수(2013). 유아교육기관 관련 판례분석: 2000년부터 2011년을 중심으로. **열린유아교육연구, 18**(1), 261-282.

박준영, 천정미(2002). 교육자의 권위 위기 현상과 권위 회복. **인문과학논총, 5**, 205-221.

박지현, 강충열(2011). Peters의 교육적 권위의 실제. **초등교육학연구, 18**(1), 87-105.

박찬옥, 지성애, 김미경, 이부미, 채영란,김현경, 김순자(2011). **유아 다문화교육**. 서울: 창지사.

박찬옥, 지성애, 조형숙, 서동미, 곽현주, 엄은나, 한진원, 김현주, 김민정, 홍찬의(2012). **논리·창의성 교육**. 경기: 정민사.

박찬옥, 서동미, 곽현주(2014). **유아교과교육**. 경기: 정민사.

박해미(2001). 유아교육에 있어서의 보르노(O. F. Bollnow)의 사상. **기전여자대학 논문집**, 139-151.

박향원, 임부연(2012). 심미적 유아교육과정 개발을 위한 기초 연구. **유아교육연구, 32**(5), 495-524.

박현진, 정대련(2005). 자타카의 유아교육적 의미. **생활과학연구, 10**, 145-160.

박혜준, 박새롬, 서진실, 이보람(2012). **유아 다문화교육론**. 경기: 교문사.

박화윤, 김영애, 마지순, 안라리, 이선원, 이희자, 조진희, 허은주(2011). **교과교육학**. 서울: 공동체.

박화윤, 김영애, 이선원, 이희자, 안라리(2007). **창의적 교과교육**. 서울: 동문사.

박화윤, 임경례, 강영식, 이연희, 조진희(2010). **부모자녀관계론**. 서울: 동문사.

박희은, 임성혜(2011). 유아 다문화 연구에 대한 동향분석. **현상·해석학적 교육연구, 8**(2), 73-91.

방인옥, 박찬옥, 이기현, 김은희(2003). **제2판 유아 교육 과정**. 경기: 정민사.

________________________(2013). **유아교육과정**. 경기: 정민사.

백경순(2009). 유아문학 관련 논문의 연구동향 분석. **어린이 문학교육 연구, 10**(2), 177-199.

백경임(1981). 불타의 재가아동관. **아동학회지, 2**(1), 55-66.

_____(1986). 불교적 관점에서 본 수태·타태·출산. **아동학회지, 7**(1), 49-65.

백수정(2003). 최한기의 유아교육사상에 관한 연구. 이화여자대학교 대학원 석사학위논문.

백청일 편저(2008). **유아 교육론**. 서울: 북타운.

백혜리(1999). 백동자도를 통해 본 조선 후기의 아동인식. **유아교육연구, 19**(2), 59-77.

_____(2001). 조선중기 양아록(養兒錄)을 통해 본 아동 인식. **아동학회지, 22**(2), 205-218.

_____(2006). 해방전 한국인의 아동관 변천: 1876-1945. **열린유아교육연구, 11**(2), 391-417.

서동미, 엄은나(2013). 유치원 교사의 학급 경영에 대한 인식과 자기평가. **유아교육학논집, 17**(5), 165-185.

서동미, 엄은나, 이혜경, 박성희(2013). **유아교과교육론**. 서울: 공동체.

서봉연, 이순형(1994). **발달심리학**. 서울: 중앙적성출판사.

서상문, 장사형 (2006). 포스트모던 유아교육의 재구성. **교육철학, 29**, 65-93.

서순태(2003). 유아의 인간성 교육을 위한 제고. **교육철학, 23**, 109-124.

_____(2004). 전래동화를 통한 유아의 내면적 질서 교육. **교육철학, 8**(25), 43-59.

서정숙, 전효훈 (2012). 패러디 그림책의 유형 분석. **어린이문학교육연구, 13**(3), 285-306.

서현숙(2007). 놀이 개념의 분석과 교육적 가치. 계명대학교 대학원 박사학위논문.

성현주(2014). **유아논리교육**. 서울: 태영출판사.

손미순, 최애나(2011). 전래동요를 활용한 음악치료가 학령기이전 아동의 정서지능과 친사회적 행동에 미치는 영향. **정서·행동장애연구소, 27**(2), 135-158.

손영수(1998). 유아생활세계 연구를 위한 해석학적 탐구 방법에 대한 고찰. **영유아교육연구, 1**, 139-165.

_____(2001). **유아는 온몸으로 생활한다**. 경기: 양서원.

손원호(2013). **유아를 위한 체육교육활동의 이론과 실제**. 경기: 스포츠북스.

송명자(1995). **발달심리학**. 서울 : 학지사.

송진영, 임부연(2011). 칸트 반성적 판단의 유아교육적 의미 탐구. **교육혁신연구, 21**(1), 63-81.

신득렬(1981). **교육철학**. 대구: 학문사.

_____(1983). **권위**. 대구: 학문사.

_____(2000). **교육사상사**. 서울: 학지사

_____(2002). **위대한 대화**. 대구: 계명대학교 출판부.

_____(2003). **현대교육철학**. 서울: 학지사.

신성숙(2013). Postmodernism 관점에서 본 Montessori 교육학. **어린이문학교육연구, 14**(4), 711-723.

신세니, 안지성(2012). 포스트모던 그림책의 번역에서 나타난 파라텍스트의 변형 연구. **유아교육연구, 32**(3), 73-100.

신세니, 조희숙(2011). 포스트모던 그림책 파라텍스트의 특성 연구. **유아교육연구, 31**(4), 31-58.

신수진, 최준식(2002). **현대 한국사회의 이중가치체계**. 서울: 집문당.

신양재(1994). 고려 시대 아동교육 연구. **대한가정학회지, 32**(5), 125-134.

신양재, 권은주(2004). 고려시대의 아동교육, **유아교육연구, 24**(1), 5-28.

___________(2005). 고려말 문집에 나타난 아동교육. **유아교육연구, 25**(6), 35-59.

신옥순(2005). **유아교육학개론**. 서울: 학지사.

신은미(2004). 포스트모더니즘의 교육적 함의. **경북논총, 8**, 331-349.

신지영(1999). 불교의 생명사상에 나타난 유아교육원리. 부산대학교 대학원 석사학위논문.

신혜은, 고태순, 장세희(2012). **영유아 교수방법**. 경기: 양서원.

심성경, 조순옥, 이정숙, 이춘자, 이선경, 이효숙(2004). **유아 교육 개론**. 서울: 창지사.

심성조(2001). 동학의 유아존중교육사상 연구. 한국교원대학교 대학원 석사학위논문.

심정렬(2008). 이덕무(이덕무)의 사소절 동규 편을 통한 교육방법 연구. **한문학논집, 27**, 153-186.

안경식(2002). 구비설화에 나타난 전통 아동교육관 연구. **한국교육사학, 24**(1), 193-215.

안세근, 김복영(2008). A. N. Whitehead의 교육철학에 나타난 영성이 유아교육과정에 주는 함의. **열린유아교육연구, 13**(1), 463-477.

안세정, 김은주(2015). 공자의 예약사상으로 살펴본 유아음악교육의 방향 탐색. **교육사상연 구, 29**(2), 101-127.

안지령(2010). 유아 이야기에 대한 고찰. **아동교육, 19**(4), 189-198.

안혜준(2008). 유아와 함께하는 연구의 교육적 의미. **변형영유아교육연구, 2**(1), 101-118.

양승희, 이순영(2002). 포스트모더니즘 시대의 유아교육. **한국보육학회지, 2**(2), 139-155.

양옥승(1987). 유아교육과정 연구의 재개념화. **유아교육연구, 7**, 5-23.

_____(1993). 유아교육과정 연구의 재개념화. **유아교육연구, 13**, 93-113.

_____(2000a). 유아교육과정 이론. **교육학연구, 38**(1), 135-151.

_____(2000b). 재개념론적 관점에서 본 유아교육과정 탐구. **한국영유아보육학, 22**. 139-170.

_____(2002a). 유아교육과정의 개개념화. **교육과정연구, 20**(1), 53-73.

_____(2002b). 재개념론적 관점에서 본 유아교육과정 탐구. **한국영유아보육학, 22**, 139-170.

_____(2002c). **유아교육기관종합평가 모형 개발**. 서울: 창지사.
_____(2004). 보살핌의 텍스트로서 유아교육과정 이해. **유아교육연구, 24**(4), 247-262.
_____(2005a). **유아교육연구방법**. 경기: 양서원.
_____(2005b). 아동중심 교육과정의 의미 탐구. **유아교육연구, 25**(2), 103-118.
_____(2006a). 삶의 맥락에서의 영유아 보육과정 탐구. **유아교육연구, 26**(6), 253-267.
_____(2006b). 유아교육과정 이론. **유아교육학 탐구**. 서울: 학지사.
양옥승, 손복영 (2008). 보살핌 텍스트로서 유아교육과정 이해(Ⅱ). **사회과학연구, 14**, 75-90.
양옥승, 이정란 (2003). 유아 도덕교육에 대한 고찰. **덕성여대논문집, 32**, 81-100.
양옥승, 이정란, 나은숙(2002). 유아의 관점에서 본 놀이. **열린유아교육연구, 7**(1), 143-165.
어은정(2013). 철학적 탐구공동체에 참여한 유아교사의 경험: '철학함', 교육신념, 교육 실천의 측면에서. 동덕여자대학교 대학원 박사학위논문.
염지숙(2001). 유아교육연구의 다원화. **유아교육연구, 21**(2), 185-204.
_____(2006). Narrtive inquiry - A trend, issues, and possibilities. **교육인류학연구, 9**(1), 99-122.
염지숙, 방유선(2013). 영유아교사의 직업의식과 윤리. **유아교육학논집, 17**(5), 229-249.
염지숙, 이명순, 조형숙, 김현주(2011). **유아교사론**. 경기: 정민사.
오문자(2013). **레지오 알아가기**. 경기: 정민사.
오인탁(1999). 이소크라테스. 연세대학교 교육철학연구회 편. **위대한 교육사상가들Ⅰ**. 경기: 교육과학사. (pp. 111-159).
오종숙(2010). **미술교육**. 경기: 양서원.
오주, 이덕희, 이명희(2012). **아동복지론**. 서울: 동문사.
오채선, 염지숙(2007). 유치원 도덕 교육의 재개념화: 신화에서 벗어나기. **한국열린유아교육학 2007년 추계학술대회.** (pp. 267-297).
오천석(2002). **스승**. 경기: 교육과학사.
우남희(1999). 조선시대 아동용 교재에 나타난 정서지능. **아동학회지, 20**(1), 3-14.
우수경, 채미영, 최미화, 남옥자, 고정리, 유영의, 강민정, 이정미, 김호, 임진형(2009). **유아교과교육론**. 서울: 창지사.
우영효(2006). 이덕무 사소절에 나타난 인성교육 분석. **아동교육, 15**(1), 109-121.
위영희, 한성희, 박정원, 석은선, 문혁준, 이희정(2008). **영유아 교수방법**. 서울: 창지사.
유구종, 이정순(2013). 지능형로봇 활용 프로그램의 사회·정서 관련측면에서의 효과. **유아교육연구, 33**(2), 393-425.
유봉우(1987). 루소. 한국교육학회 교육연구회편. **교육사상가평전**. 경기: 교육과학사. (pp.135-150).
유수경, 황해익(2007). '유아교육연구'에 나타난 질적 연구논문의 동향 분석. **유아교육연구, 27**(2), 295-321.
유수옥(2005). **유아특수교육론**. 서울: 학지사.
(2010). **특수유아교육**. 서울: 창지사.
유영의, 곽정인(2012). 유아문학 연구의 동향 분석: 학위논문을 중심으로(1992-2010). **어린이문학교육연구, 13**(1), 107-130.

유정은(2014). 유아교육기관 운영관리 평가척도 개발 및 타당화 연구. 아주대학교 대학원 박사학위논문.

유혜령(1997a). 질적 아동연구를 위한 해석학의 방법론적 시사. **아동학회지, 18**(2), 57-71.

_____(1997b). 현대 해석학의 관점에서 본 아동이해의 문제. **아동교육, 6**(1), 96-110.

_____(2008). 놀이 교육론 해체하기. **영남대학교 인문과학연구소학술대회**, 29-41.

_____(2010). 유아교육의 본질을 향한 서로 다름 목소리. **유아교육연구, 30**(1), 295-319.

_____(2011). 포스트 시대 질적 연구방법의 경향과 논리. **유아교육연구, 31**(6), 511-533.

유혜령, 강은희, 박지영(2005). **유아 교수공학과 교수·학습 방법**. 서울: 창지사.

육현수(2014). 유아교육기관에서 대한 어머니의 선택 요인 및 만족도의 연구. 중부대학교 대학원 석사학위논문.

윤소영(2002). 퇴계와 율곡의 가정교육 비교. 동아대학교 대학원 석사학위논문.

윤은주(2002). 정을 위한 교육. **유아교육연구, 22**(4), 189-200.

_____(2010). 유초연계의 재개념화. **유아교육학논집, 14**(6), 273-292.

윤정한, 임수양, 정태희(2008). **영·유아 교수방법론**. 서울: 형설출판사.

윤호창(2013). 대구지역 유아체육에 대한 학부모의 인식도 및 만족도에 관한 연구. 계명대학교 대학원 석사학위논문.

윤회정, 신혜영, 임미혜, 김애옥, 나은숙, 이분려, 장미아(2005). **영유아 교육과정**. 경기: 양서원.

윤희경, 이미예, 김애옥, 이분려, 장미아, 고영희(2003). **현장중심 유아 교수-학습 방법**. 서울: 창지사.

이경미, 정규진, 최애나(2011). 음악치료가 다문화가정 아동의 언어 표현에 미치는 영향. **예술심리치료연구, 7**(3), 39-61.

이경민(2008). 교육프로그램측면에서의 유아교육 동향과 과제. **미래유아교육학회지, 15**(1), 81-105.

이경자(2005). 진학금의 유아교육사상. **한국교육학연구, 11**(2), 45-64.

이경화, 조순옥, 김정원, 신은희, 이연규, 이문정(2010). **언어교육**. 서울: 창지사.

이기숙(2001). **유아교육과정**. 경기: 교문사.

_____(2003). **유아교육과정**. 경기: 교문사.

_____(2008). **유아교육과정**. 경기: 교문사.

_____(2009). **유아교육과정**. 경기: 교문사.

_____(2012). **유아교육기관평가**. 서울: 창지사.

_____(2015). 한국유아교육과정의 과거, 현재, 미래에 대한 조망. **한국유아교육학회 정기학술대회논문집. Vol. 2015**. (pp. 19-47).

이기현(2013). **유아과학교육**. 경기: 정민사.

이대균(2004). **유아교육기관 평가의 이론과 실제**. 경기: 양서원.

이대균, 배경순(2007). 유아교육기관 평가 관련 논문의 연구동향 분석. **유아교육학논집, 11**(3), 293-309.

이돈희(1986). **도덕교육원론**. 경기: 교육과학사.

이동원(1989). 유아기 종교교육 지도를 위한 철학적 접근. 삼육대학교 대학원 석사학위논문.

이문옥, 이지영, 이방실(2006). 유아 언어교육 관련 연구동향 분석: 1996-2005. **유아교육연구, 26**(5), 401-424.

이미옥(2006). 한국의 유아미술치료 연구동향 분석. **미술치료연구, 13**(4), 707-725.

이병인(2011). **유아특수교육의 이해**. 서울: 단국대학교 출판부.

이병진(1999). 현장 유아교육의 질 개선 방안. **미래유아교육학회지, 6**(1), 29-61.

이병호, 오한나, 허수향(2012). 유아 교육에서의 부모 참여 관련 연구 동향 분석. **한국교육문제연구, 31**(1), 165-179.

이부미(2006). 생태유아교육과정과 기계론적 패러다임 유아교육과정의 접목 가능성에 대한 탐색. **생태유아교육연구, 5**(2), 23-46.

이상금(1987). **한국근대유치원교육사**. 서울: 이화여자대학교 출판부.

______(1995). **해방 전 한국의 유치원**. 경기: 양서원.

이상욱(1997). 유아교육철학적 관점에서 본 유아문학교육 접근에 관한 분석 연구. **열린유아교육연구, 2**(2), 89-108.

______(2008). **유아교육 사상사의 두 지평: 유아교육사상가 저서와 유아교육 상황의 만남**. 경기: 교육과학사.

이선숙, 양경숙(2007). **유아교육의 역사와 철학**. 서울: 청목출판사.

이선영, 장영희(2015). 유아교과 논리 및 논술 과목 개설현황 및 교재분석. **육아지원연구, 10**(1), 189-208.

이성진(2001). **교육심리학서설**. 경기: 교육과학사.

이성태(1983). **유아교육**. 대구: 학문사.

이세나(2009). 유아교육에서의 통합교육과정. **문화예술교육연구**, 4(1), 65-95.

이소현(2003). **유아특수교육**. 서울: 학지사.

이소희(2005). **보육학개론**. 경기: 양서원.

이송희(2014). 유아 수학교육 관련 논문의 연구 동향 분석: 1996~2013년 발표된 학위논문을 중심으로. 이화여자대학교 대학원 석사학위논문.

이숙희(1999). 1910년대 한국유치원 교육에 관한 고찰. **열린유아교육연구, 4**(2), 281-301.

이순복, 김성원, 김정희, 박지영, 석은조(2013). **놀이지도**. 경기: 양서원.

이순형, 이혜승, 이성욱, 황혜신, 이영미, 정윤주, 한유진, 성미영, 권기남(2007). **영유아 교수방법**. 서울: 학지사.

이시자(2010). 유아놀이 연구의 최근 동향 분석 :학술지 논문을 중심으로. **유아교육연구, 30**(5), 263-290.

이연섭, 강문희(1995). **유아의 언어교육**. 서울: 창지사.

이연승(2003). 모던사회에서 포스트모던 사회로의 과도기에 있어서 유아교육의 방향. **교육과학연구, 34**(2), 73-94.

이영석, 박재환, 김경중(2005). **유아교육개론**. 서울: 형설출판사.

이영애(2009). 유아음악교육의 연구동향 분석-국내 학위논문을 중심으로. **한국음악교육학회, 37**, 193-213.

이영자, 이기숙(1997). **유아교육프로그램**. 서울: 교문사.

이영자, 이기숙, 이정욱(2009). **유아 교수·학습 방법**. 서울: 창지사.

이영주(2004). 한국 유치원교육과정에 대한 비판이론적 분석. 계명대학교 대학원 박사학위논문.

이원영(2007). John Dewey의 교육철학에 나타난 유아교육의 주요개념 탐구. **유아교육학논 집, 11**(4), 5-27.

이원영, 박찬옥, 조형숙, 곽현주, 구수연, 김정미, 이승아(2004). **유치원 교사의 지위향상과위상 강화에 관한 연구**. 경기: 정민사.

이윤진(2006). **일제하 유아보육사**. 서울: 혜안.

이은경, 이은하(2014). **유아교사를 위한 논리 및 논술**. 서울: 동문사.

이은화, 배소연, 조부경(1998). **유아교사론**. 경기: 양서원.

이은화, 이정환, 이경우, 이기숙, 박은혜, 홍용희(1997). 이화여자대학교 사범대학 부속 이화유치원 교육과정의 역사적·철학적 기초. **교육과학연구, 26**, 5-31.

이일주, 장인영(2012). 유아교육연구에서 생태교육 관련 용어 통일을 위한 기초 연구. **열린 유아교육연구, 12**(7), 301-321.

이정란(2004). 어린이집에서의 교사의 힘에 관한 연구. **유아교육연구, 24**(4), 161-198.

이정선, 최영순, 김정우, 이경학, 임철연, 최만, 유현석(2010). **초등학교 다문화교육의 이해**. 서울: 동문사.

이정욱(2013). 유보통합에 따른 새로운 도전과 과제. **한국유아교육학회, 정기학술대회논문집, Vol. 2013**. (pp. 19-31).

_____(2014). 단계적 유보통합의 성공하기 위하여. 국회 교육문화체육관광위원회. **3~5세누리 과정 정립을 위한 「유보통합 어디까지 왔나 기획토론회」 1**. (pp. 18-28).

이정욱, 이소정(2013). 유아교육분야 R-러닝 관련 연구의 경향 분석. **어린이미디어연구, 12**(3), 197-219.

이정환, 김희진(2007). **영유아교육의 교수학습방법**. 서울: 파란마음.

이종향, 김나림, 김치곤(2013). 유아동작교육, 유아체육교육의 교과목 이수에 따른 유아교사 의 유아체육활동에 대한 인식 및 실태 조사. **열린유아교육연구, 18**(6), 257-277.

이지현, 김정주(2012). 그림책을 활용한 유아 수학 교육 연구 동향 분석: 2000년 이후 논문을 중심으로. **어린이문학교육연구, 13**(3), 47-67.

이차숙(2013). 그림책 코드 변화에 따른 그림책 읽기 지도 방법 탐색. **미래유아교육학회지, 22**(4), 73-94.

이천영(2005). 기독교 유아교육의 고찰. 중앙대학교 대학원 석사학위논문.

이춘희(2009). **유아의 배려적 사고 교육: 어린이 철학교육**. 서울: 창지사.

이태영, 이경희(1998). **유아사회교육의 이론과 실제**. 경기: 양서원.

이혁규(2014). **수업**. 서울: 교육동공체 벗.

이현경, 안지성, 이효원 (2011). 포스트모던 그림책 읽기에 드러난 유아들의 의미구성 과정 탐색. **어린이문학연구, 12**(1), 593-618.

이현옥, 박정선(2007). **영유아교수방법론**. 서울: 공동체.

이현주, 유혜령(2004). Bollnow의 "교육적 분위기" 개념을 통해 본 어린이-교사 관계론. **열린 유아교육연구, 8**(4), 293-315.

이홍우(1997). **교육과정탐구**. 서울: 박영사.

이화도(2007). 포스트모더니즘, 교육, 그리고 유아교육. **아동교육, 16**(4), 211-221.

_____(2008). 현상학적 '자아'에 관한 유아교육학적 의미탐색. **교육학연구, 46**(4), 133-156.

_____(2009). 유아교육에서의 '몸'의 개념에 대한 현상학적 이해. **유아교육연구, 29**(1), 233-251.

_____(2010a). 유아교육에서 교육주체에 관한 현상학적 이해. **아동교육, 19**(2), 17-27.

_____(2010b). Piaget를 넘어서. **유아교육연구, 30**(6), 153-173.

_____(2012). 데리다 해체철학의 유아교육적 함의. **열린유아교육, 17**(6), 53-72.

_____(2014). **포스트모던 인문학적 사유와 유아교육**. 서울: 창지사.

이효원, 조희숙(2010). 포스트모던 그림책에 나타난 결말 구조 연구. **유아교육연구, 30**(1), 321-344.

이희경(2002). **유아교수·학습방법**. 서울: 동문사.

임민정(2014). 시를 이용한 질적 연구 경험으로서의 초대. **유아교육연구, 34**(4), 35-54.

임부연(2005). 포스트모던 유아교육과정의 미학적 탐색. **교육과정연구, 23**(4), 207-230.

임부연, 류미향(2010). 유아교육에서 "내러티브 교육과정"의 의미와 실제 연구. **교육과정연구, 28**(1), 135-158.

임부연, 송진영(2012). 유아교수매체의 철학적 접근과 심미적 활용에 관한 논의. **유아교육학논집, 16**(5), 361-380.

임부연, 오정희(2013). **영유아 교수·학습방법**. 서울: 동문사.

임부연, 최남정, 양혜련(2010). **유아교과교육론**. 경기: 공동체.

임상도(1989). Kohlberg의 아동도덕교육이론. 계명대학교 대학원 석사학위논문.

_____(2002). **프로젝트 접근법과 레지오 에밀리아 접근법의 이론적 비교**. 대구: 청하.

_____(2003). **영유아교육의 사상과 이론**. 서울: 꾸벅.

_____(2009). **최신 유아교육론**. 서울: 태영문화사.

_____(2010). **유아교육철학**. 서울: 동문사.

_____(2011). 유아교육철학의 당위성과 접근방식 탐색. **유아교육학논집, 51**(3), 118-141.

_____(2012). 유아교육의 영역과 교과목 표기방식에 대한 대안적 검토. **아동교육, 21**(4), 297-317.

_____(2013). 유아교육철학의 연구동향 분석: 전문학술지 중심으로. **교육과학연구, 44**(2), 169-190.

_____(2014a). 유아철학교육의 연구동향 분석. **아동교육, 23**(1), 283-301.

_____(2014b). 아동교육의 동향과 전망. **2014 한국아동교육학회 하계학술대회 주제발표(기조강연)**. 2014. 6. 15.

_____(2015). 포스트모더니즘 관련 유아교육 연구논문의 동향 분석. **유아교육연구, 35**(3), 55-80.

임상도, 김윤미(2014). 불교 유아교육 관련 연구동향 분석. **교육과학연구, 45**(4), 43-64.

임상도, 김치영(2013). 유아교육철학에서 본 유아교육의 가치혼돈 실태 분석. **아동교육, 22**(4), 207-227.

임수진, 이혜원 (2008). 심미적 접근을 통한 유아교육과정의 재개념화. **교육의 이론과 실천,**

13(1), 155-173.
임은미(2012). 유아과학교육 관련 국외 연구동향. **열린유아교육연구, 17**(5), 245-261.
임은숙(2013). **유아미술교육활동**. 서울: 태영출판사.
임재택(1998). **현대유아교육과정**. 경기: 양서원.
_____(2002). 유아교육의 현실과 개혁방안. **교육비평, 8**, 120-126.
_____(2003). 가르치지 않는 유아교육. **생태유아교육연구, 2**(1), 1-20.
_____(2013). **생태유아교육**. 경기: 양서원.
임재택, 김은주, 하정연, 권미량, 조채영(2013). **생태유아 교육프로그램**. 서울: 공동체.
임채식(2001). 유아교육을 통한 공자의 군자상 구현에 대한 고찰. **영유아교육연구, 4**, 187-196.
임한영(1968). **듀이 교육사상의 연구**. 서울: 민중서관.
장경도(2003). 유아의 도덕성 기초교육을 위한 원불교의 역할. **인간교육연구, 10**(2), 151-179.
장사형(2012). 어린이 철학교육을 위한 어린이 '철학함'의 본질 탐색. **교육철학, 48**, 307-337.
장상호(1982). **Piaget 발생적 인식론과 교육**. 경기: 교육과학사.
_____(2011). **학문과 교육 상**. 서울: 서울대학교 출판문화원.
_____(2012). **학문과 교육 중Ⅰ**. 서울: 서울대학교 출판문화원.
장선철(2007). **특수아동교육**. 서울: 태영출판사.
장지원(2014). 법률에 나타난 플라톤의 유아교육론. **교육철학연구, 36**(3), 67-84.
전경원, 권미은(2009). **특수 유아 교육**. 서울: 창지사.
전남련, 김기선, 성은숙, 이은임, 엄은옥, 이경선, 강은숙(2011). **영유아 교수학습방법**. 서울: 신정.
전선옥, 남경현, 김용희, 황혜경(2007). **영유아 교육론**. 서울: 대가.
전연우, 이현경, 조희숙 (2012). 포스트모던 그림책 읽기활동에서 나타나는 교사-유아의 상호작용. **어린이문학교육연구, 13**(1), 181-419.
전연우, 조희숙(2011). 로렌 차일드(Lauren Child)의 그림책 분석. **유아교육연구, 31**(5), 33-60.
전유영(2013). 균형적 접근법에 기초한 유아언어교육 프로그램이 유아의 언어적 태도 및 능력에 미치는 영향. **열린유아교육연구, 18**(20), 1-32.
전풍자(1981). 놀이 교육론. **유아교육연구, 3**, 51-65.
정대련(2009). **동화로 여는 유아의 논리 논술**. 서울: 창지사.
_____(2011). 유아교육과 철학. **한국유아교육학회 정기학술대회논문집, Vol. 2011. 3. 26**. (pp. 77-92).
정미림, 권민균(2013). 그림책 읽기에서 드러난 유아의 상호텍스트적 반응. **유아교육연구, 33**(1), 47-73.
정선아(2000). 프뢰벨 '아동중심(child-centered)' 용어의 의미. **유아교육연구, 20**(4), 189-208.
정설희, 임양금, 안진경(2009). 유아 미술 관련 연구의 동향 분석: 1998-2008년 학회지 논문을 중심으로. **열린유아교육연구, 14**(4), 297-319.
정숙자, 박준영(2011). 아동철학교육의 목적과 방법. **인문학논총, 26**, 185-208.
정연희(2014). **유아수학교육**. 서울: 창지사.
정영근(2010). 발도르프교육론의 전인교육적 고찰. **발도르프교육연구, 2**(1), 1-20.
정옥분(2008). **유아교육 연구방법**. 서울: 학지사.

정용부, 오성숙(2008). **교과교재연구 및 지도법**. 서울: 학지사.
정지아, 한명희(2014). 공교육적 종교교육의 정체성 모색과 '종교학' 교과. **종교교육학연구, 44**, 113-148.
정진, 성원경, 이춘자, 조인경(2007). 유아교육 전공 및 교직과목 교재를 통한 교과 내용 분석. **유아교육연구, 27**(1), 221-248.
정채욱(2002). 유아교육 교수-학습법의 최근동향 탐색. **광신논단, 11**, 479-508.
정현주, 김은홍(2013). **평생교육**. 서울: 동문사.
정희영(2014). 누리과정의 교육철학에 대한 기독교적 조명. **기독교교육논총, 38**, 27-64.
정희정, 감남임(2013). 기독교 유아교육 관련 연구동향 분석. **유아교육학논집, 17**(4), 113-138.
조건덕, 민광미, 현정희, 정희정, 천은영(2011). **보육학개론**. 경기: 정민사.
조경란, 함경애, 천성문(2013). 부모교육 프로그램에 관한 메타분석. **재활심리연구, 20**(2), 369-395.
조관성, 정은혜(2008). **동화를 통한 어린이 철학교육**. 경기: 교육과학사.
조무남(2006). **교육학론**. 서울: 학지사.
조무남(2008). **교육과 사상의 발달**. 경기: 교육과학사.
조선희(2003a). **유아 생각 키우기: 철학적 탐구 공동체 활동을 활용한**. 서울: 창지사.
_____(2003b). 유아 철학 교육: 방안 탐색. **철학윤리교육연구, 19**(32), 183-195.
_____(2004). **유아 철학 놀이**. 서울: 창지사.
조선희, 유연옥(1999). **유아 사고 교육의 이론과 실제: 철학적 탐구 공동체 접근법**. 서울: 창지사.
조성자(2005). **유아 교육의 역사와 철학적 이해**. 서울: 창지사.
_____(2009). 몬테소리의 가토릭시즘에 의한 어린이들을 위한 종교교육의 이론과 실제 활동. **한국종교교육학회, 2009년 춘계학술대회**. (pp. 51-74).
조수환(1987). R. S. Peters 교육철학에 있어서의 지유와 권위. 계명대학교 대학원 박사학위논문.
조순영(2009). 동학의 태교사상에 관한 연구. **생태유아교육연구, 8**(2), 81-101.
조순영, 임재택(2009). 원효사상의 유아교육적 의미 탐색. **열린유아교육연구, 14**(3), 271-292.
조옥희, 권영자(1998). **몬테소리 유아교육**. 서울: 중앙적성출판사.
조행자(2002). 퇴계 심학(心學)사상의 유아교육학적 고찰. **아동교육, 11**(2), 207-215.
주영희(1992). **언어교육**. 경기: 교문사.
주영희(1993). 우리나라 유아교육의 발전 방향, **교육논총. 13**, 147-170.
주진희(2001). 진학금의 유아교육론 연구. 동아대학교 대학원 석사학위논문.
주화정(2008). **유아교육철학**. 대전: 예일기획.
진종부(2003). 유치원 철학탐구 활동에서 동화 만들기의 효과. 경상대학교 대학원 석사학위논문.
진현경(2013). 교사의 존재와 권위의 관계. **도덕교육연구, 25**(1), 189-221.
차영숙, 유희정, 곽민정, 강민정(2008). **유아 교수·학습방법**. 서울: 청목출판사.
최국남, 박이순(2000). **교사를 위한 통합유아 교육과정**. 서울: 동문사.
최동근, 김수임(1995). 유아교육 개혁 방안. **교육연구논집, 4**, 35-46.
최민숙(2010). **유아특수교육**. 서울: 꿈의 날개.
최병태(2008). 교사의 권위-지적 권위와 직위상의 권위를 중심으로-. **인문학연구, 35**(2), 385-410.

최석란, 이경희, 이상화, 서원경(2013). **놀이지도**. 경기: 공동체.

최애경(2006). 유아미술교육의 재개념화 방향 탐색을 위한 기초연구. **보육정책연구, 2**(2), 27-46.

최양미(2000). 율곡의 인성론과 아동교육관 연구. **유아교육연구, 20**(2), 243-258.

_____(2012). 포스트모던 관점에서 보육과정의 적용과 확장. **한국영유아보육학, 71**, 1-17.

최양미, 정선아, 유혜령(2005). 유아교육철학의 연구 동향과 전망. 한국유아교육학회. **유아교육학의 이해**. 경기: 양서원. (pp. 37-74).

최은주(2012). '어린이 키우기와 어린이 모시기'에 관한 문헌연구: 「동규(동규)」와 「해월신사법설」을 중심으로. **생태유아교육연구, 11**(1), 25-44.

최일선(2010). **유아교육평가의 이론과 실제**. 서울: 창지사.

최정웅, 조용태(2002). **교육의 철학과 역사**. 경기: 교육과학사.

최한수(1997). 한국 유아교육 사상의 고찰. **미래유아교육학회지, 4**, 39-72.

특수교육 에디터실 편저(2011). **유아특수교육**. 서울: 특수교육.

팽영일 역(1994). **유아교육사상**. 경기: 양서원.

하정희(2011). 보육시설 평가인증지표와 유치원 평가지표에 대한 비교 연구. **변형영유아교육연구, 12**(5), 49-72.

한국교육사·교육철학회(1984). **교육사상가백선**. 서울: 서울대학교 출판부.

한국유아교육학회(2005). **유아교육학의 이해**. 경기: 양서원.

_____________(2007). **유아교육백서: 2001년~2005년**. 경기: 양서원.

_____________(2011). **유아교육백서: 2006년~2010년**. 경기: 양서원.

한국유아교육학회 편(1996). **유아교육사전**. 서울: 한국사전연구사.

한기언(1987). 프뢰벨. 한국교육학회 교육사연구회 편. **교육사상가평전**. 경기: 교육과학사. (pp. 220-235).

한기호(2004). 이린이철학교육을 위한 텍스트 연구. **철학윤리교육연구**, 135-152.

한미현, 문혁준, 강희경, 공인숙, 김상희, 안선희, 안효진, 양성은, 이경열, 이경옥, 이진숙, 천희영(2011). **아동복지**. 서울: 창지사.

한상규, 이은하(2005). 소파 방정환의 아동교육사상 연구. **유아교육논집, 14**(1), 1-17.

한은숙(2012). **유아 다문화교육**. 경기: 정민사.

한임순(1989). **유아교육개론**. 서울: 동문사.

허길래 선생님을 사랑하는 모임 편(1996). **허길래**. 경기: 양서원.

허미화(2006). 아리스토텔레스와 플라톤의 사상을 중심으로 한 유년기 도덕교육의 방법 내용 고찰. **유아교육연구, 26**(1), 149-165.

허정무, 조은주(2000). 한국유아교육학의 정체성 확립에 대한 논의. **한국영유아보육학회, 23**, 43-65.

허혜경, 김성희(2012). **영·유아건강교육**. 서울: 창지사.

홍은숙(2007). **교육의 개념**. 경기: 교육과학사.

황옥자(2009a). 종교와 아동교육. **한국종교교육학회**. 2009년 춘계학술대회 (pp. 9-40).

_____(2009b). 불교와 아동교육. **종교교육학연구, 30**, 1-29.

황윤세, 강현석 (2003). 유아 교육과정 구성에서 DAP의 재개념화를 위한 예비적 탐색. **교육과**

정연구, 21(2), 193-219.

황윤세, 양옥승 (2002). 포스트모더니즘 관점에서 유아교육에 대한 함의. **열린유아교육연구, 7**(2), 335-355.

황윤세, 임미혜, 이혜원(2011). **유아교육기관 및 보육시설 운영관리**. 경기: 공동체.

황종관(2001). 도덕교육에서의 권위와 자율성의 관계: 칸트와 뒤르껭을 중심으로. **도덕교육연구, 13**(2), 87-112.

황해익(2000). **유아교육평가**. 경기: 양서원.

_____(2009). **유아교육평가의 이해**. 경기: 정민사.

황해익, 주철안, 김병만(2011). 유아교사의 보수처우만족도가 직무만족도에 미치는 영향. **아동교육, 20**(4), 283-305.

Bantock, G. H.(1970). *Freedom and authority in education(2nd ed.)*. London: Faber and Faber.

Bloch, M. B.(2000a). **유아교육과정의 재개념화**(신옥순, 염지숙 역). 서울: 창지사.(원저 1992년 출판)

Bodrova, E. , & Leong, D. J.(1996). *Tools of the mind: The Vygotskian approach to early childhood education*. New Jersey: Prentice-Hall.

Bredekamp, S. & Rosegrant, T.(1995). Reaching potentials through transforming curriculum, assessment and teaching. In S. Bredekamp & T. Rosegrant(Ed.), *Reaching potentials: Transforming early childhood curriculum and assessment, Vol. 2*. NAEYC. (pp. 15-22).

Bruner, J. S(1960). *The process of education*. Harvard University Press.

Cannella, G. S.(2002). **유아교육이론 해체하기**(유혜령 역). 서울: 창지사.(원저 1997년 출판)

Chard, S. C.(1992). *The project approach: A practical guide for teachers. Ⅰ. Ⅱ.*

Cleverley, F. & Phillips, D(2006). **유아교육철학**(김태오, 김병희 역). 경기: 양서원.(원저 1988년 출판)

Crain, W.(1980). *Theories of development: Concepts and applications*. New Jersey, Englewood Cliffs: Prentice-Hall.

Dearden, R. F.(1972). *The philosophy of primary education: An introduction*. London: Routledge and Kegan Paul.

Dewey, J.(1916). *Democracy and education*. New York: Macmillan.

Edwards, C., Gandini, L. & Forman, G.(1993)(Ed.), *The hundred language of children: the Reggio Emilia approach to early childhood education*. Norwood, NJ: Ablex.

Edwards, C., & Forman, G.(1993). *Conclusion: Where do we go from here?*. In C. Edwards, L. Gandini, & G. Forman(Ed.), *The hundred languages of children: The Reggio Emilia approach to early childhood education*. 305-312. Norwood, NJ: Ablex.

Eliot(1997). **미래를 위한 자녀교육**(임채식, 강진영 역). 경기: 양서원.(원저 1961년 출판)

Epstein, A.(2009). **유아교수방법: 교육적 의도를 가진 교사**(이은해, 박진재, 송영주, 송혜린,

신혜영, 정선진, 최혜영 역). 경기: 양서원.(원저 2007년 출판)

Gullo, D.(2000). **유아교육평가의 이해**(김정원, 강숙현, 전신옥 역). 경기: 양서원.(원저 1994년 출판)

Jungck, S. & Marshal, J. D.(2000c). 하나의 커다란 논쟁에 대한 교육 과정적 관점들. **유아 교육 과정의 재개념화: 그 대화의 시작**(193-209).(신옥순, 염지숙 역). 서울: 창지사.(원저 1992년 출판)

Katz, L., & Chard, S.(1989). *Engaging children's minds: The project approach*. NY: Ablex.

Katz, L. G. & McClellan, D.(2001). **어린이들의 사회적 능력배양: 교사의 역할**(홍용희 역). 경기: 양서원.(원저 2000년 출판)

Kessler, S., & Swadener, B.(2000b). **유아 교육 과정의 재개념화: 그 대화의 시작**(신옥순, 염지숙 역). 서울: 창지사.(원저 1992년 출판)

Kohlberg, L.(1958). *The Development of modes of thinking and choice in the years 10 to 16*. Unpublished doctoral dissertation, The University of Chicago.

__________(1981). The *philosophy of moral development: Moral stages and the idea of justice*(Vol 1). San Francisco: Harper & Row.

Krogh, S.(1990). *The integrated early childhood curriculum*. New York: McGraw-Hill.

Kuschner, D.(2007). Children's play in the journal, Young Children: An analysis of how it is portrayed and why it is valued. In D. J. Sluss, & O. W. Jarrettt(Ed.), *Investigation play in the 21st century: Play and culture studies*. N.Y.: University Press of America. (pp. 55-69)

Lenneberg, E. H.(1967). *Biological Foundations of language*. New York: John Wiley and Sons Inc.

Lerner, J, Lowenthal, B., & Egan, R(2004). **유아특수교육론**(최민숙, 김경숙, 백유순, 박현옥 역). 서울: 박학사.(원저 2002년 출판)

LeShan, Eda.(1990). **손상된 아동기**(최기영 역). 경기: 양서원.(원저 1980년 출판)

Lipman. M., & Sharp, A. M.(1986). *Wondering at the world: Instructional manual to accompany Kio and Gus*. Virginia: Virginia University Press.

Lipman, M., Sharp, A. M., & Oscanyan, F. S.(1986). **어린이를 위한 철학교육**.(이초식 감수, 서울대학교철학연구동문회 편역). 서울: 서광사.(원저 1980년 출판)

Malaguzzi, L.(1993). History, ideas, and basic philosophy. In C. Edwards, L. Gandini, & G. Forman(Ed.), *The hundred languages of children: The Reggio Emilia approach to early childhood education*. Norwood, NJ: Ablex. (pp. 41-89)

Matthews, G. B.(1980). **철학과 아동**(김민남 역). 서울: 문음사.(원저 1980년 출판)

____________(1984). *Dialogue with children*. Cambridge, MA: Harvard University Press.

____________(1994). *The philosophy of childhood*. Cambridge, MA: Harvard University Press.

McCadden. B. M.(2000). **유치원 도덕교육의 현실과 과제**(신옥순 역). 서울: 창지사.(원저

1998년 출판)

Miller, J,(2000d). 교사들, 자서전, 그리고 교육과정: 비판적 그리고 페미니스트 관점. **유아교육 과정의 재개념화: 그 대화의 시작**(211-241).(신옥순, 염지숙 역). 서울: 창지사.(원저 1992년 출판)

Osborn, D. K.(1975). *Perspectives of early childhood education*. NY: Dutton.

Peters, R. S.(1966). *Ethics and education*. London: George Allen and Unwin.

___________(1981). The place of Kohlberg's theory in moral education. In Peters(Ed.). *Moral development and moral education*. London: George Allen & Unwin.

Reed, R. F., & Johnson, T. W.(2000). *Philosophy of childhood*. Cambridge, MA: Harvard University Press.

Rinaldi, C.(1993). The emergent curriculum and social constructivism. In C. Edwards, L. Gandini, & G. Forman(Ed.), *The hundred languages of children: The Reggio Emilia approach to early childhood education*. Norwood, NJ: Ablex. (pp. 110-111).

Rousseau, J. J.(1979). *Emile, or on education*, trans. by A. Bloom, NY: Basic Books.

Ruth E, Cook, M., & Diane K, Annetter T.(2009). **유아특수교육의 이해**(조용태, 강미라, 유경미, 함현진 역). 서울: 박학사.(원저 2008년 출판)

Sipe, L. & Pantaleo, S.(Ed.)(2010). **포스트모던 그림책**(조희숙 역). 경기: 교문사.(원저 2008년 출판)

Soto, L.(2003). **유아 교육의 정치학**(염지숙, 신옥순 역). 서울: 창지사.(원저 2000년 출판)

Spodek, B.(1989). 교사는 가치 있는 교육활동을 어떻게 설정할 것인가? 어린이교육 협회 심포지엄 미간행 발표논문.

Stephe, R. , & Umansky, W.(2011). **영유아 특수교육**(노진아, 김연하, 김정임 역). 서울: 학지사.(원서 2008년 출판)

Suransky, V., P.(1996). **아동기의 실종**(윤종희, 이재연 역). 서울: 교보문고.(원저 1982년 출판)

Vygotsky, L. S.(1978). *Mind in society: The development of higher psychological processes*. Cambridge, MA: Harvard University Press.

Weber, E.(1984). *Ideas influencing early childhood education*. NY: Teachers College, Columbia University.

Williams, L. R., & Fromberg, D. P.(1992). *Encyclopedia of early childhood education*. New York: Garland.

Zimmer, R.(2007). **움직임과 이완**(김문주 역). 서울: 학지사.(원저 2005년 출판)

〈참고사이트〉

Daum 백과사전. 탄생. http://100.daum.net/encyclopedia/view/14XXE0058080. 2015. 8. 28.

Daum 백과사전. 첫돌. http://search.daum.net/search. 2015. 8. 28.

저자소개

임상도(1960~)는 대구광역시 달성군 화원읍 설화리에서 출생하였으며, 학력 및 경력, 연구논문 및 저서, 관심분야는 아래와 같다.

학력 및 경력

계명대학교 교육학과 졸업
계명대학교 교육대학원 교육학석사(유아교육전공)
계명대학교 대학원 교육학박사(유아교육전공)
전) 경북보육교사교육원 교수
구미1대학 보육교사 교육원 원장 및 교수, 구미1대학 어린이집 원장
가야대학교 어린이집 원장
가야대학교 입학처장, 평생교육원장, 교육대학원장
2014년 한국아동교육학회하계논문발표대회준비위원장(2014. 6. 14.)
현) 가야대학교 유아교육과 학과장, 교수-학습개발센터장

연구논문

임상도(2015). 포스트모더니즘 관련 유아교육 연구논문의 동향 분석. 유아교육연구, 35(3), 55-80.
임상도, 김윤미(2014). 불교유아교육사상 관련 연구동향 분석. 교육과학연구, 45(4), 43-64.
임상도, 김치영(2014). 유아교사의 권위 상실에 대한 원인 분석과 권위 정당화 방안 탐색. 아동교육, 23(40), 25-44.
임상도(2014). 한국아동교육의동향과 전망. 2014 한국아동교육학회 하계논문발표대회 주제발표(기조강연), 3-38.
임상도(2014). 유아철학교육의 연구동향 분석. 아동교육, 22(4), 283-301.
임상도, 김치영(2013). 유아교육철학에서 본 유아교육의 가치혼돈 실태 분석. 아동교육, 22(4), 207-227.
임상도(2013). 유아교육철학의 연구동향 분석: 전문학술지 중심으로. 교육과학연구, 44(2), 169-190.
임상도(2012). 유아교육의 영역과 교과목 표기방식에 대한 대안적 검토. 아동교육, 21(4), 297-317.
임상도(2011). 유아교육철학의 당위성과 접근방식 탐색. 유아교육학논집, 15(3), 117-141.
이현주, 정정희, 임상도(2011). 그림책을 활용한 다상징적 접근법이 유아의 메타언어능력 증진에 미치는 효과. 아동교육, 20(1), 279-291.
임상도, 지미자(2007). 동화구연 및 동시낭송 활동경험이 유아의 말하기 능력에 미치는영향. 아동교육, 16(3), 279-290.
임상도, 류춘임(2005). 레지오 에밀리아 유아교육체제의 페다고지스타의 역할 분석을 통 한 유치원 장학활동의 방향 제시. 아동교육, 14(2), 229-240.
임상도, 성숙향(2004). 레지오 에밀리아 접근법이 유아의 창의력 증진에 미치는 효과. 교육과학연구, 35(1), 73-87.
임상도, 문경자(2003). 프로젝트 접근법이 유아의 대본 지식 증진에 미치는 영향. 아동교육, 12(2), 281-296.
임상도(2001). 프로젝트 접근법과 레지오 에밀리아 접근법의 교육적 효과 비교. 아동교육, 10(2), 11-24.
김판희, 임상도(2001). 프로젝트 수행방법과 연령에 따른 프로젝트 효과. 열린유아교육연구, 6(1), 173-197.
임상도(2001). 프로젝트 접근법과 레지오 에밀리아 접근법의 교육적 효과 비교. 계명대학교 일반대학원 박사학위논문.
조방제, 임상도(1998). 유아교육을 위한 프로젝트 접근법의 적용 가능성 탐색. 아동교육, 7(1), 283-294.
임상도(1995). L. Kohlberg의 유아교육 이데올로기 분석. 아동교육, 4(2), 128-136.
임상도(1986). L. Kohlberg의 아동도덕교육이론. 계명대학교 교육대학원 석사학위논문.

저서

유아교육철학(2010). 서울: 동문사.
유아교육론(2009). 대구: 태영문화사.
인성과 교육(2008). 대구: 비엘컴.
교육철학 및 교육사(2004). 대구: 서울기획사.
프로젝트 접근법과 레지오 에밀리아 접근법의 이론적 비교(2002). 대구: 청하.
영유아교육의 사상과 이론(2002). 서울: 꾸벅.

주요 관심분야

유아교육에서 유아교육철학 및 유아철학교육 정립 방안 탐색, 프로젝트 접근법과 레지오에밀리아 접근법의 적용 방안 연구, 유아교사교육의 지향점 탐구

기타

현직 유아교사 연수 및 유아 학부모 교육, 사회단체 등 특강 약 100회

유아교육철학과 사상사

초판 1쇄 인쇄 / 2016년 1월 15일
초판 1쇄 발행 / 2016년 1월 25일

•

저 자 / 임 상 도
발행인 / 이 중 수
발행처 / **동 문 사**

•

서울특별시 서대문구 홍제원 1길 12
(홍제동 137-8)
Tel : 02)736-3718(대), 736-3710, 3720
Fax : 02)736-3719
등록번호 : 제9-17호
등록일자 : 1974년 4월 27일
가격 : 20,000원

•

ISBN : 978-89-8251-778-5(93370)
E-mail : dong736@naver.com
Homepage : www.dongmunsa.com